Claus Ott · Hans-Bernd Schäfer (Hrsg.)

Ökonomische Analyse des Unternehmensrechts

Beiträge zum 3. Travemünder Symposium zur ökonomischen Analyse des Rechts

Mit 8 Abbildungen

Springer-Verlag Berlin Heidelberg GmbH

Professor Dr. jur. Claus Ott
Richter am Oberlandesgericht
Professor Dr. disc. oec. Hans-Bernd Schäfer

Universität Hamburg
Fachbereich Rechtswissenschaft II
Edmund-Siemers-Allee 1
D-20146 Hamburg

ISBN 978-3-7908-0728-8 ISBN 978-3-642-58077-2 (eBook)
DOI 10.1007/978-3-642-58077-2

Ursprünglich erschienen bei Physica-Verlag Heidelberg 1993

88/7130-543210 - Gedruckt auf säurefreiem Papier

Vorwort

Das dritte Travemünder Symposium zur ökonomischen Analyse des Rechts befaßte sich schwerpunktmäßig mit den rechtswissenschaftlichen Bezügen der ökonomischen Theorie der Unternehmung. Solange Wirtschaftswissenschaftler die Unternehmung als Produktionsfunktion auffaßten, d.h. als eine Art Maschine, die Produktionsfaktoren vom Markt aufnimmt und damit bestimmte Gütermengen für den Markt produziert, war ein interdisziplinärer Dialog mit der Rechtswissenschaft auf diesem Feld unmöglich. Erst die auf Coase zurückgehende Einsicht, daß die Unternehmensorganisation eine institutionelle Alternative zum Markt darstellen kann, ermöglichten eine Forschung, die sich auf jene Themen bezog, mit denen sich Rechtswissenschaftler seit jeher befassen. Das Unternehmensrecht einschließlich des Arbeits- und Mitbestimmungsrechts erscheint aus dieser Perspektive als ein Bündel von Institutionen, mit denen Kooperationsprobleme - möglicherweise besser als über Märkte - gelöst werden können. Diese Einsicht hat eine Fülle von Forschungsergebnissen hervorgebracht, die für das Verständnis und für die Interpretation von Rechtsnormen wesentlich sind. Obwohl die Theorie der Unternehmung facettenreich und vielstimmig ist, geht es doch zumeist darum, Probleme zu lösen, bei denen unvermeidlicher spezifischer Kapitalaufwand, verborgenes Wissen oder verborgene Handlungen der Akteure zum Scheitern der Kooperation und - in der Antizipation - zur Nichtkooperation führen können. Das Unternehmensrecht bietet ein "institutional design", das diese Schwierigkeiten für die beteiligten Akteure, Arbeitnehmer mit unterschiedlichen Ausbildungsgraden, Managern, Kapitaleignern und Kreditgebern zu lösen versucht. Die Tagung hat gezeigt, daß dieser Blickwinkel fruchtbringend für rechtswissenschaftliche Fragestellungen eingenommen werden kann. Sie hat zudem Perspektiven für die Forschung aufgezeigt, unter denen Unternehmens- und Arbeitsrecht als Gesamtkomplex betrachtet werden müssen. Die Vorbereitung von Referaten und Korreferaten durch Rechts- und Wirtschaftswissenschaftler zu gleichen und ähnlichen Themen hat sich auch diesmal als vorteilhaft erwiesen.

Der vorliegende Band enthält die überarbeiteten Vortragsmanuskripte, die Kommentare und Kurzfassungen der jeweiligen Diskussion. In einigen Fällen wurden Argumente aus den Kommentaren in die Druckvorlagen der Referate eingearbeitet und daher auf den Abdruck der Kommentare verzichtet.

Die Durchführung der Tagung wurde uns durch einen Zuschuß der Volkswagenstiftung ermöglicht. Zu Dank sind wir auch der Hamburgischen Landeszentralbank sowie der Deutschen Shell AG für einen Zuschuß verpflichtet. Die Commerzbank AG hat den Druck dieses Tagungsbandes durch eine großzügige Unterstützung ermöglicht, wofür wir uns auch an dieser Stelle herzlich bedanken. Frau Assessorin Heike Brunkhorst hat die Tagung vorbereitet und einen großen Teil der Druckvorlagen erstellt. Die Herren Kai Sudmann und Stefan Mielke haben ebenfalls einen Teil der Druckvorlagen fertiggestellt und wertvolle Vorarbeiten für die Übersetzung englischsprachiger Texte geleistet. Herrn Klaus Mohr danken wir für die Durchsicht der Druckvorlagen. Frau Elke Stedtler oblag die Betreuung der Manuskripte und die Durchführung des Schriftverkehrs. Frau Luitgard v. Valtier hat ebenfalls Aufgaben bei den Manuskripten und beim Schriftverkehr übernommen. Ihnen allen sei an dieser Stelle sehr herzlich gedankt.

Hans-Bernd Schäfer Claus Ott

Hamburg, im Juli 1993

Inhaltsverzeichnis

Ökonomische Theorie der Unternehmung

von Dieter Schneider

A. Problemstellung

Interdisziplinäres wissenschaftliches Arbeiten erfordert zunächst das Überwinden von Sprachbarrieren. Eine erste Gefahr zu sprachbedingten Mißverständnissen droht aus der Formulierung des Tagungsthemas: "Die ökonomische Theorie der Firma und ihre Fruchtbarkeit für rechtswissenschaftliche Fragestellungen". Da für Rechtswissenschaftler wohl gilt: "Die Firma eines Kaufmanns ist der Name, unter dem er im Handel seine Geschäfte betreibt und die Unterschrift abgibt" (§ 17 HGB), ließe sich vermuten, es wäre nach der Fruchtbarkeit einer Theorie des Namens, unter dem der Kaufmann im Handel seine Geschäfte betreibt, für rechtswissenschaftliche Fragestellungen gesucht. Die "Ökonomische Theorie der Unternehmung" handelt nicht von Namen, sondern von den Inhalten der Geschäfte im Handel, allgemeiner: im Marktprozeß.

Eine zweite, ins methodische reichende Sprachbarriere könnte aus einem unterschiedlichen Verständnis von ökonomischer Analyse des Rechts erwachsen. Für den Betriebswirtschaftler heißt ökonomische Analyse des Rechts: Alternative Rechtsetzungen werden als Ausgangstatbestand genommen, um sie im Hinblick auf ihre einzelwirtschaftlichen Entscheidungswirkungen und Verteilungsfolgen zu erforschen. Das Tagungsthema wählt demgegenüber eine inverse Betrachtungsweise: Die ökonomische Theorie der Unternehmung dient als Ausgangstatbestand, um deren Fruchtbarkeit für rechtswissenschaftliche Fragestellungen zu erörtern.

Dieser Beitrag versucht, die betriebswirtschaftliche Sicht der Entscheidungswirkungen und Verteilungsfolgen von Rechtsetzungen und das juristische Interesse, ob eine ökonomische Theorie der Unternehmung für rechtswissenschaftliche Fragestellungen fruchtbar werden könne, in folgender Weise zu verbinden:

Teil B. gibt einen Überblick über alternative ökonomische Theorien der Unternehmung und ihre Eignung für eine ökonomische Analyse des Rechts. Unterschieden werden dabei

1. produktions- und entscheidungsorientierte Theorien von
2. den inzwischen überholten institutionenökonomischen Ansätzen der Lehre von den Verfügungsrechten, Transaktions- und Agency-Kosten und der
3. Theorie der Unternehmerfunktionen und der Principal-Agent-Beziehungen, in der die Ungleichverteilung des Wissens unter den Mitgliedern einer Institution Unternehmung und gegenüber deren Marktpartnern im Vordergrund steht.

Teil C. wendet die Theorie der Unternehmung bei ungleicher Wissensverteilung auf zwei rechtswissenschaftliche Fragen an. Als erstes wird die ökonomische Fragwürdigkeit eines gesetzlichen Insiderhandelsverbots erörtert. Als zweites wird nach der ökonomischen Begründbarkeit des Inhalts der Unternehmungsverfassung und von Mitbestimmungsrechten gefragt.

B. Alternative ökonomische Theorien der Unternehmung und ihre Eignung für eine ökonomische Analyse des Rechts

"Die" ökonomische Theorie der Unternehmung gibt es nicht. Vielmehr bestehen mindestens drei miteinander konkurrierende Gruppen ökonomischer Theorien der Unternehmung, die von verschiedenen methodologischen Vorentscheidungen einzelner Denkstilgemeinschaften innerhalb der Wirtschaftswissenschaft ausgehen.

I. Produktions- und entscheidungsorientierte Theorien

Volkswirtschaftliche Lehrbücher reden von einer "Theorie der Unternehmung", wenn sie Abstraktionen über das Angebot an vermehrbaren Gütern erörtern und dabei die Leistungserstellung auf technisch-naturwissenschaftliche Abhängigkeiten: auf Produktionsfunktionen, zurückführen. Hierbei wird mit der Einführung des Namens "Unternehmung" für technische Abhängigkeiten der Produkte von den Produktionsfaktoren und ihre Preise die Organisation der gesellschaftlichen Produktions- und Konsumverhältnisse ausgeklammert; denn das Hauptziel dieser "neoklassischen" Mikroökonomie ist das Ableiten derjenigen Austauschverhältnisse zwischen Mengen vorgegebener Erzeugnisse und Erzeugungsfaktoren, welche die Pläne einzelner Wirtschaftseinheiten aufeinander abstimmen, ins Gleichgewicht bringen sollen. Fragen des Wirtschaftssystems und seiner Ordnung, einschließlich der Organisation von Betrieben, werden beiseite geschoben bzw. als gelöst vorausgesetzt, weil letzlich eine naturrechtliche Ordnung als "Wesensbestimmung" des Wirtschaftens von Menschen in einer Gesellschaft gesucht wird. Solches naturrechtliche Denken ist ein Bindeglied zwischen der ökonomischen Klassik und der "neoklassischen" allgemeinen Gleichgewichtstheorie von Walras, Pareto und späteren Autoren[1]. Letztere importierte einen deterministischen Denkstil aus der Energiephysik in der Mitte des 19. Jahrhunderts (der in der Physik längst in den Mülleimer gewandert ist) und richtete ihn auf vermeintlich naturgesetzliche Abhängigkeiten bei der Preisbildung aus.

Eine betriebswirtschaftliche Blickrichtung innerhalb der Produktionsorientierung verla-

---

1 Schneider, D., Allgemeine Betriebswirtschaftslehre, 3. Aufl. 1987 (Schneider, D., Betriebswirtschaftslehre), S. 504-507; zum folgenden Verweis auf die Energiephysik Mirowski, P., More heat than light, 1989, S. 364-376, 387-395.

gert den Untersuchungsschwerpunkt auf technische Produktionsfunktionen innerhalb einer Fertigungsstufe in Betrieben. Hinzu tritt eine Erörterung absatzpolitischer Instrumente bei unvollkommener Konkurrenz und von Kapitalbedarfsfunktionen und Kapitalfondsprozessen[2]. Die Einengung der Produktionsorientierung auf mehr produktionstechnische Wirklichkeit erlaubt, Fragen aus der Organisation der innerbetrieblichen Leistungserstellung zu erörtern.

Eine dritte Sicht von Theorie der Unternehmung folgt einer "Entscheidungsorientierung" des Managements. Hierbei ist eine erste Blickrichtung entscheidungslogisch geprägt im Sinne eines Wirtschaftens als planvolle menschliche Tätigkeiten unter Beachtung des Rationalprinzips, um die Knappheit der Güter zu verringern[3]. Die entscheidungslogische Sicht deckt sich mit der betriebswirtschaftlichen Produktionsorientierung in weiten Bereichen. Es werden Optimumbedingungen herausgearbeitet: von "Grenzerlös = Grenzkosten" für die Bestimmung des gewinnmaximalen Preises bis hin zu Einzelanwendungen der mathematischen Programmierung und Informatik. Teilweise erfolgt eine Flucht vor einer Wirtschaftstheorie als Erfahrungswissenschaft in die Arme einer Formalwissenschaft (Entscheidungslogik und Mathematik).

Demgegenüber stellt die verhaltenswissenschaftliche Entscheidungsorientierung Entscheidungslogik und ihre Optimierungsmodelle zurück und hebt Anreiz-Beitrags-Behauptungen und weitere verhaltenswissenschaftliche Hypothesen hervor. Die Flucht vor einer Wirtschaftstheorie als Erfahrungswissenschaft erfolgt hier in die Arme der Verhaltenswissenschaften bzw. der Soziologie. Dabei wird von der Unternehmung bzw. von "Betriebswirtschaften" als "sozio-ökonomischem System" geredet, ohne genau zu sagen, was dazu gehört und was nicht[4].

Die produktions- und entscheidungsorientierten Theorien der Unternehmung vernachlässigen Fragen der Wirtschaftsordnung, also der Regelsysteme für die Organisation der gesellschaftlichen Produktions- und Konsumverhältnisse. Damit bieten diese Lehren von der Unternehmung kaum einen theoriegestützten Zugang zu rechtswissenschaftlichen Fragen.

---

2 Gutenberg, E., Grundlagen der Betriebswirtschaftslehre. Band 1: Die Produktion, 24. Aufl. 1983; Band 2: Der Absatz, 17. Aufl. 1984; Band 3: Die Finanzen, 8. Aufl. 1980.

3 Wöhe, G., Einführung in die Allgemeine Betriebswirtschaftslehre, 17. Aufl. 1990, S. 2.

4 Heinen, E., Grundfragen der entscheidungsorientierten Betriebswirtschaftslehre, 1976, S. 442 ff.

II. Überholte institutionenökonomische Ansätze: die Lehre von den Verfügungsrechten, Transaktions- und Agency-Kosten

1. Die Unternehmung als Struktur von Verfügungsrechten

Verfügungsrechte heißen von anderen Personen akzeptierte Ansprüche auf künftige und damit unsichere Herrschaft über Sachen bzw. auf einen in Qualität und Quantität unsicheren Umfang von Diensten. Solche Rechte und "Verhältnisse werden, nur aus verschiedenem Gesichtspunkte, im Privatrechte und zugleich in der Nationalökonomie behandelt, und es zeigt sich schon hierin die Wichtigkeit der letzteren für die Rechtswissenschaft"[5]. Während die klassische Nationalökonomie nach Adam Smith in Verfügungsrechten ein wichtiges Forschungsfeld sah, wurde dieses in der "neoklassischen" Nationalökonomie zurückgedrängt. Erst nachdem das neoklassische Denken: individuelle Nutzenmaximierung in deterministischen Konkurrenzgleichgewichtsmodellen, durch Coase[6] auf Verfügungsrechte übertragen worden war, entstand die "ökonomische Analyse des Rechts" der Chicago School of Law.

Die jüngere Lehre von den Verfügungsrechten sieht in den Unternehmungen eines von mehreren Vertragsbündeln, die einzelne Personen unter dem Ziel ihrer Nutzenmaximierung anbieten oder nachfragen. Behauptet wird z.B.: Die Bedingungen der Verträge zwischen Anbietern und Nachfragern bilden die Grundlage dessen, was Unternehmung heiße. Daraus folge, daß es falsch sei zu sagen, die Unternehmung verdränge den Markt. Was tatsächlich stattfinde sei ein Austausch von Vertragsformen[7]. So konkurrierten z.B. eine Vertragsart "hierarchische Unternehmung" mit Societäten oder Genossenschaften gleichberechtigter Mitarbeiter.

Die Sicht von der Unternehmung als Struktur von Verträgen sieht sich u.a. folgenden Schwierigkeiten gegenüber:

a) Auf eine Abgrenzung des Begriffs Unternehmung von dem des Marktes läßt sich nicht verzichten; denn die Innenbeziehungen einer Organisation Unternehmung (z.B. nach Abschluß von Arbeitsverträgen und Finanzmarktverträgen über Beteiligungskapital) werfen andere rechtswissenschaftliche Fragen auf als die Außenbeziehungen zu Lieferanten und Kunden, mit denen Verträge erst vereinbart werden sollen, oder zu

---

5 Rau, K.H., Über den Nutzen, den gegenwärtigen Zustand und die neueste Literatur der Nationalökonomie, Archiv der Politischen Oekonomie und Polizeiwissenschaft 1835, S. 1 ff., S. 3; die Eingangsdefinition der Verfügungsrechte nach Alchian, A.A., Some Economics of Property Rights, Il Politico 1965, S. 816 ff.

6 Coase, R.H., The Problem of Social Cost, The Journal of Law and Economics 1960, S. 1 ff.; Posner, R.A., Economic Analysis of Law, 2nd ed. 1977.

7 Cheung, S.N.S., The Contractual Nature of the Firm, The Journal of Law and Economics 1983, S. 1 ff., S. 10, 18.

Konkurrenten, die dies verhindern wollen bzw. in Ausweichhandlungen vor dem Kartellrecht bedingt erleichtern.

b) Wer die Unternehmung als Struktur von Verträgen bezeichnet, bietet damit noch keine ökonomische Erklärung für das Entstehen von Unternehmungen. Deutlich arbeitete schon vor über einem Jahrhundert einer der frühen Begründer der Lehre von der Unternehmung als Struktur von Verträgen, Lorenz von Stein, heraus[8], daß damit lediglich eine Metapher gewählt wird, die aus dem Bereich des Rechts stammt. Die jüngere Lehre von den Verfügungsrechten enthält zwei zunächst unverbundene Setzungen:

aa) ein "Markt" genanntes Modell des Konkurrenzgleichgewichts für die Abstimmung der Wirtschaftspläne einzelner und

bb) eine "Unternehmung" genannte, lediglich rechtliche Kennzeichnung für eine Koordination von Einzelwirtschaftsplänen: Verträge über Verfügungsrechte.

Als einziges verknüpfendes Merkmal für eine Theorienbildung erscheint das bei der Planaufstellung und Planabstimmung benutzte Kalkül zur Nutzenmaximierung. Nutzenmaximierung beschreibt jedoch lediglich eine Neuverteilung von Dingen, die schon bekannt sind[9]. Kalküle zur Nutzenmaximierung schließen ein Lernen aus der Erfahrung ebenso aus, wie die Suche nach Institutionen, durch die einzelne sich gegenüber den Folgen aus einer nicht planbaren, nicht versicherbaren Unsicherheit schützen, die eigenen Interessen vor Wissens- und Handlungsvorsprüngen anderer wahren wollen.

2. *Der Transaktions- und Agency-Kostenansatz*

Ausgangspunkt der Diskussion um "Markt oder Unternehmung?" bzw. "Markt und Hierarchie" in der institutionellen Mikroökonomie bildet die Vereinfachung, in einem Markt träten nur Einzelpersonen auf, während eine Hierarchie durch die "Anordnung durch Vorgesetzte" gekennzeichnet sei. Erörtert man jetzt dieses Problem im Denkstil des neoklassischen Marktgleichgewichtsdenkens, dann stellt sich die Frage so: Warum bilden sich Organisationen, in denen Anordnungen durch Vorgesetzte erfolgen, wenn die Wohlfahrtsökonomie lehrt: Über Konkurrenzgleichgewichte werde eine bestmögliche Verteilung knapper Mittel in einer Gesellschaft erreicht?

Mit dieser Frage sucht *Coase* 1937 nach den Gründen für die Existenz von Unternehmungen in einer Modellwelt von Konkurrenzgleichgewichten. Jahrzehntelang wird seine Untersuchung kaum beachtet, bis über das Forschungsprogramm "Markt und Hierarchie" dieser später sog. Transaktionskostenansatz zur Erklärung von Institutionen

---

8 Stein, L. von, System der Staatswissenschaft, Band 1: System der Statistik, der Populationistik und der Volkswirthschaftslehre, 1852, S. 278 f., 287 ff.; ders., Die Volkswirthschaftslehre, 2. Aufl. 1878, S. 250.

9 O'Driscoll, G.P./Rizzo, M.J., The Economics of Time and Ignorance, 1985, S. 65.

ausgebaut wird[10]:

a) *Coase* setzt Unternehmung vereinfachend gleich "Anordnung durch Vorgesetzte" und entwickelt seine Überlegungen an der Frage "Selbstherstellung oder Fremdbezug?", also an der Wahl der Produktionstiefe einer Unternehmung (vertikale Integration). Arbeitsteilung bedeute zunächst in einem Markt, daß z.B. der eine ein Vorprodukt erstellt, ein anderer das Endprodukt. Ob beide Unternehmer selbständig bleiben oder sich zu einer Unternehmung als Institution zusammenschließen, hänge von den Kosten der beiden Alternativen ab. Beim Zusammenschluß entstehen zusätzlich Kosten für die Organisation der gemeinsamen Fertigung (Selbstherstellung). Dafür entfallen jedoch für beide Unternehmer sog. marketing costs. Sie entsprechen den Kosten, die sich mit der Anzahl der Markthandlungen (Tauschvorgänge) ändern und umfassen z.B. die Aufwendungen bei der Suche nach Marktüberblick und bei Preisverhandlungen bis zum jeweiligen Kaufabschluß (Fremdbezug). Das Optimum der Betriebsgröße im Hinblick auf Produktionstiefe sei dann erreicht, wenn der Zuwachs an Organisationskosten bei weiterer vertikaler Integration von Produktionsstufen gerade die Einsparung an marketing costs aufzehre.

Für *Coase* gilt, daß Unternehmungen wegen der marketing costs entstehen. Diese seien Kosten für die Benutzung des "Preismechanismus"; ein Begriff, der so erläutert wird, daß etwas für die Entdeckung zu zahlen sei, welche Höhe die "relevanten" Preise haben. Als "relevante" Preise scheint *Coase* zum einen die gerade am Markt zufällig herrschenden Preise anzusehen, die der einzelne durch Herumtelefonieren über die heutigen Kosten des Heizöls oder einer Dreizimmerwohnung usw. zu erfahren sucht, um für sich das günstigste Kosten/Leistungsverhältnis zu erkunden. Dieser Marktpreis-Suchprozeß sichert jedoch allenfalls eine *einzelwirtschaftlich* effiziente Verwendung knapper Mittel, aber noch keine gesamtwirtschaftliche Allokationseffizienz.

Nachdem *Coase* fragt: Warum organisiert sich eine Volkswirtschaft nicht nur über Märkte, auf denen einzelne Personen handeln, sondern "koordiniert ökonomische Aktivitäten" auch über Unternehmungen als Institutionen?, scheint er zum anderen mit "relevanten" Preisen solche zu meinen, die Allokationseffizienz sichern. Hiergegen ist einzuwenden: Warum soll ein einzelner Anbieter oder Nachfrager gerade nach diesen Preisen suchen? Ein Anbieter hat nur etwas von Verkaufserlösen über seinen persönlichen Kosten, und ein Nachfrager strebt nach entsprechendem Überschuß: nach Anschaffungsausgaben unter seinen späteren Nettoerlösen bzw. unter den Ausgaben für Güter mit gleichem Nutzenindex. Keiner hat etwas davon, wenn er jene Marktpreise sucht, die eine gesamtwirtschaftlich effiziente Allokation sichern. Deshalb irrt *Coase* mit seiner Behauptung, daß die Kosten für die Organisation der Produktion zugleich solche für die Entdeckung seien, welches solche "relevanten" Preise sind[11].

---

10 Vgl. Coase, R.H., The Nature of the Firm, Economica, New Series 1937, S. 386 ff. Zu seiner Sicht der Entwicklung des Transaktionskostenansatzes vgl. ders., The Nature of the Firm: Origin, Journal of Law, Economics, and Organization 1988, S. 3 ff.; ders., The Nature of the Firm: Meaning, ebenda, S. 19 ff.; ders., The Nature of the Firm: Influence, ebenda, S. 33 ff.

11 Coase, R.H., Economica, New Series 1937, S. 390.

b) *Williamson*[12] entwickelt sein Forschungsprogramm "Markt und Hierarchie" aus einer auf *Coase* aufbauenden Untersuchung über vertikale Integration. Er geht von folgenden Voraussetzungen aus:

aa) Transaktionen werden in Anlehnung an Commons[13] als Markthandlungen (bargaining transactions) und Anordnung von Vorgesetzten (managerial transactions) verstanden mit der Folge, daß Transaktionskosten als Oberbegriff für marketing costs und Organisationskosten benutzt werden.

bb) Agents handelten unter beschränkter Rationalität aufgrund von Unsicherheit und der Komplexität von Wahlproblemen. Der Begriff beschränkte Rationalität wird von Williamson im Anschluß an Simon als "*intendedly* rational, but only *limitedly* so" verstanden[14]. Diese Kennzeichnung "beschränkte Rationalität" bleibt unklar: Wer in seinem Enscheidungsmodell rational zu handeln beabsichtigt, handelt immer beschränkt rational, weil er begrenzte Mittel, Handlungsmöglichkeiten und weitere Nebenbedingungen beachten muß. Nur ein im Planungszeitpunkt Außenstehender mit besserem Wissen könnte die Beschränkung erkennen. "Beschränkte Rationalität" bezeichnet den Sachverhalt, daß ein außerhalb der beobachteten Welt Stehender objektive Situationselemente erkennt, die ein Entscheidender nicht weiß. Der Begriff "beschränkte Rationalität" bietet also nur einen anderen Namen für das unvollständige Wissen eines Entscheidenden. Williamson hat inzwischen seine Auffassung dahin abgewandelt, daß beschränkte Rationalität alle Formen von Verträgen unerfüllbar werden lasse, die vollständig die Rechte und Pflichten regeln wollen. Unvollständige vertragliche Vereinbarungen seien zu untersuchen[15]. So "wirklichkeitsnah" das auch erscheint: Die Schwierigkeiten einer Theorienbildung beginnen bei der Frage, wie für einzelne Verträge "mehr oder weniger unvollständig" gemessen und daraufhin allgemeingültige Folgerungen gezogen werden sollen.

Hinzugefügt wird von Williamson der Gedanke, Agents seien selbstsüchtig und nützten

---

12 Vgl. Williamson, O.E., The Vertical Integration of Production: Market Failure Considerations, The American Economic Review, Papers and Proceedings 1971, S. 112 ff.; ders., Markets and Hierarchies: Analysis and Antitrust Implications, 1975; das Folgende nach Williamson, O.E./Ouchi, W.G., The Markets and Hierarchies Programme of Research: origins, implications, prospects, in: Francis, A. u.a. (ed.), Power, Efficiency and Institutions, 1983, S. 13 ff., S. 33

13 Commons, J.R., Institutional Economics, The American Economic Review 1931, S. 648 ff.; ders., Institutional Economics, 1934.

14 Simon, H., Administrative Behavior, 2nd ed. 1961, S. XXIV; Williamson, O.E., Corporate Finance and Corporate Governance, The Journal of Finance 1988, S. 567 ff., S. 569.

15 Vgl. Williamson, O.E., The Logic of Economic Organization, Journal of Law, Economics and Organization 1988, S. 65 ff.

"opportunistisch" Gelegenheiten auf Kosten anderer Personen aus[16].

cc) Die Wahl zwischen Markt und Hierarchie richte sich nach drei Merkmalen:

(1) der Häufigkeit, mit der sich Transaktionen wiederholen,
(2) der Ungewißheit bei den Transaktionen,
(3) den Ausgaben für sog. transaktionsspezifische Investitionen.

Häufigkeit der Transaktionen bezieht sich auf den altbekannten Sachverhalt, daß manche Kosten von der Zahl der Aufträge abhängen, nicht aber von der Umsatzhöhe je Auftrag. Solche auftragsfixe Kosten entstehen z.B. in einem Reisebüro bei der Erledigung der Reisewünsche eines Kunden; denn die Kosten im Reisebüro unterscheiden sich nicht, ob der Kunde Touristenklasse oder ob er in der ersten Klasse fliegt und in Luxushotels für die doppelte Urlaubszeit absteigt.

Der Verweis auf die Ungewißheit bei Transaktionen und die Unvollständigkeit bei Verträgen ist weder neu noch wird er von Williamson *so* ausgebaut, daß z.B. die Einsichten der Entscheidungslogik unter Ungewißheit einbezogen werden.

Transaktionsspezifische Ausgaben betreffen z.B. Vorleistungen einer Unternehmung im Hinblick auf individuelle Kundenwünsche bei Auftragsfertigung. Im industriellen Anlagengeschäft sind erhebliche Investitionen nötig, ehe überhaupt ein Auftragsangebot unterbreitet werden kann: Technische Vorkalkulationen, die Versuchsreihen voraussetzen, u.U. den Bau einer Pilotanlage. Diese Ausgaben sind für den Anbieter, wenn es nicht zur Auftragserteilung kommt, in den Sand gesetzt. Das kann ein Kunde ausnutzen, indem er den Preis zu drücken versucht und zwar gegenüber allen konkurrierenden Anbietern. Ein ähnlicher Fall tritt auf, wenn Kunden bisher lediglich Optionen auf Lieferungen erteilt haben, der Lieferant gleichwohl Investitionsausgaben tätigt und nun zusätzliche Wünsche von den Kunden kommen, ehe sie ihre Optionen in feste Lieferverträge umzuwandeln bereit sind. Nicht gemeint sind mit transaktionsspezifischen Ausgaben, daß jede Unternehmung erst einmal Kapazitäten erstellen muß, ehe sie als Anbieter auftreten kann; denn bei einer Produktion für einen "anonymen" Markt (einfache, nicht kundenspezifische Serien- oder Sortenfertigung) sind im Grunde alle Ausgaben (markt-)transaktionsbedingt.

So realistisch die mit Häufigkeit, Ungewißheit und transaktionsspezifischen Investitionen umschriebenen Sachverhalte sein mögen, so wenig führt die Erläuterung über altbekannte klassenbildende (realtypologische) Aussagen hinaus.

---

16 Den Gesichtspunkt des "opportunistischen" Verhaltens in Organisationen betont in seiner Lehre von der X-Efficiency in zahlreichen Veröffentlichungen Leibenstein, vgl. besonders Leibenstein, H., Beyond Economic Man. A New Foundation for Microeconomics, 1976; kritisch dazu Stigler, G.J., The Xistence of X-Efficiency, The American Economic Review 1976, S. 213 ff.; Alessi, L. De, Property Rights, Transaction Costs, and X-Efficiency: An Essay in Economic Theory, The American Economic Review 1983, S. 64 ff.

dd) Wirtschaftlichkeitsvergleiche mittels Transaktionskosten seien die hauptsächliche Einflußgröße, die lebensfähige Kooperationsformen zwischen Anbietern und Nachfragern herausfiltere. Durch Unterschiede in den Transaktionskosten könne die Organisationsstruktur erklärt werden.

Diese Anleihe bei *Coase* steht unverbunden neben Anleihen bei *Commons* und *Simon* und sieht sich den Einwänden ausgesetzt: Wieso erlaubt für den außenstehenden, besser informierten Forscher ein rationaler Kostenvergleich die Erklärung einer Wahl über die Art der Institutionenbildung, wenn der Entscheidende selbst, durch sein begrenztes Wissen erzwungen, nur beschränkt rational entscheiden kann? Muß nicht der außenstehende Forscher wegen des unvollständigen Wissens der Handelnden auf deren Überlegungen zur Verringerung von Einkommensunsicherheiten jenseits entscheidungslogischer Kostenrationalität zurückgreifen? Kostendifferenzen können nicht einmal für einen vollständig informierten Entscheidenden den Ausschlag geben, wenn die Wahl zwischen Institutionen auch die Erträge und die Risikoeinschätzung ändert. Dieser Einwand wird im folgenden Abschnitt näher erläutert.

Williamson versteht es allerdings, seine Problemlösungsidee mit praxisnahen Musterbeispielen zu koppeln und so gängige Organisationsmuster in seine Lehre einzubeziehen, wie eine mehrere Geschäftsbereiche umfassende, auf mehreren Produktmärkten tätige Organisation - die sog. M-Form. Damit wird eine widersprüchliche und lückenhafte Theorie verdeckt[17].

Transaktionskosten werden dabei häufig als "Kosten der Koordination über den Markt oder innerhalb der Unternehmung" definiert[18], und die Anhänger dieses Ansatzes hoffen, sämtliche wirtschaftlichen Institutionen einer Gesellschaft damit zu erklären. So ist z.B. behauptet worden: "Ohne Transaktionskosten sind Institutionen wie Geld, Unternehmungen, privates Eigentum an Unternehmungen, öffentliche Regulierung, Anti-Trust Politik usw. irrelevant ... Die Welt ohne Transaktionskosten ist institutionenneutral. Das Konzept der Transaktionskosten spielt zumindest als Denkhilfe eine wichtige Rolle bei der ökonomischen Begründung von Institutionen"[19].

Ein erster Einwand gegen den Transaktionskostenansatz folgt aus der mangelnden Konsistenz in den Aussagen darüber, was dieser leisten will. Entweder sind ohne Transaktionskosten Institutionen wie Geld, Unternehmungen, Privateigentum an Unternehmun-

---

17 Vgl. zur Kritik Bauer, M./Cohen, E., The Invisibility of Power in Economics: beyond markets and hierarchies, in: Francis, A. u.a. (ed.), Power, Efficiency and Institutions, 1983, S. 81 ff.; Loasby, B.J., Choice, complexity and ignorance, 1976, S. 64 ff., dessen eigenen Ansatz (Unternehmungen existieren wegen der Kosten, mit der Unsicherheit umzugehen) der Einwand trifft, daß Kosten nicht unabhängig vom Markt zu bestimmen sind.

18 Richter, R., Institutionenökonomische Aspekte der Theorie der Unternehmung, in: Ordelheide, D./Rudolph, B./Büsselmann, E. (Hrsg.), Betriebswirtschaftslehre und ökonomische Theorie, 1991, S. 395 ff., S. 399.

19 Richter, R., S. 421 f.

gen irrelevant, dann sind Transaktionskosten eine notwendige Existenzbedingung für diese Institutionen. Oder Transaktionskosten sind lediglich ein heuristisches Konzept, eine Denkhilfe bei der Begründung von Institutionen, dann existieren andere, zwingende Existenzvoraussetzungen für Institutionen, und die Welt ohne Transaktionskosten ist nicht institutionenneutral.

Warum z.B. Privateigentum an Produktionsmitteln nicht über Transaktionskosten begründet werden kann, wird deutlich, wenn zwei Begriffe von Institutionen auseinandergehalten werden[20], nämlich

1. Institutionen im Sinne von Regelsystemen. Dazu gehört Privateigentum an Produktionsmitteln, öffentliche Regulierung und wohl auch Geld.

2. Institutionen im Sinne von durch Regelsysteme geordneten Handlungsabläufen, also Handlungssystemen. Dazu zählt die Unternehmung, aber auch ein Markt als Organisation, z.B. eine Wertpapierbörse.

Das Unterscheidungsmerkmal beider Institutionenbegriffe ist: Regelsysteme haben keine Mitglieder; Institutionen im Sinne von Organisationen haben Mitglieder.

Regelsysteme wie Handlungssysteme können zum einen "zwar durchaus das Ergebnis menschlichen Handelns" sein, "nicht jedoch die Durchführung irgendeines menschlichen Planes", so wie es Adam Ferguson 1767 formulierte[21]. In diesem Fall sind sie aus dem Wirken einer "unsichtbaren Hand" zu erklären, also das Ergebnis einer spontanen Ordnung im Sinne Hayeks[22]. Zum anderen entstehen Institutionen aus einem Gesetzesplan oder aus Plänen einzelner.

Der Transaktionskostenansatz versagt restlos bei der Frage: Für welche Institutionen sind "Unsichtbare Hand-Erklärungen" geeignet? Denn seine Methodik geht von einem Denken in Kostenvergleichen aus. Damit werden Institutionen allein als Ergebnis einer freiwilligen Koordination von Einzelwirtschaftsplänen angesehen, also als Ergebnis menschlichen Entwurfs, nicht einer spontanen Ordnung.

Ein zweiter Einwand gegen den Transaktionskostenansatz lautet: Selbst soweit Institutionen als Durchführung eines menschlichen Planes zu erklären sind, bleibt der Transaktionskostenansatz für einen Institutionenvergleich unzureichend. Dies zeigt sich schon

---

20 Parsons, T., Social Structure and the Symbolic Media of Interchange, in: Blau, P.M. (ed.), Approaches to the Study of Social Structure, 1976, S. 94 ff., S. 97; Vanberg, V., Der individualistische Ansatz zu einer Theorie der Entstehung und Entwicklung von Institutionen, Jahrbuch für Neue Politische Ökonomie 1983, S. 50 ff., S. 55 f.

21 Ferguson, A., An Essay on the History of Civil Society, 1767 (Nachdruck 1966), S. 122; deutsch: Versuch über die Geschichte der bürgerlichen Gesellschaft, 1986, S. 258.

22 Hayek, F.A. von, Die Ergebnisse menschlichen Handelns, aber nicht menschlichen Entwurfs, in: ders., Freiburger Studien, 1969, S. 97 ff.

an dem Musterbeispiel der vertikalen Integration von Unternehmungen. Sind in ein und demselben Zeitraum höhere Absatzmengen nur zu niedrigeren Preisen vom Endprodukthersteller und vom Vorprodukthersteller zu verkaufen, reicht der Vergleich zwischen Kosten der Marktkoordination und Organisationskosten für die Entscheidung über vertikale Integration nicht aus, weil durch die Integration ein Mehrgewinn, eine Integrationsrente, entsteht: Durch die Integration sinken die Grenzkosten des Endproduktherstellers, weil an Stelle der Beschaffungspreise, die ein selbständiger Vorprodukthersteller verlangt, dessen zusätzliche Kosten je Vorprodukteinheit treten. Wird die Abhängigkeit von Absatzmengen und Preisen beim Endprodukthersteller durch den Zusammenschluß nicht verändert, liegt wegen der gesunkenen zusätzlichen Kosten je Endprodukteinheit in der integrierten Unternehmung der gewinnmaximale Preis bei einer höheren Ausbringungsmenge. Damit steigt der Gewinn über die Summe der Gewinne beider Unternehmungen bei Selbständigkeit hinaus. Diese Integrationsrente hat eine, die gesamtwirtschaftliche Verwendung knapper Mittel (Allokation) verbessernde Wirkung[23].

Weder Integrationsrenten als Folge unvollkommener Konkurrenz noch die viel wichtigeren Verlagerungen von Einkommensunsicherheiten (z.B. höhere, nur mit Verzögerungen abbaufähige Kapazitätskosten, statt rascher abbaufähiger höherer Bezugskosten des Vorprodukts) lassen sich empirisch testbar auf Transaktionskostenvergleiche reduzieren.

Weitere Einwände gegen den Transaktionskostenansatz folgen aus der Annahme von Williamson[24], Unternehmungsleitungen handelten mit beschränkter Rationalität, und aus der mangelnden Meßbarkeit von Transaktionskosten. Hier bleibt zu fragen:

1. Wieso kann bei beschränkter Rationalität ein rationaler Kostenvergleich mittels Transaktionskosten über die Art der Institutionenbildung entscheiden?
2. Wie lassen sich bei beschränkter Rationalität Transaktionskosten ermitteln, wenn im volkswirtschaftlichen Sprachgebrauch Kosten und Opportunitätskosten meist sinngleich verwandt werden?

Damit sind Transaktionskosten eine spezifische Implikation des uneingeschränkten entscheidungslogischen Rationalitätsprinzips; denn Opportunitätskosten heißt die Abweichung des Nutzens der verwirklichten (nutzenmaximalen) Alternative von dem Nutzen der besten dadurch verworfenen Alternative. Opportunitätskosten sind ein rein subjektives Denkkonstrukt, das nur im Konkurrenzgleichgewicht zu einem beobachtbaren Sachverhalt werden kann[25]. Opportunitätskosten von Transaktionen lassen sich

---

23 Niehans, J., Monopolpreis, vertikale Integration und Mengenrabatt, Schweizerische Zeitschrift für Volkswirtschaft und Statistik 1959, S. 328 ff.; Sohmen, E., Allokationstheorie und Wirtschaftspolitik, 1976, S. 245.

24 Williamson, O.E., Journal of Finance 1988, S. 567 ff., S. 570.

25 Buchanan, J.M., Cost and Choice, 1969, S. 85; Vaughn, K., Does It Matter That Costs Are Subjective?, Southern Economic Journal 1980, S. 702 ff.

nicht messen, weil ein Konkurrenzgleichgewichtspreis, bei dem kein Anbieter oder Nachfrager seinen Wirtschaftsplan zu ändern gedenkt, nirgendwo zu beobachten ist[26].

Wer in eigener Verantwortung Einkommen durch Tausch oder Selbsterzeugung zu erwerben sucht, sieht sich zwei Erfahrungssachverhalten gegenüber:

a) das Wissen über das, was sein wird, ist unvollständig. Es herrscht Unsicherheit über die Folgen eigenen Tuns und Unterlassens.

b) Wissen, Wollen und Können sind zwischen den Menschen höchst ungleich verteilt.

Daraufhin werden Menschen, teilweise in Gemeinschaft mit anderen Menschen, teilweise in Rivalität zu anderen Menschen, Einkommensunsicherheiten zu verringern suchen. Vertragsbedingungen sollen Unsicherheit darüber mindern, was wann geschehen könne. Nutzenmaximierungskalküle über Vertragsformen verlangen das Einbeziehen von Unsicherheit. Der Transaktionskostenansatz reduziert jedoch das Nutzenmaximierungskalkül über Vertragsformen auf einen anscheinend sicheren Kostenvergleich. Vermutlich ist der Transaktionskostenansatz gerade wegen der Trivialisierung des Nutzenmaximierungskalküls unter Ungewißheit auf einen Kostenvergleich in manchen Kreisen so populär geworden.

Nicht viel fruchtbarer als der Transaktionskostenansatz erscheint die Lehre von den Agency-Kosten. Wissensunterschiede zwischen Auftraggeber (z.B. Aktionären) und Beauftragten (z.B. dem Vorstand einer Aktiengesellschaft) sollen für einen Erklärungsversuch. quantifiziert werden durch Überwachungskosten des Auftraggebers (monitoring-costs), Kosten, die aus der Kontrolle dem Beauftragten entstehen (bonding-costs) und durch einen Restverlust der Auftraggeber, weil ein Beauftragter nicht so handelte, als wäre er sein eigener Herr (residual-loss)[27]. Durch die Reduktion der Verhandlungs- bzw. Vertretungssituation bei ungleicher Wissensverteilung zwischen z.B. Unternehmungsleitung einerseits, Anteilseignern oder Kreditgebern andererseits, auf einen Kostenvergleich werden jene Probleme unterdrückt, die aus nicht versicherbarer Unsicherheit und aus Wissens- und Handlungsvorsprüngen anderer Personen folgen[28]. Die Lehre von den Agency Costs ist von der Lehre von den Principal-Agent-Beziehungen zu trennen, wie sie unter III. erörtert wird; denn letztere berücksichtigt ausdrücklich Ungewißheit und Ungleichverteilung des Wissens bei der ökonomischen Erklärung des Inhalts von Verträgen.

---

26 Zu weiteren Einwänden gegen den Begriff der Transaktionskosten vgl. Schneider, D., Betriebswirtschaftslehre, S. 480-485.

27 Jensen, M.C./Meckling, W.H., Theory of the Firm: Managerial Behavior, Agency Costs and Ownership Structure, The Journal of Financial Economics 1976, S. 305 ff.; Fama, E.F./Jensen, M.C., Agency Problems and Residual Claims, The Journal of Law and Economics 1983, S. 327 ff., S. 327; zur Abgrenzung zwischen Transaktions- und Agency Costs Williamson, O.E., Journal of Finance 1988.

28 Schneider, D., Betriebswirtschaftslehre, S. 555-558.

3. Grenzen einer ökonomischen Analyse des Rechts auf der Grundlage institutionenbezogener Nutzenmaximierung

Verkürzt man "ökonomische Analyse des Rechts" auf die Sicht der Chicago School of Law und ihrer Ableger (Verfügungsrechte, Transaktions- und Agency-Kosten), so ist das Urteil über die Fruchtbarkeit für rechtswissenschaftliche Fragestellungen rasch gefällt:

Die Chicagoer ökonomische Analyse des Rechts beschränkt sich methodisch auf eine Abstimmung von Einzelwirtschaftsplänen durch ein vom Himmel gefallenes Konkurrenzgleichgewicht, also auf Umweltgegebenheiten für eine Organisation der gesellschaftlichen Produktions- und Konsumverhältnisse, die jenseits jeder Realisierbarkeit liegen.

Zwar erscheint vor allem innerhalb der volkswirtschaftlichen Makroökonomie noch immer der Glaube verbreitet, allgemeine Gleichgewichtsmodelle irgendwelcher Ausgestaltung seien eine zwar vereinfachte, aber adäquate Beschreibung der Welt, so wie sie ist[29]. Indes ist die Gleichgewichtsanalyse bislang durchgängig auf Existenzbeweise beschränkt, d.h. sie analysiert die Widerspruchsfreiheit logischer Schlüsse aus Annahmen. Selbst die wenigen Konvergenzbeweise[30] bieten noch keinen konstruktiven Beitrag, wie ein Gleichgewichtszustand selbst unter modellmäßig stark vereinfachten Handlungsabläufen unter Unsicherheit errichtet werden kann[31].

Gleichgewichtsmodelle sind wegen ihres deterministischen Denkstils (der allenfalls Pseudounsicherheit über in Konkurrenzgleichgewichten versicherte "contingent claims" berücksichtigt[32]) nicht in der Lage, Institutionen zu erklären. Vielmehr setzen sie die Existenz einzelner Institutionen, wie einen kostenlos tätigen Auktionator zur Preisbestimmung, voraus. Institutionen sind aber erforderlich, um unter Unsicherheit und Ungleichverteilung des Wissens eine Wirtschaftsordnung zu errichten. Dabei werden Rechtsetzungen hauptsächlich benötigt, damit Ströme von Handlungsabläufen nicht über jene Dämme treten, die in einer evolutorischen Wirtschaft z.B. Wettbewerb unter

---

29 Reder, M.W., Chicago Economics: Permanence and Change, Journal of Economic Literature 1982, S. 1 ff.

30 Z.B. Smale, S., A Convergent Process of Price Adjustment and Global Newton Methods, Journal of Mathematical Economics 1976, S. 107 ff.; Fisher, F.M., A Non-Tâtonnement Model with Production and Consumption, Econometrica 1976, S. 907 ff.

31 Witt, U., Marktprozesse, 1980, S. 94-107; Schneider, D., Betriebswirtschaftslehre, S. 506 f., 512-517.

32 Arrow, K.J., The Role of Securities in the Optimal Allocation of Risk-Bearing, Review of Economic Studies 1964, S. 91 ff.; Debreu, G., Theory of Value, 1959.

"Regeln gerechten Verhaltens"[33] sichern sollen. Gleichgewichtsmodelle reduzieren Fragen der kommutativen Gerechtigkeit auf eine wohlfahrtsökonomische Allokationseffizienz, die ihrerseits durch das exogene Setzen einer Anfangsausstattung an Mitteln Verteilungsprobleme ausschaltet. Fragen der distributiven Gerechtigkeit werden bisher von der Chicagoer ökonomischen Analyse des Rechts beiseite gelassen oder allein durch die Marktergebnisse bestimmt angesehen werden. Wegen dieser Voraussetzungen erscheint die auf Transaktions- und Agency-Kosten-Überlegungen aufbauende ökonomische Analyse des Rechts Chicagoer Herkunft für rechtswissenschaftliche Fragestellungen viel zu eng.

In der folgenden ökonomischen Theorie der Unternehmung bei ungleicher Wissensverteilung wird ökonomische Analyse des Rechts als Untersuchung von Rechtsetzungen auf ihre Entscheidungswirkungen und Verteilungsfolgen hin verstanden. Dabei schließt z.B. eine ökonomischen Analyse des Steuerrechts die Probleme einer unterschiedslosen Besteuerung für gleich hoch gemessene steuerliche Leistungsfähigkeit ein[34].

III. Ökonomische Theorie der Unternehmung bei ungleicher Wissensverteilung

Die Theorie der Unternehmung bei ungleicher Wissensverteilung geht von dem Sachverhalt aus, Einkommensunsicherheiten und Ungleichverteilung des Wissens seien durch Bildung von Institutionen (Regelsystemen und Handlungssystemen) zu verringern. Markt und Unternehmung werden darin als Institutionen im Sinne von Handlungssystemen, also als Organisationen, verstanden:

a) Markt heißt eine geordnete Menge an Handlungsabläufen in Form von Wissenssammlungen, Verhandlungen, um zu Tauschvereinbarungen zu kommen, und Durchführungen von Tauschvereinbarungen mittels Übereignung von Verfügungsrechten. Diese Marktprozesse werden geordnet durch eine Marktstruktur und durch Marktregeln.

Marktstruktur heißt die Gesamtheit der faktischen Einflußgrößen, unter denen Marktprozesse erklärt werden, z.B. Anzahl und Größe der Anbieter und Nachfrager, Produktdifferenzierung der gehandelten Marktgegenstände und weitere Merkmale, wie sie z.B. im Wettbewerbsrecht einen relevanten Markt kennzeichnen[35]. Marktregeln umfassen zum einen die Regelsysteme für das Ausüben von Unternehmerfunktionen in Märkten und Unternehmungen, die nicht durch die Wirtschaftsordnung vorgegeben sind (z.B. Kalkulationstechniken) und zum anderen die Marktverfassung. Marktver-

33 Hayek, F.A. von, Recht, Gesetzgebung und Freiheit, Band 1: Regeln und Ordnung, 1980, S. 142 f., 149.

34 Schneider, D., Grundzüge der Unternehmensbesteuerung, 5. Aufl. 1990, S. 17 ff.

35 Monopolkommission, Fünftes Hauptgutachten 1982/83, BT-Drucksache 10/1791, 1984, S. 195-210.

fassung heißt die aus der Wirtschaftsordnung folgenden Normen in Form von zwingenden Rechtsgeboten oder -verboten bis hin zu Handelsbräuchen.

Wird Markt als Name für über Marktstruktur und Marktverfassung geordnete Marktprozesse verstanden, so bildet die Marktverfassung das Bindeglied zwischen einer ökonomischen Theorie der Institution Markt und rechtswissenschaftlichen Fragestellungen.

b) Unternehmung heißt entsprechend eine geordnete Menge an Handlungsabläufen mit den Eigenschaften,

1. Marktprozesse als Anbieter in Absatzmärkten und als Nachfrager in Beschaffungsmärkten unter einem einheitlichen Willen durchzuführen,
2. die Marktprozesse begleitende disponierende und produzierende Tätigkeiten (Marktzufuhrhandlungen) auszuüben.
3. das erzielte Markteinkommen auf die an der Unternehmung mitwirkenden Personen und anspruchsberechtigten Institutionen zu verteilen.

Die so umschriebenen Unternehmungsprozesse werden über Unternehmensstrukturen und Unternehmungsregeln geordnet. Unternehmungsstruktur heißt die Gesamtheit der faktischen Einflußgröße, unter denen Unternehmungsprozesse in und zwischen Märkten erklärt werden, wie Betriebsgröße, Produktionsprogramm, Eigenkapitalausstattung usw. Unternehmungsregeln umfassen sowohl Regelsysteme für das Ausüben von Unternehmensfunktionen in den Märkten und der Organisation Unternehmung, die nicht durch die Wirtschaftsordnung vorgegeben sind, als auch die Unternehmungsverfassung. Die Unternehmungsverfassung schließt jene Normen ein, denen die Unternehmungsprozesse folgen sollen. Sie verknüpft die Theorie der Unternehmung mit rechtswissenschaftlichen Fragestellungen. Darauf wird in Teil C. näher eingegangen.

Wie läßt sich nach dieser Inhaltsbestimmung für die Institutionen Markt und Unternehmung eine ökonomische Theorie der Unternehmung aufbauen?

Ein erster Ausgangspunkt ist der methodologische Individualismus. Hier wird er durch die Sprachregelung eingeführt: Jedermann ist im Hinblick auf die Unsicherheit im Einkommenserwerb Unternehmer seines Wissens, seiner Arbeitskraft und seines Vermögens. Als Unternehmer handeln heißt dabei, bestimmte Aufgaben (Unternehmerfunktionen) zu erfüllen oder andere Personen (Manager) damit zu beauftragen. Bei dieser Sichtweise ist auch der Arbeiter oder Angestellte Unternehmer seiner Arbeitskraft, zumindest bei der Berufswahl und Arbeitsstellenauswahl.

Für eine Theorie der Unternehmung als einer Institution zur Verringerung von Einkommensunsicherheiten sind drei Unternehmerfunktionen hervorzuheben[36]:

---

36 Zur Wissenschaftsgeschichte der Lehre von den Unternehmerfunktionen Schneider, D., Betriebswirtschaftslehre, S. 6-12.

1. Die Übernahme der Einkommensunsicherheit anderer Menschen, um für sich selbst die Voraussetzungen für planbaren Einkommenserwerb zu schaffen. Wer anderen Menschen zeitweise Lohn oder Gehalt zahlt, ist Unternehmer in dieser, die Institution Unternehmung begründenden Funktion. Die Unternehmerfunktion der Übernahme von Einkommensunsicherheiten ist nicht auf die vertragliche Vereinbarung zur Zahlung eines Festbetrages gegen Arbeitsleistungen oder die zeitweise Überlassung von Geld, Sachen usw. begrenzt. Ebenso kann die Errichtung einer Partnerschaft mit Verteilung des gemeinsam erwirtschafteten Einkommens wegen der Zusammenfassung verschiedener Fähigkeiten (persönlicher Qualifikationen, Geldeinsatz) und wegen der Risikoteilung zur Verringerung von Einkommensunsicherheiten bei jedem Beteiligten führen.

2. Das Erzielen von Arbitrage-, besser: Spekulationsgewinnen als Unternehmerfunktion, die das Vermitteln von Angebot und Nachfrage bzw. das Handeln in und zwischen Beschaffungs- und Absatzmärkten betont. Fertigung erscheint hierbei als Arbitrage zwischen Produktions- bzw. Marktstufen. Das Erzielen von Arbitragegewinnen läßt sich als institutionenerhaltende Unternehmerfunktion nach außen, d.h. gegenüber rivalisierenden Personen und Institutionen bezeichnen.

3. Das Durchsetzen von Änderungen in wirtschaftlicher Führerschaft als Unternehmerfunktion, über die das Weiterbestehen von Institutionen im Wandel der Innenbeziehungen in einer Organisation erklärt werden kann. Das Durchsetzen von Änderungen beschreibt eine institutionenerhaltende Unternehmerfunktion nach innen. Das Durchsetzen von Änderungen verlangt nicht selten, gegen die Einkommenserwartungen und Unsicherheitseinschätzungen anderer Personen zu handeln, die in derselben Institution tätig oder an ihr beteiligt sind.

Das Ausüben jeder dieser Unternehmerfunktionen wird erforderlich, solange Unsicherheit und Ungleichverteilung des Wissens unter Menschen vorhanden sind. Wenn ein Unternehmer seines Wissens, seiner Arbeitskraft und seines Vermögens mit anderen so verstandenen Unternehmern in Beziehung tritt, um seine Einkommensunsicherheiten zu verringern, so drängen sich zwei Fragen auf:

a) Welche Folgen auf die gegenseitige Abstimmung einzelwirtschaftlicher Pläne in Märkten hat das Wissen, daß ein möglicher Marktpartner vor Vertragsabschluß einen Wissensvorsprung hat? Der Wissensvorsprung vor Vertragsabschluß über Tatbestände, die ein Tauschverhältnis bestimmen, läßt sich als verborgene Information bezeichnen[37].

Ein Musterbeispiel für verborgene Informationen vor Vertragsabschluß kann aus der Vermutung eines Nachfragers entstehen, daß der Verkäufer eines Gebrauchtwagens ihn deshalb verkaufen will, weil es sich um ein "Montagsauto" mit Qualitätsmängeln ("lemon") handelt. Wenn der Nachfrager glaubt, daß verborgene Qualitätsmängel dem Gebrauchtwagen innewohnen, wird er einen geringen Preis bieten, den der Verkäufer

---

37 Arrow, K.J., The Economics of Agency, in: Pratt, J.W./Zeckhauser, R.J. (eds.), Principals and Agents: The Structure of Business, 1985, (Arrow, K.J., Agency), S. 37 ff., S. 38 f.

nicht akzeptieren wird, falls der Wagen mängelfrei ist. Die Folge kann sein, daß wegen einer solchen Ungleichverteilung des Wissens, ob das Angebot eine nachteilige Auslese darstelle ("adverse selection"[38]), ein beide Seiten besser stellender Tausch nicht zustande kommt.

Der erste Anwendungsfall der Theorie der Unternehmung bei ungleicher Wissensverteilung in Teil C. behandelt ein Problem verborgener Informationen, wobei Konflikte mit der Unternehmerfunktion des Suchens nach Arbitragegewinnen auftreten.

b) Welche Folgen auf den Vertragsinhalt hat das Wissen, daß der Marktpartner nach Vertragsabschluß, also bei der Vertragsdurchführung (dem Vollzug des Tausches), einen Handlungsspielraum gewinnt, den er im Eigeninteresse ausnutzen kann? Der Wissensvorsprung und Handlungsspielraum während der Vertragsdurchführung durch den Marktpartner kann Anlaß zu verborgenen Handlungen sein (moral hazard).

Musterbeispiele für verborgene Handlungen während der Vertragsdurchführung sind, daß ein Versicherungsnehmer mit einer Kaskoversicherung sein Auto besonders leichtsinnig fährt oder daß ein Manager bei Festbetragsentlohnung seinen Arbeitseinsatz auf routinemäßige Geschäftsabwicklungen zurückschraubt und seine Einfälle nur in privaten Nebengeschäften verwirklicht.

Nach Vertragsabschluß entsteht zwischen Anbieter und Nachfrager, insbesondere zwischen Vorgesetztem und Mitarbeiter, Managern und Geldgebern innerhalb einer Institution Unternehmung, die Beziehung, daß beide jeweils als Auftraggeber den Vertragspartner mit der Erfüllung von Aufgaben beauftragt haben. Bei einem solchen Auftraggeber-Beauftragten-Verhältnis ist zu fragen: Wie werden im Hinblick auf den Einkommensaspekt ihres Handelns ein oder mehrere Auftraggeber (Principals) und ein Beauftragter oder mehrere Beauftragte (Agents) unter Unsicherheit und bei uneinheitlichem Wissensstand ihre jeweiligen "Innenbeziehungen" regeln?

Als Principal-Agent-Probleme werden im Schrifttum sowohl Gefahren aus verborgenen Informationen als auch aus verborgenen Handlungen erörtert, ja sogar jede Beeinflussung des Nutzens des einen durch die Handlung eines anderen[39]. Indes erfüllt jedes Anrempeln auf der Straße, jeder Kauf oder Diebstahl die Eigenschaft der Nutzenbeeinflussung und legt damit ein unsinnig weites Begriffsverständnis bloß.

In Abgrenzung dazu wird hier von *Problemen aus dem Auftragshandeln* dann gesprochen, wenn *nach* Vertragsabschluß beim *zeitbeanspruchenden Vollzug* einer Tauschvereinbarung (z.B. während der Laufzeit eines Anstellungsvertrages) die Gefahr verborgener Handlungen besteht. Mit der personellen Trennung von Auftraggeber und Beauftragten ist regelmäßig eine Trennung von Eigentum und Verfügungsmacht erzwungen.

---

38 Akerlof, G.A., The Market for "Lemons": Quality Uncertainty and the Market Mechanism, Quarterly Journal of Economics 1970, S. 488 ff.

39 Arrow, K.J., Agency, S. 38 f.

Das Problem des Auftragshandelns ist die Kernfrage einer Lehre von den Innenbeziehungen einer Institution schlechthin: Wie kann verhindert werden, daß jene, die durch Handeln Macht ausüben, dies gegen die Interessen der sie Beauftragenden tun? Der Befürchtung verborgener Handlungen während der Vertragsdurchführung wird ein potentieller Vertragspartner durch zwei Arten von Vereinbarungen und ihrer Durchsetzung zu begegnen suchen:

1. Er wird selbst Kontrollen ausüben wollen und auf Rechenschaft des Beauftragten drängen, um möglichst unverfälscht über das unterrichtet zu werden, was bis zu einem Zeitpunkt tatsächlich geschehen ist. Bei Rechenschaft geht es um Ehrlichkeit und Vollständigkeit der Wissensübertragung über die Ausführung eines Auftrags zwischen dem Beauftragten und seinem Auftraggeber.

2. Er wird durch Einzelregelungen im Vertrag den möglichen Handlungsspielraum während der Vertragsführung zu begrenzen suchen. Dazu wird er insbesondere

- Handlungen des Beauftragten von seiner Zustimmung abhängig zu machen suchen; hinzu treten in Gruppen Gleichberechtigter Regelungen für Gruppenentscheidungen (qualifizierte Mehrheit usw.);
- Informationsgebote und Mitberatungsrechte vor (nicht-zustimmungsbedürftigen) Handlungen verlangen;
- Vertragsbedingungen vorsehen, die "anreizverträglich" sind. Anreizverträgliche Vertragsbedingungen sollen den Beauftragten dazu veranlassen, seinen Handlungsspielraum nicht zum Nachteil des Vertragspartners (Auftraggebers) auszunutzen, sondern sein Handeln *auf* die Interessen des Auftraggebers abzustimmen.

Das betriebswirtschaftliche Problem des Auftragshandelns ist nicht nur auf den Auftrag, Vermögen zu verwalten, zu beziehen, sondern z.B. auch auf den Sachverhalt, *daß* ein Arbeitnehmer seinen Arbeitsplatz gesichert wissen will. Darauf bezieht sich der zweite Anwendungsfall in Teil C., bei dem ein Konflikt zu der Unternehmerfunktion einer Abnahme von Einkommensunsicherheiten entstehen kann.

C. Zwei Anwendungsfälle der Theorie der Unternehmung bei ungleicher Wissensverteilung

I. Die ökonomische Fragwürdigkeit eines gesetzlichen Insiderhandelsverbots

Arbitrage- bzw. Spekulationsgewinne einzelner entstehen aus einer ungleichen Verteilung des unvollständigen Wissens unter Marktteilnehmern. Wer für eine Wettbewerbsordnung eintritt, glaubt daran, daß Arbitragegewinne zu einer, die volkswirtschaftliche Wohlfahrt fördernden Verwertung des Wissens in einer Gesellschaft beitragen. Sobald andere Personen verwirklichte Arbitragegewinne einzelner erkennen - was das geltende Bilanzrecht eher verhindert als ermöglicht -, werden sie deren Arbitragegelegenheiten nachahmen oder neue suchen. Dadurch werden sie, z.B. durch die Beeinflussung von Marktpreisen, das öffentlich zugängliche Wissen erweitern. So erhöht sich der Wissensstand des einzelnen, und eine Ungleichverteilung von Wissen wird abgebaut, weil keine Person oder Institution der Gesellschaft alles verfügbare Wissen besitzt[40]. Das Verwirklichen von Arbitragegewinnen hat unter Wettbewerb durchaus ethischen Gehalt, weil die Rivalität der Marktteilnehmer deren Selbstinteresse zähmt. "Die Concurrenz ist die sociale Selbstregulirung des Egoismus", sagte schon Rudolph von Ihering vor einem Jahrhundert[41].

Falsch ist dabei die Unterstellung, das Ausnutzen von Wissensvorsprüngen führe zu Schädigungen anderer Marktteilnehmer. Eine solche Überlegung träfe nur dann, wenn der Gewinn des einen der Verlust des anderen wäre, Wirtschaften also einem Nullsummenspiel gleichkäme. Bei einem vernünftigen, freiwilligen Tausch ist das von vornherein ausgeschlossen, weil nur getauscht wird, wenn jeder der Beteiligten sich bei seinem Wissensstand im Tauschzeitpunkt einen Vorteil davon verspricht.

Die juristische Theorie des Insiderrechts geht von Wertungen des Gesetzgebers aus, die sich bislang überwiegend auf die Vermutung solcher Schädigungen durch Insiderhandel stützen[42]. Hiergegen ist einzuwenden: Da in jeder Gesellschaft das Wissen unter den Menschen ungleich verteilt ist und eines der wenigen brauchbaren Instrumente zum Abbau ungleich verteilten Wissens das Markthandeln bleibt, legt das Werturteil: Börsengewinne aus Wissensvorsprüngen sind unmoralisch, zunächst nur ein weit verbreitetes anti-marktwirtschaftliches Vorurteil offen.

Hopt sieht insbesondere das "perverse incentive-Argument", daß Insider auch aus negativen Entwicklungen, für die sie mitverantwortlich sind, Gewinne ziehen können, mit dem Individualschutz des Anlegers als unvereinbar an[43]. Kann dieses Werturteil durch stichhaltige Argumente in ein begründetes Urteil verwandelt werden, wenn ein Beauftragter, z.B. der Vorstand einer Aktiengesellschaft gegenüber den Aktionären, durch eigene Handlungen sich einen Wissensvorsprung verschafft hat, den er für sich gewinnbringend ausnutzt?

Ein einfaches und durch Abwandlung der Bedingungen leicht ausbaufähiges Modell

---

40 Hayek, F.A. von, Der Wettbewerb als Entdeckungsverfahren, in: ders., Freiburger Studien, 1969, S. 249 ff.

41 Ihering, R. von, Der Zweck im Recht, 1. Band, 3. Aufl. 1893, S. 135.

42 Hopt, K.J./Will, M.R., Europäisches Insiderrecht, 1973, S. 39-53, 123-132; Arbeitskreis Gesellschaftsrecht, Verbot des Insiderhandelns, 1976, S. 9-11; kritisch dazu Schörner, P., Gesetzliches Insiderhandelsverbot, 1991, 1. Teil, der anschließend auch die später genannten Prüfaufgaben 1. - 3. erörtert.

43 Hopt, K.J., Europäisches und deutsches Insiderrecht, Zeitschrift für Unternehmens- und Gesellschaftsrecht 1991, S. 17 ff., S. 26.

verdeutlicht, wie wenig selbst ein Verbot des Insiderhandels für Insider "aufgrund ihrer Arbeit, ihres Berufs oder ihrer Aufgaben" (Art. 2 Abs. 1 der EG-Insider-Richtlinie) sich ökonomisch durch ein Individualschutzrecht für Kapitalanleger begründen läßt. Dabei ist zu betonen, daß hier nicht von einer Verbreitung falscher Informationen die Rede ist, wie sie einzelne amerikanische Insiderhandels-Prozesse offenbart haben. Vielmehr geht es in folgender Modellüberlegung um die rechtlich zulässige oder gar rechtlich gebotene Zurückhaltung von geschäftlichem Wissen, das dann bei Insiderhandel einzelne Wissensinhaber für gewinnbringende Eigengeschäfte nutzen.

Nehmen wir an, der Vorstand einer Aktiengesellschaft erfährt am 1.9., daß Erdölbohrungen, die bisher einen Grund für spekulative Käufe oder Nichtverkäufe boten, erfolglos geblieben sind. Er beschließt den Abbruch dieser Arbeiten. Der Börsenkurs am 1.9. betrage 200.

a) Würde das Wissen um die erfolglosen Bohrungen und der Entschluß, weitere Bohrungen einzustellen, sofort veröffentlicht, sänke der Kurs am 2.9. auf 100. Dies sei der "wahre" Wert der Aktie (wobei hier die Fragwürdigkeit dieses Begriffs der Kürze wegen hintangestellt sei). Diese Kursentwicklung ist in der folgenden Abbildung mit a) wiedergegeben und entspricht einer "strengen Informationseffizienz" im Sinne der Kapitalmarkttheorie, wie sie eine enge Auslegung von § 44a Börsengesetz wohl impliziert.

b) Bei einem strikten und eingehaltenen Insiderhandelsverbot ohne sofortige Veröffentlichung erreiche das Wissen über das Einstellen der Bohrungen erst mit der nächsten Aktionärsmitteilung am 1.10. den Kapitalmarkt. Für diesen Fall sei zur Vereinfachung angenommen, der Börsenkurs bleibe vom 1. bis 30.9. um 200 und sinke am 1.10. auf 100. In der folgenden Abbildung ist dies mit b) bezeichnet.

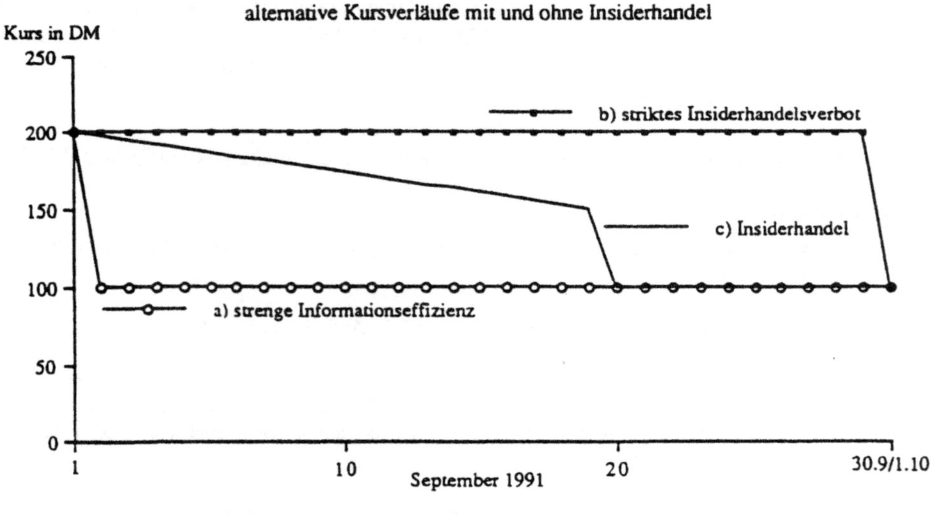

Kein Aktionär der Gesellschaft, der seine Aktien im September *behält*, wird durch den zu hohen Kurs (ein sog. "Marktversagen", bezogen auf den Referenzpunkt strenge Informationseffizienz) "geschädigt". Seine Aktie ist ab 1.9. "objektiv" nur 100 wert, obwohl der Kurs noch 200 beträgt. "Geschädigt" werden alle Käufer der Aktie bis zum 30.9., weil der "wahre" Wert der Aktie nur 100 beträgt. Alle Verkäufer, zu denen hier voraussetzungsgemäß keine Insider zählen, werden in gleicher Weise "ungerechtfertigt bereichert".

c) Bei Zulässigkeit von Insiderhandel verkaufe der Vorstand der Aktiengesellschaft seine Aktien nach und nach. Das zusätzliche Angebot möge dazu führen, daß der Kurs ständig sinkt, und zwar bis 20.9. auf 150. Dies lasse Teile des Börsenpublikums wach werden, selbst Nachforschungen anstellen, so daß die erfolglose Bohrpolitik bereits am 21.9. bekannt wird und den Kurs auf 100 sinken läßt. In der Abbildung verdeutlicht dies c).

Vor einer moralischen Verurteilung der Insidergeschäfte des Vorstandes in diesem Beispiel ist zu beachten, daß von einer "Schädigung" derjenigen, die am 1.9. Aktionäre sind und in deren Interesse der Vorstand am 1.9. rechtlich zu handeln hat, überhaupt nicht gesprochen werden kann. Mit Wegfall des bislang kurserhöhenden Sachverhalts, daß die Erdölbohrungen vielleicht doch noch erfolgreich werden, sind alle Aktionäre "objektiv" ärmer geworden. Dies tritt unabhängig davon ein, wann diese Information dem Kapitalmarkt bekannt wird und ob einzelne aufgrund von Insiderwissen oder aus glücklichem Zufall durch Verkauf zu höherem Kurs sich vor einer Vermögensminderung ganz oder teilweise bewahren können. Vielmehr gilt:

Kein Aktionär, der seine Aktien im September hält, wird "geschädigt", weil die Aktien ab 2.9. nurmehr einen "wahren" (aber nicht am Markt verwirklichten) Wert von 100 besitzen. "Geschädigt" werden alle Käufer bis zum 20.9., weil sie mehr als den "wahren" Wert der Aktie zahlen. Aber ihre "Schädigung" ist wegen des fallenden Kurses geringer als bei striktem, eingehaltenem Insiderhandelsverbot. Darüber hinaus werden wegen des durch den sinkenden Börsenkurs ausgelösten stärkeren Informationsinteresses an dieser Aktie jene potentiellen Käufer, die zwischen 21.9. und 30.9. die Aktien zu 200 gekauft hätten, vor einer "Schädigung" bewahrt.

"Ungerechtfertigt bereichert" sind neben den Insidern nach wie vor die Verkäufer der Aktie bis zum 20.9., die kein Insiderwissen besaßen. Aber ihre "ungerechtfertigte Bereicherung" ist wegen des fallenden Kurses geringer als bei striktem, eingehaltenem Insiderhandelsverbot. Eine "ungerechtfertigte Bereicherung" unterbleibt für jene potentiellen Verkäufer, die zwischen 21.9. und 30.9. verkauft hätten. Damit steht dem "unmoralischen" Insidergewinn eine geringere "Schädigung" und eine geringere "ungerechtfertigte Bereicherung" anderer Kapitalmarktteilnehmer gegenüber.

Wer für ein Verbot des "unmoralischen" Insiderhandels eintritt, nimmt also eine höhere "Schädigung" anderer Käufer und eine höhere "ungerechtfertigte Bereicherung" anderer Verkäufer in Kauf. Nur durch einen interpersonellen Nutzenvergleich (wäre er möglich), könnte hier entschieden werden, ob Insiderhandel mit "unmoralischen" Gewinnen der Insider ethisch nachteiliger zu werten ist als die geringere "Schädigung" bzw.

geringere "ungerechtfertigte Bereicherung" der anderen Kapitalmarktteilnehmer.

Wer durch ein Insiderhandelsverbot Insidergewinne zum Schutze von Kapitalanlegern beseitigen will, hätte vor dieser Handlungsbeschränkung sämtliche Folgen und Alternativen abzuwägen, bevor er den Anspruch erheben darf, eine "Regel gerechten Verhaltens" gesetzt zu haben. Zu prüfen wäre insbesondere:

1. Läßt sich das Insiderhandelsverbot strikt durchsetzen oder werden nur zusätzliche Überwachungskosten mit zusätzlichen Ausweichhandlungen (z.B. Geschäfte über Verwandte und Freunde) erzeugt?

2. Schüfe nicht die Erlaubnis zu Insiderhandel in Manager-Arbeitsverträgen einen Anreiz, daß verborgenes Wissen sich rascher in Preissignalen am Kapitalmarkt niederschlägt?

3. Was spräche für, was gegen ein Gebot, die ab 2.9. verborgene Information sofort zu offenbaren? Wirtschaftliche Ursache für die "Schädigung" und "ungerechtfertigte Bereicherung" einzelner ist schließlich das Verborgenbleiben von Informationen. Demgegenüber stellt die moralische Verurteilung der Insiderhandelsgewinne durch ein Insiderhandelsverbot nur neidvolle Wertung einer Folge, nicht aber Bekämpfung der Ursache dar.

Allerdings ist ein sofortiges Veröffentlichen aller den Kurs beeinflussenden Tatsachen mit der Verwirklichung einer Wettbewerbsordnung unvereinbar; denn das Durchsetzen "strenger Informationseffizienz" durch Dekret (was Ausweichhandlungen und hohe soziale Kosten der Überwachung veranlaßt) läuft Wettbewerb als einem Entdeckungsverfahren (Fn. 39) zuwider, der einen Abbau ungleich verteilten Wissens durch Markthandlungen bezweckt. Der Vorstandsbeschluß wäre sofort zu veröffentlichen, noch bevor die Nachrichten die Erdölbohrstelle erreicht haben und dort die Arbeiten eingestellt werden; zu verkünden wäre z.B. auch die Entscheidung, mit einem geheim entwickelten Produkt in die Fertigung zu gehen, noch bevor der Vertrieb organisiert und ein Markterfolg abzusehen ist.

Falls sofortiges Veröffentlichen verborgener Informationen ordnungspolitisch unerwünscht, undurchsetzbar oder wegen gegenläufiger Interessen einzelner Mitglieder einer Institution Unternehmung nicht konsensfähig ist, lassen sich die Folgen verborgener Informationen am ehesten durch als unmoralisch geltende Insidergewinne einschränken: ein moderner Beleg für Mandevilles Einsicht, daß private "Laster" zu gesellschaftlichen Vorteilen werden können[44]. Sobald private "Unethik" das Gemeinwohl fördert, wirken Individualschutzrechte, die dies nicht berücksichtigen, gesellschaftlich schädlich.

Mißt man den empirischen Untersuchungen über die Signalwirkung von Gewinn-

---

44 Mandeville, B., The Fable of the Bees: or, Private Vices, Public Benefits, 1714; deutsch: Die Bienenfabel oder Private Laster als gesellschaftliche Vorteile, 1988, S. 18 f.

prognosen zusammen mit der Veröffentlichung von Insidergeschäften der Geschäftsleitungsorgane Informationsgehalt zu[45], dann ist sowohl eine enge Auslegung von § 44a Börsengesetz als auch das durch die EG-Richtlinie erzwungene Insiderhandelsverbot mit einer Wettbewerbsordnung, die Regeln gerechten Verhaltens berücksichtigt, kaum vereinbar. Hinsichtlich des Insiderhandelsverbots wäre eine wöchentliche, allerdings unter Strafandrohung erzwungene Veröffentlichung der Käufe und Verkäufe von Insidern vielleicht schon ausreichend.

Nachdem ein Insiderhandelsverbot durch EG-Recht vorgegeben ist, wäre zu erwägen, es nur in asymmetrischer Form zu verwirklichen; also etwa zusätzlich zur Anzeigepflicht aller Käufe von Aktien von Managern der von ihnen beherrschten Unternehmungen einen Vorschlag Schmollers[46] in erweiterter Form rechtlich zu verankern:

1. Manager bekommen Tantiemen nicht ausbezahlt, bis (nach heutiger Kaufkraft) jeder etwa 2 Mio. DM Aktien der von ihnen beeinflußten Unternehmungen erworben hat. Solange sie im Amte sind, dürfen sie keine der in dieser Zeit erworbenen Aktien solcher Unternehmungen verkaufen und im ersten Jahr nach ihrem Ausscheiden auch nicht.

2. Alle Aufsichtsräte müssen größe Beträge an Aktien besitzen und mit diesen für eine gute Verwaltung haften. Ersatzweise wäre eine Haftpflichtversicherung, ähnlich der Berufshaftpflicht für Steuerberater usw., zu erwägen.

II. Die Theorie der Unternehmung bei ungleicher Wissensverteilung und das Problem der Unternehmensverfassung und der Mitbestimmungsrechte

Als Unternehmungsverfassung sei die Vereinigungsmenge aus Marktverfassungen bezeichnet, die ein Marktteilnehmer "Unternehmung" zu beachten hat, und aus über Marktverfassungen hinausreichenden Regelungen für Mitglieder einer Institution Unternehmung untereinander.

a) Zu den Marktverfassungen als Teilen einer Unternehmungsverfassung zählen:

1. Das öffentliche Recht und das Privatrecht, soweit sie dem Markthandeln einer Un-

---

45 Penman, S.H., A Comparison of the Information Content of Insider Trading and Management Earnings Forecasts, Journal of Financial and Quantitative Analysis 1985, S. 1 ff.; Hirschey, M./Zaima, J.K., Insider Trading, Ownership Structure, and the Market Assessment of Corporate Sell-Offs, Journal of Finance 1989, S. 971 ff.; John, K./Mishra, B., Information Content of Insider Trading Around Corporate Announcements: The Case of Capital Expenditures, Journal of Finance 1990, S. 835 ff.; Lin, J.-C./Howe, J.S., Insider Trading in the OTC Market, Journal of Finance 1990, S. 1273 ff.

46 Schmoller, G., Grundriß der Allgemeinen Volkswirtschaftslehre. Erster Teil, 2. Aufl. 1908, S. 519 ff.

ternehmung Grenzen setzen. Regelungen gegen verborgene Handlungen, die z.B. im Insolvenzverfahren zum Entzug der Verfügungsmacht über das Restvermögen führen, sind Bestandteil der Marktverfassung. Die gesellschaftsrechtliche Satzung einer Unternehmung, in der teilweise auch Regelungen für Mitglieder einer Institution Unternehmung untereinander enthalten sind, gehört sowohl zu den durch Privatrecht geschaffenen Grenzen des Unternehmungshandelns in Märkten (also zur Marktverfassung) als auch zu den Regelungen für Mitglieder der Unternehmung untereinander.

2. Kollektivverträge, also Bindungen, welche eine Unternehmung als Mitglied einer marktordnenden Institution eingegangen ist (z.B. ein Arbeitgeberverband, der mit einer Gewerkschaft allgemein verbindliche Tarifverträge abschließt).

3. Marktordnende und marktabspaltende Einzelverträge, welche die faktischen Strukturmerkmale in Märkten ändern (wie der Abschluß eines Betriebstarifvertrages).

b) Zu den über Marktverfassungen *hinausreichenden* Regelungen für Mitglieder einer Institution Unternehmung untereinander gehören

- aus der Koordination durch kollektive Entscheidungen und den Koordinationsformen in Hierarchien folgende Mitbestimmungs-, Anordnungs-, Kontroll- und Informationsrechte, soweit sie verborgene Handlungen begrenzen wollen.
- Vereinbarungen zu gewinnabhängigen Vergütungen, welche die mit der Ausübung von Unternehmerfunktionen beauftragten Manager ihren Auftraggebern schulden. Eine so verstandene Unternehmungsverfassung stellt eine Teil-Wirtschaftsordnung für die Institution Unternehmung dar.

Die vorstehende Inhaltsbestimmung von Unternehmungsverfassung setzt voraus, da*ß* geklärt wird, *wer* als Mitglied einer Institution Unternehmung gilt. Hierzu sei folgende Überlegung herangezogen: Bei einer marktmäßigen Koordination von Einzelwirtschaftsplänen werden durch einen vernünftig und freiwillig abgeschlossenen Vertrag beide Parteien bei ihrem Wissen im Vertragszeitpunkt besser gestellt. Sieht ein solcher "pareto-optimaler" Vertrag *keine* vollständige Abnahme der Einkommensunsicherheit des einen durch den anderen während der Vertragslaufzeit vor, so werden beide Marktpartner zu Mitgliedern einer Institution Unternehmung.

Erste Einsichten zu pareto-optimalen Arbeitsverträgen erläutern folgende modellhaften Überlegungen[47]:

1. Ein Arbeitnehmer schließe mit einem Arbeitgeber nur für ein Jahr einen Arbeitsvertrag ab. Der Abschluß erfolge freiwillig, ohne eine Notlage der Gegenseite auszunutzen. Über die Höhe des gemeinsamen ungewissen Einkommens mögen Arbeitgeber und Arbeitnehmer die gleichen "Erwartungen" in Form einer quantitativen Wahrscheinlichkeitsverteilung haben. Jeder kann das Tun und Unterlassen des anderen beobachten.

---

47 Shavell, S., Risk sharing and incentives in the principal and agent relationship, The Bell Journal of Economics 1979, S. 55 ff., S. 64.

Ungleichverteilung des Wissens ist also bei dieser Modellüberlegung ausgeschlossen. Der Arbeitgeber verhalte sich risikoneutral, d.h. er gewichtet bei gleicher Wahrscheinlichkeit eine positive Einkommensänderung (einen Grenzgewinn) nicht anders als eine negative (einen Grenzverlust), wenn beide von gleicher Höhe sind. Der Arbeitnehmer sei dem Risiko abgeneigt, d.h. er gewichtet eine positive Einkommensänderung geringer als eine negative, wenn beide von gleicher Höhe und gleich wahrscheinlich sind. Die Erfüllung vertraglicher Vereinbarungen gelte als sicher.

Unter diesen Annahmen leuchtet auch ohne mathematische Beweisführung ein: Der voraussetzungsgemäß risikoneutrale Arbeitgeber wird von sich aus nicht auf eine Entlohnung drängen, die sich mit dem unsicheren Gesamteinkommen ändert. Der voraussetzungsgemäß dem Risiko abgeneigte Arbeitnehmer wird das feste Gehalt höher schätzen als eine gewinn- und verlustabhängige Entlohnung mit gleichem Erwartungswert. Sobald der Arbeitgeber als Principal dem Arbeitnehmer als Agent die Einkommensunsicherheit vertraglich vollständig abnimmt und ein festes Gehalt in einer Höhe bietet, das dem Arbeitnehmer für seine Mitwirkung in der Unternehmung des Arbeitgebers annehmbar erscheint, stehen sich angesichts ihrer unterschiedlichen Risikoneigung beide besser. Insofern wird ein "Pareto-Optimum" über den Arbeitsmarkt (durch den Arbeitsvertrag) gesichert.

2. Sobald die Erwartungen über das unsichere Einkommen zwischen Arbeit- bzw. Kapitalgeber und Arbeitnehmer verschieden oder beide dem Risiko abgeneigt sind, ist ein pareto-optimaler Arbeitsvertrag dadurch gekennzeichnet, daß das unsichere Einkommen in Abhängigkeit vom Ex-post-Ergebnis auf beide verteilt wird. Dies gilt selbst dann, wenn der Arbeit- bzw. Kapitalgeber die Handlungen des Arbeiters beobachten kann. Erst ab diesem Modellfall erscheint es sinnvoll, von zwei Mitgliedern einer Institution Unternehmung zu sprechen, weil beide sich die Einkommensunsicherheit teilen. Hierbei schaffen modellmäßig skizzierte "pareto-optimale" Arbeitsverträge zugleich eine *modellmäßige (Teil-)Unternehmungsverfassung*, begrenzt auf einen festen Zeitraum.

3. Wenn als Mitglied einer Institution Unternehmung jeder Marktpartner gilt, dessen pareto-optimaler Vertrag nicht zu "Festbetragsansprüchen" als Entgelt seiner Leistungen während der zeitlich fixierten Vertragsdauer führt, ist der Regelfall der Kauf-, Miet- und Kreditverträge nicht mit der Eigenschaft verbunden, zum Mitglied einer Institution Unternehmung zu werden. Festlohn-Arbeitsverträge auf befristete Zeit verschaffen damit auch nicht die Eigenschaft eines Unternehmungsmitglieds. Folgt man dieser Überlegung, ist es falsch, jeden Arbeitnehmer, Manager und Geldgeber als Mitglied einer Institution Unternehmung zu zählen, dem Mitgliedschaftsrechte bis hin zur Mitbestimmung einzuräumen seien.

Der wichtigste Fall, für den die bisherige Eingrenzung der Mitglieder einer Institution Unternehmung noch kein Urteil erlaubt, sind Dauerarbeitsverhältnisse. Hier kann man darüber diskutieren: Sind unbefristete, aber mit Kündigungsrechten versehene Arbeitsverträge in einer Wettbewerbsordnung als wiederholungsfähige befristete Arbeitsverträge zu beurteilen? Oder sind sie wegen der Gefahr des Arbeitsplatzverlustes Mitgliedschafts-Verträge an der Unternehmung mit nicht spezifizierter Verlustübernahme? Das geltende Arbeitsrecht verlagert die nicht-spezifizierte Verlustübernahme ziemlich einseitig auf jene, die Eigenkapitalausstattung bereitstellen. Unter der bisherigen Modellannahme, daß Arbeitgeber und Arbeitnehmer gleich mächtig sind, sind Dauerarbeitsverhältnisse als wiederholungsfähige Arbeitszeitverträge anzusehen, die bei Festbetragsentlohnung nicht die Eigenschaft eines Unternehmungsmitglieds verschaffen.

Aber die Annahme der gleichen Marktmacht von Arbeitsanbietern und Arbeitsnachfragern läßt sich nicht unbesehen auf die faktischen Strukturmerkmale in Arbeitsmärkten übertragen. Nur zwei Gesichtspunkte seien hervorgehoben:

Zum einen besteht meist eine ungleiche Vermögensverteilung. Wer durch eigenes Vermögen oder Transferzahlungen anderer seinen Lebensunterhalt gesichert sieht, kann bei einer Arbeitsvertragsverhandlung hinhaltend taktieren, in einem Arbeitskampf sich kompromißlos zeigen, in der Hoffnung, daß die Gegenseite aus drohender Existenznot zum Nachgeben gezwungen ist. Gewerkschaften sind nicht zuletzt aus diesem Grunde errichtet worden, um die unterschiedliche Vermögenslage zwischen Kapitalbesitzer (der sein Vermögen als "Lohnfonds" einsetzen kann) und Arbeitssuchenden durch eine Solidargemeinschaft der Arbeitssuchenden wenigstens teilweise auszugleichen.

Zum anderen kann ein Verhandlungspartner vor einem erneuten Vertragsabschluß Investitionsausgaben getätigt haben, die verloren sind, wenn dieser Vertragsabschluß nicht zustande kommt. Diesen Sachverhalt kann die Gegenseite ausnutzen, um das Tauschverhältnis in Richtung auf die Preisuntergrenze des Investors zu drücken. Solche "transaktions-spezifische Investitionsausgaben"[48] gehören dem Grenzbereich zwischen verborgenen Informationen vor einem neuen Vertragsabschluß und verborgenem Handeln mit Blick auf den zeitlichen Gesamtrahmen gegenseitiger Vertrags- bzw. Geschäftsbeziehungen an. Praktisch läßt sich die Vorteilhaftigkeit eines Geschäfts nicht ohne Beachtung auf mögliche Anschluß beurteilen. Deshalb werden transaktions--spezifische Ausgaben hier als ein Fall betrachtet, der unter der Rubrik Vorsorge gegen verborgene Handlungen zu erörtern ist: Vorsorge gegen verborgene Anschluß.

Ein Beispiel hierfür wären auf der Arbeitgeberseite von der Unternehmung getragene Ausbildungskosten für die Mitarbeiter, die nach ihrer Spezialausbildung sich einen besser bezahlten Arbeitsplatz suchen, den ihnen eine Unternehmung anbietet, die selbst nicht die Investition in Ausbildung übernimmt; in der Praxis erfolgt ein solcher Arbeitsplatzwechsel nicht selten unter Bruch früher getroffener Vereinbarungen, einige Jahre bei dieser Unternehmung tätig zu sein. "Transaktionsspezifischen Investitionsausgaben" auf der Arbeitnehmerseite folgen z.B. aus dem Kauf eines Eigenheims, der zugleich zu einer erheblichen Verschuldung zwang und den Arbeitnehmer immobil macht, solange der Wohnungsmarkt in einem arbeitsnachfrageschwachen Gebiet darniederliegt. Hier mag der einzige Großbetrieb in einem solchen strukturschwachen Gebiet die Macht ausnutzen, Löhne zu drücken.

---

48 Klein, B./Crawford, R.G./Alchian, A.A., Vertical Integration, Appropriable Rents, and the Competitive Contracting Process, Journal of Law and Economics 1978, S. 297 ff.; Williamson, O.E./Ouchi, W.G., S. 33.

Um dem Ausnutzen "transaktionsspezifischer Investitionsausgaben" durch ein Regelsystem vorzubeugen, bietet sich an, die Bestimmungsgründe für einen pareto-optimalen, "ausbeutungsfreien" Arbeitsvertrag zu untersuchen[49], und zwar sowohl frei von Ausbeutung des Arbeitgebers durch einen Arbeitnehmer oder seiner Interessenvertretung (die Tarifverhandlungen führende Gewerkschaft) als auch für eine Nichtausbeutung des Arbeitnehmers durch einen Arbeitgeber. Dazu bedarf es einer Einzelanalyse der jeweiligen Marktmacht und der Folgen aus Verteilungen von Informations-, Anordnungs- und Kontrollrechten. Beides wurde im Vorstehenden ausgeklammert und führt derzeit noch in vielfach offene Fragen der betriebswirtschaftlichen Organisationstheorie.

Unter dem Vorbehalt, daß im Einzelfall schwierig zu beantworten ist, inwieweit Verträgen die Eigenschaft der Pareto-Optimalität zukommt, sei die Frage abschließt angeschnitten, ob es, statt auf vertragliche Vereinbarungen zu vertrauen, zwingender Regulierungen zur Verteilung von Informations-, Anordnungs- und damit Mitbestimmungsrechten bedarf.

Die Frage nach zwingenden Geboten für eine Unternehmungsverfassung über Regulierungen in Marktverfassungen hinaus stellt sich zunächst für die Rechenschaft bei Auftragshandeln. Sind zwingende Gebote zur Ehrlichkeit und Vollständigkeit in der Wissensübertragung über die Ausführung eines Auftragshandelns und zur Vertragserfüllung nötig? Der Anspruch zur unverfälschten Berichterstattung über das Ergebnis des Auftragshandelns darf nicht vertraglicher Vereinbarung überlassen werden, weil hier immer ein besser Informierter einem schlechter Informierten gegenübersteht. Solange nur der Beauftragte über bestimmte Tatsachen informiert ist, kann er den Auftraggeber zu für diesen ungünstigen Vertragsänderungen bewegen. Vom römischen Recht der Pflichten des Vormunds zur Inventur bei der Vermögensverwaltung für das Mündel[50] bis zum heutigen Recht der Rechenschaft und Rechnungslegung sprechen rund zwei Jahrtausende Erfahrung gegen die These, diese Rechenschaft Vereinbarungen von Marktparteien bzw. einer zwar "Transaktionskosten sparenden", aber vertraglich abdingbaren Rechtsetzung zu überlassen.

Eine zweite Frage, ob zwingende Gebote in Unternehmungsverfassungen nötig sind, bezieht sich auf eine gesetzlich vorzugebende Gewaltenteilung bei Entscheidungen bzw. Anordnungsrechten in Unternehmungen.

Ein Rechtsgebot zur Gewaltenteilung in Unternehmungsverfassungen folgt keineswegs aus den Anordnungsrechten eines Vorgesetzten, also aus hierarchischer Organisation; denn Arbeiter verkaufen nicht nur Arbeitsleistungen, sondern auch ihre Bereitschaft,

---

49 Wenger, E., Unternehmensverfassung und Arbeitsmarkt: Die Berücksichtigung von Arbeitnehmerinteressen im Entscheidungsprozeß der Unternehmung, in: Leipold, H./Schüller, A. (Hrsg.), Zur Interdependenz von Unternehmens- und Wirtschaftsordnung, 1986, S. 153 ff., S. 171-175.

50 Mommsen, Th./Krueger, P. (Hrsg.), Corpus iuris civilis, Band 1: Institutiones, 1966, Digesta XXVI, 7,7.

sich einer Autorität zu unterwerfen[51]. Ein solcher hierarchischer Arbeitsvertrag ist ökonomisch über freiwillige (also "machtfreie") Vertragsvereinbarungen erklärbar aus der unvermeidbaren Unsicherheit, der sich jedermann gegenübersieht, und aus dem Ausüben einer Unternehmerfunktion: der Abnahme von Einkommensunsicherheiten für andere. Impliziert allerdings ein pareto-optimaler Vertrag eine teilweise vom Ex-post-Gesamteinkommen der Unternehmung abhängige Vergütung, dann ist die Frage zu beantworten, ob bei solchem Auftragshandeln eine zwingende manipulationsfreie Rechenschaft und die allgemeinen Schutzvorschriften gegen verborgene Handlungen bei Auftragshandeln noch bei Arbeitsverträgen ausreichen.

Mitbestimmungsrechte versuchen dieses Principal-Agent-Problem so zu lösen, daß sie sein Auftreten einzugrenzen suchen: Der Wissens- bzw. Handlungsvorsprung des Agents gegenüber dem Principal soll dadurch verringert werden, daß ein Agent erst dann handeln darf, wenn der Principal bei der Entscheidung selbst oder durch Vertreter (Betriebsrat, Aufsichtsrat) mitgewirkt bzw. ihr sogar zugestimmt hat.

Bei der Frage, ob Funktionäre der Arbeitnehmer über strategische Unternehmungsentscheidungen, insbesondere Investitions- und Desinvestitionsentscheidungen (wie Betriebsstillegungen) mit der Folge von Entlassungen, mitbestimmen sollen, hat eine Theorie der Unternehmung bei ungleicher Wissensverteilung vordringlich zu untersuchen: Führt das Eingrenzen (letztlich beabsichtigt: das Vermeiden) von Principal-Agent-Problemen über den Weg der Gruppenentscheidungen in Mitbestimmungs-Entscheidungsgremien zu einer Verringerung von Einkommensunsicherheiten aller Mitglieder der Institution Unternehmung und damit zu einer wirtschaftlich-effizienten Organisationsform?

Diese Frage ist nach derzeitigem Wissensstand nicht zu bejahen:

1. Die Entscheidungslogik lehrt, daß bei Gruppenentscheidungen Pareto-Optimalität und Nicht-Diktator-Eigenschaften unter realistischen Bedingungen, Nicht-Diktator-Eigenschaften und Manipulationsfreiheit bei Gruppenentscheidungsregeln immer unvereinbar sind[52]. Verglichen mit Einzelentscheidungen sinkt die Rationalität bei der Verwendung begrenzter Mittel[53].

2. Das Einflußnehmen vieler Personen auf Planungen behindert ein zusätzliches Übernehmen von Unsicherheit durch einzelne. Dies wird aber um so notwendiger, je größe der Wunsch anderer Personen nach mehr Einkommenssicherheit wird.

---

51 Coase, R.H., Economica, New Series 1937, S. 391; Simon, H.A., A Formal Theory of the Employment Relation, in: Simon, H.A., Models of Man, 1957, S. 183 ff., S. 184.

52 Arrow, K.J., Social Choice and Individual Values, 2nd ed. 1963, S. 24-31, 96-100; Gibbard, A., Manipulation of Voting Schemes: A General Result, Econometrica 1973, S. 587 ff., S. 595.

53 Cyert, R.M./March, J.G., A Behavioral Theory of the Firm, 1963, S. 125 f.

3. Eine Überwachung bei der Entscheidungsfindung durch Mitbestimmung verringert das Ausnutzen spezieller Begabungen erheblich und begrenzt dadurch das Ausmaß gesellschaftlich vorteilhafter Arbeitsteilung.

4. Überwachung einzelner Handlungen durch Hineinreden droht gegenüber einer Rechenschaft, die sich auf die Ergebnisse des Auftragshandelns beschränkt, unternehmerisches Handeln zu beeinträchtigen, weil sie sowohl Initiativen lähmt als auch rasche Anpassungsentscheidungen verzögert.

Ein Blick auf die Wirtschaftsgeschichte zeigt, daß im Unterschied zu anderen Schutzrechten des Principals (z.B. Haftungsbeschränkung) für Mitbestimmungsrechte aufgrund freiwilliger Vereinbarung kaum Musterbeispiele zu finden sind, die sich auch noch längere Zeit bewährten[54], soweit gesetzlicher Zwang sie nicht zementierte. Das ist leicht zu verstehen: Wenn die Überlegung zutrifft, daß ein Verfügungsrecht "Anordnung durch Vorgesetzte" als Arbeitsmarktgegenstand zum Zwecke der gemeinsamen Verringerung von Einkommensunsicherheiten erzwungen wird, dann schränkt die Mitbestimmung diese im Interesse von Arbeitgeber und Arbeitnehmer liegende unternehmerische Anordnungsbefugnis ein. Mitbestimmungsrechte dürften deshalb aus ökonomischen Effizienzgründen kaum zu begründen sein[55]. Dann bedeutet aber die Rechtfertigung von Mitbestimmungsforderungen durch die Behauptung "Erhaltung (Verbesserung) des sozialen Friedens" zugleich, daß ein hinter dem Versprechen sozialer Friedfertigkeit verborgener Machtanspruch wider die Einsicht in ökonomische Notwendigkeiten durchgesetzt werden soll. Ähnlich fragwürdig ist die Behauptung, Mitbestimmung sei ein Schritt zur Demokratisierung der Gesellschaft; denn hierdurch ist den Arbeitnehmern die Wahl zwischen höheren Löhnen bei geringeren Mitbestimmungsrechten oder niedrigeren Festbetragsgehältern bzw. teilweise ergebnisabhängiger Entlohnung und Mitbestimmungsrechten von Gesetzes wegen genommen[56].

Regulierungen zur Gewaltenteilung in Unternehmungen durch Mitbestimmung bei strategischen Unternehmungsentscheidungen sind bisher durch das Schaffen zusätzlicher Auftraggeber-Beauftragten-Verhältnisse zu lösen versucht worden: Aktionäre wählen direkt Mitglieder eines Aufsichtsrats; Belegschaften wählen indirekt Aufsichtsratsmitglieder; der Aufsichtsrat bestellt den Vorstand.

Da die gesetzgebenden Funktionäre (Agents der Wähler) gleichzeitig bewußt vermeiden, Regulierungen zur Ehrlichkeit und Vollständigkeit in der Wissensübertragung zu

---

54 Pejovich, S., Codetermination: A New Perspective for the West. In: Pejovich, S. (ed.), The Codetermination Movement in the West, 1978, S. 3-21, S. 18.

55 Mit anderer Begründung auch Prosi, G., Mitbestimmung und volkwirtschaftliche Effizienz, in: Säcker, F.J./Zander, E. (Hrsg.), Mitbestimmung und Effizienz, 1981, S. 29 ff.; Wenger, E., Die Verteilung von Entscheidungskompentenzen im Rahmen von Arbeitsverträgen, in: Neumann, M. (Hrsg.), Ansprüche, Eigentums- und Verfügungsrechte, 1984, S. 199 ff., S. 217.

56 Weizsäcker, C.C. von, Was leistet die Property Rights Theorie für aktuelle wirtschaftspolitische Fragen?, in: Neumann, M. (Hrsg.), 1984, S. 123 ff., S. 148.

erlassen (wie z.B. das geltende Bilanzrecht zeigt), schaffen sie durch Regulierungen zur Gewaltenteilung über zusätzliche "Organe" Pyramidenstufen zur Verschleierung von Verantwortung; denn statt ein Problem des Auftragshandelns auf der Stufe Rechenschaft zu entschärfen, wird durch ein Gebot zusätzlicher Kontrollinstanzen ein Vielfaches an Principal-Agent-Problemen neu geschaffen und so im Grunde versucht, den Teufel mit dem Beelzebub auszutreiben.

Kommentar

von Dieter Schmidtchen

A. Einleitung

Aufgabe des Korreferenten ist es, einen knappen Überblick über den Inhalt des "Papers" zu geben und dann zu einer detaillierten Prüfung, Kritik und Diskussion überzugehen.

Wie immer bei D. Schneider haben wir es mit einem kenntnisreichen und zum Widerspruch herausfordernden "Paper" zu tun. Schneider stellt zunächst drei ökonomische Theorien der Unternehmung vor (1. produktions- und entscheidungsorientierte Theorien, 2. institutionenökonomische Ansätze, 3. ökonomische Theorie der Unternehmung bei ungleicher Wissensverteilung), prüft jede auf ihre Eignung für eine ökonomische Analyse des Rechts, und wendet dann die von ihm präferierte Theorie auf zwei rechtswissenschaftliche Fragen an:

a) gesetzliches Insiderhandelsverbot
b) Unternehmensverfassung und Mitbestimmungsrecht.

So sehr ich mit D. Schneider in der Darstellung der einzelnen Konzepte und mit vielen seiner Beurteilungen übereinstimme (z. B. bezüglich der Eignung von Produktions- und Entscheidungstheorien der Unternehmung: "... diese Lehren von der Unternehmung (bieten) kaum einen theoriegestützten Zugang zu rechtswissenschaftlichen Fragen"), so wenig kann ich mich mit der Einschätzung der institutionenökonomischen Ansätze (Lehre von den Verfügungsrechten, Transaktionskosten und "Agency" Kosten) als "inzwischen überholte Ansätze" anfreunden. Ich werde zu zeigen versuchen, daß der institutionenökonomische Ansatz nicht nur nicht überholt ist, sondern daß er den von D. Schneider präferierten Ansatz, nämlich die ökonomische Theorie der Unternehmung bei ungleicher Wissensver-teilung (Prinzipal-Agent Beziehung), einschließt. Insofern möchte ich D. Schneider in das Institutionenökonomik-Camp vereinnahmen.

Im institutionenökonomischen Ansatz wird die Firma als ein Netzwerk von Verträgen aufgefaßt. Aus diesem Grunde wird er auch zu einem hervorragenden Kandidaten für eine ökonomische Analyse des Rechts. An "Law and Economics" Interessierte sollten ihn sich auch deswegen sehr genau anschauen, weil der Vertragsbegriff weiter gefaßt wird als in der Jurisprudenz und in der orthodoxen "Law and Economics" (mit letzterer habe ich mich ausführlich im Schlußreferat auf der letzten Tagung hier in Travemünde auseinandergesetzt (siehe Schmidtchen 1991).[1] Williamson (1990) spricht deshalb nicht von "nexus of contracts" sondern von "nexus of treaties". Damit soll zweierlei zum Ausdruck gebracht werden:

1. Verträge werden abgeschlossen in dem Wissen, daß die gerichtliche Durchsetzung von Ansprüchen aus mannigfachen Gründen nicht in Frage kommt.
2. Verträge stellen eine Art von Verfassung dar, die die Transaktionen von Akteuren regeln soll, die in dauerhafter Geschäftsbeziehung stehen. Karl Llewellyn hat diesen Charakterzug sehr schön beschrieben:

> "the major importance of legal contract is to provide a framework for well-nigh every type of group organization and for well-nigh every type of passing or permanent relations between individuals and groups ... - a framework highly adjustable, a framework which almost never accurately indicates real working relations, but which affords a rough indication around which such relations vary, an occasional guide in cases of doubt, and a norm of ultimate appeal when the relations cease in fact to work." (Zitiert nach Williamson 1990: 175.)

McNeill hat dafür den Begriff des relationalen Vertrages geprägt. Ich werde bei der folgenden Darstellung des institutionenökonomischen Ansatzes diesen Aspekt besonders betonen (siehe auch Schmidtchen 1991) und die analytische Fruchtbarkeit des relationalen Vertrages abschließend an eben dem konkreten Fall demonstrieren, den D. Schneider gewählt hat: die Mitbestimmung.

B. Die Unternehmung als "nexus of treaties"

I. Allgemeines

Zwei Abteilungen der Neuen Institutionenökonomik (NIÖ) lassen sich - ohne daß Überschneidungen geleugnet werden sollen - mit Davis/North (1971) unterscheiden: "institutional environment" und "institutional arrangement":[2]

> "The *institutional environment* is the set of fundamental political, social and legal ground rules that establishes the basis for production,

---

1 So werden etwa zwei Arten von Verträgen unterschieden: klassische und neoklassische (trilateral, bilateral, hierarchisch), wobei im Einzelfall häufig offen bleibt, ob der Begriff des Vertrages im juristischen Sinne gefaßt wird oder eher als ein analytisches Konzept des Ökonomen.

2 Dem korrespondiert Lachmanns Unterscheidung in äußere und innere Institutionen (siehe Lachmann 1963).

exchange and distribution. Rules governing elections, property rights, and the right of contract are examples ....

An *institutional arrangement* is an arrangement between economic units that governs the ways in which these units can cooperate and/or compete. It ... [can] provide a structure within which its members can cooperate ... or [it can] provide a mechanism that can effect a change in laws or property rights." (Davis/North, 1971: 6-7.)

Die Theorie der Firma als "nexus of treaties" ist vornehmlich interessiert an "institutional arrangements". Sie versteht sich als Ausformung einer allgemeinen ökonomischen Theorie der Organisation (= Regelung) von Transaktionen. Recht, Organisationslehre und Ökonomik gehen eine Verbindung ein.

Die Theorie der Verfügungsrechte, die Transaktionskostentheorie, Teamorganisation (vom Standpunkt der Kommunikation wie von dem der Nicht-Separabilität), "agency"-Theorie und die Theorie der kooperativen Spiele werden in Abhängigkeit von der Fragestellung mit jeweils unterschiedlichem Gewicht kombiniert. Wichtig ist auch, *daß* sich die neuen institutionenökonomischen Theorien der Unternehmung nicht als Rivalen der alten neoklassischen Theorien der Firma verstehen, sondern als Komplemente:

"the New Institutional Economics movement ... [does] not consist primarily of giving new answers to the traditional questions of economics - resource allocation and degree of utilization. Rather it consists of answering new questions, why economic institutions have emerged the way they did and not otherwise; it merges into economic history, but brings sharper nanoeconomic ... ('nano' is an extreme version of 'micro') reasoning to bear than has been customary." (Arrow, 1987:734.)

Bevor die Operationalisierung des Konzepts vorgenommen wird, soll noch auf ein weitverbreitetes - jedoch nicht von D. Schneider hervorgerufenes - Mi*ß*verständnis eingegangen werden. Das Wesen der Firma wird häufig in der Autoritätsbeziehung, der Hierarchie, gesehen. Autorität (Hierarchie) erscheint als ein Allokationsmechanismus alternativ zu dem des Marktes. Das ist die Sicht von Coase:

"... owing to the difficulty of forecasting ... the less possible, and indeed, the less desirable it is for the person purchasing to specify what the other contracting party is expected to do ... Therefore, the service which is being provided is expressed in general terms, the exact details being left until a later date ... The details of what the supplier is expected to do is not stated in the contract but is decided later by the purchaser. When the direction of resources (within the limits of the contract) becomes dependent on the buyer in this way,the relationship which I term a 'firm' may be obtained." (Coase

1937:337.)[3]

Die moderne Theorie der Firma sieht Autorität nicht mehr als notwendige Bedingung für eine Firma an:

> "It is common to see the firm characterized by fiat, by authority, or by disciplinary action superior to that available in the conventional market. This is a delusion." (Alchian/Demsetz 1972: 777.)

Dem kann zugestimmt werden, wenn man - anders als Alchian/Demsetz es seinerzeit meinten - die Hierarchie als lediglich eine von mehreren Formen nicht-marktlicher Allokation von Ressourcen interpretiert. Im übrigen hat sich der Fokus mittlerweile von der reinen Allokationsbetrachtung auf die Anreizproblematik verschoben. Zentrales Theoriestück ist die Prinzipal-Agent Beziehung. Gefragt wird weniger, welche relativen Vorteile ein auf Autorität aufbauender Allokationsmechanismus hat, als vielmehr, wie man sicherstellen kann, daß mit bestimmten Aufgaben betraute Personen in einem Personenverband das tun, was den Interessen des Auftraggebers entspricht. Für diese, die Anreizstruktur betreffenden, Problemstellungen wird man bei Coase nicht fündig werden. Coase ist insofern reiner Allokationstheoretiker geblieben.

II. Operationalisierung

Nach Arrow sind es die Transaktionskosten - und nicht Externalitäten, wie man es früher annahm -, die das Funktionieren von Märkten beeinträchtigen und in vielen Fällen das Entstehen von Märkten verhindern (Arrow 1969: 48).[4] Transaktionskosten sind dabei definiert als "costs of running the economic system" (Arrow 1969: 48). Und Arrow betonte bereits 1963, daß nicht-marktliche Institutionen sowie die Veränderung

---

3 Es wird gern verkannt, daß die Coase zugeschriebene Idee bereits 1923 von D. Robertson zum Ausdruck gebracht wurde: "Here and there, it is true, we have found islands of conscious power in this ocean of unconscious co-operation, like lumps of butter coagulating in a pail of buttermilk. The factory system itself, while it involves endless specialization of the work of ordinary men involves also deliberate co-ordination of their diverse activities by the capitalist employer. But even these patches are still small and scattered in comparison with the whole field of economic life. In the main the co-ordination of the efforts of the isolated business leaders is left to the play of impalpable forces - news and knowledge and habit and faith, and those twin elements, the Laws of Supply and Demand." (Robertson 1923: 85.)

4 Eine detailliertere Definition sieht so aus: "*Transaction costs* encompass the costs of deciding, planning, arranging, and negotiating the actions to be taken and the terms of excvhange when two or more parties do business; the costs of changing plans, renegotiating terms, and resolving disputes as changing circumstances may require; and the costs of ensuring that parties perform as agreed. Transaction costs also include any losses resulting from inefficient group decisions, plans, arrangements or agreements; ineficient responses to changing circumstances; and imperfect enforcement of agreements. In short, transaction costs include anything that affects the relative performance of differenzt ways of organizing resources and production activities." (Milgrom/Roberts 1990: 60-61).

der Spezifikation und personellen Zuteilung von "property rights" oftmals den Zweck hatten, Marktversagen zu kurieren (Arrow 1963: 947).

Die moderne Transaktionskostentheorie baut auf dieser Erkenntnis auf und entwickelt eine *allgemeine* Theorie von Transaktionshemmnissen, die mit Hilfe der Transaktionskosten analytisch zu erfassen versucht werden.

1. Allgemeine Theorie von Transaktionshemmnissen

Die Transaktionshemmnisse verursachenden Faktoren, die das Koordinatensystem der Transaktionskostenökonomik liefern, lassen sich in zwei Klassen einteilen: menschliche Faktoren (Verhaltensfaktoren) und transaktionsspezifische (situative) Faktoren.[5]

Die wichtigsten der die Transaktionsschwierigkeiten verursachenden Verhaltensfaktoren sind:

- eingeschränkte Rationalität
- Opportunismus

Die wichtigsten transaktionsspezifischen (situativen) Faktoren sind:

- Spezifizität von Investitionen ("asset specificity")
- Unsicherheit
- Häufigkeit

Die Liste der Faktoren sei kurz erläutert:

Eingeschränkte Rationalität: Die geistigen Fähigkeiten des Menschen reichen in einigermaßen komplexen Situationen nicht aus, alle für eine Entscheidung (z. B. Vertrag) relevanten Informationen aufzunehmen und zu verarbeiten, sowie die Folgen einer Entscheidung mit allen ihren Verästelungen zu bedenken.

Wie Simon es definiert: das Verhalten ist

> "*intendedly* rational, but only *limitedly* so" (Simon 1947: XXIV).

Wegen eingeschränkter Rationalität ist es unmöglich, ex ante in einem Vertrag Regelungen für alle Eventualitäten aufzunehmen. Verträge sind in diesem Sinne niemals vollständig ("soft contracts).

Opportunismus: Opportunismus bezeichnet die Form selbstsüchtigen Verhaltens, die in Versuchen zu schwindeln, mogeln, betrügen, täuschen zum Ausdruck kommt. Dieses unaufrichtige und arglistige Verhalten kann auch in der unvollständigen und verzerrten Weitergabe von Informationen oder in absichtlich falschen oder leeren Ver-

---

5 Williamson unterscheidet "behavioral factors" und "external factors".

sprechungen bestehen.

Beide Verhaltensannahmen, besonders in Kombination, haben weitreichende Konsequenzen für die Organisation von Transaktionen:

> "Given bounded rationality, *all complex contracts are unavoidable incocomplete.* Given opportunism, *contract - as - promise unsupported by credible commitments* is *hopelessly naive.*" (Williamson 1990: 12.)

Beides zusammen führt zum *organisatorischen Imperativ*:

> "Organize transactions so as to economize on bounded rationality while simultaneously safeguarding transactions against the hazards of opportunism." (Williamson 1990: 12.)

Asymmetrische Information bezeichnet die ungleiche Verteilung von Wissen unter den Vertragspartnern. Es geht hier z. T. um Wissen, das der Unwissende nur zu hohen Kosten oder aus der Natur der Sache heraus überhaupt nicht erwerben kann. Auch dies ist ein Grund für die Unvollständigkeit von Verträgen.

Spezifizität der Investitionen: Viele Transaktionen sind mit einer Spezialisierung der Ressourcen verbunden. Ein Produzent stellt z. B. seine Maschinen auf die besonderen Bedürfnisse eines Abnehmers ein. Ein Arbeiter bildet unternehmensspezifisches Humankapital und zieht mit seiner Familie an einen neuen Arbeitsort. Alle firmenspezifischen (allgemeiner: koalitionsspezifischen) Investitionen stellen Vorleistungen dar. Ihr Merkmal ist, daß sie anderen Verwendungsrichtungen oder anderen Verwendern in derselben Verwendungsrichtung nur unter Einbuße ihres Wertes zugeführt werden können. Dieser Wertverlust stellt die Opportunitätskosten der Aufgabe der Transaktionsbeziehung dar. Sie werden gemessen durch "sunk costs" und Quasirente (siehe Schmidtchen 1987).[6]

Mit der Vornahme von spezifischen Investitionen findet ein qualitativer Sprung statt ("fundamentale Transformation"). Einer oder beide Partner sind wegen der Opportunitätskosten des Abwanderns aneinander gekettet. Während vor dem Vertrag allgemeine Auswahlfreiheit (und Wettbewerb um Vertragsabschlüsse) herrschte, entsteht nach Vertragsabschluß und Vornahme spezifischer Investitionen die Situation eines bilateralen Monopols. In Verbindung mit eingeschränkter Rationalität, Opportunismus und allfälligem Anpassungsbedarf resultiert aus der bilateralen Abhängigkeit eines der größten

---

6 Quasirenten sind genaugenommen der Ertrag auf versunkene Investitionen. Sie sind Teil des "normalen" Ertrages, den ein Investor erwarten muß, um in ein Geschäft einzusteigen. Milgrom/Roberts definieren Quasirenten so: "They consist of the smaller of two amounts - the amount being received and the amount necessary to induce the original supply decision (the normal return) - minus the amount required to prevent a supplier from ceasing to produce." (Milgrom/Roberts 1990, Fn. 8, S. 236). Eine Illustration am Beispiel des Arbeitsvertrages findet man in Schmidtchen (1987).

Probleme des effizienten Transaktionsmanagements. Seiner Lösung dient die "discriminating alignment" Hypothese:

> "align transactions (which differ in their attributes) with governance structures (which differ in their costs and competencies) in a transaction cost economizing way." (Williamson 1990: 13.)[7]

Unsicherheit: Unsicherheit bezieht sich hier einmal auf das, was herauskommt, wenn Gott würfelt. Immer dann, wenn Unsicherheit in nicht trivialem Maße vorhanden ist (und deshalb übliche Versicherungen entfallen), entsteht für ein Transaktionsverhältnis Anpassungsbedarf. Außerdem resultiert Unsicherheit aus asymmetrischer Information.

Häufigkeit: Mit dieser Dimension wird die Einmaligkeit oder die Wiederholung einer Transaktion zu erfassen versucht.

"Governance structures" sind die Verfahren, mit denen die Interessen der Beteiligten so aufeinander abzustimmen versucht werden, daß eine Transaktion oder eine Serie von Transaktionen erfolgreich verläuft. Es sind Schutzvorkehrungen:

> "transactions that are subject to *ex post* opportunism will benefit if appropriate safeguards can be devised *ex ante*." (Williamson 1990: 14.)

Die NIÖ befaßt sich deshalb mit der Frage, welche Schutzvorkehrungen gegen ex post Opportunismus existieren, welche komparativen Vorteile sie besitzen, welche Kosten sie verursachen usw. Außerdem ist man sich wohl bewußt, daß es auch ex ante Opportunismus gibt.

2. *Relationaler Vertrag*

Relationale Verträge sind - wie alle Verträge - aus ökonomischer Sicht stets als Institutionen zur Handhabung *zukünftiger* Kontingenzen zu interpretieren. Zukünftige Kontingenzen sind aber häufig nicht genau vorhersehbar (bounded rationality), und ein perfekt kontingenter Vertrag wäre darüber hinaus viel zu teuer. Deswegen ist der relationale Vertrag ein unvollständiger Vertrag. Er hat Lücken. Außerdem ist er von langfristiger Natur. Die Parteien binden sich aneinander, häufig durch koalitionsspezifische Investitionen. Sie tun dies, weil solche Investitionen zwei Eigenschaften haben: sie erhöhen erstens die Produktivität des Faktoreinsatzes und sie dienen zweitens als Bekundung des Willens auf dauerhafte, im kooperativen Geiste stattfindende Zusammenarbeit ("credible commitments"). Es treten Quasirenten auf, und bei Opportunismus der Parteien besteht bei Änderungen der ökonomischen Umgebung, die einen Anpassungsbedarf aufwerfen, die Gefahr der Aneignung von Quasirenten. Dadurch wird das bedeutsam, was Williamson (1990: 16) "incomplete contracting in its entirety"

---

7 In der allgemeinen Fassung der Hypothese kommt es auf die Summe von Transaktions- und Produktionskosten an.

nennt - "whereupon provision is made for both *ex ante* incentive alignment (of an incomplete kind) and *ex post* governance (to affect adaptation)". (Williamson 1990: 16.)
Wenn man Williamson liest, wird man feststellen, daß seine Theorie um die Frage kreist, wie man mit den Problemen in dauerhaften Vertragsbeziehungen fertig wird, die

(1) aus ex ante Opportunismus und
(2) aus "hidden information" und "hidden action" resultieren. Williamson nennt das ex post Opportunismus.

Die NIÖ geht mit Hayek (1945) und Coase (1937) davon aus, daß das Grundproblem allen Wirtschaftens in der Anpassung an Änderungen besteht. Während nach Hayek das Preissystem sowohl die Signale für Anpassungsbedarf als auch für die Richtung der Anpassung liefert, sehen Coase (1937) und Chester Barnard (1938) sowie in deren Folge Williamson im relationalen Vertrag ein geeignetes Verfahren. Williamson unterscheidet zwei Arten des relationalen Vertrages, den neoklassischen Vertrag (neoclassical contract) und die Internalisierung (unified governance structure). Im neoklassischen Vertrag kann entweder eine dritte Partei eingeschaltet werden (trilateral relationship), z.B. ein Schlichter, oder die Vertragsparteien regeln die Dinge selbst (bilateral relationship), oder eine der beiden Parteien bestimmt die Lösung (hierarchical transaction) wie etwa beim Arbeitsvertrag. Bei der Internalisierung erhält eine Partei das Kommando über die Ressourcen der anderen Partei, indem sie daran Eigentum oder eine andere Art von "Nutzungrecht" erwirbt. Relationale Verträge sind typischerweise in eine soziale Umgebung eingebettet, die nicht unmittelbar im Vertrag erwähnt wird, aber die gleichwohl den Geist seiner Ausführungen determiniert. Es ergeben sich eine Fülle von unausgesprochenen Verpflichtungen, auf die man Erwartungen aufbauen kann, etwa bezüglich der Weiterführung der Beziehung und dem Geist, in dem Anpassungen an Datenänderungen vorgenommen werden. Jeder weiß, daß der andere davon ausgeht, daß Vertragsprobleme möglichst intern geregelt werden und nicht vor Gericht. Die Reputation der Vertragspartner spielt eine große Rolle und damit das Vertrauen.

Dieses mit dem analytischen und nicht etwa rechtlichen Begriff relationaler Vertrag bezeichnete Beziehungsgeflecht weist enge Verwandtschaft auf mit dem Prinzipal-Agent Konzept. Da D. Schneider letzteres präferiert, sei kurz auf diese Zusammenhänge eingegangen.

3. Der Prinzipal-Agent Ansatz

Der Prinzipal-Agent Ansatz behandelt folgende Konstellation: Es gibt zwei Akteure: Prinzipal und Agent. Der Agent wählt eine Handlung, die sowohl den Nutzen des Prinzipals als auch den eigenen beeinflußt. Der Prinzipal kann die Handlung selbst nicht beobachten. Alles, was er beobachten kann, ist das Ergebnis der Handlung. Da das Ergebnis auch durch eine Störgröße beeinflußt werden kann, kann der Prinzipal vom Ergebnis nicht auf die gewählte Handlung des Agenten zurückschließen. Kennt der Prinzipal die Präferenzen des Agenten sowie die Verteilungsfunktion der Störungen (Schocks), dann kann er einen Anreizmechanismus entwerfen, der auf den Ergebnissen des Handelns des Agenten aufbaut, und der sicherstellt, daß der Agent seinen Nutzen nur dadurch maximieren kann, daß er den des Prinzipals maximiert.

Im Prinzipal-Agent Ansatz werden vollständig rationale und opportunistische Akteure unterstellt. Im Gegensatz zum Prinzipal-Agent Ansatz nimmt Williamson an

1. der Prinzipal ist nicht vollständig über den zukünftigen Ereignisraum informiert und über die Präferenzen des Agenten. Er kann nicht unbeschränkt rational, sondern muß beschränkt rational handeln.
2. der Opportunismus des Agenten spielt nicht nur ex post ("hidden information"; "hidden action"), sondern auch ex ante eine Rolle.

Man kann also sagen, daß der Prinzipal-Agent Ansatz integraler Bestandteil der NIÖ ist, allerdings mit einer wichtigen Modifikation: Er ist es in der Form des "incomplete" oder "relational contract". (Siehe dazu Koboldt (1991), der dies am Verhältnis der Stellvertretung demonstriert.)

C. Dieter Schneiders Kritik an der NIÖ

I. Die Unternehmung als Struktur von Verträgen

Alchian und Demsetz vertraten in der Vergangenheit die Ansicht, daß sich das Unternehmung genannte Vertragsgeflecht in keiner Weise von dem Markt genannten Vertragsgeflecht unterscheide. Das Feuern eines Arbeiters sei dasselbe wie der Wechsel eines Anbieters im Markt, den ein Nachfrager vornimmt. Diese Interpretation des Begriffs der Unternehmung war harter Kritik ausgesetzt - und sie ist überholt. Hier hat D. Schneider recht. Allerdings haben die Väter ihr Kind mittlerweile aufgegeben und das Konzept modernisiert. In der neuen Fassung stützt es sich wesentlich auf das Argument der "asset specificity" (siehe Alchian 1984).

Was schließlich Cheungs Theorie anlangt (siehe Cheung 1983), so wäre zu fragen, ob es nicht doch einen wesentlichen Unterschied zwischen Arbeitsvertrag einerseits und Kaufvertrag bzw. Werkvertrag andererseits gibt, dem auch die Ökonomie in ihren Begriffen und Analysen Rechnung tragen sollte. Mit dem Abschluß von Arbeitsverträgen werden einerseits Hierarchien ermöglicht, auf der anderen Seite wird eine neue Art von Märkten geschaffen, die es ohne solche Verträge nicht gäbe, nämlich Produktionsfaktormärkte. D. Schneider hat allerdings recht, daß die Theorie von der Unternehmung als Vertragsgeflecht keine Theorie des *Entstehens* von Unternehmungen ist. Dieser Einwand gilt allerdings gegenüber allen prominenten ökonomischen Theorien der Unternehmung. Sie sind Endzustandstheorien, die die Existenz einer Institution rationalisieren (ohne die Probleme eines "post hoc ergo propter hoc" ins Visier zu nehmen).

II. Zum Transaktions- und "Agency"-Kostenansatz

D. Schneider übt harte Kritik am Konzept der Transaktionskosten. Ich stimme dieser Kritik insofern zu, als sie sich gegen einen Transaktionsbegriff wendet, in dem Transaktionskosten die Rolle von Transportkosten spielen. Mit einem derartigen Begriff dürfte das heuristische Potential der Transaktionskostenökonomik gegen Null konvergieren. Aber die aus ex ante und ex post Opportunismus im ex post bilateralen Monopol bei Unsicherheit resultierenden Probleme sind strategischer Natur und zur *Bezeichnung* dieser Transaktionsschwierigkeiten (Kooperationshindernisse) dürfte der Begriff Transaktionskosten *großes* heuristisches Potential besitzen. (Zu einer am Gefangenendilemma-Spiel ausgerichteten wegweisenden Taxonomie sowie ihrer praktischen Umsetzung siehe Schmidt-Trenz 1990; Schmidtchen 1989.) Mangelnde *Meß*barkeit wäre dann überhaupt kein Einwand - der Begriff hätte eher die Qualität der Untergruppe theoretischer Begriffe, von denen man (empirische) *Meß*barkeit gar nicht erwartet.[8] Wenn man im übrigen anerkennt, *daß* das Erkenntnisobjekt der NIÖ durch Vertragsprobleme generiert wird, die sich aus einer spezifischen Konstellation von einigen wenigen Elementen ergeben, dann könnte man auf die Bezeichnung Transaktionskosten verzichten. Die Devise lautete: Definiere Dein Problem und formuliere ein geeignetes Modell, in dem die Dich interessierenden Transaktionshindernisse abgebildet sind.

III. Vier weitere Einwände

1. Die NIÖ betrachte Institutionen als Ergebnis menschlichen Entwurfs (komparativer Institutionenvergleich), aber nicht als spontane Ordnung. D. Schneiders Kritik ist berechtigt. Aber es gibt bereits erste Ansätze, Institutionen als spontane Ordnung zu erklären (siehe Schmidtchen 1990, 1991).
2. Die NIÖ sei unzureichend für einen Institutionenvergleich. D. Schneider belegt das mit dem Beispiel der Integrationsrente bei unvollkommenen Marktstrukturen, die nur durch vertikale Integration zu realisieren sei. Aber warum sollte man die Integrationsrente nicht auch über vertragliche Abmachungen realisieren können? Wenn die Option Vertrag nicht gewählt wird, wäre die institutionenökonomische Frage nach dem "Warum?" zu stellen.
3. Maximierung unter Nebenbedingungen und beschränkte Rationalität seien schwer miteinander zu vereinbaren. Kann man bei beschränkter Rationalität maximieren? Die Antwort lautet: Ja, wenn man die Grenzen der Rationalität auf die Aufstellung eines Entscheidungsmodells bezieht. Dies wird wegen der eingeschränkten Rationalität *niemals* ein wahres Bild der Entscheidungssituation geben. Aber das Modell wird "manageable" sein. D. h.: Das Modell selbst kann durch Maximierungskalkül unter Nebenbedingungen gelöst werden. Diese Interpretation dürfte durchaus mit der von Simon kompatibel sein.
4. Grenzen seien einer ökonomischen Analyse des Rechts dadurch gezogen, daß

8 Theoretische Terme stehen nicht für Beobachtetes, sondern sie dienen im Kontext einer Theorie zu deren Systematisierung. (Siehe v. Kutschera, F., 1972: 264 ff. und 297 ff.

sie auf der Grundlage institutionenbezogener Nutzenmaximierung im Stile der Gleichgewichtsökonomie à la Chicago arbeite. Hier identifiziert D. Schneider die NIÖ mit "Economic Analysis of Law" im Chicago Stil. Wie ich vor zwei Jahren zu zeigen versuchte (siehe Schmidtchen 1991), ist sie das eben nicht. "Chicago Law and Economics" ist *simple, angewandte Preistheorie* (Posner, Becker). Die Kritik an dieser teile ich (siehe auch Koboldt/Leder/Schmidtchen, 1992). Daß die "Chicago Law and Economics" und große Teile der NIÖ Gleichgewichtsökonomie darstellen, ist richtig. Obwohl sie Grenzen hat, brauchen wir die *Gleichgewichtsökonomik*. Was wir aber auch brauchen, da hat D. Schneider Recht, ist eine stärker evolutorisch ausgerichtete ökonomische Theorie. Aber: als Ergänzung, nicht als Substitut für die Gleichgewichtsökonomie.

D. NIÖ und Mitbestimmung

D. Schneiders Urteil über Mitbestimmung fällt relativ eindeutig aus: Da die Mitbestimmung die im Interesse von Arbeitgeber und Arbeitnehmer liegende unternehmerische Anordnungsbefugnis einschränke, dürften

> "Mitbestimmungsrechte ... aus ökonomischen Effizienzgründen kaum zu begründen sein."

Ich will versuchen zu zeigen, daß man durchaus Mitbestimmungsrechte aus ökonomischen Effizienzgründen begründen kann. Dabei darf man allerdings nicht von einem vollständigen Arbeitsvertrag ausgehen, wie es wohl D. Schneider getan hat, sondern von einem unvollständigen. Es sei hinzugefügt, daß die Mitbestimmungsdiskussion in Deutschland bis auf den heutigen Tag darunter leidet, daß sie erstens nicht genügend in der Ökonomik des Vertrages wurzelt und zweitens nicht erkennt, daß in der Praxis der unvollständige Arbeitsvertrag dominiert.

I. Mitbestimmung als Mittel zur Internalisierung eines externen Effektes

Interpretiert man das Arbeitsverhältnis als ein Vertrags- und Gewaltverhältnis - die Errichtung und Akzeptanz einer Autoritätsbeziehung ist der Inhalt des Arbeitsvertrages -, dann läßt sich die Nutzung der Gewalt, d. h.: die Direktive des Käufers von Arbeitskraft, als ein negativer externer Effekt interpretieren. Die Theorie sieht nun so aus: Wenn im Lohn dieser negative externe Effekt nicht abgegolten ist und im Lohn auch nur schwer abgeltbar ist, dann kann man über Mitbestimmung den negativen externen Effekt internalisieren.

Bei einem externen Effekt fallen die Person des an der Entscheidung Beteiligten und die des Betroffenen auseinander. Mitbestimmung ist als ein institutionelles Vehikel anzusehen, das die Betroffenen zu Beteiligten macht und so den externen Effekt internalisiert (siehe bereits Schmidtchen 1981). Dieses Argumentationsmuster hat besondere Bedeutung dann, wenn mit dem externen Effekt eine Allokationswirkung verbunden ist (pareto-relevanter externer Effekt). Das ist in der Tat zu vermuten: Die Alternative zum Arbeitsvertrag ist das, was Simon einen "sales contract" nennt, also der Werkvertrag. Der genannte externe Effekt verteuert die Wahl des Arbeitsvertrages und wird deshalb das Verhältnis der Zahl der Arbeitsverträge zu den Werkverträgen zu Ungunsten der ersteren verschieben. Es wird weniger Hierarchien geben, und wenn Coase Recht hat, wird der optimale Mix zwischen Markt und Hierarchie zerstört. Mitbestimmung kann dem entgegenwirken.

II. "Sunk costs", Quasirenten und Mitbestimmung

Der zweite vertragstheoretische Ansatz fokussiert die Frage, inwieweit Mitbestimmung als Sicherungsvorkehrung gegen die Aneignung von Quasirenten angesehen werden kann, die ein Arbeiter erwarten muß, damit er unternehmensspezifisches Humankapital aufbaut (siehe Schmidtchen 1987).

Argumentiert wird im Koordinatensystem der Transaktionskostenökonomik, das sich vereinfacht mit Hilfe der folgenden Tabelle (nach Williamson 1985) darstellen läßt.

Vertragsszenarien

Verhaltensannahmen	Ressourcenspezialisierung	Vertragsprozeß	
Eingeschränkte Rationalität	Opportunismus		
-	+	+	Planung
+	-	+	Versprechen
+	+	-	Wettbewerb
+	+	+	relationaler Vertrag

+ in nicht unbedeutendem Maße vorhanden
- abwesend

- Planung entspricht einem perfekten kontingenten Vertrag à la Arrow/Debreu. Die Aufteilung der Quasirenten wird alle Kontingenzen umfassend ex ante im einzelnen festgelegt. Mitbestimmung ist nicht begründbar. Unternehmensspezifische Investitionen werden in effizientem Umfang vorgenommen. Es existiert keine Autoritätsbeziehung. Es gibt kein Gewaltverhältnis. Mitbestimmung ist über diese Schiene nicht begründbar, weil alle externen Effekte im perfekt kontingenten Arbeitsvertrag internalisiert sind. Der Vertrag selbst ist hier das Internalisierungsvehikel.

- Versprechen: Es existiert kein Problem der Aneignung von Quasirenten, weil Opportunismus entfällt. Mitbestimmung ist nicht begründbar. Unternehmensspezifische Investitionen werden in effizientem Umfang vorgenommen.
- Wettbewerb: Das Problem entfällt, weil hier unternehmensspezifische Investitionen definitionsgemäß nicht zur Debatte stehen.
- Relationaler Vertrag (Vertrag mit Sicherheitsvorkehrungen): unternehmensspezifische Investitionen werden in effizientem Umfang vorgenommen, wenn Sicherheitsvorkehrungen gegen Aneignungsversuche der Quasirente existieren.

Zwei Arten der Aneignungsversuche kommen in Frage:

a) Lohnsenkung aufgrund behaupteter Veränderung der Grenzwertproduktivität;
b) "Hidden Action" in Form der Verschlechterung der Arbeitsbedingungen. In Schmidtchen (1987) wird gezeigt, daß ein Mitbestimmung enthaltender Arbeitsvertrag geeignet ist, effiziente unternehmensspezifische Investitionen seitens des Arbeiters zu erzeugen.

Ein allgemeiner Hinweis sollte noch gegeben werden: Die Untersuchungen können nur als Nachweis der notwendigen Bedingung für Mitbestimmung interpretiert werden (siehe auch Eger/Nutzinger/Weise in diesem Bande). Da es auch andere institutionelle Verfahren zum Schutz gegen Aneignung der Quasirente durch opportunistische Arbeitgeber gibt, kann eine rationale Entscheidung erst nach einem umfassenden Vergleich der Vor- und Nachteile aller Instrumente gefällt werden.

E. Abschluß: Insiderhandelsverbot

D. Schneider ist von der ökonomischen Fragwürdigkeit eines Insiderhandelsverbots für Wertpapiere überzeugt. Insiderhandel versorge den Markt schneller mit verfügbarer Information und liefere deshalb einen Beitrag zur Effizienz des Signalsystems Preise. Zu fragen wäre allerdings, inwieweit die abgeleiteten Ergebnisse verallgemeinert werden können.

In einem Artikel von Ott/Schäfer (Ökonomische Auswirkungen der EG - Insider-Regulierung in Deutschland (ZBB)) kann man z. B. auf S. 234 folgendes lesen:

> "Diese Argumente haben gezeigt, daß Insider-Handel im großen und ganzen nachteilige Wirkungen aufweist. Er beeinträchtigt die Funktionsfähigkeit des Kapitalmarktes und vermittelt Anreize für das Management, die Schwankungen des Firmenwerts auf ein überoptimales Niveau zu erhöhen. Wir glauben, daß der Insider-Handel reguliert ...

werden sollte."

D. Schneider sieht eben dieses Urteil als ökonomisch fragwürdig an. Die unterschiedliche Beurteilung resultiert vermutlich daraus, daß D. Schneider den Einfluß des Insiderhandelns auf den Handelsprozeß als solchen untersucht, während Ott/Schäfer auch die Prinzipal-Agenten Beziehung berücksichtigen[9]. Meines Erachtens kann ein abschließendes Urteil nur gefällt werden, wenn man nicht nur auf den Kapitalmarkt schaut, sondern die Firma als einen Ressourcenpool ansieht, als Nexus von unvollkommenen Verträgen zwischen Ressourceneignern (siehe Kommentar zu Köndgens Beitrag in diesem Bande). Dann kommt es nicht nur auf die Sicherstellung der Maximierung des Firmenwertes an, sondern auch auf die Frage, ob und inwieweit durch Insiderhandeln der Verteilungsschlüssel der Quasirenten opportunistisch verändert werden kann - was ohne Sicherheitsvorkehrungen (governance structure) negative allokative Wirkungen hervorrufen wird.

Wie die Diskussion um Kosten und Nutzen des Insiderhandels auch ausgehen mag, als *Moral von der Geschicht - und* den Juristen, die von Ökonomen eindeutige Antworten auf rechtswissenschaftliche Fragen erwarten, ins Stammbuch geschrieben - bleibt, was Brecht in den Epilog seines Stücks "Der gute Mensch von Sezuan" aufnahm:

> Wir stehen selbst enttäuscht und sehn betroffen
> Den Vorhang zu und alle Fragen offen.

---

9 Die hier umfangreiche Diskussion über Insiderhandel kann hier nicht nachgezeichnet werden. Die meisten Arbeiten haben den Handelsprozeß als solchen fokussiert (so auch D. Schneider). Untersuchungen im Rahmen der Prinzipal-Agenten theorie sind seltener. Siehe aber Bebchuk/-Fershtman (1991).

Literatur:

Alchian, A. (1984) Specificity, Specification, and Coalitions: Zeitschrift für die gesamte Staatswissenschaft 140, S. 34 - 49.

Alchian, A., Production, Information Costs, and Economic Organization,

Arrow, K. (1963) Uncertainty and the Welfare Economics of Medical Care, in: American Economic Review, 53: 941 - 973.

Arrow, K. (1969) The Organization of Economic Activity: Issues Pertinent to the Choice of Market versus Nonmarket Allocation, in: The Analysis and Evaluation of Public Expenditure: The PPB System, Vol. 1, US Joint Economic Committee, 91st Congress, 1st Session, Washington, DC, S. 59 - 73.

Arrow, K. (1987) Reflections on the Essays, in: George Feiwel (ed.): Arrow and the Foundations of the Theory of Economic Policy, NYU Press, New York, S. 727 - 734.

Barnard, Ch. (1938) The Functions of the Executive, Harvard University Press, Cambridge, MA.

Bebchuk, L.A., Fershtman, Ch. (1991) The Effectos of Insider Trading on Insider's Effort in Good and Bad Times, Discussion Paper Series, Harvard Law School, No.103

Demsetz, H. (1972) in: American Economic Review, 62: 777 - 795.

Ccheung, S. (1983) The Contractual Nature of the Firm, in: Journal of Law and Economics, 26: 1 - 21.

Coase, R. (1937) The Nature of the Firm, in: Economica N. S., 4: 386 - 405, Reprinted in G. J. Stigler and K. E. Boulding (eds.) (1952): Readings in Price Theory, Richard D. Irwin, Homewood, IL., S. 331 ff.

Eger, Th., Nutzinger, H.G., Weise, P. (1992) Eine ökonomische Analyse der mitbestimmten Unternehmung in diesem Bande.

Hayek, F. A. (1945) The Use of Knowledge in Society, in: American Economic Review, S. 519 - 530.

Koboldt, Chr. (1991) Kommentar zu "Stellvertretung und ökonomische Agentur-Theorie - Probleme und Wechselbezüge, in: Ott,C., Schäfer, H.-B. (Hrsg.): Ökonomische Probleme des Zivilrechts, Berlin, Heidelberg, New York, S. 76 - 86.

Koboldt, Chr., Leder, M., Schmidtchen, D. (1992) Ökonomische Analyse des Rechts, Wirtschaftswissenschaftliches Studium, Heft 7, S. 334 - 342.

Kreps, D.M. (1990) A Course in Microeconomic Theory, New York u.a.

Lachmann, L. (1963) Wirtschaftsordnung und wirtschaftliche Institutionen, in: ORDO 14, S. 63 - 77.

Llewellyn, K. (1931) What Price Contract? - An Essay in Perspective, in: Yale Law Journal, May, 40: 704 - 751.

Milgrom, P., Roberts, J. (1990) Bargaining costs, influence costs, and the organisation of economic activity, in: Alt, J.E., Shepsle, K.A. (eds.): Perspektives on Positive Political Economy, Cambridge University Press.

Ott, C., Schäfer, H. B. (1991) Ökonomische Auswirkungen der EG-Insider-Regulierung in Deutschland, in: Zeitschrift für Bankrecht und Bankwirtschaft, 3. Jg., H. 4, S. 226 - 241.

Robertson, D. H. (1923) The Control of Industry, Nisbett, London.

Schmidt-Trenz, H.-J. (1990) Außenhandel und Territorialität des Rechts, Baden-Baden.

Schmidtchen, D. (1981) Leitungspartizipation, Wettbewerb und Funktionsfähigkeit des Marktsystems, in: Zukunftsprobleme der Sozialen Marktwirtschaft, Schriften des Vereins für Socialpolitik, NF Bd. 116, S. 191 - 212.

Schmidtchen, D. (1987) "Sunk Costs", Quasirenten und Mitbestimmung, in: Jahrbuch für Neue Politische Ökonomie, Tübingen, S. 139 - 163.

Schmidtchen, D. (1989) Evolutorische Ordnungstheorie oder: die Transaktionskosten und das Unternehmertum, in: ORDO, S. 161 - 181.

Schmidtchen, D. (1990) Preise und spontane Ordnung - Prinzipien einer Theorie ökonomischer Evolution, in: Witt, U. (Hrsg.): Studien zur Evolutorischen Ökonomik I, Berlin, S. 75 - 113.

Schmidtchen, D. New Instituional Economics of International Transactions , in: Schmidt-Trenz, H.-J. (1990), Jahrbuch für Neue Politische Ökonomie, 9. Bd., S. 3 - 34.

Schmidtchen, D. (1991) Jenseits von Maximierung, Gleichgewicht und Effizienz: Neuland für die ökonomische Analyse des Rechts? in: Ott , C. , Schäfer , H.-B. (Hrsg.): Ökonomische Probleme des Zivilrechts, Berlin, Heidelberg, New York, S. 316 - 344.

Schmidtchen, D. (1993) Die Relevanz der ökonomischen Theorie der Firma für rechtswissenschaftliche Fragestellungen. Kommentar; in diesem Bande.

Schneider, D. Ökonomische Theorie der Unternehmung, in diesem Band.

Schweitzer, U. (1993) Politische Regeln als unvollständige Verträge: Ursachen von Staatsversagen, Paper für das Symposium Neue Politische Ökonomie von Normen und Institutionen; erscheint im Jahrbuch für Neue Politische Ökonomie, Tübingen.

Williamson, O. (1985) Assessing Contract, in: Journal of Law, Economics, and Organisation, 1, S. 178 - 208.

Williamson, O. (1990) The Firm as a Nexus of Treaties: an Introduction, in: Aoki, M., Gustafsson, B., Williamson, O. (eds.): The Firm as a Nexus of Treaties, Sage Publ., London u. a. S. 1 - 25.

Diskussion

Zusammengefaßt von Klaus Wehrt

Im Mittelpunkt der Diskussion steht die Frage nach der Effizienz des "insider tradings". Daneben werden jedoch auch Wortbeiträge einerseits zur Interpretation der ökonomischen Rente als preisbestimmende oder preisbestimmte Größe und andererseits zur Eignung abstrakter ökonomischer Begriffsbildungen als Basis wirtschaftswissenschaftlicher Forschung eingebracht.

A. Sind ökonomische Renten preisbestimmt oder preisbestimmend?

Der Einschätzung des Referenten, daß die ökonomische Rente preisbestimmte Größe darstelle, wird im Plenum heftig widersprochen. Die Ricardianische Bodenrente stelle einen Kostenfaktor der standortgebundenen Produktion dar. Sie habe insofern keinen Residialcharakter wie beispielsweise die Unternehmensgewinne, sondern sei selbst preisbestimmend.

B. Können abstrakte Begriffsbildungen die Basis ökonomischer Forschung sein?

Widersprochen wird auch der Einschätzung des Referenten, daß die ökonomische Analyse sich zu ihrer Theoriebildung nur beobachtbarer Größen bedienen sollte. Würde man die Betrachtung nur auf monetäre Größen stützen, wie beispielsweise die Ein- und Auszahlungen eines Unternehmens, dann müßte man auf die weniger leicht zu quantifizierenden, aber für die Theoriebildung so wichtigen Begriffe der Opportunitätskosten, der Transaktionskosten und der Individualnutzen verzichten. In diesem Sinne wäre es auch nicht wichtig, den Unternehmensbegriff exakt zu definieren, denn Definitionen im ökonomischen Sinne seien nominalistischer Natur. Sie stellten nur eine Abkürzung für einen schwer zu umschreibenden Sachverhalt dar. Überdies würden unterschiedliche Fragestellungen je nach Erkenntnisobjekt unterschiedliche Unternehmensdefinitionen erfordern. Der von den Juristen dagegen geforderte Unternehmensbegriff sei essentialistischer Natur, denn er solle die Rechtfertigung dafür erbringen, bestimmte Konfliktfälle, weil sich innerhalb der Unternehmung ereignend, anders zu behandeln als andere, weil diese sich außerhalb der Unternehmung ereignen.

C. Ist "insider trading" volkswirtschaftlich erwünscht?

Mit seiner These, das "insider trading" sollte gesetzlich unreguliert bleiben, weil die Manager eines Unternehmens nur dann den Anreiz hätten, wertvolle Marktinformationen zu ergründen, wenn sie daraus durch den börslichen Aktienhandel privates Kapital schlagen könnten, fordert der Referent zu einer Flut von Diskussionsbeiträgen heraus. Im folgenden werden nur die wichtigsten dieser Beiträge wiedergegeben.

Würde "insider trading" nicht sanktioniert, dann wäre es für die Aktionäre lohnend, Ressourcen darin zu vergeuden, sich Informationen schneller als andere zu beschaffen.

In den Vereinigten Staaten gäbe es ein Verbot des "insider trading", in der Bundesrepublik Deutschland nicht. Der Grund dafür sei bei den Banken zu suchen. Diese würden in beiden Staaten einen massiven Einfluß auf die Gesetzgebung ausüben. Bezogen auf die Bundesrepublik sei das Bankeninteresse an einer Regulierung des Insider-Handels deshalb so gering ausgeprägt, weil die Banken über den Aufsichtsrat fast ebenso schnell wie die Manager an die Insider-Informationen herankommen. In den Vereinigten Staaten hingegen, wo die Banken nicht in der Unternehmensleitung vertreten wären, sei es diesen gelungen, durch ein Verbot des "insider trading" den Managern ihre Informationsvorsprünge zu nehmen. Jetzt könnten sie von der Erstinformiertheit profitieren.

Rational handelnde Aktionäre würden das "insider trading" des Vorstandes antizipieren. Für sie würde das bedeuten, daß sie in schlechten Unternehmensperioden fast alle Aktien alleine halten, während sie sich diese in guten Perioden mit den Insidern zu teilen hätten. Die Rendite, die Outsider aus ihrem Aktienbesitz zögen, wäre deshalb geringer als die Rendite des Unternehmens. Deshalb würden Outsider bei ihrer Aktienkaufentscheidung nicht die erwartete Unternehmensrendite zugrundelegen, sondern diese mit einem Abschlag versehen. Das würde dazu führen, daß die Aktien volkswirtschaftlich sinnvoller Gesellschaften nicht plaziert werden könnten.

Das "insider trading" führe nicht zu effizienten Handlungsanreizen für das Management, wie vielfach in der Literatur behauptet würde. Der Aktien handelnde Manager würde vielmehr an Schwankungen des Unternehmenswertes interessiert sein, um entsprechend vorteilhafte Aktiendispositionen vornehmen zu können. Das würde bedeuten, daß zu häufig riskante Investitionsprojekte vorgenommen würden, um dann aus der Vorinformation über den Erfolg der Investition, entsprechend lukrative Terminkontrakte schließen zu können.

Privatautonomie oder rechtliche Intervention bei der Ausstattung und Änderung von Gesellschafterrechten ?

von W. Rainer Walz

A. Gesellschafterrechte als Gegenstand ökonomischer Analyse

Erinnern wir uns an die Geschichte von Hans im Glück: nach sieben oder achtjähriger Wanderschaft hat er sich einen großen Klumpen Gold erarbeitet. Auf seinem Weg nach Hause bietet ihm jemand für den Klumpen Gold ein wertvolles Pferd, später ein anderer für das Pferd ein Schwein, für das Schwein dann wieder ein anderer eine Gans und für die Gans einen einfachen Stein; jedesmal nimmt er an und freut sich über das glänzende Geschäft. Es läßt sich vorstellen, daß heute eines der Zwischenglieder zwischen Reichtum und Ruin eine Aktie, ein GmbH- oder ein Personengesellschaftsanteil wäre - vielleicht würde Hans das Pferd für einen KG-Anteil und den KG-Anteil dann für das Schwein eintauschen. Man kann solche Gesellschaftsanteile also haben - wenn auch nicht im juristischen Sinn besitzen - und bevor man sie hat, muß man sie erwerben; danach kann man sie unter Umständen - nicht immer - veräußern oder verpfänden[1]. Man kann mit anderen Worten das in einem Gesellschaftsanteil zusammengefaßte Rechtsbündel ökonomisch als property right analysieren[2]. Man wird dann in folgende Fragerichtung gewiesen:

Aus der Mitgliedschaft an Handelsgesellschaften erwachsen Rechte auf unternehmerisches Handeln für die einen, auf Bestellung der Handlungsorgane und Kontrolle für die anderen, sowie regelmäßig auf einen Anteil am Gewinn und am Auseinandersetzungsguthaben, falls die Gesellschaft liquidiert wird. Wie müssen diese einzelnen Elemente zugeschnitten, zu welchen Rechtsbündeln zusammengefaßt und welchen Mitgliedern soll welches Rechtsbündel als exklusives Rechtsgut zugewiesen werden?

Traditionell werden im Rahmen der ÖAR drei Maßstäbe genannt, mit denen man diese Probleme zu lösen sucht: Ökonomische Effizienz, Verteilungsgerechtigkeit und andere

---

1 Vgl. dazu Walz, W.R., Sachenrechtliches Systemdenken im Wandel: Die ökonomischen Determinanten des Verfügungstatbestandes, KritV 1990, 374 ff.

2 Vgl. dazu Kirchner, C., Ökonomische Analyse des Unternehmensrechts, in: Jahrbuch für Neue Politische Ökonomie, Bd. II 1983 S. 137 ff. (Kirchner, C.); Schanze, E., Theorie des Unternehmens und ökonomische Analyse des Rechts, in: Jahrbuch für Neue Politische Ökonomie, Bd. II 1983 S. 161, 174 (Schanze, E., Jahrb.).

Gerechtigkeitsgründe[3].

Effizienz fordert, daß die Zusammensetzung und Zuordnung aller aus der Mitgliedschaft abgeleiteten Rechte so vorgenommen wird, daß eine zusätzliche Veränderung keine weitere Verbesserung der durch die Umverteilung Bevorzugten bewirken könnte, die so groß wäre, daß die Begünstigten den Wertverlust der Benachteiligten ausgleichen könnten und dennoch besser dastünden als zuvor[4]. Wenn z.B. die Gesellschafter A, B, C vereinbaren, daß allein A die Geschäftsführung übernehmen soll, werden sie ihm nicht freie Hand lassen, sondern einen Verantwortungs- und Haftungsstandard aufstellen wollen. In einer solchen Haftungsregel bzw. Haftungsbegrenzung erhält A eine Berechtigung zum Eingehen geschäftlicher Risiken, die mit einer entgegengesetzten Berechtigung von B und C, vor Risiken verschont zu werden, kombiniert wird. Das Effizienzpostulat erfordert die Kombination, mit der *in ihrer Summe minimiert werden* die Kosten aus realisierten Risiken und die Kosten aus entgangenem Gewinn wegen unterlassener Wahrnehmung riskanter Geschäfte aus Angst vor der Haftung.

Fragen der *Verteilungsgerechtigkeit* werden bei der Ausstattung von Gesellschafterrechten nicht berührt, wohl aber *andere Gerechtigkeitsgründe*: angesprochen sind Wertungen, die sich mangels monetarisierbarer Verrechenbarkeit einem rationalen Kosten-Nutzen-Kalkül nur schwer einordnen lassen. Für den Juristen sind solche Wertungen mindestens zum Teil fundamental und begrenzen die Reichweite einer sinnvollen ökonomischen Analyse. Solche Wertungen entstammen z.B. der verfassungsrechtlichen Gewährleistung einer sich frei entfaltenden Persönlichkeit und ihrer Würde als nicht verfügbare Persönlichkeitsattribute[5]. Im Gesellschaftsrecht kommen sie überall dort zum Zuge, wo ein Gesellschafter zumindest äußerlich einer Regelung zustimmt, die ihn auf Dauer aller geschäftlicher Bewegungsfreiheit beraubt und ihn in eine umfassende Abhängigkeit von anderen hineintreibt.

Ökonomische Analyse befaßt sich nicht nur mit der Erstausstattung von Gesellschafterrechten sondern fragt auch, wie die gesellschaftsrechtlichen Befugnisbündel durch das Recht geschützt werden sollen. Hierbei spielen neben Effizienz auch Aspekte der Verteilungsgerechtigkeit eine Rolle[6]. Bei postkontraktuellen Auseinandersetzungen um die Verteilung von vertraglich nicht eindeutig zugewiesenen Nutzen oder Risiken ist Verteilungsgerechtigkeit im Rahmen der gebotenen wechselseitigen Fairness wichtig. Man kann auch an den gesellschaftsrechtlichen Grundsatz der Gleichbehandlung

---

3 Diese Rahmensetzung für die Analyse folgt dem bereits klassischen Artikel von Calabresi, G./Melamed, D.A., Proberty Rules, Liability and Inalienbility: One View of the Cathedral, Harvard Law Review, Bd. 85, S. 1089 ff. (1972).

4 Vgl. Calabresi, G./Melamed, D.A. S. 1094.

5 Vgl. Walz, W.R., Ökonomische und rechtliche Überlegungen zur Verkehrsfähigkeit von Gegenständen, in: Ott, C./Schäfer, H.B., Allokationseffizienz in der Rechtsordnung, 1989 S. 93, 104 (Walz, W.R.); vorher bereits Walz, W.R., Sachenrecht für Nicht-Sachen? Kritik einer Systemanalogie, KritV 1986 S. 131, 154.

6 Behrens, P., The Firm as a Complex Institution, ZgS 1985, 62, 65.

denken. Er besagt, daß jedes Mitglied unter gleichen Voraussetzungen ebenso behandelt wird wie die übrigen Mitglieder (Diskriminierungsverbot)[7].

Calabresi/Melamed unterscheiden den Schutz einer Position durch die property rule, die liability rule und die rule of inalienability[8]. Nach der property rule wie ein Recht immer dann geschützt, wenn es nur mit Zustimmung des Berechtigten und zu seinen Bedingungen insbesondere zu seinem Preis entzogen werden kann. Das sind im Gesellschaftsrecht nur solche Positionen, die mehrheitsfest sind, z.B. Sonderrechte auf einen Gewinnvoraus oder die Teilhabe an der Geschäftsführung. Andere Stellungen können zwar gegen den Willen des Berechtigten entzogen werden, der Berechtigte kann aber dafür einen nach objektiven -nicht subjektiven- Kriterien bemessenen Ersatz, eine Abfindung verlangen. Das ist z.B. dann der Fall, wenn die Gesellschaft gegen den Willen einer Minderheit durch Unternehmensverträge der Herrschaft einer Muttergesellschaft unterworfen werden soll. Schließlich gibt es Mindestpositionen, auf die der Gesellschafter nicht mit bindender Wirkung verzichten kann; sie sind ihm weder mit noch gegen seine Zustimmung entziehbar. Dazu gehören z.B. bei Personengesellschaften Kontrollrechte bei Verdacht unredlicher Geschäftsführung. Neben diesen Einteilungen gibt es im Gesellschaftsrecht zusätzliche Varianten: es gibt Rechtspositionen, die entschädigungslos durch qualifizierte Mehrheit (Schutz durch eine Verfahrensregel) entzogen werden können oder nur bei Einhaltung bestimmter inhaltlicher Kriterien (Gleichbehandlung, Schutz gegen Diskriminierung) oder abhängig sind von einer ex post Kontrolle durch Gerichte auf Einhaltung sog. gesellschaftlicher Treuepflichten.

Wieweit kann man die genannten Probleme der Privatautonomie überlassen, inwieweit sollte das Recht lenkend und korrigierend eingreifen? Um den ökonomischen Ansatz fruchtbar zu machen, bedarf es einer ökonomischen Umformulierung gesellschaftsrechtlicher Problemlösungsansätze.

---

7 Wiedemann, H., Gesellschaftsrecht, Bd. I, 1980 S. 427 m.w.N. (Wiedeman, H.)

8 Vgl. oben Fn. 3.

B. Der kontraktualistische[9] Ansatz im Gesellschaftsrecht

I. Das Grundmodell

Ganz ähnlich wie die Klassiker des deutschen Zivilrechts im 19. Jahrhundert Savigny, Puchta und Windscheid[10] gehen die meisten ökonomisch orientierten amerikanischen Gesellschaftsrechtler davon aus, daß eine Gesellschaft als juristische Person nur fingiert werde (Fiktionstheorie). Unternehmen und Unternehmensträger[11] sind nur eine gedachte Einheit eines komplexen Nexus von Verträgen zwischen Unternehmergesellschaftern, Investoren, Managern, Fremdkapitalgläubigern, Arbeitnehmern usw[12]. In dieser Sicht werden alle gesellschaftsrechtlichen Verhältnisse - nur von ihnen sei hier die Rede[13] - konzeptuell neu geordnet um das quid pro quo von Austausch und dabei auftretenden Transaktionskosten sowie arbeitsteilige Delegation und dabei auftretenden Delegationskosten. Transaktionskosten sind Kosten, die für das Aufspüren von Vertragsgelegenheiten, das Aushandeln und schließlich die Durchsetzung von Verträgen aufgewendet werden müssen. Delegationskosten (agency costs) treten immer auf, wenn eine Person mit eigenem Handlungsspielraum fremdnützig handeln soll. Das gilt auch für das Verhältnis von Unternehmergesellschafter und Anlagegesellschafter. Beim Prinzipal (Anlagegesellschafter) entstehen Kontrollkosten und Verluste durch nicht abwendbares eigennütziges Handeln des Beauftragten (Unternehmergesellschafter), beim Agenten entstehen Kosten, die er für vertrauensbildende Garantien oder sonstige Maßnahmen gegenüber dem Prinzipal aufwenden muß[14]. Das Effizienzprinzip erfordert eine möglichst weitgehende Senkung dieser Kosten. Die gesellschaftsrechtlichen

---

9 Der Begriff "contract" wird in ökonomischen Zusammenhängen nicht immer identisch mit dem juristischen Begriff "Vertrag" gebraucht. Einbezogen werden häufig auch wechselseitige Erwartungen - z.B. Karriereerwartungen, die motivational eine Rolle spielen, aber nicht unbedingt einklagbar sind. Im vorliegenden Kontext braucht der Unterschied nicht thematisiert zu werden; vgl. Eisenberg, M., The Structure of Corporation Law, Columbia Law Review, Bd. 89, S. 1481, 1487 (1989); Bratton, W.W., The Nexus of Contracts - Coporation: a Critical Appraisal, Cornell Law Review, Bd. 74, S. 407, 410 (1989); es wäre aber ein Mißverständnis, den kontraktualistischen Ansatz bei Organisationen deshalb abzulehnen, weil die von ihm erfaßten institutionellen Arrangements sich nicht der engeren rechtliche Vertragskategorie fügen. Entscheidend ist der individualistische Ansatz am quid pro quo.

10 Dazu ausführlich Ott, C., Recht und Realität der Unternehmenskorporation, 1977, S. 38, 61 ff. (Ott, C.).

11 Anders als im deutschen Recht wird hier nicht klar unterschieden.

12 Dazu Köndgen, Die Relevanz der ökonomischen Theorie der Firma für rechtswissenschaftliche Fragestellungen , in diesem Band.

13 Im amerikanischen Recht gehören das Verhältnis zum angestellten Management und die Arbeitsrechtsbeziehungen dazu.

14 Williamson, O., Credible Commitments: Using Hostages to Suport Exchange, American Economic Review, S. 519, 522 (1983).

Treuepflichten verlieren ihre Verankerung in der Ethik und erscheinen als vertraglich versprochene Selbstdisziplinierung im Austausch gegen die Gewährung einer möglichst vorteilhaften gesellschaftsrechtlichen Position.

Für Kontraktualisten radikal-liberaler Prägung sind Gesellschaften und Gesellschaftsanteile Produkte eines freien Marktes wie Farbfernseher oder Autos[15]. Die Anreize, Handlungs-, Kontroll-, Haftungs- oder Gewinnverteilungsregeln zusammenzufügen und als Produkt auf den Markt zu bringen, beruhen darauf, daß solche Strukuren geschätzt werden und eine irgendwie geartete Teilhabe daran ihren Preis wert ist. Die Gesellschaftsgründer werden um so mehr an dem Produkt verdienen, je besser es ihnen gelingt, ein funktionsfähiges werteschaffendes Regelbündel herzustellen, das den Investoren oder anderen aktiv an dem Projekt Beteiligten den größten Überschuß über die zur Erhaltung und Wirksamkeit der Organisation erforderlichen Kosten verschafft. Unter den Bedingungen eines perfekten Marktes werden die Parteien die Organisationsbeziehungen so gestalten, daß ihr Vertrag die Größe des gemeinsamen Kuchens maximiert; je größer er ist, desto mehr kann verteilt werden. Es besteht im Modell vollständig informierter Märkte überraschenderweise kein Anreiz für Gesellschaftsgründer Regeln einzufügen, die diese Gründer zu Lasten von Anlagegesellschaftern in nicht-effizienter Weise bevorzugen. Informierte Anleger würden den Nachteil erkennen, ihn bepreisen und deshalb weniger für die Teilhabemöglichkeit anbieten. Überlegen sich z.B. die Gründer, ob sie eine Klausel betr. die Beschränkung der Gründerhaftung einfügen sollen, die zwar ihnen zugutekommt, aber auch dazu angetan ist, den künftig verteilbaren Gesamtgewinn zu schmälern, weil im Effekt weniger Sorgfalt aufgewendet wird, so werden voll informierte Investoren dies erkennen und der Gesellschaft für die gleichen Stimm- und Gewinnanteilsrechte weniger Anlagekapital bieten. Unter der Voraussetzung, daß die eingefügte Regel ineffizient ist, d.h. nicht zur Vergrößerung des gemeinsamen gesamten Kuchens beiträgt, schneiden sich die Gründer mit ihrem selbstsüchtigen Vorschlag ins eigene Fleisch[16]. Es besteht also sowohl im Verhältnis der Gründungsgesellschafter untereinander wie in deren Verhältnis zu anlagewilligen Investoren und potentiellen Gesellschaftern ein Anreiz zur Wert- und Wohlfahrtsmaximierung. Argumentationen auf dieser Linie führen zu folgenden aus der ökonomischen Analyse des Vertragsrechts bekannten normativen Schlußfolgerungen:

---

15 Easterbrook,F./Fishel, D.R., A The Corporate Contract in Corporate Law and Economic Analysis, in: Bebchuk, L.A. (Hrsg.), Corporate Law and Economic Analysis, 1990, S. 182, 183.

16 Adams, M., I S. open; Bebchuk, L.A., Limiting Contractual Freedom in Corporate Law: Thedesirable Constraints on Charakter Ammendments, Harvard Law Review, Bd. 102, S. 1820, 1826; Bratton, W.W., The Economic Theory of the Firm: Critical Perspectives From History, Standford Law Review, Bd. 41, S. 1471, 1478 ff.

II. Schlußfolgerungen für das Verhältnis von Vertragsfreiheit und rechtlicher Intervention

Im Prinzip sollte für die Ausgestaltung von Gesellschaftsverträgen und Gesellschafterpositionen der Grundsatz der Vertragsfreiheit gelten. Freiwillig eingegangene Verträge tragen die Vermutung wechselseitiger Wohlfahrtssteigerung und deshalb auch gesellschaftlicher Nützlichkeit in sich. Der Interessenkonflikt der am Markt um ihres egoistischen Vorteils willen handelnden Personen bringt Preise hervor, die die in der Volkswirtschaft verfügbaren Ressourcen ihrer wertvollsten Nutzung zuführt.

Gesellschaftsrechtliche Regeln, seien es gesetzliche oder durch Richterspruch durchgesetzte, sind nach dem kontraktualistischen Ansatz in erster Linie deshalb erforderlich, weil die Aushandlung von Gesellschaftssatzungen nicht kostenlos ist; die Parteien können sich nicht über jeden, in seinem Auftreten auch noch irgenwie wahrscheinlichen Interessenkonflikt ex ante einigen; das objektive Recht hält deswegen eine vertragsergänzende Reserveordnung parat, auf die notfalls zurückgegriffen werden kann[17]. Das wiederum bedeutet zweierlei: Zum einen sind Gesetzesrecht wie auslegungsbedürftige, nicht weiter festgelegte Treuepflichten des Gesellschafters so zu konkretisieren, daß sie dem Ausdruck verleihen, was ideal informierte Parteien im Rahmen eines hypothetisch vollständigen, jeden denkbaren Interessenkonflikt regelnden Vertrages ex ante vereinbart hätten, wenn sie das ohne Kostenanfall hätten tun können. Wenn die Parteien ex ante auf ein solches Reserverecht vertrauen können, brauchen sie beim Aushandeln weniger spezifisch-detailliert zu sein und sparen Transaktionskosten. Zum zweiten bedeutet es, daß eine solche Reserveordnung Regel für Regel abbedungen werden kann. Eine Gesellschafterposition soll also so ausgestaltet werden können, wie die Beteiligten es wollen. Das bedeutet für unser Thema, daß Rechte und Pflichten in Gesellschafterpositionen beliebig gebündelt und aufgespalten werden können.

Daß das positive Gesellschaftsrecht dennoch viele zwingende Normen enthält ist nach Auffassung der Kontraktualisten radikal-liberaler Prägung[18] ein irrationales Überbleibsel aus einer regulierwütigen Epoche, gerechtfertigt nur für seltene Fälle, in denen die Selbststeuerung rationaler Tauschhandlungen eindeutig versagt. Andere Vertreter der ökonomischen Analyse im Gesellschaftsrecht bemühen sich um die Herausarbeitung konkreter Kriterien für das Versagen der unsichtbaren Hand und nennen dabei unterschiedliche Gesichtspunkte, die entweder einzeln oder kumuliert zwingendes Gesetzes- oder Richterrecht rechtfertigen können. Die verschiedenen Meinungen konvergieren darin, daß zwei Unterscheidungen für die weiteren Überlegungen von zentraler Bedeu-

---

17 Posner, R., Economic Analysis of Law, 3. Aufl. 1986, S. 79 ff. (Posner, R.).

18 Coase, R., The Nature of the Firm, Economica, Bd. 4, S. 386 (1937); Alchian, A./Demsetz, H., Production, Information Costs and Economic Organization, American Economic Review, Bd. 62, S. 777 (1972); Jensen, M./Meckling, W., Theory of the Firm: Managerial Behavior, Agency Costs and Ownership Stucture, Journal of Finance and Economics, Bd. 3, S. 305 (1976); Fama/Jensen, M., Separation of Ownership ans Control, Journal of Law and Economics, Bd. 26, S. 310 (1983); Posner R., S. 372.

tung sein müssen:

(1) Marktverzerrende Informations-, Kontroll- und kollektive Handlungsprobleme sind bei kleinem, übersichtlichen Gesellschafterkreis geringer als bei einer großen Vielzahl von Gesellschaftern. Bei Gesellschaften mit wenigen Gesellschaftern wird man die Privatautonomie deshalb weniger Einschränkungen aussetzen als bei Publikumsgesellschaften.

(2) Die Ursprungssituation, in der die Gesellschafterpositionen geschaffen und erstmals übernommen werden, unterscheidet sich sowohl ökonomisch wie rechtlich von der späteren Situation, in der bestehende Gesellschafterpositionen geändert werden sollen. Für die Ursprungssituation wird auf die Privatautonomie der Gesellschafter viel stärker vertraut als bei späteren Änderungen. In der Ursprungssituation kann man im Hinblick auf das Angebot an potentielle Investoren und deren Reaktion noch von einem Markt - und deshalb auch von Marktversagen - sprechen. In der späteren Situation, in der es darum geht, ob sich die einen Gesellschafter nur mit Zustimmung oder gegebenenfalls auch gegen den Willen der anderen durchsetzen können, wird statt des Marktes die Organisation zum Paradigma; allerdings wird die Organisation vom Individuum, seinen Präferenzen und seinen Handlungsbeschränkungen her gedeutet. Handlungsmöglichkeiten auf dem Markt und später in der Organisation hängen bei privatrechtlichen Gesellschaften insoweit zusammen, als die bei der Gesellschaftsgründung manifestierte Marktpräferenz Konsequenzen für die spätere Situation des einzelnen Gesellschafters in der Organisation hat.

C. Zusammensetzung und Aufspaltung von Gesellschafterbefugnissen im Gesellschaftsvertrag (Ursprungssituation)

I. Grenzen der Vertragsfreiheit bei Marktversagen

Das geltende Gesellschaftsrecht kennt unterschiedliche Organisationstypen. Das Aktiengesetz enthält weitgehende zwingende Normen, von denen die Satzung nur abweichen darf, wenn es ausdrücklich erlaubt wird. Am umfassendsten gilt hingegen die Vertragsfreiheit für die Gesellschaften bürgerlichen Rechts. Für Personenhandelsgesellschaften -also OHG und KG - ist zwar das Außenverhältnis zu Dritten - wer darf in welchem Umfang für die Gesellschaft handeln? wer haftet? - zwingend geregelt, während das Innenverhältnis zwischen den Gesellschaftern frei gestaltet werden darf; einschlägige gesetzliche Vorschriften finden nur Anwendung, wenn im Gesellschaftsvertrag ausdrücklich oder konkludent nichts anderes vereinbart wurde. Auch bei der GmbH kann das Innenverhältnis weitestgehend frei geregelt werden. Allerdings wird die Vertragsfreiheit überall dort, wo sie gilt, nicht schrankenlos gewährt, sondern, in der Formulierung eines bekannten Kommentars, nur *soweit als "dadurch nicht die Interessen schutzwürdiger Gesellschafter oder Dritter in einer Weise verkürzt oder beeinträchtigt werden, die mit unseren heutigen Gerechtigkeitsvorstellungen nicht mehr zu vereinbaren ist"*[19]. Was hat man darunter zu verstehen?

Vertragsfreiheit führt nicht zur materiellen Wohlfahrtssteigerung, wenn der Marktmechanismus versagt. Bei allen Meinungsverschiedenheiten darüber, nach welchen Kriterien man in der wirtschaftlichen Praxis feststellen soll, ob ein solches Marktversagen vorliegt, haben sich für die Beurteilung der Situation bei Vertragsschluß zwei allerdings konkretisierungsbedürftige Hauptkategorien herausgebildet: Informationsasymmetrien und negative externe Effekte; wo sie vorliegen, kann zwingendes Recht jedenfalls dann gerechtfertigt sein, wenn dem Gesetzgeber oder dem Richter die Informationen zugänglich sind, die er braucht, um eine vernünftige Regel aufzustellen[20].

Externe Effekte entstehen dann, wenn die Vertragsschließenden bestimmte schädliche Wirkungen ihrer Abmachung auf dritte Unbeteiligte typischerweise nicht in Rechnung stellen und der den Dritten dadurch zugefügte Nachteil schwerer wiegt als der durch Gewährung der Vertragsfreiheit erzielbare Wohlfahrtsgewinn bei den Beteiligten[21]. Das macht Regulierung erforderlich: hierher lassen sich die handelsrechtlichen Regeln über Vertretungsmacht und Haftung[22] einordnen, aber auch die Kapitalerhaltungs- und Publizitätsvorschriften bei Körperschaften; auch die zwingenden Regeln über Mitbestimmung der Arbeitnehmer im Aufsichtsrat gehören hierher. Ob die diesen gesetzlichen Regeln zugrundeliegende Kosten-Nutzen-Analyse noch haltbar ist, ist bei allen genannten Punkten überaus umstritten und erfordert eingehende Einzeluntersuchungen. Allerdings wird verständlich, warum es wegen interner Konsistenzanforderungen zwischen Handlungsrechten und Drittschutz zur Herausbildung unterschiedlicher Organisationstypen kommt.

Der andere Anlaß für Begrenzungen der Privatautonomie sind Informationsasymmetrien, wie sie aus der Inhaltskontrolle von Verträgen über das AGBG bekannt sind[23]. Solche Asymmetrien liegen vor, wenn Unterschiede in Information, Sach- und Detailkenntnis oder geschäftlicher Gewandheit in gravierender Weise den Inhalt der Abmachung zu Lasten einer Partei verzerren; in einem solchen Fall ist schon ex ante nicht gewährleistet, daß beide Parteien durch den Vertragsabschluß ihre Situation

---

19 Heymann/Emmerich, u.a. (Hrsg), Bd. II, 1989, § 109 Rn. 3.

20 Dahinter steht das "Nirvana"-Argument von Demsetz H.,S.3: wenn der Markt verzerrt ist, kann auch der Entscheidungsprozeß im legislativen und judikativen Bereich verzerrt sein.

21 Auf die mögliche Differenzierung zwischen marktkonformen, pagatorischen und marktverzerrenden technologischen externen Effekten wird hier aus Raumgründen nicht eingegangen.

22 Kübler, F.K., Haftungstrennung und Gläubigerschutz im Recht der Kapitalgesellschaften, in: Kübler/Mertens/Werner (Hrsg.), FS Th. Heinius, 1991 S. 397.

23 Für das amerikanische Recht Eisenberg, M. S. 1468.

verbessern; dementsprechend entfällt auch der unterstellte gesellschaftliche Nutzen der Privatautonomie[24].

II. Die Vertragsgründungssituation bei anonymen Kapitalgesellschaften

Besonderes Interesse hat verständlicherweise die Frage gefunden, ob die zugrundegelegte Modellhypothese realistisch ist, nach der die Unternehmer- und Gründungsgesellschafter potentiellen Investoren in Eigenkapital die im beiderlei Interesse günstigsten Bedingungen anbieten. Damit wird begründet, daß ein besonderer Schutz durch zwingende Regeln oder richterliche Inhaltskontrolle weitgehend überflüssiger Paternalismus sei. Die Marktkräfte selbst sorgten für einen effiziente Verteilung gesellschaftsrechtlicher Handlungs-, Kontroll- und Nutzrechte trotz divergierender Ausgangsinteressen. Diese These wird aber für große Kapitalgesellschaften gerade unter dem Gesichtspunkt erheblicher Informationsasymmetrien heftig angezweifelt[25]. Die große Mehrzahl potentieller Investoren sei nicht in der Lage, die gegebenen Informationen, selbst wenn sie vollständig, unvoreingenommen und übersichtlich präsentiert werden, adäquat zu verarbeiten. Abweichungen der angebotenen Gesellschafterpositionen von der Normalausstattung seien erfahrungsgemäß auch für sachverständige Investoren kaum zuverläßig zu bepreisen. Im Primärmarkt komme es oft zu erheblichen anfänglichen Fehleinschätzungen. Der denkbare Reputationsverlust, den Emissionsbanken erleiden, wenn sie sich bei der Vermittlung suboptimaler Geschäfte für Investoren beteiligten, reiche als Marktsanktion zugunsten der Anleger nicht aus, zumal solche Banken auch das Interesse haben, an künftigen Emissionen durch Gesellschaftsgründer wieder beteiligt zu werden. Auf der anderen Seite mag man bezweifeln, ob bestimmte Schutzprobleme, die der Markt nicht adäquat löst, beim Gesetzgeber, der in Wirtschaftsrechtsfragen häufig einer starken, gut organisierten Lobby nachgibt, besser aufgehoben sind[26].

III. Die Vertragsgründungssituation bei personalistischen Gesellschaften

Gesellschaftrechtlich noch umstrittener sind die Grenzen der Privatautonomie bei der Gründung kleinerer Gesellschaften mit überschaubarem, meist im voraus untereinander bekanntem Gesellschafterkreis und fehlendem Sekundärmarkt für Gesellschaftsanteile. Geht man vom Leitbild einer Mitunternehmer- und Haftungsgemeinschaft aus, so scheinen die Probleme wechselseitiger Information und Risikoeinschätzung am besten

---

24 Schäfer, H.B./Ott, C. S. 273 f.

25 Eisenberg, M. S. 1471.

26 Vgl. oben Fn. 20.

bei den Beteiligten selbst aufgehoben[27]. Solche Unternehmer haben entweder selbst oder durch hinzugezogene Fachleute genügend geschäftliche Erfahrung, und wer die Erfahrung nicht hat und das Risiko scheut, soll die Finger von solchen Risikovergemeinschaftungen lassen. Die Rechtsordnung stellt deshalb für das Innenverhältnis bei Personengesellschaften und GmbHs überwiegend dispositives Recht zur Verfügung, das die Beteiligten ihren Bedürfnissen anpassen können. Man kann bis auf ganz wenige Mindestbefugnisse die Stellung eines Gesellschafters nur ganz schwach ausgestalten. Die dem nicht geschäftsführenden Gesellschafter vom Gesetz zugestandenen Kontrollrechte, insbes. die Einsichtnahme in Geschäftsbücher, können abbedungen werden; das Gesetz zieht dem nur für den Fall eine unübersteigbare Grenze, als Grund zu der Annahme unredlicher Geschäftsführung besteht[28]. Nach herrschender, allerdings bestrittener Meinung[29] kann das Stimmrecht in beliebigem Umfang genommen werden, wenn nur dabei der Gesellschafter nicht völlig der Willkür der übrigen Gesellschafter ausgeliefert wird[30].

Ganz nackt ausziehen darf man ihn freilich nicht, selbst wenn er sich auf den Vertrag eingelassen hat. Zur Begründung führt man zum einen die rechtliche Schamgrenze der guten Sitten an; so z.B. BGHZ 44, 158 In einem Ausschlußprozeß gegen ihn stimmte ein Gesellschafter einem Vergleich zu, nachdem die Ausübung seiner Verwaltungsrechte für die Dauer seines Lebens unwiderruflich einem Vertreter übertragen wurde, dem er keine Weisungen erteilen durfte und über dessen Auswahl die Mitgesellschafter entscheiden sollten; der Gesellschafter haftete aber weiterhin mit seinem Vermögen unbeschränkt für die Verbindlichkeiten der Gesellschaft. Diese Bindung - so der BGH - laufe auf eine Entmündigung hinaus, die für einen freien Mann unerträglich sei[31]. Hier sind vorwiegend vorökonomische Wertungen angesprochen.

Für die ökonomische Analyse wesentlich ergiebiger sind andere Schranken; sie sind einerseits durch Gesetz angeordnet so die Unabdingbarkeit des Kündigungsrechts bei

---

27 Grundlegend Westermann, H.P., Vertragsfreiheit und Typengesetzlichkeit im Recht der Personengesellschaft, 1970; Teichmann, A., Gestaltungsfreiheit in Gesellschaftsverträgen, 1970.

28 Vgl. für die GbR § 716 Abs.2 BGB; für die OHG § 118 Abs.2 HGB; eingeschränkter der Schutz eines nur begrenzt haftenden Kommanditisten in § 166 Abs. 2 und 3 HGB.

29 Münchkomm-Ulmer § 709 Rn. 58, Kommentar zum BGB, Rebmann/Säcker (Hrsg.), 2. Aufl. 1986, Bearbeiter des Gesellschaftsrechts Ulmer, P. (Münchkomm-Ulmer); aA Wiedemann H. S. 368.

30 Denkbar sind auch Stimmbindungen, unwiderrufliche Stimmrechtsvollmachten, Übertragung der Stimmrechte auf ein den Familienstamm vertretendes Gruppenorgan und sogar eine Zuständigkeitsverlagerung auf einen durch Nicht-Gesellschafter besetzten Beirat. Mit Zustimmung des betroffenen Gesellschafters - oder desjenigen, von dem er seinen Gesellschaftsanteil geerbt hatte - kann vom Gebot der Gleichbehandlung der Gesellschafter abgewichen werden, etwa in dem seine Einlagen niedriger bewertet werden als die der anderen. Vgl. Kübler F.K., Gesellschaftsrecht, 3. Aufl. 1990 S. 51 (Kübler, F.K., Gesellschaftsrecht); Wiedemann, H. S. 368.

31 Argument Kübler, F.K., Gesellschaftsrecht S.51: eine mit den grundlegenden Prinzipien des Privatrechts unvereinbare Knebelung.

Personengesellschaften und die Kontrollmöglichkeit bei Verdacht unredlicher Geschäftführung. Teilweise sind sie durch Rechtsprechung und Literatur entwickelt worden, so die Unabdingbarkeit der actio pro socio[32]. Zu den unverzichtbaren Mitgliederrechten in der GmbH gehört das Recht auf Teilnahme an der Gesellschafterversammlung, das Auskunftsrecht sowie das Recht sich bei wichtigem Grund aus dem Gesellschaftsverband zu lösen[33].

Es gibt, wenn ich richtig sehe, zwei miteinander verbindbare ökonomische Ansätze, um die Berechtigung dieser Einschränkungen der Vertragsfreiheit zu testen und von dort aus auch zu umstrittenen Fragen vorzustoßen, z.B. inwieweit man im Rahmen von Anteilsschenkungen innerhalb der Familie Gesellschafterpositionen schaffen kann, die frei und ohne Grund kündbar sind mit auf den Buchwert beschränkten Abfindungsrechten[34]. Die erste Theorie betrifft die Vermeidung von Delegationskosten (agency theory)[35]. Ein Gesellschaftsvertrag ist durch den gemeinsamen Zweck, der ihn konstituiert, auf ein Mindestmaß an fremdnützigem Handeln der Gesellschafter angewiesen. Derjenige, auf den die wichtigsten unternehmerischen Handlungsbefugnisse übertragen sind, wird ohne ausreichende Kontrolle ganz natürlich dazu neigen, seinen eigenen Vorteil zu Lasten der anderen Gesellschafter zu verfolgen und seine eigenen Angelegenheiten mit denen der Gesellschaft zu vermischen. Er wird sich in mehr oder weniger verdeckter Weise Vorteile zuschanzen, die den an die anderen Gesellschafter verteilbaren Profit auf die eigenen Mühlen lenkt; in schlimmen Fällen, wird er versucht sein, die Substanz der Fremdanteile weitgehend auszuhöhlen. Ein Mindestmaß an zumindest potentieller Kontrolle ist zur Aufrechterhaltung einer fremdnützigen Anreizstruktur deshalb unabdingbar. Es kann sich mit anderen Worten niemand rechtlich zur Verfolgung eines gemeinsamen Zweckes verpflichten und gleichzeitig ein Mindestmaß an Kontrolle durch die andere Seite verweigern. Eine solche Abmachung ist in sich widersprüchlich.

Ein zweiter Komplex des Gesellschaftermindestbestandes betrifft die Lösemöglichkeiten von der Gesellschaft entweder durch den lösewilligen Gesellschafter selbst oder als Hinauswurf durch die anderen Gesellschafter sowie die Fragen der Beschränkbarkeit der Abfindung in diesen Zusammenhängen. Die Lösungsmöglichkeit des Gesellschafters ohne ökonomisch abschreckende Verkürzung seiner Abfindung ist zentral für ein auf die Wohlfahrtsoptimierung der Gesellschafter abzielendes Gesellschaftsrecht. Sobald sich der Einsatz von Human-, Sach- oder Finanzkapital bei dem Projekt einer

---

32 Wenn andere Gesellschafter ihre Gesellschafterpflichten z.B. ihre Beitragspflicht, nicht erfüllen und dabei von der Geschäftsführung gedeckt werden, kann jeder Gesellschafter auf Leistung an die Gesellschaft klagen. Vgl. Münchkomm-Ulmer § 705 Rn. 132.

33 Hachenburg, GmbHG, 6. Aufl. 1979 § 14 Rn. 14.

34 Roth, G.H., Handels- und Gesellschaftsrecht, 3. Aufl. 1990 S. 135; Wiedemann, H. S. 386; Münchkomm-Ulmer § 737 Rn. 38.

35 Schanze, E., Jahrbuch S. 161 ff; ders., Potential and Limits of Economic Analysis: The Constitution of the Firm, in: Daintith, T./Teubner, G., Contract and Organization. Legal Analysis in the Light of Economic and Social Theory, 1986, S. 204 ff. (Schanze, E.).

Gesellschaft nicht mehr lohnt, muß die Möglichkeit zu einer frei gewählten Umleitung der Ressourcen gewährleistet sein. Ein Zwang zum Bleiben führt zu einer marktwidrigen Subventionierung unrentabler Projekte. Auf der anderen Seite kann es ökonomisch durchaus sinnvoll sein, auf dieses Lösungsrecht zeitweise, um eine bestimmte Entwicklung abzuwarten oder ihr überhaupt erst Chancen zu geben, zu verzichten. Braucht man hier eine zwingende Regel, die gegen einen vertraglich anders festgelegten Gesellschafterwillen auf dem Prinzip der Lösungsmöglichkeit besteht? Braucht man umgekehrt eine Regel, die einen Gesellschafter vor einem nicht berechtigten Hinauswurf schützt? Die ökonomische Antwort auf diese Fragen könnte sich aus der von Williamson erarbeiteten Theorie langfristiger, komplexer Verträge entwickeln lassen.

Williamson geht ebenfalls von der kontraktualistischen Grundüberzeugung aus, klammert aber *die spezifischen Unterschiede zwischen Marktvorgängen und Organisationsvorgängen* nicht aus[36]. Besondere Transaktionskosten bei der vertraglichen Organisation gemeinsamer langfristiger Interessen sieht er dort, wo die beteiligten Gesellschafter projektspezifische Investitionen - (asset specifity) spezifisch im Hinblick auf das involvierte Human-, Sach- und Finanzkapital - vornehmen müssen. Beispiele in einer Familiengesellschaft wären das besondere, langjährig erworbene Know-how des Unternehmergesellschafters und der Verzicht auf kurz- und mittelfristige Lösungsmöglichkeiten trotz lukrativerer Verwendungsmöglichkeiten des Kapitals auf der Seite der passiven Gesellschafter. Sobald die Vereinbarung durchgeführt wird, sind die wechselseitigen Investitionen so ineinander verkettet (lock-in), daß externe Märkte als Maßstäbe für die Opportunitätskosten der Parteien zu einem erheblichen Teil ausgeschaltet sind. Das Ausmaß der Unsicherheit über die Zukunft und die besonders hohen Kosten eines Ausstiegs aus dem Vertrag wegen fehlender Marktalternativen (Situation eines bilateren Monopols) verleiten während der Vertragsdurchführung zu opportunistischem Verhalten, um sich den Mehrwert der vertraglich in Kauf genommenen Unsicherheit zuzuführen. Gemeint sind Drohungen, Täuschungen, Unfairness und Ähnliches, um sich postkonstitutionell zu Lasten der Partner zu bereichern. Die Drohung mit einer Kündigung, das opportunistische Ausnutzen der Unbestimmtheit von gesellschaftsrechtlichen Treuepflichten gerade auch durch die passiven Gesellschafter (Drohung mit einem Prozeß wegen Pflichtverstoß) gehören zum üblichen Druckarsenal[37].

Lassen sich aus diesem Ansatz ökonomische Testkriterien für vertraglich nicht abdingbaren Gesellschafterschutz ableiten? Also für einen festen, unantastbaren Kern des Kündigungsrechts und für eine Reihe von Mindest-Verfahrensrechten wie Teilnahme an der Gesellschafterversammlung, Anfechtungsrechte und Klage gegen Mitgesellschafter auf Erfüllung ihrer Vertragspflichten? Wenn man hier nicht auf unterstellte

---

36 Williamson, O., American Ecconomic Review, S. 519 ff. (1983); ders., Intellectual Foundations: The Need for a Braoder View, 33 J. of Legal Education, S. 210 ff. (1983); ders., Organization Form, Residual Claimants and Corporate Control, 24 J. of Law and Economics, S. 351 (1983); ders., The Economic Institutions of Capitalism, 1985; Kirchner, C. S. 137 ff.; Schanze, E. S. 204.

37 Katz, A., The Effect of Frivolous Lawsuits on the Settlement of Litigation, 10 International Review of Law and Economics, S. 3 (1990).

Informationsasymmetrien rekurrieren will, sondern informierte Parteien voraussetzt, so liegt solchem zwingenden Recht offenbar die Vorstellung zugrunde, daß ein faires Spiel im Rahmen bilateraler Monopole ohne solche Grundregeln eines Mindestindividualrechts entweder von vornherein nicht zustandekommt oder nicht stabil bleibt. Auch hier wäre es widersprüchlich, einen Gesellschaftsvertrag zu vereinbaren, der ohne bestimmte Mindestpositionen gar nicht funktionieren kann. Ich gehe davon aus, daß man die Haltbarkeit dieser These spieltheoretisch austesten kann.

D. Der Schutz von Gesellschafterpositionen gegen Vetragsänderungen; Minderheitenschutz - Rechtsprinzip oder Schlagwort

I. Der Minderheitenschutz als falscher Ansatz

Die Leitfrage lautet: müssen die Gesellschafter vor nachträglichen Änderungen der Gesellschafterposition durch zwingende, vertraglich nicht abdingbare Regeln geschützt werden? Wieweit reicht das Mehrheitsprinzip als Legitimation aus? Bedarf es eines Minderheitenschutzes?

Die inhaltsreiche verbandsrechtliche Entwicklungsgeschichte dieses Problembereichs weist über sich selbst hinaus; privatrechtliches Denken macht hier bis heute Anleihen beim Verfassungsrecht, der Politikwissenschaft, der Verbandssoziologie und der Sozialphilosophie. Am Anfang unseres Jahrhunderts hat Otto von Gierke im Rahmen seiner organizistischen, korporativen Ideologie den Gesamtverband als reale Gesamtperson und soziale Willenseinheit gegenüber seinen Mitgliedern verselbständigt; das Mehrheitsprinzip war ihr Lebenselement[38]. In unseren Tagen macht Wiedemann[39] in ausdrücklicher Paralelle zum Staatsrecht aus dem Minderheitenschutz eine *rechtsethisch notwendige Ergänzung* des Mehrheitsprinzips. Wenn Entscheidungen durch Mehrheitsbeschlüsse getroffen würden, so müsse der Mehrheit eine Loyalitätsverpflichtung auferlegt werden. Auch K. Schmidt[40] stützt sein Minderheitenschutzkonzept auf den Legitimationsbedarf gesellschaftsrechtlicher Beschlüsse ab: Diese Legitimation liege, ähnlich wie bei Verträgen in der *Richtigkeitsgewähr privatautonomer Entscheidung*. Die Minderheit könne, wo dies notwendig sei, gegen Mehrheitsentscheidungen geschützt werden. Die Mehrheitsherrschaft sei pflichtgebunden. Maßstab der Pflichtbindung sei, daß Verbandsinteressen, Mitgliederinteressen und soziale Pflichten

38 Gierke, O.v., Über die Geschichte des Majoritätsprinzips, Schmollers Jahrbuch 39 (1915), S. 565; Roitsch, Der Minderheitenschutz im Verbandsrecht (1981).

39 Wiedemann, H. S. 405 ff.

40 Schmidt, K., Gesellschaftsrecht, 2. Aufl. 1991, § 16 I - III.

des Verbandes (zusammengefaßt das *Unternehmensinteresse*) zur Deckung zu bringen seien. Zwar könne nicht jeder Beschluß auf seine inhaltliche Richtigkeit in diesem Sinn überprüft werden. Es seien aber gegenüber der Minderheit neben den aus Gesetz und guten Sitten gezogenen Schranken der Gleichheitsgrundsatz und die gesellschaftsrechtlichen Treuepflichten zu beachten. Dieser Minderheitenschutz stütze die Legitimation der Mehrheitsherrschaft dadurch, daß in bestimmten zentralen Fragen ein Kompromiß mit der Minderheit erforderlich sei.

Es ist hier leider nicht der Ort, die innere Brüchigkeit der herrschenden Minderheitsschutzideologie ausführlich darzulegen. Angedeutet sei immerhin, daß die Parallele von Staatsrecht und Demokratieprinzip im politischen Prozeß nicht überzeugt[41]. Der jeweilige Funktionszusammenhang und das Handlungsumfeld in Wirtschaft und Politik sind grundverschieden. Grundrechtliche Sicherungen sind zwar - wie wiederholt hervorgehoben - im Gesellschaftsrecht zu beachten aber das rechtfertigt nicht ethische Überhöhungen nüchterner Kapitalverwaltungsinteressen. Auch der pragmatischere Ansatz K. Schmidts an der "Richtigkeitsgewähr" eines in wichtigen Fällen herbeizuführenden Kompromisses ist schwer nachzuvollziehen, wenn man den Maßstab für diese Richtigkeit nicht in einem aggregierten Gesellschafterinteresse an Wohlstandsmaximierung, sondern entsprechend der herrschenden Auffassung an einem davon unabhängigen Unternehmensinteresse festmacht[42]. Man kann von Gesellschaftern nur die Verfolgung von Gesellschafterinteressen erwarten[43]. Nur im Hinblick auf ihre Interessen kann es um Richtigkeitsgewähr der Privatautonomie gehen. Wenn andere Ziele durchgesetzt werden sollen, ist Minderheitenschutz kein dazu geeignetes Vehikel.

Das Problem, ob individuelle Gesellschafter durch zwingende Regel oder ex post Kontrolle vor Satzungsänderungen geschützt werden müssen, hat nur dem äußeren Anschein nach - z.B. weil das Gesetz eine 3/4-Mehrheit vorsieht oder weil der Beschluß der Mehrheit nicht gegen den Gleichbehandlungsgrundsatz verstoßen darf - etwas mit Minderheitenschutz zu tun. Weder ist die Mehrheit ein Subjekt, dem man Pflichten gegenüber der Minderheit auferlegen kann, noch verdienen Gesellschafter - anders als die Dänen in Schleswig-Holstein - nur weil sie in der Minderheit sind, spezifischen Schutz.

---

41 Wiethölter, R., Interessen und Organisation der Aktiengesellschaft im amerikanischen und deutschen Recht, 1961, S. 132 ff.

42 Eine Auseinandersetzung mit der theoretisch anspruchsvollen Unternehmenstheorie G. Teubners - Recht als autopoietisches System, 1989 -, der widersprechen würde, ist aus dem hier behandelten Problemausschnitt heraus nicht sinnvoll zu leisten.

43 Das egoistische Handeln des Gesellschafters trägt, wie das jedes wirtschaftlich handelnden Menschen, im Modell der marktwirtschaft natürlich zur Steigerung der allgemeinen Wohlfahrt bei, so durch seine Entscheidung Kapital zu belassen oder zu entziehen oder bestimmte Tätigkeiten aufzunehmen oder zu verändern. Diese Wiedervereinigung von Individualinteresse und Allgemeininteresse im marktwirtschaftlichen Modell läuft aber nicht über eine Zwischenstation Unternehmensinteresse. Ob ein Unternehmen oder eine Gesellschaft erhalten werden soll oder nicht, hängt im Rahmen der Aggregierung aller Individualinteressen allein - soweit Privatautonomie reicht - von der Rentierlichkeit für die Unternehmer oder Gesellschafter ab.

Ein rechtlicher Legitimationsbedarf besteht aber trotzdem. Dabei geht es einmal um einen möglichen Korrekturbedarf bei Informationsasymmetrien und zum zweiten um die Einhaltung vertraglicher Bindungen unter der besonderen Bedingung der Aufrechterhaltung einer arbeitsteiligen funktionsgerechten Organisation zur Verfolgung eines gemeinsamen Zwecks.

II. Informationsasymmetrien als Grund für rechtliche Intervention

Das in der ökonomischen agency theory behandelte Problem der Informationsasymmetrien zwischen Insidern und außenstehenden Gesellschaftern und der daraus ableitbaren opportunistischen Handlungsmotivation hat in den letzten Jahren in den USA aus Anlaß feindlicher Übernahmen und der Abwehr des Management rechtliche Bedeutung erlangt. Dort ist die Frage von den ökonomisch orientierten Gesellschaftrechtlern aufgenommen worden, die dabei festgestellt haben, daß Aktionäre, die solchen Abwehrklauseln in Form von Höchststimmrechten, Mehrstimmrechten für Insider oder Verzicht auf Stimmrecht gegen Dividendenvorzüge zustimmen, sich regelmäßig zugunsten des Management und der Insidergesellschafter ins eigene Fleisch schneiden; dennoch folgen sie entsprechenden Managementvorschlägen regelmäßig. Soll man solche Gesellschafter sozusagen gegen sich selbst schützen? Daß es dabei nicht um Minderheitenschutz geht, dürfte deutlich sein.

Zum einen wird die Frage gestellt, ob das Management bzw. die unternehmerischen Insider-Gesellschafter (z.B. eine Familiengruppe) nicht in der Regel durch die Marktkräfte selbst daran gehindert werden, Vertragsänderungsvorschläge zu machen, die einen Wertetransfer von den außenstehenden an die Insidergesellschafter bzw. das Management bewirken wie z.B. Kontrollverwässerungen, Bezugsrechtsausschlüsse, Einordnung in einen Konzern[44]. Solcher Handlungsdruck zur Wahrung der Interessen der außenstehenden Gesellschafter wird z.B. von den Zwängen des Kapitalmarktes oder des Marktes für gesellschaftliches Führungspersonal erwartet, in abgeschwächter Weise auch von der Rücksicht auf den Wert der Optionen auf eigene Aktien, die dem Management in den USA gewährt werden. Der Markt selbst erzwinge ein alignment of interest zwischen Agent (Management) und Prinzipal (Anlagegesellschaftern)[45]. Außerhalb der Schule von Chicago dürfte das wenige überzeugen[46]. Es bleibt aber als Ansatz für gesetzlichen oder richterlichen Eingriff wissenswert, warum die Marktkräfte so nicht funktionieren.

---

44 Bebchuk, L.A., 102 Harvard Law Review, S. 1840 ff. (1989); Kübler, F.K., Die Kosten des Bezugsrechts. Eine rechtsökonomische Analyse des amerikanischen Erfahrungsmaterials, S. 461 ff.

45 Vgl. dazu Referat Köndgen aaO; auch Meier-Schatz, C.J., Über die Notwendigkeit gesellschaftlicher Aufsichtsregeln. Ein Beitrag zur Ökonomischen Analyse des Gesellschaftsrechts, 107 Zeitschrift f. Schweizerisches Recht, S. 191, 201 ff. (1988).

46 Eisenberg M., 89 Columbia Law Review, S. 1481 ff. (1989); ausführlich Meier-Schatz C.J., 107 Zeitschrift f. Schweizerisches Recht, S. 191, 209 ff. (1988).

Zum anderen interessieren die Gründe für ein Abstimmungsverhalten der Gesellschafter, das einen benachteiligenden Vermögenstransfer ermöglicht, zumindest aber nicht durch das Motiv der Vermögensmaximierung erklärbar ist. Die wichtigsten Gründe sind die bekannten Schwierigkeiten kollektiven Handelns bei Erwerb und Verbreitung der entscheidungserheblichen Information. Da Informationserwerb Kosten hat, wird ein Aktionär mit kleinem Anteil den Aufwand nicht lohnend finden und dabei in dieser Enthaltsamkeit für sich rational handeln (rational apathy)[47]. Ein Minderheitsgesellschafter mit größerem Anteil hat vielleicht größeren Anreiz, sich zu informieren, muß aber, um wirksam zu werden, die Kosten der Information anderer Gesellschafter auf sich nehmen, damit eine Mehrheit zustandekommt. Er wird deshalb darauf setzen, daß vielleicht andere Gesellschafter mit entsprechendem oder etwas größerem Anteil diese Kosten auf sich nehmen (Trittbrettfahrerproblem). Es kommt hinzu, daß die Insidergesellschafter bzw. das Management die Agenda beherrschen und diesen Vorteil strategisch zur Verschleierung ausnutzen können (Versprechen einer höheren Dividende für den Fall der Zustimmung, Vorzugsdividende gegen Aufgabe von Stimmrechten, Präsentation unvollständiger Entscheidungsalternativen).

Man kann reagieren mit zwingenden gesetzlichen Schutzregeln - z.B. Verbot von Mehrstimmaktien[48] -, man kann eine ex post Kontrolle durch die Rechtsprechung einführen und jeden näher zu definierenden Änderungsbeschluß auf Einhaltung der sog. Treupflichten überprüfen, man kann für bestimmte grundlegende Werttransfers Quoren, z.B. drei Viertel-Mehrheiten einführen[49], man kann den benachteiligten Gesellschaftern Abfindungsansprüche einräumen[50]. Man kann aber auch, weil alle diese Möglichkeiten problematisch sind, der Auffassung sein, daß eine laisser faire Politik trotz aller Schwächen weniger Schäden für eine effiziente Ressourcennutzung anrichtet als eine Gesetzgebung, die durch Lobbyeinfluß verzerrt oder eine gerichtliche Kontrolle, die durch unvollständige, tendenziöse Information fehlgeleitet wird. Die Überlegung, daß der Staat nicht überall dort, wo Marktverzerrungen auftreten, bessere Lösungen anzubieten hat, sollte eher zur Zurückhaltung mahnen.

---

47 Chamberlain/Rothschild, A Note on the Probabikity of Casting a Decisive Vote, 25 J. of Economic Theory, S. 152 (1981); Bebchuk L.A., 102 Harvard Law Review, S. 1820, 1839 (1989).

48 Adams, M., AG 1990, S. 63.

49 Das Arbeiten mit Abstimmungsquoren im deutschen Aktien- und GmbH-Recht setzt sich eine Quadratur des Kreises zum Ziel. Es gibt leider keine Mehrheitsmeßzahl, die einerseits nicht so hoch ist, daß wichtige wohlfahrtsvermehrende Vorschläge der Insider am Durchkommen gehindert werden, auf der anderen Seite aber ausreichend hoch, um die sperrende Blockminorität der voll informierten Anteilsinhaber stets in die Lage zu versetzen, einen wertmindernden bzw. werttransferienden Beschluß zu verhindern.

50 Die Wertfeststellung ist enorm schwierig, weil sie die Wertentwicklung ex ante und ex post Änderungsbeschluß integrieren muß. Das Management und die Insidergesellschafter können kraft ihrer strategischen Stellung den Wert der Anteile vorher beeinflussen. Viele Anteilsinhaber werden wegen der soeben geschilderten Informationsasymmetrien ihre Rechte nicht wahrnehmen.

III. Kontroll- und Anpassungserfordernisse im Rahmen komplexer, langfristiger Vertragsverbindungen als Grund für rechtliche Intervention

Das Legitimationsproblem für die Ausübung von Stimmacht wird jedoch durch die Informationsasymmetrie zwischen Gesellschaftern nicht erschöpft. Bei der folgenden Überlegung wollen wir voraussetzen, daß sie keine Rolle spielt. Ausklammern wollen wir ebenso die bereits in der Vertragsabschlußsituation unverzichtbaren Mindestpositionen, die folgerichtig keiner Mehrheitsentscheidung überantwortet werden können. Wir stellen uns eine personalistisch strukturierte Gesellschaft von fünf oder sieben Gesellschaftern vor. Die Mehrheit beschließt in Abänderung des ursprünglichen Vertrages nachträglich, daß die beiden geschäftsführenden Gesellschafter nur noch für grobe Fahrläßigkeit haften sollen oder daß zwei Gesellschafter für zweifelhafte Sonderleistungen erhebliche Gewinnvorrechte bekommen sollen. Besteht hier, wenn der Gesellschaftsvertrag das Mehrheitsprinzip ohne Einschränkungen vorsieht, ein durch zwingende Regel oder gerichtliche ex post Kontrolle zu stillender Schutzbedarf? Und wenn ja, handelt es sich um Minderheitenschutz?

Man bräuchte weder das Mehrheitsprinzip noch überhaupt ein Beschlußverfahren, wenn es möglich wäre, für jeden denkbaren Fall in allen künftigen Welten ex ante in einem vollständigen Vertrag Risiken und Nutzen sowie Rechte und Pflichten festzulegen. Definitionsgemäß würde ein solcher Vertrag in alle Zukunftsräume hinein für jede denkbare Entscheidungssituation das optimale Arrangement bereits vorweg geregelt haben[51]. Diese Überlegung ist ein bloßes theoretisches Konstrukt, zeigt aber immerhin, daß wir ein Beschlußverfahren und vielleicht seine rechtliche Kontrolle deswegen brauchen, weil auch hier Informationsdefizite, wenn auch keine Informationsasymmetrien, vorliegen.

In der Vertragsschlußsituation kann häufig vorausgeahnt werden, daß, wenn die geschäftlichen Umstände im weitesten Sinn sich in einer jetzt noch nicht genau vorhersehbaren Weise ändern, auch Änderungen des Vertrages und damit Änderungen im wechselseitigen Rechts- und Pflichtenverhältnis der Gesellschafter vorteilhaft sein könnten. Neue Bedürfnisse des Marktes, neue technische Entwicklungen, Änderungen im Ressourcenpotential der Gesellschafter, unerwartete Liquidität oder das Gegenteil, neue Beziehungen, neue Kentnisse können über kurz oder insbesondere über lang dazu führen, daß eine Änderung der ursprünglichen Vertragsbeziehungen vorteilhaft wäre. Eine Mehrheitsregel für solche Fälle ist dann effizient, wenn solche Vorteilhaftigkeit auch dann zur Änderung genutzt werden soll, wenn die aggregierte gemeinsame Wohlfahrt der Gesellschafter insgesamt gesteigert werden kann, ohne daß es darauf ankommen muß, daß in jedem Fall jeder Gesellschafter davon profitiert oder auch nur keinen Nachteil dadurch erleidet. Umfassende Einstimmigkeitsregeln sind sehr teuer, weil immer Unvorhergesehenes auftreten kann und keine Organisation stabil bleiben kann, wenn der gemeinsame zusätzliche Nutzen aus einem modifizierten Vertrag erheblich wäre, der bestehende Vertrag aber nicht dahin abgeändert werden kann. Der

---

51 Arrow/Hahn, General Competitive Analysis, 1971, S. 122 - 124; Bebchuk, L.A., 102 Harvard Law Review, S. 1820, 1830 (1989).

hohe Preis kann allerdings in kleinen überschaubaren Verhältnissen durch überdurchschnittliches persönliches Vertrauen teilweise substituiert werden. Aber selbst wenn potentiell jeder Gesellschafter durch die Vertragsänderung gewönne, kann mit Einstimmigkeit nicht unbedingt gerechnet werden. Das liegt an den bekannten Problemen kollektiven Handelns, wie sie oben für die Aktionäre skizziert wurden, die um so größer werden, je größer die Zahl der Gesellschafter ist.

Wenn hier vom Preis der Einstimmigkeitsregel die Rede ist, so liegt dem die Vorstellung zugrunde, daß ein oder mehrere Gründungsgesellschafter anderen potentiellen Gesellschaftern ein Vertragsangebot mit Einstimmigkeits- oder Mehrheitsregel machen[52]. Die Gesellschafter sollen dem gemeinsamen Zweck Resourcen widmen und dafür als Gegenleistung bestimmte Gesellschafterrechte erhalten. Je höher die erwarteten Vorteile aus den Gesellschafterrechten desto mehr Resourcen werden zu günstigen Bedingungen für die Gesellschaft zur Verfügung gestellt, je höher die Risiken eingeschätzt werden, desto weniger Resourcen zu ungünstigeren Bedingungen wird die Gesellschaft erhalten. Denkbar günstig wäre die Regelung für einen Gesellschafter, wenn zwar alle Beschlüsse mit Mehrheit, vielleicht sogar mit einem Mehrstimmrecht für ihn selber gefaßt werden sollen, er selbst aber in allen denkbaren Situationen eine Vetoposition erhielte. Es ist nicht ausgeschlossen, daß andere Gesellschafter sich unter bestimmten Bedingungen auf eine solche Situation einlassen oder damit rechnen, daß sie bei einer bestimmten Entwicklung der Mehrheitsverhältnisse in eine dauernde Minderheitenlage kommen könnten. Sie werden erwartete Vorteile und Risiken einer solchen Situation "bepreisen" und ihr eigenes Ressourcenangebot an die Gesellschaft mit entsprechenden Abschlägen versehen. Wenn ein besseres Angebot erreicht werden soll, müssen die Gesellschafter einander wechselseitig bessere Bedingungen, z.B. Absicherungen und relative Vetopositionen für bestimmte Angelegenheiten oder Einschränkung des Mehrheitsprinzips auf bestimmte Angelegenheiten gewähren. Ziel der Aushandlung von Gesellschafterpositionen ist es, die Ressourcenzusammenlegung so zu organisieren, daß die gemeinsamen Vorteile daraus maximiert werden können. Es entspricht dem ex ante Nutzen aller Beteiligten, auch die Abstimmungs- und Distributionsregeln diesem Ziel zu unterwerfen. Der Gesellschafter hat die ihm unter dieser Zielvorgabe erreichbare Gesellschafterposition bepreist und angenommen. Die Gleichsetzung von Unternehmensinteresse und aggregierter Vermögensmaximierung erklärt, warum regelmäßig der Wille der Mehrheit mit dem Unternehmensinteresse harmoniert. Aber das bedeutet eben nicht daß das Vermögen jedes einzelnen Gesellschafters zu jeder Zeit vermehrt werden muß oder daß Werttransfers unterbleiben müssen, sofern mit dieser Möglichkeit bei Vertragsschluß gerechnet werden und sie deswegen als Abschlag in die Investition des Gesellschafters eingehen konnte. Mit dem Erhalt seiner Gegenleistung für die Investition (dem Erhalt seiner Gesellschafterrechte) hat sich der Gesellschafter diesem Ziel unterworfen, weil es ex ante sowohl seinem

---

52 Zu den unterschiedlichen Wirkungen von Einstimmigkeits- und Mehrheitsprinzip ausführlich Zöllner, W., Die Schranken mitgliedschaftlicher Stimmrechtsmacht bei den privatrechtlichen Personenverbänden, 1963, S. 93 ff., Die ökonomische Debatte referiert Weber, M., Tyrannei der Mehrheit oderDominanz von Sonderinteressen? Ökonomische Analyse von Verfahren zur kollektiven Entscheidungsfindung, veröff. volkwirtsch. Diplomarbeit, Univ. Duisburg, 1991, S. 37 f. mit Nachweisen.

Interesse wie dem Interesse aller übrigen Gesellschafter entsprach, sich darauf einzulassen.

Wenn nun im Rahmen des Mehrheitsprinzips eine Mehrheit gehindert werden soll, ihren Willen durchzusetzen oder wenn man einen einzelnen Gesellschafter, auf dessen Zustimmung es für eine Vertragsänderung ankommt, dazu zwingt, ja zu sagen, so kann das gerechtfertigt sein, weil entweder die Mehrheit oder der Einzelne sich ex post dem Ziel aggregierter Wohlfahtsmaximierung verweigert, weil es ihn/sie momentan distributiv benachteiligt. Dieses Risiko bestand aber von Anfang an und ist in das quid pro quo der Gesellschafterleistung eingegangen. Man braucht für die juristische Rekonstruktion dieses Sachverhalts nicht die Vorstellung von der Bindung der Mehrheit oder der Sperrminorität an ein von den Mitgliederinteressen unabhängiges Unternehmensinteresse. Pacta sunt servanda genügt. Und auch die Vorstellung eines Minderheitenschutzes führt im Hinblick auf das identische Problem bei der Sperrmininorität offensichtlich in die Irre. Mehrheit und Blockminorität sind dann zu bremsen, wenn sie in opportunistischer, in der Anfangssituation nicht vorhersehbarer Weise zu Lasten der Mehrheit oder der Minderheit ausgeübt werden. Was übrig bleibt ist die etwas banale Erkenntnis, daß jede Vertragsposition, so auch die Ausübung des Stimmrechts, den Rahmen von Treu und Glauben beachten muß.

Ohne zwingende Regeln ist allerdings vorhersehbar, daß eine Mehrheit ihr eigenes Interesse stets durchsetzen wird; soll das nicht in Kauf genommen werden, müßten alle gewollten Sicherungen dagegen komplett und klar abgegrenzt in den Vertrag eingebaut werden. In Anbetracht der begrenzten Vorhersehbarkeit künftiger Entwicklungen erscheint jedoch der Versuch einer umfassenden präzisen Beschreibung aller erwünschten Beschränkungen rein egoistischen Abstimmungsverhaltens für alle denkbaren Fälle zum Scheitern verurteilt: eine lange Liste aller Verhaltens- und Abstimmungsschranken würde gleichzeitig Insider oder Mehrheit zu stark fesseln ohne das Risiko ausschließen zu können, daß die benachteiligten Gesellschafter wegen ex ante übersehener Konstellationen ausgeblutet werden[53]. Hier liegen die Ansatzpunkte einer ökonomischen Rechtfertigung für bestimmte zwingende Regeln bei Vertragsänderung sowie für die nur einzeln aber nicht generell abdingbare ex post Kontrolle durch die Gerichte auf sachliche Gründe, Einhaltung von Treuepflichten und Verhältnismäßigkeit des Eingriffs[54].

---

53 Hethington/Dooley, Illiquidity and Exploitation: A Proposed Statutory Solution to the Remaining Close Corporation Problem, 63 Virginia Law Review 1, S. 37 (1977); Goetz/Scott, Principles of Relational Contracts, 67 Virginia Law Review, S. 1089, 1092 (1981); Williamson, O., A Transaction Cost Economics: The Governance of Contractual relations, 22 J. of Law and Economics, S. 233, 238 (1981) Über die Grenzen der Lehre, daß die Individuen am besten selbst wüßten, was ihrem Interesse entspreche, bei langfristigen Bindungen in die Zukunft hinein vgl. bereits Mill, J.S., Principles of Political Economy (Ed. W. Ashley), 1961, S. 950.

54 Völlig gegen implizite Treuepflichten Easterbrook, F.H.,Fishel, D.R., Close Corporations and Agency Costs, 38 Stanford Law Review, S. 271 (1986); interessante spieltheoretische Ansätze bei Johnston, J.S., Opting in and Opting out: Bargaining for Fiduciary Duties in Cooperative Ventures, Yale Law School Working Paper Nr. 133, 1990.

Zunächst müssen solche Rechte mehrheitsfest und vor Blockminorität geschützt sein, die gewährleisten, daß die allseitige Einhaltung der Vertragsbedingungen effektiv kontrolliert werden kann. Es muß verhindert werden können, daß ein in den Vertragsbedingungen nicht antizipierter Wertetransfer von Minderheit auf Mehrheit oder Mehrheit auf Sperrminderheit in Gang gesetzt wird oder eine erhebliche Kontrollverwässerung, die eben diese Gefahr heraufbeschwört. Ein solches opportunistisches Verhalten ist in Gesellschaftsverträgen strukturell angelegt, weil die passiven Gesellschafter ihre Einlage bereits erbracht haben, während die aktiven Gesellschafter, von denen regelmäßig die Initiative zu Vertragsänderungen ausgeht und die insofern einen strategischen Vorteil haben, dauernd in der Versuchung stehen, sich eigenen Pflichten, Kontrollen und Schadensersatzrisiken zu entziehen und sich Sondervorteile zuzuschanzen[55]. Was effektive Kontrolle im einzeln bedeutet, hängt von vielen Umständen ab; aber ohne ein gesetzlich festlegbares Mindestmaß kann keine rechtliche Bindung auf Dauer Bestand haben. Neben bestimmten Verfahrensgarantien ist deshalb insbesondere das Prinzip einer gerichtlichen Überprüfbarkeit von vertrags- oder satzungsändernden Beschlüssen der Parteidisposition entzogen. Die Funktion der Gerichte ist dabei eine doppelte: (1) Sie helfen dem oder den benachteiligten Gesellschafter dazu, opportunistischen Werttransfer, der nicht im ursprünglichen Vertrag bereits als Risiko bepreist und abgegolten wurde, zu verhindern. (2) Bei der großen Ungewißheit über zukünftige Entwicklungen werden Transaktionskosten gesenkt, wenn die Parteien bei der Aushandlung des Vertrages wissen, daß die Gerichte den Vertrag nicht einfach wie geschrieben durchsetzen, sondern in noch unvorhergesehenen Fällen als unparteiische Schiedsrichter agieren werden[56], die ex post überprüfen, ob die Grundsätze des fair dealing und des fair price eingehalten sind.

Diese unterschiedlichen Funktionen des Gerichtsschutzes führen auch zu Unterschieden in den Kontrollmaßstäben, also dessen, was Gerichte und Literatur bei uns als Treupflichten bezeichnen:

Sofern es um die Einhaltung des Vertrages unter Berücksichtigung der darin festgelegten Distributions- und Risikostruktur geht, ist ein ex ante Standpunkt einzunehmen ergänzt um die üblichen vertragsrechtlichen Treu- und Glaubenerfordernisse[57]. Für die Bewertung eines Beschlußergebnisses kommt es darauf an, ob der daraus folgende aktuelle oder potentielle Vermögenstransfer objektiv vorhersehbar war und deshalb bei der Leistung des Gesellschafters (oder seines Vorgängers) an die Gesellschaft als

---

55 Gordon, J.N., The Mandatory Structure of Corporate Law, Columbia Law Review, S. 1549, 1589 (1989).

56 Coffee, J.C., The Mandatory/Enabling Balance in Corporate Law: An Essay on the Judicial Role, 89 Columbia Law Review, S. 1618, 1622 (1989); Berle A., Corporate Powers as Powers in Trust, 44 Harvard Law Review, S. 1049 (1931).

57 Nur hier kann das Bestimmtheitsprinzip seine begrenzte Bedeutung entfalten; vgl. Münchkomm--Ulmer §705 Rn. 104; § 709 77; Kübler, F.K., Gesellschaftsrecht, S.74; Wiedemann, H., S. 410.

bereits abgegolten angesehen werden kann. In unserem oben gewählten Beispiel[58] der nachträglichen Verwässerung des Kontrollmaßstabes auf grobe Fahrlässigkeit ist das unwahrscheinlich.

Anders ist die Situation in unserem zweiten Beispiel: für bestimmte Sonderleistungen sollen Gesellschafter einen erheblichen Gewinnvoraus beziehen. Daß solche Sonderleistungen für die Gesellschaft irgendwann besonders vorteilhaft werden könnten, war möglicherweise im Zeitpunkt des Vertragsschlusses nicht vorhersehbar. Daß andere Gesellschafter mit Mißtrauen auf eine solche Vertragsänderung reagieren, kann erwartet werden. Der Maßstab, den die ökonomisch orientierten Juristen den Gerichten für diesen Fall vorschlagen, ist die Maximierung der aggregierten Wohlfahrt der Gesellschafter als Gruppe ex post ohne Rücksicht auf die Verteilung des Zusatznutzens. Dies entspreche dem Maßstab für unvorhergesehene Situationen, auf den sich vernünftige Parteien, die ihren Vorteil maximieren wollten, ex ante eingelassen hätten. Es ist aber viel wahrscheinlicher, daß sie sich den von den deutschen Gerichten praktizierten Kriterien einer Würdigung der Maßnahme auf Fairness (fair deal, fair price), Verhältnismäßigkeit und Zumutbarkeit unterwerfen. Dabei ist die Rechtsprechung, die dabei voraussetzungsgemäß nicht mehr allein auf den Vertrag rekurrieren kann, nicht ohne rechtliche Maßstäbe. Sie muß drei Ziele im Auge haben: opportunistisches Ausnutzen von Positionsvorteilen zu verhindern, die Resourcen der Gruppe zusammenzuhalten, solange das Projekt prinzipiell für alle Gesellschafter noch rentiert und ökonomisch tragbare Lösungsmöglichkeiten für diejenigen Gesellschafter vorzusehen, deren Bindung an den Vertrag nicht mehr zumutbar erscheint[59].

IV. Rechtfertigung gesetzlicher Standards als öffentliches Gut

Eine zusätzliche Rechtfertigung für zwingende Regelstandardisierung gilt speziell für solche Gesellschaftsanteile, die als fungible Massenware auf freien Kapitalmärkten angeboten werden[60]. Standardisierte Normen unterliegen wiederholter gerichtlicher Anwendung und ihre Bedeutung wird dadurch klarer und ökonomisch leichter zu bepreisen. Man denke an die Wertausgleichs- und Abfindungsregeln für den Fall, daß eine Gesellschaft sich künftig der Herrschaft einer Muttergesellschaft unterwirft. Abweichungen von Standardnormen vermindern die Rechtssicherheit und erhöhen die Wahrscheinlichkeit späterer Auseinandersetzungen mit je entgegengesetzten Interpretationen. Je mehr individuelle Satzungen vom Standard abweichen, desto weniger profitieren die Standardbenutzer von rechtlichen Auseinandersetzungen, die andere führen. Damit erweist sich die Standardform als *öffentliches Gut*. Individuell mögen Gesellschaftsgründer besser fahren, wenn sie vom Standard abweichen, während alle Gesellschafter aller Gesellschaften aus Rechtssicherheitsgründen kollektiv besser dran wären, wenn der Standard allgemein gelten würde. Dieses Argument spricht nicht

---

58 IV C erster Absatz.

59 Übernommen von Gordon, J.N., Columbia Law Review, S. 1549, 1594.

60 Das Argument stammt von Gordon, J.N., Columbia Law Review, S. 1549, 1592.

überall aber gerade bei wichtigen Struktur- und Satzungsänderungen für zwingendes Recht. Bei Übernahmen, Verschmelzungen, Abschluß von Unternehmensverträgen, Beherrschungsverträgen, Veräußerung oder Verpachtung des gesamten Unternehmenssubstrats, Auflösungsbeschlüssen geht es regelmäßig entweder um sehr hohe Einsätze oder es handelt sich um tiefe, relativ einmalige Einschnitte in das Schicksal einer Gesellschaft: gerade dort hängt viel an erfahrenen Gerichten und einschlägigen Präzedenzien.

E. Zusammenfassung

Der Ertrag meiner Ausführungen läßt sich wie folgt zusammenfassen:

(1) Das Recht der gesellschaftsrechtlichen Binnenbeziehungen zwischen den Gesellschaftern läßt sich ökonomisch umformulieren und damit der ökonomischen Theorie integrieren.

(2) Diese Umformulierung ist juristisch erheblich, weil sie es erlaubt, viele rechtliche Probleme präziser als bisher zu fassen und genauere Fragen zu stellen.

(3) Das gilt insbesondere im Hinblick auf die traditionelle Einschränkung der Vertragsfreiheit durch zu allgemeine und deshalb leerformelhafte Argumentation mit "heutigen Gerechtigkeitsvorstellungen" oder "Überspannung der Privatautonomie" oder ähnlichem.

(4) Das juristisch aufregendste Ergebnis ist aber zweifellos, daß der gesellschaftsrechtliche Minderheitenschutz sich als eine Art optische Täuschung herausstellt und daß man zur Bewältigung etwaiger Legitimationsprobleme ohne Rückgriff auf ein vom Mitgliederinteresse (teilweise) unabhängiges Verbandsinteresse (Unternehmensinteresse) auskommt. Es gibt zwar Minderheitsschutzregeln, aber sie gründen nicht auf einer eigenständigen konzeptuellen Grundlage. Vielmehr sind sie entweder eine Teillösung des Problems der Informationsasymmetrien zwischen Gesellschaftern, das auch einen Schutz der Mehrheit gegen die Minderheit rechtfertigen kann. Oder aber es geht um die Bindung an die vertragliche Nutzen- bzw. Risikostruktur und den Schutz gegen postkontraktuelle Übervorteilung bei projektspezifischer Investition (asset specificity) und fehlendem Sekundärmarkt. Aber auch hier wird man der opportunistischen Mehrheit keinen anderen Vorwurf machen können als einer ihr Erpressungspotential ausnutzenden Sperrminorität. Der rechtliche Grund für den Eingriff bleibt in beiden Fällen derselbe.

Literatur:

Adams, M. — Höchststimmrechte, Mehrfachstimmrechte und sonstige wundersame Hindernisse auf dem markt für Unternehmenskontrolle, AG 1990, 63 (Adams I)

Alchian, A., Demsetz, H. — Production, Information Costs and Economic Organization, 62 American Economic Rev. 777 (1972).

Arrow/Hahn — General Competitive Analysis, 1971

Bebchuk, L.A. — Limiting Contractual Freedom in Corporate Law: The Desirable Constraints on Charter Ammendments 102 Harv.L.Rev. 1820 (1989) (Bebchuk I)

Bebchuk, L.A. — Foreword: The Debate on Contractual Freedom in Corporate Law, 89 Col.L.R. 1395 (1989) (Bebchuk II)

Behrens,P. — Die ökonomischen Grundlagen des Rechts, 1986

Behrens, P. — The Firm as a Complex Institution, 141 Zeitschr. f. die ges. Staatswissenschaft 62 (1985)

Berle, A. — Corporate Powers as Powers in Trust, 44 Harvard L.Rev. 1049 (1931)

Bratton, W.W. — The Economic Theory of the Firm: Critical Perspectives From History 41 Stanford L.Rev. 1471 (1989) (Bratton I)

Bratton, W.W. — The Nexus of Contracts - Corporation: a Critical Appraisal, 74 Cornell L. Rev. 407 (1989) (Bratton II).

Calabresi, G., Melamed,D.A. — Property Rules, Liabilty Rules and Inalienability: One View of the Cathedral, 85 Harvard Law Rev.1089 (1972)

Chamberlain Rothschild — A Note on the Probability of Casting a Decisive Vote, 25 J. of Economic Theory 152 (1981).

Coase R. — The Nature of the Firm, 4 Economica (n.s.) 386 (1937).

Coffee, J.C. — The Mandatory/Enabling Balance in Corporate Law: An Essay on the Judicial Role, 89 Columbia L. Rev. 1618 (1989)

Demsetz, H. — Information and Efficiency: Another Viewpoint, 12 J. of Law and Economics 1 (1969)

Easterbrook, F., Fishel, D.R. — The Corporate Contract in Corporate Law and Economic Analysis in Bebchuk L.A. (Hrsg.), Corporate Law and Economic Analysis, 1990, S.182. (Easterbrook/Fishel I)

Easterbrook, F.,Close Fishel, D.R.	Corporations and Agency Costs, 38 Stanford L. Rev. 271 (1986). (Easterbrook/Fishel II)
Eisenberg, M.	The Structure of Corporation Law, 89 Columbia L. Rev. 1481 (1989)
Fama/Jensen, M.	Separation of Ownership and Control, 26 J. of Law and Economics 310 (1983)
Gierke, O.v.	Über die Geschichte des Majoritätsprinzips, Schmollers Jahrbuch 39, 565 (1915).
Goetz/Scott	Principles of Relational Contracts, 67 Virginia L. Rev.1089 (1981)
Gordon, J.N.	The Mandatory Structure of Corporate Law; Col. L. Rev. 1549 (1989).(Gordon I)
Gordon, J. N.	Ties That Bond: Dual Class Common Stock and the Problem of Shareholder Choice in Bebchuk L.A.,Corporate Law and Economic Analysis, 1990 S. 74 (Gordon II)
Hachenburg	GmbHG 6. Aufl. 1979
Hethington/Dooley	Illiquidity and Exploitation: A Proposed Statutory Solution to the Remaining Close Corporation Problem, 63 Virginia Law Rev. 1, 37 (1977)
Heymann	HGB Kommentar, Emmerich, V. ua (Hrsg), Bd.2, 1989
Jensen, M., Meckling, W.	Theory of the Firm: Managerial Behavior,Agency Costs and Ownership Structure, 3 J. of Finance and Economics 305, (1976)
Johnston, J.S.	Opting in and Opting out: Bargaining for Fiduciary Duties in Cooperative Ventures, Yale Law School Working Paper Nr. 133, 1990.
Katz, A.	The Effect of Frivolous Lawsuits on the Settlement of Litigation, 10 International Rev. of Law and Economics 3 (1990)
Kirchner, C.	Ökonomische Analyse des Unternehmensrechts: Ein Forschungsansatz, Jahrb. für Neue Politische Ökonomie Bd.2, S. 137 (1983).
Kübler, F.K.	Gesellschaftsrecht, 3. Aufl 1990, S. 50 (Kübler I)
Kübler, F.K.	Die Kosten des Bezugsrechts. Eine rechtsökonomische Analyse des amerikanischen Erfahrungsmaterials (Kübler II)
Kübler, F.K.	Haftungstrennung und Gläubigerschutz im Recht der kapitalgesellschaften in Kübler/Mertens/Werner (Hrsg.) FS Th. Heinsius, 1991 (Kübler III)

Meier-Schatz, C.J. — Über die Notwendigkeit gesellschaftlicher Aufsichtsregeln. Ein Beitrag zur Ökonomischen Analyse des Gesellschaftsrechts, 107 Zeitschr. f. Schweizerisches Recht 191 (1988)

Mill, J.S. — Principles of Political Economy (Ed. W. Ashley) 1961

Münchener Kommentar — zum Bürgerlichen Gesetzbuch, Rebmann, Säcker, (Hrsg.), 2.Aufl. 1986; Bearbeiter des Gesellschaftsrechts Ulmer, P.(Münchkomm--Ulmer).

Olson, M. — The Logic of Collective Action, 2. Aufl. 1971.

Ott, C. — Recht und Realität der Unternehmenskorporation, 1977.

Posner, R. — Economic Analysis of Law, 3. Aufl. 1986.

Roitsch — Der Minderheitenschutz im Verbandsrecht 1981.

Roth, G.H. — Handels- und Gesellschaftsrecht, 3. Aufl., 1990.

Schäfer, H.B., Ott, C. — Lehrbuch der ökonomischen Analyse des Rechts, 1986

Schanze, E. — Theorie des Unternehmens und ökonomische Analyse des Rechts, Jahrb. für Neue Politische Ökonomie, Bd. 2 S. 161 (1983). (Schanze I)

Schanze, E. — Potential and Limits of Economic Analysis: The Constitution of the Firm, in: Daintith, T.,Teubner, G., Contract and Organization. Legal Analysis in the Light of Economic and Social Theory, 1986, S. 204 (Schanze II)

Schmidt, K. — Gesellschaftsrecht, 2. Aufl., 1991

Suhr — Entfaltung des Menschen durch den Menschen, 1976.

Teichmann, A. — Gestaltungsfreiheit in Gesellschaftsverträgen, 1970.

Teubner G. — Recht als autopoietisches System, 1989.

Walz, W.R. — Sachenrecht für Nicht-Sachen? Kritik einer Systemanalogie, KritV 1986, 131 (Walz I).

Walz, W.R. — Ökonomische und rechtliche Überlegungen zur Verkehrsfähigkeit von Gegenständen in Ott/Schäfer, Allokationseffizienz in der rechtsordnung, 1989 S. 93 (Walz II).

Walz W.R. — Sachenrechtliches Systemdenken im Wandel: Die ökonomischen Determinanten des Verfügungstatbestandes, KritV 1990, 374.(Walz III).

Weber, M. Tyrannei der Mehrheit oder Dominanz von Sonderinteressen? Ökonomische Analyse von Verfahren zur kollektiven Entscheidungsfindung, veröff. volkswirtsch. Diplomarbeit, Univ. Duisburg, 1991.

Westermann, H.P. Vertragsfreiheit und Typengesetzlichkeit im recht der Personengesellschaften, 1970.

Wiedemann, H. Gesellschaftsrecht, Bd.I, 1980.

Wiethölter, R. Interessen und Organisation der Aktiengesellschaft im amerikanischen und deutschen Recht, 1961.

Williamson, O. A Transaction Cost Economics: The Governance of Contractual relations, 22 J. of Law and Economics 233 (1981) (Williamson I).

Williamson, O. The modern Corporation: Origins, Evolution, Attributes, 19 J. of Economic Literature 1537 (1981) (Williamson II).

Williamson, O. Credible Commitments: Using Hostages to Suport Exchange, American Economic Rev. 519 (1983) (Williamson III)

Williamson, O. Intellectual Foundations: The Need for a Braoder View, 33 J. of Legal Education 210 (1983).(Williamson IV).

Williamson, O. Organization Form, Residual Claimants , and Corporate Control, 24 J. of Law and Economics 351 (1983). (Williamson V)

Williamson, O. The Economic Institutions of Capitalism, 1985 (Williamson VI).

Zöllner, W. Die Schranken mitgliedschaftlicher Stimmrechtsmacht bei den privatrechtlichen Personenverbänden, 1963.

Diskussion

Zusammengefaßt von Klaus Wehrt

Die sich dem Referat anschließende Diskussion befaßt sich vornehmlich mit zwei Aspekten: 1) Welche Bedeutung kommt dem ökonomischen Ziel der Verteilungsgerechtigkeit zwischen den Gesellschaftern einer Unternehmung zu? 2) Zeichnen als Gründe für die Ineffizienzen in der Entscheidungsfindung zwischen den Gesellschaftern eher Phänomene des Marktversagens oder eher externe Effekte verantwortlich?

A. Verteilungsgerechtigkeit zwischen den Gesellschaftern

Der Referent hatte den Schutz von Minderheitsgesellschaftern auf das Argument der Verteilungsgerechtigkeit gestützt, nachfolgend jedoch eingeräumt, daß sich ein Minderheitenschutz auch aus einem Effizienzkalkül ergeben könne. Wenngleich diesem Aspekt in der nachfolgenden Diskussion eine breite Aufmerksamkeit gewidmet wurde, so wurden jedoch keine weiteren ökonomisch schlagkräftigen Argumente ins Feld geführt. Lediglich ein Diskussionsbeitrag machte deutlich, daß eine Voraussetzung der Ausbeutung von Minderheiten darin bestehen würde, daß die Minderheitsgesellschafter eine spezifische Ressource investiert haben könnten, die anschließend im Unternehmen "versunken", also nicht mehr aus diesem zu "bergen" sei. Die einstige Investitionsentscheidung hätte vielleicht auf gewissen Erwartungen basiert, die durch die Entscheidungsfindung innerhalb des Gesellschaftergremiums enttäuscht worden wären. Weil aufgrund der versunkenen Ressource keine Abwanderung mehr möglich sei, sei ein Verlust an "Quasi-Rente" entstanden. Dieser Verlust sei auszugleichen.

B. Marktversagen oder externe Effekte

Nachdem der Kommentator dem Referenten empfohlen hatte, die Ineffizienzen der Gesellschafterbeteiligung an den Unternehmensentscheidungen nicht so sehr auf ein Marktversagen, als vielmehr auf die Existenz externer Effekte zu gründen, mußte zunächst einmal Klarheit über den Begriff des "externen Effektes" erzielt werden. Der Kommentator hatte die externen Effekte in zwei Gruppen zerlegt, solche, die über Marktmechanismen vermittelt werden (sog. Drittpartei-Effekte) und zu Effizienzsteigerungen führen, und solche, die außerhalb einer Marktbeziehung auftreten und aus Effizienzgründen kompensationsbedürftig sind. Die Diskussionsteilnehmer einigten sich jedoch darauf, nur die letztgenannte Gruppe von Effekten als "externen Effekt" zu bezeichnen.

Anschließend verlagerte sich die Diskussion mehr dahingehend zu ergründen, ob eher Probleme des durch asymmetrische Informationen bedingten Marktversagens auf Kapitalmärkten oder einfache Entscheidungsexternalitäten die Ineffizienzen des Gesellschaftsrechts begründen. Eine Mehrheitsmeinung bildete sich dahingehend aus, daß die ökonomischen Probleme des Gesellschaftsrechts eher in der Unvollkommenheit der Kapitalmärkte zu suchen seien.

Eine ökonomische Analyse der mitbestimmten Unternehmung

von Thomas Eger, Hans G. Nutzinger und Peter Weise[1]

A. Einleitung: Mitbestimmung als "Abschwächung" oder "Präzisierung" von Eigentumsrechten

I. Die theoretische Ausgangsfrage

Es gibt verschiedene mögliche Zugänge zur Theorie der mitbestimmten Unternehmung. Zentral ist dabei die Frage, ob Mitbestimmung als Abschwächung von Eigentumsrechten (*attenuation*), als deren Umverteilung (*redistribution*) oder schließlich als Präzisierung dieser Rechte (*specification*) aufgefaßt wird. Je nachdem, für welche Betrachtungsweise man sich entscheidet, ergeben sich daraus unmittelbare und weitreichende Konsequenzen für die Art und Weise, wie die ökonomische Analyse der mitbestimmten Unternehmung durchgeführt wird.

Ein typisches Beispiel für den erstgenannten Ansatz im deutschsprachigen Raum ist das sog. "Kölner Gutachten" von Gerhard Prosi (1978). In diesem Gutachten, das im Auftrag des Bundesverbandes der Deutschen Arbeitgeberverbände für die vor dem Bundesverfassungsgericht anhängige Klage gegen das Mitbestimmungsgesetz 1976 erstellt wurde, vertrat der Verfasser im wesentlichen die Auffassung, durch die formal paritätische Besetzung des Aufsichtsrates (vgl. dazu unten Abschnitt II.) komme es zu einem "Durchschlag" dieser paritätischen Vertretung in diesem Kontrollgremium hin zu einer paritätischen Repräsentanz im Vorstand einer mitbestimmten Kapitalgesellschaft. Darüber hinaus führe die Verknüpfung von Unternehmensmitbestimmung nach dem Mitbestimmungsgesetz 1976 und von betrieblicher Interessenvertretung nach dem Betriebsverfassungsgesetz 1972 zu einer gefährlichen "Kumulation" dieser Mitbestimmungsmöglichkeiten, die zu Lasten unternehmerischer Entscheidungsfreiheit gehe. Schließlich identifiziert Prosi noch einen "Kaskadeneffekt", da Mitbestimmung in konzernverbundenen Gesellschaften sowohl im Aufsichtsrat der Obergesellschaft wie in den entsprechenden Kontrollorganen der Untergesellschaft stattfinde. Dadurch werde die Fähigkeit des Unternehmens, nach außen hin richtig auf die Signale des Marktes zu reagieren, entscheidend geschwächt, woraus sich sowohl betriebs- wie volkswirtschaftlich nachteilige Folgen ergäben.

Eine ähnliche, mehr in der Sprache der Eigentumsrechtstheorie formulierte Sichtweise vertritt auch S. Pejovich: Seiner Analyse zufolge werden durch Mitbestimmung

---

1 Wir danken Wolfgang Brandes und Manfred Kraft (Paderborn) sowie Heinrich Beyer (Kassel) für zahlreiche Anregungen.

Vertragsfreiheit und Recht auf Privateigentum, die beiden Grundvoraussetzungen einer freien Marktwirtschaft, eingeschränkt, und damit komme es zu einer Verschlechterung der Entscheidungen und zu einzel- wie auch gesamtwirtschaftlichen Effizienzverlusten. Im Anschluß an M. Jensen und W. Meckling sieht er den entscheidenden Beweis für die mutmaßlich negativen Folgen von Mitbestimmung - die er sowohl als Abschwächung wie auch als Umverteilung von Eigentumsrechten begreift - darin, daß diese partizipatorische Ausgestaltung der Eigentumsrechte, wäre sie wohlfahrtsverbessernd, sich ja von selbst durch freiwillige Vereinbarungen - ohne jeden gesetzlichen Druck - entwickelt hätte. Die schiere Tatsache, daß Mitbestimmungsregelungen qua Gesetz eingeführt wurden, dient den genannten Autoren schon als hinreichender Beleg dafür, daß diese rechtliche Normierung wohlfahrtsvermindernd sein *muß*.

Gegen diese aprioristische Betrachtungsweise ist zumindest der folgende gravierende Einwand zu erheben: Das Argument einer naturwüchsigen Pareto-Verbesserung über wechselseitig vorteilhafte Verträge ist nur in einer Idealwelt ohne Informationsprobleme und Transaktionskosten zwingend, und in einer derartigen Welt würden sowohl der ideale Marktmechanismus durch "Abwanderung" als auch der ideale Mitbestimmungsmechanismus durch "Widerspruch" zu einem gleichermaßen effizienten Ergebnis führen. Das eigentlich zu behandelnde Problem, wie Eigentumsrechte aller im Unternehmen beteiligter Parteien zu definieren, zu spezifizieren und durchzusetzen sind, käme so gar nicht erst in den Blick (vgl. Eger, T./Weise, P.: Grundlagen; dieselben: Participation). Durch die Einführung der Mitbestimmung werden dann klar spezifizierte Rechte ohne Effizienzverlust *umverteilt*.

Geht man von einer derartigen idealisierten Marktvorstellung als Referenzmodell aus und vergleicht diese mit einer realen, Transaktionskosten verursachenden Mitbestimmung, so kann das Ergebnis jeglicher Form von Mitbestimmung nur eine Wohlstandsverschlechterung sein. Sie läuft in dieser Perspektive auf nichts anderes als auf die Einführung einer "künstlichen Beschränkung" - in der Sprache der Eigentumsrechtstheoretiker einer Abschwächung (*attenuation*) - unternehmerischer Entscheidungsfreiheit hinaus; und spätestens seit Paul A. Samuelsons Foundations of Economic Analysis (1947) wissen wir, daß sich nach dem LeChatelier-Prinzip die Anpassungsfähigkeit der Unternehmung an geänderte äußere Bedingungen um so mehr verringert, je größer die Zahl der Beschränkungen ist. Die von Prosi und anderen prognostizierten negativen Auswirkungen des Mitbestimmungsgesetzes sind im Grunde nichts anderes als eine (implizite) Anwendung dieses Prinzips.[2]

Geht man demgegenüber von der realen, unvollkommenen Welt mit Informations-

---

2 Das Bundesverfassungsgericht hat sich denn auch nicht von diesem Argumentationsmuster überzeugen lassen und sah sich angesichts widerstreitender Gutachten (zugunsten des Mitbestimmungsgesetzes hatte E. Kappler begutachtet) nicht in der Lage, eine "gesicherte Gesamtprognose" über die Auswirkungen dieses Gesetzes zu geben. Daher folgerte das Gericht, den Gesetzgeber treffe ein Korrekturgebot, wenn er sich mit seinen (günstigen) Prognosen geirrt haben sollte. "Damit wurde in augenfälliger Weise eine Verbindung zwischen der Verfassungsinterpretation einerseits, theoretischer und empirischer volkswirtschaftlicher Forschung andererseits, durch das Verfassungsgericht selbst hergestellt". (Backhaus, J., S. 111).

problemen und positiven Transaktionskosten aus und vergleicht man Unternehmensverfassungen mit und ohne Mitbestimmung, so besteht die Alternative zu einer Unternehmensverfassung mit gesetzlich normierter Mitbestimmung nicht etwa in der unbeschränkten Handlungsfähigkeit des Unternehmens, sondern in anderen Formen, in denen sich dann Arbeitnehmerinteressen außermarktmäßig geltend machen können, sei es in Form häufiger Arbeitskonflikte, sei es durch rigide Kollektivvertragssysteme oder auch durch individualisierte "Protestaktionen", wie etwa Absentismus, Fluktuation, Leistungszurückhaltung bis hin zur Sabotage (vgl. etwa McCain, R.A.: Codetermination, 102 f.). Bei einer theoretischen wie auch empirischen Beurteilung der Konsequenzen gesetzlich verfaßter Unternehmensmitbestimmung ist also nicht eine Idealwelt ohne Beschränkungen, sondern eine ebenfalls unvollkommene Welt mit anderen Arten von Beschränkungen als Vergleichssituation in Rechnung zu stellen. Die Mitbestimmung ist dann daraufhin zu überprüfen, in welchem Maße sie zu einer *Abschwächung, Umverteilung* oder *Präzisierung* von Eigentumsrechten führt.

Es ist unmittelbar einsichtig, daß Mitbestimmung, soweit sie tatsächlich eine erhöhte Einflußnahme der Arbeitnehmer auf unternehmensbezogene und betriebliche Entscheidungen impliziert, in der Tat *auch* auf eine Umverteilung von Eigentumsrechten im weitesten Sinne hinausläuft. Aber diese Umverteilung ist nicht notwendig ein Nullsummenspiel, in dem der Kapitaleigner genau das verliert, was die Beschäftigten hinzugewinnen.[3]

Wir wollen im folgenden anhand einer Darstellung der rechtlichen Grundlagen und der theoretischen Überlegungen auf dem Hintergrund bisheriger empirischer Erfahrungen der Frage nachgehen, inwieweit Mitbestimmung eine möglicherweise wohlfahrtsverbessernde Präzisierung von Eigentumsrechten darstellen kann, die gerade aufgrund der Unbestimmtheit des Arbeitsvertrages hinsichtlich der konkret zu erbringenden Leistungen und der dabei implizierten Weisungsrechte der Unternehmensleitung zunächst einmal notwendig unspezifiziert geblieben sind. Wenn man, wie dies die in Abschnitt B dargestellten Unternehmenstheorien im Prinzip bei aller Verschiedenheit tun, die Unternehmung als eine Institution begreift, in der die Vorteile der Kooperation auch in solchen Situationen sichergestellt werden sollen, "in denen das Preissystem versagt" (Arrow, K.J., S. 33), dann muß man Mitbestimmung als ein *mögliches* Korrektiv für ein derartiges "Marktversagen" untersuchen. Mitbestimmung erscheint damit als eine der gesetzlichen Grundlagen dieser Kooperation im Unternehmen; ihre Beurteilung erfordert daher sowohl eine Klarstellung der oftmals vernachlässigten rechtlichen Normierungen als auch und vor allem eine empirische - und nicht nur apriorisch - theoretische - Überprüfung ihrer möglichen ökonomischen Konsequenzen. Der vorliegende Beitrag versucht, dazu einige Vorüberlegungen in theoretischer und empirischer Hinsicht zu leisten.

---

3 Vgl. für eine differenzierte Betrachtung dieses Problems aus juristischer Sicht Nagel, B.: Paritätische Mitbestimmung.

II. Die wichtigsten mitbestimmungsrechtlichen Regelungen in Deutschland

Da vor allem in der angelsächsischen Literatur zum Thema Mitbestimmung sehr stark auf die vermuteten Wirkungen einer Arbeitnehmerbeteiligung an den Entscheidungen des Unternehmens (insbesondere im Hinblick auf Investitionen, Einstellungen und Entlassungen) und die daraus möglicherweise resultierenden Konsequenzen für die Produktivität, die Kapitalrentabilität, die Höhe von Löhnen und Gewinnen in den mitbestimmten Unternehmen abgehoben wird, konzentriert sich der folgende Überblick über die wichtigsten rechtlichen Regelungen auf die *Unternehmensebene* und demzufolge vor allem auf das Mitbestimmungsgesetz von 1976.[4] Vor allem in der US--amerikanischen Literatur wird Mitbestimmung häufig als "participation in management" (McCain, R.A.: Codetermination, S. 105) - also als Teilhabe an der Unternehmensführung - verstanden. Dieser Auffassung liegt implizit das US-amerikanische Konzept einer Gliederung der Unternehmensspitze in einen engeren "geschäftsführenden" und in einen erweiterten Vorstand (*board of directors*) zugrunde, wobei letzterer im Falle grundlegender Entscheidungen zusammentritt und die erforderlichen Beschlüsse faßt.

Dieses Modell ist aber nur äußerst bedingt vergleichbar mit der Zweiteilung in einen *Vorstand* und einen *Aufsichtsrat* nach dem deutschen Aktiengesetz: Nach diesem Modell obliegt die Geschäftsführung einzig und allein dem Vorstand, der nach § 76 AktG die Gesellschaft leitet, ihre Geschäfte führt und sie gerichtlich und außergerichtlich vertritt; seine Vertretungsmacht kann nicht beschränkt werden (§ 82 AktG). Demgegenüber ist der Aufsichtsrat für die Bestellung der Vorstandsmitglieder und ebenso für deren Abberufung aus wichtigem Grund (§ 84 AktG) zuständig. § 31 MitbestG schreibt für die dem Mitbestimmungsgesetz von 1976 unterliegenden Unternehmen in der Rechtsform einer AG, einer KGaA, einer GmbH, einer Bergrechtlichen Gewerkschaft oder einer Erwerbs- und Wirtschaftsgenossenschaft mit in der Regel mehr als 2.000 beschäftigten Arbeitnehmern (§ 1 MitbestG) generell die Bildung eines solchen Aufsichtsrates vor.

Dieser Aufsichtsrat ist jedoch als *Kontroll-, nicht als Entscheidungsorgan* konzipiert: Nach § 111(1) AktG hat er die Aufgabe, die Geschäftsführung zu überwachen, und damit ihm dies möglich ist, werden dem Aufsichtsrat als Kollektivorgan weitgehende Informationsrechte zugestanden (§ 111(2) AktG). Darüber hinaus haben auch die einzelnen Aufsichtsratsmitglieder nach § 90 AktG umfangreiche Auskunftsrechte, die ein einzelnes Mitglied sogar gegen den Vorstand durchsetzen kann, wenn es von einem

---

4 Auf die weitergehende Entscheidungsbeteiligung von Vertretern der Belegschaft und der Gewerkschaften nach dem Montan-Mitbestimmungsgesetz 1951 gehen wir angesichts der zahlenmäßig geringen und weiter abnehmenden Bedeutung dieses Bereichs (Stahlerzeugung und Kohlebergbau mit derzeit noch knapp 300.000 Beschäftigten) nicht weiter ein. Ebenso wird die in Kapitalgesellschaften zwischen 500 und 2.000 Beschäftigten bestehende Drittelbeteiligung von Arbeitnehmer- und Gewerkschaftsvertretern nach dem Betriebsverfassungsgesetz 1952 hier nicht weiter verfolgt.

zweiten Aufsichtsratsmitglied unterstützt wird (§ 90(3) AktG). Andererseits bestimmt das Aktiengesetz aber auch unmißverständlich, daß dem Aufsichtsrat Maßnahmen der Geschäftsführung nicht zustehen (§ 111(4) AktG).

Abgesehen von den weitgehenden Informationsrechten, die dem Aufsichtsrat als Kollektivorgan, aber auch einzelnen Mitgliedern zustehen, damit die gesetzlich vorgesehene *Kontrollaufgabe* effektiv wahrgenommen werden kann, gibt es aber nur sehr eingeschränkte Entscheidungsrechte, die sich im wesentlichen auf die bereits erwähnte Bestellung und Abberufung der Vorstandsmitglieder beziehen. *Nicht vergleichbar* mit dem amerikanischen erweiterten Vorstandsmodell ist dagegen die Möglichkeit, daß wichtige Geschäfte nach § 111(4) von der Zustimmung des Aufsichtsrats abhängig gemacht werden können, sei es durch Satzung des Unternehmens, sei es durch die Geschäftsordnung des Aufsichtsrats oder auch durch einen auf den Einzelfall bezogenen Aufsichtsratsbeschluß. Hier kommt dem Aufsichtsrat, anders als dem erweiterten *board of directors*, kein Entscheidungs-, sondern allenfalls ein Vetorecht zu. Aber selbst dieses Vetorecht eines (mitbestimmten) Aufsichtsrates ist nicht unbeschränkt: "Auch diese mögliche Ausübung von Arbeitnehmerinteressen stößt jedoch an Grenzen. Wenn der Aufsichtsrat die Zustimmung zu einem Geschäft des Vorstands verweigert, kann dieser die Hauptversammlung anrufen, die dann mit Dreiviertelmehrheit die Zustimmung erteilen kann (§ 111 Abs. 4 Sätze 3-5 AktG). Durch dieses Letztentscheidungsrecht kann die Aufsichtsratsmitbestimmung unterlaufen werden" (Nagel, B.: Unternehmensmitbestimmung, S. 53 f.).

Wie sieht nun die zahlenmäßige Beteiligung der Arbeitnehmer im Aufsichtsrat bzw. im Vorstand einer (mitbestimmungspflichtigen) Kapitalgesellschaft aus? Wie bereits oben angedeutet, gilt das Mitbestimmungsgesetz von 1976 für alle Kapitalgesellschaften - typischerweise in der Rechtsform der AG oder der GmbH - mit mehr als 2.000 Beschäftigten, ausgenommen die wenigen verbliebenen Unternehmungen des Montanbereichs, in denen das Montan-Mitbestimmungsgesetz von 1951 weiterhin gilt, und unter Ausschluß der Tendenzunternehmen und Einrichtungen der Religionsgemeinschaften.[5] Insgesamt werden derzeit (1990) 544 Kapitalgesellschaften erfaßt, davon 321 AGs und 202 GmbHs. Diese repräsentieren nach allen ökonomischen Kriterien - wie Beschäftigung, Umsatz, Wertschöpfung und Unternehmenskapital - einen erheblichen Anteil an der bundesdeutschen Wirtschaft; die Schwerpunkte liegen in den Bereichen Metall, Handel-Banken-Versicherungen, Chemie-Papier-Keramik und Öffentliche Dienste, Transport und Verkehr.[6]

Formal ähneln die Regelungen des Mitbestimmungsgesetzes 1976 weitgehend den entsprechenden Vorschriften des Montanmitbestimmungsgesetzes von 1951, aber im

---

5 Nach § 118(1) BetrVG sind für Tendenzunternehmen auch die Beteiligungsrechte nach dem Betriebsverfassungsgesetz 1972 eingeschränkt, für Einrichtungen der Religionsgemeinschaften sogar ganz ausgeschlossen (§ 118(2)BetrVG).

6 Von den insgesamt 3.830 DGB-Mandaten in mitbestimmten Unternehmen 1990 entfielen 1.508 auf die IG Metall, 690 auf die Gewerkschaft HBV, gefolgt von der IG Chemie (588) und der ÖTV (546). Vgl. Informationsdienst des Instituts der deutschen Wirtschaft, S. 2.

Vergleich dazu sind in allen entscheidenden Fragen die Rechte der Arbeitnehmerseite und der Gewerkschaften eingeschränkt. Der wesentliche Unterschied ist dabei in der Zusammensetzung des zentralen Kontrollorgans der mitbestimmten Kapitalgesellschaft, also des Aufsichtsrates, zu sehen; seine Größe hängt von der Beschäftigtenzahl ab.[7] Das Mitbestimmungsgesetz von 1976 hält, insoweit dem alten Montan-Mitbestimmungsgesetz folgend, zumindest formal am Prinzip der Parität fest; faktisch ergibt sich jedoch ein Übergewicht der Anteilseignerseite. Dies läßt sich leicht am Beispiel der kleinsten Größenklasse - zwischen 2.000 und 10.000 Beschäftigte - veranschaulichen: Im Regelfall (vgl. Fußnote 7 oben) hat der Aufsichtsrat dann zwölf Mitglieder, von denen insgesamt sechs Mitglieder die Arbeitnehmerseite repräsentieren. Zwei Arbeitnehmervertreter werden von den zuständigen Gewerkschaften nominiert, und vier Mitglieder vertreten die vom Gesetz vorgesehenen Gruppen von Beschäftigten, nämlich Arbeiter, Angestellte und leitende Angestellte. Da jede Gruppe Anspruch auf mindestens einen Sitz im Aufsichtsrat hat, begünstigt der so gewährte "Minderheitenschutz" natürlich in der Praxis die Repräsentanten der leitenden Angestellten, die auf jeden Fall mindestens einen Vertreter in den Aufsichtsrat entsenden können. Diese Sondervertretung der leitenden Angestellten und die damit zusammenhängende Aufteilung der Belegschaft in drei statt zwei Gruppen macht einen wichtigen Unterschied zum Betriebsverfassungsgesetz aus, das seinerseits gerade die leitenden Angestellten von der aktiven und passiven Wahl zu den Vertretungsorganen der Arbeitgeberseite (Betriebsrat usw.) *ausschließt* (§ 5(3) BetrVG 1972).

Bekanntermaßen war die Sondervertretung der leitenden Angestellten in den ursprünglichen Gesetzentwürfen nicht vorgesehen, sondern das Ergebnis eines langen koalitionspolitischen Ringens zwischen FDP und SPD in der damaligen Bundesregierung (vgl. Nagel, B.: Unternehmensmitbestimmung, S. 93-97). Die Einführung eines dritten Faktors "Disposition" durch den liberalen Koalitionspartner, der - bei formaler Wahrung der Parität - dann aber der Arbeitnehmerseite zugerechnet wurde, bedeutet - auch nach den empirischen Erfahrungen (vgl. Nagel, B.: Unternehmensmitbestimmung; Nagel, B.: Paritätische Mitbestimmung; Bamberg U. et al.) - zweifellos eine indirekte Stärkung der Kapitaleignerseite, da die Vertreter der leitenden Angestellten, obwohl der Arbeitnehmerseite voll zugerechnet, sich zumindest teilweise auch als Vertreter der Unternehmensleitung verstehen. Schon aus diesem Grunde kann selbst im Kontrollgremium Aufsichtsrat keine vollständige Gleichberechtigung von "Arbeit und Kapital" erwartet werden.

Diese Aufspaltung der Belegschaft in drei verschiedene Arbeitnehmergruppen führt nun zu einem äußerst komplizierten Wahlverfahren (§§ 8-24 MitbestG), das aus der Sicht der Gewerkschaften entsolidarisierend wirkt und daher eine weitere Schwächung der Arbeitnehmerseite bedeutet. Die Vorschriften des Gesetzes sehen für Arbeiter und

---

7 Nach § 7 MitbestG setzt sich der Aufsichtsrat eines mitbestimmten Unternehmens mit in der Regel unter 10.000 Arbeitnehmern aus je sechs Aufsichtsratsmitgliedern der Anteilseigner und der Arbeitnehmer zusammen; die Zahlen erhöhen sich auf jeweils acht bei 10.000 bis 20.000 Beschäftigten und auf jeweils zehn bei mehr als 20.000 Arbeitnehmern. Durch Satzung des Unternehmens ist eine Erhöhung der Zahl der Aufsichtsratsmitglieder von sechs auf acht oder zehn bzw. von acht auf zehn zulässig.

Angestellte und in bestimmten Fällen sogar für die leitenden Angestellten getrennte Wahlverfahren vor. Überdies ist in allen Unternehmen mit mehr als 8.000 Beschäftigten ein indirektes Wahlverfahren mit Wahlmännern vorgesehen (§ 9 MitbestG).[8]

Eine weitere Abschwächung erfährt die Position der Arbeitnehmerseite bei der Wahl des Aufsichtsratsvorsitzenden, der anders als in § 9 MontanmitbestG kein weiteres, "neutrales" Mitglied mehr ist: Erhält bei der Wahl zum Aufsichtsratsvorsitzenden kein Kandidat eine Zweidrittelmehrheit, so wird der Aufsichtsratsvorsitzende mit der Mehrheit der Stimmen der Anteilseignervertreter gewählt.[9] Dementsprechend ist in aller Regel der stellvertretende Aufsichtsratsvorsitzende ein Vertreter der Arbeitnehmerseite, wobei etwa 80 % dieser Stellvertreter Mitglieder einer DGB-Gewerkschaft sind. Der Aufsichtsratsvorsitzende - nicht jedoch sein Stellvertreter - hat nach dem Gesetz bei Patt-Situationen ein Doppelstimmrecht, so daß selbst bei einer gemeinsamen einheitlichen Stimmabgabe aller Arbeitnehmervertreter (einschließlich des Repräsentanten der leitenden Angestellten) im Konfliktfall die Anteilseignerseite eine Mehrheit hat.

Diese zwar formal paritätische, aber materiell doch schwächere Beteiligung der Arbeitnehmerseite schlägt auch bei der Bestellung des Vorstandes durch; dies gilt sowohl für die gesetzlichen Regelungen als auch für die praktischen Erfahrungen nach nunmehr fünfzehn Jahren Geltung dieses Gesetzes. Zwar sieht § 31(2) MitbestG eine Zweidrittelmehrheit für die Bestellung der Vorstandsmitglieder vor; kommt diese jedoch nicht zustande, so genügt eine einfache Mehrheit, gegebenenfalls mit dem Doppelstimmrecht des (im Regelfall der Anteilseignerseite zuzurechnenden) Aufsichtsratsvorsitzenden.

Diese Stimmrechtsregelung hat nun unmittelbare Konsequenzen für die Bestellung des für Personalwesen zuständigen Vorstandsmitglieds, des *Arbeitsdirektors*: Während dieser nach § 13 MontanmitbestG nicht gegen die Stimmen der Mehrheit der Arbeitnehmervertreter im Aufsichtsrat gewählt werden kann (und damit auch regelmäßig der Arbeitnehmerseite zuzurechnen ist), findet sich eine entsprechende Schutzvorschrift für die Bestellung des Arbeitsdirektors nicht in § 33 MitbestG. Dies hat im Regelfalle - vor allem außerhalb des öffentlichen Sektors - dazu geführt, daß Kandidaten der Anteilseignerseite für diese Vorstandsposition gewählt wurden, im Konfliktfalle sogar mit dem Doppelstimmrecht des Aufsichtsratsvorsitzenden (vgl. Bamberg U. et al., S. 191-216). Hierbei ist ein empirischer Befund bemerkenswert: Eine formal gleichlautende Vorschrift in dem ebenfalls für den Montanbereich geltenden Mitbestimmungsergänzungsgesetz von 1956 hat in den betroffenen Konzernen nichts daran geändert,

---

8 Diese komplizierten Regelungen führten dann auch in den Jahren 1976 bis 1980 dazu, daß die Abhaltung der Wahlen sehr viel Zeit in Anspruch nahm und auch mit erheblichen Rechtsstreitigkeiten zwischen Unternehmen und Gewerkschaften verbunden war. Zu den ersten Erfahrungen vgl. im einzelnen Nagel, B.: Unternehmensmitbestimmung, S. 89-107, sowie Bamberg, U. et al., S. 95-122.

9 Diese Regelung (§ 27 MitbestG) hat denn auch dazu geführt, daß die Position des Aufsichtsratsvorsitzenden zu 85 - 90 % bereits im ersten Wahlgang besetzt wurde (vgl. Bamberg, U. et al., S. 111).

daß der Arbeitnehmer- und Gewerkschaftsseite faktisch eine Art "Zugriffsrecht", wie in den montanmitbestimmten Unternehmen, zugestanden wurde. Die daran geknüpfte Erwartung des Bundesministers für Arbeit und Sozialordnung, die mit dem Mitbestimmungsergänzungsgesetz gemachten Erfahrungen berechtigten "zu der Annahme, daß im Interesse des Unternehmens und entsprechend dem Sinn und Zweck des Mitbestimmungsgesetzes Personen zu Arbeitsdirektoren bestellt werden, die in besonderem Maße das Vertrauen der Arbeitnehmerseite genießen" (S. 47), hat sich - außerhalb des Bereichs öffentlicher oder gemischtwirtschaftlicher Unternehmen - kaum bestätigt. Bamberg U. et al. (S. 209) bewerten die Erfahrungen mit den Arbeitsdirektoren nach dem Mitbestimmungsgesetz 1976 dahingehend, daß diese in der Regel eine "distanzierte Kooperation mit Arbeitnehmervertretern" pflegten (vgl. dazu unten Abschnitt D.).

Wie bereits eingangs betont, haben wir bewußt die Regelungen des Mitbestimmungsgesetzes von 1976 und verwandte Vorschriften in den Vordergrund dieses Überblicks über rechtliche Regelungen gestellt. Es soll aber schon an dieser Stelle darauf hingewiesen werden, daß die praktischen Wirkungen des Mitbestimmungsgesetzes in engem Zusammenhang mit der Funktion des Betriebsratsvorsitzenden und des Wirtschaftsausschusses zu sehen sind, also mit Personen bzw. Institutionen, deren Aufgaben durch das Betriebsverfassungsgesetz von 1972 festgelegt werden.

B. Ökonomische Analyse der Koordination von Entscheidungen in der Unternehmung

I. Vier Grundtypen von Unternehmungstheorien

Wir haben bei unserer Darstellung der rechtlichen Grundlagen von Unternehmensmitbestimmung den Begriff "Unternehmung" in einem allgemeinen Sinne verwendet, ohne ihn näher zu spezifizieren. Vom Standpunkt der ökonomischen Theorie können wir diese Organisationen zunächst einmal folgendermaßen charakterisieren: Unternehmungen sind Einheiten, bestehend aus einer Person oder mehreren Personen, in denen produziert wird, d. h. Güter in andere Güter umgewandelt werden. Die Frage ist nun aber: Welcher Koordinationsmechanismus koordiniert die Produktionstätigkeiten der Personen innerhalb der Unternehmung, und warum wird der Marktmechanismus bei den unternehmensinternen Aktivitäten durch einen anderen Mechanismus ersetzt?[10] Auf diese Frage gibt es eine Vielfalt von Antworten, die sich indessen auf vier Grundtypen zurückführen lassen.[11]

---

10 Viele Autoren vergleichen die Unternehmung mit dem Markt als alternative institutionelle Formen; diese Begrifflichkeit führt aber zu logischen Widersprüchen. Vgl. hierzu auch Blien, U.

11 Vgl. zum folgenden Weise, P. et al. Zum Vergleich von Markt und Institutionen allgemein s. Weise, P./Brandes, W., TaD.

Die *Team-Theorie von Alchian und Demsetz* (1972): Diese Theorie begründet die Existenz der Unternehmung mit der These, daß mehrere Personen, die gemeinsam in einem Team produzieren, einen höheren Ertrag haben, als wenn diese Personen jede für sich allein produzieren. Wenn jede Person für sich allein etwas herstellt, kann man ihr dieses Produkt zurechnen, und sie kann es auf dem Markt verkaufen; wenn aber mehrere Personen in einem Team etwas arbeitsteilig herstellen, kann keiner einzelnen Person ein verkaufsfähiges Einzelprodukt zugerechnet werden. Wenn es aber schwierig oder unmöglich ist, den Effekt der Arbeit jeder einzelnen Person an dem Gesamteffekt des Teams festzustellen, hat jedes Teammitglied einen Anreiz, sich vor zu großer Anstrengung zu drücken - es bummelt und schont sich für den Feierabend -, in der Hoffnung, daß die anderen arbeiten. Denkt aber jeder so, entfallen die Vorteile der Teamproduktion; wir haben ein typisches Gefangenen-Dilemma-Spiel vor uns, mit den Alternativen "bummeln" und "hart arbeiten" und mit der kollektiv-rationalen Lösung der harten Arbeit für alle. Um sicherzustellen, daß auch wirklich alle arbeiten, muß es Überwacher und Aufsichtspersonen geben, die im wohlverstandenen Interesse der Arbeiter diese beaufsichtigen, ihnen die individuellen Leistungen zuzurechnen versuchen und sie daran hindern zu bummeln. Sind die Überwachungskosten geringer als der Vorteil der Teamproduktion gegenüber den Einzelproduktionen, ist es im Interesse der Arbeiter und der Aufsichtspersonen, sich freiwillig in einem Team zusammenzuschließen, da alle gewinnen können - die Existenz der Unternehmung ist erklärt.

Die Unternehmung ist also ein Mittel zur Organisation und Beaufsichtigung von Teamproduktion. Die Unternehmung ist ein Substitut für Wettbewerbsmärkte. Die disziplinierenden Effekte des Wettbewerbs werden in die Unternehmung übertragen und dort von den Aufsichtspersonen bewirkt. Aber wer überwacht die Überwacher? Diese haben zum einen einen Anreiz, gut zu überwachen, weil sie sich in Konkurrenz zu anderen Aufsichtspersonen befinden; sie haben zum anderen dann einen Anreiz, gut zu überwachen, wenn sie mit dem Überschuß des Ertrages aus der Teamproduktion nach Abzug der festgelegten Entlohnungen für die anderen Teammitglieder, sprich: die Arbeiter, entlohnt werden. Sie erhalten also die Gewinne oder Verluste - damit finden Unternehmer und Manager ihre Erklärung.

Der Beaufsichtiger, sprich: der Unternehmer, hat das alleinige Recht, Mitglieder zu heuern oder zu feuern; so kann er disziplinieren. Er ist auch der gemeinsame Vertragspartner für alle Teammitglieder; nur mit ihm werden Arbeitsverträge ausgehandelt, untereinander schließen die Teammitglieder keine Verträge ab. Diese Verträge werden von den Arbeitern freiwillig mit dem Unternehmer abgeschlossen, da sie ja alle nur gewinnen können. Die Beziehungen innerhalb der Unternehmung sind folglich rein vertraglicher Natur: Wenn der Arbeiter A etwas tun soll und dies auch tut, so hat er mit dem Beaufsichtiger in diesem Moment einen Vertrag abgeschlossen - zwar keinen expliziten, aber einen impliziten Vertrag -, hat aber keinem Befehl Folge geleistet. Der Unterschied zwischen Markt und Unternehmung ist demnach lediglich darin zu sehen, daß auf dem Markt jeweils zwei Personen einen Vertrag schließen, während in der Unternehmung eine zentrale Vertragspartei existiert, mit der alle Teammitglieder freiwillig explizite und implizite Verträge abschließen - die hierarchische Unternehmungsorganisation, wenn auch auf freiwilliger Basis, ist begründet.

Die Transaktionskostentheorie von Coase (1937): Diese Theorie begründet die Existenz der Unternehmung mit der These, daß die Benutzung des Marktes Kosten verursacht und daß die Einrichtung einer Unternehmung diese Kosten vermeiden kann. Die Kosten, die mit dem Markt- und Preismechanismus verbunden sind, heißen Transaktionskosten, weil sie sich auf die Kosten einer Transaktion, d. h. die Durchführung einer Handlung, beziehen. Im einzelnen sind dies: Such- und Informationskosten, Verhandlungskosten und Kontrollkosten. Diese Kosten können gesenkt werden, wenn eine nicht-marktliche Organisationsform gebildet wird, in der einem Unternehmer die Macht übertragen wird, die Produktionshandlungen zu lenken. Die Arbeiter schließen mit dem Unternehmer einen Vertrag ab, in dem sie sich verpflichten, den Befehlen des Unternehmers Folge zu leisten, und in dem der Unternehmer sich verpflichtet, einen Lohn zu zahlen. Dieser Vertrag ist die Grundlage für die Befehlshoheit des Unternehmers; der Vertrag schränkt diese Befehlshoheit aber gleichzeitig auf bestimmte Tätigkeiten ein.

Das charakteristische Merkmal einer Unternehmung liegt für Coase darin, daß Über- und Unterordnungsverhältnisse bestehen, daß die einzelnen Aktivitäten innerhalb der Unternehmung durch Befehl und Gehorsam koordiniert werden. Während bei marktlicher Koordination ein Produktionsfaktor auf Preisveränderungen reagiert und beispielsweise aus einem Wirtschaftsbereich Y in einen Wirtschaftsbereich X wandert, weil dort der erzielte Lohn höher ist, so ist dies in der Unternehmung anders: "Wenn ein Arbeiter von der Abteilung Y in die Abteilung X geht, so tut er das nicht wegen einer Veränderung der relativen Preise, sondern weil es ihm aufgetragen wurde."

Bis zu einer bestimmten Unternehmungsgröße ist es kostengünstiger, Transaktionen durch Befehl und Gehorsam innerhalb einer Unternehmung durchzuführen als über den Markt. Es werden also die Kosten der Nutzung des Markt- und Preismechanismus mit den Kosten der Koordination innerhalb einer Unternehmung verglichen. Eine optimale Unternehmungsgröße, d. h. auch ein optimales Verhältnis von Markt und Hierarchie, ist dann erreicht, wenn die Kosten der Organisation einer zusätzlichen Transaktion innerhalb der Unternehmung den Kosten einer zusätzlichen Markttransaktion entsprechen.

Die Unsicherheits-Theorie von Knight (1921): Diese Theorie begründet die Existenz der Unternehmung mit der These, daß aufgrund des Vorherrschens von Unsicherheit bestimmte nicht versicherbare Aktivitäten in einer Marktwirtschaft nicht durchgeführt werden; wird die Unsicherheit aber durch Unternehmer aufgefangen, so können diese Aktivitäten in Unternehmungen durchgeführt werden. Viele Ereignisse sind unsicher; kann man sich gegen diese versichern - Beispiele: Wasser- und Transportschäden -, so entsteht kein Problem. Ist jedoch der Ereignisraum nicht abgeschlossen oder unbekannt und sind die Wahrscheinlichkeiten für das Auftreten der unsicheren Ereignisse nicht zu ermitteln, so können sich die Produzenten gegen diese Ereignisse nicht versichern; als risikoaverse Produzenten werden sie die entsprechenden Aktivitäten unterlassen. Ereignisse, gegen die man sich versichern kann, bezeichnet Knight als Risiko, Ereignisse, gegen die man sich nicht versichern kann, als Unsicherheit. Bei Vorliegen von Unsicherheit werden demnach volkswirtschaftlich sinnvolle Aktivitäten von risikoaversen Produzenten unterlassen.

Personen, die risikobewußt unsichere Aktivitäten durchführen, nennt Knight Unternehmer. Unternehmer sind Produzenten, die auch in einer unsicheren Welt produzieren. Die Aufgabe des Unternehmers ist es zum einen, die Nachfrage nach und das Angebot von Gütern abzuschätzen sowie die Rentabilität der verschiedenen Produktionsprozesse zu kalkulieren, und zum anderen, den gewählten Produktionsprozeß durchzuführen, d. h. zu lenken und zu kontrollieren. Besonders risikobewußte Personen gründen also Unternehmungen, um insbesondere unsichere Produktionsprozesse durchzuführen. Ihr Anreiz für diese Tätigkeit liegt in der Möglichkeit, einen Gewinn zu erzielen, ihre Strafe für das Eingehen zu waghalsiger Aktivitäten liegt in der Möglichkeit, einen Verlust zu erleiden; Gewinn und Verlust sind positive und negative Residualeinkommen, die keinem Produktionsfaktor zugerechnet werden können.

Wie Coase unterstellt auch Knight die Kontrolle der produktiven Tätigkeiten durch einen zentralen Entscheidungsträger. Für gewisse Aktivitäten sind die Funktionen der Übernahme von Unsicherheit und der Durchführung dieser Aktivitäten untrennbar. Der Gewinn ist quasi ein Anreiz, den die Gesellschaft setzt, diese Aktivitäten durchzuführen, obwohl sie nicht versicherbar sind; der Verlust ist entsprechend die Abschreckung, zu wagemutig und sorglos mit den gesellschaftlichen Ressourcen umzugehen.

Die Ausbeutungs-Theorie von Marglin (1974): Diese Theorie begründet die Existenz der Unternehmung mit der These, daß im Zuge eines evolutorischen Prozesses selbständiges Handwerk durch die Kapitalisten zerschlagen wurde, die damit den Produktionsprozeß unter ihre Kontrolle brachten und Arbeitsteilung und Arbeitszerlegung so bestimmten, daß sie einen möglichst großen Anteil am Sozialprodukt erhielten.

Zunächst bestand ein selbständiges Handwerk mit eigener Produktion und eigenen Absatzkanälen. Aufgrund steigender Skalenerträge im Absatz wurde es profitabel für Vermittler, den Transport und Absatz in größeren Nachfragezentren in eigener Regie zu übernehmen. Dadurch monopolisierten diese Vermittler die Informationen über den Absatzmarkt. Aufgrund dieser Zentralisierung des Absatzes und seiner Ablösung als eigenständige Funktion von der Produktion entstand eine Tendenz zur Auftragsarbeit; der Verlag entwickelte sich. Durch Zusammenfassung und Vervielfachung von Aktivitäten konnten steigende Skalenerträge in der Produktion ausgenutzt werden. Diejenigen, die eine große Anfangsausstattung besaßen, traten als Finanziers dieser Produktionen auf; die Kooperation und der Kapitalist entstanden. Die Janusköpfigkeit der Unternehmungsorganisation zeigte sich: Hierarchie als zentrale Leitung und als Herrschaft.

Aufgrund von technischen Entwicklungen und der Verringerung der Kosten der Durchsetzung und Kontrolle von Eigentumsrechten und Verhaltensbeschränkungen hinsichtlich der Aufteilung des Tages in Arbeitszeit und Freizeit und hinsichtlich der Arbeitsmethoden wurde eine verstärkte Arbeitsteilung und Arbeitszerlegung innerhalb der Unternehmungen profitabel; Arbeitsgesetze und Verordnungen sorgten für einen reibungslosen, leicht kontrollierbaren und hart sanktionierbaren Ablauf der Produktionen, einher ging eine Funktionalisierung und Hierarchisierung der Arbeiter; die Manufaktur entstand. Über Lerneffekte und technische Weiterentwicklungen sowie über weitergehende Durchsetzung von spezifischen Verfügungsbeschränkungen wurden

Inventionen und Innovationen sowie die Zerlegung ganzheitlicher Tätigkeiten in genau definierte Aktivitäten rentabel; Entfremdungsprobleme traten auf. Arbeiter differenzierten sich nach Alter und Geschlecht; zusammen mit dem Auftreten von Disziplinierungsproblemen entstanden die Manager. Der Profit verblieb in der Unternehmung; die Fabrik entstand.

Machen wir uns noch einmal die Unterschiede in den Auffassungen der Unternehmungstheoretiker deutlich:

Nach Marglin *erzwingt* der Kontrolleur bei den Beschäftigten eine Arbeitszeit und Arbeitsmethoden, die ihren individuellen Interessen widersprechen. Bei Alchian und Demsetz *ermöglicht* der Kontrolleur es überhaupt erst, daß individuelle Rationalität der einzelnen Beschäftigten und kollektive Rationalität des Teams übereinstimmen, so daß das Einsetzen eines Kontrolleurs den individuellen Interessen jedes Beschäftigten entspricht. Wenn das nicht der Fall wäre, dann würden die Beschäftigten das Team verlassen.

Bei Coase und Knight wird von vornherein von Über- und Unterordnungsverhältnissen in den Arbeitsbeziehungen ausgegangen, nur die Begründungen sind unterschiedlich. Während Coase ihre wesentliche Begründung in der - bis zu einer gewissen Ansammlung von abhängigen Arbeitnehmerverhältnissen gegebenen - Kostensenkung gegenüber alternativen Einzelproduktionen sieht (woraus umgekehrt abzuleiten ist, daß die Arbeiter ihrer Unterordnung in der Unternehmung solange zustimmen, wie sie als Einzelproduzenten nicht mehr verdienen können), besteht sie für Knight in der Verknüpfung des Tragens von Unsicherheit mit der Durchsetzung von erfolgversprechenden - also gewinnbringenden - Handlungen.

Gemeinsam ist allen ausgeführten Unternehmungstheorien die Ansicht, Unternehmungen beruhten auf Über- und Unterordnungsverhältnissen, auf Hierarchie, *verschieden* sind sie aber hinsichtlich deren Bedeutung für die Arbeitnehmer. Bei Alchian und Demsetz stimmen die Beschäftigten den Anordnungen der Vorgesetzten freiwillig zu, um die sonst unerreichbaren (Einkommens-)Vorteile der Teamproduktion zu erlangen, auch bei Coase haben die Arbeitnehmer ihre alternativen Verdienstmöglichkeiten als individuelle Einzelproduzenten im Auge, bei Knight tauschen risikoaverse Arbeitnehmer einen unsicheren Gewinn aus eigener Unternehmertätigkeit gegen einen relativ sicheren Lohn als untergebene Arbeitnehmer ein, und bei Marglin schließlich *können* die Arbeitnehmer aufgrund ihrer schwachen Verhandlungsposition nicht anders, als sich der Ausbeutung durch Kapitalisten zu unterwerfen.

II. Arbeitsvertrag und Arbeitsorganisation

Die vorgestellten Erklärungsansätze für die Existenz und Entwicklung von Unternehmungen enthalten als zentrales Theorieelement Aussagen über die Arbeitsorganisation. Deren elementarer Baustein ist der Arbeitsvertrag, mit dem wir uns nun näher befassen wollen.

Alle marktmäßigen Tauschakte beruhen auf vertraglichen Übereinkünften der Tauschpartner, die oft - aber keineswegs immer - schriftlich fixiert werden. Im allgemeinen regelt der Vertrag alle Details: An einer nach Qualität und Quantität bestimmten Ware tritt der Verkäufer gegen einen bestimmten Preis seine Eigentumsrechte an den Käufer ab. Jede Vertragsseite spezifiziert ihren Beitrag zum Tausch in Leistung und Gegenleistung.

Nicht so beim Arbeitsvertrag. Wir heben zwei Aspekte der Besonderheit des Arbeitsvertrages hervor:

a) Fest umrissen ist hier nur die Leistung einer Vertragsseite, nämlich das vereinbarte Lohn- oder Gehaltentgelt. Demgegenüber ist für die Arbeitsleistung des Tauschobjekts "Arbeitskraft" lediglich ein Rahmen festgelegt; quantitativ etwa durch die Angabe der Arbeitszeit, qualitativ z. B. durch Berufs- oder Arbeitsplatzbezeichnung. Der konkrete Arbeitsinhalt ebenso wie die Arbeitsintensität bleiben in der Regel *unbestimmt*. Dies entspricht dem Interesse des Käufers, dem im Hinblick auf wechselnde Auftragslagen, technische Umstrukturierung der Kapitalgüter und Änderungen der Arbeitsorganisation daran gelegen ist, sich ohne Abschluß neuer Arbeitsverträge flexibel anpassen zu können.

b) Der Verkäufer, wiewohl er Eigentums- und Nutzungsrechte an seiner Arbeitskraft überträgt, bleibt dennoch als Person mit ihr verbunden, d. h. er verfügt letzten Endes weiterhin über das Verkaufte. Der Arbeitsvertrag bewirkt nicht die *Eindeutigkeit der Neudefinition von Eigentumsrechten*, wie sie aus anderen Tauschakten hervorgeht. Es entsteht vielmehr eine "Überlappung" der Dispositionssphären von Käufer und Verkäufer, die Anlaß für immer neue Konflikte ist.

Der Arbeitsvertrag enthält aufgrund seiner besonderen Form implizit auch eine Risikoaufteilung: Nach Knight entsteht die Unternehmung, weil für gewisse Risikoarten die Funktionen der Risikoübernahme und des Managements untrennbar sind. Danach trägt der Unternehmer das Verlustrisiko des in die Unternehmung eingebrachten Vermögens, die Gewinnchance ist hierfür der Anreiz. Dagegen bedeutet die Festlegung des Entgeltes im Arbeitsvertrag eine sichere Einkommenserwartung für den Arbeitnehmer. Die Nichtspezifizierung der Arbeitsleistung bewirkt eine andere Risikoaufteilung: Der Arbeitgeber hält sich die Möglichkeit der Einführung neuer Technologien und arbeitsorganisatorischer Maßnahmen offen, das Anpassungsrisiko geht weitgehend zu Lasten der Beschäftigten.

Beide zentralen Charakteristika von Arbeitsverträgen, sowohl die *Unbestimmtheit* der Arbeitsleistung als auch das mit jedem Arbeitsvertrag begründete *Über-* und *Unterordnungsverhältnis*, lassen sich auch in Begriffen von Kostensenkungen beschreiben und damit ökonomisch begründen.

Für das *Unbestimmtheitselement* gilt:

Müßte in jedem Arbeitsvertrag auch die Arbeitsleistung genau spezifiziert werden, dann würde jede kleinste Veränderung des Arbeitsprozesses durch technische oder arbeitsorganisatorische Neuerungen den Abschluß neuer Arbeitsverträge erfordern, immense Kontraktkosten wären die Folge. Coase leitet als zentrale Begründung für die Entstehung von Unternehmungen her, daß die unternehmensinterne hierarchische Arbeitsorganisation Tausch(=Kontrakt)kosten, die bei Marktaktivitäten entstehen (Information, Verhandeln, etc.), senkt. Exakte Spezifizierung der Arbeitsleistung würde letztlich bedeuten, das Prinzip des Markttausches in die Unternehmung hineinzutragen, die damit ihren wesentlichen Existenzgrund verlieren würde.

Darüber hinaus reicht jeder Arbeitsvertrag in eine ungewisse Zukunft hinein; juristisch wird er ja auch als "Dauerschuldverhältnis" bezeichnet. Jeder übliche Vertrag enthält explizit oder implizit eine Klausel, in welchem Zustand der Welt er gelten soll oder nicht und was zu geschehen hat, falls er nicht erfüllt werden kann. Die Formulierung und das Verstehen von Zuständen der Welt, die erst *in der Zukunft* auftreten, ist jedoch oftmals zu komplex und daher ökonomisch unrentabel. Selbst wenn der Zustand der Welt exakt angegeben werden kann, treten möglicherweise Informationsprobleme über den tatsächlich eingetretenen Zustand auf; die Einigungskosten sind dann zu hoch.

Der Arbeitsvertrag behilft sich daher mit allgemeinen Formulierungen und überläßt alles Weitere dem "Direktionsrecht" des Arbeitgebers und der korrespondierenden "Weisungsunterworfenheit" des Arbeitnehmers. Damit kommen wir auch schon zum zweiten Charakteristikum von Arbeitsverträgen. Für das *hierarchische Element* in Arbeitsbeziehungen gilt (siehe dazu auch Arrow, K.J.):

Oft ist es kostengünstiger, *Entscheidungen* zentral zu treffen, als sie von getrennten Individuen herbeiführen zu lassen. Dafür sind folgende Gründe bedeutsam:

a) Eine optimale gemeinsame Entscheidung hängt von Informationen ab, die über die Individuen verstreut sind, kein Individuum allein kennt alle für die optimale Entscheidung wesentlichen Informationen. Eine Zusammenfassung von Individuen erhöht demnach die gemeinsame Information.

b) Die Zusammenfassung von Individuen zwecks Herbeiführung einer gemeinsamen Entscheidung verursacht Kosten in Form der Schaffung von Informationskanälen zwischen den Individuen. Hierarchische Informationskanäle sind aber aus den folgenden Gründen kostengünstiger als dezentral vermischte:

1) Die Transmission der Information zu einem zentralen Platz ist billiger als der gegenseitige Austausch.

2) Auf einen spezifischen Code - Fachsprache, Symbole - ausgelegte Informationskanäle filtern die Informationen und verringern damit die Übertragungs- und Verarbeitungskosten.

3) Es ist billiger, wenn die Zentrale die kollektive Entscheidung trifft, als wenn alle Informationen wieder retransmittiert werden.
Oft ist es kostengünstiger, *Handlungen* nicht dezentral über Märkte, sondern über einen *hierarchischen Organisationsmechanismus* zu koordinieren. Dafür sind die folgenden Gründe wesentlich:

a) Die Formulierung eines Vertrages derart, daß einer Autorität prinzipiell zu gehorchen ist, reduziert die Tansaktionskosten, senkt die Kosten der Unsicherheit und stabilisiert die wechselseitigen Erwartungen im Vergleich zu einer dezentralen Marktorganisation. Die Autorität kann dabei eine Person beziehungsweise deren Position oder ein Normensystem sein.

b) Die Transaktions- und Unsicherheitskosten sinken darüber hinaus durch

- Erzeugung von Loyalität und wechselseitigem Vertrauen
- Installierung von Aufstiegsleitern und Senioritätsregeln
- Bildung von Spezialwissen und -fähigkeiten, die andernorts nur schwer verwertbar sind.

In allen drei Fällen steigen die Abwanderungskosten aus dem Arbeitsvertrag.

c) Die Informations- und Entscheidungskosten sinken darüber hinaus durch

- Formalisierung von Positionen und Rollen
- Abgrenzung der Entscheidungskompetenzen
- Arbeits- und Aufgabenspezialisierung.

In allen drei Fällen entsteht ein Mixtum aus persönlicher Autorität - via Person, Position oder Rolle - und aus unpersönlicher Autorität - via Normen, Regeln und Vorschriften.

Wir halten fest, *daß Produktion dominant in Unternehmungen organisiert wird, die sich ausnahmslos hierarchischer Organisationsverfahren bedienen*. Zwar operieren Unternehmungen auf Beschaffungs- und Absatzmärkten und unterhalten Außenbeziehungen mit Marktumwelten, sie koordinieren aber ihre internen Produktionstätigkeiten *gerade nicht* marktmäßig, sondern hierarchisch.

III. Begründung für Mitbestimmungsrechte der Arbeitnehmer

Eine andere, nicht weniger wichtige Frage ist dann, inwieweit der Hierarchiemechanismus Legitimität beanspruchen kann, d.h. auf *freiwilliger Zustimmung* der ihm unterworfenen Arbeitskräfte beruht. Diese Frage läßt sich in abstrakten ökonomischen Begriffen recht einfach beantworten: Eine hierarchische Arbeitsbeziehung gestattet in dem Maße die Ausübung von Zwang, wie die Abwanderung aus dem Arbeitsvertrag dem Weisungsunterworfenen nicht ohne Nutzeneinbußen möglich ist. Diese Feststellung soll abschließend erläutert werden. Eine klare Formulierung verdanken wir K. J. Arrow (S. 63 f.):

"Staat und Unternehmungen gleichen sich darin, daß sie eine ... Art von autoritativer Kontrolle über ihre Beschäftigten ausüben. Tatsächlich ist der Arbeitsvertrag, wie Herbert Simon betont hat, exakt ein Vertrag, aufgrund dessen der Beschäftigte in Weisungsunterworfenheit einwilligt. Dieser Vertrag unterscheidet sich von einem Güter-Kaufvertrag; was gekauft und verkauft wird, ist keine eindeutige, objektive Sache, sondern eher eine persönliche Beziehung. Innerhalb des Vertragsrahmens ist die Beziehung zwischen Beschäftiger und Beschäftigtem keine Marktbeziehung mehr, sondern eine Autoritäts-Beziehung. Natürlich ist das Ausmaß dieser Autorität üblicherweise durch die Vertragsmodalitäten und, grundlegender, durch die Freiheit des Beschäftigten begrenzt, sein Arbeitsverhältnis zu kündigen. Das Autoritätsausmaß ist aber nicht unbedeutend, weil die Ausübung dieser Freiheit normalerweise mit einigen Kosten verbunden ist."

Da jeder Beschäftigte einer Unternehmung das Recht hat zu kündigen, könnte man in Anlehnung an Alchian und Demsetz die Existenz von besonderen Autoritätsbeziehungen - i. S. von potentieller Zwangsausübung - innerhalb von Unternehmungen leugnen; d. h. ein Beschäftigter, der nicht kündigt, akzeptiert damit unausgesprochen die Weisungen seiner Vorgesetzten, er schließt permanent implizite Verträge über die Art seiner Tätigkeit im Unternehmen. Eine solche Hypothese gilt jedoch nur unter der Voraussetzung, daß die (monetären und psychischen) Kosten eines Arbeitsplatzwechsels für den Beschäftigten gleich Null oder zumindest vernachlässigbar gering sind. Arrow weist nun jedoch zu Recht darauf hin, daß in der Realität ein Arbeitsplatzwechsel für den Beschäftigten mit positiven Abwanderungskosten verbunden ist. Folgende Kosten gehören dazu: Verlust an informellen Beziehungen mit befreundeten Arbeitskollegen; Verlust an Aufstiegsmöglichkeiten in der Unternehmung; Entwertung des Humanvermögens hinsichtlich betriebsspezifischer Qualifikationen; häufig auch Kosten durch Umzug und in diesem Zusammenhang auch Verlust nachbarschaftlicher Beziehungen, Schulwechsel der Kinder etc.; Suchkosten, eine neue Beschäftigung zu finden; Kosten, am neuen Arbeitsplatz und am neuen Wohnort neue soziale Beziehungen aufzubauen.

Demgegenüber sind die Kosten des Arbeitgebers zu berücksichtigen, einen freigewordenen Arbeitsplatz neu zu besetzen. Sie sind um so höher, je schwieriger es ist, Arbeitskräfte mit der geforderten Qualifikation über den Arbeitsmarkt zu bekommen (Suchkosten), und je mehr der Arbeitgeber durch Trainee-Programme, Einarbeitungszeit etc. für die entsprechenden Arbeitskräfte an Investitionen in Humanvermögen aufwenden muß. In der Literatur wird häufig davon ausgegangen, daß die Kosten des Arbeitgebers vergleichsweise gering sind. (Vgl. zu diesen Problemen auch Nutzinger, H.G.: Firm, sowie Brandes, W./Weise, P.).

Aus alledem folgt: Je höher die Kosten eines Beschäftigten, seinen Arbeitsplatz zu wechseln (= Kosten der Abwanderung), und je niedriger die Kosten des Arbeitgebers, den frei gewordenen Arbeitsplatz neu zu besetzen, in desto stärkerem Maße wird ceteris paribus die Vertragsbeziehung zwischen Beschäftigtem und Arbeitgeber durch eine Autoritätsbeziehung mit Zwangselementen verdrängt.

Damit wird klar, daß das Modell der Unternehmung von Alchian und Demsetz nur dann ein relativ genaues Abbild einer realen Unternehmung liefert, wenn die Kosten der Abwanderung für die Beschäftigten relativ gering sind; das dürfte aber für die Mehrzahl der Beschäftigten in realen Unternehmen nicht zutreffen. Die Unternehmungsmodelle von Coase und Knight sind in diesem Punkt wesentlich realistischer. Marglin hingegen geht von prohibitiv hohen Kosten der Abwanderung aus, bei ihm haben die Arbeiter keine Alternative zur Ausbeutung durch die Kapitalisten. Die verschiedenen referierten Unternehmungstheorien liegen daher auf einem Kontinuum bezüglich der (jeweils nur implizit vorausgesetzten) Abwanderungskosten aus dem Arbeitsvertrag.

Allgemein wird also die Existenz der Unternehmung mit der These begründet, *daß eine geeignet miteinander verschränkte Kombination von individuellen Produktionshandlungen kostengünstiger ist als ein über Marktbeziehungen koordinierter Produktionsprozeß. Insbesondere gilt dies, wenn der Produktionsprozeß so auf Elementarprozesse aufgeteilt ist, daß Arbeitsteilung und -spezialisierung optimal durchgeführt werden kann und daß die Leerzeiten möglichst gering werden.*[12] Voraussetzung für den Kostenvorteil der hierarchischen Organisation ist allerdings die Sicherheit, daß jedes Individuum seine zugewiesenen Aufgaben erfüllt. *Diese Sicherheit wiederum ist nur zu erreichen, wenn die Kosten der Abwanderung aus einem Arbeitszusammenhang für die Arbeitskräfte erheblich sind.* Die (fast) kostenlosen Abwanderungsmöglichkeiten bei einem Marktmechanismus werden ersetzt durch hohe Austrittskosten bei einer hierarchischen Organisationsform.

Sind die Abwanderungskosten hoch, haben die Beschäftigten einen Anreiz, ihre Interessen durch die Strategie Widerspruch durchzusetzen.[13] Sie werden von dieser Strategie umso häufiger Gebrauch machen, je höher die Kosten der Abwanderung und je geringer die Kosten des Widerspruchs sind (d. h. die Kosten der Organisation des Widerspruchs sowie die Kosten durch die erwarteten Sanktionen des Arbeitgebers). Tatsächlich läßt sich die Geschichte der industriellen Beziehungen und des Arbeitsrechts als schrittweise Institutionalisierung von drei zentralen "Widerspruchsmechanismen" interpretieren:

a) Etablierung von Gegenmacht durch Gewerkschaften und Streikdrohung;
b) Durchsetzung von Arbeitsrecht als Arbeitnehmerschutzrecht;
c) Einführung von Demokratieelementen im Arbeitsverhältnis und in der Unternehmung durch Mitbestimmungs- und Betriebsverfassungsrecht.

In abstrakten Begriffen läßt sich auch für die Widerspruchsstrategie das Ausmaß von Zwangselementen im Arbeitsverhältnis umreißen: Je höher die Kosten des Widerspruchs für die Beschäftigten, desto stärker sind ceteris paribus die Autoritätsbeziehungen in der Unternehmung (und umgekehrt).

---

12 Vgl. hierzu Georgescu-Roegen, N., Kap. 2., 4., 5.

13 Vgl. hierzu Hirschman, A.O.

C. Ökonomische Analyse der Mitbestimmung

I. Spezifische Ressourcen, Organisationsrente und Mitbestimmung

Wir wollen nun die Erkenntnisse des vorangehenden Kapitels verallgemeinern. Eine Unternehmung ist letztlich dadurch gekennzeichnet, daß verschiedene Eigentümer knapper Ressourcen sich zusammentun, um gemeinsam bestimmte Güter und Dienstleistungen zu produzieren, indem sie sich eine - wie unter 2. ausgeführt - spezifische Organisationsform geben. Wesentlich für das Verständnis der Koordination von Entscheidungen bezüglich der Nutzung dieser Ressourcen ist die Tatsache, daß zumindest für einige dieser Ressourcen gilt: Der Wert der Ressource in der nächstbesten Verwendung außerhalb der Unternehmung ist geringer als der Wert dieser Ressource bei gemeinsamer Nutzung in der Unternehmung. Die Höhe dieser Differenz mißt den Grad der Spezifität einer Ressource (Alchian, A.A., ZgS; Williamson, O.E.), die Kosten der Abwanderung (Weise, P. et al.) bzw. das konkrete Vertragsinteresse des entsprechenden Ressourceneigentümers (Stützel, W.). Aus der Sicht aller Eigentümer unternehmensspezifischer Ressourcen zusammen besteht somit eine "Organisationsrente" (Aoki, M.: Firm) oder "Quasirente" (Alchian, A.A., ZgS), die durch Kooperation erwirtschaftet werden kann und über deren Verteilung man sich einigen muß.[14] Das *Recht, Entscheidungen über die Nutzung der in die Unternehmung eingebrachten Ressourcen zu fällen, erhält somit für alle Eigentümer unternehmensspezifischer Ressourcen einen Wert.*[15] Andererseits besteht in der Regel für den Inhaber von Entscheidungsrechten ein Anreiz, einen Teil dieser Rechte an Spezialisten zu delegieren und sich auf die Einstellung, Kontrolle und Entlassung dieser Spezialisten zu beschränken; dadurch können Transaktionskosten gesenkt und Spezialisierungsvorteile genutzt werden.

Historisch hat sich während des Industrialisierungsprozesses die "kapitalistische Unternehmung" durchgesetzt, die dadurch gekennzeichnet ist, daß alle Entscheidungs- und Kontrollrechte ausschließlich bei den Kapitaleignern liegen; den Eignern der Ressource Arbeit werden keine Entscheidungs- und Kontrollrechte eingeräumt. Für diese Entwicklung lassen sich zwei Gründe anführen. Zum einen ist Kapital in quantitativer, qualitativer, räumlicher und zeitlicher Hinsicht wesentlich anpassungsfähiger als Arbeit (vgl. Brandes, W./Weise, P.; siehe auch Putterman, L., EI):

- Kapital kann sich hinsichtlich der *Quantität* relativ schnell anpassen: Kapitalgüter werden in größerer oder geringerer Menge produziert. Die Produktion von Arbeitskräften ist dagegen viel langsamer und nur lose an ökonomischen Kriterien orientiert. Kapital hat bezüglich der Quantität also einen Anpassungsvorteil.

---

14 Vgl. zu derartigen Fragestellungen auch die interessanten Arbeiten von FitzRoy, F./Mueller, D. C., QREB und von Brandes, W. et al.

15 Bei Abwanderungskosten von Null hat dieses Recht einen Preis von ebenfalls Null. Für eine sehr differenzierte und exakte Analyse dieses Mitbestimmungsrechts vgl. Schmidtchen, D., JNPÖ.

- Kapital, verkörpert in Kapitalgütern, ist nur bedingt verformbar; doch wird es über Abschreibungen wieder liquide und kann sich in anderen Güterqualitäten konkretisieren. Arbeit dagegen ist hinsichtlich der *Qualität*, vor allem bei schwierigeren Tätigkeiten, nur mit großen Kosten veränderbar (Umschulung usw.). Kapital hat demnach bezüglich der Qualität einen großen Anpassungsvorteil.

- Kapital kann ohne Mühe im *Raum* bewegt werden. Die Mobilität der Arbeit dagegen unterliegt großen Hemmnissen und ist mit hohen Kosten verbunden, da der Arbeiter als Person sich im Raum bewegen muß: Aufgeben der sozialen Umgebung, Umzugskosten usw. Kapital ist bezüglich des Raumes also weitaus anpassungsfähiger als Arbeit.

- Dadurch, daß Kapital immer wieder liquide wird und sich in anderen Formen konkretisieren kann, bleibt es sozusagen immer jung; es wird nicht unproduktiver und unterliegt keinem Verschleiß. Demgegenüber wird der Arbeiter immer älter und ab einer gewissen Grenze auch unproduktiver; den Jungbrunnen gibt es nur im Märchen. Bezüglich der *Zeit* ist Kapital also erheblich anpassungsfähiger als Arbeit.

Zum anderen war die Masse der Arbeiter besitzlos. Der typische Beschäftigte verfügte somit über keine Sicherheiten, um am Kapitalmarkt in nennenswertem Umfang Kredite aufnehmen und eine eigene Unternehmung gründen zu können (s. auch Eger, T./-Weise, P.: Evolution, und Vogt, W.).

Die Arbeiter hatten somit eine erheblich schwächere Verhandlungsposition als die Kapitaleigner und standen vor der Alternative, entweder zu den von den Kapitaleignern gesetzten Bedingungen zu arbeiten oder überhaupt nicht zu arbeiten und zu verhungern. Aufgrund der Zerlegung der Produktionsprozesse in eine Vielzahl leicht zu bewältigender Teilaufgaben und aufgrund der Koordination dieser Teilaufgaben durch Autoritätsbeziehungen blieben die Arbeiter zum größten Teil leicht ersetzbar; die Bildung von unternehmensspezifischem Humankapital spielte eine relativ geringe Rolle (siehe auch Edwards, R.). Aufgrund dieser sehr schwachen Verhandlungsposition der Arbeiter sicherten sich die Kapitaleigner die exklusiven Entscheidungs- und Kontrollrechte.

Heute hat sich demgegenüber die Situation zumindest in zweierlei Hinsicht drastisch verändert: Zum einen ist die Verhandlungsposition der Arbeiter durch kollektive Interessenvertretung seitens der Gewerkschaften, soziale Sicherung, Arbeitsschutzgesetzgebung u.a.m. stark verbessert worden; zum anderen ist die Bedeutung der Ausbildung der Arbeitskräfte im allgemeinen und die Bedeutung unternehmensspezifischer Qualifikationen im besonderen stark gestiegen. Schließlich hat der Staat ein Interesse an einer möglichst konfliktfrei durchgeführten Produktion. Es ist somit zu überprüfen, ob Mitbestimmung auf Unternehmensebene ein geeigneter Mechanismus sein könnte, die Konflikte zwischen Kapital und Arbeit um die Verteilung der Organisationsrente sowie die Konflikte zwischen "gewöhnlichen" Beschäftigten und Management um die Gestaltung der Arbeitsbedingungen effizient zu regeln.

II. Konflikte zwischen Kapital und Arbeit

Haben die Beschäftigten trotz positiver Abwanderungskosten keine Mitbestimmungsrechte, so kann das die folgenden ökonomisch negativen Auswirkungen haben. Zum einen besteht ein verminderter Anreiz, in unternehmensspezifisches Humankapital zu investieren (z. B. durch Lohnverzicht während der Ausbildungszeit), wenn man nicht sicher sein kann, daß diesen Investitionen in Zukunft auch angemessene Erträge gegenüberstehen.[16] Zum anderen besteht ein verstärkter Anreiz, sich durch kostspielige spontane Aktionen gegen Managemententscheidungen zur Wehr zu setzen, die zu einer Entwertung unternehmensspezifischen Humankapitals führen. Durch Mitbestimmung auf Unternehmensebene könnten diese Anreizprobleme gemildert werden. Dabei treten allerdings zwei Probleme auf. Einerseits schwächen Mitbestimmungsrechte der Arbeitnehmer die Verfügungsrechte der Kapitaleigner. Der Anreiz, Realkapital für mitbestimmte Unternehmen bereitzustellen, sinkt, da die Anteilseigner nicht mehr sicher sein können, daß alle renditesteigernden Maßnahmen die Zustimmung der Arbeitnehmervertreter finden.[17] Andererseits wird bei einer gesetzlich verordneten Mitbestimmung nicht berücksichtigt, daß der Umfang unternehmensspezifischer Investitionen in Humankapital bei den einzelnen Beschäftigten sehr unterschiedlich ist. Es ist somit möglich, daß die mobileren Arbeitnehmer ihre Mitbestimmungsrechte dazu nutzen, die weniger mobilen Arbeitnehmer und die Kapitaleigner auszubeuten.[18]

Reichen diese Probleme hin, eine gesetzlich verordnete Mitbestimmung als ökonomisch ineffizient zu verwerfen? Eine endgültige ökonomische Würdigung müßte zumindest noch die folgenden Gesichtspunkte berücksichtigen: Zum einen läßt es sich zwar nicht von der Hand weisen, daß durch die Einführung der Mitbestimmung bestimmte Investitionen, die Arbeitsplätze vernichten und Arbeitsbedingungen verschlechtern, nicht mehr durchgesetzt werden können, obwohl sie vor Einführung der Mitbestimmung mit einer hohen Rendite für die Kapitaleigner verbunden waren. Aber sofern die Investitionen zu einer Externalisierung von Risiken auf die relativ immobilen Arbeitnehmer führten, verzerrten die Renditen den tatsächlichen Wert der Investitionen für die Gesellschaft. Im günstigsten Fall führt Mitbestimmung zu einer Beseitigung dieser Externalisierungsmöglichkeiten, im weniger günstigen Fall führt Mitbestimmung zu einer Externalisierung von Kosten seitens der Beschäftigten auf die Kapitaleigner und somit zu einer Verzerrung der Renditen in die andere Richtung. Zum anderen ist

---

16 Hierbei ist die relative Aufteilung der Ausbildungskosten auf Unternehmung und Beschäftigte zu beachten. Zu einer theoretischen Analyse dieser Aufteilung der Ausbildungskosten siehe Kraft, K.: Partizipation. Zu einer empirischen Untersuchung der Bedeutung unternehmensspezifischer Qualifikationen siehe Biehler, H. et al.

17 Diesen Gesichtspunkt betonen Kritiker des Mitbestimmungsgesetzes. Vgl. etwa Pejovich, S. und Prosi, G.

18 Furubotn schlägt deshalb vor, den einzelnen Beschäftigten Anteilsrechte für die von ihnen realisierten unternehmensspezifischen Humankapitalinvestitionen zu gewähren, die nicht übertragbar sind und für die Dauer der Beschäftigung im Unternehmen gültig sind. Stimmrechte und Anteile am ausgeschütteten Gewinn bemessen sich nach der relativen Höhe dieser Anteile. Vgl. Furubotn, E., JoB, ders.: General Model.

zu analysieren, ob Mitbestimmung die Qualität der Managemententscheidungen und damit die "interne Effizienz" der Unternehmung beeinflussen könnte. Mit diesem zweiten Gesichtspunkt wollen wir uns im folgenden Abschnitt etwas ausführlicher befassen.

III. Konflikte zwischen Beschäftigten und Management

Wie bereits unter B.II. erwähnt, sind Arbeitsverträge nicht vollständig spezifiziert, d. h. Arbeitsverträge enthalten eine beträchtliche Anzahl "freier Variablen". Diese freien Variablen werden zu einem großen Teil vom Management kontrolliert, dessen Weisungsbefugnis sich die Beschäftigten innerhalb der vertraglich festgelegten Grenzen unterwerfen. Da aber eine vollständige Kontrolle aller relevanten Dimensionen des Arbeitsverhaltens der Beschäftigten durch das Management mit prohibitiven Kosten verbunden ist, unterliegt ein Teil der freien Variablen tatsächlich der Kontrolle der Beschäftigten. Die vom Management kontrollierten Variablen wollen wir im folgenden kurz als "Arbeitsbedingungen" bezeichnen. Darunter fallen beispielsweise Ausgestaltung und Sicherheit der Arbeitsplätze, Arbeitsanforderungen, Flexibilität der Arbeitszeit, Ausmaß hierarchischer Kontrollen, innerbetriebliche Weiterbildung usw. Die (zumindest teilweise) von den Beschäftigten kontrollierten Variablen könnte man unter dem Stichwort "Arbeitsqualität" zusammenfassen. Hierunter fallen etwa die Arbeitsintensität, die Präzision bei der Herstellung von Gütern und Dienstleistungen, die Sparsamkeit beim Verbrauch von Material und Energie sowie die Sorgfalt bei der Nutzung von Maschinen und Werkzeugen.[19]

Da im Zuge der Zeit sowohl die Freizeit als auch das Realeinkommen der Arbeiter gestiegen sind und da in den industrialisierten Ländern in allen Lebensbereichen demokratische Organisationsformen autoritäre Entscheidungsprozesse teilweise verdrängt haben, sind die Arbeiter nicht mehr bereit, in einer Unternehmung ausschließlich durch Befehl und ohne jegliche Entscheidungs- und Kontrollrechte zur Arbeit angehalten zu werden. Sie reagieren auf autoritäre Organisationsformen mit einer geringeren Leistungsintensität und höheren Absenzzeiten.[20] Mitbestimmung könnte ein Vehikel dafür sein, die Arbeitsmotivation in einer Unternehmung bei erhöhter Demokratisierung einer Gesellschaft zumindest nicht sinken zu lassen. Diesem Vorteil steht der Nachteil einer aufwendigeren Informationsverarbeitung und Entscheidungsfindung gegenüber.

---

19 Die Bedeutung der Arbeitsmotivation für die Produktivität wird in letzter Zeit verstärkt auch von der theoretischen Literatur über Arbeitsmarktprozesse erkannt; vgl. hierzu beispielsweise MacLeod, W.B. Für die Betrachtung der Arbeitsintensität aus juristischer Perspektive siehe Dorndorf, E., ZfA.

20 Die Diskussion um Führungsstile, das japanische Modell, Tätigkeitserweiterungen und Gruppenarbeit bestätigt diese Aussage. Empirische Befunde und theoretische Analysen zur Arbeitsmotivation finden sich bei Graumann, C.F.; zu Informations-, Anreiz- und Verhandlungsstrukturen in der japanischen Wirtschaft vgl. Aoki, M.: Information.

Sofern für die Beschäftigten positive Abwanderungskosten bestehen, ist das Management in der Lage, sich bei der Festlegung der "Arbeitsbedingungen" wie ein Monopolist zu verhalten. Wenn wir in einem ersten Schritt einmal annehmen, daß das (nichtmitbestimmte) Management die Interessen der Kapitaleigner zu seinen eigenen gemacht hat, wird es die Arbeitsbedingungen so festlegen, daß der Profit unter Berücksichtigung der erwarteten Anpassung der Beschäftigten in ihrer Arbeitsqualität an die jeweils gesetzten Arbeitsbedingungen maximal ist. Es läßt sich nun zeigen, daß unter den üblichen Annahmen der resultierende Zustand - wie jedes Monopolgleichgewicht - ineffizient ist: Die Grenzrate der Substitution im Konsum zwischen Arbeitsbedingungen und Arbeitsqualität entspricht nicht der entsprechenden Grenzrate der Substitution in der Produktion, und die Summe der individuellen Grenzraten der Substitution zwischen Arbeitsbedingungen (Arbeitsqualität) und Einkommen entspricht nicht der Grenzproduktivität der Arbeitsbedingungen (Arbeitsqualität). Arbeitsbedingungen und Arbeitsqualität sind schlechter als bei effizienter Allokation, beide Parteien könnten durch einen Austausch guter Arbeitsbedingungen gegen gute Arbeitsqualität gewinnen.[21]

Mitbestimmung könnte einen effizienten Trade-off zwischen Arbeitsbedingungen und Arbeitsqualität erleichtern, indem dem Management mehr Informationen über wechselseitige Verbesserungsmöglichkeiten zur Verfügung gestellt werden und indem die Beschäftigten ein stärkeres Vertrauen in Zusagen des Managements haben, daß kooperatives Verhalten nicht ausgebeutet wird.[22]

In der Realität kann man aber nicht notwendig davon ausgehen, daß die Ziele der Manager mit denen der Kapitaleigner identisch sind. Manager verfolgen auch eigene Ziele. Sie fragen Status, Prestige, Bequemlichkeit u.a.m. nach und sind bemüht und in der Lage, Informationen zu monopolisieren, um die eigenen Erfolge zu übertreiben und die Erfolge anderer zu untertreiben.[23] Das Verhalten von Managern auf allen Hierarchiestufen hat somit gewisse Ähnlichkeiten mit dem Verhalten von Bürokraten in öffentlichen Verwaltungen (vgl. hierzu etwa Downs, A., AER). Die Bürokratie großer Wirtschaftsunternehmen unterscheidet sich allerdings in zwei wesentlichen Punkten von der Bürokratie öffentlicher Verwaltungen. Zum einen wird der Output von Wirtschaftsunternehmen mit Marktpreisen bewertet, der Output von öffentlichen Verwaltungen dagegen nicht. Das hat zur Folge, daß sich der Erfolg einer Unternehmung leichter messen läßt als der Erfolg einer Behörde. Zum anderen können die Anteilseigner einer privatwirtschaftlichen Unternehmung ihre Anteile veräußern, wenn

---

21 Zu diesen und ähnlichen Argumenten vgl. McCain, R.A., ZfN, ders.: Codetermination; Leibenstein, H., AER 1982, AER 1983 u. ders.: Firm.

22 Zu den ökonomischen und gesellschaftlichen Unterschieden zwischen "High trust"- und "Low trust"-Situationen im Unternehmen siehe die bahnbrechende Monographie von A. Fox. Die teilweise Substitution von Kontrolltechniken durch Aufbau von Vertrauensbeziehungen in Unternehmen ist Bestandteil fast aller neuen Management- und Führungstechniken und der darauf bezogenen Managementtheorien.

23 Vgl. hierzu auch Fama, E.F., JPE, S. 293 f.

sie mit dem Erfolg der Unternehmung nicht zufrieden sind. Werden die Anteile an der Börse gehandelt (Aktien), dann reflektiert deren Kurs somit - mit gewissen Einschränkungen - die Bewertung der wirtschaftlichen Tätigkeit der Unternehmung durch die Anbieter von und die Nachfrager nach Anteilsrechten. Die "Eigentümer" einer öffentlichen Verwaltung, die Steuerzahler, haben demgegenüber nicht die Möglichkeit, ihre Anteile zu veräußern - es sei denn, sie wandern aus.

Der Kapitalmarkt und die Konkurrenz der Manager untereinander beschränken somit die Möglichkeit der Manager, ohne Sanktionen eigene Ziele zu Lasten der Interessen der Anteilseigner zu verfolgen. Aber auch diese Mechanismen sind nur sehr unvollkommen in der Lage, die Qualität der Managerleistungen zu offenbaren - zumal Manager in der Regel vergleichsweise mobil sind und zum Teil eine erhebliche Zeitverzögerung zwischen Managemententscheidungen und deren Auswirkungen auf den wirtschaftlichen Erfolg der Unternehmung besteht.[24]

Durch Mitbestimmung wird ein zusätzlicher Mechanismus zur Kontrolle von Managemententscheidungen installiert.[25] Der mitbestimmte Aufsichtsrat verfügt über mehr Informationen, die die Qualität des Managerverhaltens betreffen, als ein Aufsichtsrat, der ausschließlich die Interessen der Kapitaleigner repräsentiert. Ob durch diese zusätzliche Managementkontrolle die Anreize der Manager zu ineffizientem Verhalten gemildert werden oder ob sich Manager und sonstige Beschäftigte zu Lasten der Kapitaleigner arrangieren, ist eine empirische Frage. Ein theoretisches Argument für eine effizientere Managementkontrolle durch Mitbestimmung besteht darin, daß der Zeithorizont der vergleichsweise mobilen und vergleichsweise alten Manager kürzer ist als der Zeithorizont der vergleichsweise immobilen und vergleichsweise jungen sonstigen Beschäftigten (Smith 1991). Mitbestimmung könnte dann dazu beitragen, die Manager darin zu hindern, kurzfristige Erfolge zu Lasten der langfristigen Steigerung des Unternehmenswerts anzustreben.

IV. Spontane Entwicklung versus gesetzliche Verordnung von Mitbestimmung

Die ökonomische Analyse der Mitbestimmung hat einige Argumente hervorgebracht, die für eine Mitbestimmung sprechen, sie hat aber zu keinem eindeutigen Ergebnis geführt. Mitbestimmung schafft einerseits Anreize, spezifisches Humankapital bereitzustellen, vermindert aber andererseits den Anreiz, Realkapital bereitzustellen. Mitbestimmung führt dazu, ein Absinken der Arbeitsmotivation in einer demokratischen Umwelt zu verhindern; der Preis hierfür ist aber der Zeitbedarf für Informationsverarbeitung und Entscheidungsfindung. Mitbestimmung schafft zwar Bedingungen dafür, einen effizienten Trade-off zwischen Arbeitsbedingungen und Arbeitsqualität zu erreichen; aber werden diese Bedingungen tatsächlich genutzt? Mitbestimmung schafft

---

24 Vgl. hierzu sowie zu den resultierenden Anreizen für Manager, sich ineffizient zu verhalten, Smith, S.C., JEBO.

25 Diesen Gesichtspunkt betont auch Backhaus, J., insbesondere S. 208 ff.

zwar die Möglichkeit, durch interne Kontrolle ineffizientes Managementverhalten abzubauen; aber wird diese Möglichkeit auch genutzt? Darüber hinaus senkt Mitbestimmung die Kosten der Durchsetzung von Entscheidungen, wenn einmal Konsens erzielt ist; sie verursacht allerdings höhere Entscheidungsfindungskosten, um überhaupt erst einen Konsens zu erzielen.

Überwiegen nun die positiven oder die negativen ökonomischen Konsequenzen der Mitbestimmung? Ist Mitbestimmung im engeren ökonomischen Sinne effizient? Einige Gegner einer gesetzlich verordneten Mitbestimmung vertreten die Auffassung, daß diese Frage bereits "durch den Markt" beantwortet wurde. Wäre nämlich die Mitbestimmung effizient, so hätten die Unternehmen sie freiwillig eingeführt. Da sie das nicht getan haben, sondern vom Gesetzgeber dazu gezwungen werden mußten, kann sie nicht effizient sein (vgl. etwa Pejovich, S.; Jensen, M./Meckling, W., JoB). Aber der Markttest ist kein hinreichender Beweis dafür, daß Mitbestimmung ineffizient ist. Es ist vielmehr zu vermuten, daß sich die mitbestimmte Unternehmensverfassung auch dann nicht spontan, durch freiwillige Verträge, durchsetzt, wenn sie effizient ist. Das hängt damit zusammen, daß niemand freiwillig auf Verfügungsrechte verzichtet, wenn ungewiß ist, ob er jemals eine Entschädigung dafür erhält. Die Manager haben durch die Einführung von Mitbestimmung zunächst einmal einen definitiven Nachteil: Sie müssen zwei Herren dienen, und sie sind zusätzlichen Kontrollen ausgesetzt; die Managementtätigkeit wird mühseliger. Selbst wenn Produktivitätsvorteile der Mitbestimmung mit hinreichender Sicherheit erwartet werden könnten, bestünde für die Manager das Problem, sich einen hinreichend großen Teil des Produktivitätszuwachses als Entschädigung für die erlittenen Nachteile zu sichern. Es ist aber sehr zweifelhaft, ob die Beschäftigten und die Anteilseigner auf Dauer bereit sein werden, die Manager für den Verlust an Privilegien zu entschädigen.[26]

Die Manager haben also auch dann, wenn Mitbestimmung effizient ist, nur einen geringen Anreiz, sich gegenüber den Anteilseignern für eine mitbestimmte Unternehmensverfassung stark zu machen. Aber haben nicht die Anteilseigner ein Interesse daran, auch gegen den Widerstand des Managements effiziente Organisationsformen durchzusetzen? Die Anteilseigner haben nur insofern ein Interesse an einer effizienten Organisationsform, als dadurch ihre Rendite positiv beeinflußt wird. Wenn Mitbestimmung effizient ist, ist es zwar grundsätzlich möglich, den Anteilseignern eine höhere Rendite zu sichern, ohne die anderen Unternehmensmitglieder schlechter zu stellen. Es ist aber nicht sicher, ob die (mitbestimmungsberechtigten) Beschäftigten dem auch zustimmen. Es gibt aber auch noch ein grundsätzliches Argument dafür, daß sich renditeorientierte Anteilseigner einer freiwilligen Einführung der Mitbestimmung auch

26 Ähnliche Probleme bestehen bei der Transformation der sozialistischen Wirtschaftssysteme Osteuropas, die Widerstände bei denjenigen hervorruft, die mit Sicherheit kurzfristig viel (Privilegien) verlieren und nicht mit hinreichender Genauigkeit einschätzen können, in welchem Maße sie langfristig an den Produktivitätszuwächsen beteiligt sind. Nicht zufällig begegnet auch die Einführung partizipativer Koordinationsformen in traditionellen Unternehmen häufig der Skepsis, wenn nicht gar dem Widerstand des (mittleren und unteren) Managements, das keineswegs nur auftretende Reibungsverluste bei der Entscheidungskoordination, sondern durchaus auch einen Funktions- und Bedeutungsverlust bei sich selbst befürchtet.

dann widersetzen werden, wenn sie effizient ist. Dies resultiert daraus, daß die Einführung von Mitbestimmungsrechten ihre effizienzsteigernden Wirkungen erst dann entfaltet, wenn die Beschäftigten spezifische Qualifikationen aufgebaut haben und wenn das Management die erforderlichen neuen Führungstechniken erlernt hat. "Klassisch"-kapitalistische Eigentumsrechte, nicht-spezifische, mobile Arbeitskräfte und rigide hierarchische Kontrollen können sich daher über längere Zeiträume wechselseitig stabilisieren, auch wenn effizientere Zustände mit Mitbestimmungsrechten, spezifisch--qualifizierten, immobilen Arbeitskräften und partizipativem Führungsstil realisierbar wären.[27]

Hinzu kommen einige weitere Argumente, die gegen eine spontane "freiwillige" Einführung der Mitbestimmung - ja, gegen jede spontane Entwicklung einer gesellschaftlichen Regel - , obwohl sie effizient ist, sprechen. Ein bösartiges Argument zuerst: Fast alle sozialen und wirtschaftlichen Errungenschaften, die letztendlich der Verbesserung der Funktionsfähigkeit der Wirtschaftsgesellschaft dienten, wurden gegen den erbitterten Widerstand von Kapitaleignern und Managern eingeführt, wie beispielsweise der Übergang von der 78- zur 72-Stunden-Woche, Mindeststandards für Arbeitsbedingungen oder Umweltschutzauflagen. Ein zweites Argument: Der Staat steht nicht exogen außerhalb des Wirtschaftsprozesses, sondern ist endogen selbst ein Teil des gesellschaftlichen Evolutionsprozesses. So wurden beispielsweise die Vorläufer der heutigen Arbeitsgesetze, die autoritären Gesindeordnungen von 1810 und 1854, auf Druck der Unternehmer erlassen und hatten selbstverständlich einen über das Privatrecht hinausgehenden öffentlichen Charakter. Die Gegenüberstellung einer (effizienten) spontanen Entwicklung der (ineffizienten) gesetzlichen Verordnung ist mithin theoretisch nicht haltbar. Ein drittes Argument: Die unqualifizierte Aussage, eine effiziente Regel setze sich spontan in der Evolution durch und eine gesetzliche Verordnung erweise sich qua Umkehrschluß als ineffizient, ist aus theoretischen Gründen eindeutig falsch: Der Zufall kann entscheiden, welche Regel sich durchsetzt; die Entwicklung ist normalerweise pfadabhängig; es gibt Lock-ins; die über die Effizienz richtende Umwelt wird selbst wiederum in der Evolution verändert; u.a.m.[28]

Da der Markttest somit ungeeignet ist, über die Effizienz oder Ineffizienz der Mitbestimmung zu entscheiden, sind empirische Untersuchungen erforderlich, um mehr Klarheit darüber zu gewinnen, in welchem Maße die diskutierten potentiellen Effizienzvorteile der Mitbestimmung genutzt wurden und inwieweit die befürchteten negativen Konsequenzen eingetreten sind. Im folgenden Kapitel wollen wir uns daher einigen empirischen Befunden zuwenden.

---

27 Vgl. zu derartigen Argumenten Pagano, U. CJE und Pagano, U.: Institutional Stability. Einige weitere, allerdings wenig stichhaltige, Argumente gegen die spontane Entwicklung einer effizienten mitbestimmten Unternehmensverfassung finden sich bei Smith, S.C., JEBO.

28 Vgl. hierzu vor allem Boyd, R./Richerson, P. Derartige Effekte werden auch von Pagano diskutiert (Pagano, U., CJE und Pagano, U.: Institutional stability).

D. Erfahrungen mit der Mitbestimmung in theoretischer Perspektive

I. Befunde aus ökonometrisch orientierten Studien

Kornelius Kraft (1989) hat in seiner informativen Übersicht die empirischen Studien zur Mitbestimmung in zwei große Gruppen eingeteilt: Die erste Kategorie von Untersuchungen kennzeichnet er als "verhaltensorientiert" (*behavioral approach*), und zwar aus dem Grunde, weil sie - vor allem mit Mitteln der empirischen Sozialforschung - das Verhalten von Unternehmensleitung, Betriebsrat, Beschäftigten usw. unter den Bedingungen gesetzlicher Mitbestimmung untersuchen. Die zweite - ökonometrisch orientierte - Gruppe von Untersuchungen befaßt sich mit den quantitativen Wirkungen der Mitbestimmung auf Produktivität, Löhne, Rentabilität und andere ökonomische Größen. Während die "verhaltensorientierten" Studien zu den Wirkungen betrieblicher und unternehmensbezogener Mitbestimmung nunmehr seit rund 40 Jahren durchgeführt werden, gibt es ernstzunehmende ökonometrische Untersuchungen erst seit Beginn der 80er Jahre. Die ersten Studien von Svejnar, J. (RES; EER; Codetermination) befassen sich allerdings noch nicht mit den Wirkungen des Mitbestimmungsgesetzes von 1976 (zu jenem Zeitpunkt wäre wohl auch die empirische Basis für ernsthafte ökonometrische Untersuchungen in diesem Bereich viel zu schmal gewesen), sondern sie untersuchen vor allem die Wirkungen der Montan-Mitbestimmung auf Lohnhöhe und Produktivität. Die Ergebnisse seiner Untersuchungen lassen sich vereinfacht dahingehend zusammenfassen, daß ein signifikanter Einfluß von Montan-Mitbestimmung (und Betriebsverfassungsgesetz 1972) nicht festzustellen ist.[29]

Die erste ökonometrische Studie, die nicht nur den Wirkungen des Montan-Mitbestimmungsgesetzes 1951, sondern auch des Mitbestimmungsgesetzes von 1976 gewidmet war, stammt von Benelli,G./Loderer, C./Lys, T. (1987). Ihre Hypothesen bezüglich der Wirkungen zur Mitbestimmung, wie verringerte Dividendenzahlungen, höhere Kapitalintensität und eine Veränderung des Investitionsverhaltens, finden jedoch in ihren sektoralen und unternehmensbezogenen Daten letztlich keine Bestätigung.[30] Auch eine neuere Studie von Gurdon, M./Rai, A. (1990) kommt letztlich zu keinen schlüssigen Ergebnissen. Sie untersuchen (auf der Grundlage von Fragebogenergebnissen aus 63 westdeutschen Unternehmen) alternativ einerseits die Hypothese der Eigentumsrechtstheoretiker, daß unter Bedingungen der Mitbestimmung kapitalintensiver produziert wird, und andererseits die Erwartung der "Partizipationstheoretiker", daß die Produktivität mitbestimmter Unternehmen steigen wird. Die Ergebnisse dieser Studie zeigen zwar, daß bei den untersuchten mitbestimmten Unternehmen eine Senkung des Kapital-Arbeit-Einsatzverhältnisses festzustellen war und daß die Rentabilität zunahm, während gleichzeitig eine Abnahme der Produktivität registriert wurde. Aus verschiedenen Gründen - nicht zuletzt wegen der schmalen empirischen Basis -

---

29 Zu einer genaueren Würdigung der Studien von Svejnar vgl. Kraft, K.: Empirical Studies, S. 282-287. Hingegen gilt als ziemlich sicher - wie Gerlach, K./Schmidt, E.M. empirisch gezeigt haben -, daß die Lohnhöhe positiv mit der Unternehmensgröße - und auf Großunternehmungen ausschließlich bezieht sich ja die Mitbestimmung - korreliert.

30 Zu einer eingehenden Darstellung siehe Kraft, K.: Empirical Studies, S. 287-290.

muß jedoch dieses Ergebnis nur als sehr vorläufig betrachtet werden. Gurdon und Rai folgern selbst: "The weight of the evidence slightly favors the participation theorists, although it is far from conclusive" (S. 289).

Für die Beurteilung der ökonomischen Wirkungen der Mitbestimmung wären in der Tat weitere ökonometrische Untersuchungen, wie sie z. B. für verschiedene Formen der Gewinnbeteiligung bereits vorliegen (vgl. z. B. Blinder 1990), von größter Bedeutung.[31]

II. Flucht aus der Mitbestimmung?

Da einerseits die ökonometrischen Studien, wie dargelegt, bisher zu keinen schlüssigen Ergebnissen geführt haben und andererseits die verhaltenswissenschaftlich orientierten Untersuchungen ernsthaften methodischen Bedenken ausgesetzt sind (vgl. dazu unten III.), bietet sich zunächst eine relativ unaufwendige, wenn auch nur als Vorklärung nützliche Überprüfung der Wirkungen der "voice option" *Mitbestimmung* seitens der Arbeitnehmer dadurch an, daß man die Wahrnehmung oder auch Nicht-Wahrnehmung der "exit option" *Flucht aus der Mitbestimmung* seitens der Anteilseigner untersucht. Nach den gesetzlichen Bestimmungen unterliegen ja nur Kapitalgesellschaften mit mehr als 2.000 Beschäftigten in der Bundesrepublik Deutschland einer derartigen gesetzlichen "Einschränkung". Die Eigentümer haben also die Möglichkeit, sich durch - allerdings nicht kostenlose - Abwanderung aus dem Geltungsbereich des Gesetzes seinen mutmaßlich negativen Wirkungen zu entziehen. Dies kann geschehen durch Rechtsformwechsel (Übergang zu einer Personengesellschaft), durch Aufspaltung des Unternehmens in kleinere Einheiten, die weniger als 2.000 Arbeitnehmer beschäftigen, oder auch durch Verlagerung ins Ausland. Tatsächlich war in der Diskussion um die Wirkungen des Mitbestimmungsgesetzes in den 70er Jahren die vermutete "Flucht aus der Mitbestimmung" ein wesentliches Thema. Die Verabschiedung des Mitbestimmungsgesetzes 1976 und die Bestätigung seiner Verfassungsmäßigkeit 1979 haben in der Tat auch in einzelnen Fällen zu derartigen Ausweichreaktionen geführt. Obwohl es sich nur um Einzelfälle handelte, sahen auch die Gewerkschaften hierin eine nicht unbedeutende Gefahr, und es wurden juristische Vorschläge in die öffentliche Diskussion gebracht, die eine derartige Flucht aus der Mitbestimmung durch *Rechtsformzwang* oder auch durch *Ausdehnung des Geltungsbereichs* dieser gesetzlichen Regelung auf andere Unternehmensformen vorsahen (vgl. Nagel, B.: Unternehmensmitbestimmung, S. 162-165).

Tatsächlich haben sich Erwartungen und Befürchtungen an die Wahrnehmung dieser "exit option" nicht erfüllt. Die Zahl der mitbestimmten Unternehmen ist von 472

---

31 Hierzu hat K. Kraft (Empirical Studies, S. 290-293) ein interessantes Forschungsdesign aufgestellt, das sowohl zeitliche als auch sektorale Vergleiche mit einschließt und das er derzeit in Kooperation mit anderen Wissenschaftlern empirisch umzusetzen bemüht ist. Hierzu liegen aber gegenwärtig noch keine publikationsreifen Ergebnisse vor. Die Verfasser dieses Aufsatzes verfügen lediglich über mündliche Mitteilungen von Kornelius Kraft.

Firmen (1978) auf 522 Unternehmen (1989; vgl. Kronenberg, B./Scheiber-Lange, I.) und im Folgejahr auf 544 Gesellschaften (1990; Informationsdienst des Instituts der Deutschen Wirtschaft 1991) gestiegen. Per Saldo hat sich also deren Zahl um 72 erhöht. Dabei zeigen Detailanalysen, daß seit 1978 insgesamt 110 Unternehmen aus dem Geltungsbereich dieses Gesetzes ausgeschieden sind, vor allem durch Zusammenschlüsse zu noch größeren Unternehmen; demgegenüber spielten Konkurse oder die Verkleinerung der Belegschaften unter die Mitbestimmungsschwelle von 2.000 Beschäftigten nur eine geringfügige Rolle. Gleichzeitig wurden 182 Unternehmen neu mitbestimmungspflichtig (vgl. Informationsdienst des Instituts der deutschen Wirtschaft). Auch in der öffentlichen Diskussion von Arbeitgeber- und Gewerkschaftsseite spielt die "Flucht aus der Mitbestimmung" schon seit längerem keine Rolle mehr. Dies deutet ganz offensichtlich darauf hin, daß die Wahrnehmung dieser Option durch die Kapitaleigner zumindest derzeit nicht ernsthaft in Betracht gezogen wird, so daß auch entsprechende Gegenreaktionen etwa durch Gesetzgebungsvorschläge seitens der Gewerkschaften ausbleiben.

Neben den oben erwähnten Möglichkeiten, sich dem Geltungsbereich des Mitbestimmungsgesetzes von 1976 zu entziehen, gibt es auch noch die Option der "kleinen Fluchten", vor allem durch eine rigide Beschränkung der zustimmungspflichtigen Geschäfte, die dem (mitbestimmten) Aufsichtsrat zur Genehmigung vorzulegen sind. In der Tat zeigen empirische Untersuchungen, daß derartige Bestrebungen und Praktiken vor allem in eigentümerkontrollierten Kapitalgesellschaften (Steinmann, H. et al.: Trennung) sowie in Unternehmen mit hohem ausländischem Kapitalanteil (Steinmann, H. et al., ZfB) festzustellen sind. In der Regel handelt es sich aber bei einer restriktiven Handhabung der Aufsichtsratskontrolle um eine bereits vor 1976 bestehende - und nicht etwa aufgrund des Gesetzes eingeführte Praxis; im Gegenteil, es gelang den Arbeitnehmervertretern im Aufsichtsrat in einigen Fällen sogar, den Umfang der zustimmungspflichtigen Geschäfte zu vergrößern (vgl. Bamberg, U. et al., Abschnitt B).

Allerdings läßt dieser wohl ziemlich eindeutige empirische Befund zumindest noch zwei wichtige theoretische Fragen offen:

(1) Ist die Wahrnehmung dieser Option in nennenswertem Umfang deswegen unterblieben, weil die Transaktionskosten einer "Flucht aus der Mitbestimmung" - verglichen mit den "Kosten der Mitbestimmung" - einfach prohibitiv hoch waren?

(2) Sind Ausweichreaktionen - wie Rechtsformwechsel, Verkleinerung oder Abwanderung ins Ausland - einfach deswegen unterblieben, weil die Regelungen des Mitbestimmungsgesetzes nicht dazu geeignet sind, der Arbeitnehmerseite und den Gewerkschaften einen auch nur irgendwie bedeutenden Einfluß auf die Entscheidungen des Unternehmens einzuräumen? Etwas überspitzt gefragt: Hat die Unternehmensmitbestimmung deswegen keine Wirkungen gezeigt, weil sie ohnehin wirkungslos ist?

Diese Frage läßt sich zum gegenwärtigen Zeitpunkt nicht eindeutig beantworten; einige vorläufige Überlegungen hierzu wollen wir jedoch abschließend anhand einiger ausgewählter Befunde aus den verhaltensorientierten Untersuchungen der letzten zehn

Jahre anstellen.

III. Befunde aus verhaltensorientierten Studien

Auch die Ergebnisse der verhaltensorientierten Studien zum Mitbestimmungsgesetz 1976 sind keineswegs schlüssig. Auf der Grundlage einer Befragung von Bankfachleuten und Gewerkschaften einerseits, von Unternehmensleitungen und Betriebsräten andererseits kam das von Witte, E. (Einflußpotential; Einfluß; ZfbF 1981; ZfbF 1982) geleitete Forschungsteam zur Konstruktion eines Maßes für den Einfluß der Beschäftigten in den untersuchten Unternehmungen (vgl. im einzelnen Welchowski, P.). Ein bemerkenswertes Ergebnis dieser Untersuchungen ist der Befund, daß die Unternehmensleitung im allgemeinen den Beschäftigten weniger Einfluß beimißt, als dies die Betriebsratsmitglieder tun. Eine signifikante Korrelation zwischen dem quantitativ gemessenen Einflußpotential der Beschäftigten und der Höhe von Gewinn und cash flow der untersuchten Unternehmungen konnte nicht festgestellt werden. Die konkurrierenden Hypothesen, daß Unternehmensmitbestimmung zu einer Erhöhung oder aber zu einer Senkung der Rentabilität in den betroffenen Unternehmen führt, wurden also durch diese Untersuchungen gleichermaßen nicht bestätigt. Auch ein signifikanter Zusammenhang zwischen dem Einflußpotential der Beschäftigten und dem unternehmerischen Handlungsspielraum konnte nicht festgestellt werden (Witte, E.: Einfluß). Ein zeitlicher Vergleich der befragten Unternehmen vor und nach Einführung des Mitbestimmungsgesetzes 1976 ergab ebenfalls keine eindeutige Antwort auf die Frage, ob das Einflußpotential der Beschäftigten nach Einführung des Gesetzes zu- oder abgenommen hat.

Zu ähnlichen Ergebnissen kommen auch Kirsch, W./Scholl, W., Scholl, W. und Paul, G. Aufgrund einer detaillierten Befragung von Unternehmen zu ihrer Personal- und Investitionspolitik konstruierten sie einen Index des Handlungsspielraums für das Management in Unternehmen, die teils der paritätischen Montan-Mitbestimmung, teils der Drittelparität nach dem Betriebsverfassungsgesetz 1952 und teilweise der Quasi--Parität des Mitbestimmungsgesetzes von 1976 unterlagen. Sie gelangen u.a. zu dem überraschenden Resultat, daß der unternehmerische Handlungsspielraum mit zunehmenden Mitbestimmungsrechten ebenfalls *zunimmt*. Ein wesentliches Argument zur Erklärung dieses zunächst überraschenden Ergebnisses ist nach Scholl, W./Blumschein, H. die Tatsache, daß sich Mitbestimmung positiv auf die Bedürfnisbefriedigung der Arbeitnehmer auswirkt, und zwar vor allen Dingen deswegen, weil

> "die Arbeitnehmer ... bei ungünstiger wirtschaftlicher Lage von der Mitbestimmung profitieren, wenn der Betriebsrat großen Einfluß hat. Bei guter wirtschaftlicher Situation nützt das Management seine Handlungsmöglichkeiten im Sinne einer Marketing-Strategie und sorgt für eine hohe Bedürfnisbefriedigung der Arbeitnehmer, wobei das Zurückdrängen des Einflusses des Betriebsrates vermutlich ein Motiv dafür ist, unabhängig davon, ob sich dies auch verwirklichen läßt ... Die Mitbestimmungssituation eröffnet ein konkurrierendes Marketing zwischen Management und Arbeitnehmervertretern, die beide durch

> Leistungen für die Arbeitnehmer Unterstützung erhalten wollen. Dabei ist ein erfolgreiches Marketing des Betriebsrates gegenüber den Arbeitnehmern gebunden an Erfolge bei der Partizipation von Arbeitnehmervertretern an unternehmenspolitischen Entscheidungen. Da Mitbestimmung erst ein solches konkurrierendes, innerbetriebliches Marketing hervorruft, ist Mitbestimmung für die Bedürfnisbefriedigung der Arbeitnehmer nicht nur bei erfolgreicher Partizipation der Arbeitnehmervertreter von Vorteil, sondern auch dann, wenn diese Bedürfnisbefriedigung primär dem Marketing des Managements zuzuschreiben ist, da es ohne die Konkurrenz zu den Arbeitnehmervertretern vermutlich nicht im selben Maße sich dazu genötigt sehen würde" (Scholl, W./Blumschein, H., S. 294 f.).

Die Befunde der Forschergruppe um Kirsch deuten darauf hin, daß Mitbestimmung keine reine Umverteilung darstellt, sondern möglicherweise ein "Spiel" mit einer positiven Auszahlung an alle beteiligten Parteien. Die bisher vorgelegten Befunde reichen natürlich keineswegs dazu aus, um Mitbestimmung in Unternehmen - analog zu Markttausch zwischen gleichberechtigten Partnern - als kooperatives Spiel zu betrachten, bei dem - trotz einer gewissen Umverteilung der Ausgangsausstattung an Eigentumsrechten - letztlich alle beteiligten Parteien profitieren. Immerhin erscheint dieses Szenario als mindestens ebenso plausibel wie die Sicht der Eigentumsrechtstheoretiker, die neben einer Umverteilung auch noch eine Wohlfahrts*verschlechterung* vermuten.

Wie die Darstellung der juristischen Grundlagen der Unternehmensmitbestimmung in Abschnitt A.II. oben deutlich gemacht hat, sind durch das Mitbestimmungsgesetz von 1976 keine wesentlichen Entscheidungsrechte an die Beschäftigten delegiert worden. In einer undifferenzierten Betrachtung könnte man sogar zu der Auffassung neigen, daß die Quasi-Parität des Mitbestimmungsgesetzes von 1976 keine bedeutende Veränderung gegenüber der Drittelbeteiligung nach dem Betriebsverfassungsgesetz 1952 mit sich bringt. Dieser Schluß erscheint jedoch vor allem im Hinblick auf die Information der Arbeitnehmerseite voreilig.

Auch wenn die vorliegenden ökonometrischen und verhaltensorientierten Studien keine eindeutigen Schlüsse zulassen, so deuten doch einige Befunde darauf hin, daß sich die Position der Arbeitnehmerseite zumindest bei der Gewinnung und Weitergabe von Informationen verbessert hat; dies gilt insbesondere deswegen, weil es in der Praxis eine enge Kooperation, häufig sogar in Form einer personellen Identität zwischen dem Betriebsrat, den Mitgliedern des Wirtschaftsausschusses und den Arbeitnehmervertretern im Aufsichtsrat mitbestimmter Unternehmen gibt. Diese Zusammenarbeit führt wohl nicht zu dem von Prosi prognostizierten "Kumulationseffekt", aber doch immerhin zur Möglichkeit einer effektiveren Wahrnehmung von Informationsrechten. Zwar bestanden diese Rechte im Prinzip bereits vor 1976; ihre effektive Wahrnehmung ist jedoch auch unter den Bedingungen einer Quasi-Parität günstiger als bei einer reinen Drittelbeteiligung, nicht zuletzt deswegen, weil die Anteilseignerseite nicht ohne langfristig negative Folgen für die Kooperation mit Betriebsrat und Gewerkschaften permanent das Doppelstimmrecht des Aufsichtsratsvorsitzenden einsetzen kann, um einseitig ihre Vorstellungen durchzusetzen. Selbst das am Landesinstitut Sozialforschungsstelle Dortmund durchgeführte Forschungsprojekt (Bamberg, U. et al.), das aus gewerkschaftsnaher Perspektive dem Mitbestimmungsgesetz sehr kritisch gegenübersteht, sieht hier durchaus einige Verbesserungen und Handlungsmöglichkeiten. Auch die vorliegenden empirischen Befunde zur Praxis des Mitbestimmungsgesetzes sprechen dafür, daß im allgemeinen eher auf Konsensbildung im (mitbestimmten) Aufsichtsrat hingewirkt wird als auf eine Durchsetzung der faktischen Überparität der Anteilseignerseite. Die im Aktiengesetz postulierte Auskunftspflicht des Vorstands an den Aufsichtsrat ist dabei auch als ein Mittel zu sehen, die Zustimmung der Arbeitnehmerseite - insbesondere zu unpopulären Maßnahmen - zu erreichen. Selbstverständlich ist den beteiligten Parteien, wenn sie konsensfähige "Pakete" schnüren, durchaus bewußt, daß im Konfliktfall letztlich die Position der Anteilseignerseite gegen die Arbeitnehmerbank durchgesetzt werden kann; aber in solchen "Paketen" kommen wohl doch Arbeitnehmerinteressen besser zur Geltung als im Falle der Drittelbeteiligung nach dem Betriebverfassungsgesetz 1952, in dem der faktische Zwang zur Einigung viel geringer ist als unter den Bedingungen der Quasi-Parität.

Wenn die Arbeitnehmervertreter im Aufsichtsrat ihre Auskunftsrechte gegenüber dem Vorstand entschlossen wahrnehmen - und dieser nicht nur wegen der juristischen Verpflichtungen, sondern auch im Interesse einer Konsensbildung im Aufsichtsrat diesen Ansprüchen weitgehend entgegenkommt -, so können dadurch auch positive Externalitäten für die Anteilseigner wie auch für die Fremdkapitalgeber (Banken usw.) entstehen: Die Wahrnehmung von Mitbestimmungsrechten kann also zugleich die Kontrollfunktion des Aufsichtsrats insgesamt gegenüber dem Vorstand verbessern und damit zugleich den Interessen der Kapitalgeber dienen. Daß nach den Befunden von Steinmann, H. et al. (Trennung) der Umfang zustimmungspflichtiger Geschäfte in managerkontrollierten Unternehmen in der Regel sehr erheblich ist, spricht auch dafür, daß derartige Kontrollmöglichkeiten des (mitbestimmten) Aufsichtsrates tatsächlich auch wahrgenommen werden.

Eine weitere Verbesserung der Informationsflüsse kann auch durch die von Bamberg, U. et al. festgestellte "distanzierte Kooperation" der - oftmals der Anteilseignerseite zuzurechnenden - Arbeitsdirektoren mit der Arbeitnehmerseite und den Gewerkschaften darstellen. Es ist zumindest plausibel anzunehmen - aber weiterer empirischer Forschung bedürftig -, daß die Arbeitsdirektoren eher an einer Konsensbildung mit dem Betriebsrat (insbesondere dessen Vorsitzenden) als an ständiger Konfrontation mit der Arbeitnehmerseite und den Gewerkschaften interessiert sind. Darauf deuten z. B. auch die von uns durchgeführten Fallstudien in der Automobilindustrie (Diefenbacher, H. et al.) und in der elektrotechnischen Industrie (Nutzinger, H.G. et al.) hin.

E. Schluß

Obwohl sowohl die ökonometrischen als auch die verhaltensorientierten Studien bisher keine schlüssigen Ergebnisse über die Wirkungen der Unternehmensmitbestimmung nach dem Gesetz von 1976 erbracht haben, sprechen die vorliegenden Befunde doch eher gegen die Annahme einer verringerten Anpassungsfähigkeit mitbestimmter Unternehmen als für die Akzeptierung dieser vor allem von den amerikanischen Eigentumsrechtstheoretikern vorgebrachten Hypothese. Die von den "Partizipationstheoretikern" mit der Mitbestimmung verbundenen positiven Erwartungen sind allerdings bisher gleichfalls nicht zwingend belegt. Ob dies daran liegt, daß die Einflußmöglichkeiten nach dem Mitbestimmungsgesetz 1976 insgesamt zu gering sind, um zu einem merklich veränderten Unternehmensverhalten mit entsprechend empirisch feststellbaren Konsequenzen zu führen, oder ob eine zweifelsfreie Ermittlung durchaus vorhandener Wirkungen bisher daran scheiterte, daß es noch keine zureichenden empirischen Untersuchungen gibt, muß beim gegenwärtigen Forschungsstand noch als offene Frage betrachtet werden.

Allerdings deuten die oben vorgebrachten theoretischen Argumente darauf hin, daß in einer Welt, die durch Informationsunvollkommenheiten, Motivationsschwäche und Ressourcenspezifitäten gekennzeichnet ist, Mitbestimmung ein Mittel sein kann, die daraus hervorgerufenen Effizienz- und Verteilungsprobleme zu mildern. Argumente, die die Schädlichkeit der Mitbestimmung nachweisen, beziehen sich demgegenüber meist auf eine vollkommene Welt, in der die Mitbestimmungsregelungen als Beschränkungen erscheinen, die die Erreichung optimaler Zustände verhindern. Berücksichtigt man neben den empirischen Befunden diese theoretischen Erkenntnisse, so spricht sehr viel für Mitbestimmung.

Literatur

Alchian, A. A. — Specificity, Specialization, and Coalitions. Zeitschrift für die gesamte Staatswissenschaft 140 (1984), 34 ff. (Alchian, A.A., ZgS)

Alchian, A.A. Demsetz, H. — Production, Information Costs, and Economic Organization American Economic Review 62 (1972) 777 ff. (Alchian, A.A./Demsetz, H., AER)

Aoki, M. — The Cooperative Game Theory of the Firm, 1984 (Aoki, M.: Firm)

Aoki, M. — Information, Incentives, and Bargaining in the Japanese Economy, 1988 (Aoki, M.: Information).

Arrow, K.J. — The Limits of Organization, 1974 (Arrow, K.J.)

Backhaus, J. — Mitbestimmung im Unternehmen. Eine ökonomische Rechtsanalyse des Verfassungsgerichtsurteils vom 1. März 1979 als Beitrag zur Theorie der wirtschaftlichen Rechtspolitik, 1987 (Backhaus, J.)

Bamberg, U., Bürger, M., Mahnkopf, B., Martens, H., Tiemann, J. — Aber ob die Karten voll ausgereizt sind ...: Zehn Jahre Mitbestimmungsgesetz 1976 in der Bilanz, 1987 (Bamberg, U. et al.)

Benelli, G./Loderer, C./Lys, T. — Labor Participation in Corporate Policy-making Decisions : West Germany's Experience with Codetermination, Journal of Business 60, (1987), 553 ff. (Benelli, G. et al., JoB)

Biehler, H., Brandes, W./Buttler, F./Gerlach, K./Liepmann, P. — Arbeitsmarktstrukturen und -prozesse, 1981 (Biehler, H. et al.)

Blien, U. — Unternehmensverhalten und Arbeitsmarktstruktur, 1986 (Blien, U.)

Blinder, A.S. (Hrsg.) — Paying for Productivity - A Look at the Evidence, 1990 (Blinder, A.S.).

Boyd, R./Richerson, P. — Culture and the Evolutionary Process, 1985 (Boyd, R./ Richerson, P.)

Brandes, W./Weise, P.	Arbeitsmarkt und Arbeitslosigkeit, 1983 (Brandes, W./Weise, P.)
Brandes, W./Buttler F./Dorndorf, E.	Arbeitsmarkttheorie und Arbeitsrechtswissenschaft: Analoge Probleme und Diskussionsschwerpunkte im Hinblick auf die Funktionsfähigkeit der Arbeitsmärkte, in: Währungsreform und soziale Marktwirtschaft. Erfahrungen und Perspektiven nach 40 Jahren (Schriften des Vereins für Socialpolitik, Gesellschaft für Wirtschafts- und Sozialwissenschaften, Neue Folge Band 190), 1989, 489 ff. (Brandes, W. et al.)
Bundesminister	für Arbeit und Sozialordnung, Mitbestimmung. Mitbestimmungs-Gesetz, Montan-Mitbestimmung, Betriebsverfassung, Mitbestimmungs-Urteil des Bundesverfassungsgerichts, 1979 (Bundesminister für Arbeit und Sozialordnung)
Coase, R.H.	The Nature of the Firm. Economica NS. 16 (1937), 386 ff. (Coase, R.H., Economica)
Diefenbacher, H., Kißler, L./Nutzinger, H.G./Teichert, V.	Mitbestimmung: Norm und Wirklichkeit. Fallstudie aus einem Großbetrieb der Automobilindustrie, 1984 (Diefenbacher, H. et al.)
Dorndorf, E.	Vertragsdurchsetzung als Funktion des Kündigungsschutzes. Zeitschrift für Arbeitsrecht 20 (1989), 345 ff. (Dorndorf, E., ZfA)
Downs, A.	Non-Market Decision Making. A Theory of Bureaucracy. American Economic Review 55 (1965), 439 ff. (Downs, A., AER)
Edwards, R.	Contested Terrain, 1979 (Edwards, R.)
Eger, T./Weise, P.	Grundlagen einer ökonomischen Theorie der Partizipation, in: Diefenbacher, H./Nutzinger, H.G. (Hrsg.), Mitbestimmung: Theorie, Geschichte, Praxis, 1984, 39 ff. (Eger, T./Weise, P.: Grundlagen)
Eger, T./Weise, P.	Die Evolution kapitalistischer und laboristischer Unternehmungen als Prozeß der Selbstorganisation, in: FitzRoy, F.R./-Kraft, K. (Hrsg.), Mitarbeiterbeteiligung und Mitbestimmung im Unternehmen, 1987, 295 ff. (Eger, T./Weise, P.: Evolution)

Eger, T./Weise, P. — Participation and Codetermination in a Perfect and an Imperfect World, in: Nutzinger, H.G./Backhaus, J. (1989), 11 ff. (Eger, T./Weise, P.: Participation)

Fama, E.F. — Agency Problems and the Theory of the Firm. Journal of Political Economy 88 (1980), 288 ff. (Fama, E.F., JPE)

FitzRoy, F./Mueller D.C. — Cooperation and Conflict in Contractual Organizations. Quarterly Review of Economics and Business 24 (1984), 24 ff. (FitzRoy, F./Mueller, D.C., QREB)

Fox, A. — Beyond Contract: Work, Power, and Trust Relations, 1974 (Fox, A.)

Furubotn, E. — Codetermination and the Modern Theory of the Firm: A Property Rights Analysis. Journal of Business 61 (1988), 165 ff. (Furubotn, E., JoB)

Furubotn, E. — A General Model of Codetermination, in: Nutzinger, H.G./-Backhaus, J. (1989), 41 ff. (Furubotn, E.: General Model)

Gerlach, K./Schmidt E.M. — Unternehmensgröße und Entlohnung. Mitteilungen aus der Arbeitsmarkt- und Berufsforschung 22 (1989), 355 ff. (Gerlach, K./Schmidt, E.M.)

Georgescu-Roegen, N. — Energy and Economic Myths. Institutional and Analytical Economic Essays, 1976 (Georgescu-Roegen, N.)

Graumann, C.F. (Hrsg.) — Sozialpsychologie, 2. Halbband, 1972 (Graumann, C.F.)

Gurdon, M./Rai, A. — Codetermination and Enterprise Performance: Empirical Evidence from West Germany. Journal of Economics and Business 42 (1990) 289 ff. (Gurdon, M./Rai, A., JEB)

Hirschman, A.O. — Abwanderung und Widerspruch, (Schriften zur Kooperationsforschung, A. Studien, Band 8), 1974 (Hirschman, A.O.)

Informationsdienst — des Instituts der deutschen Wirtschaft, Mitbestimmungsgesetz 1976. Starke Position der IG Metall, iwd 42 (1991) 2 (Informationsdienst des Instituts der deutschen Wirtschaft)

Jensen, M./Meckling, W. — Rights and Production Functions: An Application to Labor - managed Firms and Codetermination. Journal of Business 52 (1979), 469 ff. (Jensen, M./Meckling, W., JoB)

Kappler, E.	Ökonomische Beurteilung der Mitbestimmung, Manuskript, Universität-Gesamthochschule Wuppertal, 1978 (Kappler, E.)
Kirsch, W./Scholl, W.	Was bringt die Mitbestimmung: Eine Gefährdung der Handlungsfähigkeit und/oder Nutzen für die Arbeitnehmer? Die Betriebswirtschaft 43 (1983), 541 ff. (Kirsch, W./Scholl, W.)
Knight, F.H.	Risk, Uncertainty, and Profit, 1921 (Knight, F.H.)
Kraft, K.	Partizipation und interner Arbeitsmarkt. Wechselwirkung zwischen Humankapital und Mitarbeiterbeteiligung, 1984 (Kraft, K.: Partizipation)
Kraft, K.	Empirical Studies on Codetermination: A Selective Survey and Research Design, in: Nutzinger, H.G./Backhaus, J. (1989), 277 ff. (Kraft, K.: Empirical Studies)
Kronenberg, B., Scheiber-Lange, I.	Mitbestimmungsunternehmen nach dem Stand vom 31. Dezember 1989, WSI-Mitteilungen 7/1990, 468-476 (Kronenberg, B./Scheiber-Lange, I.)
Leibenstein, H.	The Prisoners' Dilemma in the Invisible Hand: An Analysis of Intrafirm Productivity. American Economic Review, P and P, 72 (1982), 92 ff. (Leibenstein, H., AER 1982)
Leibenstein, H.	Property Rights and X-Efficiency: Comment, American Economic Review 73 (1983), 831 ff. (Leibenstein, H., AER 1983)
Leibenstein, H.	Inside the Firm - The Inefficiencies of Hierarchy, 1987 (Leibenstein, H.: Firm).
Marglin, St.A.	What Do Bosses Do? The Origins and Functions of Hierarchy in Capitalist Production. Review of Radical Political Economics 6 (1974), 60 ff. (Marglin, St.A., RRPE)
MacLeod, W.B.	Equity, Efficiency, and Incentives in Cooperative Teams, in: Advances in the Economic Analysis of Participatory and Labor Managed Firms, Vol. 3 (1988), 5 ff. (MacLeod, W.B.)
McCain, R.A.	A Theory of Codetermination. Zeitschrift für Nationalökonomie 40 (1980), 65 ff. (McCain, ZfN)
McCain, R.A.	Codetermination, Collective Bargaining, Commitment, and Sequential Games, in: Nutzinger, H.G./Backhaus, J. (1989), 103 ff. (McCain, R.A.: Codetermination)

Nagel, B. Unternehmensmitbestimmung. Eine problemorientierte Einführung, 1980 (Nagel B.: Unternehmensmitbestimmung)

Nagel, B. Paritätische Mitbestimmung und Grundgesetz, 1988 (Nagel, B.: Paritätische Mitbestimmung)

Nutzinger, H.G. The Firm as a Social Institution: The Failure of the Contractarian Viewpoint, in: Backhaus, J./Eger, T./Nutzinger, H.G. (Hrsg.), Partizipation in Betrieb und Gesellschaft, 1978, 45 ff. (Nutzinger, H.G.: Firm)

Nutzinger, H.G. Codetermination in West Germany: Institutions and Experiences, in: Nutzinger, H.G./Backhaus, J. (1989), 163 ff. (Nutzinger, H.G.: Codetermination)

Nutzinger, H.G., Backhaus, J. (Hrsg.) Codetermination. A Discussion of Different Approaches, 1989 (Nutzinger, H.G./Backhaus, J.)

Nutzinger, H.G., Schasse, U./ Teichert, V. Mitbestimmung in der Krise. Fallstudie aus einem Großbetrieb der elektrotechnischen Industrie. 1987 (Nutzinger, H.G. et al.)

Pagano, U. Property Rights, Asset Specifity, and the Division of Labour under Alternative Capitalist Relations. Cambridge Journal of Economics, 15 (1991), 315 ff. (Pagano, U., CJE)

Pagano, U. Property Rights, Equilibria, and Institutional Stability, in: Backhaus, J. (Hrsg.), Systemwandel und Reform in östlichen Wirtschaften, 1991, 185 ff. (Pagano, U.: Institutional Stability)

Paul, G. Mitbestimmung im Aufsichtsrat - Eine vergleichende empirische Studie, in: Nutzinger, H.G. (Hrsg.), Mitbestimmung und Arbeiterselbstverwaltung. Praxis und Programmatik, 1982, 299 ff. (Paul, G.)

Pejovich, S. Codetermination: A New Perspective for the West, in: ders. (Hrsg.), The Codetermination Movement in the West, 1978, 3 ff. (Pejovich, S.)

Prosi, G. Volkswirtschaftliche Auswirkungen des Mitbestimmungsgesetzes 1976, 1978 (Prosi, G.)

Putterman, L. On some recent explanation of why capital hires labor. Econo mic Inquiry 12 (1984), 171 ff. (Putterman, L., EI)

Samuelson, P.A. Foundations of Economic Analysis, 1947 (Samuelson, P.A.)

Schmidtchen, D. "Sunk Costs", Quasirenten und Mitbestimmung, in: E. Böttcher u. a. (Hrsg.). Jahrbuch für Neue Politische Ökonomie, Bd. 6 (1987) 139 ff. (Schmidtchen, D., JNPÖ)

Scholl, W. Handlungsfähigkeit und Mitbestimmung, in: Diefenbacher, H./Nutzinger, H.G. (Hrsg.) Mitbestimmung: Theorie, Geschichte, Praxis, 1984, 229 ff. (Scholl, W.)

Scholl, W./Blumschein, H. Mitbestimmung und Bedürfnisbefriedigung der Arbeitnehmer, in: Nutzinger, H.G. (Hrsg.), Mitbestimmung und Arbeiterselbstverwaltung. Praxis und Programmatik, 1982, 267 ff. (Scholl, W./Blumschein, H.)

Smith, S.C. On the Economic Rationale for Codetermination Law. Journal of Economic Behavior and Organization 16 (1991), 261 ff. (Smith, S.C., JEBO)

Steinmann, H./Fees, W./Gerum, E. Multinationale Unternehmen und Mitbestimmung. Zeitschrift für Betriebswirtschaft 54 (1984), 368 ff. (Steinmann, H. et al., ZfB)

Steinmann, H./Fees, W./Gerum, E. Trennung von Eigentum und Verfügungsgewalt und Mitbestimmung, in: FitzRoy, F./Kraft, K. (Hrsg.), Mitarbeiterbeteiligung und Mitbestimmung im Unternehmen, 1987, 159 ff. (Steinmann, H. et al.: Trennung)

Stützel, W. Preis, Wert und Macht. Analytische Theorie des Verhältnisses der Wirtschaft zum Staat. Nachdruck der Dissertation von 1952, 1972 (Stützel, W.)

Svejnar, J. Relative Wage Effects of Unions, Dictatorship and Codetermination: Econometric Evidence from Germany. Review of Economics and Statistics 63 (1981), 188 ff. (Svejnar, J., RES)

Svejnar, J. Employee Participation in Management, Bargaining Power and Wages. European Economic Review 18 (1982), 291 ff. (Svejnar, J., EER)

Svejnar, J. Codetermination and Productivity: Empirical Evidence from the Federal Republic of Germany, in: Jones, D.C./Svejnar, J. (Hrsg.), Participatory and Self-Managed Firms, 1982, 199 ff. (Svejnar, J.: Codetermination)

Vogt, W. — Theorie der kapitalistischen und einer laboristischen Ökonomie, 1986 (Vogt, W.)

Weise, P./Brandes, W. — A Synergetic View of Institutions. Theory and Decision 28 (1990),173 ff (Weise, P./ Brandes, W.,TaD)

Weise,P./Brandes W./Eger, T./Kraft, M. — Neue Mikrökonomie, 2. Auflage, 1991 (Weise, P. et al.)

Welchowski, P. — Mitbestimmung - Methodische Probleme der empirischen Einflußanalyse, in: Diefenbacher, H./Nutzinger, H.G. (Hrsg.), Mitbestimmung. Probleme und Perspektiven der empirischen Forschung, 1981 (Welchowski, P.)

Williamson, O.E. — The Economic Institutions of Capitalism, 1985 (Williamson O.E.)

Witte, E. — Das Einflußpotential der Arbeitnehmer als Grundlage der Mitbestimmung. Die Betriebswirtschaft 40 (1980), 3 ff. (Witte, E.: Einflußpotential)

Witte, E. — Der Einfluß der Arbeitnehmer auf die Unternehmenspolitik. Die Betriebswirtschaft 40 (1980), 541 ff. (Witte, E.: Einfluß)

Witte, E. — Die Unabhängigkeit des Vorstandes im Einflußsystem der Unternehmung Zeitschrift für betriebswirtschaftliche Forschung 33 (1981), 273 ff. (Witte, E., ZfbF 1981)

Witte, E. — Das Einflußsystem der Unternehmung in den Jahren 1976 und 1981. Zeitschrift für betriebswirtschaftliche Forschung 34 (1982), 416 ff. (Witte, E., ZfbF 1982)

WSI-Projektgruppe — Mitbestimmung in Unternehmen und Betrieb, 1981 (WSI--Projektgruppe)

Kommentar

von Eberhard Dorndorf

Gegenüber dem Referat von *Eger/Nutzinger/Weise* habe ich aus juristischer Sicht keine kritischen Einwände. Auch die Beurteilung der verschiedenen Ansätze der ökonomischen Analyse ist der sozialen Realität des Mitbestimmungsrechts aus juristischer Sicht adäquat. Deshalb möchte ich das Referat um Hinweise auf das Betriebsverfassungsrecht, das bisher noch wenig Aufmerksamkeit bei Ökonomen gefunden hat, ergänzen. M.E. gründet sich der Einfluß der Arbeitnehmer auf Unternehmensebene heute weniger auf das Mitbestimmungsgesetz von 1976 und die ihm entsprechenden älteren gesetzlichen Regelungen - die Einflußchancen aufgrund dieser Gesetze sind für die Arbeitnehmer vergleichsweise gering - , sondern auf das Handeln der Arbeitnehmer im Rahmen der Betriebsverfassung. Zu der ökonomischen Vernachlässigung des Betriebsverfassungsrechts mag wohl beigetragen haben, daß sich dieser Rechtsnormenkomplex erst in den letzten 15 Jahren unter den arbeitsrechtlichen Institutionen in den Vordergrund geschoben hat und zudem eine spezifisch deutsche Entwicklung ist. Die Ergebnisse der Mitbestimmungsdiskussion lassen sich auf das Betriebsverfassungsrecht zwar zum Teil übertragen, geben aber für die spezifische Analyse des Betriebsverfassungsrechts noch wenig her.

Da ich mangels ökonomischer Kompetenz eine ökonomische Analyse nicht selbst bieten kann, beschränke ich mich hier auf Hinweise zu Forschungsproblemen. Um aber die Phantasie dabei zu disziplinieren, möchte ich diese Hinweise rechtstheoretisch absichern. Ich möchte fragen, was bei der interdisziplinären Zusammenarbeit von Ökonomen und Juristen in bezug auf das Betriebsverfassungsrecht eigentlich die Rolle des Juristen ist. Daher möchte ich an das Betriebsverfassungsrecht mit folgenden zwei Fragen herangehen:

1. Was ist Gegenstand der ökonomischen Analyse, wenn der Ökonom Betriebsverfassungsrecht analysiert?
2. Was bedeutet das Ergebnis einer ökonomischen Analyse des Betriebsverfassungsrechts für den Juristen?

A. Das Betriebsverfassungsrecht in einem statischen Regelmodell als Gegenstand der ökonomischen Analyse

I. Die Beschreibung des Rechts aufgrund des Regelmodells

Der Ökonom verfolgt gegenüber dem Rechtssystem in seiner Rolle als Wissenschaftler das Interesse eines externen Beobachters. Dabei interessieren den Ökonomen in der Regel nicht die internen Prozesse im Rechtssystem, sondern dessen output, also die Institutionen des Arbeitsmarkts. Diesem Interesse ist am leichtesten zu genügen, wenn man das Recht durch Angabe von Regeln beschreibt.

Regeln in dem hier gemeinten technischen Sinn sind Rechtsnormen, deren Rechtsfolge immer dann eintreten soll, wenn ihr Tatbestand verwirklicht ist. Das bedeutet, daß Regeln Rechtsnormen sind, die nur entweder verletzt werden oder nicht verletzt werden, die aber nicht graduell verletzt werden können. Eine Beschreibung des Rechts *ausschließlich* durch Regeln kann man - entsprechend neueren rechtstheoretischen Vorschlägen[1] - als "Regelmodell" des Rechts bezeichnen. Dieses Modell erlaubt nur statische juristische Analysen, also nur Beschreibungen des in einem gegenwärtigen, vergangenen oder künftigen Zeitpunkt gegebenen bzw. erwarteten Rechtszustands. Wie man von dem gegenwärtigen zu einem anderen Rechtszustand gelangt, ist in diesem Rechtsmodell juristisch nicht nachzuvollziehen. Verfolgt ein Jurist den Zweck, dem Ökonomen eine Rechtsnorm oder ein Rechtsgebiet zu beschreiben, so ist dieses statische Rechtsmodell geeignet und unverzichtbar. Auch die Beschreibung des Mitbestimmungsrechts im Referat von *Eger/Nutzinger/Weise* beruht zum größten Teil auf dem Regelmodell. Auf der angedeuteten Grundlage möchte ich die juristische Beschreibung des Betriebsverfassungsrechts einer ökonomischen etwas annähern.

II. Das Betriebsverfassungsrecht als Gegenstand ökonomischer Analyse

1. Betriebsverfassung als Verhandlungsorganisation ohne Mitbestimmungsrechte

Für eine schrittweise vorgehende ökonomische Analyse des Betriebsverfassungsrechts dürfte es zweckmäßig sein, sich ein fiktives Betriebsverfassungsrecht vorzustellen, das sich darin erschöpft, Wahl und Organisation des Betriebsrats als Verhandlungsorgan

---

1 Zum Regelmodell - und seinem Gegenstück, dem Prinzipienmodell - vgl. vor allem Dworkin, Bürgerrechte ernstgenommen, Frankfurt 1984, z.B. S. 58 f.; Alexy, Theorie der Grundrechte, Frankfurt 1986, S. 71 ff.. Die folgende Darstellung schließt sich hinsichtlich beider Begriffe Alexy an.

für die Arbeitnehmer des Betriebs zu regeln, ohne den Betriebsrat mit erzwingbaren Mitbestimmungsrechten auszustatten.

Da hinsichtlich der Arbeitsbedingungen mangelnde Exklusivität oder mangelnde Separierbarkeit von Eigentumsrechten gang und gäbe sind, wäre zur Lösung der daraus resultierenden Kollektivgutprobleme eine solche Betriebsverfassung der erste Schritt. Freilich hängt die Verbindlichkeit der von einem solchen "rechtlosen" Betriebsrat mit dem Arbeitgeber ausgehandelten Betriebsvereinbarungen von der Zustimmung jedes einzelnen Arbeitnehmers ab. Da Kollektivgutprobleme aber nicht effizient nach der Einstimmigkeitsregel gelöst werden können, liegt es für die Rechtsordnung nahe, der Betriebsvereinbarung einerseits zwingende Wirkung für die Belegschaft zu geben, andererseits die Kompetenzen des Betriebsrats zum Schutz der Minderheit zu beschränken. Beides geschieht durch das gegebene Betriebsverfassungsrecht, indem es einerseits der Betriebsvereinbarung unabdingbare Normwirkung zuerkennt, andererseits die Zuständigkeit des Betriebsrats zugunsten der Tarifautonomie begrenzt und die Betriebsvereinbarungen einer gerichtlichen Inhaltskontrolle unterwirft. Ein solches Betriebsverfassungsrecht wäre ausschließlich formell, insofern es nur ein Verfahren für die Regelung von Kollektivgutproblemen zur Verfügung stellte und völlig auf für den Arbeitgeber freiwillige Betriebsvereinbarungen angewiesen wäre. Funktionieren dürfte eine solche Mitbestimmung wohl kaum (s.u. zu Ziff. 4).

2. Folgerungen aus der Mitbestimmungsdiskussion

Das Betriebsverfassungsrecht geht jedoch weiter, indem es den Betriebsrat mit Mitbestimmungs- und Mitwirkungsrechten bezüglich der Arbeitsbedingungen der Arbeitnehmer ausstattet, die der Betriebsrat gegenüber dem Arbeitgeber durchsetzen kann. Für eine ökonomische Analyse dieser Mitbestimmungsrechte lassen sich zunächst aus dem von *Eger/Nutzinger/Weise* zur Unternehmensmitbestimmung Gesagten Folgerungen ziehen. Die betriebliche Mitbestimmung vermindert den Anreiz, Realkapital für Investitionen zu investieren. Darin kann, wie im Referat zu Recht betont wird, unter bestimmten Umständen eine Korrektur von Verzerrungen des tatsächlichen Werts von Realkapitalinvestitionen liegen. Umgekehrt wird durch bestimmte betriebliche Mitbestimmungsrechte z.B. der Anreiz erhöht, in unternehmensspezifisches Humankapital zu investieren: In diesem Sinn wirken speziell die verschiedenen Mitbestimmungsrechte, die irgendeine Form von Senioritätsentlohnung begünstigen, wie z.B. die Mitbestimmung über die betriebliche Lohngestaltung (§ 87 Abs. 1 Nr. 10 BetrVG), die Mitbestimmung hinsichtlich Einstellungen (§§ 99 ff. BetrVG) und Kündigungen (§§ 102 ff. BetrVG) oder die Sozialplanregelung (§ 111 BetrVG).

3. Mitbestimmungsrechte zur Lösung von Kollektivgutproblemen

Viele - vielleicht alle - Mitbestimmungsrechte können als kollektive Eigentumsrechte aufgefaßt werden, die Funktion haben, nicht hinreichend exklusive oder separierbare individuelle Eigentumsrechte zu substituieren. Als Beispiele seien nur genannt: Die bei vorausgesetzter Dauer der wöchentlichen oder monatlichen Arbeitszeit vorzunehmende

Verteilung der Arbeitszeit innerhalb dieser Zeiträume; die Flexibilisierung des im Betrieb zur Verfügung stehenden Arbeitsangebots durch vorübergehende Verlängerung oder Verkürzung der Arbeitszeit; die Kontrolle der Arbeitsleistung mit Computerhilfe; die Organisation betrieblicher Einrichtungen wie z.B. Pensionskassen. Aus den von *Eger/Nutzinger/Weise* genannten Gründen wird in betriebsratslosen Betrieben über alle diese Arbeitsbedingungen nicht etwa in erster Linie in einem impliziten Teil des Arbeitsvertrags, sondern faktisch überwiegend von der Unternehmensleitung allein entschieden. In solchen betriebsratslosen Betrieben fallen diese Interessen der Arbeitnehmer innerhalb des durch die Differenz der beiderseitigen Abwanderungskosten gegebenen Spielraums unter den Tisch oder die Arbeitnehmer sind auf ineffiziente Kanäle der Interessenartikulation angewiesen.

Während bei diesen Beispielen bestimmte Arbeitsbedingungen i.e.S. selbst Kollektivgutcharakter haben, lassen sich einige der genannten und weitere Mitbestimmungstatbestände auch unter dem Gesichtspunkt beschreiben, d*aß* die Mitbestimmung der Herstellung des öffentlichen Guts "Durchsetzung individueller Eigentumsrechte" dient: Die betriebsverfassungsrechtlichen Mitbestimmungsrechte in einer ganzen Reihe von Tatbeständen verbessern die Chancen der Durchsetzung *individueller* Eigentumsrechte der einzelnen Arbeitnehmer, handele es sich nun um arbeitsvertraglich, tarifvertraglich oder gesetzlich begründete individuelle Rechte.

4. Der Zusammenhang der Mitbestimmungsrechte

Freiwillige, d.h. nicht aufgrund eines Mitbestimmungsrechts erzwingbare Betriebsvereinbarungen sind auch nach dem gegebenen Betriebsverfassungsrecht möglich. Dennoch lassen die Erfahrungen mit solchen freiwilligen Betriebsvereinbarungen keine Schlußfolgerungen für eine rein formelle Betriebsverfassung in dem oben erörterten Sinne ohne Mitbestimmungsrechte zu. Denn der Betriebsrat wird bei der Ausübung eines Mitbestimmungsrechts auch alle anderen während der Wahlperiode zu erwartenden Verhandlungen mit dem Arbeitgeber in seine Überlegungen einbeziehen. Dadurch wird nicht nur zwischen sämtlichen Mitbestimmungsrechten, sondern auch zwischen erzwingbarer und freiwilliger Mitbestimmung ein Zusammenhang hergestellt, der bei einer ökonomischen Analyse des Betriebsverfassungsrechts nicht vernachlässigt werden darf.

5. Verhältnis der Tarifautonomie zur Betriebsautonomie

Eine weitere offene Frage ist, wie die Effizienz der ausschließlich tarifautonomen im Vergleich zu einer ausschließlich betriebsautonomen Regelung von Arbeitsbedingungen zu beurteilen ist. Dabei kann man nicht so argumentieren, wie es oft geschieht, d*aß* nämlich die betriebliche Regelung schon a priori deshalb besser sei als eine tarifvertragliche Regelung, weil sie der individuellen privatautonomen Regelung näher komme. Eine solche aprioristische Argumentation ist, wie *Eger/Nutzinger/Weise* in anderem Zusammenhang zu Eingang ihres Referats betonen, unzulässig. Institutionen funktionieren unter den idealen Bedingungen der Gleichgewichtstheorie eo ipso besser als die in der realen Welt gegebenen Institutionen.

Im übrigen ist - angesichts der Orientierung der ökonomischen Diskussion am US--amerikanischen Recht - im Hinblick auf diese Problematik zu beachten, *daß* das deutsche Betriebsverfassungsrecht großenteils eher dem amerikanischen Tarifvertragsrecht als der deutschen Unternehmensmitbestimmung ähnelt. Denn das US-amerikanische Tarifvertragssystem ist im Gegensatz zum deutschen dezentral, also auf Betriebsebene ausgerichtet. Mit anderen Worten: Die deutsche Betriebsverfassung erfüllt in amerikanischer Sicht inhaltlich auch tarifvertragliche Funktionen.

Damit sind einige Fragen angedeutet, die im Hinblick auf das Betriebsverfassungsrecht auf eine ökonomische Analyse noch warten. Eine andere Frage ist, was für die juristische Problematik von einer solchen ökonomischen Analyse des Betriebsverfassungsrechts zu erwarten wäre.

B. Die juristische Relevanz einer ökonomischen Analyse im dynamischen Prinzipienmodell des Betriebsverfassungsrechts

I. Die juristische Inadäquatheit des Regelmodells des Rechts

Die soeben angedeuteten Fragestellungen gehen von dem eingangs beschriebenen statischen Regelmodell des Rechts aus. So sehr dieses Modell für die Zwecke der Ökonomie geeignet ist, so problematisch wird es, wenn es in juristischer Absicht verwendet wird. Nach dem Regelmodell ist die Entscheidung des Richters nur insoweit festgelegt, als sich eine für die Entscheidung maßgebliche Regel deduzieren läßt. Dies ist aber meistens nicht der Fall. Vielmehr haben Richter nach dem Regelmodell einen Spielraum, innerhalb dessen sie nach ihrem Ermessen gegebenenfalls neue Regeln zu bilden haben. Nichts scheint deshalb näher zu liegen, als diesen rechtlichen Spielraum des Richters mit Hilfe der ökonomischen Analyse auszufüllen.

Diese Spielraum-These ist problematisch, weil das ihr zugrundeliegende Rechtsmodell juristisch inadäquat ist. Statt näherer Begründung will ich mich hier nur auf die Empirie der Theorie berufen: Angenommen ein Ökonom, der sich über das Recht informieren will, befragt nicht *einen* Juristen, sondern zwei, und zwar zur gleichen Zeit. Der schneller denkende Jurist wird in diesem Fall eine Beschreibung nach dem statischen Modell des Rechts geben, der gründlicher denkende wird sie als zu ungenau beanstanden. Der unglückliche Ökonom aber wird Zeuge eines Fachgesprächs zwischen zwei Juristen. In diesem Gespräch wird ein anderes Modell des Rechts zugrundegelegt, nämlich ein dynamisches. Das statische Regelmodell des Rechts wird von Juristen nur benutzt in der Rechtstheorie, der Rechtsgeschichte, in national reports auf internationalen Tagungen, und im Gespräch mit Nichtjuristen, insbesondere mit Klienten und mit Ökonomen. Diese Hinweise auf die juristische Inadäquatheit des Regelmodells mögen hier statt einer Begründung genügen.

II. Das Interessen- und das Prinzipienmodell des Rechts

Die in der Jurisprudenz anstatt des Regelmodells verwendeten Modelle des Rechts haben z.B. die Eigenschaft gemeinsam, *daß* sie dynamisch sind, insofern sie das Recht im zeitlichen Vollzug beschreiben. Dies geschieht dadurch, *daß* in diesen Modellen neben Regeln auch Gründe für die in der Vergangenheit gebildeten, gegenwärtig zu bildenden und künftig zu fordernden Regeln angegeben und die Gründe systematisch zueinander in Beziehung gesetzt werden. Am verbreitetsten ist heute ein Rechtsmodell, das auf dem Vokabular der sogenannten Wertungsjurisprudenz basiert. Von diesem Modell soll wegen seiner zwar keineswegs notwendigen, aber in der derzeitigen deutschen Diskussion explizit metaphysischen Orientierung hier abgesehen werden.

Die traditionelle juristische Weltsicht läßt sich aber auch in einem auf Metaphysik verzichtenden Interessen- oder in einem Prinzipienmodell des Rechts konstruieren. Prinzipien im hier zugrundegelegten Sinn sind eine von Regeln zu unterscheidende Art von Normen. Ihr Kennzeichen ist, *daß* sie im Unterschied zu Regeln graduell erfüllt werden können: Die Erfüllung von Prinzipien kann maximiert und im Kollisionsfall optimiert werden. Prinzipien sind Gründe für Regeln. Da Rechtsprinzipien wie Rechtsregeln auch Rechtsnormen sind, gehören im Prinzipienmodell des Rechts neben den Rechtsregeln auch die Rechtsprinzipien zur Beschreibung des Rechts.

Ebenso wie das statische Regelmodell beläßt auch das dynamische Prinzipienmodell des Rechts dem Richter Entscheidungsspielräume, die nicht aufgrund gegebener normativer und empirischer Prämissen deduktiv geschlossen werden können. Aber es ist leicht einsehbar, weshalb diese Spielräume nicht in der Weise geschlossen werden können, *daß* Regeln aufgrund ökonomischer Empfehlungen gebildet werden. In die Spielräume solcher dynamischer Rechtsmodelle lassen sich ökonomisch begründete Empfehlungen nicht einpassen, solange nicht die ökonomischen Gründe für diese Empfehlungen mit den juristischen Gründen für Regeln kompatibel gemacht werden können. Das aber ist offensichtlich nicht möglich. Gleichwohl ist die ökonomische Analyse für die richterliche oder gesetzliche Fortentwicklung des Betriebsverfassungsrechts von erheblicher Bedeutung. Während in dem oben zugrundegelegten Regelmodell Ansätze des Betriebsverfassungsrechts in einer Weise beschrieben wurden, wie es für den Zweck einer ökonomischen Analyse angebracht erscheint, ist es nunmehr - wiederum nur ansatzweise - in einer für die juristische Arbeit zweckmäßigen Weise zu beschreiben und es ist nach dem Nutzen der ökonomischen Analyse betriebsverfassungsrechtlicher Rechtsnormen für die juristische Arbeit zu fragen.

III. Die juristische Relevanz einer ökonomischen Analyse des Betriebsverfassungsrechts

1. Kollektives Interesse und Mitbestimmungsprinzip

Eine der entscheidenden Fragen für eine juristische Theorie des Betriebsverfassungsrechts ist, ob und wie die Mitbestimmungs- und Mitwirkungsrechte des Betriebsrats auf ein oder auf wenige allgemeine Prinzipien zurückgeführt werden können. Ein solches Prinzip könnte aus dem Begriff des kollektiven Interesses zu entwickeln sein. Das Vorhandensein eines kollektiven Interesses an der durch Mitbestimmung angestrebten Regelung ist nach der Rechtsprechung des Bundesarbeitsgerichts tatbestandliche Voraussetzung mehrerer Mitbestimmungsrechte. Für andere Mitbestimmungs- oder Mitwirkungsrechte wird angenommen oder läßt sich begründen, daß ihr Zweck darin zu sehen ist, ein bestimmtes kollektives Interesse zu verwirklichen. Deshalb liegt es nahe, in der Verwirklichung eines kollektiven Interesses ein Prinzip zu sehen, das allen oder jedenfalls vielen Mitbestimmungs- und Mitwirkungsrechten zugrundeliegt. In der arbeitsrechtlichen Literatur gilt es jedoch als hoffnungsloses Unterfangen, einen Begriff des kollektiven Interesses genauer zu bestimmen.

Es liegt einer der seltenen Fälle vor, in denen Jurisprudenz und Ökonomie einen Begriff ganz oder teilweise gemeinsam haben. Der oben zur Kennzeichnung von Mitbestimmungsrechten verwendete ökonomische Begriff des Kollektivguts ist in dem juristischen Begriff des kollektiven Interesses jedenfalls enthalten. Ob damit freilich alle Anwendungsfälle der Mitbestimmungs- und Mitwirkungsrechte erfaßt werden, bedarf näherer Untersuchung. Wahrscheinlich wird man den Begriff des kollektiven Interesses weiter fassen müssen[2]. In jedem Fall kann sich die Abgrenzung des Begriffs - je nach dem juristisch gebotenen Umfang - an ökonomischen Begriffen orientieren. Allerdings ist zu beachten, daß der mit Hilfe der Ökonomie bestimmte Begriff im Prinzipienmodell des Rechts juristischen Zwecken dient, also eine andere Funktion erfüllt, als sie dem entsprechenden ökonomischen Begriff des Kollektivguts in der oben geforderten ökonomischen Analyse des nach dem Regelmodell beschriebenen Rechts zukommt. Das soll im folgenden noch gezeigt werden.

2. Kollisionen des Mitbestimmungsprinzips mit anderen Prinzipien

Soweit die Mitbestimmungsrechte sich auf den Begriff des kollektiven Interesses zurückführen lassen, kann man das Gebot, dieses kollektive Interesse zu verwirklichen, als betriebsverfassungsrechtliches Mitbestimmungsprinzip bezeichnen. Prinzipien werden aber stets relativiert durch andere kollidierende Prinzipien. Als solche kollidierenden Interessen kann man das Gebot zur Berücksichtigung des Interesses des Arbeitgebers an freier Disposition im Rahmen individueller Privatautonomie ansehen. Da

---

2 Etwa in dem bei Brandes/Buttler/Dorndorf, Arbeitsmarkttheorie und Arbeitsrechtswissenschaft, in: Währungsreform und Soziale Marktwirtschaft, Jahrestagung des Vereins für Socialpolitik 1988, Berlin 1989, S. 489 ff., S. 497 f., dargelegten Sinn.

aber bei Vorliegen eines Kollektivguts im technischen ökonomischen Sinn die Privatautonomie mehr oder weniger versagt, ist das individuelle Dispositionsinteresse des Arbeitgebers nicht in vollem Umfang rechtlich schutzwürdig. Daher ist die Kollision dieser Prinzipien mit dem Mitbestimmungsprinzip nicht im Sinne eines Nullsummenspiels aufzufassen. Vielmehr ist eine juristische Abwägung der kollidierenden Prinzipien im Hinblick auf typische Fallkonstellationen geboten. Da jedoch die meisten Güter und die meisten Arbeitsbedingungen in einem Kontinuum zwischen absoluter Privatheit und absoluter Kollektivität einzuordnen sind, sind vielfältige Fallkonstellationen denkbar. Bei der Herausarbeitung der kollektiven oder privaten Aspekte des jeweiligen Guts bzw. der jeweils in Frage stehenden Arbeitsbedingung und damit bei der Identifizierung verschiedener Fallkonstellationen kann die Ökonomie helfen.

Entsprechendes gilt für die Kollision des Mitbestimmungsprinzips mit den Prinzipien, die das Interesse der Arbeitnehmer an individueller Privatautonomie sowie die Interessen der Koalitionen an der Tarifautonomie schützen. Bei der zuletzt genannten Kollision zwischen Mitbestimmungsprinzip und Tarifautonomie konkurriert allerdings nicht individuelles mit kollektivem Handeln, sondern verschiedene Formen kollektiven Handelns miteinander. Aber auch hier könnte der Jurist hinsichtlich der empirischen Prämissen des Vergleichs aus der Ökonomie Gewinn ziehen, gäbe es eine ökonomische Analyse, die eine - im Regelmodell beschriebene - betriebsautonome mit einer tarifautonomen Regelung auf ihre Effizienz hin vergleicht.

Mit welchen Prinzipien das Mitbestimmungsprinzip auch immer kollidiert, in jedem Kollisionsfall kann die Jurisprudenz aus einer ökonomischen Analyse, deren Gegenstand das nach dem Regelmodell beschriebene Recht ist, entscheidenden Nutzen ziehen, nämlich für die empirische Grundlage der Abwägung der kollidierenden Prinzipien. Bei dieser Hilfestellung der ökonomischen Analyse freilich bleibt es. In allen genannten Fällen kann ein juristisches Ergebnis nur aufgrund einer Abwägung der verschiedenen kollidierenden Prinzipien gewonnen werden. Bei dieser Abwägung, die interpersonelle Nutzenvergleiche einschließt, kann die Jurisprudenz die Ökonomie nicht zur Hilfe heranziehen.

C. Ergebnis

Was der Ökonom erfährt, wenn er sich das Betriebsverfassungsrecht als Teil eines Unternehmensverfassungsrechts von einem Juristen beschreiben läßt, ist in der Regel eine statische Beschreibung des Rechts, in der z.B. Probleme der rechtlichen Ungewißheit bestenfalls als black box ausgewiesen sind. Eine spezifische ökonomische Analyse des Betriebsverfassungsrechts müßte von der Funktion der Mitbestimmungsrechte als kollektive Eigentumsrechte ausgehen.

Was der Jurist erfährt, wenn er die Ökonomie zu Rate zieht, ist nicht, wie er die rechtliche Ungewißheit, also Lücken oder Spielräume des Rechts mit Hilfe der Ökonomie beseitigen bzw. schließen soll, sondern wie er seine juristische Theorie z.B. der

Mitbestimmung korrigieren muß, um das Recht adäquat in einem juristischen Modell zu beschreiben. Mit Hilfe der ökonomischen Analyse können wahrscheinlich verschiedene Typen von Konstellationen empirischer Bedingungen unterschieden werden, in bezug auf die Prozeduren der Abwägung des Mitbestimmungsprinzips mit kollidierenden Prinzipien durchzuführen sind.

Diskussion

zusammengefaßt von R. Teijl und R.W. Holzhauer

Die zentrale Frage des Referats war, ob für die Einführung von Mitbestimmung eine ökonomische Begründung gegeben werden kann. Es ging um die notwendigen Bedingungen von Mitbestimmung und nicht um eine Analyse tatsächlicher Gestaltung und weiterer Modalitäten. Die sich den Referaten anschließende Diskussion hatte, nach einigen allgemeinen Bemerkungen, primär zwei Problemfelder zum Gegenstand:

- die Begründung für Mitbestimmungsrechte der Arbeitnehmer,
- die Notwendigkeit einer gesetzlichen Verankerung von Mitbestimmung

Im Lichte des 'property rights'-Ansatzes kann Mitbestimmung als ein Internalisierungsmechanismus gedeutet werden. Bei der Untersuchung von Mitbestimmung zieht die ökonomische Rechtsanalyse großen Nutzen aus der Rechtsvergleichung. Bezüglich der Ausgestaltung von Mitbestimmung bestehen große Unterschiede zwischen einzelnen Ländern und Wirtschaftszweigen. Mitbestimmungsrechte können in verschiedenen Formen auftreten: Als Kontrollrechte, als Informationsrechte und als noch umfassendere Rechte.

Sieht man den Zweck von Mitbestimmung in der Kontrolle des Managements, so ist zu beachten, daß hierfür auch andere Wege zur Verfügung stünden, wie beispielsweise eine schärfere richterliche Kontrolle. Ungeachtet dessen kann die Einführung von Mitbestimmung aber aus anderen Gründen indiziert sein.

Bei der Gegenüberstellung der Faktoren Kapital und Arbeit ist nicht ohne weiteres zu erkennen, daß 'Kapital' mobiler ist. Man denke nur an Sachkapital. Dies ändert aber keinesfalls etwas an der Tatsache, daß es für 'human capital' keine unbeschränkten alternativen Verwendungsmöglichkeiten gibt. Gewöhnlich entstehen beträchtliche Abwandlungskosten. In diesem Zusammenhang ist zu bemerken, daß es unterschiedliche Interesssen an Mitbestimmung geben kann. Es spricht vieles dafür, daß sowohl die Hoch- als auch die Geringqualifizierten verglichen mit Personen mittlerer Qualifikation verhältnismäßig mobil sind. Bei der Diskussion um Mitbestimmung spielen Faktoren wie Ungewißheit, Opportunismus und beschränkte Rationalität sowie 'asset specificity' eine Rolle. Neben dem Faktor Mobilität hat auch die 'asset specificity' einen bedeutenden Einfluß auf den Umfang des Drohpotentials.

In der Diskussion wurde die Frage aufgeworfen, ob es nicht meistens das Unternehmen sei, welches spezifische Investitionen in Bezug auf die Arbeitnehmer vornehme. In dem Umfang, in dem dies der Fall sei, werde das Unternehmen gleichsam erpreßbar. Die Unternehmen versuchten sich hiergegen zu wappnen. Während früher der Arbeitgeber in Venedig die physische Immobilität seiner Arbeitnehmer dadurch herbeiführte, daß er sie auf einer Insel zusammenhielt, würden heute Konkurrenzschutzklauseln ausbedungen. Aus dieser Sicht ist Mitbestimmung dann interessant, wenn die Arbeitnehmer selbst investieren. Soweit Mitbestimmung Anreize zu Arbeitnehmer-Investitionen schafft, könnte das gleiche aber auch durch individuelle Verträge zwischen Unternehmen und Arbeitnehmern über die Erzielung von Quasi-Renten aus 'human capital' erreicht werden. Eine allgemeinere Frage liegt darin, inwieweit der Markt imstande ist, arbeitsrechtliche Informationsasymmetrien durch Mitbestimmung zu internalisieren. Der Realitätsgehalt dieses markt-orientierten Ansatzes wurde diskutiert. In einem dabei vorgebrachten Gegenargument wurde angeführt, daß eine Vielzahl arbeitsrechtlicher Errungenschaften (kürzere Arbeitszeit usw.) durch die Einwirkung kollektiver Gegenmacht in einem politischen Prozeß zustandegekommen sei. Aus historischer Perspektive wurde die Bedeutung eines hohen Drohpotentials der Arbeitnehmer aufgrund ihrer beschränkten Ersetzbarkeit bezweifelt. In diesem Zusammenhang wurde auf die Gewerbefreiheit hingewiesen, welche in früherer Zeit nicht existierte. Man könnte sagen, daß mit dem Entstehen der Gewerbefreiheit dieses Drohpotential nunmehr verringert ist. Ein komplizierender Faktor wurde darin gesehen, daß es unsicher ist, inwieweit Individuen ihre Freiheit anwenden können.

Aus der Sicht eines Schumpeter'schen Unternehmers könnte man fragen, ob Mitbestimmung nicht zu Schwerfälligkeiten führt, weil die Schnelligkeit von Entscheidungen durch Beratungsverfahren und politische Vorgänge vermindert wird. Es wurde bemerkt, daß zur Mitbestimmung befragte Manager überwiegend eine ablehnende Haltung zeigen, weil sie der Ansicht sind, daß der Handlungsspielraum des Managements eingeschränkt werde. Im übrigen ist empirisches Material hierzu knapp und die bisher vorliegenden Ergebnisse sind wenig schlüssig. Ferner wurde bemerkt, daß das Fehlen von Mitbestimmung auch nicht ideal sei: Man werde dann andere Mechanismen brauchen.

Daran schloß sich die Frage an, inwieweit ein 'collective choice'-Problem besteht, falls keine individuellen sondern nur kollektive Mitbestimmungsrechte bestehen. Diskutiert wurde die weitere Frage, weshalb gerade eine paternalistische Lösung zu wählen sei, nämlich eine den Marktparteien zwingend vorgeschriebene gesetzliche Regelung. Zumindest hätte man sich auch eine Regelung vorstellen können, welche sich aus einem Hayek'schen Entdeckungsprozeß ergibt. Andererseits zeigt aber die Geschichte, daß Entscheidungsrechte nie einseitig aufgegeben werden. Man braucht die Gesetzgebung, damit gleichsam neue Ansatzpunkte für Verhandlungen geboten werden. Auch hinsichtlich Mitbestimmung sind danach in CAO Verhandlungen gewisse Lernprozesse zu erkennen.

Die Relevanz der ökonomischen Theorie der Unternehmung für rechtswissenschaftliche Fragestellungen - ein Problemkatalog

von Johannes Köndgen

I. Vorbemerkung: die Aktualität von Coase[1]

Wenn die Überlegungen eines Juristen zur ökonomischen Theorie der Unternehmung[2] bei Coase's bahnbrechendem Artikel von 1937[3] anheben, dann artikuliert sich darin nicht nur der Respekt vor dem Urheber des Paradigmas der theory of the firm. Es wäre überdies eine grobe Übertreibung zu behaupten, daß die moderne deutsche Privatrechtstheorie diesen Entwurf bereits rezipiert hätte. Dabei hat Coase ihr diese Rezeption keineswegs besonders schwer gemacht. Coase ist noch ein Exponent jener "Fluidität der Disziplinen" (R. Lepsius), wie sie für die Wirtschafts-, Rechts- und Sozialwissenschaften in der ersten Hälfte unseres Jahrhundert kennzeichnend war. Eine wenn nicht gemeinsame, so doch über die Disziplingrenzen hinweg gemeinverständliche Begrifflichkeit herrscht vor.[4] Und gleich auf den ersten Seiten wird der Jurist mit Überlegungen zu einem ihm wohlvertrauten Institut, nämlich zum Vertrag, angesprochen. Es ist schwerlich zu viel gesagt, wenn man Coase's Versuch über die Institutionenwahl zwischen vertraglich und unternehmerisch organisierten Wirtschaften nicht nur für eine wirtschaftswissenschaftliche Pioniertat hält, sondern ihn auch als ein wichtiges Stück Privatrechtstheorie begreift.

Im Gegensatz zum Referat von Dieter Schneider[5] zögere ich, Coase's Artikel von 1937 kurzerhand unter der Rubrik "überholte institutionenökonomische Ansätze" abzulegen. Wenn ich die Literatur halbwegs vollständig gelesen und annähernd richtig verstanden habe, dann will mir scheinen, daß gerade in neuen und neuesten Forschungen das Coase'sche Paradigma von ungebrochener Aktualität und Vitalität ist. Natürlich kann es bei einem Theorieentwurf, der über 50 Jahre alt ist, nicht mehr so sehr um die Aktualität der Resultate gehen. Es ist vielmehr die bleibende Aktualität der Fragestellungen, die die Originalität von Coase belegt. Ein Großteil der Fragen, denen ich mich

---

1 Für förderliche Kritiken und Anregungen aus der Sicht des Ökonomen danke ich Dr. Philipp Guyer, St. Gallen.

2 Dies ist wohl die einzig adäquate Übersetzung für das englische "theory of the firm".

3 Coase, R. H., The Nature of the Firm, Economica N.S. 16, 386-405.

4 Es ist eine ironische Fußnote der Wissenschaftsgeschichte, daß die Schwierigkeiten der Formalisierung von Coase's Thesen deren Rezeption in den Wirtschaftswissenschaften eher behindert haben; so jedenfalls die Vermutung von Hart, O., An Economist's Perspective on the Theory of the Firm, 89 Colum. L. Rev. 1757, 1761 (1989).

5 In diesem Band

im folgenden zuwenden möchte, sind erstmals von Coase wirklich auf den Begriff gebracht worden.

Coase's Theorie ist bekanntlich eine Theorie der systematischen Wahl zwischen vertraglicher und organisationsförmiger Koordinierung wirtschaftlicher Kooperationen. Ich werde dieses Begriffspaar vorweg mit den hergebrachten rechtssystematischen Kategorien des Handels-, des Gesellschafts- und des Unternehmensrechts konfrontieren, um zunächst einmal Kompatibilität zwischen ökonomischen und juristischen Fragestellungen zu garantieren (II).

Coase's Ausgangspunkt war - auch dies darf ich wohl als bekannt voraussetzen - die Institutionenwahl vor dem Hintergrund einer kontingenten und unsicheren Zukunft. Auch hier scheint es mir dem Verständnis förderlich, eine kurze Übersicht über die Gründe der Institutionenwahl vor dem Hintergrund des privatrechtlichen Instrumentariums zur Planung und Verarbeitung künftiger Unsicherheit zu präsentieren (IV 1). Noch in einem weiteren Punkt ist Coase unvermindert aktuell. Seine Entgegensetzung von Vertrag und Organisation hat ihn nicht übersehen lassen, daß auch die Binnenorganisation der Unternehmung selbst ihrerseits wieder auf Vertragsbeziehungen beruht - allerdings auf Vertragsbeziehungen besonderer Art. Diese Einsicht ist später radikalisiert worden zu der These, die Unternehmung sei selbst nichts anderes als ein "Nexus", ein Geflecht von Verträgen (III 4). Wenn damit die Innen-/ Außendifferenz zwischen dem Unternehmen nicht völlig verwischt werden soll, dann müssen wir uns Gedanken darüber machen, was denn das Spezifikum der unternehmensinternen Verträge ausmacht. Die Antwort auf diese Frage präjudiziert zugleich meine abschließende Überlegung (V), nämlich: Was kann uns die theory of the firm zur Frage unternehmerischer Leitungsmacht, zur corporate governance sagen?

II. Verständigungsprobleme: Die ökonomische Theorie der Unternehmung und die Systematik des Unternehmensrechts

1. Vom Gesellschafts- zum Unternehmensrecht?

Für Ökonomen mag es überraschend klingen: Ein Recht der Unternehmung gibt es als rechtssystematische Kategorie bis heute nicht - wie es das Bürgerliche Recht, das Strafrecht oder das Kirchenrecht gibt. Es gibt nur mehrere - allerdings systematisch relativ streng geschiedene - Regelungskomplexe, deren Hauptadressat das Unternehmen ist.

Die Außenbeziehungen des Unternehmens sind, soweit sie sich in Transaktionen mit anderen Unternehmen abspielen, im Handelsrecht erfaßt. Das deutsche Handelsgesetzbuch stammt freilich im wesentlichen aus der Mitte des vorigen Jahrhunderts, und deshalb ist sein idealtypischer Adressat der Einzelkaufmann, der, allenfalls umgeben von einem Prokuristen und noch einigen sog. Handlungsgehilfen, einen kleinen Warenhandel betreibt. Aufgelockert wird diese biedermeierliche Idylle immerhin dadurch, daß auch den Handelsgesellschaften - insbesondere den Kapitalgesellschaften -

Kaufmannseigenschaft kraft Rechtsform zugewiesen ist. Neuere Bestrebungen, das Handelsrecht zu einem Außenrecht für Unternehmungen fortzuentwickeln[6], können immer noch heftigen Widerspruchs sicher sein[7].

Innenrecht der Unternehmung ist zweifellos das Gesellschaftsrecht. Aber nur in einer stark verengten Dimension. Gesellschaftsrecht organisiert die Beziehungen der Unternehmenseigentümer zueinander und zu ihrem Unternehmen. Das Gesellschaftsrecht ist außerdem seinerseits stark fragmentiert in verschiedene Organisationstypen, deren sich die Eigentümer eines Unternehmens unter dem im deutschen Recht herrschenden Rechtsformzwang bedienen müssen; rechtsformübergreifende Regeln und Prinzipien gibt es relativ wenige.[8]

Unternehmensaußenrecht ist wiederum traditionell das Arbeitsrecht. Das hat in Deutschland eine weit zurückreichende Tradition, denn der Dienstvertrag - aus dem der Arbeitsvertrag sich entwickelt hat - war nach römischem Recht eine Art Miete von Arbeitskraft. Nur sozusagen durch die Hintertür hat sich das Arbeitsrecht auch in das Unternehmensinnenrecht hineingemogelt: zunächst in Gestalt des Betriebsverfassungsrechts, später - und eindeutiger noch - über die Arbeitnehmermitbestimmung im Unternehmen, die ja rechtssystematisch Teil des Gesellschaftsrechts ist. Natürlich gab es und gibt es in der Privatrechtswissenschaft Versuche, diese disparaten Blöcke des unternehmensbezogenen Rechts systematisch aufeinander zu beziehen und in einem neuen und kohärenten Unternehmensrecht zu vereinen. Die Hoffnung, daß damit die rechtssystematische Brücke zur ökonomischen Theorie der Unternehmung gefunden sein könnte, ist jedoch trügerisch. Kurt Ballerstedt, wohl der Urheber dieser Unternehmensrechtskonzeption, hat darunter den Inbegriff jener Rechtsnormen verstanden, "die das Unternehmen als sozialen Verband der in ihm durch Kapitalbeiträge oder personale Leistungen kooperierende Rechtssubjekte und als Institution der Wirtschaftsverfassung betreffen"[9]. Stoßrichtung dieser sog. Sozialverbandstheorie war es weniger, einen Neuaufguß organizistischer Theorien von der Verbandspersönlichkeit zu geben, sondern das Programm einer partnerschaftlichen Unternehmensverfassung zu entwerfen[10]: Unternehmensrecht ist gleich Gesellschaftsrecht plus Mitbestimmung. Davon mag man halten, was man will: Zumindest die Fragestellung - wenn vielleicht auch nicht die Antwort - der Sozialverbandstheorie bleibt wichtig, und dies sicherlich auch für die ökonomische Theorie der Firma: Wo bestehen Konfliktlagen zwischen den

---

6 So, in Anknüpfung an Vorarbeiten von Peter Raisch, vor allem Schmidt, Karsten, Handelsrecht, 3. Aufl. 1987, § 3.

7 Vgl. etwa die Polemik von Zöllner, W., Wovon handelt das Handelsrecht? ZGR 1983, 84.

8 Vgl. vorläufig nur Schmidt, Karsten, Gesellschaftsrecht, 2. Aufl. 1991, § 5 II/III. Ökonomische Analyse dieser Problematik unten, IV 2.

9 Ballerstedt, K., GmbH-Reform, Mitbestimmung, Unternehmensrecht, ZHR 135 (1971), 479, 484.

10 Resümierend statt aller Schmidt, Karsten (Fn. 7), § 1 II 3 b.

einzelnen Mitgliedersegmenten (constituencies) der Unternehmung und wie sind sie gegebenenfalls zu lösen?

2. Der Unternehmensbegriff der theory of the firm

Da der Jurist nach alledem über keinen einheitlichen Unternehmensbegriff verfügt[11], wird er den Blick erst einmal hilfesuchend zurück zur Ökonomie wenden und fragen, welchen Unternehmensbegriff denn die theory of the firm selbst zugrunde legt. Auch dieses Unterfangen wird in Enttäuschung enden. Ein adäquater Begriff des Unternehmens ist - um es pointiert zu sagen - nicht konzeptueller Grundbaustein der theory of the firm, sondern allenfalls deren Resultat, und zwar je nach dem, mit welcher Fragestellung sie sich ihrem Gegenstand nähert.

Für Coase war die Firma die Organisation arbeitsteiligen Wirtschaftens, in der die vertragliche Kooperation auf Märkten durch einen Unternehmer oder auch ein Unternehmen in die Hand genommen und koordiniert wird, und zwar auf der Basis hierarchisch strukturierter Dauerverträge. Als deren Prototyp beschreibt Coase zwar nur den Arbeitsvertrag[12], doch läßt er keinen Zweifel, daß die Kontrolle durch den Unternehmer ebensogut das Eigentum oder Vermögen einer Person erfassen könne wie ihre Arbeitskraft[13]. Coase's Unternehmensbegriff steht somit für den Typus der hierarchisch strukturierten Organisation. Trotzdem hat dieses Organisationsmodell mit Gesellschaftsrecht - wo sich für die Juristen das Innenorganisationsrecht der Unternehmung konzentriert - nicht das Geringste zu tun. Denn Gesellschaftsrecht ist nicht hierarchisch, sondern bedeutet Kooperation gleichberechtigter Partner; und selbst der großen Publikumsgesellschaft, wo infolge der großen Zahl der Gesellschafter einige wenige das Sagen haben müssen, liegt mit der Vorstellung der sog. Aktionärsdemokratie noch ein egalitäres Organisationsmodell zugrunde.

Alchian und Demsetz haben denn auch den hierarchischen Unternehmensbegriff von Coase als "Irrglauben" bezeichnet.[14] Selbst die Beziehungen zwischen dem Arbeitgeber-Unternehmen und seinen Arbeitnehmern seien - so behaupten Alchian und Demsetz mit kaum geringerer Einseitigkeit als Coase - strukturell nicht verschieden von einfachen marktvermittelten Kaufverträgen. Nicht die hierarchischen Weisungsrechte

---

11 Am weitesten abstrahiert immer noch der weite Unternehmensbegriff des Kartellrechts, der die Verbindungen zum Kaufmannsbegriff ebenso wie jene zu den Organisationstypen des Gesellschaftsrechts völlig gelöst hat. Er bezeichnet schlicht jede Form selbständigen und planmäßigen Wirtschaftens, die nicht privater Konsum oder hoheitliche Staatstätigkeit ist. Vgl. statt aller Emmerich, V., Kartellrecht, 6. Aufl. 1991, § 4, 1.

12 Coase, R. (Fn. 2), S. 403

13 AaO, S. 403, Fn.3.

14 Alchian, A./Demsetz, H., Production, Information Costs, and Economic Organization, 62 American Economic Review 777 (1972).

und Sanktionsmöglichkeiten des Unternehmers machen das Wesen der Firma aus, sondern die in einem Team vonstatten gehende Produktion, deren inputs allerdings zentral von einer Person auf der Basis von Verträgen arrangiert werden. Die Besonderheit dieser Kooperation liegt darin, daß der Kooperationsgewinn sich nicht, wie bei vertraglicher Kooperation, einfach "additiv" ergibt, sondern marginal nur durch das Zusammenwirken im Team. Die Grenze zwischen der Unternehmung und ihrer aus isolierten einzelnen Marktbeziehungen bestehenden Umwelt wird dadurch gezogen, daß innerhalb der Unternehmung alle Verträge mit einer zentralen Koordinationsinstanz geschlossen werden - was, ob man will oder nicht, letztlich doch wieder auf eine Art hierarchisches System hinausläuft.

Wieder anders sieht es aus, wenn man mit Dieter Schneider[15]als Mitglieder der Unternehmung neben deren Eigentümern nur solche Marktpartner ansehen will, die als Entgelt für ihre Leistung an das Unternehmen keine vom ex-post-Ergebnis unabhängige fixe Vergütung erhalten, sondern sich das Risiko der Unsicherheit über das künftig zu erzielende Einkommen mit dem Unternehmen teilen und deshalb eine nach dem ex-post-Ergebnis bemessene Vergütung beziehen[16]. In dieser Konzeption bleiben die Eigentümer des Unternehmens mehr oder weniger unter sich, denn Verträge mit dem von D. Schneider beschriebenen Design kommen in der Wirklichkeit nicht vor, da auch Anstellungsverträge mit Managern, sog. partiarische Darlehen (das sind Kredite mit Gewinnbeteiligung) oder Pachtverträge mit Umsatzbeteiligung immer einen fixen Entgeltgrundstock mit einer ergebnisabhängigen Zusatzvergütung kombinieren. Unternehmen wird in dieser Konzeption gleichbedeutend mit dem, was juristisch Gesellschaft heißt: einer Gemeinschaft von Financiers, die sich das Risiko der künftigen Einkommensentwicklung des Unternehmens teilen.

3. Unternehmen und Gesellschaft - interdisziplinär gesehen

Wenn wir an dieser Stelle eine vorläufige Bilanz ziehen, so fällt sie etwas ernüchternd aus: Die ökonomische Diskussion steht offenbar quer zur überkommenen Systematik des unternehmensbezogenen Rechts, und die Juristen fragen sich betroffen, ob sie denn radikal umdenken müssen. Ich kann schon hier eine vorläufige Antwort geben: Sie müssen nicht, jedenfalls nicht grundsätzlich.

Recht schnell wird man sich mit den Ökonomen einigen über das Verhältnis von "Unternehmen" und "Gesellschaft". Was immer das Unternehmen sei - wir wissen es ja noch nicht genau - , es ist gegenüber der "Gesellschaft" der Oberbegriff. "Gesellschaft" benennt dann für eine Untergruppe von Unternehmen eine bestimmte und in diverse Rechtsformen gekleidete Organisationsweise der Unternehmensfinanzierung, die mit einer von den Eigenkapitalgebern dominierten Leitungs- und

---

15 In diesem Band, oben S. [25/26].

16 Schneider, D., in diesem Band S. [22-24].

Kontrollstruktur einhergeht.[17] Die Gesellschafter sollte man darum auch nicht unbedingt als "Eigentümer" der Unternehmung bezeichnen - was für Kapitalgesellschaften auch juristisch falsch wäre - , sondern als schlichte Financiers. Sie tragen in Arbeitsteilung mit anderen input-Lieferanten zum Gesamt-output der Unternehmung bei - nicht mehr und nicht weniger. Daß die Gesellschaft der Unternehmung auch Rechtspersönlichkeit vermittelt, ist ohnedies nur bei Kapitalgesellschaften der Fall und dort eher eine aus Gründen der Praktikabilität gebotene juristische Fiktion.[18] Gestört wird der interdisziplinäre Konsens allenfalls durch die Idee der Juristen, daß sich Financiers nicht zuletzt deshalb in Kapitalgesellschaften organisieren, um ihre Haftung zu beschränken. Darauf ist zurückzukommen.[19]

4. Welche Antworten erwartet der Jurist von der ökonomischen Theorie der Unternehmung?

Mein Referentenauftrag lautet, die ökonomische Theorie der Unternehmung auf ihre juristischen Relevanzen zu befragen. Vielleicht ist es jedoch angebracht, daß die Unternehmens- und Gesellschaftsrechtswissenschaft nicht einfach abwartet, was ihr die ökonomische Theorie an verwertbaren Ergebnissen zu liefern hat, sondern ihrerseits die Fragen stellt, die für die verschiedenen unternehmensrechtlichen Teildisziplinen grundlegend sind.[20] Ich meine, daß wir zu mindestens fünf Problemkomplexen Fragen an die Ökonomen haben.

(1) Zunächst erwartet der Unternehmensrechtler Aufschluß über die Frage, wie die Effizienz gesetzlich vorgegebener oder von der Gesellschaftsrechtspraxis entwickelter Organisationsmuster in Unternehmen zu beurteilen ist. Und zumindest als deutsche Unternehmensrechtler können wir uns derzeit[21] nicht mit der Auskunft zufriedengeben, die Herausbildung der optimalen Organisationsformen doch einfach dem "Entdeckungsverfahren Markt" zu überlassen. Bekanntlich haben wir im deutschen (und genauso im Schweizerischen) Gesellschaftsrecht bisher noch Rechtsformzwang. Innerhalb der angebotenen Organisationstypen bestehen zwar in der Personen-

---

17 Zutreffend Easterbrook, F./Fischel, D., The Corporate Contract, in: Bebchuk, L. (ed.), Corporate Law and Economic Analysis (1990), 182 (190 f.). Ähnlich Schanze, E., Potential and Limits of Economic Analysis: The Constitution of the Firm, in: Daintith, T./Teubner, G., Contract and Organisation: Legal Analysis in the Light of Economic and Social Theory (1986), 204, 212.

18 Easterbrook, F./ Fischel, D., aaO, 191.

19 Vgl. Weiteres unter III 4 und IV 2 b bb.

20 Dazu besteht umso mehr Anlaß, als die geradezu überbordende Literatur zur ökonomischen Theorie der Unternehmung (vgl. die Nachweise im Beitrag von Christian Kirchner in diesem Band, S. 196 ff., Fn. 6) großenteils angelsächsischer Provenienz ist und von Fragen aus der Sicht des deutschen Rechts naturgemäß keine Notiz nimmt.

21 Zu den rechtspolitischen Zukunftsperspektiven noch unten, IV 2.

gesellschaft erhebliche Gestaltungsspielräume für ein vertraglich maßgeschneidertes Organisationsstatut; im für das Unternehmensrecht weitaus wichtigeren Kapitalgesellschaftsrecht herrscht hingegen eine verhältnismäßig hohe Regulierungsdichte. Wir müssen also unsere Frage noch einmal differenzieren: Wieviel Vertragsfreiheit und wieviel Regulierung brauchen wir im Gesellschaftsrecht? Und zweitens: Welche Vorgaben für die Organisationsstruktur soll ein - zwingend-regulatives oder auch nur lückenfüllend-dispositives - Unternehmens- und Gesellschaftsrecht enthalten?[22]

(2) Jede ökonomische Theorie der Firma ist wertlos für die Jurisprudenz, wenn sie keine Angaben darüber macht, wo die Innen-/Außengrenze der Unternehmung verläuft. Um nicht mißverstanden zu werden: Ich erwarte hier keine "ontologische" Begriffsbestimmung, sondern eine - möglicherweise je nach Fragestellung variierende - Grenzziehung zwischen dem Handlungssystem Unternehmung und seiner aus schlichten und nicht zentral koordinierten Marktbeziehungen bestehenden Umwelt. Gefragt ist nach den funktionalen Grenzen der Organisationsmodi Hierarchie und Vertrag.[23] Für das Unternehmensrecht ist diese Grenzziehung nicht nur deshalb unverzichtbar, weil sie über die Ausübung der corporate governance, also über die Allokation der spezifisch gesellschaftsrechtlichen Leitungs-, Kontroll- und Mitbestimmungsbefugnisse entscheidet.[24] Auch die Haftungsfrage beantwortet sich völlig anders, jenachdem z.B. Produktschäden bei Produktion durch ein Vertragsnetzwerk, durch ein einziges Unternehmen oder durch eine eigens ausgegliederte und schwach kapitalisierte Tochter- oder Schwestergesellschaft anfallen.

(3) Eine Frage der Mitgliedschafts- wie der Organisationsstruktur der Unternehmung ist es, wie die Kontrollrechte unter den verschiedenen Mitgliedergruppen (constituencies) verteilt und wie die zwischen ihnen angelegten Interessenkonflikte zu lösen sind. Das ist die Fragestellung, die uns aus der Unternehmensrechts- und Mitbestimmungsdiskussion hinlänglich bekannt ist. Ich verweise hierzu auf das Referat von Thomas Eger, Hans Nutzinger und Peter Weise.[25]

(4) Die Gründung oder Erweiterung eines Unternehmens führt häufig zur horizontalen, aber auch zur vertikalen Integration zwischen Partnern auf verschiedenen Wirtschaftsstufen, die sich vordem als "schlichte" Marktkontrahenten gegenüberstanden. Nicht nur horizontale, sondern auch vertikale Integration ist natürlich ein Reizwort für den Kartellrechtler, und zwar gerade dann, wenn es nicht um einen völligen Zusammen-

---

22 Versuch einer Antwort auf diese Fragen unten, sub IV 2 b.

23 So auch die Forderung von Williamson, O., The Nature of the Firm: Introduction, in: Williamson, O./Winter, S. (ed.), The Nature of the Firm: Origins, Evolution, and Development (1991), 3 ff. (12 f.).

24 Diese Frage kann auch den Ökonomen interessieren, allerdings mit anderen Akzentsetzungen. So fragt der Ökonom Oliver Hart (Fn. 3), 1766, 1770 ff., nach den Außengrenzen der Unternehmung, um unter dem Gesichtspunkt der Kontrollrechte optimale Unternehmensgrößen zu bestimmen.

25 Insbesondere S. 9 ff.

schluß geht, sondern um losere Formen der Unterordnung in Gestalt von Vertragsnetzwerken. Für den Kartellrechtler ist die Entscheidung für vertikale Integration nicht so sehr ein Mittel, Transaktionskosten zu sparen, als vielmehr den Preiswettbewerb zu beschränken, indem Preisbindungen beim Absatz oder Nachfragemonopole bei der Beschaffung errichtet werden. Im Prinzip müßte dann jeweils gefragt werden, ob der Effizienzgewinn durch Transaktionskostenersparnis den Wohlfahrtsverlust durch Wettbewerbsbeschränkung überwiegt oder umgekehrt[26]. Das entspricht nicht unbedingt der herrschenden Sicht im Kartellrecht, die die vertikale Integration allein unter der Perspektive einer Erweiterung wettbewerblicher Verhaltensspielräume sieht[27]. Umgekehrt ist in den ökonomischen Diskussionen zur bekannten "make-or-buy"-Alternative die wettbewerbliche Dimension häufig ausgeblendet,[28] und man muß sich an den sog. Industrial-Organization-Ansatz halten, um hier Weiteres zu erfahren.[29]

(5) Unternehmen richten auch Schäden an, z.B. indem sie Verträge verletzen, gefährliche Produkte in den Verkehr schleusen oder die Umwelt verschmutzen. Dabei sind die Vertragsverletzungen noch das geringste Problem, denn der Vertragsgläubiger weiß in etwa, was an Schädigungsrisiken, aber auch an Haftungsmasse in der Unternehmung steckt, mit der er kontrahiert, und kann sich dementsprechend durch vertragliche Sicherungs- und Haftungsvorkehrungen adäquat schützen. Was bisher noch weitgehend fehlt, ist eine Theorie der Organisationshaftung, die über die allgemeinen Einstandspflichten für Erfüllungs- und andere Gehilfen hinausgeht, indem sie zum ersten organisationsspezifische Verhaltenspflichten im Verkehr entwickelt, zum zweiten das Kapitalgesellschaftern gewährte Privileg beschränkter Haftung systematisch in den Blick nimmt.[30]

III. Die Pluralität der Fragestellungen und Erklärungsansätze in der ökonomischen Theorie der Unternehmung

Kaum eine ökonomische Theorie präsentiert sich heute in einem solch verzweigten Zustand wie die Theorie der Firma. Pointiert gesagt: Es gibt nicht "die Theorie",

---

26 So zutr. Gellhorn, E., Antitrust Law and Economics (1976), 252.

27 Vgl. nur Emmerich, V. (Fn. 10), § 24, 5a.

28 Konsequent berücksichtigt wird der Antitrust-Aspekt von Williamson, O., Markets and Hierarchies: Analysis and Antitrust Implications (1975).

29 Es muß hier bei Andeutungen bewenden. Vgl. zu den komparativen Vor- und Nachteilen konzernmäßiger und vertraglicher vertikaler Integration aus wettbewerbsrechtlicher Sicht Kirchner, C., Unternehmensorganisation und Vertragsnetz, in diesem Band, S. 196 ff., unter IV 1 c und IV 2 b.

30 Vgl. dazu noch unten, III 5 und IV 2 b bb.

sondern allenfalls noch "die Theorien" der Firma.[31]

1. Coase und Williamson: Contract vs. Organization

Zumindest eine Erklärung für die Inkompatibilitäten zwischen der ökonomischer Theorie der Firma und der Systematik des Unternehmensrechts liegt in dem Faktum, daß die Fragestellungen jedenfalls der älteren theory of the firm viel höher generalisiert waren als die Regelungsprobleme, auf die das Handels-, Arbeits- und Gesellschaftsrecht reagieren. So hat Coase in seinem ambitionierten Entwurf ganz allgemein eine Antwort darauf gesucht, was unter dem Ziel der Reduzierung von Transaktionskosten die effizienteste Art der Organisation arbeitsteiligen Wirtschaftens bzw. industrieller Kooperation ist. Nicht weniger hoch generalisiert dann die Institutionen und deren Steuerungsprinzipien, die Coase zur Wahl stellt: bilaterale vertragliche Kooperation einerseits, Mehrpersonen-, zentral geführte und auf Dauer gestellte Organisation in einer Firma andererseits. Das Steuerungsprinzip der einen ist der Markt, das der anderen Hierarchie. Coase hat damit zumindest auf eine unserer Ausgangsfragen eine stringente Antwort gegeben: die Fixierung der Innen-/Außengrenze der Unternehmung. Im übrigen wissen wir heute, daß diese Dichotomien kühne Vereinfachungen waren und den Fortgang der Forschung eher behindert haben. Insbesondere hat man zunächst wenig beachtet, daß die Steuerungs- und Allokationsfunktion von Preisen auch bei unternehmensinternen Transaktionen die Beachtung von Preissignalen verlangt; ein Problem, das der Ökonomie unter dem Titel transfer pricing inzwischen wohlbekannt und auch dem Konzernrechtler unter den Stichworten "Konzernverrechnungspreise" und "verdeckte Gewinnausschüttung" geläufig ist.[32] Diese und andere Mängel von Coase's Ansatz vermeidet Oliver Williamson, der Jahrzehnte später Coase fortgedacht hat. Ich komme an späterer Stelle (V) darauf zurück.

Die neuere Theorie der Firma bleibt im übrigen ebenfalls in der Kontinuität von Coase, ist jedoch in ihren Fragestellungen verzweigter geworden.

2. Agency-Theorie: Kontrolle der Verwaltung

Ein Zweig ist sozusagen abgewandert in eine andere Theorie von ähnlich universalem

---

31 Ich fasse hier die - jedenfalls für Juristen - beste Darstellung der Theoriegeschichte und des aktuellen Theoriestandes aus der Feder von Hart, O. (Fn. 3) zusammen.

32 Statt aller und mit weiteren Nachweisen Kölner Komm. AktG-Koppensteiner, § 311 Rz. 33 f., 38 ff.

Erklärungsanspruch, die agency-Theorie[33]. Diese Richtung widmet sich im wesentlichen der Frage, welche institutionellen Arrangements und Anreizsysteme erforderlich sind, um das Management (aber auch die Arbeitnehmer im ganzen) daran zu hindern, die ihm von den Unternehmenseigentümern eingeräumten Ermessensfreiräume zu mißbrauchen. Agency-Probleme entstehen ohne Rücksicht darauf, ob der Unternehmensträger eine Einzelperson oder eine Gruppe von als Gesellschaft organisierten Financiers ist. Da nun aber größere Unternehmen in der Regel als Kapitalgesellschaft organisiert sind, hat der agency-theoretische Ansatz sein Hauptbetätigungsfeld im Gesellschaftsrecht, genauer: bei der Kontrolle gesellschaftlicher Leitungsmacht. Hier liegen seine Stärken, aber auch seine Grenzen: Nicht einmal auf dem engeren Gebiet des Gesellschaftsrechts liefert die Agency-Theorie ein geschlossenes Modell für die gesellschaftliche Organisationsstruktur.

Gleichwohl besteht überhaupt kein Zweifel, daß das deutsche Gesellschaftsrecht von dieser Richtung der theory of the firm noch zu lernen hat. Es geht hier nicht nur um ein agency-Kosten reduzierendes Design von Manager-Kontrakten. Der Nachholbedarf liegt auch und vor allem darin, daß das deutsche Gesellschaftsrecht - anders als das angelsächsische Recht, das über eine lange und reiche Tradition und Erfahrung mit treuhänderischen und anderen fiduziarischen Befugnissen verfügt - bis heute noch keinen annähernd so reichhaltigen Katalog von Treupflichten (fiduciary duties) für gesellschaftliche Leitungsorgane entwickelt hat.[34] Eine Diskussion etwa der Frage, ob und wieweit Leitungsorgane sog. corporate opportunities ausnützen dürfen, hat in Deutschland gerade erst begonnen[35], und diese Diskussion wird sich mit Gewinn der agency-Theorie bedienen[36]. Eindeutig unterentwickelt ist im Rechtsvergleich mit anderen Ländern auch die Haftung von Organpersonen, die das deutsche Gesellschaftsrecht uneingeschränkt nur der anstellenden Korporation zugute bringt[37], den Aktionären dagegen nur mit größter Zurückhaltung[38] und den Gläubigern der Gesellschaft

---

33 Namentlich Fama, E. F., Agency Problems and the Theory of the Firm, Journal of Political Economy 88 (1980); Jensen, M./Meckling, W., Theory of the Firm: Managerial Behavior, Agency Costs and Ownership Structure, 3 Journal of Financial Economics 306 (1976). Sympathien für den agency-theoretischen Ansatz auch im Referat von Schneider, D., S. 15.

34 Vgl. aber immerhin Kölner Komm. AktG-Mertens, § 93 Rz. 27-86.

35 Pionier ist der Beitrag von Kübler, F., Erwerbschancen und Organpflichten, Festschr. W. Werner (1984), 437 ff.; Resümée der bisherigen Diskussion bei Schmidt, Karsten (Fn. 7), 491 f.

36 Vgl. dazu meinen Versuch, Immaterialschadensersatz, Gewinnabschöpfung oder Privatstrafen als Sanktionen für Vertragsbruch?, RabelsZ 56 (1992), 696 ff. (750 ff.).

37 Vgl. §§ 43 GmbHG, 93 AktG.

38 Vgl. neuerdings BGH v. 10.11.1986, JZ 1987, 781 mit Anm. Wiedemann. Vertiefend zum Problem Wiedemann, H., Organverantwortung und Gesellschafterklagen in der Aktiengesellschaft (1989).

überhaupt nicht. Ich muß es hier bei diesen Andeutungen bewenden lassen[39], und kann allenfalls noch vorgreifend darauf hinweisen, daß auch die ökonomische Theorie der Arbeitnehmer-Mitbestimmung der Agency-Theorie Wichtiges verdankt.

3. Finanzmarktorientierte Ansätze

Den Versuchen, das Geschehen in einer Firma von den Finanzmärkten her zu analysieren[40], ist gemeinsam, daß sie keinerlei Rezepte für die Organisationsstruktur geben, sondern diese als variabel behandeln. Ob die interne Organisation hierarchisch oder vertraglich ist, interessiert nur am Rande, da die interne Kontrollstruktur durch einen externen Kontrollmechanismus überlagert - wenn nicht sogar substituiert - wird. Alle Probleme lösen sich letztlich, weil Unternehmen oder genauer gesagt: Unternehmensanteile auf allokations- und informationseffizienten Kapitalmärkten gehandelt werden. Qualitätsmerkmale dieser Finanztitel sind nicht nur Ausschüttungsrendite oder Cash Flow des Unternehmens, sondern auch die mehr oder weniger strenge Inpflichtnahme des Managements, die Möglichkeit, Insiderhandel zu treiben, Minderheitenschutz in der Generalversammlung, Stimmrechts- oder Fungibilitätsbeschränkungen durch Vinkulierung, kurz: alles was die Organisationsstruktur eines Unternehmens ausmacht. Weil solche Merkmale ihrerseits in das pricing von Finanzanlagen einfließen, gerät die Organisationsstruktur und die Unternehmensleitung selbst unter "Marktdisziplin", nämlich durch die Finanzmärkte. Nur eine besondere Spielart dieses Ansatzes ist der "market for corporate control", den uns die Takeover-Diskussion der letzten Jahre beschert hat[41] und der das Management auf Trab halten soll.

Die Errungenschaft dieser Theorie liegt, wie schon gesagt, in der Erkenntnis, daß die Finanz-, aber daneben natürlich auch die Produktmärkte, interne Kontrollmechanismen substituieren können. Diskutabel sind ihre Annahmen allerdings nur für die große Publikumsgesellschaft mit börsengängigen Anteilen und einem Maximum an Publizität. Insoweit hat allerdings die empirische Kapitalmarktforschung tatsächlich zu Tage gefördert, daß scheinbar relativ periphere organisationsrechtliche Details (z. B. Stimmrechtsbeschränkungen) oder Insiderhandel durch Mitglieder der Verwaltung

---

39 Einzelheiten demnächst bei Köndgen, J., Faktische Organschaft und unzulässige Einflußnahme auf die Geschäftsführung der Kapitalgesellschaft, erscheint in der Schriftenreihe der Karlsruher Juristischen Studiengesellschaft (C.F. Müller).

40 Etwa Easterbrook, F./ Fischel, D. (Fn. 16), 185 ff., 196 ff.; Mueller, D., The Corporation: Growth, Diversification and Mergers (1987)

41 Vgl. bereits Manne, H. G., Mergers and the Market for Corporate Control, 73 J. Pol. Econ. 110 ff. (1965). Zur Rezeption dieses Konzepts in Deutschland Adams, M., Höchststimmrechte, Mehrfachstimmrechte und sonstige wundersame Hindernisse auf dem Markt für Unternehmenskontrolle, Die Aktiengesellschaft 1990, 63 ff.; mit umfassenden Nachweisen auch Hahn, D., Die feindliche Übernahme von Aktiengesellschaften: eine juristisch-ökonomische Analyse (1992), 68 ff. und passim.

alsbald von den Aktienkursen reflektiert werden.[42] So sind die finanzmarktorientierten Ansätze zwar sicherlich keine systematische Theorie der Unternehmung, aber ein valides Plädoyer für mehr Vertragsfreiheit im Gesellschaftsrecht.[43]

4. Die Unternehmung: ein Vertragsnetzwerk?

a) Das theoretische Konzept

Coase selbst hatte schon eingeräumt, daß auch am Anfang der von ihm als hierarchisch analysierten unternehmensinternen Kooperationen Verträge stehen. Andere haben bemerkt, daß selbst Arbeitsverträge, an denen Coase den Typus des "hierarchischen" Vertrages exemplifiziert hatte, auf Arbeitsmärkten abgeschlossen und damit dem Preissystem unterstellt werden, und daß der Unternehmer einen unfähigen Arbeitnehmer durch Kündigung ebenso auswechseln kann wie man seinen Bäcker wechselt, wenn man mit der Qualität der Brötchen nicht mehr zufrieden ist[44]. Von dort war es nur noch ein kleiner Schritt zu der These, daß auch das Unternehmen nichts als ein "Nexus von Verträgen" sei[45]. Natürlich gibt es zwischen diesen Verträgen typologische Unterschiede. Aber das erlaubt es bestenfalls, anstatt von einer Unternehmung mit relativ fixen Außengrenzen von einem Kontinuum von Verträgen zu sprechen, das vom isolierten und kurzfristigen Einmal-Kontakt bis zum langfristigen und hierarchischen "relationalen" oder "symbiotischen" Vertrag[46] reicht. Der Kreis der Teilnehmer - von "Mitgliedern" möchte man schon nicht mehr sprechen - an einem solchen System umfaßt jetzt nicht nur mehr die klassischen Gruppen wie Financiers, Manager und Arbeitnehmer, sondern schließt Lieferanten, Kreditgeber und Langfristkunden mit ein. Alle input-Lieferanten sind im Prinzip gleichwertig, und die für das Gesellschaftsrecht so zentrale Vorrangstellung der Gesellschafter im Unternehmen wird fragwürdig, ja,

---

42 Zu Wertverlusten infolge von Stimmrechtsbeschränkungen vgl. wiederum die Nachweise bei Hahn, D., aaO 180 f.. Guter Überblick im übrigen bei Jarell, G.A./Brickley, J.A./Netter, J.M., The Market for Corporate Control: The Empirical Evidence Since 1980, 2 J. Econ. Persp. 49 ff. (1988).

43 Weitere Ausführung dieses Gedankens unten, IV 2.

44 Alchian, A./ Demsetz, H. (Fn. 13).

45 Erstmals wohl Jensen, M./ Meckling, W. (Fn. 32) 310. Ferner Fama, E., Agency Problems (Fn. 32), 288-290; Cheung, S., The Contractual Nature of the Firm, 26 Journal of Law and Economics 1 (1983). Anhänger dieser Theorie sind ferner Easterbrook, F./ Fischel, D. (Fn. 16), 183 und passim; Baysinger, B. / Butler, H., The Role of Corporate Law in the Theory of the Firm, 28 Journal of Law and Economics 179 (1985). Aus dem deutschen Schrifttum Adams, M., Eigentum, Kontrolle und Beschränkte Haftung (1991), 14 f.

46 Zu dieser Kategorie von Verträgen zuletzt und mit allen Nachweisen Schanze, E., Symbiotic Contracts: Exploring Long-Term Agency Structures Between Contract and Corporation, in: Joerges, C. (ed.), Franchising and the Law: Theoretical and Comparative Approaches in Europe and the United States (1991), 67 ff.

der Begriff des "Unternehmenseigentümers" wird geradezu irrelevant.[47] In gleicher Weise nivelliert sich eine weitere, vor allem im deutschen Gesellschaftsrecht hochgehaltene strukturelle Differenzierung[48]: jene zwischen dem "Außenrecht" (vor allem: Vertrags- und Vertretungsrecht) und dem "Innenrecht" (vor allem: Organisationsrecht) der Gesellschaft. Wo sich bestimmte Organisationsformen typologisch verfestigt haben - etwa die moderne Publikumsgesellschaft - , dort handelt es sich um dieselbe Entwicklung, die wir auch bei anderen standardisierten Verträgen, insbesondere bei Verträgen auf der Basis Allgemeiner Geschäftsbedingungen wahrnehmen können[49].

Hintergrund dieser Sicht ist teilweise ein prononcierter methodologischer Individualismus. Die Unternehmung hat als solche keine eigene, sozusagen personifizierte Existenz, sondern ist nur ein zum Gleichgewicht tendierendes Handlungssystem, nicht wesentlich anders als ein Markt[50].

Wegweisend an dieser Konzeption ist sicherlich, daß sie die Leistungsfähigkeit der Vertragskategorie auch im Unternehmenskontext konsequent auslotet. Ich habe in der Tat keine Schwierigkeiten, den Unterschied zwischen einem Financier, der sich mit Stammaktien am Unternehmen beteiligt, und einem solchen, der stimmrechtslose Vorzugsaktien oder Genußscheine erwirbt, vertragsrechlich zu begreifen. Und es besteht auch kein Zweifel, daß die Wahl unter diesen Finanzierungsalternativen durch das Preissystem gesteuert wird. Aber ist auch ein Beherrschungs- und Gewinnabführungsvertrag zwischen Konzernmutter und -tochter noch eine Markttransaktion? Oder ist es nicht mehr oder jedenfalls etwas anderes als ein Vertrag, wenn die Dresdner Bank Höchststimmrechte einführt, um sich für die nächsten 20 Jahre gegen feindliche Übernahmen zu sichern? Je mehr wir im Aktionär nicht mehr den "seiner" Gesellschaft lebenslang verbundenen Gesellschafter, sondern den mobilen Financier sehen, desto mehr beginnt auch die Organisation Unternehmen ein Eigenleben zu führen, das unabhängig ist von ihrem fluktuierenden Mitgliedersubstrat.

Jenseits solcher eher bildhaft-intuitiven Assoziationen kommen wir jedenfalls mit zwei Fragestellungen nicht umhin, die Grenze zwischen der Unternehmung und ihrer Umwelt zu ziehen. Zunächst: Verschmelzung von Unternehmen einerseits und Aufspaltung andererseits lassen sich nicht dergestalt zureichend begreifen, daß hier lediglich ein paar Vertragsbeziehungen entweder hinzukommen oder abgespalten werden.[51] Hier brauchen wir zwar nicht die Vorstellung einer mystischen Personifikation von Unternehmen, wohl aber der Identität von Organisationen. Zweitens: Die

---

47 So ausdrücklich Fama, E. (Fn. 32), 289 f.

48 Statt aller Schmidt, Karsten (Fn. 7), § 7 I 3.

49 Auf diese Parallele macht Hart, O. (Fn. 3), 1764 aufmerksam.

50 Jensen, M./ Meckling, W. (Fn. 32), 311.

51 Zutr. Hart, O. (Fn. 3), 1764 f.

Frage "wer ist Mitglied der Organisation, wer nur Vertragspartner?" entscheidet über die Innehabung und Ausübung von Kontrollbefugnissen. Wie später noch auszuführen sein wird (V), geht es hier nicht darum zu leugnen, daß auch "schlichte Marktpartner" irgendwelche - und sogar legitime - Mitspracherechte im Unternehmen haben können. Entscheidend ist die Abgrenzung aber für die Frage, in welcher Weise kontrolliert werden darf.

Insgesamt scheint mir die Theorie vom Vertrags-Nexus letztlich doch nur eine Problemverschiebung zu bewirken. Die strukturbestimmenden Unterschiede sind jetzt nicht mehr als alternative Institutionen zu begreifen. Sie verlagern sich nunmehr in die Verträge selbst, d.h. wir müssen jetzt verschiedene Vertragsinhalte analysieren und typologisch ordnen.[52] Insofern hat sich die Netzwerk-Theorie nicht so weit von Coase und seinen Nachfolgern entfernt, wie ihr konzeptueller Apparat vorgibt.

b) Der empirische Befund: Konvergenz der Organisationstypen

Die Nachfolger von Coase - insbesondere Oliver Williamson[53] - legen andererseits heute Wert darauf, nicht in einer Dichotomie von Kontrakt und Organisation zu denken, sondern "institutionsneutrale" Anreiz-, Beherrschungs- und Kontrollmechanismen herauszuarbeiten, die in jeglicher Art von ökonomischer Kooperation zu finden sind. Wir erkennen heute zunehmend sog. hybride Organisationen, die gleichermaßen kontraktuelle wie organisationelle Kooperationsmuster in sich vereinen. Beliebtes Standardbeispiel hierfür sind die Franchising-Systeme.[54] Andererseits treten die Extremtypen Kontrakt und Organisation auch innerhalb des Verbandsrechts in variabler Gewichtung auf. Dieter Reuter hat dazu im Personengesellschaftsrecht - also in jenem Teil des Verbandsrechts, der vom Gesetzgeber eher kontraktuell konzipiert ist - eine Differenzierung zwischen Vertrags- und Satzungsgesellschaften vorgeschlagen[55]. Die Extremtypen haben sich so stark miteinander vermischt, daß es heute möglich ist, ein und dieselbe ökonomische Aufgabe einmal in Form einer Unternehmensorganisation, ein andermal in Form eines Geflechts von Einzelverträgen zu erfüllen. So wird der institutsübergreifende Zahlungsverkehr in Deutschland über ein von der Bundesbank lose koordiniertes Vertragsnetzwerk abgewickelt - mit den bekannten Problemfolgen

---

52 Insoweit übereinstimmend Adams, M. (Fn. 44), 18 f.; jetzt grundsätzlich auch - obwohl selbst kein Anhänger der Netzwerktheorie - Williamson, O., Comparative Economic Organization: The Analysis of Discrete Structural Alternatives, Administrative Science Quarterly 1991, [5, 7-12]. Ein förderlicher Versuch in dieser Richtung ist Schanze, E. (Fn. 45).

53 Williamson, O., Die ökonomischen Institutionen des Kapitalismus (1990), passim.

54 Zuletzt Joerges, Ch. (Fn. 45); Teubner, G., "Verbund", "Verband", oder "Verkehr"? Zur Außenhaftung von Franchising-Systemen, ZHR 154 (1990), 295.

55 Vgl. Reuter, D., Privatrechtliche Schranken der Perpetuierung von Unternehmen (1973), 62. Im Ansatz, wenn auch nicht in den Konsequenzen zustimmend Schmidt, Karsten, (Fn. 7), S. 103.

für die "Außenhaftung" des Netzwerks gegenüber den Zahlungsverkehrskunden[56]. In der Schweiz dagegen haben die beteiligten Institute ein Gemeinschaftsunternehmen - die Telekurs-AG - gegründet, das den gesamten inländischen Zahlungsverkehr organisiert.[57] Daran könnte man eigentlich eine empirische Studie zum Coase'schen Transaktionskostenansatz durchführen, wäre die deutsche Vertragsnetzlösung nicht teilweise eine staatliche Veranstaltung, bei der die Bundesbank kraft gesetzlichen Auftrags den Zahlungsverkehr zu organisieren hat (§ 3 BBankG). Trotzdem ist aus diesem Beispiel zu lernen, daß es heute fruchtlos ist, das Coase'sche Paradigma gegen die Theorie vom Vertragsnetzwerk ausspielen zu wollen - oder umgekehrt.

5. (Fast) eine Fehlanzeige: die Theorie der Organisationshaftung

Wer Unternehmen nur als ein Geflecht von Verträgen analysiert, der verspürt verständlicherweise keinen Anreiz, sich um eine Theorie der Organisationshaftung Gedanken zu machen. Das ist bedauerlich, denn gerade bei der Haftungsfrage zeigt sich, daß wir mit den individualistischen Modellen nicht hinkommen. Entgegen Picot und Dietl[58] gibt auch die Property-Rights-Theorie für die Organisationshaftung wenig her. Eine individualrechtliche Verschuldenshaftung für die Errichtung und/oder Lenkung einer Organisation ist in Deutschland erst in Ansätzen entwickelt und läßt sich außerhalb von Konzernierungsverhältnissen auch schwer begründen[59], da die Unternehmensleiter nicht für sich selbst handeln, überdies als Haftungsschuldner häufig uninteressant sind, andererseits diejenigen, für die sie handeln, zur Kontrolle der Unternehmensleitung nur sehr beschränkt in der Lage sind[60]. Zwar geböte es die Anreizwirkung von Haftungsregeln, tatsächlich die unmittelbar Handelnden, also die Unternehmensleiter (unter Einschluß der einflußreichen Gesellschafter) in die Verantwortung zu nehmen. Diese Anreizwirkung läuft indessen weitgehend leer, wenn dem Management - wie es vor allem in den USA üblich ist - die Haftpflichtbelastung intern von der anstellenden Korporation abgenommen wird[61], und dies zunehmend nicht nur für die Außenhaftung, sondern sogar für die Innenhaftung gegenüber

---

56 Meinungsstand bei Köndgen, J., Die Entwicklung des privaten Bankrechts in den Jahren 1990-91, NJW 1992, 2263 ff. (2267 ff.).

57 Vgl. Lehmann, G.D., Zahlungsverkehr der Banken, Zürich 1986.

58 Picot, A./ Dietl, H. Neue Institutionenökonomie und Recht, Referat Travemünde 1992, 8 f.

59 Vgl. allerdings die weiterführenden Überlegungen von Schmidt, Karsten, letztmals in: Zum Stand des Konzernhaftungsrechts bei der GmbH, ZIP 1991, 1325 ff. (1327 f.), jeweils mit Nachweisen.

60 Vgl. zu diesen Grundfragen Brüggemeier, G., Organisationshaftung, AcP 191 (1991), 35.

61 Im einzelnen Kraakman, R., The Economic Functions of Corporate Liability, in: Hopt, K./ Teubner, G., Corporate Governance and Directors Liabilities (1984), 178.

Gesellschaft und Gesellschaftern[62]. Bekanntlich streitet man in Deutschland schon bei der äußerst lose organisierten BGB-Gesellschaft darum, ob die "individualrechtliche" Zurechnung von unerlaubten Handlungen der Mitgesellschafter über § 831 BGB ausreicht und nicht durch die "organisationsrechtliche" Zurechnung gemäß § 31 BGB zu ersetzen ist[63]. Diese scheinbar sehr technische Streitfrage macht zugleich anschaulich, daß nicht mehr die juristische Personifikation, sondern Organisationsmodus und Organisationsdichte eines Personenverbandes die Haftungsfrage präjudizieren müssen. Hilfreich ist die Vertragsnexustheorie hingegen wieder, wenn es um die (Mit-)Haftung der "hinter" der Organisation stehenden Personen geht. Für Kapitalgesellschaften hat hier die Beschränkbarkeit der Haftung auf die geleistete Einlage allzulange als unumstößliches Dogma gegolten, das man nur bei vorsätzlichem Formenmißbrauch in Gestalt des sog. Haftungsdruchgriffs auf den Ein-Mann-Gesellschafter zu durchbrechen bereit war. Die Theorie von der vertraglichen Konstitution des Unternehmens hat es hingegen nicht schwer zu beweisen, wo hier der Fehler liegt. Natürlich kann ein Financier mit seinem Unternehmen vereinbaren, daß er, was immer das Unternehmen an Schäden anrichtet, nur mit seiner relativ geringen Einlage haftet. Wo jedoch die Financiers die Gesellschaft nur mit geringem Eigenkapital ausstatten, ihr gleichzeitig aber erlauben, "ein großes Rad zu drehen", äußert die Vereinbarung der Haftungsbeschränkung externe Effekte zulasten der von der Gesellschaft deliktisch Geschädigten, die als "unfreiwillige" Gesellschaftsgläubiger ihre wohlbegründeten Ansprüche nicht realisieren können[64]. Daraus werden an späterer Stelle (IV 2) Rückschlüsse auf die Reichweite der Vertragsfreiheit im Gesellschaftsrecht zu ziehen sein.

IV. Nochmals: Theory of the Firm als Theorie der Institutionenwahl

1. Institutionenbildung als Mittel zur Verarbeitung künftiger Unsicherheit: das privatrechtliche Instrumentarium

Daß die Planung und Verarbeitung künftiger und nicht-versicherbarer Ungewißheit unter den Bedingungen begrenzter und ungleich verteilter Information ein Grund ist, Verträge zu schließen und Unternehmen zu gründen, ist eine Einsicht, die wir ebenfalls schon bei Coase finden[65] und die sich seither wie ein roter Faden durch die Theorie

62 Vgl. unten, Fn. 110.

63 Statt aller Schmidt, K., (Fn. 7),§ 60 II 4.

64 Zur Fragwürdigkeit der Haftungsbeschränkung grundlegend Easterbrook, F./Fischel, D., Limited Liability and the Corporation, 52 U. Chi. L. Rev. 89 ff., 104 ff. (1985) ferner Hansmann, H./ Kraakman, R., Toward Unlimited Shareholder Liability for Corporate Torts, 100 Yale L. J. 1879, 1896 ff. (1991). Aus dem deutschen Schrifttum ausführlich Adams,vorher bereits Roth, G., Zur "economic analysis" der beschränkten Haftung, ZGR 3 (1986), 371ff. (375 f.).

65 Coase, R.H. (Fn. 2), 391 f.

der ökonomischen Organisation zieht.[66] Das Problem läßt sich in der Frage verallgemeinern[67]: Wer trifft die Entscheidung, wenn ein ökonomisches Kooperationssystem - sei es ein einfacher Austauschvertrag, eine Gesellschaft, ein Unternehmen - auf unvorhergesehene oder sogar unvorhersehbare Änderungen in seiner Umwelt reagieren muß? Von Interesse sind hier - im Sinne des Konzepts der bounded rationality[68] - vornehmlich solche Unsicherheiten zu interessieren, deren Auftreten die Parteien selbst vorausgeahnt und deshalb wenigstens global - und das heißt regelmäßig: in Gestalt abstrakt-prozeduraler anstelle von konkret-inhaltlichen Vorgaben - geregelt haben.[69] Für die Allokation dieser Anpassungsentscheidungskompetenz und das Verfahren der Entscheidungsfindung hält das Privatrecht einen relativ großen Vorrat von Lösungen bereit. Interessanterweise lassen sich diese Entscheidungsmuster nicht einfach nach dem institutionellen Schema contract vs. organization ordnen. Vielmehr kommen die meisten Anpassungsverfahren sowohl in vertraglichen Kooperationen als auch in korporativ organisierten Verbänden vor - wenn auch mit unterschiedlicher praktischer Häufigkeit. Gemeinsam ist fast all diesen Verfahren, daß die Effizienz der Ergebnisse nicht mehr durch die im Zeitpunkt des Vertragsschlusses maßgeblichen Anreize garantiert wird, sondern daß sie, als Delegation künftiger Entscheidungsmacht, zwangsläufig zu agency-Problemen führen.

So begegnen hierarchische Anpassungstechniken nicht nur (wie man zunächst vermuten möchte) in Organisationen, sondern auch in Austauschverträgen. Dabei wollen wir die hierarchische Entscheidung durch einen Dritten - z.B. durch einen von beiden Parteien nominierten Schiedsrichter - beiseite lassen, weil diese Technik meist mit hohen Transaktionskosten verbunden ist. Letztere vermeidet man, wenn die Anpassungsentscheidung bereits im ursprünglichen Vertrag einer der beiden Parteien übertragen wird. Am weitgehendsten geschieht dies im Arbeitsvertrag, wo der Arbeitnehmer dem Arbeitgeber das sog. Direktionsrecht einräumt, also die Befugnis, dem Arbeitnehmer im Rahmen der arbeitsteiligen Betriebsorganisation seine Pflichten en détail zuzuweisen. Dieweil wir uns daran gewöhnt haben, den Arbeitsvertrag juristisch wie ökonomisch als einen Sonderfall zu begreifen[70], finden sich einseitige (und d.h.

---

66 Vgl. insbesondere und mit zahlreichen Nachw. Williamson, O., Die ökonomischen Institutionen (Fn. 52), 64 ff., 89 ff.

67 Vgl. ebenfalls schon Williamson, O., aaO 64 f.

68 Wiederum Williamson, O., Die ökonomischen Institutionen (Fn. 52), 51 f..

69 Die ökonomische Theorie des Vertrages hat diese Konsequenzen aus dem Befund, daß jeder halbwegs komplexe und längerfristige Vertrag ein unvollständiger Vertrag bleiben muß, erst relativ spät thematisiert. Als Standardtext gilt Grossman, S./Hart, O., The Costs and Benefits of Ownership: A Theory of Vertical and Lateral Organization, 94 J. Pol. Econ. 691 ff. (1986). Vgl. jetzt auch Hart, O., Incomplete Contracts and the Theory of the Firm, in: Williamson, O./ Winter, S. (Fn. 22), 138 ff.

70 Besonders ausgeprägt Masten, S., A Legal Basis for the Firm, in: Williamson, O./Winter, S. (Fn.22), 196ff (199ff).

hierarchische) Anpassungsbefugnisse auch in Verträgen, die nicht, wie der Arbeitsvertrag, durchgängig hierarchisch verfaßt sind. Die praktisch wichtigste Fallgruppe darunter sind die Befugnisse zu einseitiger Preisanpassung, insbesondere in Kredit-, Versicherungs- und langfristigen Belieferungsverträgen. Jeweils geht es hier einer Partei darum, ihr Einkommen - also z.B. die Gewinnspanne des Versicherers oder des Kreditgebers - für den Fall zu sichern, daß ihre Kosten steigen.

Das Paradox hierarchischer Entscheidungsbefugnisse in Verträgen liegt darin, daß die Delegation solcher Befugnisse auf die andere Vertragspartei selbst in den ursprünglichen Vertragsschluß miteinbezogen werden muß. Und das heißt normalerweise, daß die delegierende Partei eine Gegenleistung für diese Delegation verlangen wird. Die Theorie des Arbeitsvertrages kennt eine ganze Reihe von Rechten des Arbeitnehmers, die sich als eine Art Gegenleistung für die Überlassung von Herrschafts- und Kontrollrechten analysieren lassen, angefangen bei der weitgehenden Entkoppelung des Arbeitslohnes vom ex-post-Arbeitsergebnis bis hin zur Mitbestimmung. Komplizierter werden die Dinge bei einseitigen Preisanpassungsbefugnissen, vor allem, wenn diese jederzeit und auf kurze Frist ausgeübt werden dürfen. In die Preisbildung fließen sie nur mittelbar als eine Art "Unsicherheitsprämie" ein, insofern etwa die Kreditmärkte für langfristige Festzinskredite meist höhere Zinssätze vorsehen als für Kredite mit kurz- oder mittelfristigem Anpassungsvorbehalt. Gesetz und Rechtsprechung unterwerfen daher die Ausübung einseitiger Anpassungsvorbehalte einer ex-post-Billigkeitskontrolle durch den Richter (§ 315 Abs. 3 BGB); läßt man sich die Anpassungsbefugnis durch vorformulierte Allgemeine Geschäftsbedingungen einräumen, dann müssen letztere sogar im voraus die Kriterien für die Preisanpassung genau spezifizieren, anderenfalls dem Kunden ein freies Lösungsrecht vom Vertrage einzuräumen ist, soweit er mit der Anpassungsentscheidung nicht einverstanden ist.[71] Ökonomisch gesehen ist all dies nichts anderes als ein (freilich ziemlich kostspieliger) Versuch, agency-Kosten zu reduzieren.

Auch diese eigentlich "marktkonforme" Option des Ausstiegs aus der Vertragsbeziehung steht allerdings in Wahrheit nur selten offen, denn - wie wir vor allem durch Williamson wissen[72] - es entwickelt sich in den meisten länger dauernden Vertragsbeziehungen das Phänomen der sog. *asset specifity*, d. h. die Partner tätigen während einer langen Vertragsdauer Investitionen, deren Wert sie nur gerade in dieser Beziehung voll realisieren können, und der sie deshalb davon abhält, sich ohne weiteres einen anderen Partner zu suchen. So hat etwa ein Kreditkunde zu Anfang nicht nur eine Bearbeitungsgebühr an die Bank, sondern auch erhebliche Notar- und Grundbuchgebühren für die Eintragung eines Grundpfandrechts bezahlt - Investitionen, die ihm beim "Abspringen" zu einer anderen Kreditbank zumindest teilweise verloren gingen.

---

71 Vgl. dazu am Beispiel des Hypothekarkredits Köndgen, J./König, C., Grenzen zulässiger Konditionenanpassung beim Hypothekenkredit, ZIP 1984, 129, 132 ff. Allgemein zur Zulässigkeit von Preisanpassungsvorbehalten statt aller Ulmer, P./Brandner, H.-E./Hensen, H.-D., AGB-Gesetz, 6. Auflage 1990, § 11 Nr. 1 Rz. 10 ff.

72 Williamson, O. Die ökonomischen Institutionen (Fn. 52), 60 ff.

Das Phänomen der asset specificity ist auch dafür verantwortlich, daß ein prima facie ebenfalls absolut marktkonformes - und agency-Probleme schon im Ansatz vermeidendes - Verfahren der Entscheidungsfindung über nicht planmäßige Störungen der Kooperation genausowenig funktioniert: die einverständliche Vertragsanpassung. Sie gehört zwar heute als vertraglich vereinbarte "Neuverhandlungspflicht" zum gängigen Instrumentarium der Kautelarjurisprudenz.[73] Auch hier eröffnen indes "versunkene" Investitionen eines Teils dem anderen ein Erpressungspotential bei der Neuverhandlung, d.h. die Möglichkeit, sich den Kooperationsgewinn allein zu sichern bzw. den Verlust auf den Partner abzuschieben. Versuche, hier dem nicht funktionierenden Markt über eine gesetzliche (bzw. richterrechtlich einzuführende und zu sanktionierende) Neuverhandlungspflicht nachzuhelfen[74], sind gut gemeint, aber führen zu nichts, da der Richter bei Verweigerung der Neuverhandlung eine Schadensersatzsanktion verhängen und dafür letztlich ein unverzerrtes hypothetisches Verhandlungsergebnis zugrunde legen müßte - was sich nicht ohne weiteres simulieren läßt. Im Streifall bleibt dann doch wiederum nur die Rückkehr zum "legalistischen Regime" des pacta sunt servanda.[75]

Der Überblick über das Arsenal vertraglicher Anpassungstechniken erweist nach alledem, daß langfristige Verträge das Problem der Anpassung an eine sich ständig verändernde Umwelt selbst mit der "Nachhilfe" durch das Recht nicht vollständig lösen können.

2. Zur Vertragsfreiheit im Gesellschaftsrecht[76]

a) Rechtsform- und Typenzwang oder "Markt für Rechtsformen"?

Coase hatte seiner Theorie der Institutionenwahl zugrunde gelegt, jeder unternehmerisch Tätige werde auf der Basis einer Transaktionskostenanalyse jeweils flexibel für die ihm günstigste wirtschaftliche Kooperationsform optieren. Dieser Ansatz läßt sich, wie Erich Schanze gezeigt hat[77], verbreitern zu einer Theorie der transaktionskostenbasierten Wahl unter sämtlichen möglichen Organisationsformen wirtschaftlicher

---

73 Instruktiv zu den Anpassungsklauseln in langfristigen Energielieferungsverträgen Baur, J., Vertragliche Anpassungsregelungen (1983), 48 ff., 56 ff., 119 ff.

74 Dafür insbesondere Horn, N., Neuverhandlungspflicht, AcP 181 (1981), 255, 282 ff.

75 Williamson, O., Comparative Economic Organization (Fn. 51), [9].

76 Zur terminologischen Klarstellung: Vertragsfreiheit wird hier umfassend verstanden, also unter Einschluß der sog. Verbandssouveränität (Satzungsautonomie) von "personifizierten" Kapitalgesellschaften.

77 Schanze, E. (Fn. 45), 207 ff.

Kooperationen. Wir können dann geradezu von einem Markt für Institutionen sprechen[78], oder, was fast auf dasselbe hinausläuft von einem Markt für jene Rechtsformen, in denen sich Unternehmen, Vertragsnetze und Mischformen aus beiden organisieren können. Produkt-, Kapital- und Finanzmärkte entscheiden dann sozusagen im Hayek'schen Entdeckungsverfahren, welche Organisationsformen sich durchsetzen.[79] Wenn der Markt diese Selektionsleistungen erbringen soll, dann darf das Angebot an möglichen Organisationsformen prinzipiell nicht begrenzt werden. Sind wir damit schon bei der Forderung, der gesellschaftsrechtliche Rechtsformzwang und - soweit man ihn anerkennt - der Typenzwang[80] müsse durch ein Regime möglichst grenzenloser Vertragsfreiheit im Gesellschaftsrecht abgelöst werden?
Im deutschen Gesellschaftsrecht liefe ein solches Postulat geradezu auf einen Paradigmenwechsel hinaus. Eine hohe Regulierungsdichte haben wir infolge des sog. Systems der Normativbedingungen im Kapitalgesellschafts-, insbesondere im Aktienrecht. Unter diesem System müssen die Gründer bestimmte gesetzlich vorgegebene Voraussetzungen erfüllen, um überhaupt als Gesellschaft registriert zu werden[81]. Auch nach Errichtung der Gesellschaft bleiben Gesellschaft, ihre Organe und ihre Aktionäre an zahlreiche zwingende Regeln gebunden. Die thematischen Schwerpunkte der Regulierung liegen bei den Vorschriften über Kapitalaufbringung und Kapitalerhaltung, Kompetenzordnung, Haftungsordnung sowie der Register-, Rechnungslegungs- und Prospektpublizität.

Neben dem eigentlich zwingenden Gesellschaftsrecht soll die Gestaltungsfreiheit auch noch durch den sogenannten Typenzwang eingeschränkt sein. In einem repräsentativen Lehrbuch zum deutschen Gesellschaftsrecht heißt es dazu wörtlich: "Es geht um die Reinheit der Gesellschaftsrechtsordnung" und in diesem Geiste sei der Typenzwang "als Bollwerk gegen die immer neuen Phantasieprodukte der Kautelarjurisprudenz eingesetzt worden".[82] Eingesetzt wird dieses Bollwerk gerade dort, wo das Gesetz an sich weitgehende Vertragsfreiheit erlaubt, also im Personengesellschaftsrecht und dort

---

78 AaO, 210 f.

79 AaO.

80 Für Nichtjuristen eine Erläuterung: Typenzwang darf nicht mit Rechtsformzwang gleichgesetzt werden. Typenzwang heißt nicht, daß das gesamte Gesellschaftsrecht zwingendes Recht ist. Zwar muß sich im Rahmen des Rechtsformzwangs jeder Verband eine der vom Gesetz als numerus clausus vorgegebenen Rechtsformen geben. Die Frage des Typenzwangs lautet dann, wie weit der vertraglich oder satzungsmäßig auszufüllende Gestaltungsspielraum innerhalb der gewählten Rechtsform sein darf. Auch wenn in der Literatur zwischen beiden Prinzipien streng geschieden wird (vgl. etwa Schmidt, Karsten [Fn. 7], § 5 II 3, III 1 c), ist doch nicht zu verkennen, daß beide Holz vom selben Stamme sind, da auch das Prinzip des Typenzwangs Normen, die jede für sich dispositiver Natur sind, als Aggregat mit zwingendem Charakter ausstattet.

81 Auch hierzu Schmidt, Karsten (Fn. 7), § 8 II 5.

82 Schmidt, Karsten (Fn. 7), S. 99. Der Kontext spricht allerdings eindeutig dafür, daß der Autor sich mit diesen Sätzen nicht unbedingt identifiziert (vgl. aaO. S. 106 f).

insbesondere bei der Kommanditgesellschaft[83]. Wenn auch der Typenzwang wohl eher auf dem Rückzug befindlich ist[84], so mahnt das soeben zitierte Lehrbuch doch immer noch zur "Wachsamkeit", denn "der Erfindungsreichtum der Praxis hat sich nicht immer als segensreich erwiesen".[85] Insofern bleibt die Frage, wie viel zwingendes Recht wir im Gesellschaftsrecht tatsächlich brauchen, unverändert auf der Tagesordnung.[86]
Wie steht nun die ökonomische Theorie der Unternehmung zu derlei Geisterbeschwörungen?

b) Grenzen der Vertragsfreiheit aus ökonomischer Sicht

Man darf - um dies vorauszuschicken - nicht alles, was zur Frage "Wieviel Vertragsfreiheit im Gesellschaftsrecht?" aus den USA herüberschallt[87], unbesehen auf deutsche Verhältnisse übertragen. Zunächst hat die dortige Diskussion fast ausschließlich die Publikumsgesellschaft mit börsengängigen Anteilen im Visier. Eine Übertragung der Erkenntnisse auf Personengesellschaften ist nur sehr bedingt möglich, da letztere nicht in gleichem Maße unter der "Marktdisziplin" hocheffizienter Finanzmärkte stehen.[88] Ferner ist in Amerika bekanntermaßen die Gesellschaftsrechtsgesetzgebung und -jurisdiktion einzelstaatlich zersplittert, so daß es bereits unabhängig von der Frage nach mehr oder weniger Vertragsfreiheit einen "market for institutions" gibt. Immerhin werden wir in Europa möglicherweise schon sehr bald ähnliche Verhältnisse bekommen, da auch die geplante Societas Europea nur eine Teilvereinheitlichung bewirken und den Einzelstaaten noch erhebliche Variationsräume belassen wird[89].

aa) Die "radikalliberale" Schule in den USA[90] beruft sich auf die Theorie vom Vertragsnexus, um von dort den grundsätzlichen Vorrang der privatautonomen

---

83 Einige kontroverse Beispiele aus der aktuellen Diskussion aaO, S. 100.

84 Resümierend Wiedemann, H., Gesellschaftsrecht Bd. I (1980), 72 - 76.

85 AaO.

86 Es liegt nicht in der Absicht dieses einführenden Beitrages, den detaillierten Ausführungen von W. Rainer Walz, in diesem Band, vorzugreifen. Im folgenden ist nur der Diskussionsrahmen abzustecken.

87 Am umfassendsten bisher die Beiträge zu dem Symposium, Freedom of Contract in Corporate Law, 89 Colum. L. Rev. 1395-1774 (1989).

88 Zu Recht stärker differenzierend deshalb Walz, R., unten, S. 50 ff.

89 Vgl. zuletzt Abeltshauser, T., Grundfragen der europäischen Aktiengesellschaft, EWS 1991, 58 ff.; allgemein zum Stand des Europäischen Gesellschaftsrechts auch Behrens, P., Das Gesellschaftsrecht im Europäischen Binnenmarkt, EuZW 1990, 13 ff.

90 Zu ihr zählen vor allem Posner, R., Economic Analysis of Law, 3. Aufl. 1986, 372; Easterbrook, F./ Fischel, D. (Fn. 16), 183, 187, 192 f., 194 ff.

Gestaltung von Gesellschaftsverhältnissen zu entwickeln. Die gesetzlich ausdifferenzierten Typen seien nur praktisch bewährte, aber rechtlich nicht verpflichtende Modellgestaltungen, vergleichbar den Allgemeinen Geschäftsbedingungen im Vertragsrecht. Das Gesellschaftsrecht ist in dieser Sicht nicht viel mehr als ein Formularbuch für Gesellschaftsgründer und Notare. Ein "opting-out" aus diesen Formularmustern ist weitgehend erlaubt. Zwingendes Recht brauchen wir nur, wo Marktversagen zu diagnostizieren ist, also namentlich wo unvollkommene Information besteht und wo externe Effekte verursacht werden.
Dieser radikale "Kontraktualismus" provoziert Kritik aus mehreren Gründen. Zunächst: Man muß sich nicht unbedingt der Theorie vom Vertragsnexus verschreiben, um Deregulierung im Gesellschaftsrecht zu fordern.[91] Man übersieht dann nicht nur allzu leicht, daß Gestaltungsfreiheit im Gründungsstadium - die sich noch am ehesten als kontraktuell begreifen läßt - und Gestaltungsspielräume bei späterer Änderung des Organisationsstatuts im Wege von Mehrheitsbeschlüssen sich nicht unbedingt decken müssen. Fraglich ist auch, ob die Steuerung durch den Marktmechanismus bei der Unternehmensgründung (die ja immer zuerst eine <u>Gesellschafts</u>gründung ist) wirklich schulmäßig funktioniert. Mag der Gründungsakt immerhin sich als Vertrag darstellen, so ist er doch nicht ein normaler Tauschvertrag - Aktienanteil gegen Bareinlage -, sondern zugleich ein multilateraler "horizontaler" Vertrag unter den Gründern, bei dem nicht nur der Preismechanismus[92], sondern auch Gesetze des kollektiven Handelns am Wirken sind[93]. Es ist im übrigen schon angedeutet worden, daß ein Plädoyer für mehr Vertragsfreiheit auf das Nexus-Konzept als theoretische Rechtfertigung auch gar nicht angewiesen ist, sondern sich zwangloser mit der Vorstellung eines "Marktes für Institutionen", der die Herausbildung von Organisationsformen evolutionär steuert, stützen läßt.

Verwunderlich ist auch der Vergleich des - grundsätzlich als dispositiv angesehenen - Gesellschaftsrechts mit einer Sammlung von Formularverträgen. Wenn wir an der Vorstellung eines "Marktes für Institutionen" festhalten, dann wäre es nicht Aufgabe des Gesetzgebers, sondern des "Entdeckungsverfahrens Praxis", Organisationstypen zu entwickeln, die sich am Markt durchsetzen. Hinwiederum hat die ökonomische Analyse keine Probleme mit der Vorstellung der Juristen, das dispositive Recht solle nicht lediglich der Transaktionskostenersparnis dienen, sondern zudem bereits eine gewisse Richtigkeitsgewähr in sich tragen. Auch ein effizienzgerechtes dispositives Vertragsrecht ist zuvörderst eine Rekonstruktion jenes "vollständigen Vertrages", der hypothetisch die Gesamtheit der Regelungen zusammenfaßt, die die Parteien bei Kenntnis aller

---

91 So auch Bebchuk, L., The Debate on Contractual Freedom in Corporate Law, 89 Colum. L. Rev. 1395, 1408 f. (1989).

92 "Marktdisziplin" spielt hier erst dadurch herein, daß die Initiatoren die Attraktivität der von ihnen projektierten institutionellen Arrangements auf die zu werbenden Anleger antezipieren müssen; vgl. dazu Walz, R., unten S. 50 ff.

93 Insofern ist auch ökonomisch gesehen etwas bleibend Richtiges an Otto v. Gierkes Konzept von der Verbandsgründung als "sozialrechtlicher Konstitutivakt"; vgl. v. Gierke, O., Deutsches Privatrecht I (1895; Nachdruck 1936), 486, 283 (Fn. 2).

erdenklichen Eventualitäten vernünftigerweise getroffen hätten.[94]

bb) Wenn ich damit auch - von einem anderen Ausgangspunkt kommend - in das Plädoyer für mehr Vertragsfreiheit im Gesellschaftsrecht einstimme, dann bleibt doch noch die von den radikalen Kontraktualisten (zwangsläufig) weitgehend vernachlässigte[95] Aufgabe zu erfüllen, einen systematischen Katalog von Regelungsmaterien aufzustellen, wo Vertragsfreiheit zu ineffizienten Ergebnissen führen würde und daher zwingendes Recht vonnöten ist. Und es hat mich insoweit kaum überrascht, daß in diesem Katalog die meisten Regelungskomplexe auftauchen, die auch bisher schon zwingender Natur waren.

Selbst von den strengen Kontraktualisten wird nicht bestritten, daß Bedarf für zwingende Regulierungen besteht, wo Marktversagen in Form von Informationsdefiziten und Externalitäten auftritt. Auch typischerweise hohe Transaktionskosten lösen Normierungsbedarf aus - dann jedoch nur in Gestalt von nachgiebigem Recht.[96] Diese Grenzen sind der anfänglichen Gestaltungsfreiheit in gleicher Weise gesetzt wie der nachträglichen Änderungsfreiheit. Unter die Rubrik Vermeidung von Externalitäten werden etwa die weitgehend zwingenden Regeln über die Vertretung der Gesellschaft im Außenverhältnis subsumiert. Allerdings wäre auch hier[97] zu fragen, ob nicht weitere Gestaltungsspielräume zugelassen werden könnten, solange nur die notwendigen Informationssignale an den Markt gegeben werden.[98] In dieser Sicht würde sich die Notwendigkeit eines zwingenden Vertretungsstatuts auf den Gesichtspunkt der Transaktions- (insbes. Informations-) Kostenersparnis reduzieren.
Fast schon eine cause célèbre der Ökonomischen Analyse ist ein externer Effekt von Gesellschaftshandeln, der bereits an früherer Stelle angesprochen worden ist[99]: die den Aktionären zugestandene Haftungsbeschränkung gegenüber den - freiwilligen (= Vertrags-) oder unfreiwilligen (in der Regel: deliktischen) - Gläubigern der AG. Dabei ginge der Einwand fehl, daß der Rechtsverkehr nicht nur gegenüber korporativen

---

94 Statt vieler Schäfer, H.-B./Ott, C., Lehrbuch der ökonomischen Analyse des Zivilrechts (1986), 250 ff.

95 Als Versuch eines Vertreters der gemäßigten Richtung vgl. Gordon, J., The Mandatory Structure of Corporate Law, 89 Colum. L. Rev. 1549 ff., 1555 ff. (1989). Dieser Versuch ist allerdings weitgehend mißglückt, wie der kritische Comment von Romano, R., aaO 1599 ff., 1603 ff. nachdrücklich unter Beweis stellt.

96 Vgl. zum Grundsatz nur Cooter, R./Ulen, T., Law and Economics (1988), 240; unrichtig demgegenüber m.E. Romano, R., Answering the Wrong Question: The Tenuous Case for Mandatory Corporate Laws, 89 Colum. L. Rev. 1599 ff., 1603 (1989), die Transaktionskosten als Anlaß für zwingende Regeln ansieht.

97 Gegenüber Walz, R., unten S. 50 ff.

98 Zum wichtigen Publizitätselement vgl. noch den folgenden Text.

99 Oben, III 5.

Schuldnern, sondern auch einzelkaufmännischen Unternehmern und überhaupt jeder natürlichen Person gegenüber mit Insolvenzrisiken fertig werden müsse. Für die Gesellschafter der Kapitalgesellschaft - insbesondere die unternehmerisch aktiven und diese wiederum in Gesellschaften mit geplant kurzer Lebensdauer[100] - besteht immerhin ein nicht geringer Anreiz, mit geringem Kapitaleinsatz (mithin ohne zureichenden Haftungsfonds) hochprofitablen und zugleich hochriskanten wirtschaftlichen Aktivitäten nachzugehen.[101] Eine solche Entscheidung muß nicht in jedem Fall dolos-mißbräuchlich sein. Bleiben infolgedessen deliktische (z.B. Produkt- oder Umwelt-) Schäden (teilweise) unkompensiert, so mag man dies als externe Effekte bezeichnen.[102] Weitgehend einig ist man sich ferner inzwischen, daß auch weniger professionelle und weniger diversifizierte Vertragsgläubiger der unterkapitalisierten Gesellschaft von Rechts wegen eines wirksameren Insolvenzschutzes bedürfen, weil sie entweder nicht über die wirtschaftliche Potenz oder nicht über den Informationsstand verfügen, um sich durch vertragliche Risikoprophylaxe selbst zu schützen.[103] Die Beschneidung gesellschaftsrechtlicher Gestaltungsspielräume ist hier freilich wiederum nicht externen Effekten geschuldet, sondern dem Anfallen zu hoher Transaktionskosten für die vertragliche Eigenvorsorge.[104] Daß insoweit die gesetzliche Verordnung eines Mindestgrundkapitals nicht ausreicht, ist offenkundig. Auch die gesetzliche Verbürgung einer geordneten Kapitalaufbringung und Kapitalerhaltung deckt den Regulierungsbedarf sicherlich noch nicht ab, da sie zumindest den Fall anfänglicher und geplanter Unterkapitalisierung nicht erreicht. Außerhalb von Konzernierungsverhältnissen mit obligatorischer Verlustausgleichung durch den herrschenden Gesellschafter scheint mithin nur eine drastische Erweiterung des Haftungsdurchgriffs übrigzubleiben.[105] Schwierigkeiten wird man dabei weniger bei der Bestimmung des Kreises der Durchgriffsadressaten haben, denn unter Anreizgesichtspunkten sollte nur der unternehmerische Gesellschafter (ohne Rücksicht auf seine Beteiligungsquote) belangt werden.[106] Neu und ungewöhnlich für die Dogmatik des Haftungsdurchgriffs wäre

---

100 Unternehmen dieser Art tummeln sich insbesondere im Finanz- und Vermögensanlagesektor.

101 Zutr. Roth, G. (Fn. 63), 378.

102 Da der Ressourcenverzehr zulasten Dritter nicht schon durch das schadensstiftende Verhalten - wofür ja nach Deliktsrecht voll zu kompensieren wäre -, sondern erst durch die Insolvenz der schadenanrichtenden Gesellschaft eintritt, könnte man hier von "sekundären" Externalitäten sprechen.

103 Vgl. aus dem deutschen Schrifttum wiederum bereits Roth, G., aaO 376 f.; Adams, M. (Fn. 44), 61 ff.

104 Wiederum bereits Roth, G., aaO 377.

105 So in der Tat Adams, M. (Fn. 44), 90 ff.

106 Wegen der Affinität der Fragestellungen spricht vieles dafür, dann den weiteren Unternehmensbegriff des Konzernrechts (zu letzterem statt vieler Schmidt, Karsten (Fn. 7), § 31 II 1) für maßgeblich zu erachten. Die Kritik am konzernrechtlichen Unternehmensbegriff trifft hier nicht, da auch ein reiner Financier seinen Einfluß in der Gesellschaft nicht zum Zwecke der Haftungsverkürzung geltend machen darf - etwa indem er die gesellschaftsrechtliche

hingegen die (ansonsten nur im Konkursrecht bekannte) Differenzierung des Durchgriffsrechts nach Gläubigergruppen, nämlich durch Begrenzung auf jene, denen keine eigene Risikoprophylaxe abverlangt wird. Weiterer Klärung bedarf auch noch - gerade aus ökonomischer Sicht -, ob die auf breiter Front propagierte völlige Aufhebung des Haftungsprivilegs im Wege des Durchgriffs nicht übers Ziel hinausschießt, weil sie dem Vertragsgläubiger eine Besserstellung einräumt, auf die er bei Vertragsschluß nicht oder nicht in diesem Umfang zählen konnte[107], und deshalb durch ein differenzierteres Sanktionsinstrumentarium ersetzt werden müßte. Flankiert werden müßte der erweiterte Durchgriff jedenfalls durch eine Außenhaftung der Leitungsorgane, die das Spiel mitgespielt haben.[108]

Regeln über Register-, Rechnungslegungs- und Prospektpublizität müssen zumindest teilweise zwingender Natur sein. Ohne Rechtszwang werden Unternehmen, um anlagewilliges Kapital anzuziehen, tendenziell nur günstige Unternehmensdaten von selbst publizieren. Publizitätsvorschriften haben hier zumindest die Aufgabe, das anlagebereite Publikum vor Täuschung zu schützen. Im übrigen darf das Gesellschafts- und Kapitalmarktrecht wohl auch hier etwas bereitwilliger den Marktmechanismen vertrauen. Bekanntlich sind die Finanzmärkte hocheffizient nicht nur hinsichtlich ihrer Allokationsleistung, sondern auch ihrer Fähigkeit, marktrelevante Informationen durch professionelle Analysten zu generieren ("Aktieninformationsmarkt") und alsbald in entsprechenden Preissignalen abzubilden (Informationseffizienz)[109]. Allerdings ist der Effizienzgrad auf dem Primär-(Emissions-)markt geringer zu veranschlagen als jener auf dem Sekundärmarkt, so daß hier zur Senkung der Informationskosten der Investoren eine gewisse Mindestpublizität durch die Unternehmen selbst, und zwar ungeachtet der damit verbundenen Erhöhung der Kapitalkosten, erwünscht ist. Letztlich geht es hier um die komplexe Aufgabe, einen möglichst positiven Nettoeffekt zu erzielen und damit Verfahrenseffizienz des Kapitalmarktes herzustellen.[110]
Ein schwieriger Punkt für die Deregulierungsfrage sind Organisationsvorschriften im engeren Sinne. So weit sie eher formalen Charakters sind - wie etwa die Regeln über die geordnete Vorbereitung und Durchführung der Hauptversammlung -, sind sie, wenn überhaupt, allenfalls zur Transaktionskostenersparnis nütze, denn jede Gesellschaft würde sich im eigenen Interesse solche oder ähnliche Regeln geben. Was den Kern des Organisationsstatuts anbelangt - also die Normen über innergesellschaftliche Kompetenzordnung, Stimmrechtsverteilung unter den Gesellschaftern, Pflichten-

---

Ausgliederung wertvollen Anlagevermögens aus einem Produktionsunternehmen betreibt (Beispiel nach Adams, M. [Fn. 44], 72 f.).

107 Dies die im Ansatz zutreffende Frage von Schanze, E., Sanierungsversuch und Konzernhaftung, AG 1991, 421, an die sog. Autokran-Doktrin des BGH.

108 Im Ergebnis bereits Adams, M. (Fn. 44), 92.

109 Repräsentativ der Artikel von Fama, E.F., Efficient Capital Markets: A Review of Theory and Empirical Work, J. Fin. 25, 383 ff. (1970); ferner Gordon, J./Kornhauser, L., Efficient Markets, Costly Information, and Securities Research, 60 N.Y.U. L. Rev. 761, 768 ff. (1985).

110 Überblick hierzu bei Schmidt, Hartmut, Wertpapierbörsen (1988), 17 f.

lage und Haftung der Organe[111] etc. -, berührt sich die Problematik eng mit jener der Unternehmenspublizität. Je eher die Gewähr gegeben ist, daß organisationsrechtliche Besonderheiten als Information an die Finanzmärkte gelangen, desto mehr Typenvielfalt kann man im Prinzip zulassen. Es ist dann wiederum ein Transaktionskostenproblem, wo die Grenzen der Vielfalt liegen. Ein Rechtsformzwang, der von einigen wenigen Grundtypen ausgeht, aber hinreichende typeninterne Diversifizierung zuläßt, ist hier möglicherweise der richtige Mittelweg.

Schwer ist es schließlich, in der Frage des gesellschaftsrechtlichen Minderheitenschutzes - für viele eine uneinnehmbare Bastion zwingenden Gesellschaftsrechts[112] - zu gültigen Antworten zu finden.[113] Zumindest in der Kapitalgesellschaft mit börsengängigen Anteilen kann man hier wiederum weitgehend auf Disziplinierung durch die Finanzmärkte setzen. Scheut die Unternehmensleitung lästige Auseinandersetzungen mit Kleinaktionären und legt stattdessen Wert auf Investoren, die zwar Geld geben, aber nicht mitentscheiden sollen, so hat sie bereits nach geltendem Recht die Möglichkeit, stimmrechtslose Vorzugsaktien oder Genußscheine auszugeben - die dann allerdings regelmäßig teurer zu bedienen sind. Grundsätzlich wirkt dieser Weg sogar wohlfahrtssteigernd, da die Kleinaktionäre für die Aufgabe eines Splitterstimmrechts von allenfalls marginalem Wert mit einem erhöhten Anteil am ausgeschütteten Gewinn kompensiert werden.[114]

Umgekehrt bedarf es möglicherweise rechtlicher Regulierung, um den Schutz vor der Minderheit zu effektuieren. Immerhin gibt es zu denken, daß - wie wir seit dem sog. Kochs/Adler-Urteil des Bundesgerichtshofs wissen[115] - ein zu weit getriebener Minderheitenschutz einzelnen Aktionären ein Erpressungspotential in die Hand gibt, auch solche Beschlüsse zu blockieren, die den Wert der Gesellschaft - und damit der Mitgliedschaftsanteile - eindeutig erhöhen. Hinter der scheinbar marktkonformen Lösung, dem widerstrebenden Aktionär sein Kontrollrecht abzukaufen, verbirgt sich in Wahrheit ein durch den Minderheitenschutz produzierter Grenzeffekt bei kollektivem

---

111 Erwähnenswert, daß seit 1988 nach § 102 (b)(7) Delaware General Corporation Law die Vorstandsmitglieder (directors) der Gesellschaft durch die Satzung von der Haftung für pflichtwidriges Organhandeln - mit Ausnahme von loyalitäts- oder treuwidrigen Handlungen - freigestellt werden können. Die überwiegende Mehrheit der in Delaware registrierten Korporationen hat inzwischen von dieser Möglichkeit Gebrauch gemacht; vgl. Romano, R., (Fn. 95), 1601 (Fn. 8).

112 Etwa Wiedemann, H., Gesellschaftsrecht (Fn. 83), 419 ff. (passim); Schmidt, Karsten (Fn. 7), § 16 III 3, allerdings mit einer "Abstufung des Schutzes nach Intensitätsgraden".

113 Auch hierzu ausführlicher Walz, R., unten S. 50 ff.

114 Zutr. Romano, R., (Fn. 95), 1612 (1989).

115 BGHZ 107, 296, 308 ff.; fortgeführt durch BGHZ 112, 9 - "Bankenfusion". Zum Problem mit allen Nachweisen Schmidt, Karsten (Anm. 7), § 28 IV 5 f.

Handeln, der sich ökonomisch als Opportunismusproblem[116] darstellen läßt. Bei kooperativem Verhalten müßte dem Aktionär an der unverzüglichen Ausführung des Hauptversammlungsbeschlusses gelegen sein, weil er dann proportional zur Höhe seines Anteils am Wertzuwachs der Gesellschaft partizipieren würde. So aber sichert er sich infolge des hohen Grenzwertes seines Stimm- bzw. Anfechtungsrechts eine hohe Opportunismusprämie in Gestalt eines "Voraus" am Wertzuwachs (der "Abstandszahlung"), der der Höhe seines Kapitaleinsatzes in keiner Weise entspricht. Der mit solchem Verhalten unbezweifelbar einhergehende Reputationsverlust - ansonsten ein wirksames Bollwerk gegen Opportunismus - hat auf den weitgehend anonymen Finanzmärkten kaum einen disziplinierenden Effekt. Es ist darum fraglich, ob die Lösung der Rechtsprechung, die den Minderheitenschutz hier nur bei individuellem Rechtsmißbrauch weichen läßt, der Weisheit letzter Schluß sein kann.[117] Da der Gewinn der Opportunismusprämie als "Sondervorteil" nicht zuletzt eine flagrante Verletzung des Gleichheitsgrundsatzes bedeutet, spricht alles dafür, den dissentierenden oder anfechtenden Splitteraktionär in eine "positive" Treuepflicht einzubinden[118]; dies nicht zuletzt, um so sein obstruktives Verhalten unter ein empfindliches Haftungsrisiko zu stellen.

V. Theorie der Unternehmung und Corporate Governance: ein Anwendungsbeispiel

Die juristische Diskussion zum Unternehmensrecht hat traditionell einen "gesellschaftsrechtlichen bias": Die Financiers des Unternehmens - bezeichnenderweise dessen "Eigentümer" genannt - haben das Sagen, wenn es um die Leitungs- und Kontrollbefugnisse im Unternehmen geht. Wo andere - insbesondere Arbeitnehmer - über Kontrollrechte verfügen, geht es nur um <u>Mit</u>bestimmung.

Im Gegensatz dazu neigen manche Vertreter der Theorie des Unternehmens dazu, die verschiedenen Inputs gleichzubehandeln. Insbesondere der Nexus-Theorie fällt es schwer, die Kontrollrechte der verschiedenen Vertragspartner und constituencies der Unternehmung abzugrenzen und abzustufen. Williamson wiederum gesteht den Financiers über das Management den Primat bei Leitung und Kontrolle des Unternehmens zu; andere Vertragspartner müßten ihre Kontrollrechte nicht über unmittelbaren Einfluß auf die Willensbildung der Unternehmensorgane, sondern innerhalb der jeweiligen Vertragsbeziehung geltend machen.[119]

---

116 Zum Opportunismusbegriff der ökonomischen Analyse statt vieler Schäfer, H. B./Ott, C., (Fn. 93), 316 f.

117 BGH, jeweils aaO (Fn. 114).

118 So zutreffend bereits Schmidt, Karsten (Fn. 7), § 20 IV 3; aus der Rechtsprechung vgl. andeutungsweise BGHZ 103, 184 - "Linotype". Ähnlich der Ansatz der Gerichte in den USA, dort allerdings beschränkt auf die personalistische Kapitalgesellschaft (close corporation); vgl. Gordon, J. (Fn. 94), 1583 f. Fn. 108.

119 Williamson, O., Die ökonomischen Institutionen (Fn. 52), 265 ff.

Das Unternehmensrecht darf sich durch diese These weitgehend bestätigt fühlen. Ich möchte dies zum Abschluß am Verhältnis eines Unternehmens zu seiner Hausbank exemplifizieren[120] und damit demonstrieren, wie die unternehmerische Entscheidung zwischen Eigenkapital und Fremdfinanzierung notwendig immer auch eine Wahl ist zwischen alternativen Modi von corporate governance.[121]

Nehmen wir den durchaus praktischen Fall, wo die Kreditbank unter sanftem Druck auf den Mehrheitsgesellschafter des Schuldnerunternehmens den Aufsichtsrat und über diesen teilweise auch den Vorstand mit Leuten ihres Vertrauens besetzt. Hier mischt sich die Bank unzulässigerweise in den Prozeß der corporate governance ein. Daß sie ein stakeholder im Unternehmen ist - und dies wahrscheinlich mehr als mancher Kleinaktionär - berechtigt sie nicht, mit organisationsrechtlichen Mitteln in das Unternehmen hineinzuregieren. Rechtsdogmatisch könnte dies umgesetzt werden[122], indem wir das Recht der Gesellschaft auf "legitimate corporate governance" als sonstiges Recht i.S.v. § 823 Abs. 1 BGB zu schützen. Von der Rechtswidrigkeit illegitimer Einmischungen kann man die Kreditbank nicht etwa mit der Begründung freisprechen, sie verfolge doch legitime Eigeninteressen. Ein solches "Kreditgeberprivileg" ist gesellschafts- bzw. organisationsrechtlich nicht anzuerkennen. Wozu die Kreditbank andererseits ohne weiteres befugt bleibt, ist, ihre legitimen Eigeninteressen mit vertrags- oder genauer: mit kreditrechtlichen Mitteln zu verfolgen - etwa indem sie sich ausreichende Sicherungen einräumen läßt oder indem sie bereits die Kreditvergabe an bestimmte Bedingungen, z.B. die Abberufung eines inkompetenten Leitungsorgans, knüpft oder indem sie sich für den Fall eines ihr nicht genehmen Wechsels im Management ein vertragliches Kündigungsrecht vorbehält.

---

120 Zur Arbeitnehmermitbestimmung sei verwiesen auf die vorausgehenden Ausführungen von Schneider, D., oben S. 1 ff, sowie auf den Beitrag von Eger, Th. u.a., oben S.78 ff.

121 Die systematische Verknüpfung der Theorie der Unternehmensfinanzierung mit jener der corporate governance fordert Williamson, O., Introduction (Fn. 22), 13. Erste Einlösung dieses Postulats durch Berglöf, E., Capital Structure as a Mechanism of Control: A Comparison of Financial Systems, in: Aoki, M./Gustafson, B./Williamson, O. (eds.), The Firm as a Nexus of Treaties (1990), 237 ff.

122 Im einzelnen dazu meine Ausführungen in: Faktische Geschäftsführung (Fn. 38)

Kommentar

von Dieter Schmidtchen

A. Der Dialog zwischen dem Juristen und dem Ökonomen: Input, Thruput, Output

Man betrachte das folgende Modell, in dem zwei Prototypen mit sich und mit dem anderen kommunizieren: der eine ist Jurist, der andere Ökonom. Sie spielen ein Frage- und Antwort-Spiel. Dabei verwandeln sie Input in Thruput und diesen in Output, der erneut zu Input wird. Da es in Köndgens Referat um die Relevanz der ökonomischen Theorie der Firma für rechtswissenschaftliche Fragestellungen (nicht auch Antworten?) geht, brauchen wir uns nur für den unteren Rückkoppelungsprozeß zu interessieren. Der Output des Juristen wird in Form von Fragen an den Ökonomen zu dessen Input und des letzteren Output - seine an den Juristen gerichteten Antworten - werden zu dessen Input.

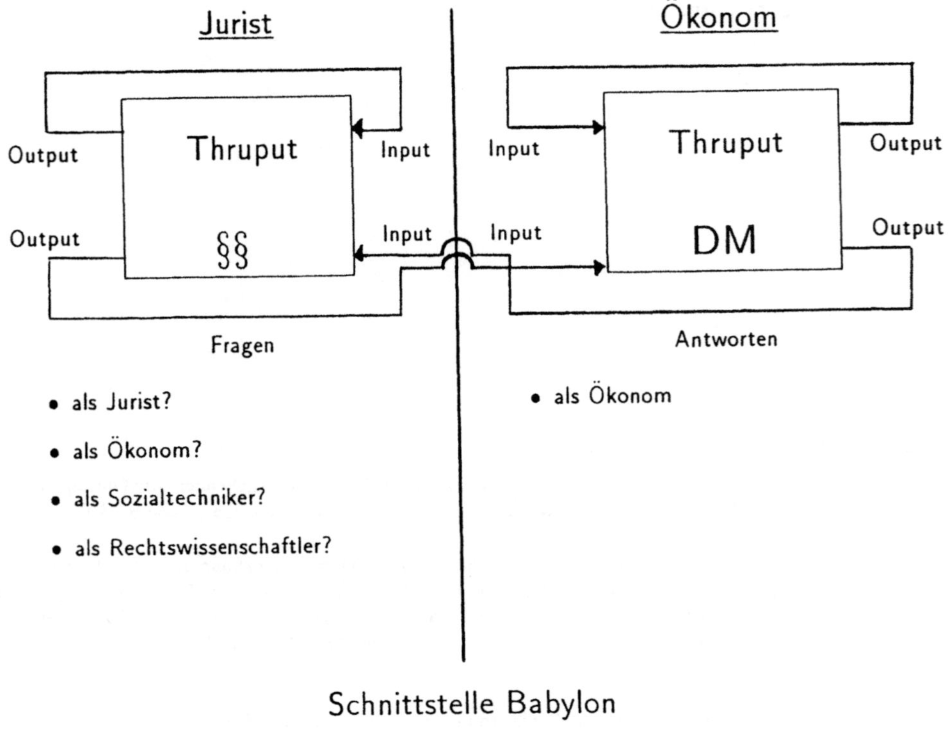

Von besonderer Bedeutung in diesem Kreislauf ist dabei der Thruput. Der wird nämlich nach *Eigengesetzlichkeiten* des jeweiligen (als autonom aufgefaßten) Prototyps erzeugt: "§§" steht für das Denken in juristischen Kategorien und "DM" für das Denken in ökonomischen Kategorien. Natürlich riecht und schmeckt der Output eines Prototyps nach dem ihn hervorbringenden Thruput. Das gilt auch für die Fragen, die der Jurist an den Ökonomen richtet.

Kann dieser (als Ökonom) die Fragen "riechen"? Sie genießen? Wie wird er sie (geistig) verdauen? Als Ökonom kann er sie nur gemäß den Gesetzmäßigkeiten verdauen, nach denen seine "geistige" Maschinerie in einem Jahrhunderte dauernden Prozeß der Begründung des wissenschaftlichen Selbstverständnisses konstruiert wurde. Es geht hier um das, was Wilhelm Busch im Maler Klecksel das innere Walten der Natur nannte und am Beispiel des Essens von Hafergrütze verdeutlichte. (Diesen Hinweis verdanke ich Erich Schanze.) Aber ist das, was gemäß den Eigengesetzlichkeiten, denen der ökonomische Thruput gehorcht, als Output herauskommt, ein Produkt, das der Jurist genießen (verdauen) kann? Schließlich gibt es ja da eine Schnittstelle Babylon.

Wenn ich das Thema richtig verstanden habe, fragt der Jurist in seiner Eigenschaft als *Rechtswissenschaftler* den Ökonomen. Aber was kann er dann von jenem erwarten? Damit bin ich beim hier zu diskutierenden Paper angelangt.

B. Innen-/Außendifferenz - ein Thema für den Ökonomen?

Wer dem Referat von Johannes Köndgen aufmerksam gefolgt ist, wird einen Ton der Frustration nicht überhört haben. Die Ursache ist schnell lokalisiert: Einerseits ist der Rechtswissenschaftler Köndgen davon überzeugt - wenn auch mit der dem Juristen angeborenen Vorsicht -, daß die ökonomische Theorie der Firma Relevanz für rechtswissenschaftliche Fragestellungen besitzt. Ich verweise auf den fünfteiligen Katalog von Antworten, die er als Jurist von der ökonomischen Theorie der Firma erwartet: Wie sehen effiziente Organisationsstrukturen in Unternehmen aus? Wo verläuft die Innen-/Außengrenze der Unternehmung? Wie sind Kontrollrechte zu verteilen und Interessenkonflikte zu lösen? Wie ist der "trade off" zwischen Effizienz und Wettbewerbsbeschränkung etwa bei vertikaler Integration zu entscheiden? Wie sieht eine Theorie der Organisationshaftung aus?

Andererseits führt den Rechtswissenschaftler Köndgen eine kritische - und bewundernswert kenntnisreiche - Musterung des Angebots der Ökonomen zum Ergebnis: Fehlanzeige. Man betrachte seine Schlußfolgerung hinsichtlich der Fragestellung, die den Orientierungspunkt für das gesamte Paper liefert, nämlich die Frage: Was ist das Wesen der Unternehmung? (Innen-/Außendifferenz):

> "Da der Jurist nach alledem über keinen einheitlichen Unternehmensbegriff verfügt, wird er den Blick erst einmal hilfesuchend zurück zur Ökonomie wenden und fragen, welchen Unternehmensbegriff denn die theory of the firm selbst zugrunde legt. Auch dieses Unterfangen wird in Enttäuschung enden. Ein adäquater Begriff des Unternehmens ist - um es pointiert zu sagen - nicht konzeptueller Grundbaustein der theory of the firm, sondern allenfalls deren Resultat, und zwar je nach dem, mit welcher Fragestellung sie sich ihrem Gegenstand nähert." (S. 5.)

Dieser Befund kommt für mich als Ökonomen nicht überraschend. Ich glaube nämlich - und ich werde es zeigen -, daß der Jurist als Jurist *häufig* mit Fragen an den Ökonomen als Ökonomen herantritt, die dieser dem Juristen als Juristen nicht beantworten kann. Und die an den Ökonomen gerichtete Frage, wo und wie die Grenze bei einem Unternehmen zwischen innen und außen zu ziehen sei, scheint mir genau eine solche Frage zu sein. Wenn Köndgen Recht hat mit seiner Behauptung "Jede ökonomische Theorie der Firma ist wertlos für die Jurisprudenz, wenn sie keine Angaben darüber macht, wo die Innen-/Außengrenze der Unternehmung verläuft, oder anders gesagt: die Grenze zwischen dem Handlungssystem Unternehmung und seiner aus schlichten und nicht zentral koordinierten Marktbeziehungen bestehenden Umwelt" (S. 8) - dann, ja dann wird die Jurisprudenz traurigen Zeiten entgegensehen: Alle ökonomischen Theorien der Firma sind dann nämlich wertlos. Ich werde zeigen, daß diese Frage, was denn die Unternehmung eigentlich ist, worin ihr Spezifikum besteht, den Ökonomen nicht nur nicht interessiert, sondern nicht interessieren kann und, weil sie mit Wahrheitsanspruch nicht beantwortbar ist (Unmöglichkeitstheorem), den Ökonomen auch nicht interessieren sollte. Es gab schon einmal einen Versuch in Deutschland, den Ökonomen bei der Beantwortung einer identisch strukturierten Frage einzuspannen, nämlich der Frage, was Wettbewerb sei, insbesondere was der durch GWB zu schützende Wettbewerb sei. Das Unternehmen mußte in einer Sackgasse enden und tat es auch (siehe Schmidtchen 1978, 1991).

C. Mehr Steine als Brot? Was die ökonomische Theorie der Firma wirklich leistet[1]

Ökonomen sind üblicherweise an vier Fragen interessiert:

1. Was ist zu beobachten und wie kann man es beschreiben?
2. Wie kann man das Beobachtete erklären?
3. Wie ist das Beobachtete unter Effizienzgesichtspunkten zu bewerten?
4. Wie kann man den Beobachtungsgegenstand zielgerichtet beeinflussen?

---

1 Siehe auch den Kommentar zu D. Schneiders Paper mit dem Titel "Ökonomische Theorie der Unternehmung" in diesem Bande.

Die Frage, wo die Grenze zwischen innen und außen bei einem Unternehmen verläuft, ist die Frage nach dem Spezifikum (Wesen) der Unternehmung. Die Antwort auf die Frage nach dem Spezifikum hat die Form einer Definition. Davon gibt es bekanntlich zwei Arten: Nominaldefinitionen und essentialistische Definitionen. Nominaldefinitionen von Begriffen benötigen wir, um wissenschaftliche Sätze, nomologische Hypothesen, formulieren zu können. Nominaldefinitionen sind zweckmäßig oder nicht. Auf sie selbst ist bekanntlich das Wahrheitskriterium (Falsifikation, Bestätigung) nicht anwendbar. Essentialistische Definitionen spielen in einer Erfahrungswissenschaft grundsätzlich keine Rolle - und der Versuch, sie gleichwohl aufzustellen, stellt bekanntlich einen Holzweg dar. (Jedenfalls für den, der nicht Anhänger der phänomenologischen Methode ist.)[2]

Ich nehme es als Faktum, daß der Jurist als Jurist (Rechtswissenschaftler) eine essentialistische Definition des Begriffs Unternehmung braucht, um die Grenze zwischen innen und außen ziehen zu können, und frage deshalb: Ist der DFB eine Unternehmung oder besteht er aus tausenden von verschiedenen Unternehmen? Ist McDonald's eine Riesenunternehmung, oder besteht McDonald's aus Hunderten von Unternehmen? Ist es ein Kartell? Ist es Kollusion? Ist die katholische Kirche eine Unternehmung? Ist Mercedes eine Unternehmung? Das Saarland? Die Bundesrepublik? Der IWF?

In Übereinstimmung mit Alchian/Woodward und vielen anderen Institutionenökonomen halte ich - wohlgemerkt als Ökonom - solche und ähnliche Fragen für "not useful questions" (Alchian/Woodward 1987: 151).

> "Instead, the useful questions are why the various types of contractual arrangements are made among coalitions of owners of resources, and what are the consequences." (Ebenda.)

Um ein Beispiel zu bringen: Welche neue Erkenntnis z. B. gewinnen wir als Ökonomen, wenn wir die Frage stellen und beantworten, ob die katholische Kirche eine Unternehmung sei? Offensichtlich hängt die Antwort davon ab, wie wir den Begriff Unternehmung definieren. Bei Begriff A mag die Antwort ja lauten, bei Begriff B nein. Haben wir etwas Neues erfahren über Zusammenhänge der Realität, insbesondere nomologischer Natur, wenn wir vom Begriff A ausgehend prüfen, ob die katholische Kirche eine Unternehmung ist? Die Antwort lautet: nein. Viel interessanter ist es herauszufinden, warum das, was wir katholische Kirche nennen (und was als bereits abgegrenzt unterstellt werden muß: etwa das Kardinalskollegium oder der Papst oder ein Priester), ihre Beziehungen in der Weise organisiert hat, wie wir es beobachten können. Es gibt ja eine Fülle institutioneller Alternativen - warum werden sie nicht gewählt? Bei der Beantwortung dieser Frage hilft uns ein Blick in den Katalog möglicher Definitionen des Unternehmensbegriffs - ob nominaler oder essentialistischer

---

2 Aus dem nämlichen Grunde ist - um ein Beispiel zu bringen - auch die Diskussion darüber fruchtlos, ob etwa Alchian/Demsetz früher einmal einen falschen oder richtigen Unternehmensbegriff vertraten.

Natur - überhaupt nicht weiter. Uns interessieren die *Entscheidungen* bezüglich der Institutionenwahl.

Man täusche sich nicht: Auch Coase war *nicht* daran interessiert zu definieren, was eine Unternehmung ist. Sein wissenschaftliches Erkenntnisziel richtete sich *nicht* auf die (richtige, wahre) Definition des Begriffs Unternehmung. Er nahm diesen Begriff als vorgegeben hin, und zwar setzte er ihn als Nominaldefinition mit Hierarchie gleich.

> "... owing to the difficulty of forecasting ... the less possible, and indeed, the less desirable it is for the person purchasing to specify what the other contracting party is expected to do ... Therefore, the service which is being provided is expressed in general terms, the exact details being left until a later date ... The details of what the supplier is expected to do is not stated in the contract but is decided later *by the purchaser*. When the direction of resources (within the limits of the contract) becomes dependent *on the buyer* in this way, the relationship which I term a 'firm' may be obtained." (Coase 1937: 331.)

Tatsächlich interessiert war Coase an der Frage der optimalen Wahl von Institutionen: Warum etwa wird Markt durch Hierarchie substituiert? Köndgen schreibt mit Recht auf S. 2:

> "Coase's Ausgangspunkt war - auch dies darf ich wohl als bekannt voraussetzen - die *Institutionenwahl* vor *dem Hintergrund* einer *kontingenten und unsicheren Zukunft*."

Die Frage, ob das Wesen der Unternehmung nun in der Hierarchie besteht oder nicht, war ihm dabei völlig egal - und konnte ihm auch egal sein. Er war an komparativen Vorteilen von Organisationsstrukturen interessiert; an *Gründen* der Institutionenwahl.

Auf ein mögliches Mißverständnis sollte hingewiesen werden: Unternehmer stehen immer wieder vor der Frage, ob sie eine bestimmte Transaktion im Unternehmen selbst organisieren sollen (also innen) oder über den Markt (also außen). Es ist die alte "buy-or-make" Frage. Das Entscheidungsproblem besteht hier darin, die optimale (effiziente) Grenze zwischen innen und außen zu finden. Aber dieses Entscheidungsproblem hat nichts mit der auf der begrifflichen Ebene angesiedelten Bestimmung der Innen-/Außendifferenz zu tun, an der Jurist interessiert zu sein scheint. Wenn eine Antwort vom Ökonomen gewünscht wird, so sit es diese: Die Grenze zwischen innen und außen liegt dort, wo sie von Unternehmern gemäß deren Zielsetzung gezogen wird.

D. Innenrecht/Außenrecht: Fragen jenseits des für den Ökonomen als Ökonomen Machbaren

Auf S. 129 liest man bei Köndgen: "Wenn damit die Innen-/Außendifferenz zwischen dem Unternehmen nicht völlig verwischt werden soll, dann müssen wir uns Gedanken darüber machen, was denn das Spezifikum der unternehmensinternen Verträge ausmacht."

Der Jurist muß das möglicherweise, aber der Ökonom als Ökonom keineswegs, und es wäre töricht, Ressourcen auf diesen Versuch zu verschwenden. Der Ökonom würde gewissermaßen sein Rasiermesser an einem untauglichen Objekt ausprobieren - denn die Aufforderung, sich Gedanken über das Spezifikum unternehmensinterner Verträge zu machen, bedeutet im Klartext, die Fragen nach dem Wesen der Unternehmung zu stellen.

Auch kann der Ökonom z. B. nicht entscheiden, ob das Arbeitsrecht nun zum Innenrecht oder zum Unternehmensaußenrecht gehört oder gehören sollte. Das ist ihm im Grunde auch egal und sollte ihm auch egal sein: Er frage vielmehr nach den ökonomischen Wirkungen eines gegebenen Arbeitsrechts oder eines Arbeitsrechts de lege ferenda.

Wir hören ferner, daß man sich mit "den Ökonomen" recht schnell einigen könne über das Verhältnis von "Unternehmen" und "Gesellschaft" (im Sinne des Gesellschaftsrechts).

> "Was immer das Unternehmen sei - wir wissen es ja noch nicht genau - es ist gegenüber der 'Gesellschaft' der Oberbegriff."

Und jetzt:

> "'Gesellschaft' benennt dann für eine Untergruppe von Unternehmen eine bestimmte und in diverse Rechtsformen gekleidete *Organisationsweise der Unternehmensfinanzierung.*"

Kann ich dem *als Ökonom* zustimmen? Meine Antwort: Ich kann weder ja sagen, das stimmt, noch nein sagen, das stimmt nicht. Ich kann gar nichts sagen. Solche Dinge fallen nicht unter meine Erkenntnisbrille, die ich als Ökonom trage. Mir ist es - als Ökonom - egal, ob "Gesellschaft" eine Organisationsweise für Unternehmensfinanzierung bezeichnet. Mich interessiert eher, worin sich diverse Gesellschaftsformen - sagen wir im Lichte der Diskussion um das Modigliani/Miller Theorems - unterscheiden.

Um schließlich ein letztes Beispiel zu bringen: Es wird gefragt, ob ein Beherrschungs- und Gewinnabführungsvertrag noch eine Markttransaktion sei. Wozu muß ich das als

Ökonom wissen? Ich wüßte kein ökonomisches Problem, das mich zu dieser Frage veranlassen könnte. Ich würde mit Williamson anders fragen: "What's going on here?" (siehe Williamson 1991). Warum wurde der Vertrag geschlossen und nicht eine institutionelle Alternative gewählt, welche Wirkungen hat er? Bitte beachten Sie: Ich bestreite nicht, daß die von Köndgen aufgeworfenen Fragen in der Tat dem Juristen auf den Nägeln brennen. Nur fürchte ich, daß die Antwort des Ökonomen ihn nicht viel weiterbringen wird.

E. Ballerstedt und ein vergessener Ansatz: Colemans Theorie des korporativen Akteurs

Aus rechtssystematischen Gründen existieren in Deutschland offensichtlich disparate Blöcke des unternehmensbezogenen Rechts. Köndgen schreibt:

> "Natürlich gab es und gibt es in der Privatrechtswissenschaft Versuche, diese disparaten Blöcke des unternehmensbezogenen Rechts systematisch aufeinander zu beziehen und in einem neuen kohärenten *Unternehmensrecht* zu vereinen."
>
> "Die Hoffnung", - so fügt er hinzu - "daß damit die rechtssystematische Brücke zur ökonomischen Theorie der Unternehmung gefunden sein könnte, ist jedoch trügerisch."

Immerhin gesteht Köndgen diesem wohl auf Ballerstedt zurückgehenden Versuch, eine sogenannte *Sozialverbandstheorie* zu entwickeln, zu, daß zumindest die Fragestellung wichtig bleibt. Ich werde im folgenden unter Rückgriff auf das von Coleman entwickelte Konzept des "corporate actor" (siehe Coleman 1990; für Deutschland Vanberg 1983, 1992) zu zeigen versuchen, daß dieser Ansatz nicht nur von der Fragestellung her wichtig ist, sondern, daß er konzeptionell alle Paradigmen der ökonomischen Theorie der Firma in sich vereinigen kann. Colemans Konzept repräsentiert eine Sehweise, deren heuristisches Potential darin liegt, die Fragen zu finden, auf die es ankommt.

Ob damit allerdings eine "rechtssystematische" Brücke zur ökonomischen Theorie der Unternehmung gefunden ist, darüber müßte die zukünftige Forschung entscheiden.

Korporative Akteure werden dadurch gebildet, daß mehrere Personen (Ressourceneigner) Ressourcen zusammenlegen, über die nicht mehr individuell, autonom (separat), sondern "im Verbund", als Pool (Team), verfügt wird.[3] Es sind Kollektivgebilde, die als Handlungs*einheiten* angesehen (betrachtet!) werden können.

---

3 Ressource ist, was ein Akteur zur Beeinflussung seiner physischen und sozialen Umwelt einsetzen kann: Geld, Kapitalgüter, Arbeitskraft, Rechte.

Alles korporative Handeln steht vor drei Grundproblemen, die sich am besten mit einem von Buchanan stammenden Beispiel verdeutlichen lassen:

A: Es gebe 10 Fischer. Jeder habe sein eigenes Boot. Jeder verfüge am Endes des Tages über *seinen* Fang.

B: 10 Fischer kaufen ein Boot und nutzen es gemeinsam. (Teamproduktion; Ressourcenpool)

Welches ist der Unterschied zwischen A und B?

Erstens:	Die Entscheidung über den Einsatz *des* Bootes und der einzelnen Fischer ist im Gegensatz zu Fall A im Fall B eine Kollektiventscheidung.
Zweitens:	Der Ertrag ist im Fall B Kollektivertrag, nicht mehr individueller Ertrag. Es entsteht ein Verteilungsproblem, das es vorher nicht gab. Man muß sich auf eine Verteilungsregel einigen.
Drittens:	Die Haftung für vertragliche und deliktische Schäden im Falle A ist Einzelhaftung, im Falle B ist sie Kollektivhaftung.

Die *Organisation* korporativen Handelns erfolgt durch Regeln, die Dreierlei festlegen:

- Wer darf wie über den Ressourcenpool in welchen Dimensionen verfügen?
- Wie erfolgt die Verteilung des gemeinsamen Ertrages auf die Ressourceneinbringer?
- Wie wird die Haftung für deliktische und vertragliche Schäden nach innen trans portiert?

Über diese Regeln wird auf der konstitutionellen Ebene, wie Buchanan das nennt (siehe z.B. Buchanan 1990), entschieden. Sie schlagen sich in einer Verfassung nieder. Auf der postkonstitutionellen Ebene wird dann das Spiel unter dieser Verfassung gespielt.

Jeder Ressourcenpool muß 3 Probleme lösen (eines auf der konstitutionellen und zwei auf der postkonstitutionellen Ebene):

1. Der Ressourcenpool muß *organisiert* werden: das ist die Verfassungsfrage.
2. "Monitoring": Es muß kontrolliert werden, ob die Poolressourcen auch die versprochene Leistung erbringen.
3. Wie kann man verhindern, daß Ressourcen *nach* der Poolung versuchen, sich einen höheren Anteil an der Wertschöpfung zu sichern als in der Verfassung vereinbart wurde?

Damit sind zugleich die ökonomische Theorie der Firma beherrschenden Fragen angesprochen. Interessanterweise scheint die Konzeption des korporativen akteurs bei der Verfassung der deutschen Aktiengesellschaften Pate gestanden zu haben. Es wird die Aktiengsellschaft als Ressourcenpool begriffen. Die Aktienbesitzer sind nicht die "Eigentümer" und die alleinigen Prinzipale mit den Managern als Agenten. Wie Baums

(1992) betont, werden die Manager als Agenten aller Ressourceneigner ("agents of all stakeholders") und nicht nur der Aktienbesitzer angesehen. Es ist offensichtlich, daß in dieser Sehweise der Institution der feindlichen Übernahme ("hostile takeover") erhebliche Bedenken begegnen. Neue Einsichten ergeben sich auch bezüglich der Einschätzung der Kontrollbefugnisse, wenn man zusätzlich berücksichtigt, daß die Verfassung eines Ressourcenpools einen unvollständigen Vertrag darstllt. Während in der modernen finanzwirtschaftlichen Lteratur à la Modigliani/Miller Finanzierungsinstrumente den Vermögenshaltern lediglich das Recht auf Einkommensströme einräumen (Vermögensrechte) und die Kapitalstruktur allokativ neutral ist, interpretiert die moderne ökonomische Theorie der Firma die Kapitalstruktur auch als einen Kontrollmechanismus: "The incomplete contracting literature views the standard financial instruments, debt as well as equity, ax conferring both control rights and rights to return streams." (Berglöf 1990: 238). Es folgt daraus, daß Finanzierung auf der einen Seite und Organisation auf der anderen keine unabhängigen Sachverhalte darstellen und deshalb gemeinsam untersucht werden müssen. Aber diese von Williamson (1990: 19) vertretene Ansicht erweist sich bei näherem Zusehen als zu kurz greifend: Kontrollrechte lassen sich für *alle* Ressourceneigner als effizient nachweisen, also auch für die Arbeiter. Die Theorie des korporativen Aktuers in Verbindung mit der Theorie unvollkommener Verträge liefert denn auch eine Legitimation für die Mitbestimmung (siehe Schmidtchen 1981, 1987).

Worauf es letzten Endes ankommt, hat Köndgen bei der Diskussion der Theorie von der Firma als Nexus von Verträgen erkannt und folgendermaßen beschrieben:

> "Insgesamt scheint mir die Theorie vom Vertrags-Nexus letztlich doch nur eine Problemverschiebung zu bewirken. Die strukturbestimmenden Unterschiede sind jetzt nicht mehr als alternative Institutionen zu begreifen. Sie verlagern sich nunmehr in die Verträge selbst, d. h. wir müssen jetzt verschiedene *Vertragsinhalte* analysieren und typologisch ordnen."

Genau das ist es, was die Neue Institutionenökonomik tut.[4] Wie ich in meinem Kommentar zu Dieter Schneiders Aufsatz (in diesem Bande) deutlich zu machen versuchte, wird die Sache erst und gerade dadurch interessant, daß es sich bei den Verträgen um unvollkommene Verträge handelt. Wenn der Jurist an den Ökonomen mit Fragen *dieser* Art herantritt, dann wird er reichlich belohnt werden. Das gilt nicht zuletzt auch für den Bereich, den Köndgen mit (*fast*) Fehlanzeige belegt: nämlich der Organisationshaftung.[5] Problemverschiebungen können einen erkenntnismäßigen Durchbruch darstellen und zu rechtssystematischen Brücken werden.

---

4 Typische Fragen sind: Mit welchen Ressourcen werden langfristige, mit welchen kurzfristige Verträge abgeschlossen? Sollen Ressourcen übereignet oder geleast werden? Welche Schutzvorkehrungen werden getroffen, um die wechselseitige Ausbeutung der Ressourcen zu beschränken? Hängt es vom Ausma*ß* der Koalitionsspezifizität ab, wer die Leitungsmacht (control) über den Ressourcenpool besitzt und welche Entlohnungsprinzipien gewählt werden?

5 Siehe etwa Polinsky/Shavell (1992).

F. Abschluß

Wer den Kommentar aufmerksam liest, wird bemerkt haben, daß es am Inhalt und der Form von Köndgens Paper nichts auszusetzen gab. In der Tat, es handelt sich von der Form wie dem Inhalt her bei Köndgens Referat um eine ausgezeichnete Arbeit, in der juristisches und ökonomisches Wissen eine fruchtbare Einheit eingehen. Die Souveränität der Darstellung und des Herausarbeitens der wesentlichen Punkte ist bewundernswert - das kann wohl nur der Jurist, der trotz der vielen Bäume den Wald noch sieht.

Im Kommentar wurde betont, daß der Jurist als Jurist damit rechnen sollte, vom Ökonomen als Ökonomen häufig eher Steine als Brot vorgesetzt zu bekommen. Woran liegt das?

Die Antwort verweist auf das Selbstverständnis der ökonomischen Analyse des Rechts: Ökonomische Analyse des Rechts gehört - was manchmal vergessen wird - systematisch gesehen zur Ökonomie. Es handelt sich um praktizierte Ökonomik und nicht um praktizierte Juristerei. Das mag manchen Juristen irritieren. Als Trost möge jedoch dienen: Wenn wird dereinst eine juristische Analyse der Ökonomik haben sollten, werden Ökonomen mit ähnlichen Problemen konfrontiert sein wie heute ihre Kameraden aus der Schwesterwissenschaft.

Literatur:

Alchian, A./Woodward, S. (1987) — Reflections on the Theory of the Firm, in: Journal of Institutional and Theoretical Economics (JITE), 143, S. 110 - 136.

Baums, Th. (1992) — Takeovers vs. Institutions in Corporate Governance in germany, Paper präsentiert auf der 9. Jahrestagung der EALE in London.

Berglöf, E. (1990) — Capital Structure as a Mechanism of Control: a Comparison of Financial Systems, in: Aoki, M., Gustafson, B., Williamson, O. (eds.): The Firm as a Nexus of Treaties, Sage Publications.

Buchanan, J. (1990) — The Domain of Constitutional Economics, in: Constitutional Political Economy, Vol. 1, S. 1-18.

Coase, R. (1937) — The Nature of the Firm, in: Economica, N. S., 4: 386 - 405, Reprinted in G. J. Stigler and K. E. Boulding (eds.) (1952): Readings in Price Theory, Richard D. Irwin, Homewood, IL., S. 331 ff.

Coleman, J. (1990) — Foundations of Social Theory, Cambridge, Mass.

Polinsky, M., Shavell, St. (1992) — Should Employees Be Subjekt to Fines and Imprisonment Given the Existence of Corporate Liability, in: Discussion Paper Series, Harvard Law School, No. 105.

Schmidtchen, D. (1978) — Wettbewerbspolitik als Aufgabe, Baden-Baden.

Schmidtchen, D. (1981) — Leitungspartizipation, Wettbewerb und Funktionsfähigkeit des Marktsystems, in: Zukunftsprobleme der Sozialen Marktwirtschaft, Schrifgen des Vereins für Socialpolitik, NF Bd. 116, S. 191-212.

Schmidtchen, D. (1987) — "Sunk Costs", Quasirenten und Mitbestimmung, in: Jahrbuch für Neue Politische Ökonomie, Tübingen, S. 139-163.

Schmidtchen, D. (1993) — Ökonomische Therorie der Unternehmung. Kommentar; in diesem Band.

Schmidtchen, D. (1991) — The Goals of Antitrust Revisited. Comment, in: Journal of Institutional and Theoretical Economics (JITE), 147, S. 31 - 37.

Vanberg, V. (1982) — Markt und Organisation: individualistische Sozialtheorie und das Problem korporativen Handelns, Tübingen.

Vanberg, V. (1992) Organizations as Constitutional Systems, in: Constitutional Political Economy, Vol. 3, No. 2, S. 223-255.

Williamson, O. (1990) The Firm as a Nexus of Treaties: an Introduction, in: Aoki, M., Gustafson, B., Williamson, O. (eds.): The Firm as a Nexus of Treaties, Sage Publications, s. 1-25.

Williamson, O. (1991) Economic Institutions: Spontaneous and Intentional Governance, in: The Journal of Law, Economics, & Organization, Vol. 7, Spec. Issue, S. 159 - 187.

Diskussion

zusammengefaßt von R. Teijl und R.W. Holzhauer

Die Diskussion bezog sich primär auf vier Aspekte:

1. Welche Antworten darf der Jurist von der ökonomischen Theorie der Firma erwarten?
2. Der Unternehmensbegriff der 'Theory of the Firm'.
3. Statische Effizienz versus Hayek'sches Entdeckungsverfahren.
4. Treuepflichten.

Zum ersten Problemfeld wurde allgemein darauf hingewiesen, daß Theorien im Lichte einer bestimmten Fragestellung gebildet werden. In der Diskussion wurde der Aspekt vorgetragen, daß es für Juristen nicht möglich sei, ökonomische Theorien ohne weiteres auf unternehmensrechtliche Probleme anzuwenden. Hierbei bliebe unberücksichtigt, daß juristische Fragestellungen stets 'legitime Fragestellungen' sind. Die von den Juristen mittels der ökonomischen Theorie 'gefundenen' Lösungen seien aber nicht als 'Lösung' dieser Fragen zustandegekommen. Das heiße aber nicht, daß zwischen Juristen und Ökonomen keine fruchtbare Diskussion möglich sei. In der Diskussion wurde vorgebracht, daß ihre Vorgehensweise per definitionem nicht differiere, obgleich Ökonomen und Juristen sich mit unterschiedlichen Fragestellungen beschäftigten. Während Ökonomen problemauflösend orientiert seien, müßte man sich die Frage stellen, inwieweit dies auch für den Richter zutrifft. Meistens wird es sich wohl um 'public policy' Fragen handeln.

In Bezug auf die Theorie von Coase wurde einleitend bemerkt, daß der Unterschied zwischen Unternehmen und Markt zunächst nur analytischer Natur sei. Coase habe nicht behaupten wollen, es existierten keine Mischformen und auch nicht, daß innerhalb von Unternehmen Preise keine Rolle spielten. Anschließend wurde hinsichtlich der Abgrenzung von Innen- und Außenverhältnis dargelegt, daß dieser vor allem heuristischer Wert beigemessen werden sollte. Es könne ex ante kein ökonomisches Kriterium angegeben werden, daß für Juristen einen normativen Wert hat. Die Beurteilung, inwieweit beispielsweise ein Dritter an Mitgliedschaftspflichten gebunden ist, erfolge immer nachträglich.

Der Sinn einer essentialistischen Fragestellung wurde allgemein angezweifelt. Allerdings könnten Typologien zur Anwendung gelangen, aus denen hervorgehen könne, daß bestimmte Verhältnisse gleichermaßen funktionieren und in bestimmter Weise gleichartig sind.

Manche Diskussionsteilnehmer waren der Meinung, daß die Frage, welche Rechtsform Anwendung finden kann, weniger interessant sei, weil sich verschiedene Muster beliebig kombinieren ließen.

In der weiteren Diskussion wurde die Frage gestellt, ob der Effizienzgewinn durch Transaktionskostenersparnis den Wohlfahrtsverlust durch Wettbewerbsbeschränkung überwiegt oder umgekehrt. Einige Teilnehmer betonten, daß Wettbewerb ein Selektions(Entdeckungs)verfahren evolutionärer Art sei, welches sich auf verschiedenen Ebenen vollziehe. Aus dieser Perspektive stellt sich vielmehr das Problem, ob die betreffenden Rechtsnormen derart gestaltet sind, daß sie diesen Wettbewerbsprozeß stimulieren. Damit bleibt die Frage, wieviel zwingendes Recht im Gesellschaftsrecht nötig ist.

Sowohl in der Theorie der Verträge als auch in der Principal-Agency-Theorie sind interessante Anhaltspunkte für die Bestimmung von Treuepflichten ('fiduciary duties') vorzufinden. Es verdient ex ante Priorität, vertragliche Möglichkeiten auszunutzen, wobei u.a. eine Rolle spielt, inwieweit auf 'armth length' gehandelt worden ist. Es war eine Streitfrage, ob davon in der Sache AT&T die Rede war. Dabei wurde die Bemerkung gemacht, daß z.B. das amerikanische Recht in Bezug auf beide Möglichkeiten indifferent sei.

Zum Schluß wurden die Möglichkeiten der Neuen Institutionellen Ökonomie bei der Beantwortung der im Referat aufgeworfenen Fragen diskutiert. Dabei wurde jedenfalls klar, daß u.a. die Rolle der Ungewißheit zu alternativen Betrachtungsweisen führen sollte.

Unternehmensfinanzierung und Kapitalmarkt

von Reinhard H. Schmidt

A. Problemstellung

Das von den Veranstaltern zu diesem interdisziplinären Kolloquium zur ökonomischen Analyse des Rechts (ÖAR) vorgegebene Thema "Unternehmensfinanzierung und Kapitalmarkt" ist zugleich zu eng und zu weit.

Eine inhaltliche Erweiterung ist insofern geboten, als in der Fachdiskussion im Grenzgebiet von Ökonomie und Recht unbestritten ist, daß erstens der Kapitalmarkt nicht nur mit der Unternehmensfinanzierung, sondern auch mit Unternehmensverhalten und Unternehmensstrukturen zusammenhängt - oder vorsichtiger: zusammenhängen könnte. Und zweitens beeinflußt - gegebenenfalls - nicht nur der Kapitalmarkt Unternehmensverhalten und -strukturen, sondern Verhalten und Strukturen von Unternehmen werden - möglicherweise - auch von anderen Märkten wie dem Markt für Unternehmensherrschaft und dem Managermarkt gesteuert[1]. Diese den Kapitalmarkt ergänzenden Märkte sind in die Betrachtung einzubeziehen. An die Stelle des engen Themas "Unternehmensfinanzierung und Kapitalmarkt" tritt das weitere Thema "Unternehmen und Kapitalmarkt nebst ergänzenden Märkten". Dieser inhaltliche Aspekt der Themenerweiterung wird im Abschnitt B im Zentrum stehen.

Zu eng ist das vorgegebene Thema auch angesichts des interdisziplinären Anlasses, denn es enthält keinen Bezug zum Recht und zur ÖAR[2]. Eine Erweiterung um diesen

---

1 Vgl. zum Markt für Unternehmensherrschaft Manne, H.G., Mergers and the Market for Corporate Control, Journal of Political Economy 1965, S. 110 ff., und zum Managermarkt Fama, E.F., Agency Problems and the Theory of the Firm, Journal of Political Economy 1980, S. 288 ff., sowie zur Verknüpfung Fama, E.F./Jensen, M.C., Separation of Ownership and Control, Journal of Law and Economics 1983, S. 301 ff.

2 Vgl. als die internationale Standardquelle Posner, R.A., Economic Analysis of Law, 3.Aufl. 1987; und aus der deutschen Literatur Assmann, H.D./Kirchner, C./Schanze E. (Hrsg.), Ökonomische Analyse des Rechts, 1978; Schäfer, H.-B./Ott, C., Lehrbuch der ökonomischen Analyse des Zivilrechts, 1986, und Behrens, P., Die ökonomischen Grundlagen des Rechts, 1989. Zur neueren Entwicklung und insbesondere zur Rezeptionsgeschichte in Deutschland vgl. Kirchner, C., The Difficult Reception of Law and Economics in Germany, International Review of Law and Economics 1991, S. 227 ff., und Schanze, E., Research Perspectives of the Economic Approach to Institutions, in: Coljee, P.D./Franken, H./Heertje A./Kanning, W. (Hrsg.), Law and Welfare Economics, Ophet Raakvlak van Economie on Recht, 1991, S. 27 ff.

Bezug ist besonders deswegen wichtig, weil Finanzierung immer mittels rechtlicher Formen gestaltet wird und weil die Finanztheorie der ÖAR methodisch vielleicht noch näher steht als andere ökonomische Teilgebiete, betonen doch Finanztheorie und ÖAR Effizienzaspekte und die Rolle von Märkten gleichermaßen sehr nachdrücklich. Der Brückenschlag zum Recht bzw. zur ÖAR steht im Mittelpunkt des Abschnitts C. Das modifizierte Thema lautet damit "Unternehmen, Kapitalmarkt (nebst ergänzenden Märkten) und Recht/ÖAR".

Jedes der drei Elemente des so erweiterten Themas und die wichtigsten paarweisen Beziehungen zwischen ihnen diskutieren zu wollen wäre ein viel zu ambitioniertes Vorhaben für den Raum, der mir hier gegeben ist. Insofern ist das Thema zu weit, und es muß eingeengt und damit zugleich präzisiert werden. Meine *Kernfrage* lautet: In welchem Ausmaß und in welcher Weise bestimmen der Kapitalmarkt und diesen ergänzende Märkte, wie sich Unternehmen finanzieren und gegebenenfalls auch, wie sie sich verhalten und wie sie strukturiert sind?

Diese Kernfrage wird ergänzt durch eine weitere Frage, die den Auswahlgesichtspunkt und den Bezug zum Recht verdeutlicht: Welche Erkenntnisse bezüglich der Kernfrage erscheinen einem Ökonomen so wichtig, daß er meinen könnte, seine juristischen Gesprächs- und Kooperationspartner sollten sie beherzigen?

Die Antwort auf die Kernfrage ist weder eindeutig noch einfach. Sie fällt sehr unterschiedlich aus, je nach Richtung oder Ansatz der Finanzierungstheorie, dem man folgen möchte. Je nach Richtung wird man schon die Begriffe "Unternehmensfinanzierung" und "Kapitalmarkt" unterschiedlich verstehen; und es erweist sich bei genauerer Betrachtung sogar als richtungsabhängig, in welchem Sinne der Kapitalmarkt für die Unternehmensfinanzierung Bedeutung haben könnte.

In der Literatur zu Finanzierungsfragen muß man heute drei Richtungen oder Ansätze unterscheiden, innerhalb derer sich die Kernfrage formulieren und beantworten läßt[3]:

(1) den traditionellen oder finanzwirtschaftlichen Ansatz,
(2) den neoklassischen Ansatz und
(3) den neoinstitutionalistischen Ansatz (mit mehreren Unterformen).

Statt nun einfach den Ansatz auszuwählen, der mir am fruchtbarsten erscheint, und innerhalb dieses Rahmens dann das herauszustellen, was meines Erachtens für juristische Partner bezüglich des Verhältnisses von Unternehmung und Kapitalmarkt wissenswert ist, soll gleichsam aus der Vogelperspektive die Abhängigkeit der Antwort von dem gewählten Ansatz herausgearbeitet werden. Ich wähle diese Perspektive, weil mir genau dies wichtig und im Disziplinen übergreifenden Gespräch mitteilenswert erscheint: Juristen sollen wissen, daß und inwiefern die Antwort auf die Kernfrage

---

3 Vgl. dazu ausführlicher Schmidt, R.H., Grundzüge der Investitions- und Finanzierungstheorie, 2.Aufl. 1986, S. 3 ff.; Schneider, D., Allgemeine Betriebswirtschaftslehre, 3.Aufl. 1987, S. 32 ff.

uneindeutig ist. Ein solches Vorverständnis ist m.E. sogar eine unabdingbare Voraussetzung für eine fruchtbare interdisziplinäre Zusammenarbeit.

Im folgenden wird zuerst gezeigt, wie im Rahmen der drei Richtungen oder Ansätze die Kernfrage formuliert und beantwortet wird (Abschnitt B.). Danach werde ich kurz auf die möglichen Formen der Verbindung von ökonomischem Wissen und juristischen Fragestellungen - kurz: Kooperationsmodelle - eingehen und diese Kooperationsmodelle noch anhand eines konkreten Kooperationsprojekts illustrieren (Abschnitt C.).

B. Der Kapitalmarkt als Determinante von Unternehmensfinanzierung, Unternehmensverhalten und Unternehmensstrukturen

I. Der traditionelle finanzwirtschaftliche Ansatz

In einigen wissenschaftlichen Arbeiten, in einigen Lehrbüchern, in vielen Publikationen sogenannter Praktiker und vermutlich auch im Denken der meisten Praktiker wie auch der meisten Juristen herrscht eine Vorstellung von Unternehmensfinanzierung und Kapitalmarkt vor, die man als traditionell oder finanzwirtschaftlich bezeichnet. Diesem Verständnis zufolge ist Unternehmensfinanzierung eine vom mehreren betrieblichen Funktionen: die des "Kassenwarts" (treasurer) des Unternehmens. Er muß dafür sorgen, daß das Unternehmen die finanziellen Mittel bekommt, die es zum Investieren braucht. Er muß versuchen, die Kapitalbeschaffung möglichst günstig zu gestalten, d.h. Kapital aus billigen Quellen bzw. billige Formen des Kapitals zu beschaffen. Damit verknüpft ist die Zuständigkeit für Kapitalverzinsung und -rückzahlung. Der "treasurer" muß außer für die Kapitalbeschaffung auch dafür sorgen, daß aus den Finanzierungsbeziehungen zwischen der Unternehmung und ihren Kapitalgebern keine Schwierigkeiten für den "eigentlichen" betrieblichen Prozeß der Leistungserstellung (Produktion) und -verwertung (Absatz) entstehen. Finanzierung ist also Kapitalbeschaffung und Sicherung der Liquidität oder in anderen Worten die Deckung des Kapitalbedarfs als langfristige Aufgabe und die Sicherung des finanziellen Gleichgewichts als kurzfristige Aufgabe. Finanzierung als das, womit sich die Finanzabteilung einer Unternehmung befaßt, stellt auch keinen gesamtunternehmensbezogenen Problembereich dar[4].

Zu diesem institutionell gebundenen Verständnis von Unternehmensfinanzierung paßt ein ebenso institutioneller Begriff von Kapitalmarkt: Der Kapitalmarkt ist der organi-

---

4 Vgl. z.B. Gutenberg, E., Grundlagen der Betriebswirtschaftslehre, 3.Band: Die Finanzen, 8.Aufl. 1980: Vormbaum, H., Finanzierung der Betriebe, 8.Aufl. 1990; Wöhe, G./Bilstein, J., Grundzüge der Unternehmensfinanzierung, 5.Aufl. 1988.

sierte Markt für Wertpapiere, insbesondere der für verbriefte langfristige Titel[5]. Der Markt für langfristige Titel, der Anleihen-, Aktien- und Optionsanleihen-Markt, umfaßt wiederum zwei Teile: den Primär- oder Emissionsmarkt, auf dem Unternehmen Anbieter von Titeln (bzw. Nachfrager von Kapital) und Investoren Nachfrager von Titeln (bzw. Anbieter von Kapital) sind, und den Sekundär- oder Zirkulationsmarkt, auf dem umlaufende Titel gehandelt und bewertet werden.

Ausgehend von diesen - gängigen - engen Definitionen für Finanzierung und Kapitalmarkt ist die Frage nach der Bedeutung des Kapitalmarktes für die Unternehmen einfach zu formulieren: Welche Bedeutung hat der Markt für Wertpapiere rein quantitativ als Kapitalquelle für die Unternehmen? Diese Frage kann sich nur auf den Emissionsmarkt beziehen. Die Antwort ist klar: Seine Bedeutung ist denkbar gering! Mittel für Investitionen beschaffen sich Unternehmen zum überwiegenden Teil - und damit offenbar am liebsten - intern, d.h. durch Einbehaltung von buchhalterisch ermittelten Gewinnen (Selbstfinanzierung) und durch Nichtausschüttung anderer cash-flow-Bestandteile wie Abschreibungs- und Rückstellungsgegenwerte. Wenn sich externe Finanzierung nicht vermeiden läßt, wird die Kreditfinanzierung und ggfs. die Finanzierung über private "placements" genutzt, ehe sich eine Unternehmung an den organisierten Kapitalmarkt als "letzte Instanz" wendet.

Die Kapitalmarktfinanzierung steht in der "Hackordnung" ganz unten. Das mag man als schwer verständlich beurteilen[6], bezweifeln kann man es aber nicht. Für deutsche Unternehmen ist die geringe Bedeutung des Kapitalmarktes als Finanzierungsquelle schon seit längerer Zeit festgestellt und zugleich als ein Mißstand beklagt worden, der gewöhnlich auf die unzureichende Entwicklung des Kapitalmarktes bzw. auf den dominierenden Einfluß der deutschen Universalbanken und deren Interesse am Kreditgeschäft zurückgeführt wird[7]. Neuere international vergleichende Untersuchungen wie die von C. Mayer belegen, daß weitgehend ähnliche Finanzierungsstrukturen wie in Deutschland auch in anderen Industrieländern üblich sind. Abbildung 1 zeigt die um Wechselkursänderungen und Kapitalrückzahlungen bereinigte Finanzierung (im Sinne von Mittelbeschaffung des nichtfinanziellen Sektors) in den USA, Großbritannien und Deutschland nach Mayers Ergebnissen[8]. Der Befund ist bei der Bruttofinanzierung

---

5 In einer etwas weiteren Fassung kann man ihn als Markt für alle verbrieften Titel definieren, auch wenn diese kurzfristig sind wie commercial paper, oder als den Markt für langfristige, handelbare Titel, auch wenn diese wie z.B. Schuldscheindarlehen nicht verbrieft sind. Den wesentlichen Vorstellungsinhalt erfaßt aber schon die übliche enge Definition.

6 So etwa Myers, S.C., The Capital Structure Puzzle, Journal of Finance 1984, S. 575 ff., wo die These von der Hackordnung den Ausgangspunkt der Überlegungen bildet.

7 Vgl. etwa die Beiträge in: Bierich, M./Schmidt, R. (Hrsg.), Finanzierung deutscher Unternehmen heute, 1984; ausführlicher dazu unten Abschnitt III. 2 und die dort angegebene Literatur.

8 Vgl. Mayer, C., Financial Systems, Corporate Finance, and Economic Development, in: Hubbard, R.G. (Hrsg.), Asymmetric Information, Corporate Finance, and Investment, 1990, S. 310 ff. Die Angaben für Deutschland beziehen sich auf die sog. alten Bundesländer.

nicht wesentlich anders, und er hängt auch nicht von der verwendeten Umrechnungstechnik ab[9].

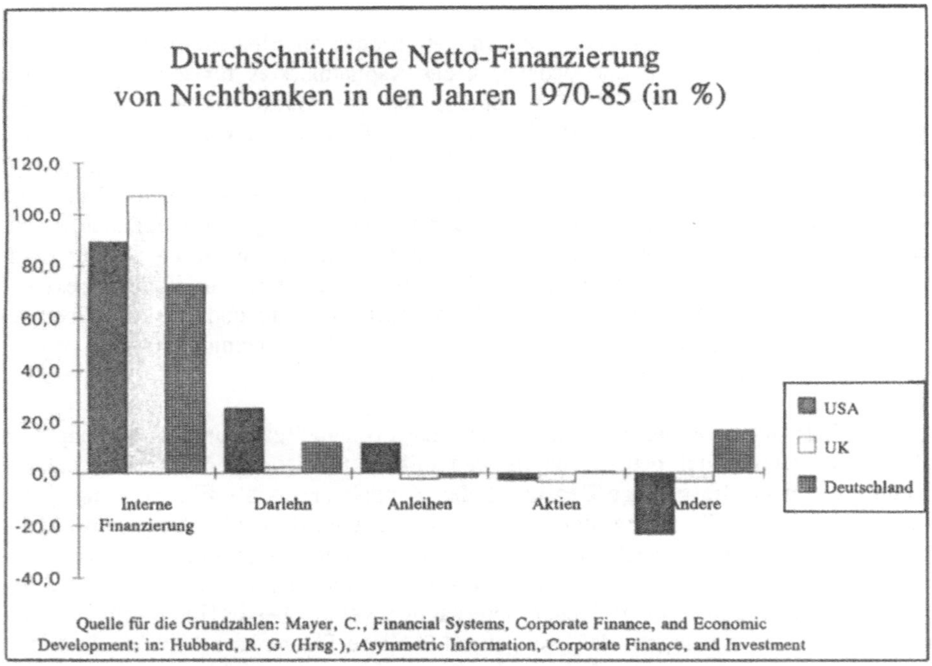

Quelle für die Grundzahlen: Mayer, C., Financial Systems, Corporate Finance, and Economic Development; in: Hubbard, R. G. (Hrsg.), Asymmetric Information, Corporate Finance, and Investment

Die Tendenz zur Disintermediation und zum Einsatz von Finanzinnovationen in der zweiten Hälfte der 80er Jahre hat die Bedeutung des Kapitalmarktes als Finanzierungsquelle zwar erhöht, die allgemeine Tendenz ist aber unverändert geblieben[10].

Innerhalb des traditionellen Ansatzes wird wenig Bezug auf den Sekundärmarkt genommen. Das geschieht allenfalls in der Weise, daß die Möglichkeit, ein Engagement

---

9 Es versteht sich fast von selbst, daß der Kapitalmarkt im Sinne obiger Definition auch keine Bedeutung für die kurzfristige Liquiditätssicherung hat.

10 Vgl. Mayer, C., S. 316 ff.

in Wertpapieren durch Verkauf an der Börse leicht aufzulösen, als ein Merkmal herausgestellt wird, das Aktien und Obligationen für Anleger attraktiv macht und so die Kapitalmarktfinanzierung für Unternehmen erleichtert.

Eine weitergehende, über die Finanzierung hinausweisende Beeinflussung von Unternehmensverhalten und -strukturen wird im Rahmen des traditionellen Ansatzes zwar konzeptionell nicht ausgeschlossen, denn allein aus der Logik der elementaren Kassengleichungen heraus bestimmen sich Investitions- und Finanzierungsvolumen gegenseitig, aber die gegenseitige Abhängigkeit wird in der Regel als Thema nicht explizit verfolgt. Auf eine wichtige Ausnahme von dieser Regel gehe ich unten im Abschnitt III 2 ausführlicher ein.

II. Der neoklassische Ansatz

Neoklassisch nennt man in der Finanzierungsliteratur einen Denkansatz, in dessen Mittelpunkt die Annahme eines vollkommenen Kapitalmarktes steht und in dem die Implikationen der Marktvollkommenheit untersucht werden. Definitionsmerkmale eines vollkommenen Kapitalmarktes sind, daß kein Marktteilnehmer die Preise beeinflussen kann, daß es keine Transaktionskosten gibt und daß zwischen den Marktteilnehmern die Informationen symmetrisch verteilt sind, d.h. daß keine Gruppe von Marktteilnehmern systematisch besser informiert ist als alle anderen. Inwieweit die Annahme eines vollkommenen Kapitalmarktes realistisch oder wenigstens weitgehend zutreffend ist, ist umstritten[11].

Im neoklassischen Ansatz der Finanzierungstheorie erscheint der Zusammenhang zwischen Unternehmensfinanzierung und Kapitalmarkt als sehr eng. Zum Teil wird die enge Abhängigkeit der Unternehmensfinanzierung vom Kapitalmarkt ausdrücklich behauptet, und zum Teil ergibt sich unmittelbar aus den expliziten Annahmen und den Theoremen, daß die Beziehung eng sein muß. Zum großen Teil wird der Eindruck einer starken Kapitalmarktabhängigkeit auch durch Definitionen und Analogien nahegelegt. Woher kommt und was besagt die mehr suggerierte als ausdrücklich aufgestellte These - bzw. der Eindruck - von der Kapitalmarktabhängigkeit der Unternehmen gemäß der neoklassischen Finanzierungstheorie?

Zuerst zur Herkunft: Oben ist zwischen dem Primär- oder Emissionsmarkt und dem Sekundär- oder Zirkulationsmarkt unterschieden worden. Der traditionelle Ansatz befaßt sich fast ausschließlich mit dem Primärmarkt, der als relativ unbedeutend, zugleich aber auch als recht unvollkommen eingeschätzt wird. Beide Einschätzungen dürften zu-treffend sein. Ganz anders beim neoklassischen Ansatz. Hier gilt die Aufmerksamkeit fast ausschließlich dem Sekundärmarkt und der gleichgewichtigen

---

11 Vgl. zum Problem der Definition eines vollkommenen Kapitalmarktes z.B. Schneider, D., Investition, Finanzierung und Besteuerung, 6.Aufl. 1990, S. 422 ff.

Bewertung gegebener Mengen von Finanztiteln[12]. In der Theorie wird *angenommen*, daß alle bestehenden Ansprüche an Unternehmen als "claims" in Wertpapierform gekleidet sind und an vollkommenen Märkten gehandelt werden. Für diese Bestands- oder asset-Märkte werden Gleichgewicht und Marktvollkommenheit *angenommen*. Daraus werden Gleichgewichtseigenschaften von Kapitalmärkten *abgeleitet*. Unter diesen ist besonders die Effizienz wichtig. Die These von der Informationseffizienz des Kapitalmarktes ist auch empirisch gut *bestätigt* worden[13]. Im "intuitiven Rückschluß" ergäbe sich daraus, daß die Annahme der Vollkommenheit des Zirkulationsmarktes durchaus plausibel oder realistisch sei und damit sogar das gesamte Aussagensystem der neoklassischen Finanzierungstheorie wissenschaftlich gut untermauert sei.

Daß reale Wertpapiere, die von Unternehmen ausgegeben worden sind, wirklich auf erstaunlich vollkommenen Märkten gehandelt zu werden scheinen, legitimiert natürlich nicht die idealisierende Annahme[14] daß *alle* Ansprüche auf solchen Märkten gehandelt werden. Nur in der Modellwelt der Theoretiker sieht es so aus! Und von dem über Annahmen erzeugten Schein[15] von Vollkommenheit des Sekundär- oder Zirkulationsmarktes fällt sozusagen ein "Abglanz" auf den Primär- oder Emissionsmarkt, der dem Leser oder Zuhörer nahelegt, Unternehmen finanzierten sich ganz oder überwiegend durch Wertpapieremissionen. Warum sollten sie es auch nicht tun, wo doch annahmegemäß die Märkte streng vollkommen und die Vorteile der Einbindung in den Kapitalmarkt sogar innerhalb derselben Theorie zwingend nachgewiesen werden[16].

Zum Teil ergibt sich der Eindruck einer strikten Kapitalmarktabhängigkeit auch aus den in der Theorie üblichen Definitionen. Gemäß dem vielfach verwendeten sogenannten monetären Finanzierungsbegriff setzt der Sachverhalt "Finanzierung" voraus, daß der Unternehmung Mittel von Kapitalgebern zufließen. So gesehen ist die gesamte interne Finanzierung keine "wirkliche" Finanzierung[17]. Theorieimmanent kann man auch den Begriff "Kapitalmarkt" von der Funktion her so weit definieren,

---

12 Vgl. z.B. Franke, G./Hax, H., Finanzwirtschaft des Unternehmens und Kapitalmarkt, 2.Aufl. 1990, S. 280 ff.

13 Vgl. zu einer Übersicht Fama, E.F., Efficient Capital Markets II, Journal of Finance 1991, S. 1575 ff.

14 Vgl. zum komplizierten Verhältnis zwischen "unrealistischen" Annahmen und Idealisierungen neuerdings Schor, G., Zur rationalen Lenkung ökonomischer Forschung, 1991, S. 66 ff.

15 Daß ein solcher Anschein entsteht, ist keine streng wissenschaftlich nachgewiesene These, sondern meine Erfahrung aus vielen Lehrveranstaltungen und Gesprächen mit Fachkollegen.

16 Dies ergibt sich bereits aus dem Fisher-Separations-Theorem, vgl. dazu u.a. Franke, G./Hax, H., S. 104 ff.

17 Zum monetären Finanzierungsbegriff siehe Schneider, D., Investition, S. 24 ff.; allgemein zum Finanzierungsbegriff Lehmann, M., Zum Begriff der finanzwirtschaftlichen Entscheidung und zur Systematik finanzwirtschaftlicher Entscheidungssachverhalte, Betriebswirtschaftliche Forschung und Praxis 1977, S. 266 ff., oder auch Spremann, K., Investition und Finanzierung, 3.Aufl. 1990, S. 186 f.

daß jedes Angebot einer Mittelüberlassung zum Kapitalmarkt gehört. Damit ergibt sich die vollständige Kapitalmarktabhängigkeit der Finanzierung logisch zwingend. Eine allein aus Definitionen abgeleitete Aussage informiert zwar nicht über die Realität, aber sie legt schon eine bestimmte Vorstellung über die Finanzierung realer Unternehmen nahe. Und diese Vorstellung gewinnt zusätzliche Plausibilität durch die Annahme, der Kapitalmarkt sei strikt vollkommen. Bei uneingeschränkter Kapitalmarktvollkommenheit gibt es keinen Grund für interne Finanzierung und für mediate Finanzierung, denn jede Erklärung der Existenz von Banken und anderen Finanzintermediären setzt irgendeine Form der Unvollkommenheit des Kapitalmarktes voraus[18]. Explizit würde freilich nicht einmal der dogmatischste Anhänger der neoklassischen Theorie behaupten, jegliche Finanzierung realer Unternehmen erfolge tatsächlich durch Emissionen am Wertpapiermarkt; denn es ist zu offensichtlich, daß eine solche Behauptung nicht zutreffen würde[19].

Nun zum Inhalt: Inwiefern "bestimmt" - gemäß der Annahmen und Definitionen der neoklassischen Theorie - der Kapitalmarkt die Unternehmensfinanzierung und darüber hinausgehend Unternehmensverhalten und -strukturen? Die Kapitalmarktabhängigkeit der Finanzierung ist vom Inhalt her eigenartig ambivalent, denn einerseits "bestimmt" der Kapitalmarkt die Finanzierung dadurch, daß er die einzige Finanzierungsquelle ist bzw. zumindest zu sein scheint. Andererseits haben Kapitalmarktgegebenheiten keinen Einfluß darauf, mit welchen Formen oder Instrumenten der Finanzierung und mit welcher Kombination von Finanzierungsformen oder -instrumenten sich ein Unternehmen sein Kapital beschafft, denn wie Modigliani und Miller in ihrem klassischen Aufsatz gezeigt haben und wie es andere später vielfach verallgemeinert haben, ist die Art der Finanzierung "irrelevant" für den Marktwert der Unternehmung und den Reichtum der Eigentümer[20]. Das bedeutet, daß Unternehmen sehr frei darin sind, wie sie sich finanzieren, daß die Finanzierung nicht zum Problem oder Engpaß werden kann und daß sogar Datenänderungen am Kapitalmarkt keine Anpassungen der Unternehmensfinanzierung auslösen.

In der neoklassischen Theorie scheint der Kapitalmarkt wie ein konstitutioneller Monarch zu herrschen: Sein Herrschaftsanspruch ist unbestritten, aber er reicht nicht weit. Der König kann ja nicht einmal beeinflussen, wie sich Unternehmen finanzieren. Doch der Eindruck täuscht, der König ist nicht machtlos. Daten des Kapitalmarktes determinieren nämlich gemäß der neoklassischen Theorie vollständig die Investitions-

---

18 Vgl. Fama, E.F., Banking in the Theory of Finance, Journal of Monetary Economics 1980, S. 39 ff.

19 Deutlich wird dies daran, wie auch in eindeutig neoklassisch geprägten Finanzierungslehrbüchern die Finanzierungsinstrumente behandelt werden: so als wäre die Finanzierung keineswegs irrelevant; vgl. z.B. Brealey, R.A./Myers S.C., Principles of Corporate Finance, 4.Aufl. 1991, S. 593 ff.

20 Vgl. Modigliani, F./Miller, M.H., The Cost of Capital, Corporation Finance, and the Theory of Investment, American Economic Review 1958, S. 261 ff., und unter allgemeineren Bedingungen Fama, E.F., The Effects of a Firms' Investment and Financing Decisions on the Welfare of its Security Holders, American Economic Review 1978, S. 272 ff.

entscheidungen, und so steuert der Kapitalmarkt den gesamten realwirtschaftlichen Bereich. Die Steuerung ergibt sich daraus, daß der Kapitalmarkt mit Zinsen und Risikoprämien die Preise bereitstellt, die bestimmen, welche realwirtschaftlichen Entscheidungen marktwertmaximierend sind und deshalb der Theorie gemäß getroffen werden. Bildlich gesprochen herrscht der König Kapitalmarkt nur deshalb nicht über die Finanzierung, weil diese ihn nicht interessiert, aber er herrscht vermittelt durch diese über die Investitionen; diese sind wichtig, und bezogen auf sie ist seine Herrschaft uneingeschränkt. Diese Überlegung erklärt die Notwendigkeit der ersten in der Einleitung angesprochenen inhaltlichen Verallgemeinerung von der eng definierten Unternehmensfinanzierung zu Unternehmensverhalten und -strukturen als dem Objekt der Steuerung.

Warum kann der Kapitalmarkt mit seinen Preissignalen die Investitionen und über sie das Verhalten und die Strukturen von Unternehmen steuern? Daß der Kapitalmarkt Marktbewertungen und damit Vorteilhaftigkeitskriterien für die infrage kommenden Verhaltensweisen (oder Politiken) und die Strukturen von Unternehmen vorgibt, ist als Erklärung nicht genug: Es läßt offen, warum sich Manager in Unternehmen strikt an den Kapitalmarktsignalen orientieren. Herkömmlicherweise nimmt die Theorie hier eine normative Wendung: Weil sich zeigen läßt, daß die Marktwertmaximierung für die Eigentümer optimal wäre, sollten Manager eine solche Politik verfolgen[21]. Und weil sie so handeln sollen, tun sie es auch. Das ist methodologischer Unfug, denn aus Sachverhalten läßt sich keine Norm ableiten, und selbst eine gerechtfertigte Norm erklärt faktisches Managerverhalten nicht.

Deshalb kommt die zweite oben angekündigte thematische Erweiterung ins Spiel, die Ergänzung des Marktes für investierbares Kapital um den "market for corporate control" und den Managermarkt[22] als Erklärung für wirkliches Managerverhalten. Es paßt völlig zu der Argumentationsweise und in den Annahmenrahmen der neoklassischen Theorie, wenn man die Ausrichtung der Unternehmenspolitik am Ziel der Marktwertmaximierung und damit an Kapitalmarktsignalen nicht als Annahme einführt, sondern sie wie folgt modellendogen erklärt: Manager versuchen ihre Position zu sichern; Unternehmensübernahmen würden sie bedrohen; eine Übernahme ist für einen potentiellen Übernehmer nur dann attraktiv, wenn er absehen kann, daß sich der Marktwert des übernommenen Unternehmens steigern läßt. Manager schützen ihre Positionen daher am besten, wenn sie selbst den Marktwert "ihrer" Unternehmen maximieren. Und weil der "market for corporate control" vielleicht doch nicht ausreichend funktionsfähig ist, kommt auch dem Managermarkt eine Steuerungsfunktion zu: Manager verlieren Reputation und zukünftiges Einkommen, wenn sie Potentiale zur Marktwertsteigerung einer von ihnen geleiteten Unternehmung ungenutzt lassen. Daher sind sie selbst an der Marktwertmaximierung interessiert. Folglich wird das Managerverhalten und mittelbar auch das Unternehmensverhalten kapitalmarktgesteuert sein, und soweit Unternehmensstrukturen Auswirkungen auf die Markt-

---

21 Vgl. etwa Van Horne, J.C., Financial Management and Policy, 5.Aufl. 1980, S. 3 ff.

22 Vgl. Fn 1.

bewertung haben, werden auch sie über die Verhaltensmaxime der Marktwertmaximierung durch den Kapitalmarkt gesteuert.

III. Der neoinstitutionalistische Ansatz

Kapitalmärkte sind aber nicht immer vollkommen. Es gibt Transaktionskosten, und die Information zwischen den Marktteilnehmern bzw. den potentiell an einer Transaktion beteiligten Parteien ist oft asymmetrisch verteilt, d.h. es gibt strukturelle Informationsvor- und -nachteile. Wegen der Transaktionskosten und der Informationsverteilung kann es schwierig, mitunter sogar unmöglich sein, Verträge mit zeitübergreifenden Wirkungen wie insbesondere solche über die Kapitalüberlassung (Finanzierungskontrakte) zu schließen und durchzusetzen. Es kann auch sein, daß es auf einem Markt für Finanzierungskontrakte (Kapitalmarkt im engeren Sinne) wegen zu großer Informationsunterschiede zwischen den Marktteilnehmern kein Gleichgewicht gibt oder daß zwar ein Marktgleichgewicht zustande kommt, dies aber nicht optimal für die Beteiligten ist.

Finanzierungskontrakte betreffen nicht nur die Kapitalüberlassung, sondern sie stellen immer auch Regelungen darüber dar, wie die Erträge der finanzierten Investitionen in zukünftigen Zeitpunkten zwischen den Anspruchsberechtigten, z.B. zwischen Eigen- und Fremdkapitalgebern, verteilt werden[23]. Wieviel zu verteilen ist, ist dabei allein deshalb unsicher oder zustandsabhängig, weil die Investitionserträge unsicher sind. Diese "technologische" Unsicherheit gibt es auch in der neoklassischen Modellwelt mit vollkommenem Kapitalmarkt. In der neoklassischen Modellwelt werden die Investitionsentscheidungen unabhängig davon getroffen, wie die Erträge durch die Finanzierungskontrakte aufgeteilt werden; die technologische Unsicherheit ist also gegeben oder exogen. In einer Welt mit Transaktionskosten und Informationsproblemen ist dies anders. Dort haben die mit Finanzierungskontrakten implizierten Verteilungsregelungen Anreizwirkungen auf das Verhalten der Beteiligten vor dem Zeitpunkt der (vereinbarten) Verteilung. Sie können z.B. beeinflussen, wie riskant die Investitionen sind, für die sich das Management entscheidet, oder wie intensiv die Manager arbeiten. Die Unsicherheit der Investitionserträge wird damit endogen und abhängig von der Finanzierung: Über ihre Anreizwirkungen bestimmt die mit der Finanzierung immer zugleich vereinbarte Verteilungsregel, wieviel je nach eingetretenem Umweltzustand vorhanden sein wird und dann gemäß der Vereinbarung verteilt werden kann[24].

Als neoinstitutionalistisch bezeichnet man die Richtung der Finanzierungstheorie, in der Transaktionskosten, Informationsverteilung, Anreizwirkungen von Verträgen und dergleichen betont und in ihren Auswirkungen analysiert werden. Unterschiedliche Varianten, darunter insbesondere der Transaktionskostenansatz und die Agency-Theorie, unterscheiden sich darin, welche der Abweichungen vom "Ideal" vollkommener Märkte

---

23 Vgl. zur Finanzierung als Partenteilung z.B. Schmidt, R.H., Grundzüge, S. 174.

24 Krahnen spricht von "endogener" und "exogener Stochastik", um diesen Unterschied begrifflich zu erfassen; vgl. Krahnen, J.P., Kapitalmarkt und Kreditbank, 1985, S. 17 ff.

am stärksten beachtet werden[25]. Der gemeinsame Name "neoinstitutionalistisch" erklärt sich daraus, daß dieser Ansatz in seinen verschiedenen Ausprägungen Institutionen funktionalistisch zu erklären versucht: Wie im Einzelfall jeweils gezeigt werden muß, lassen sich Institutionen in ihrer Struktur und Funktionsweise dadurch erklären, daß sie die negativen Auswirkungen von Transaktionskosten und Informationsproblemen zu mildern helfen[26].

Bei Finanzierungsverträgen, wie auch bei Verträgen mit Managern, kommt es zu Anreiz- oder Agency-Problemen, weil jemand (der Agent) mit Wirkung für andere (den oder die Prinzipale) handelt und dabei doch nach Möglichkeit seine eigenen Interessen verfolgt. Je nach der betrachteten Art der Finanzierung und je nach den spezifischen Umständen des Einzelfalls gibt es unterschiedliche Anreiz- oder Agency-Probleme. Im Vergleich zu einer neoklassischen Modellwelt werden Entscheidungen getroffen, die ein zu großes oder zu kleines Investitionsvolumen, zu viel oder zu wenig Risiko, zu wenig Arbeitseinsatz und andere Verzerrungen mit sich bringen[27].

Schließlich kann es bei asymmetrischer Informationsverteilung zu Kreditrationierung - und allgemeiner: zu Kapitalrationierung[28] - kommen; dieser Umstand bedeutet nicht nur, daß die Unternehmensfinanzierung scheitern kann, sondern daß die Signalfunktion des Kapitalmarktes außer Kraft gesetzt ist[29]: Kapitalmarktbewertungen geben den Marktteilnehmern nicht die Information, die sie brauchen würden, um korrekte Entscheidungen zu treffen.

Das sind die zentralen Ideen und die Grundeinsichten der neoinstitutionalistischen Richtung der Finanzierungstheorie. Diese Richtung steht in den letzten Jahren im Vordergrund der Fachdiskussion.

---

25 Vgl. zum Transaktionskostenansatz Williamson, O.E., The Economic Institutions of Capitalism, 1985, und zur Agency-Theorie Barnea, A./Haugen, R./Senbet, L.W., Agency Problems and Financial Contracting, 1985. Einen etwas einseitigen Vergleich beider Ansätze findet man in Williamson, O.E., Corporate Finance and Corporate Governance, Journal of Finance 1988, S. 567 ff.

26 Vgl. zur Methodik solcher Erklärungen Schmidt, R. H., Neuere Property Rights-Analysen in der Finanzierungstheorie, in: Budäus, D./Gerum, E./Zimmermann, G. (Hrsg.), Betriebswirtschaftslehre und Theorie der Verfügungsrechte, 1988, S. 248 ff.

27 Eine Systematik solcher Agency-Probleme findet man bei Ewert, R., Rechnungslegung, Gläubigerschutz und Agency-Probleme, 1986, S. 10 ff.

28 Siehe zu Kreditrationierung Stiglitz, J.E./Weiss, A.M., Credit Rationing in Markets with Imperfect Information, American Economic Review 1981, S. 393 ff., und Terberger, E., Der Kreditvertrag als Instrument zur Lösung von Anreizproblemen, 1987; allgemein zu Kapitalrationierung Greenwald, B./Stiglitz, J.E./Weiss, A.M., Informational Imperfections in Capital Markets and Macroeconomic Fluctuations, American Economic Review, Papers and Proceedings 1984, S. 194 ff.

29 Vgl. hierzu als die in der Tradition der österreichischen Schule stehende klassische Quelle, Hayek, F.A., The Use of Knowledge in Society, American Economic Review 1945, S. 519 ff.

Welche Bedeutung hat im neoinstitutionalistischen Ansatz der Kapitalmarkt - ggfs. erweitert um andere Märkte - für die Unternehmensfinanzierung und allgemeiner für Unternehmensverhalten und -strukturen? Die Antwort hängt stark ab von der Wahl einer bestimmten Variante und sogar von dem genauen Modellrahmen. Allgemeine Aussagen gelten allenfalls der Tendenz nach. Doch trotz dieses Vorbehaltes wird man sagen können, daß der Kapitalmarkt - wie im traditionellen Ansatz verstanden als der institutionelle Markt für Wertpapiere - keineswegs die dominierende Finanzierungsquelle ist. Kreditfinanzierung hat den Vorteil, geringere bzw. leichter beherrschbare Anreizprobleme zu verursachen, und wird daher nach Möglichkeit gegenüber Eigenkapitalfinanzierung bevorzugt. Ähnliches gilt für mediate im Vergleich zu direkter Finanzierung und nach einer allerdings umstrittenen These auch für interne im Vergleich zu externer Finanzierung[30]. Wegen der Transaktions-, Informations- und Anreizprobleme ist die Gestaltung der Aktiva eines Unternehmens, also Investitionspolitik, Unternehmensverhalten und Unternehmensstruktur, maßgeblich dafür, ob eine externe Kapitalbeschaffung möglich ist. Das bedeutet, daß die Finanzierungsmöglichkeiten - und als Teil davon der Kapitalmarkt - die Unternehmen weitgehend prägen können: Gerade weil die Kapitalbeschaffung nicht immer problemlos ist, wenn der Kapitalmarkt unvollkommen ist, ist ein stärkerer Druck auf die Unternehmen gegeben, ihr Verhalten und ihre Strukturen so zu wählen, daß sie die Finanzierung erleichtern oder überhaupt erst ermöglichen.

Unternehmensfinanzierung ist im neoinstitutionalistischen Ansatz weit zu definieren. Sie umfaßt nicht nur die Mittelbeschaffung und die Solvenzsicherung, sondern die gesamte Gestaltung der Beziehungen der Unternehmung zu ihren Kapitalgebern[31], von anderen Anspruchsberechtigten einmal abgesehen. Zur Unternehmensfinanzierung gehört auch die Unternehmensverfassung, denn die Stellung von externen Kapitalgebern und damit die Möglichkeit, extern Kapital zu beschaffen, hängt natürlich unter anderem davon ab, welchen Anreizen und Verhaltensbeschränkungen die Unternehmensleitung ausgesetzt ist. Der Kapitalmarkt ist nicht nur - als Primärmarkt - eine unter mehreren Finanzierungsquellen und als solche wohl nur von eingeschränkter Bedeutung, sondern er ist - als Sekundärmarkt - auch Teil der Unternehmensverfassung und als solcher vielleicht wichtiger: Soweit sich das Management an der Marktbewertung der Unternehmung zu orientieren versucht, weil es einem entsprechenden Druck ausgesetzt ist, bestimmt der Kapitalmarkt über seine Bewertungsfunktion Verhalten (Politik) und Strukturen einer Unternehmung.

Auch als Markt für Unternehmensherrschaft kann der Kapitalmarkt - hier wieder der Sekundärmarkt - Unternehmensverhalten und Unternehmensstruktur beeinflussen, indem die "Takeover-Drohung" das Management veranlaßt, Eigentümerinteressen nicht

---

30 Zu einer positiven Sichtweise vgl. Myers, S.C./Majluf, N.S., Corporate Financing and Investment Decisions when Firms have Information that Investors do not have, Journal of Financial Economics 1984, S. 187 ff., während Jensen, M.C., Agency Costs of Free Cash Flows, Corporate Finance, and Takeovers, American Economic Review, Papers and Proceedings 1986, S. 323 ff., die negativen Managementanreizaspekte diskutiert.

31 So auch die Definition bei Swoboda, P., Betriebliche Finanzierung, 2.Aufl. 1991, S. 4.

zu vernachlässigen, wodurch wiederum die Finanzierung am Kapitalmarkt als Primärmarkt erleichtert wird.

Eine weitere Facette von Kapitalmarkt ist noch zu erwähnen. Spezifisch für den neo-institutionalistischen Ansatz ist die Erklärung nach dem evolutionstheoretischen Muster: Die am besten zur Milderung der Informations- und Anreizprobleme geeignete institutionelle Gestaltung setzt sich - irgendwie - durch. Würde man das nicht unterstellen, dann wäre die Erklärung der Existenz und Struktur von Institutionen durch den Nachweis ihrer Funktionalität nicht möglich. Wie sich das effiziente Arrangement faktisch durchsetzt, wird zwar in der Literatur selten explizit behandelt, implizit muß aber angenommen werden, daß es so etwas wie einen Markt als Selektionsinstrument gibt. Was wenn nicht der Kapitalmarkt sollte dieser selektierende Markt sein? Je mehr Gewicht man auf die funktionalistische Erklärung von Institutionen legen möchte, um so eher ist man gezwungen, dabei zu unterstellen, daß der Kapitalmarkt doch recht gut funktioniert, d.h. Institutionen selektiert und damit Unternehmensverhalten und -strukturen bestimmt und prägt.

Es ist wichtig - und eine bisher in der Theorie nicht befriedigend gelöste Aufgabe - argumentative Konsistenz insofern herzustellen, daß man nicht einerseits die Funktionsfähigkeit des Kapitalmarktes als Primärmarkt für Finanzmittel wegen Transaktionskosten und Informationsverteilung als gering einschätzen und andererseits den Sekundärmarkt als Teil der Unternehmensverfassung und den Kapitalmarkt insgesamt als Selektor für effiziente Institutionen als sehr leistungsfähig einstufen kann, ohne diesen Widerspruch zu erkennen und aufzulösen[32].

C. Finanztheorie und Recht

I. Kooperationsmodelle

Eine Zusammenarbeit von Juristen und Ökonomen ist allein wegen der gesellschaftlichen Aufgabe der Wissenschaft zweifellos wünschenswert. Worin sie bestehen und insbesondere wie weit sie gehen soll, ist hingegen umstritten. Die Gefahr, daß Interdisziplinarität entweder nur ein unerfülltes Postulat bleibt oder aber zu Dilettantismus führt, ist nicht von der Hand zu weisen. Insbesondere ist zu fürchten, daß der jeweils Fachfremde die Erkenntnisse der anderen Disziplin zu leichtfertig als gesichert ansieht, obwohl sie es nicht sind. Für eine Zusammenarbeit von Juristen und Ökonomen, die sich auf Finanzierungsfragen bezieht, ist es vor allem wichtig zu verstehen, wie sehr

32 Diese Inkonsistenz zeigt sich am ausgeprägtesten in der Forschungspraxis der Jensen-Schule, dokumentiert durch zahlreiche Aufsätze im Journal of Financial Economics: Hier werden Effizienzunterschiede infolge institutioneller Veränderungen an Marktwertdifferenzen gemessen. Dies ist nur dann logisch zwingend, wenn der Kapitalmarkt als Selektions- und Bewertungsinstanz problemlos funktioniert.

das, was Ökonomen beizutragen haben, richtungsabhängig und allein insoweit ungesichert ist. Es dürfte bei der fachübergreifenden Kooperation mit Juristen auch nicht empfehlenswert sein, wenn jeder der beiden Partner sich erst auf eine gemeinsame "mittlere" Position zwischen Recht und Ökonomie zu begeben versucht und sie dann von dieser Position aus zusammen ihr Thema behandeln. Sinnvoller ist es, wenn sich der Jurist als Jurist mit einem gewissen Vorverständnis für die Denkweise der Ökonomen und der Ökonom als Ökonom mit gewissen juristischen Sach- und Methodenkenntnissen zusammentun und ihre unterschiedlichen Beiträge zu verbinden versuchen.

Die folgenden Ausführungen betreffen nur den Themenbereich Finanzierung und Kapitalmarkt mit den eingangs genannten Erweiterungen. Es werden drei Kooperationsmodelle aus der Sicht eines Ökonomen beschrieben, die weitgehend den drei im Abschnitt B. gekennzeichneten Ansätzen der Finanzierungsliteratur entsprechen. Für jedes Kooperationsmodell ist zu prüfen, was die Juristen den Ökonomen und umgekehrt die Ökonomen den Juristen zu bieten haben.

Dem traditionellen finanzwirtschaftlichen Ansatz der Finanzierungstheorie entspricht ein einfaches *Austauschmodell* der Kooperation.

(1) Die Juristen schaffen rechtliche Daten bzw. liefern den Finanzökonomen Wissen über diese Daten. Rechtsnormen, an die sich das Handeln "in der Wirtschaft" anpassen muß, werden von Juristen in ihren Rollen als Richter, Ministerialbürokraten u.ä. geschaffen. Sie sind für die Ökonomen gegeben wie die Gesetze der Physik. Die rechtlichen Daten werden von Juristen in ihrer Rolle als Wissenschaftler geordnet, interpretiert und u.a. den Ökonomen vermittelt.

(2) Juristen in ihrer Rolle als Experten auf dem Gebiet der Rechtsberatung und -gestaltung können Ökonomen auch kompetente Ratschläge geben, wenn es darum geht, durch bestimmte Gestaltungen von Verträgen, Institutionen oder Gesetzen ein - woher auch immer - vorgegebenes Ziel zu erreichen.

Der Transfer dieses Wissens über Daten und Gestaltungsmöglichkeiten macht Ökonomen, wenn sie es aufnehmen, zu "Amateur-Juristen". Finanzwirtschaftliche Lehrbücher legen Zeugnis ab, daß diese Art der Zusammenarbeit in großem Umfang stattfindet und stattfinden muß.

(3) Juristen stellen Ökonomen Fragen, die sich auf Sachverhalte und evtl. auf deren Bewertung sowie auf mögliche Maßnahmen zur Beseitigung von Mißständen beziehen.

Umgekehrt wenden sich Ökonomen an Juristen mit Expertenrat und Bedarfsmeldungen:

(1') Wenn Juristen Ziele für rechtspolitische Maßnahmen festlegen, dann suchen und bekommen sie nicht selten den Rat von Ökonomen, da diese umfangreiche Erfahrungen darin haben, Zielsysteme entscheidungsrelevant zu ordnen und zu formulieren.

(2') Weitergehend läßt sich zumindest hoffen, daß Ökonomen den Juristen auch dabei helfen, Wirkungen von getroffenen oder zu treffenden Maßnahmen rechtspolitischer Art festzustellen bzw. abzuschätzen.

(3') Schließlich können Ökonomen den Juristen Bedarfsmeldungen derart übermitteln, daß sie auf Mißstände oder sinnvolle Ziele hinweisen, die rechtliche Maßnahmen nahelegen.

Im Vordergrund steht bei diesem ersten Kooperationsmodell der Austausch wechselseitig als relevant erachteten Expertenwissens. Musterbeispiele sind die juristischen Passagen in betriebswirtschaftlichen Finanzierungslehrbüchern und einige Beiträge von Ökonomen zu bzw. im Umfeld von Juristentagen[33]. Zur Kennzeichnung dieser Art der Beziehung dürfte es sinnvoll sein zu betonen, was typischerweise *nicht* versucht bzw. zum Thema gemacht wird:

(1) Die ökonomischen Beiträge zum interdisziplinären Austausch lassen selten den Versuch erkennen, auch die Fragestellung der Juristen infrage zu stellen. Man nimmt die Aufgabe als Datum hin.

(2) Es wird auch nicht versucht, die rechtlichen Institutionen, auf die sich die Fragen der Juristen an die Ökonomen beziehen, zu erklären und zu bewerten. Die Ökonomen werden, um ein hypothetisches Beispiel zu nennen, gefragt, wie man die Preispolitik für ein öffentliches Unternehmen gestalten sollte, und sie lassen sich typischerweise auf diese enge Fragestellung ein, statt zugleich zu untersuchen, warum das betreffende Unternehmen öffentlich sein sollte.

(3) Daraus ergibt sich, daß bei dieser Art der Interaktion auch die Denkweise des Partners nicht infrage gestellt wird.

(4) Es gibt, soweit erkennbar, auch keine Versuche von Ökonomen, die mitunter heftige "Gestaltungswut" der Juristen zu bremsen[34].

Daß all dies nicht versucht bzw. thematisiert wird und daß die Ökonomen als "Technokraten" oder Experten auftreten, ist inhaltlich bedingt durch das, was die traditionelle Finanzwirtschaftslehre gerade nicht bietet: eine kohärente Theorie von Märkten und Institutionen.

Die Kooperation zwischen Finanzökonomen und Juristen nach dem Muster des wechselseitigen Expertenrats hat offensichtlich wenig mit dem zu tun, was man als ÖAR bezeichnet. Gleichwohl ist sie sehr verbreitet und vermutlich inhaltlich nützlich.

---

33 Insb. sei auf die Diskussionen zum Anlegerschutz (51. DJT) und zur Insolvenzrechtsreform (54. DJT) hingewiesen.

34 Als wichtige Ausnahme ist hier aber der Beitrag von Stützel, W., Inwieweit empfiehlt sich eine allgemeine gesetzliche Regelung des Anlegerschutzes? 51. DJT, S. P 51 ff., zum Thema Anlegerschutz zu nennen.

Ein zweites Modell des Austausches zwischen Ökonomen und Juristen stützt sich inhaltlich auf die neoklassische Finanzierungstheorie und steht methodisch der von Posner[35] geprägten Radikalform der ÖAR sehr nahe. Es geht dabei nicht um eine wechselseitige Unterstützung durch die "Anlieferung " von Expertenwissen, das die "eigentlichen", jeweils fachinternen Überlegungen der anderen Disziplin allenfalls bereichert, sondern um eine Einmischung in die Grundlagen- und Methodendiskussion des anderen Faches. Diese Einmischung ist nicht wechselseitig, sondern einseitig. Es sind die Ökonomen - und mehr noch die Juristen, die allzu eifrig eine extreme Form der Wirtschaftstheorie assimiliert haben - die die Juristen belehren wollen. Daß diese Form der "Zusammenarbeit" nicht als kooperativ empfunden wird und nicht nur auf begeisterte Aufnahme stößt, darf nicht verwundern. Dieses "Kooperationsmodell" sei deshalb bewußt euphemistisch als *Aufklärungsmodell* bezeichnet.

Worin besteht der Austausch? Daß die Juristen den "neoklassischen" Ökonomen Wissen nichttechnokratischer Art über Verträge, Marktbeziehungen, Transaktionen und dergleichen liefern und dadurch die Möglichkeit eröffnen, die abstrakten Grundbegriffe der ökonomischen Theorie empirisch zu füllen, ist sicher kein wichtiger Teil des Austausches bzw. der Kooperation. Wichtiger ist schon, daß die Juristen den Ökonomen Anlaß zur Analyse, zur Kritik und mitunter zur Belehrung geben.

Im Zentrum des Austausches beim "Aufklärungsmodell" steht die Methodenkritik, die die Ökonomen an den Juristen üben. Den Juristen wird vorgehalten, daß sie die Logik der elementaren Markttheorie und die "einfache" Wohlfahrtstheorie nicht verstanden haben, daß sie aus ökonomischer Sicht unsystematisch und dadurch letztlich einfach falsch denken und Scheinprobleme mit Scheinlösungen anzugehen versuchen. Der von Ökonomen - oder zumindest aus deren Lehrsätzen - stammenden Ideologie- und Methodenkritik wird man nicht immer vorbehaltlos zustimmen können, wenn man kein Anhänger der Chicago-Schule ist: Deren Ökonomik ist mitunter zu einfach und zu marktfreundlich. Und die bedenkenlose Übertragung ökonomischer Denkfiguren auf andere Disziplinen kann man durchaus "imperialistisch[36]" nennen. Die Beurteilung der einfachsten ÖAR-Variante als "ökonomistisch[37]" und die Kritik der neoklassischen Wirtschaftstheorie als unkooperativ, unbescheiden und imperialistisch bedeutet jedoch nicht, daß die ökonomische Kritik nicht häufig sachlich gerechtfertigt ist: Es stimmt einfach, daß in juristischen Argumentationen und im rechtspolitischen Handeln nicht selten elementare Markt- und Ausgleichsmechanismen übersehen werden. Und hier kann die ökonomische Theorie auch durchaus praktisch werden, indem sie die Juristen als Rechtspolitiker davor warnt, im günstigsten Falle auch davon abhält, aus Regelungsbesessenheit rechtspolitische Maßnahmen zu ergreifen, deren Wirkung nicht überschaubar ist.

---

35 Vgl. Fn 2 oben.

36 Vgl. Radnitzky, G./Bernholz, P. (Hrsg.), Economic Imperialism: The Economic Method Applied Outside the Field of Economics, 1987.

37 Vgl. dazu insbesondere Behrens (Fn 2).

Das dritte Muster der Kooperation schließt an den neoinstitutionalistischen Ansatz der Finanzierungstheorie an; es sei als *kommunikative Kooperation* bezeichnet. Die Juristen haben hier ein wesentlich komplexeres Wissen über Kontrakttechnologien und Konflikt- bzw. Kooperationsmöglichkeiten einzubringen, das für Ökonomen einerseits eine Herausforderung darstellt, adäquate Erklärungen zu erarbeiten. Andererseits ist solches Wissen auch als Gestaltungshilfe willkommen, lehrt die neoinstitutionalistische Finanzierungstheorie doch, warum Verträge und ähnliche Arrangements kompliziert sein müssen. Wichtig dürfte auch das Detailwissen der Juristen über die rechtlichen Bedingungen von Wettbewerbsprozessen sein, da Ökonomen neoinstitutionalistischer Orientierung ja in starkem Maß damit argumentieren, daß sich in marktmäßigen Selektionsprozessen effiziente institutionelle Arrangements durchzusetzen tendieren.

Umgekehrt können Ökonomen gestützt auf die Theorien des Marktversagens, der Transaktionskosten und der Agency-Beziehungen differenziertere Analysen von Regelungsbedarf und Abschätzungen von Regelungswirkungen vornehmen. Sie können den Juristen auch mit funktionalistischen Analysen von Institutionen[38] helfen, Regelungsprobleme besser zu verstehen und zu lösen. Insbesondere dürfte sich das Wissen um Anreizprobleme hier als wertvoll erweisen. Mit der Hilfe zum Verständnis ist durchaus verbunden, daß die Ökonomen den Juristen ihre Denk- und Sichtweise nahebringen wollen, aber wegen der inhaltlichen und methodischen Uneinheitlichkeit zwischen den einzelnen Varianten des Neoinstitutionalismus und weil eine Welt mit Transaktionskosten, Informations- und Anreizproblemen im Vergleich zu einer "neoklassischen Modellwelt" viel größere Freiheitsgrade aufweist, bedeutet das Anbieten einer Sichtweise nicht, daß damit den Juristen zugleich bestimmte inhaltliche Positionen aufgezwungen werden sollen. Diese inhaltliche Offenheit macht die fachübergreifende Interaktion ausgewogener und kommunikativer. In diesem Sinne wirkt auch, daß der juristische Gesprächs- oder Kooperationspartner immer aufgefordert ist, mit seinem Sachwissen allzu kühnen funktionalistischen Spekulationen entgegenzutreten[39].

II. Die Diskussion über die sogenannte Eigenkapitallücke als Beispiel[40]

Es gibt eine Reihe von finanzierungs- und/oder kapitalmarktbezogenen Themen, zu denen sich nicht nur Ökonomen und Juristen intensiv geäußert haben, sondern bei denen sich die Vertreter der beiden Disziplinen auch auf die Beiträge der jeweils

---

38 Man denke etwa an die zahlreichen Beiträge von Ökonomen zum Thema Insolvenzrecht und Insolvenzrechtsreform, vgl. zusammenfassend Drukarczyk, J., Unternehmen und Insolvenz, 1987.

39 Vgl. beispielsweise die Kritik von Schanze, E., Stellvertretung und ökonomische Agentur-Theorie: Probleme und Wechselbezüge, in: Ott, D./Schäfer, H.B. (Hrsg.), Ökonomische Probleme des Zivilrechts, 1991, an der neoinstitutionalistischen Agency-Theorie.

40 Dieser Abschnitt ist aus Zeitgründen bei der Tagung in Travemünde nicht vorgetragen und folglich nicht diskutiert worden.

anderen Seite bezogen haben. Die Themen Anlegerschutz, Insolvenzrechtsreform, Bilanzrechtsreform und Börsenreform sind hier als einschlägig zu nennen. Besonders instruktiv ist das Thema der angeblich unzureichenden Ausstattung der deutschen Unternehmen mit Eigenkapital, da es Diskussionsbeiträge von Ökonomen hervorgerufen hat, die allen drei oben erörterten Richtungen oder Ansätzen zuzuordnen sind. Der einprägsamen Formulierung im Titel eines frühen Beitrags folgend kann man das Thema als das der "Eigenkapitallücke" bezeichnen[41].

Den Höhepunkt der Diskussion bildeten das vorbereitende Gutachten von D. Reuter, die Referate von Albach und Semler und die Verhandlungen der wirtschaftsrechtlichen Abteilung des 55. Deutschen Juristentages 1984 in Hamburg nebst den im Vorfeld erschienen Gutachten von Albach et al. und Pütz/Willgerodt[42].

Den Hintergrund bildeten beunruhigende gesamtwirtschaftliche Entwicklungen in der deutschen Wirtschaft zu Beginn der 80er Jahre. Zeitgleich beobachtbar waren damals

- ein Rückgang der Eigenkapitalquoten der Unternehmen,
- eine Zunahme der Insolvenzquoten,
- ein Rückgang der Investitionsquoten und
- eine allgemeine Tendenz zu einem Verlust an Wettbewerbsfähigkeit.

Die Sachverhalte waren wenig umstritten. Gleichzeitigkeit legte die Vermutung von Ursächlichkeit nahe, und dies deutete darauf hin, daß Reformen des Kapitalmarktrechts über einen erleichterten Börsenzugang und Reformen des Gesellschaftsrechts Abhilfe schaffen könnten - und sollten. Karsten Schmidt faßte den Diskussionsstand in einem Artikel, der zum 55. DJT erschienen ist, markant zusammen:

> "Die von gemeinhin als vorurteilsfrei geltenden Kapazitäten belegte h.M. (herrschende Meinung, R.H.S.) geht dahin,
>
> - daß die Eigenkapitalquote deutscher Unternehmen ... zu gering ist,
> - die zu geringe Eigenkapitalquote einzelwirtschaftliche und gesamtwirtschaftliche Gefahren heraufbeschwört,
> - eine Veränderung dieser Daten angezeigt ist[43]."

Was vor, auf und im Anschluß an den Juristentag diskutiert und teilweise auch in

---

41 Vgl. Fritsch, U., Die Eigenkapitallücke in der Bundesrepublik, 1981.

42 Die DJT-Diskusssion der Abteilung K stand unter der Frage: Welche Maßnahmen empfehlen sich, insb. im Gesellschafts- und Kapitalmarktrecht, um die Eigenkapitalausstattung der Unternehmen langfristig zu verbessern? Die Gutachten von Albach et al. und von Pütz/Willgerodt waren schon 1983 in Vorfassungen verfügbar, ehe sie als Bücher publiziert wurden; vgl. Albach, H./Hunsdieck, D./Kokalj, L., Finanzierung mit Risikokapital, 1986, und Pütz, P./Willgerodt, H., Gleiches Recht für Beteiligungskapital, 1985.

43 Schmidt, K., Die Eigenkapitalausstattung der Unternehmen als rechtspolitisches Problem, Juristenzeitung 1984, S. 772.

kapitalmarkt- und gesellschaftsrechtliche Maßnahmen umgesetzt wurde, entspricht weitgehend dem traditionellen finanzwirtschaftlichen Denkansatz und dem dazu passenden Muster der Kooperation von Juristen und Ökonomen: Finanzierung wird als Kapitalbedarfsdeckung gesehen. Die ersten Bedarfsmeldungen, daß dringend etwas geschehen müßte, kommen von den Ökonomen. Die Juristen nehmen sie auf und geben den Ökonomen die Frage zurück, was man denn nach ihrer Expertenmeinung tun könnte, um die "angezeigte Veränderung dieser Daten" zu bewirken.

Die fachübergreifende Diskussion war subtil und facettenreich, was die Feststellung der Ausgangslage und die Erörterung von Auswegen angeht. Freilich sind genau dies diejenigen Teilaufgaben, die die Juristen als die eigentlichen Herren des Diskussionsprozesses leicht an die Ökonomen als die dienenden, die nachgeordneten Experten delegieren zu können glaubten. Eines jedoch fragten die Juristen nicht nach, wie es auch von den beteiligten Ökonomen kaum einzubringen versucht wurde: eine Einordnung der Sachverhalte, ihrer Bewertung und der Strategie der Problemlösung in die Finanztheorie gemäß dem damaligen Trend der ökonomischen Theoriediskussion[44].

Es wurde oben als ein Merkmal der traditionellen "Austauschbeziehung" zwischen Juristen und Ökonomen herausgestellt, daß man gegenseitig die Art und Weise des Denkens über ein anstehendes Problem nicht infrage stellt. Bei dem Beispielsthema der Eigenkapitallücke ist es nämlich, wenn man die neuere Finanzierungstheorie auch nur einigermaßen ernst nimmt, keineswegs klar, daß die zeitliche Koinzidenz von sinkenden Eigenkapitalquoten und abnehmendem Umfang und Innovationsgrad von Investitionen als Ursächlichkeit gedeutet werden kann. Ebenso ist es fraglich, ob jede Erleichterung des Börsenzugangs auch den gewünschten Effekt hätte, daß Unternehmen sich stärker als vorher extern über Eigenkapital finanzieren und dann mehr investieren und zugleich innovativere Investitionen tätigen würden. Ob die unterstellten Zusammenhänge wirken, ist eine Frage an die Theorie der Ökonomen, und sie ist mit virtuoser Handhabung des statistischen Handwerkszeugs der Ökonomen, etwa der Zeitreihen- und Faktoranalyse nicht zu beantworten. Ob man dann schließlich den Antworten, die aus der ökonomischen Theorie hergeleitet werden könnten, genug Vertrauen entgegenbringt, um darauf rechtspolitische Empfehlungen zu stützen, ist eine ganz andere Frage.

Finanztheorie als methodisch angeleitete Kritik an den lebensnah wirkenden Vorurteilen der Praktiker, Politiker, Manager und Juristen - und ohne einen eigenen unmittelbaren Gestaltungsanspruch - wäre geboten gewesen. Diese kritische Funktion entspräche dem Interaktionsmodell, das sich insbesondere der neoklassischen Denkfiguren bedient. Eine solche Kritik ist legitim und hilfreich, auch ohne dabei die Richtigkeit radikaler Thesen der Markteffizienz als unabdingbar vorauszusetzen. Ein Beispiel für eine weithin akzeptierte These, die zur Kritik geradezu einlädt, stammt von der damaligen Wirtschaftsministerin von Niedersachsen, Frau Breuel: " Die

---

44 Albach et al., (Fn. 2) S. 3 ff., gehen zwar auf die neuere Diskussion in der Finanztheorie ein; sie kommen aber zu dem Ergebnis, daß diese Theorie zu wenig realistisch sei, um die Einschätzung, es gäbe einen Eigenkapitalmangel, infrage zu stellen.

Eigenkapitallücke betrage etwa 170 Milliarden DM, die zu "mobilisieren" einen "ungeheueren Kraftakt" erfordere "[45]. Der Fehler in dieser Aussage ist nicht die Bemessung, sondern die Implikation. Gegebenenfalls müssen Verträge umgeschrieben werden, Gläubigerpositionen müßten in Eigentümerpositionen umgewandelt werden. Das mag schwierig sein, es erfordert aber gerade nicht, daß Kapital "mobilisiert" werden muß, indem etwa mehr gespart würde. Einer "Mobilisierung" von 170 Milliarden DM Eigenkapital würde ja entsprechen, daß 170 Milliarden DM Fremdkapital substituiert und dann "vernichtet" werden müßten. Wer sollte daran ein Interesse haben? Wie sollte man sich die "Demobilisierung" des Fremdkapitals vorstellen?

Man kann nicht die weitgehende Änderung des Postens "Eigenkapital" auf der Passivseite der Unternehmensbilanzen isoliert betrachten, ohne zu erörtern, wie sich zugleich die anderen Passiva und die Aktiva der Unternehmen und die Portefeuillestrukturen der Haushalte und des Banksektors ändern. Aus der plausibel, harmlos und vernünftig wirkenden Forderung, die Eigenkapitalversorgung sollte verbessert werden, wird eine kraß bevormundende Aussage: Unternehmen sollen sich anders finanzieren und Haushalte sollen ihr Finanzvermögen ganz anders strukturieren, als sie es bisher tun, und Banken als Kreditgeber sollten möglichst zugunsten von Investmentfonds und dgl. das Feld räumen! Der eher liberal denkende Ökonom könnte dem entgegenhalten, daß Hunderttausende von Finanztransaktionen zwischen Haushalten, Finanzintermediären und Unternehmen vielleicht doch nicht ganz ohne gute Gründe erfolgt sind. Vielleicht wollen die Haushalte weniger Risiken tragen und sich durch die Einschaltung von Banken von Kontrollaufgaben entlasten - immerhin legitime Bedürfnisse.

Die Finanztheorie lehrt, daß die Finanzstrukturen, die wir beobachten können, vermutlich mit guten Gründen gewählt worden sind. Ein Gedankenexperiment mag zur Erläuterung dienen: Unterstellen wir einmal, die Bundesbank stellte allen deutschen Unternehmen für drei Tage genug Geld zur Verfügung und ein Gesetz würde die Unternehmen zwingen, am ersten Tag alle Schulden bei Banken, Haushalten und anderen Unternehmungen abzutragen. Am dritten Tag müßte der Überbrückungskredit an die Bundesbank aber zurückgezahlt werden. Bis dahin müßten sich die Unternehmen neu finanzieren und damit ihre Kapitalstrukturen wählen, und die Vermögenshalter und die Finanzintermediäre müßten ihre Vermögensstrukturen wählen. Die Finanztheorie bietet die Prognose, daß die Portefeuilles der Haushalte und die Bilanzen der Banken und der Unternehmen am Ende des Spektakels nicht wesentlich anders aussehen als davor. Nur wer von einer Eigenkapitallücke mit schlimmen Folgen überzeugt ist, würde erwarten, daß sich Änderungen ergeben. Aber wenn es starke Anreize für solche Änderungen gäbe, dann könnten diese ohnehin im Zuge der Millionen von Transaktionen erfolgen, die laufend zwischen den Wirtschaftssubjekten - und den Wirtschaftssektoren - vorgenommen werden. Sie wurden anfangs der 80er Jahre offenbar nicht vorgenommen. Das kann den Grund haben, den die Finanztheorie

45 Breuel, B., Stellungnahme aus landespolitischer Sicht, in: 84. Pyrmonter Unternehmergespräche, Kapitalausstattung und Entwicklung der deutschen Wirtschaft, 1982, S. 70.

neoklassischer Richtung nahelegen würde: Entgegen der Meinung der "gemeinhin als vorurteilsfrei geltenden Autoritäten" empfinden die Wirtschaftssubjekte die Situation nicht als änderungsbedürftig bzw. nicht als so schlecht, daß sie sich die Mühe einer Änderung machen oder die Kosten einer Änderung tragen wollen. Ein anderer möglicher Grund ist, daß es Barrieren o.ä. gibt, die die deutsche Wirtschaft daran hindern, zu einer "gesünderen" Kapitalstruktur überzugehen, obwohl die Anreize dazu stark wären. Implizit werden diese Barrieren damit als sinnlos eingestuft, und genau auf die Berechtigung dieser impliziten Beurteilung kommt es an!

Aus der Zeit der intensivsten Diskussion über die sogenannte Eigenkapitallücke sind mir nur zwei kurze, eher journalistisch gestaltete Beiträge bekannt, die mit dem Verweis auf die neoklassische Theorie die "Lückenthese" konsequent als Mißverständnis einordnen[46] und in der nachfolgenden Diskusion auch kaum beachtet worden sind. Drukarczyk und Schneider argumentieren etwas später im gleichen Sinne[47]. Die Modigliani-Miller-These übertragend kann man durchaus sagen: Wenn es keine optimale Kapitalstruktur gibt, dann hat es auch keinen Sinn, von einer falschen Kapitalstruktur zu sprechen, auch wenn dies hinter vielen Worten und dem Verweis auf "h.M." und die als "vorurteilsfrei geltenden Kapazitäten" versteckt wird.

Man braucht bei der neoklassisch motivierten Kritik nicht stehenzubleiben, und diese Kritik setzt für ihre Berechtigung nicht voraus, daß die Kapitalstruktur ohnehin "irrelevant" sei. Vielmehr ist es durchaus möglich, im ersten Schritt die falsche Argumentation der "Lücken-Theoretiker" aufzudecken, um dann zu fragen, ob die angeblich schlechte Kapitalstruktur deutscher Unternehmen, der im internationalen Vergleich hohe Verschuldungsgrad, nicht im Gegenteil sinnvoll ist. Unter Bezug auf Steuern und Konkurskosten hat Drukarczyk als erster genau dies gezeigt. Er hat damit einen nicht nur kritischen, sondern auch konstruktiven, vorbildlichen Beitrag zur fachübergreifenden Verständigung geleistet. Freilich bietet seine Argumentation, warum die Praktiker, Politiker und Juristen vermutlich ein Scheinproblem lösen wollen, keinen erkennbaren Bezug zu den Lösungswegen die sie beschreiten wollen.

Einen Schritt weiter gehen andere Ökonomen, die sich bei ihrer Stellungnahme zum angeblichen Eigenkapitalproblem deutscher Unternehmen auf neoinstitutionalistische Argumente stützen, und Informations- und Anreizprobleme betonen. Krahnen und Kübler/Schmidt[48] stellen auf die Anreiz- oder Agency-Probleme ab. Externe Eigenka-

---

46 Vgl. Flassbeck, H./Koll, W., Kapital und Rendite, Wirtschaftswoche 1983, S. 72 ff., und Thormälen, T./Michalk, J., Leiden die deutschen Unternehmen an mangelnder Eigenkapitalausstattung?, Wirtschaftsdienst 1983, S. 87 ff.

47 Vgl. Drukarczyk, J., Korrekturen in der Kapitalstruktur und Eigentümerinteressen, in: Staehle, W.H./Stoll, E. (Hrsg.), Betriebswirtschaftslehre und ökonomische Krise, 1984, S. 42 ff., und Schneider, D., Lücken in der Begründung der These der von der Eigenkapitallücke, Der Betrieb 1986, S. 2293 ff.

48 Vgl. Krahnen, J.P., Eine Eigenkapitallücke in Deutschland? Anmerkungen zu einer anhaltenden Debatte, Manuskript 1985, sowie Kübler, F./Schmidt, R.H., Gesellschaftsrecht und Konzentration, 1988, S. 103 ff.

pital- und externe Fremdkapitalfinanzierung sind wegen informationsbedingter Anreizprobleme schwierig. Sie unterscheiden sich aber dadurch, welcher Art die Anreizprobleme jeweils sind und daß die für Fremdfinanzierung spezifischen Probleme leichter zu beherrschen sind als die der externen Eigenkapitalfinanzierung. Insofern ist eine "hohe" Verschuldung sinnvoll, und steigende Verschuldungsgrade - die man übrigens weltweit beobachten kann - zeigen nach dieser Deutung lediglich, daß sich der relative Vorteil der Fremdfinanzierung in den letzten Jahren verstärkt haben könnte oder von den Wirtschaftssubjekten stärker erkannt oder höher bewertet worden ist. Statt eines Mißstandes, der dringender Abhilfe bedarf, kann man also die Manifestation eines "technischen Fortschritts" bei der Beherrschung von Anreizproblemen der Fremdfinanzierung oder eines Lernprozesses konstatieren. Wenn man die Vereinbarkeit mit umfassenderen Theorien als einen Qualitätsmaßstab für wissenschaftliche Aussagen heranzieht, ist diese "Fortschrittsthese" der verbreiteteren "Lückenthese" jedenfalls überlegen.

Die neoinstitutionalistische Gegenposition zur These von der Eigenkapitallücke hat auch im Vergleich zur neoklassischen Gegenposition einen wesentlichen Vorteil: Sie erlaubt es, eine direkte argumentative Verbindung zwischen der Analyse der Situation und den Maßnahmen rechtspolitischer Art herzustellen, die insbesondere im Umfeld des 55. Juristentages erörtert worden sind, um die Eigenkapitalversorgung zu erleichtern. Mit der wichtigen Ausnahme des Gutachtens von Dieter Reuter plädierten damals fast alle Beteiligten für die eine oder andere Form des Abbaus der vermeintlich sinnlosen Barrieren, die sich in restriktiven Regelungen des Gesellschafts- und Kapitalmarktrechts niederschlagen. Es ist trivial, die Aufhebung unnötiger und unsinniger Regulierungen zu fordern. Jenseits dieser Selbstverständlichkeit steht aber die Frage, ob Deregulierung generell sinnvoll und speziell dann geboten ist, wenn sie den Abbau von Kapitalgeberschutz bedeutet. Die neoinstitutionalistische Finanzierungstheorie hat eindringlich herausgearbeitet, daß nicht zu viel, sondern zu wenig Bindung derer, die von anderen Kapital "anvertraut" bekommen, die Ursache für Anreizprobleme, für das Mißtrauen von Kapitalgebern und damit letztlich für Finanzierungsprobleme der Unternehmen ist. Daraus folgt, daß die Tendenz weniger in Richtung Deregulierung gehen sollte, sondern daß Kapitalgebern eher stärkere Möglichkeiten geboten werden sollten, wie sie sich wirksam schützen können, und daß die potentiellen Kapitalnehmer vor allem darauf angewiesen sind, sich in einer für Kapitalgeber erkennbaren Weise und mit geringen Kosten wirksam binden zu können. Zahlreiche der in der damaligen Diskussion als überflüssig bewerteten gesellschafts- und kapitalmarktrechtlichen Barrieren lassen sich zwanglos und in Übereinstimmung mit dem, was Juristen schon lange und intensiv diskutieren, als wertvolle Instrumente des Schutzes bzw. der Selbstbindung deuten[49]. Die Juristen sind Fachleute darin, wie man Bindungen möglich macht, und gerade nach der Erfahrung bei der Ausarbeitung der hier zusammengefaßten Position sehe ich sie als besonders prädestiniert dafür an, die neoinstitutionalistische Argumentation als Kooperationspartner fortzuführen und zu bereichern.

---

49 Vgl. Kübler/Schmidt a.a.o. S. 167 ff.

Kommentar

von Jürgen G. Backhaus

Das mir gesteckte Thema ist derartig weit gefaßt, daß es den Rahmen eines Kommentars sicher überschreitet. Eine sorgfältige Analyse aller Beziehungen zwischen der neuen Theorie der Unternehmensfinzanzierung, so wie sie Reinhard Schmidt hier darstellt, und der ökonomischen Rechtsanalyse wäre sicherlich ein lohnendes Ziel eines größeren Forschungsvorhabens: Bietet doch die Finanzierungstheorie eine einzigartige Verbindung von hoher theoretischer Abstraktion und großer Praxisnähe eine Verbindung, der sie ihren Erfolg in den letzten Jahren verdankt. Die folgende Ausführungen geben in drei Abschnitten kleine Ergänzungen zu dem Beitrag von Reinhard Schmidt. Teil I ist der Rolle der Theoreme für die ökonomische Rechtsanalyse gewidmet. Tiel II bietet eine Illustration anhand der Frage: Läßt sich die optimale Unternehmensstruktur bestimmen? Teil III ist dem Problem des Humankapitals aus der Sicht der modernen Finanzierungstheorie gewidmet.

I. Die Theoreme

In der Volkswirtschaftslehre spielen Irrelevanz- und Separationstheoreme eine große Rolle, die dem Fachfremden, z.B. dem Juristen, ihrerseits irrelevant und geradezu weltfremd vorkommen müssen und deshalb für die nötige Verwirrung sorgen. Hierzu gehören etwa das Arrow Paradoxon, das Modigliani-Miller Theorem und das Coase Theorem. Die Bedeutung dieser Theoreme für die Arbeit der Volkswirte erkennt man schon daran, daß die vier genannten Namen nicht nur mit Theoremen verbunden sind, sondern auch die Namen von Nobelpreisträgern in den Wirtschaftswissenschaften sind. Für die ökonomische Rechtsanalyse grundlegend ist das Coase Theorem, demzufolge die Zuweisung von Eigentumsrechten keine Allokations- oder Verwendungsfolgen für die Ressourcen in einer Volkswirtschaft hat, wenn der Austausch oder die Transaktionen unter den wirtschaftenden Einheiten (Haushalten, Individuen oder Unternehmen) ihrerseits keinen Aufwand erfordern, Transaktionskosten also null sind. Über Verteilungsfolgen sagt das Coase Therorem nichts. Auf Anhieb könnte man denken, Coase zufolge sei die Zuweisung der Eigentumsrechte unter wirtschaftlichen Gesichtspunkten gleichgültig und daher nur unter (sozial-)politischen Gesichtspunkten, das heißt im Hinblick auf die Verteilungsfolgen von Bedeutung. Diese Interpretation steht im diametralen Gegensatz zur Kernaussage des Coase Theorems. Wir können das Theorem nämlich umformulieren, so daß es etwa lautet: Neben Verteilungswirkungen hat die Zuweisung von Eigentumsrechten auch Verwendungs- (Allokations-) folgen, die von den Transaktionskosten abhängen. Das Coase Theorem ist, übrigens nicht als solches formuliert, in einem Aufsatz enthalten, den Ronald Coase gleich zu Beginn in die neu gegründete Zeitschrift Journal of Law and Economics aufnahm, um den zukünftigen Autoren der Zeitschrift deutlich zu machen, welche Arbeiten er als Herausgeber gerne publizieren wollte. Mit dem Coase Theorem wird ein Zusammenhang hergestellt zwischen der Allokation von Ressourcen und den Transaktionskosten, die ihrerseits vor allem durch das Rechtssystem bestimmt sind. Die Formulierung macht deutlich, wie das Forschungsproblem zu strukturieren ist. Zunächst sind Verteilungs- und Verwendungswirkungen theoretisch von einander zu trennen. Zweitens ist das Problem so zu isolieren, daß die Allokationswirkungen, die von Transaktionskosten abhängen, von anderen Allokationswirkungen, z.B. konjukturellen, getrennt werden. Dazu dient die Annahme, daß die Transaktionskosten null sind. Erst im dritten Schritt dann, wenn diese zwei Abgrenzungen gelungen sind, kann die rechtsökonomische Analyse der Allokationsfolgen der Transaktionskosten beginnen. Genauso ist das Vorgehen beim Modigliani-Miller Theorem, wie es Reinhard Schmidt darstellt. Dasselbe gilt auch für das Arrow Paradoxon, das der Public Choice Theorie zugrundeliegt und demzufolge Mehrheitsabstimmungen nicht zu eindeutigen politischen Entscheidungen führen müssen. Das Paradoxon dient dazu, die Analyse auf diejenigen institutionellen Vorkehrungen zu konzentrieren, die bei der demokratischen Entscheidungsfindung Eindeutigkeit garantieren.[1] Wir können zusammenfassend feststellen, daß die Separations- und Irrelevanztheorem analytische Hilfsmittel sind, um ein bestimmtes Problem arbeitsgerecht abzugrenzen.

II. Die Unternehmensstruktur

Der Beginn der betriebswirtschaftlichen Finanzierungslehre liegt in dem Versuch, dem Treasurer oder "Kassenwart" des Unternehmens zur Hand zu gehen. "Er muß dafür sorgen, daß das Unternehmen die finanziellen Mittel bekommt, die es zum Investieren braucht." Ebenso liegt der Beginn der Finanzwissenschaft in dem Versuch, dem Finanzminister eines Staates zur Hand zu gehen, denn auch er muß die finanziellen Mittel beschaffen, die er für die Erfüllung der Staatszwecke benötigt. Aus dieser zunächst einfachen Fragestellung ist unterdessen etwas ganz anderes geworden. Mithilfe des Modigliani-Miller Theorems gelingt es, die zentralen Fragen so zu strukturieren, daß das ursprüngliche Problem der Beschaffung der Finanzmittel getrennt werden kann von der nunmehr zentralen Frage, wie die Unternehmung zu strukturieren ist, um ihre optimale Performanz zu sichern. Die Unternehmensverfassung bestimmt das Verhalten der Entscheidungsträger in der Unternehmung. Darum muß die Unternehmensverfassung so gestaltet werden, daß das gewünschte Ergebnis sich sozusagen von selbst einstellt. Ebenso stellt sich in der Finanzwissenschaft die Frage, wie eine Staatsverwaltung so einzurichten ist, daß sie sich in der gewünschten Weise verhält und daß das beabsichtigte Ergebnis auch erreicht wird. In beiden Fällen, sowohl bei der Unternehmensverfassung als auch bei der Staatsverfassung geht es damit um eine rechtsökonomische Fragestellung: Wie ist die Entscheidungsstruktur so zu gestalten, daß die Transaktionskosten des Überwachungsprozesses möglichst gering sind so, daß die "Prinzipale" oder Auftraggeber die "Agenten" oder Ausführenden möglichst mühelos und effektiv überwachen können so, daß das gewünschte Ergebnis erzielt wird?

Reinhard Schmidt stellt in diesem Zusammenhang zwei Beiträge in den Vordergrund.

---

1 Vgl. die deutliche Darstellung bei Gordon Tullock, "Arrow and Me". Manuscript, The University of Arizona 1992.

Henry Manne hatte (übrigens in einer juristischen Zeitschrift)[2] einen der wegweisenden rechtsökonomischen Aufsätze veröffentlicht, in dem der Zusammenhang zwischen der modernen Finanzierungstheorie und der ökonomischen Rechtsanalyse besonders deutlich herausgehoben wurde. Selbst dann, wenn die Eigentümer weit von der Unternehmung entfernt sind, sorgt der Kapitalmarkt (unter gewissen Voraussetzungen) für eine effektive Unternehmenskontrolle. Diese Einsicht stellte die bis dahin vor allem auch unter Wirtschaftsjuristen allgemein geteilte Überzeugung auf den Kopf, daß die Trennung von Eigentum und Kontrolle in der Unternehmung einen besonderen juristischen Handlungsbedarf erfordere.[3] Auch innerhalb der Unternehmung läßt sich aber die Kontrolle der Entscheidungsträger wirksam organisieren, wenn man die Transaktionskosten an den internen (und externen) Arbeitsmärkten der Manager niedrig hält. Diese Auffassung wurde vor allem von Eugene Fama (1980) wirksam vertreten, die für die deutsche Wirtschaftspolitik von erheblicher Bedeutung ist. Ich gebe das Zitat im folgenden direkt wieder: "Die Analyse setzt nicht voraus, daß 'board of directors' sich gänzlich aus Managern und außenstehenden Direktoren zusammensetzen müssen. Das "board" ist als eine vom Markt bestimmte Institution anzusehen, als der letzte interne 'monitor', d.h. Kontrolleur des Vertragssystems, durch das eine Firma konstituiert wird. Seine Funktion besteht in der Kontrolle der obersten Entscheidungseinheit in der Unternehmung. Im Zusammenhang mit unserem teamtheoretischen oder vertragstheoretischen Ansatz zur Erklärung der Struktur der Unternehmung können wir nicht ausschließen, daß 'boards of directors' entstehen, die viele verschiedene Produktionsfaktoren (oder ihre bestellten Vertreter) enthalten. Diese Produktionsfaktoren sind sämtlich dadurch gekennzeichnet, daß ihre Grenzprodukte von den Entscheidungen der Leitungsorgane determiniert werden. Andererseits kann man jedoch auch nicht folgern, daß alle diese Produktionsfaktoren notwendig in den 'boards' repräsentiert werden müssen, da es auch andere markgeleitete Institutionen z.B. Gewerkschaften gibt, die eine Aufsicht über das Management noch effizienter durchführen können. Wir können nur folgern, daß in einer wettbewerblich organisierten Umgebung diejenigen Kontrollorgane entstehen werden, die die Aufsichtsfunktion am kostengünstigsten durchführen können."

Die ursprünglich von Henry Manne vertretene Einsicht läßt sich beträchtlich erweitern. Nicht nur die Kapitalgeber haben ein Interesse daran, daß ihr Kapital in der Unternehmung optimal verwertet wird so, daß die Dividende möglichst hoch ausfallen kann oder bei Reinvestierung der Nettokapitalwert maximiert wird. Ebenso haben die Manager ein Interesse daran, daß sie unter optimalen Bedingungen die Unternehmung leiten können, so daß sich ihr Erfolg auch in den Bezügen niederschlagen kann. Dasselbe gilt für alle Arbeitnehmer, die ihre Arbeitskraft optimal verwendet sehen wollen so, daß das Grenzwertprodukt maximiert wird und, langfristig, damit ihre

---

2 Henry Manne, "Our Two Cooperate Systems", Virginia Law Review 53, 1976, S. 253 ff.; siehe auch ders. "Mergers and the Market for Corporate Control." Journal of Political Economy 13, 1965, S. 110-120.

3 Vgl. dazu kritisch die Beiträge im Journal of Law and Economics 26 (2), 1983 zum Beitrag von Adolf Berle und Gardinor Means fünfzig Jahre später.

Lohnbezüge auch. Infolgedessen kommt der Unternehmensmitbestimmung eine bedeutende unternehmenspolitische Rolle zu. Die Unternehmensmitbestimmung ist so auszugestalten, daß sie den optimalen Einsatz der Arbeitnehmer in der Unternehmung sichern kann. So wie die Kapitalgeber über die Aufsichtsräte das Management kontrollieren können, um die optimale Kapitalverwendung zu sichern, ist es im Prinzip ebenfalls möglich, daß die Arbeitnehmer über ähnliche Strukturen oder (wie in der Bundesrepublik Deutschland) dasselbe Organ die Möglichkeit erhalten, den optimalen Einsatz der Ressourcearbeit zu sichern.

Diese grundsätzliche Erwägung kann nicht den Schluß begründen, daß jedwede Form der Mitbestimmung unternehmenswirtschaftlich gerechtfertigt ist. Details der institutionellen Ausgestaltung sind für das Ergebnis, die Performanzsicherung der Unternehmung, von entscheidender Bedeutung.[4]

III. Humankapital und Finanzierungstheorie

Reinhard Schmidt unterscheidet den Kapitalmarkt im Hinblick auf drei Aspekte: Erstens den Markt für Kapital; zweitens den Markt für Unternehmensherrschaft und drittens den Mechanismus zur Selektion optimaler "Arrangements" oder Unternehmensformen. Tatsächlich ist, und dies gilt insbesondere auch für den öffentlichen Sektor, jedoch nicht nur hier, noch ein vierter Aspekt von erheblicher Bedeutung.

In dem Maße, in dem im Zuge der wirtschaftlichen Entwicklung in einer Volkswirtschaft der tertiäre Sektor zu Lasten des primären und sekundären Sektors wächst, entstehen mehr und mehr zum Teil auch sehr große Unternehmen, deren Kapital vor allem aus Humankapital besteht. In diesen humankapitalintensiven Unternehmen stellt sich das Finanzierungsproblem noch in verschärfter Form. Wieder geht es um die Frage, wie die Unternehmung zu strukturieren ist so, daß eine effektive Leistungskontrolle möglich wird. In humankapitalintensiven Produktionsbereichen ist aber die Beurteilung der Leistung oft außerordentlich aufwendig. Beispiele finden sich etwa in den Sektoren Gesundheit, Bildung, Forschung, etc. In diesen Fällen stellt sich das Finanzierungsproblem als die Frage nach den Strukturen, in denen die Produzenten optimal motiviert werden so, daß sie aus eigenem Antrieb das bestmögliche Ergebnis erzielen. Es scheint mir, daß für die ökonomische Rechtsanalyse auf diesem Gebiet noch sehr fruchtbare und für die Praxis bedeutende Arbeit geleistet werden kann.

---

4 Vgl. im einzelnen Jürgen Backhaus, Mitbestimmung im Unternehmen. Göttingen : Vandenhoek & Ruprecht 1987, S. 211f.

Unternehmensorganisation und Vertragsnetz

Überlegungen zu den rechtlichen Bedingungen bei der Institutionenwahl zwischen Unternehmensorganisation und Vertragsnetz

von Christian Kirchner

A. Problemstellung

Die *einfache Gegenüberstellung von Markt und Unternehmung* als alternativer institutioneller Formen der Ressourcenallokation trifft heute in weiten Bereichen nicht mehr den Kern der Entwicklung der modernen Unternehmensorganisation und der Verfassung von Märkten in entwickelten Volkswirtschaften. So revolutionär und richtungsweisend es war und so nützlich es ist, diese Grundentscheidung marktwirtschaftlich verfaßter Volkswirtschaften herausgearbeitet und insbesondere die Kriterien geklärt zu haben, welche bei dieser Wahl relevant sind,[1] so problematisch ist es heute, mit diesem recht einfachen Entweder-oder-Schema die Entwicklung neuartiger institutioneller Arrangements zu erfassen. Die Problemsituation ist äußerst komplex geworden, seit auf der einen Seite die Organisationsform des Einheitsunternehmens [2] durch hybride Organisationsformen dezentralisierter Konzerne[3] zunehmend verdrängt worden ist und seitdem neben einfachen Austauschverträgen (exchange contracts) mehr

1 Grundlegend ist der Aufsatz von Coase: Coase, Ronald H., The Nature of the Firm Economica 4 (1937), S. 368 - 405 (1937) und die Monographie von Williamson: Williamson, Oliver E., Market and Hierarchies. Analysis and antitrust implications, New York u.a., 197.

2 Als Einheitsunternehmen wird der Fall bezeichnet, in dem die wirtschaftliche Einheit mit der rechtlichen Einheit identisch ist.

3 Vgl. zu dieser Entwicklung: Teubner, Gunther (Hrsg.), Autopoietic Law, a new approach to law and society, Berlin (u.a.), de Gruyter, Series A, law/European University Institute, 1989; ders., Recht als autopoietisches System, Frankfurt/Main, 1989, S. 149 ff.; ders., Unitas Multiplex. Das Konzernrecht in der neuen Dezentralität der Unternehmensgruppen, ZGR 20 (1991), S. 189 - 217; vgl. auch bereits Kirchner, Christian, Ansätze zur ökonomischen Analyse des Konzernrechts, Jahrbuch für Neue Politische Ökonomie 3 (1984), S. 223 - 251.

und mehr Langzeitverträge (relational contracts, symbiotische Verträge) [4] getreten sind, mit deren Hilfe sich Verknüpfungen zwischen Unternehmen schaffen lassen, die dezentralen Konzernorganisationen sehr nahe kommen [5]. Für die *rechtliche und die ökonomische Betrachtung* ist diese Entwicklung und die Verschiebung der Problemebenen deshalb interessant, weil hier neue institutionelle Arrangements durch die Kombination vorhandener institutioneller Lösungen geschaffen werden und diese anscheinend von denjenigen, welche sie entwerfen und realisieren, als vorteilhaft im Vergleich zu den bisher verwendeten Lösungen angesehen werden. Diese Entwicklung vom Einheitsunternehmen zu hybriden gesellschaftsrechtlichen Organisationsformen und vom durch einfache Austauschverträge geprägten Markt zu einem Markt vernetzter Langzeitverträge paßt sich auf der einen Seite in die *neue Theorie der Unternehmung*[6] ein, auf der anderen Seite in *moderne Ansätze der ökonomischen Vertrags-*

---

4 Vgl. Daintith, Terence, The Design and Performance of Long-term Contracts, in: Daintith, Teubner (eds.), Contract and Organisation, Berlin, New York (Walter de Gruyter) 1986, S. 164 - 189; Goetz, Charles, Scott, Robert, Principles of relational contracts, Virginia Law Review 67 (1981), S. 1089 ff.; Goldberg, Victor, P., Relational Exchange, Economics, and Complex Contracts, American Behavioral Scientist 23 (1980), S. 337 - 352; Katz, Michael L., Vertical Contractual Relations, in: Schmalensee, R., Willig, R. (Hrsg.), Handbook of Industrial Organization, Cambridge/Mass., 1989, S. 655 - 721; Macauly, Stewart, Long-Term Continuing Relations: The American Experience. Regulating Dealerships and Franchises, in: Joerges, Ch. (Hrsg.), Franchising and the Law. Das Recht des Franchising, Baden-Baden 1991, S. 179 - 238; MacNeil, I.R., Contracts: Adjustments of long-term economic relations under classical, neoclassical, and relational contract law, Northwestern University Law Review 72 (1978), S. 854 ff.; Schanze, Erich, Symbiotic Contracts: Exploring Long-Term Agency Structures Between Contract and Organization, in: Joerges, Ch. (Hrsg.), Franchising and the Law. Das Recht des Franchising, Baden-Baden 1991, S. 67 - 104.

5 Dies wird bezüglich der Netze von Franchise-Verträgen sehr eindrucksvoll belegt; vgl. etwa Dnes, Antony W., The Economic Analysis of Franchising and its Regulation, in: Joerges, Ch. (Hrsg.), Franchising and the Law. Das Recht des Franchising, Baden-Baden 1991, S.133 - 142; Joerges, Christian, Status and Contract in Franchising Law, in: ders. (Hrsg.), Franchising and the Law. Das Recht des Franchising, Baden- Baden 1991, S. 5 - 66; ders., Status und Kontrakt im Franchise- Recht, AG 36 (1991), S. 325 - 351; Mathewson, G.F., Winter, R.A., The Economics of Franchise Contracts, Journal of Law and Economics 28 (1985), S. 503 ff.

6 Zur neuen Theorie der Unternehmung: Alchian, Armen A., Specificity, Specialization, and Coalitions, Zeitschrift für die gesamte Staatswissenschaft/Journal of Institutional and Theoretical Economics 140 (1984), S. 34 - 49; Alchian, Armen A., Demsetz, H., Production, Information Costs, and Economic Organization, American Economic Review 62 (1972), S. 777 - 795; Alchian, Armen A, Woodward, Reflections on the Theory of the Firm, Zeitschrift für die gesamte Staatswissenschaft, Journal of Institutional and Theoretical Economics 143 (1987), S. 110 - 136; Behrens, Peter, The Firm as a Complex Institution, Zeitschrift für die gesamte Staatswissenschaft/Journal of Institutional and Theoretical Economics 141 (1985), S. 62 - 75; Blattner, N., Volkswirtschaftliche Theorie der Firma. Firmenverhalten, Organisationsstruktur, Kapitalmarktkontrolle, Berlin u.a. 1977; Böbel, Ingo, Der 'Neue Institutionalismus' und seine Bedeutung für die Theorie der Firma, in: Brandstädter, H./Kirchner, E. (Hrsg.), Economic Psychology, Proceedings of the 10th IAREP Annual Colloquium, Linz 1985, S. 55 - 64; Bössmann, E., Weshalb gibt es Unternehmen?, Zeitschrift für die gesamte Staatswissenschaft/Journal for Institutional and Theoretical Economics 137 (1981),S. 667 - 674; Cheung, N.S. (1983), The Contractual Nature of the Firm, Journal of Law and Economics 26, S. 1 - 21;

theorie[7]. Diese beiden Diskussionsstränge der neuen Institutionenökonomik kontrastieren zu Diskussionen in der Politikwissenschaft[8] und in der modernen Rechtstheorie[9], aber auch zu einer wieder auflebenden rechtsdogmatischen Diskussion im Bereich des Konzernrechts[10].

Coase, Ronald H., The Firm, the Market and the Law, Chicago 1988; Fama, Eugene F., Agency Problems and the Theory of the Firm, Journal of Political Economy 88 (1980), S. 288 - 307; Fama, Eugene F., Jensen, Michael C., Agency Problems and Residual Claims, Journal of Law and Economics 26 (1983), S. 327 - 349; Fama, Eugene F., Jensen, Michael C., Separation of Ownership and Control, Journal of Law and Economics 26 (1986), S. 301- 325; Grossmann, S, Hart, O.D., The costs and benefits of ownership: A theory of vertical and lateral integration, Journal of Political Economy 94 (1986), S. 691 - 719; Holstrom, B.R., Tirole, J., The Theory of the Firm, in: Schmalensee, R., Willig, R. (Hrsg.), Handbook of Industrial Organization, Cambridge/Mass. 1989, S. 61 - 133; Jensen, Michael, C., Meckling, William, H., Theory of the Firm: Managerial Behavior, Agency Costs, and Ownership Structure, Journal of Financial Economics 3 (1976), S. 305 - 360; Kirchner, Christian, Ökonomische Analyse des Unternehmensrechts: Ein Forschungsansatz, Jahrbuch für Neue Politische Ökonomie 2 (1983), S. 137 - 160; Picot, Arnold, Transaktionskostenansatz in der Organisationstheorie: Stand der Diskussion und Aussagewert, Die Betriebswirtschaft 42 (1982), S. 267 - 284; Schanze, Erich, Potential Limits of Economic Analysis of Law: The Constitution of the Firm, in: Daintith, Terence , Teubner, Gunther (Hrsg.), Contract and Organization. Legal Analysis in the Light of Economic and Social Theory, (de Gruyter), Berlin, New York 1986, S. 204 - 218; Vanberg, Victor, Das Unternehmen als Sozialverband: Zur Sozialtheorie der Unternehmung und zur juristischen Diskussion um ein neues Unternehmensrecht, Jahrbuch für Neue Politische Ökonomie 1 (1982), S. 276 ff.

7 Zur ökonomischen Vertragstheorie vgl. Goldberg, Victor P., Towards an Expanded Economic Theory of Contracts, Journal of Economic Issues 10 (1976), S. 45 - 61; Koendgen, Johannes, Randow, Philipp von, Sanktionen bei Vertragsverletzung, in: Ott, C./Schäfer, H.-B. (Hrsg.), Allokationseffizienz in der Rechtsordnung, Berlin u.a. 1989, S. 122 - 140; Kronmann, Anthony T., Posner, Richard A., The Economics of Contract Law, Boston, Toronto 1979; Kronmann, Anthony T., Contract Law and the State of Nature, Journal of Law, Economics, and Organization 1 (1985), S. 5 - 32; Macauly, Stewart, Non-contractual relations in business: A Preliminary Study, American Sociological Review 28 (1963), S. 55 - 69; Macneil, Ian R., The Many Futures of Contracts, Southern California Review 47 (1984), S. 691 - 816; Macneil, Ian R., Economic Analysis of Contractual Relations, in : Burrows, Paul, Veljanowski, Cento G. (Hrsg.), The Economic Approach to Law, London 1981, S. 61 - 92.

8 Vgl. Teubner, G. Unitas Multiplex (Fn. 3), S. 193.

9 Vgl. Teubner, G., Recht als autopoietisches System (Fn. 3); ders., Unitas Multiplex (Fn. 3), S. 193, 196 ff.

10 Vgl. Wiedemann, H., Die Unternehmensgruppe im Privatrecht, Tübingen 1988; Mestmäcker, E.-J./Behrens, P. (Hrsg.), Das Gesellschaftsrecht der Konzerne im internationalen Vergleich. Ein Symposium des Max-Planck-Instituts für ausländisches und internationales Privatrecht (30.11.- 1.12.1989), Baden-Baden 1991; in diesem Sammelband insbesondere die Beiträge von Erich Schanze: Konzernspezifischer Gläubigerschutz: Vergleich der Regelungsansätze, S. 473 - 504, und von U. H. Schneider, Der Konzern als Rechtsform für Unternehmen. Zum Regelungsgegenstand eines Konzernverfassungsrechts, in: Mestmäcker, E.-J./Behrens, P. (Hrsg.), Das Gesellschaftsrecht der Konzerne im internationalen Vergleich, Baden-Baden 1991, S. 563 - 580.

Die unterschiedlichen Ansätze zu einer Verarbeitung der institutionellen Veränderung moderner Volkswirtschaften zeigen, daß die wissenschaftliche Analyse versuchen kann, eine solche Entwicklung bezüglich ihrer *Ursachen* zu erforschen, *Schlußfolgerungen für praktisches politisches Handeln* daraus zu ziehen oder aber *Prognosen* bezüglich der weiteren Entwicklung aufzustellen. In der neuen Institutionenökonomik liegt seit dem Ansatz von Coase[11] der Schwerpunkt der Fragestellung bei einer Analyse derjenigen Faktoren, welche die Akteure veranlassen, entweder eine marktliche Lösung oder eine - wie auch immer ausgestaltete - Unternehmensorganisation zu wählen. In dieser Art der Analyse wird vornehmlich darauf abgestellt, daß verschiedene Möglichkeiten der Koordinierung oder Abstimmung von wirtschaftlichen Entscheidungen mit unterschiedlichen Kosten (*Transaktionskosten*) verbunden sind[12]. Geht man davon aus, daß die Akteure - zumindest beschränkt - rational handeln, so werden sie das institutionelle Arrangement wählen, das für Sie bei insgesamt gleicher Leistungsfähigkeit zu Kosteneinsparungen zu führen verspricht. Eine Untersuchung dieses Prozesses sollte in der Lage sein, Erklärungen für den Zusammenhang zwischen relativen Kostenänderungen[13] und Anpassungsvorgängen bei der Wahl der Organisation von Koordination und Abstimmung wirtschaftlicher Aktivitäten zu liefern. Zugleich lassen sich in einen solchen Ansatz Prognosen über künftige Kostenentwicklungen einsetzen, um von da aus Schlußfolgerungen für die daraus resultierende Institutionenwahl treffen zu können.

Diese Vorgehensweise der neuen Institutionenökonomik ist insofern gerade im heutigen Entwicklungsstadium von hohem Stellenwert als durch die moderne Informationstechnik der Kostenvorteil von *Informationsströmen in einem Unternehmen* gegenüber *marktlichen Informationssystemen* immer mehr reduziert wird[14]. Die Substitution selbst einer bereits dezentralen Unternehmensorganisation in Form eines dezentral organisierten Konzerns durch ein Vertragsnetz zwischen rechtlich nicht verbundenen Unternehmen ist damit durchaus eine realistische Option, und dies nicht nur im Bereich des Franchising, sondern insbesondere im Bereich der Vorwärts- und Rückwärtsintegration existierender Unternehmen sowohl im Produktions- als auch im Dienstleistungssektor.

Eine solche Entwicklung kann im Rahmen der neuen Institutionenökonomik in ihren

---

11 Coase, R.H., The nature of the firm (Fn. 1); ders., The Firm, the Market and the Law (Fn. 6).

12 Ausgehend von Coase wird dieser Ansatz insbesondere von Williamson konsequent weiterentwickelt: Williamson, Oliver E., Die ökonomischen Institutionen des Kapitalismus (deutsche Übersetzung von "The Economic Institutions of Capitalism" von Monika Streissler), Tübingen 1990.

13 Solche relativen Kostenänderungen können etwa durch sinkende Informationskosten in Märkten verursacht werden.

14 Ritz, D./Schmid, M., Neue Beziehungen "Unternehmen - Märkte" . Das Spannungsfeld zwischen engerer und lockerer Bindung, Neue Zürcher Zeitung, 3. März 1992, Fernausgabe Nr. 51, S. 41.

Bedingungsfaktoren im einzelnen analysiert und gegebenenfalls prognostiziert werden. Allerdings setzt dann eine gewisse *Verkürzung der Sichtweise* ein, wenn - wie im Rahmen der Transaktionskostenökonomie teils üblich - zwischen der *Wahl von institutionellen Arrangements* auf der einen Seite und dem *institutionellen Umfeld* auf der anderen Seite unterschieden wird[15] und die Analyse dann auf die Institutionenwahl im gegebenen institutionellen Umfeld beschränkt wird. Gewisse Parallelitäten zur Vorgehensweise der Neoklassik, in der Institutionen als solche in den Datenkranz verbannt worden waren[16], sind augenscheinlich, nur daß hier eben allein bestimmte institutionelle Umfeldfaktoren als für die Untersuchung konstant angenommen werden.

Eine solche Einengung der Perspektive wirft angesichts der Problematik der Institutionenwahl im Spannungsfeld zwischen Markt und Unternehmung in der derzeitigen Entwicklungsphase aber die Frage auf, ob die Abschichtung zwischen der Wahl des institutionellen Arrangements auf der einen und dem institutionellen Umfeld auf der anderen Seite nicht mit zu einer breiten ceteris-paribus-Annahme arbeitet. Es fragt sich, ob es tatsächlich sinnvoll ist, das institutionelle Umfeld in seiner Gesamtheit aus der Betrachtung auszublenden. Dies hätte zur Folge, daß dann ungeklärt bliebe, ob die stattfindende Entwicklung tatsächlich lediglich relative Kostenveränderungen widerspiegelt oder ob sie nicht dadurch geprägt wird, daß durch Faktoren des rechtlich-institutionellen Umfeldes eine Lösung gegenüber einer anderen diskriminiert wird, d.h. entweder gänzlich ausgeschaltet oder mit höheren Kosten belegt wird[17].

Diese mögliche Diskriminierung soll an zwei willkürlich gewählten Beispielen verdeutlicht werden: Würde etwa jede Konzernkonstruktion mit einer Vollhaftung aller Konzernunternehmen für die Verbindlichkeiten eines jeglichen anderen Konzernunternehmens unabhängig vom Grade der Dezentralisierung der Konzernorganisation belegt werden, könnte dies zu einer Flucht in konzernfreie Vertragsnetze führen. Würde auf der anderen Seite jedes *Vertragsnetz zwischen nicht verbundenen Unternehmen* wegen der möglichen negativen Wettbewerbsauswirkungen einer langwierigen, kostspieligen Einzelüberprüfung seitens einer zentralen kartellrechtlichen Kontrollinstanz unterworfen werden, nicht aber ein *innerkonzernliches Vertragsnetz*, so würde dies eine erhebliche Diskriminierung konzernfreier Vertragsnetze bedeuten. Beide Beispiele machen deutlich, daß eine korrekte ökonomische Analyse der Wahlentscheidung zwischen dem institutionellen Arrangement der Unternehmung und demjenigen des Ver-

---

15 Vgl. dazu Williamson, O. E., Die ökonomischen Institutionen des Kapitalismus (Fn. 12), S. 17 ff.

16 Kirchner, Christian (1978), Ökonomische Analyse des Rechts. Interdisziplinäre Zusammenarbeit von Ökonomie und Rechtswissenschaft, in: Assmann, Heinz-Dieter, Kirchner, Christian, Schanze, Erich (Hrsg.), Ökonomische Analyse des Rechts, Kronberg/Ts., S. 75 f. m.w.N.

17 Dieses Problem wird etwa von Kallfass, der ökonomische Ansätze zur Erklärung der Konzernbildung untersucht und dabei auch die "Vorteile auf Grund staatlicher Normen" einbezieht: Kallfass, Hermann, H., Ökonomische Analyse der Konzernbildung, in: Mestmäcker, Ernst-Joachim, Behrens, Peter (Hrsg.), Das Gesellschaftsrecht der Konzerne im internationalen Vergleich, Baden-Baden 1991, S. 19 - 48, dort S. 36 - 38.

tragsnetzes zwischen unverbundenen Unternehmen eine *Untersuchung der ökonomischen Implikationen unterschiedlicher rechtlicher Regelungen für diese Institutionenwahl* erforderlich macht. Dabei geht es sehr wohl um eine Fragestellung der neuen Institutionenökonomik, da hier nämlich zu fragen ist, welche Konsequenzen die Institutionenwahl auf der Ebene des staatlich gesetzten Rechts für die Institutionenwahl auf der Entscheidungsebene der Marktteilnehmer hat.

Es ist hier nicht möglich, eine umfassende ökonomische Analyse aller rechtlichen Faktoren für die Institutionenwahl im Spannungsfeld zwischen Unternehmung und Vertragsnetz zu liefern. So werden arbeits- und steuerrechtliche Überlegungen trotzt ihrer offensichtlichen Relevanz für die Fragestellung hier nicht angestellt. Es kann lediglich aufgezeigt werden, welche Regelungsmaterien in welcher Weise für diese Institutionenwahl relevant sind und wo spezifische Hindernisse zur Diskriminierung der einen oder der anderen Lösung führen. Die Aufgabe weiterer Forschung wäre es, anhand von Detailanalysen einzelne Regelungskomplexe - möglicherweise auch anhand empirischer Forschungen - daraufhin zu analysieren, wie sie die Institutionenwahl berühren.

Der Ansatz der neuen Institutionenökonomik wird hier gewählt, da sie für das Untersuchungsziel folgende Vorteile miteinander vereint: Sie fragt - in empirisch nachprüfbarer Art und Weise - wie durch bestimmte institutionelle Änderungen Restriktionen und Anreize für die handelnden Akteure verändert werden und ermöglicht insofern sowohl eine *Kausalanalyse* existierender als auch die *Vorhersage* zukünftiger Entwicklungen. Sie kann außerdem auf einem Fundament aufbauen, das für die hier gewählte Fragestellung von großer Relevanz ist, nämlich der Theorie der Unternehmung[18] und der ökonomischen Vertragstheorie[19].

Um die Problematik zu strukturieren, soll hier wie folgt verfahren werden: In einem *ersten Schritt* soll ein *Modell* eingeführt werden, in dem ein differenziertes System von Vorproduktion, Produktion und Vertrieb entwickelt wird, für das es zwischen zwei Optionen zu entscheiden gilt, ob nämlich Vorproduktion und Vertrieb innerhalb der Unternehmung[20] zu organisieren sind oder als Vertragsnetz zwischen nicht verbundenen Unternehmen. Auf der Grundlage dieses Modells soll in einem *zweiten Schritt* gesichtet werden, welche rechtlichen *Regelungsmaterien* für die betreffende Institutionenwahl unter dem Aspekt der möglichen Diskriminierung einer der möglichen

---

18 siehe oben; Nachweise in Fn. 6; der Einwand Teubners, diese Theorie löse das Unternehmen als solches in ein Beziehungsgefüge von Verträgen auf (contractual theory), ist heute angesichts der Weiterentwicklung dieses theoretischen Ansatzes - insbesondere durch die Agency-Theorie - nicht mehr haltbar; vgl. Teubner, G., Unitas Multiplex (Fn. 3), S. 193.

19 Siehe oben; Nachweise in Fn. 7.

20 Der Konzern wird, weil er als wirtschaftliche Einheit definiert wird, als "Unternehmung" gesehen; vgl. Schefeler, Eberhard, Zur Problematik der Konzernleitung, in: Havermann, Hans (Hrsg.), Bilanz- und Konzernrecht, Festschrift zum 65. Geburtstag von Dr.Dr. h.c. Reinhard Goerdeler, Düsseldorf 1987, S. 469 - 485.

Optionen relevant sind. In einem *dritten Schritt* soll dann geprüft werden, ob sich aus diesen Regelungsmaterien spezifische Hindernisse für die Realisierung der einen oder der anderen Option ergeben. In einer Schlußbetrachtung soll das Fazit sowohl für die Mikroebene, also die Institutionenwahl, als auch für die Makroebene, als die Gesetzgebung und Rechtsprechung gezogen werden.

II. Das Modell

Ein Großunternehmen, das zwar den Schwerpunkt seiner Tätigkeit in der Bundesrepublik Deutschland hat, das aber auch in anderen Mitgliedstaaten der Europäischen Gemeinschaften tätig ist, Vorprodukte einkauft und seine Produkte vertreibt, verfügt in der ersten Periode über eigene Abteilungen der Fertigung von Vorprodukten und eigene Abteilungen für den Vertrieb (Einheitsunternehmen). Diese Abteilungen sind rechtlich unselbständig.

Für die Umorganisation der Vorproduktion und des Vertriebes in Periode 2 hat es zwei Optionen:

(a) Es kann die betreffenden Abteilungen rechtlich ausgliedern mit der Folge, daß eine *Konzernorganisation* geschaffen wird. Und es kann dann grundsätzlich frei wählen, welchen Entfaltungsspielraum es den neu geschaffenen Konzernunternehmen einräumt. Außerdem hat es die Möglichkeit, diesen Konzernunternehmen entweder Weisungen zu erteilen oder mit ihnen Verträge zu schließen und sie auch untereinander Verträge schließen zu lassen.

Schaubild 1: Dezentral organisierter Konzern

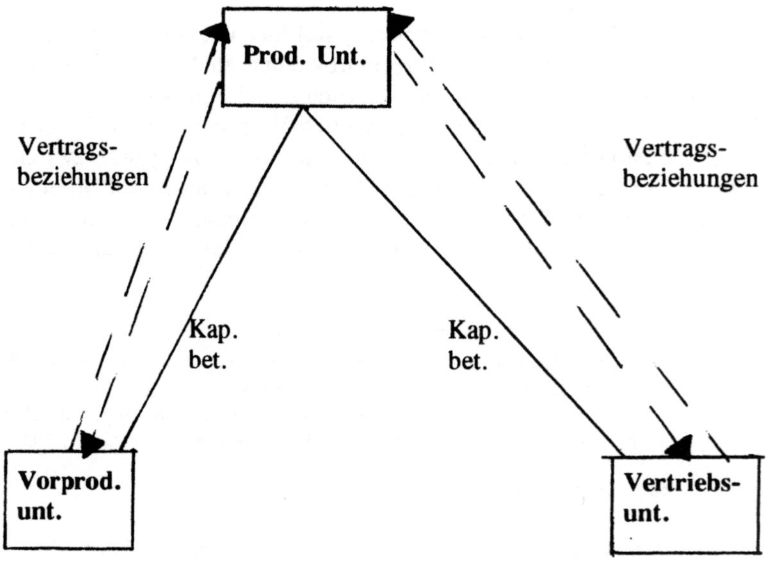

(b) Es kann die betreffenden Abteilungen aber auch rechtlich ausgliedern, außerdem veräußern und mit den neu geschaffenen - nicht mehr gesellschaftsrechtlich verbundenen - Unternehmen langfristige Verträge schließen[21].

Schaubild 2: Vertragsnetz

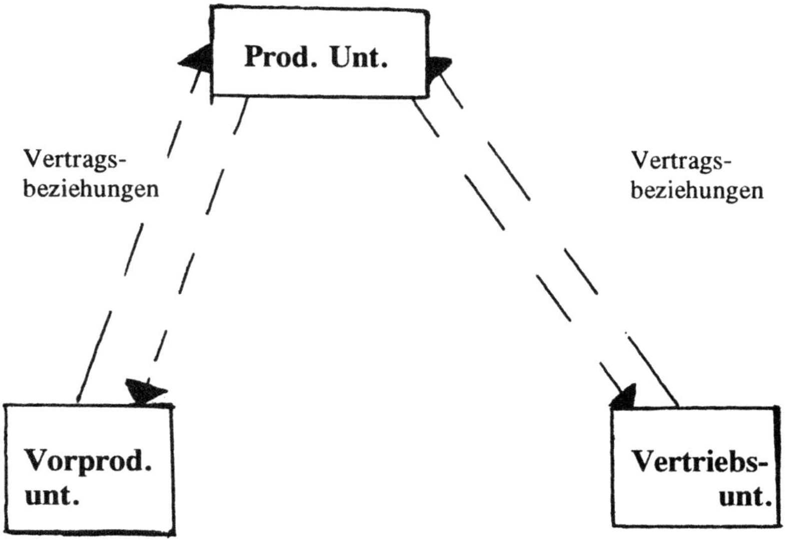

Die praktische Relevanz der hier aufgezeigten Modellvarianten liegt darin, daß die organisatorische Gestaltung der Vorwärts- und/oder Rückwärtsintegration im Lichte möglicher Kosteneinsparungen beurteilt wird. Es geht dabei nicht ausschließlich, wohl aber in weiten Teilen um Transaktionskosteneinsparungen[22]. Für diese Entscheidung wird das Recht möglicherweise zum gewichtigen Faktor. Aus diesem Grunde sind im nächsten Schritt die relevanten rechtlichen Regelungsmaterien kurz vorzustellen, bevor eine detailliertere Untersuchung erfolgt.

---

21 Ein praktisches Beispiel für diesen Fall stellt die Gründung von Mitarbeitergesellschaften dar, die dann mit dem Unternehmen, aus dem heraus sich die Mitarbeiter selbständig gemacht haben, vertragliche Beziehungen eingehen.

22 Vgl. zur geschichtlichen Entwicklung dieser Vor- und Rückwärtsintegration Williamson, Die ökonomischen Institutionen des Kapitalismus (Fn. 12), S., 96 - 116 mit empirischen Belegen: S. 117 - 148.

III. Rechtliche Regelungsmaterien

1. Vertragsrecht

Geht man von der Rechtslage in der Bundesrepublik Deutschland aus, so sind die Grenzen für die Schaffung langfristiger Vertragsbeziehungen sehr weit gesteckt; immerhin sind rechtliche Schranken in zwei Bereichen sichtbar: Zum einen geht es um *zeitliche Beschränkungen* von Abnahmeverpflichtungen[23], zum anderen um mögliche *Knebelungsverträge* [24]. Diese Schranken sind aber für die grundsätzliche Frage, ob ein Vertragsnetz oder die Unternehmung gewählt wird, nur von untergeordneter Bedeutung, so daß dieser Punkt nur kurz geprüft werden muß.

2. Unternehmens- und Gesellschaftsrecht

Geht man von einem Unternehmen mit Sitz in der Bundesrepublik Deutschland aus, so setzt das Konzernrecht bestimmte Schranken für die Konzernbildung, dies aber in beiden Varianten recht unterschiedlich. Zum einen geht es um die Beteiligung der Hauptversammlung der Obergesellschaft bei Ausgliederung zentraler Bereiche der Gesellschaft in abhängige Konzernunternehmen[25], zum anderen geht es um den Abschluß von Unternehmensverträgen im Sinne des § 291 Abs. 1 AktG (Beherrschungs- und Gewinnabführungsverträge). Hier wiederum ist die Frage von Belang, ob bei bestimmten Organisationsformen davon auszugehen ist, daß solche Unternehmensverträge geschlossen werden müssen oder nicht [26]. Schließlich geht es um die Frage, ob der Zentralisierungs- bzw. der Dezentralisierungsgrad eines Konzerns durch Gesellschafts- und Unternehmensrecht determiniert ist[27] oder ob dies der Entscheidung der zuständigen Gesellschaftsorgane vorbehalten bleibt.

3. Wettbewerbs- und Kartellrecht

Geht man von Organisationsfragen für Mittel- und Großunternehmen, die auf dem deutschen Markt tätig sind, aus, so ist in Rechnung zu stellen, daß neben dem deut-

---

23 Vgl. zu den Obergrenzen für zeitliche Bindung etwa BGHZ 74, 293.

24 Vgl. etwa BGHZ 83, 315.

25 Urteil des BGH vom 25.2.1982: BGHZ 83, 122 = DB 1982, 795 = AG 1982, 158 = NJW 1982, 1703; dazu Rehbinder, Eckard, Zum konzernrechtlichen Schutz der Aktionäre einer Obergesellschaft, ZGR 12 (1983), S. 92 - 108.

26 Zu dieser Problematik vgl. Kübler, F. , Gesellschaftsrecht, 3. Aufl., Heidelberg 1990, S. 381.

27 Vgl. dazu Hommelhoff, P., Die Konzernleitungspflicht. Zentrale Aspekte eines Konzernverfassungsrechts, Köln 1982, S. 41 ff.; kritisch dazu: Kropff, B., Zur Konzernleitungspflicht, ZGR 13 (1984), S. 112 - 133.

schen Wettbewerbs- und Kartellrecht auch das Wettbewerbsrecht des EWG-Vertrages[28] ins Spiel kommt. Man kann in gewisser Vereinfachung davon ausgehen, daß bei der Schaffung von Vertragsnetzen Art. 85 EWGV und hier insbesondere dessen Abs. 3 die zentrale Regelungsmaterien darstellt. Dabei geht es in erster Linie um die einschlägigen Gruppenfreistellungsverordnungen.

IV. Anwendung der Regelungsmaterien auf den Modellfall

Im vorgestellten Modell ging es entweder um die Schaffung eines dezentralisierten Konzerns mit gleichzeitigen vertraglichen Beziehungen der Konzernunternehmen untereinander, oder um die völlige gesellschaftsrechtliche Ausgliederung der Vorproduktion und des Vertriebes unter gleichzeitiger Schaffung eines Vertragsnetzes zwischen den nunmehr gesellschaftsrechtlich nicht verbundenen Unternehmen.

1. Dezentralisierter Konzern

(a) Vertragsrecht. Kommt es im dezentralisierten Konzern zwischen den verschiedenen Konzernunternehmen zu langfristigen vertraglichen Bindungen, so läßt sich - ohne nähere Prüfung - sagen, daß auch hier die zeitlichen Grenzen für derartige Bindungen, die in der Rechtsprechung entwickelt worden sind[29], relevant sind. Dies ist schon deshalb der Fall, da ansonsten eben die von der Rechtsprechung aufgestellten Grundsätze unterlaufen werden könnten, wenn nämlich zunächst längerfristige als sonst zulässige Verträge zwischen Konzernunternehmen geschlossen werden, um dann im zweiten Schritt die Konzernbindung zwischen den betroffenen Unternehmen aufzuheben. Aber die im Vertragsrecht statuierten Eingrenzungen der Vertragsfreiheit für langfristige Lieferbindungen können im Konzern schon deshalb nicht als Hindernis angesehen werden, da sie - solange der Konzernverband existiert - jederzeit neu vereinbart werden können. Es handelt sich hier also um eine rein formale Schranke, die lediglich bestimmte Transaktionskosten in Form erneuter Vertragsschlußkosten mit sich bringt.

(b) Unternehmens- und Gesellschaftsrecht. Werden Unternehmensteile ausgegliedert und hält die Konzernobergesellschaft dann jeweils an diesen Unternehmungen eine Beteiligung, die eine Beherrschung ermöglicht, so wird die Mitwirkung der Hauptversammlung vorausgesetzt, wenn es sich bei der ausgliedernden Gesellschaft um eine Aktiengesellschaft handelt und mit der ausgegliederten Gesellschaft wesentliche Vermögensbestandteile aus der Aktiengesellschaft ausgelagert werden[30]. Bei der hier

---

28 Vgl. insbes. Bunte, H.-J./Sauter, H., EG- Gruppenfreistellungsverordnungen, München 1988; Pawliskowski, T., Selektive Vertriebssysteme - Grenzen und Möglickeiten einer Freistellung nach Artikel 85 Absatz 3 EWGV, Frankfurt/Main u.a. 1983; Wiedemann, G., Kommentar zu den Gruppenfreistellungsverordnungen des EWG-Kartellrechts, Bd. II., Köln 1990.

29 Vgl. oben Fn. 23.

30 Vgl. BGHZ 83, 122; nähere Angaben in Fn. 25.

vorliegenden Problematik der Vorwärts- und Rückwärtsintegration dürfte diese Fallkonstellation aber die seltene Ausnahme sein. Außerdem würde im Fall, daß die neu gewählte Organisationsform die vorteilhaftere für das Unternehmen ist, voraussichtlich die entsprechende Mehrheit der Anteilseigner zu gewinnen sein.

Für den Fall der Ausgliederung im Rahmen eines existierenden oder zu schaffenden Konzerns sind nach dem in der Bundesrepublik Deutschland derzeit geltenden Konzernrecht zwei Beherrschungsformen möglich, nämlich die über einen Unternehmensvertrag im Sinne des § 291 Abs. 1 AktG vermittelte (Vertragskonzern) und diejenige ohne Unternehmensvertrag allein aufgrund der Kapitalbeteiligung (faktisches Abhängigkeitsverhältnis). Abschlüsse von Unternehmensverträgen nach § 291 Abs. 1 AktG machen in Bezug auf ausgegliederte Unternehmen deshalb keine Probleme, da eine für den Abschluß eines solchen Vertrages notwendige Mehrheit gehalten werden kann und auch eine Vorabstimmung mit den außenstehenden Anteilseignern möglich ist. Probleme ergäben sich allenfalls bei der sogenannten faktischen Beherrschung, da es fraglich sein könnte, ob und wieweit hier ein Weisungsrecht der herrschenden Gesellschaft tatsächlich gegeben ist. Doch ist dieser sehr grundsätzliche Streit hier deshalb nicht aufzugreifen, da jedenfalls feststeht, daß es der Konzernobergesellschaft sehr wohl möglich ist, mittels einer Mehrheitsbeteiligung die Unternehmenspolitik der abhängigen Gesellschaften soweit zu beeinflussen, daß diese auf dieser Grundlage entsprechende langfristige vertragliche Bindungen eingehen. Interessant ist dann, inwiefern neben diese vertraglichen Verhältnisse im Einzelfall auch Weisungen der Konzernobergesellschaft treten können. Soweit diese für die angewiesene Gesellschaft nicht mit einem Nachteil verbunden sind, besteht kein Zweifel an der Rechtmäßigkeit solcher Weisungen. Zudem ist darauf hinzuweisen, daß es neben dem Instrument der Weisung verschiedene andere Wege und Mittel gibt, das Verhalten der herrschenden und der abhängigen Gesellschaften aufeinander abzustimmen, zumal mit der Kapitalmehrheit der maßgebliche Einfluß im Aufsichtsrat der abhängigen Gesellschaft verbunden ist.

Das deutsche Konzernrecht konzentriert sich beim sogenannten faktischen Abhängigkeitsverhältnis auf den Schutz der außenstehenden Anteilseigner und der Gläubiger der abhängigen Gesellschaften[31]. Aus diesen Regelungen erwachsen aber bei einem dezentral organisierten Konzern mit erheblichen eigenen Entscheidungsspielräumen für die Untergesellschaften deshalb keine grundsätzlichen Probleme, da hier ja gerade auf die Funktionsfähigkeit der Untergesellschaften abgestellt wird, dies sogar Teil der Gesamtorganisation ist. Diese Organisationsform ist folglich bei vollem Schutz der außenstehenden Anteilseigner und der Gläubiger der abhängigen Gesellschaften möglich. Es kommt zu keinem Zielkonflikt. Fraglich könnte in der Praxis allenfalls sein, wie festgestellt wird, ob durch den Abschluß von Langzeitverträgen zwischen Konzernobergesellschaft und abhängigen Konzerngesellschaften ein ausgleichspflichtiger Nachteil für die abhängigen Gesellschaften im Sinne des § 311 Abs. 1 AktG

---

31 Vgl. den aktuellen Überblick bei Sonnenschein, J., Der Schutz von Minderheitsgesellschaftern und Gläubigern der abhängigen Gesellschaft im deutschen Recht, in: Mestmäcker, E.-J./Behrens, P. (Hrsg.), Das Gesellschaftsrecht der Konzerne im internationalen Vergleich, Baden-Baden 1991, S.49 - 91.

auftritt und wie dieser gegebenenfalls zu berechnen ist. Aber in diesem Fall wird ein Markttest insofern möglich sein als die entsprechenden Verträge zwischen Konzernunternehmen mit solchen zwischen gesellschaftsrechtlich nicht verbundenen Unternehmen verglichen werden. Eine Deckungsgleichheit beider Arten von Verträgen kann zwar nicht als Ma stab verwendet werden, da die beiden Konstellationen - wie die hier gewählten Modelle zeigen - doch wichtige Unterschiede aufweisen; aber es lassen sich jedenfalls Anhaltspunkte für die Prüfung eines möglichen Nachteilsausgleichs im Sinn von § 311 Abs. 1 AktG herleiten.

Die Wahl eines dezentral organisierten Konzerns für die Organisation der Vorwärts- und Rückwärtsintegration könnte dann Probleme aufwerfen, wenn sich für die Konzernobergesellschaft aus einer *Pflicht zur Konzernleitung*[32] Einschränkungen bezüglich der Dezentralisierung der Konzernstruktur ergeben. Ohne diese Diskussion in ihren Einzelheiten hier aufnehmen zu können, sei jedenfalls angemerkt, daß für den Fall, daß die Konzernobergesellschaft eine Aktiengesellschaft ist, der Vorstand dieser Gesellschaft gemäß § 76 Abs. 1 AktG die Gesellschaft in eigener Verantwortung zu leiten hat und damit grundsätzlich auch die Entscheidung darüber zu treffen hat, ob abhängige Unternehmen durch detaillierte Weisungen zu leiten sind oder ob eine dezentrale Organisation, die diesen Gesellschaften im Rahmen weit gesteckter Zielvorgaben breiten eigenen Entscheidungsspielraum einräumt, zu wählen ist[33]. Im Falle einer GmbH als Konzernobergesellschaft taucht diese Problematik deshalb in dieser Form nicht auf, da die Geschäftsführungsbefugnis nicht ausschließlich den Geschäftsführern zusteht, sondern daneben auch der Gesellschafterversammlung, so da die Gesellschafter frei sind in der Wahl des Grades der Dezentralisierung des Konzerns.

Probleme für die Wahl des dezentral organisierten Konzerns im Vergleich zum Vertragsnetz zwischen unverbundenen Unternehmen könnten auch dann auftauchen, wenn rechtlich ein innerkonzernlicher Haftungsverbund geschaffen wird[34]. Dies würde die Kosten für die Wahl des Konzerns als Organisationsform insofern erhöhen, als im Konzern - etwa auf der Ebene der Konzernobergesellschaft - finanzielle Maßnahmen zur Verhinderung der Insolvenz von Konzernunternehmen oder zur Gläubigerbefriedigung im Fall der eingetretenen Insolvenz ergriffen werden müßten. Um diese Kosten wirtschaftlich erfassen zu können, könnte man als Vergleich den Fall heranziehen, in dem sich die Konzernobergesellschaft für Verbindlichkeiten von Untergesellschaften verbürgt oder entsprechende Patronatserklärungen abgibt.

Das gegenwärtig in der Bundesrepublik Deutschland geltende Konzernrecht sieht aber für den dezentral organisierten Konzern, der nicht als Vertragskonzern konstruiert ist, keinen innerkonzernlichen Haftungsverbund vor. Die Fälle einer Haftung im soge-

---

32 Vgl. Hommelhoff, P., (Fn. 27), S. 41 ff.

33 So auch die Kritik an Hommelhoff; vgl. Nachweise in Fn. 27.

34 Vgl. den Vorschlag der 9. gesellschaftsrechtlichen Richtlinie gem. Art. 54 Abs. 3 lit. g EWGV: Lutter, Marcus, Europäisches Gesellschaftsrecht, 2. Aufl, Berlin u.a. 1984, S. 47 ff.; hier auch der Abdruck eines Vorentwurfs einer neunten Richtine von 1974, S. 187 ff.

nannten qualifiziert faktischen Konzern[35] sind hier gerade nicht einschlägig, da hier nicht ein Maximum sondern ein Minimum an Leitung durch die Obergesellschaft gewählt wird. Nun gibt es zwar Vorschläge, auch im dezentral organisierten Konzern, jedenfalls innerkonzernliche Haftungsverbände für die einzelnen Sektoren des Konzerns zu schaffen[36], doch handelt es sich hier bisher um rechtspolitische Vorschläge, denen aus ökonomischer Perspektive sehr wohl andere Lösungsmöglichkeiten gegenüberzustellen sind, die eher geeignet sind, einen Beitrag dazu zu leisten, daß die Akteure funktionsfähige institutionelle Arrangements im Feld zwischen Konzernorganisation und Vertragsnetz entwickeln und wählen können.

Damit läßt sich festhalten, daß für den Fall, daß die Organisationsform des dezentralen Konzerns gewählt wird, das Konzernrecht zu keinen ernstlichen Schwierigkeiten führt. Transaktionskosten können durch den Abschluß von Unternehmensverträgen nach § 291 Abs. 1 AktG oder durch die Notwendigkeit, Abhängigkeitsberichte nach § 312 AktG zu erstellen, verursacht werden.

(c) Wettbewerbs- und Kartellrecht. Im Modellfall ist davon ausgegangen worden, daß das betreffende Unternehmen auf dem europäischen Markt aktiv ist, hier also sowohl als Käufer als auch als Verkäufer auftritt; folglich sind die Wettbewerbsregeln des EWG-Vertrages und das auf seiner Grundlage erlassene Sekundärgemeinschaftsrecht einschlägig. Da diese rechtlichen Regelungen grundsätzlich dem nationalen Recht eines Mitgliedstaates - und damit auch dem deutschen Recht - vorgehen[37], soll hier aus Gründen der Vereinfachung nur europäisches Wettbewerbsrecht angesprochen werden.

Da es sich in der hier zu untersuchenden Modellvariante um Verträge zwischen Konzernunternehmen handelt, ist vorab zu fragen, ob auf solche innerkonzernlichen Vertragsbeziehungen die Wettbewerbsregeln des EWG-Vertrages - hier des Art. 85 Abs. 1 EWGV - überhaupt zu Anwendung kommen oder nicht. Diese Frage ist aus ökonomischer Sicht, in der ein Konzern als wirtschaftliche Einheit und damit als *Unternehmung* betrachtet wird, eigentlich unsinnig, da in Wahrheit danach gefragt wird, ob ein Wettbewerbsschutz dergestalt erzielt werden kann, daß vertragliche Bindungen innerhalb einer Unternehmung für nichtig erklärt werden, wenn zuvor die Schaffung dieser Unternehmung von der Rechtsordnung gebilligt worden ist. Dennoch

---

35 Vgl. Wiedemann, Herbert, Die Unternehmensgruppe im Privatrecht (Fn. 10), S. 46; in der Rechtsprechung wurde dieser spezifische Typ der Konzernführung eingeführt durch das Urteil des BGH vom 16.9.1985: BGHZ 95, 330 (Autokran).

36 Teubner,G., Unitas Multiplex (Fn.3), S. 204 ff.

37 Zum heute allgemein anerkannten Vorrang des Gemeinschaftsrechts vgl. für viele Oppermann, Thomas, Europarecht, München 1991, S. 196 f.

ist in der juristischen Literatur[38] durchaus streitig, ob auch konzerninterne Verträge Art. 85 Abs. 1 EGWV unterfallen können. In der Spruchpraxis der EG-Kommission wird die Anwendbarkeit von Art. 85 Abs. 1 EWGV grundsätzlich abgelehnt[39]. Nach anfänglicher strikter Ablehnung einer Anwendung des Art. 85 Abs. 1 EWGV auf Verträge zwischen Mutter- und Tochtergesellschaften eines Konzerns[40] ging der Gerichtshof später zu einer differenzierten Betrachtungsweise über und stellte auf die Frage ab, ob das betreffende Tochterunternehmen sein Vorgehen auf dem Markt nicht wirklich autonom bestimmen könne[41], bzw. ob die betreffenden Absprachen innerhalb der wirtschaftlichen Einheit einzig dem Zweck der internen Aufgabenverteilung dienten[42]. Diese verschiedenen Positionen zeigen trotz anscheinend unzureichender ökonomischer Fundierung für die vorliegende Fallkonstellation folgendes Ergebnis: Schließt ein Unternehmen im Rahmen von Beschaffungs- und Vertriebsverträgen mit abhängigen Konzernunternehmen Verträge und dienen diese der innerkonzernlichen Regelung der Aufgabenteilung, so muß mit einer Anwendung des Art. 85 Abs. 1 EWGV realistischerweise nicht gerechnet werden, so daß die mögliche Rechtsfolge einer Nichtigkeit dieser Verträge nach Art. 85 Abs. 2 EWGV ausscheidet. Jedenfalls zeigt diese immerhin theoretisch mögliche rechtliche Gefährdung von innerkonzernlichen Vertragsnetzen durch die Anwendung der Wettbewerbsregeln des EWG-Vertrages, daß eine Klärung der Kommissionspraxis und der EuGH-Rechtsprechung die Wahl unterschiedlicher institutioneller Arrangements für den Beschaffungs- und Absatzsektor kostenmäßig entlasten könnte.

2. Vertragsnetz

(a) Vertragsrecht. Hier gilt grundsätzlich das zu oben in Abschnitt IV.1.(a) Gesagte mit einer Modifizierung: Die zeitliche Begrenzung der langfristigen vertraglichen Bindungen hat bei einem Vertragsnetz zwischen gesellschaftsrechtlich nicht verbundenen Unternehmen insofern eine andere Bedeutung als bei Verträgen im Konzernverband, da hier bezüglich des Neuabschlusses nach Ablauf der Frist größere Unsicherheit existiert. Insofern bringt die zeitliche Befristung hier ein gewisses Element der Unsicherheit in das Vertragsgefüge.

---

38 Zur Frage der Anwendung der Art. 85 - 87 EWGV auf innerkonzernliche Beziehungen: Harms, Wolfgang, Konzerne im Recht der Wettbewerbsbeschränkungen, Köln 1968; Pawliskowski, Thomas, Intra-Group Arrangements under Art. 85 and 86 of the Treaty Establishing the European Economic Community, Frankfurt/Main 1984; Rijn, Thomas van , Intra-Enterprise Conspiracy and Article 85 of the EEC-Treaty, in: ders., Essays in European Law and Integration, Deventer 1982, S. 123 ff.

39 Nachweise bei Lipowsky, Ursula, Die Zurechnung von Wettbewerbsverstößen zwischen verbundenen Unternehmen im EWG-Wettbewerbsrecht, München 1987, S. 202 f.

40 Urteil des EuGH vom 25.11.1971 "Béguelin", Rs. 22/71, Slg. 1971, 949 (959).

41 Urteil des EuGH vom 14.7.1972 "Farbstoff", Rs. 48/69, Slg. 1972, 619, 665.

42 Urteil des EuGH vom 31.10.1974 "Centrafarm" , Rs. 15/74, Slg. 1974, 1147, 1168.

(b) Wettbewerbs- und Kartellrecht. Die Frage einer zeitlichen Befristung langfristiger Vertragsbindungen taucht auch im EG-Wettbewerbsrecht auf[43]; hier werden die Fristen in aller Linie kürzer angesetzt als in der deutschen Rechtsprechung zum Vertragsrecht [44]. Rechtlich führt dies zur interessanten Problematik, wie die zeitliche Befristung zu bemessen ist, wenn zwischen den betreffenden Unternehmen mehrere langfristige Verträge abgeschlossen werden, deren Laufzeiten nicht identisch sind. Hier liegt zwar noch keine Spruchpraxis der Kommission vor und auch keine EuGH-Rechtsprechung. Es läßt sich aber sehr wohl prognostizieren, daß unter dem Aspekt der Wettbewerbsfreiheit der gebundenen Unternehmen darauf abgestellt wird, daß alle Verträge zum selben Zeitpunkt zu beenden sind.

Entscheidend ist aber nicht das Problem der Auswirkungen des EG-Wettbewerbsrechts auf die Dauer der möglichen vertraglichen Bindungen, sondern sind drei Fragen:

- Unterfallen solche Vertragswerke Art. 85 Abs. 1 EWGV?
- Sind solche Vertragswerke freistellungsfähig?
- Welche vertraglichen Vereinbarungen bleiben auch bei einer möglichen Freistellung als Verstoß gegen Art. 85 Abs. 1 EWGV nichtig?

Daß auch sogenannte *vertikale Verträge* Art. 85 Abs. 1 EWGV unterfallen, ist spätestens seit der EuGH- Entscheidung "Grundig/ Consten"[45] unstreitig[46]. Somit fallen auch die hier interessierenden Vertragsnetze grundsätzlich unter diese Norm. Dies hat die Konsequenz, daß selbst eine Vereinbarung, die den Wettbewerb zwischen den Herstellern möglicherweise verstärkt, den Wettbewerb unter den Verteilern aber einschränkt, unter Art. 85 Abs. 1 EWGV fallen kann[47]. Allerdings ist diese sehr restriktive Linie gegenüber Vertikalverträgen später vom EuGH aufgelockert worden, indem Vertragsklauseln, die darauf abzielen, geeignete Wiederverkäufer auszuwählen und ungeeignete auszuschalten, und die zur Erreichung dieses Zieles notwendig sind, nicht unter Art. 85 Abs. 1 EWGV gefaßt wurden[48]. Demnach stellt diese Entscheidungspraxis im Ergebnis für die Wahl von Vertragsnetzen für die Vorwärts- und Rückwärtsintegration ein erhebliches Hindernis auf. Aus der Sicht des Unternehmens geht es um

---

43 Für Bierlieferungsverträge ist jetzt Titel III der Gruppenfreistellungsverordnung Nr. 1984/83 einschlägig; abgedruckt in Wiedemann, G., Kommentar zu den Gruppenfreistellungsverordnungen (Fn. 28), S. 502 ff.

44 Gem. Art. 8 I d) der Gruppenfreistellungsverordnung Nr. 1983/84 beträgt die maximale Bindungsdauer nach EG-Recht 10 Jahre.

45 Entscheidung des EuGH vom 13.7.1966, Rs. 55 und 58/64, Slg. 1966, 322, 368.

46 Für viele: Bunte, H.-J., Sauter, H., EG- Gruppenfreistellungsverordnungen (Fn. 28), Einf., Rdnr. 4, 10, 11.

47 Entscheidung des EuGH vom 13.7.1966, Rs. 55 und 58/64, Slg. 1966, 322.

48 Entscheidung des EuGH vom 25.10.1977, Rs. 26/76, Slg. 1977, 1875, 1900 "Metro/Saba" = WuW/E EWG/MUV 400.

die Verbesserung der Wettbewerbsstellung durch Wahl einer überlegenen Organisationsform. Wird diese aber trotz einer möglichen Intensivierung des Herstellerwettbewerbs sanktioniert, so scheiden in einer Reihe von Fällen möglicherweise überlegene institutionelle Lösungen aus. Nur in solchen Fällen ließen sie sich realisieren, in denen auch auf der Ebene der Verteiler der volle Wettbewerb gewahrt bleibt. Damit wird ein Konflikt zwischen der Realisierung optimaler institutioneller Lösungen der Vorwärts- und Rückwärtsintegration und der Bewahrung eines Wettbewerbs auf der Ebene der *Verteiler* aufgebaut. Wendet man diese Überlegung auf das hier gewählte Modell an, so hieße dies im Klartext, daß den ausgegliederten Unternehmen auch die Freiheit belassen bleiben müsse, für Konkurrenten tätig zu werden. Damit müßte aber immer dann, wenn sich dies als im Widerspruch zum Aufbau eines effizienten Verteilernetzes erweist, statt der Form des Vertragsnetzes diejenige des Konzerns gewählt werden. Es liegt somit eine klare Diskriminierung einer der Optionen bei der Institutionenwahl vor.

Orientiert man sich nicht an dieser noch sehr restriktiven Linie der Grundig/Consten-Entscheidung, sondern an der Linie der Metro/Saba-Entscheidung, so verschiebt sich die Problematik ein Stück weit, aber nicht grundsätzlich. Die Metro/Saba-Entscheidung erklärt Art. 85 Abs. 1 EWGV dann nicht für anwendbar, wenn die Auswahl der Wiederverkäufer aufgrund objektiver Gesichtspunkte qualitativer Art erfolgt[49]. Damit ist gewährleistet, daß im Falle der Ausgliederung eines Vertriebsnetzes und die vertragliche Anbindung der nun rechtlich und wirtschaftlich selbständigen Unternehmen diese Auswahlentscheidung als solche nicht mit Art. 85 Abs. 1 EWGV kollidieren wird. Die hier verbleibende Unsicherheit läßt sich nur beseitigen, wenn das betreffende Vertragsnetz gem. Art. 85 Abs. 3 EWGV freigestellt wird. Dies ist gem. Art. 85 Abs. 3 EWGV entweder für einen einzelnen Vertrag (Einzelfreistellung) oder für eine Gruppe von Verträgen (Gruppenfreistellung) möglich. Angesichts der kaum noch überschaubaren Flut von Freistellungsanträgen[50] kann man davon ausgehen, daß Einzelfreistellungen schon wegen der zu erwartenden zeitlichen Verzögerungen keine Problemlösungsmöglichkeit für die hier im Modellfall anstehende Frage darstellen, so daß sich die Analyse auf die Gruppenfreistellung konzentrieren kann.

Sowohl Bezugs- als auch Vertriebsverträge sind grundsätzlich gruppenfreistellungsfähig[51]. Damit ist Frage 2 beantwortet, so daß es um die Modalitäten der Freistellung geht.

Die Gruppenfreistellungsverordnungen zu Alleinvertriebsvereinbarungen (VO Nr.

---

49 EuGH, a.a.O.

50 Vgl. Widemann, G., Kommentar zu den Gruppenfreistellungsverordnungen (Fn. 28), Einl. GVO 1983/83, Rdnr. 1.

51 VO 1983/83 abgedruckt bei Wiedemann, G., Kommentar zu den Gruppenfreistellungsverordnungen (Fn. 28), S. 481; Bunte, H.-J., Sauter, H., EG-Gruppenfreistellungsverordnungen (Fn. 28), S. 237; VO 1984/83 abgedruckt bei Wiedemann, S. 502 ff. und bei Bunte/Sauter, S. 266.

1983/83) und zu Alleinbezugsvereinbarungen (VO Nr. 1984/83) sollen hier exemplarisch behandelt werden, da sie das Grundmuster für entsprechende andere Gruppenfreistellungsverordnungen darstellen[52].

In der Analyse ist zwischen den einzelnen Artikeln der Verordnungen und den vorangestellten Erwägungsgründen zu unterscheiden. Letztere sind hier deshalb von besonderem Interesse, da sie auf der einen Seite gleichsam das ökonomische und wettbewerbspolitische Konzept der Kommission offenlegen, die diese Verordnungen erlassen hat[53] und auf der anderen Seite als Leitlinie für die Auslegung der betreffenden Verordnung dienen können.

Jeweils in den Erwägungsgründen 5 und 6 wird auf die ökonomischen Vorteile solcher Vereinbarungen (Alleinvertriebs- und Alleinbezugsvereinbarungen) abgestellt, um dann in Erwägungsgrund 7 auf die "angemessene Beteiligung der Verbraucher an dem entstehenden Gewinn" abzuheben, die gemäß Art. 85 Abs. 3 EWGV genannten Modalitäten für die Freistellung (Beitrag der betreffenden Vereinbarungen zur Verbesserung der Warenerzeugung oder -verteilung oder zur Förderung des technischen oder wirtschaftlichen Fortschritts unter angemessener Beteiligung der Verbraucher an dem entstehenden Gewinn) erfüllt werden. Es wird damit der mögliche Effizienzvorteil derartiger Vertragsnetze relationaler Verträge im Vergleich zu einem System von Austauschverträgen herkömmlicher Art (neoklassische Verträge) offen angesprochen, zugleich aber wird jeweils in Erwägungsgrund 8 betont, daß wettbewerbsbeschränkende Verpflichtungen, die zur Herstellung einer klaren Aufgabenverteilung der Vertragsparteien nicht erforderlich sind, nicht freistellungsfähig sind. Insbesondere gilt dies für solche wettbewerbsbeschränkenden Verpflichtungen, die den Vertragspartner in der Freiheit der Gestaltung von Preisen und Geschäftsbedingungen oder der Wahl der Kunden beschränken. In dieser Gegenüberstellung der allgemeinen positiven Wirkungen der vertraglichen Bindung des Vertragspartners und der Nichtfreistellungsfähigkeit bestimmter Bindungen aus wettbewerbspolitischen Erwägungen könnte folgende ökonomische Überlegung gesehen werden: Eine einfache Bindung ist für beide Vertragsparteien vorteilhaft und insofern auch volkswirtschaftlich sinnvoll; eine qualifizierte Bindung hingegen ist mit negativen Wirkungen für Drittunternehmen verbunden, die in ihrer Wettbewerbsfreiheit berührt werden, so daß zur Vermeidung dieser Wirkungen die Rechtsfolge des Art. 85 Abs. 2 EWGV einzugreifen hat. Die Gruppenfreistellungsverordnungen unternehmen damit den Versuch, die Freistellung auf solche vertraglichen Vereinbarungen zu beschränken, von denen keine negativen Auswirkungen auf Dritte zu erwarten sind. In Art. 2 VO Nr. 1983/83 wird dieser Versuch dergestalt konkretisiert, daß folgende Verpflichtungen der Alleinvertriebshändler als freigestellt zu behandeln sind:

---

52 Allerdings ist einzuräumen, daß modernere Gruppenfreistellungsverordnungen - wie die Franchising-Gruppenfreistellungsverordnung - gewisse hier noch sichtbare Schwächen überwunden haben.

53 Rechtsgrundlage ist jeweils Verordnung Nr. 19/65/EWG des Rates vom 2. März 1965; Abl. Nr. 36 vom 6.3.1965, S. 533/65.

- vollständige Warensortimente oder Mindestmengen abzunehmen;
- Vertragswaren unter den Warenzeichen oder in der Ausstattung zu vertreiben, die der andere Vertragspartner vorschreibt;
- vertriebsfördernde Maßnahmen zu ergreifen, insbesondere

    - Werbung zu treiben;
    - ein Verkaufsnetz oder ein Lager einzurichten;
    - Kundendienst und Garantieleistungen zu gewähren;
    - fachlich oder technisch geschultes Personal zu verwenden.

In Art. 2 der VO Nr. 1984/83 heißt es spiegelbildlich, daß folgende Verpflichtungen des Wiederverkäufers als freigestellt zu behandeln sind:

- vollständige Warensortimente abzunehmen;
- Mindestmengen derjenigen Waren abzunehmen, für welche eine ausschließliche Bezugspflicht vereinbart ist;
- Vertragswaren unter den Warenzeichen oder in der Ausstattung zu vertreiben, die der Lieferant vorschreibt;
- vertriebsfördernde Maßnahmen zu ergreifen, insbesondere

    - Werbung zu treiben;
    - ein Verkaufsnetz oder ein Lager zu unterhalten;
    - Kundendienst und Garantieleistungen zu gewähren;
    - fachlich oder technisch geschultes Personal zu verwenden.

Dieser Ansatz einer Abschichtung zwischen notwendigen vertraglichen Bindungen zur Erreichung einer effizienten Absatzorganisation und wettbewerbsschädlichen weiteren Bindungen ist von der Zielsetzung her durchaus in Übereinstimmung mit dem Grundkonzept des EWG-Vertrages, demzufolge gem. Art. 3 f) ein System unverfälschten Wettbewerbs zu gewährleisten ist. Dennoch hat dieses Konzept die Konsequenz, daß bestimmte vertragliche Bindungen, die innerkonzernlich möglich sind, in einem Vertragsnetz unter das Damoklesschwert des Art. 85 Abs. 2 EWGV fallen. Will etwa der Hersteller einen einheitlichen Verkaufspreis als Instrument im Wettbewerb mit anderen Herstellern einsetzen, so entfällt für ihn die Möglichkeit der Organisation des Vertriebes über ein Vertragsnetz, während eben dies im Rahmen auch einer stark dezentralen Konzernorganisation möglich ist.

Verallgemeinernd läßt sich feststellen, daß alle vertraglichen Bindungen, die nicht explizit durch eine Gruppenfreistellungsverordnung freigestellt sind, nur im Wege der Einzelfreistellung von der Anwendbarkeit des Art. 85 Abs. 1 EWGV ausgenommen werden können. Handelt es sich aber um solche, die nach der Zielsetzung der Gruppenfreistellungsverordnungen nicht freigestellt werden sollen, wird auch diese Möglichkeit entfallen. Im Ergebnis heißt dies, daß alle Bindungen, die als solche nicht unabdingbarer Bestandteil eines Alleinvertriebs- oder Alleinbezugssystems sind, nicht freistellungsfähig sind. Damit scheidet in all den Fällen, in denen derartige Bindungen aus der Sicht der Vertragsparteien wirtschaftlich sinnvoll sind, das Vertragsnetz als institutionelle Lösung grundsätzlich aus; es sei, denn es werden aufwendige Umwegkonstruktionen gewählt. Nimmt man das Beispiel der Preisfestsetzung, so wird deutlich, daß im Falle des Vertragsnetzes der Hersteller den Preis des Endverkaufs grundsätzlich nicht bestimmen kann[54]. Im Fall des Konzerns hingegen steht einer Preispolitik seitens des Herstellers auch für den Endabgabepreis grundsätzlich nichts im Wege. Hier wird deutlich, daß im Wettbewerb zwischen den Herstellern (inter-brand-competition) ein möglicherweise wichtiger Parameter auf diese Art und Weise nur bei Wahl der Konzernorganisation zur Verfügung steht.

V. Fazit und weiterführende Überlegungen

Die Untersuchung hat gezeigt, daß die gegenwärtige Rechtslage zu einer Diskriminierung des Vertragsnetzes zwischen nicht verbundenen Unternehmen führt. Diese hat in ihre Ursache darin, daß die Hindernisse, die das Konzernrecht für die Organisation eines funktionsfähigen dezentralisierten Konzerns aufbaut, erheblich kleiner sind als diejenigen, die das Wettbewerbs- und Kartellrecht für Vertragsnetze errichtet. Die Gründe dafür lagen zum einen darin, daß im dezentral organisierten Konzern die eigentliche Schutzfunktion des deutschen Konzernrechts nicht zum Greifen kommt, da es hier nicht um Interessen von außenstehenden Anteilseignern und Gläubigern von abhängigen Gesellschaften geht, und zum anderen darin, daß die Wettbewerbsregeln des EWG-Vertrages Netze relationaler Verträge an den spezifischen Wettbewerbswirkungen solcher Märkte messen und beurteilen, in denen die Vertragsbeziehungen durch einfache Austauschverträge geregelt sind, nicht aber an alternativen Gestaltungsformen der Organisation von Beschaffung und Vertrieb im Rahmen eines Konzerns.

Für die *Institutionenwahl* hat dies die Konsequenz, daß beim Aufbau selektiver Vertriebs- und Beschaffungsnetze bestimmte Gestaltungsmöglichkeiten ausgeschaltet sind, obwohl diese möglicherweise den alternativ einsetzbaren Konzernorganisationslösungen überlegen sein könnten. Es wurde bereits angedeutet, daß dies in der Praxis die Konsequenz haben kann, daß versucht wird, die Hindernisse des Wettbewerbs- und Kartellrechts zu umgehen, wie dies etwa in des Bundesrepublik Deutschland im Fall von Agentursystemen bereits der Fall ist. Solche Lösungen können dann sehr wohl - obwohl im ökonomischen Sinne nur zweitbeste Lösungen - immer noch vorteilhafter für das betreffende Unternehmen sein als solche der Konzernorganisation.

Auf der Ebene der *Gesetzgebung und Rechtsprechung* weist diese Untersuchung auf bestimmte konzeptionelle Schwächen im EG-Wettbewerbsrecht hin, die bereits in der Rechtsprechung zu Art. 85 Abs. 1 EWGV zu vertikalen Verträgen angelegt ist. Die implizite Hypothese des hier verwendeten Ansatzes, daß nämlich zwangsläufig alle Regelungen, die nicht zur Errichtung eines selektiven Vertriebs- oder Beschaffungssystems zwingend geboten sind, zu negativen Auswirkungen auf Dritte führen, ist ungeprüft und im Lichte einer Institutionenanalyse wenig überzeugend. Hier wäre zum

54 Allerdings sei nicht verschwiegen, daß es eine Reihe von Instrumenten gibt, mit denen auf indirekte Weise dieses Ergebnis erzielt werden kann. Doch zeigen die selektiven Vertriebsnetze der Parfumhersteller, daß diese Instrumente nicht immer zum gewünschten Ergebnis führen müssen.

einen auf ökonomischer Seite eine weitere Klärung hilfreich und zum anderen auf rechtswissenschaftlicher Seite eine kritische Überprüfung des wettbewerbsrechtlichen Ansatzes notwendig. Diese sollte sich auf das Problem konzentrieren, in welchem Verhältnis der Wettbewerb zwischen den Herstellern (interbrand competition) und der zwischen Vertriebs- und Absatzunternehmen (intra-brand competition) bei der Definition der Zielsetzung der wettbewerbsrechtlichen Regelungen stehen sollten. Das alte Leitbild eines Beschaffungs- und Verteilernetzes auf der Grundlage einfacher Austauschverträge ist kaum noch als Orientierungspunkt für diese Diskussion geeignet.

In dieser Untersuchung war das Modell so konstruiert worden, daß ein Unternehmen, das bisher Vorproduktion und Absatz im Einheitsunternehmen integriert hatte, diese Bereiche *ausgliedert* und dafür verschiedene Optionen der institutionellen Gestaltung zu prüfen hat. Es wäre durchaus sinnvoll, ein zweites Modell durchzuprüfen, in dem ein Unternehmen erst den Schritt in die Vorwärts- und Rückwärtsintegration tun will und eben hier wiederum die verschiedenen Optionen zu evaluieren hat. Interessant wird dieser alternative Modellvariante dann dadurch, daß bei der Lösung der Konzernorganisation die Problematik der Fusionskontrolle hereinspielt. Wahrscheinlich wird es aber geraten sein, eine derartige Untersuchung erst dann durchzuführen, wenn sich im konzeptionellen Konflikt zwischen deutscher und europäischer Fusionskontrolle klarere Konturen abzeichnen.

Diskussion

zusammengefaßt von Gerald Spindler

Die Diskussion konzentrierte sich zunächst auf die erforderlich gehaltene empirische Absicherung der ökonomischen Theorien. Gerade die neo-institutionalistische Richtung müsse aufgrund ihres geringen formalen Abstraktionsgrades eine breite empirische Basis für ihre Modelle suchen. Ein Diskussionsteilnehmer verwies in diesem Rahmen auf entsprechende negative Ergebnisse bei der empirischen Evaluierung von Modellen zur Untersuchung von Managerkontrakten. Von anderer Seite wurde die Übertragbarkeit der Effizienzuntersuchung Posner'scher Tradition auf Märkte in Frage gestellt. Gerade hier müsse ein spezifisches, empirisch abgesichertes Wissen über Marktversagen geschaffen werden.

Hinsichtlich der von Backhaus angesprochenen Untersuchung der Bedingungen des Angebots von Rechtsordnungen bemerkte ein Teilnehmer aus juristischer Sicht, daß es vielmehr auf die Nachfrageseite ankomme und verwies auf entsprechende Erfahrungen in den USA, die aufgrund der einzelstaatlichen Kompetenz zur Gesellschaftsrechtsgesetzgebung ein "race to the bottom" erlebt haben.

Von ökonomischer Seite wurde betont, daß O.Williamson nunmehr den Schwerpunkt auf die Frage der Spezifität der Investitionen ("Specifity of assets") lege, die Höhe der Transaktionskosten bestimme, und ihrerseits in Zusammenhang mit der Unternehmensverfassung ("corporate governance") stehe. Daher müsse die Frage untersucht werden, ob nicht über den Weg der Spezifität der Finanzierung Aussagen über die Unternehmensfinanzierung und den Kapitalmarkt gemacht werden könnten. In dem Maße, wie die Spezifität zunehme, müsse das Eigenkapital zunehmen und umgekehrt. Ein weiterer Schwerpunkt lag auf der Frage, ob und wie die Ergebnisse der nordamerikanischen Forschung zum market of corporate control auf deutsche Verhältnisse übertragen werden könnten, was angesichts der unterschiedlichen rechtlichen Ausgestaltung der deutschen Aktiengesellschaft und der amerikanischen corporation bezweifelt wurde. Schließlich wurde auf die historisch belegbare Tatsache hingewiesen, daß deutsche Unternehmen unabhängig von der jeweils geltenden Gesellschafts- oder Kapitalmarktrechtsordnung stets eine hohe Selbstfinanzierungsquote bevorzugt hätten.

Unternehmenspublizität, Umweltschadensbilanz und Haftung für Umweltschäden

von Claus Ott und Hans-Bernd Schäfer

A. Einleitung

Umweltschutz galt bisher und gilt noch immer vorwiegend als eine Aufgabe der staatlichen Regulierung, also als eine Domäne des öffentlichen Rechts. Wir konzentrieren uns hier auf eine haftungsrechtliche Konzeption des Umweltschutzes, die auf der Grundlage der ökonomischen Analyse des Rechts entwickelt wird. Umweltschutz ist ein klassisches Feld der Ökonomie, da es hierbei um die Internalisierung externer Effekte geht.

Die Schwierigkeiten, die mit einer haftungsrechtlichen Lösung verbunden sind, wurden oft als Begründung dafür angeführt, daß wirksame Lösungen vornehmlich außerhalb des Zivilrechts gefunden werden können.

Diese Schwierigkeiten sind in der Tat erheblich und liegen auf drei Ebenen:

(1) Es treten schwierige Bewertungsfragen bei der Schadenshöhe auf, da oft Güter geschädigt werden, für die es keinen Marktpreis gibt.

(2) Es bestehen weiche Kausalzusammenhänge bei Distanz- und Kumulations- und zukünftigen Schäden.

(3) Die Geschädigten haben oft ein rationales Desinteresse an der Geltendmachung ihrer Schäden, da die Schäden streuen und für den Einzelnen der Aufwand einer Klage vielfach nicht lohnt oder weil die Geschädigten auch ohne zivilrechtliche Ansprüche voll versichert sind.

Wir zeigen im folgenden Wege zur Überwindung dieser Schwierigkeiten auf. Das vorliegende Konzept weist drei Schwerpunkte auf, nämlich erstens eine Unternehmenspublizität in Form einer Umweltschadensbilanz, zweitens die zivilrechtliche Haftung für Umweltschäden und drittens die Geltendmachung von Umweltschäden durch eine zentrale Einrichtung. Insgesamt zielt das Konzept auf eine vollständige haftungsrechtliche Erfassung der Umweltschäden und auf die Entwicklung von Verfahren ab, die für die Beteiligten Anreize vermitteln, Anstrengungen zur Lösung der mit einer haftungsrechtlichen Erfassung von Umweltschäden verbundenen Informationsprobleme zu unternehmen.

B. Zur Funktion und Ausgestaltung von Publizitätspflichten der Unternehmen im Umweltrecht

I. Funktionen der Unternehmenspublizität

Unternehmenspublizität bedeutet in einem weiteren Sinn die Offenlegung von Informationen, die eine Beurteilung der rechtlichen Verhältnisse und der wirtschaftlichen Lage des Unternehmens ermöglichen. Sie bezieht sich auf Informationen, die für Entscheidungen anderer Marktteilnehmer über die Aufnahme von vertraglichen Beziehungen zu einem bestimmten Unternehmen und ggfs. über die inhaltliche Ausgestaltung dieser Beziehungen von Bedeutung sein können.

Hinsichtlich der rechtlichen und betriebswirtschaftlichen Unternehmensdaten besteht eine Informationsasymmetrie zwischen den Unternehmen und den anderen Marktteilnehmern. Die Informationen können von den Unternehmen im allgemeinen mit dem geringeren Aufwand beschafft werden als von Außenstehenden, die keinen unmittelbaren Einblick in die Unterlagen der Rechnungslegung haben. Daraus folgt freilich noch nicht, daß Unternehmenspublizität nur aufgrund zwingender rechtlicher Vorschriften zustandekommen kann.

In Betracht kommt vielmehr auch, daß Unternehmen im eigenen Interesse den Marktteilnehmern die Informationen liefern, die von diesen benötigt werden[1].

Außerhalb von Marktbeziehungen wird der Unternehmenspublizität eine eigenständige Funktion insoweit zugemessen, als es um die Information der Öffentlichkeit über die wirtschaftliche Lage von Großunternehmen geht. Dies ist vor allem der mit dem Publizitätsgesetz von 1969[2] verfolgte Zweck, das Großunternehmen ohne Rücksicht auf ihre Rechtsform[3] verpflichtet, den Jahresabschluß und einen Lagebericht zu veröffentlichen (§§ 9 f. PublG). Diese Publizitätsregelung hängt mit der Vorstellung zusammen, daß derartige Großunternehmen "quasi-öffentliche Institutionen" darstellen und deshalb auch ein nicht marktbezogenes Informationsinteresse der Öffentlichkeit besteht[4]. Dieses Interesse ergibt sich daraus, daß die Bewältigung von Krisen und

---

1 Hierzu näher Hax, H., Rechnungslegungsvorschriften - Notwendige Rahmenbedingungen für den Kapitalmarkt? in: Domsch,M., Eisenführ,F., Ordelheide,D., Perlitz, M., Hrsg., Unternehmenserfolg, Planung-Ermittlung-Kontrolle, 1988, S. 187 ff.

2 Gesetz über die Rechnungslegung von bestimmten Unternehmen und Konzernen, vom 15.8.1969 (BGBl. I, 1189).

3 Erfaßt werden Unternehmen, auf die zwei der folgenden drei Merkmale zutreffen: Bilanzsumme von mehr als 125 Mio. DM, Umsatzerlöse von mehr als 250 Mio. DM, mehr als 5000 Arbeitnehmer.

4 Zur Vorgeschichte des PublG s. Frankfurter Publizitätsgespräch, 1962, sowie Rittner,F., Die handelsrechtliche Publizität außerhalb der AG, Gutachten zum 44. DJT, 1964.

Zusammenbrüchen von Großunternehmen häufig nicht allein dem Markt überlassen bleibt, sondern auch durch Einsatz öffentlicher Mittel erfolgt, mithin politische Entscheidungen erforderlich macht.

Die Überlegungen, externe Effekte der Unternehmen in einer Sozialbilanz zu erfassen und publik zu machen, erlangen Bedeutung für ein an Effizienzkriterien ausgerichtetes Konzept der Steuerung von Umweltschäden durch eine zivilrechtliche Unternehmenshaftung. Der Gesichtspunkt, daß eine Publizität von unternehmerischen Daten angebracht ist, soweit Belange der Öffentlichkeit betroffen sind, trifft in besonderem Maße auf durch Unternehmen verursachte Umweltschäden zu. Eine Darstellung von solchen Umweltschäden, die die Schadensbeiträge der einzelnen Unternehmen angibt, ist einer Emissionen und Immissionen zusammenfassenden Darstellung überlegen, weil sie die Aufmerksamkeit auf die konkreten Verursacher und Schäden lenkt. Eine unternehmensbezogene Erfassung von Umweltschäden kann mit einem rechtlichen Instrumentarium zur Geltendmachung von Schadensersatzansprüchen verbunden werden und damit einen wichtigen Beitrag zur Internalisierung von externen Effekten leisten, die ihrerseits Voraussetzung eines effizienten Umweltschutzes ist.

II. Publizitäts- und Informationspflichten der Unternehmen im Umweltrecht

Im Umweltrecht werden Unternehmen von einer Reihe von Offenlegungspflichten erfaßt, die sich darauf beziehen, daß bestimmte Emissionen angegeben und Störfälle bestimmter Art gemeldet werden müssen. Diese Publizität ist jedoch in mehrfacher Hinsicht eingeschränkt. Sie bezieht sich nicht auf eine generelle Information der Öffentlichkeit über die von einzelnen Unternehmen ausgehenden Umwelteinwirkungen, erfaßt nicht den gesamten Bereich umweltbelastender Emissionen und hat auch nicht die durch Emissionen verursachten Umweltschäden zum Gegenstand.[5]

Im einzelnen bestehen folgende Pflichten:

a) Nach dem Bundesimmissionsschutzgesetz hat der Betreiber einer genehmigungspflichtigen Anlage der zuständigen Behörde regelmäßig anzuzeigen, ob und welche Änderungen an der Anlage eingetreten sind (§ 16 BImSchG). Der zuständigen Behörde sind im übrigen auch die Unterlagen vorzulegen, die zur Erfüllung der Überwachungsaufgaben der Behörde erforderlich sind (§ 62 II 1 BImSchG). Davon erfaßt werden auch Unterlagen über anlagebezogene Messungen von Emissionen und Immissionen, welche durch Rechtsverordnung vorgeschrieben sind. Offenbarungspflichten ergeben sich aus der sog. Störfall-Verordnung (12. BImSchV vom 27.6.1980). Danach hat der Anlagenbetreiber eine Sicherheitsanalyse als eigenes Kontrollinstrument anzufertigen, ständig fortzuschreiben und der zuständigen Behörde auf Verlangen vorzulegen (§§ 7-9 12. BImSchV). Eine Meldepflicht besteht für den Eintritt eines Störfalles sowie eine

5 Eine umfassende und detaillierte Darstellung gibt Hahn, W., Offenbarungspflichten im Umweltschutzrecht, 1984.

Störung des bestimmungsgemäßen Betriebs, sofern der Eintritt eines Störfalles nicht offensichtlich ausgeschlossen ist (§ 11 12. BImSchV).

Wenn zu befürchten ist, daß von einer Anlage schädliche Umwelteinwirkungen hervorgerufen werden, kann die zuständige Behörde Ermittlungen über Art und Ausmaß der von der Anlage ausgehenden Emissionen sowie der im Einwirkungsbereich der Anlage auftretenden Immissionen anordnen (§ 26 BImSchG).

Gem. § 27 BImSchG haben die Betreiber bestimmter Anlagen regelmäßig Emissionserklärungen abzugeben, deren Zweck einerseits darin besteht, die behördliche Überwachung zu effektivieren, andererseits darin, die Umweltbelastung in bestimmten Gebieten insgesamt zu erfassen.[6] Die Emissionserklärungen der Anlagebetreiber gehen in die Emissionskataster ein, die für bestimmte Belastungsgebiete Angaben über Art, Menge, räumliche und zeitliche Verteilung und die Austrittsbedingungen von Luftverunreinigungen bestimmter Art und Fahrzeuge enthalten (§ 46 BImSchG).

b) Weitere öffentlich-rechtliche Offenbarungspflichten über Umwelteinwirkungen ergeben sich aus dem Chemikaliengesetz. Gem. § 16 ChemG bestehen Mitteilungspflichten u.a. bezüglich neuer Erkenntnisse über die Wirkungen bestimmter Stoffe auf Mensch und Umwelt.[7] Auskunftspflichten gegenüber der zuständigen Behörde, die der Überwachung dienen, ergeben sich aus § 41 Lebensmittel- und BedarfsgegenständeG. Weitere Offenbarungspflichten ergeben sich aus § 13 TrinkwasserVO; danach hat der Unternehmer oder sonstige Betreiber einer Wasserversorgungsanlage das Gesundheitsamt über Umstände zu informieren, die zu einer gesundheitlichen Gefahr werden können. Diese Anzeigepflicht bezieht sich auf Überschreitungen von Grenzwerten, die für bestimmte Krankheitserreger und Keime gelten.

Eine Informationspflicht der Öffentlichkeit gegenüber wird durch die Trinkwasser-AufbereitungsVO begründet; danach muß in der örtlichen Tagespresse ein Hinweis auf bestimmte Zusatzstoffe wie z.B. Chlor, die dem Trinkwasser zugesetzt werden, erfolgen. Aufzeichnungen über die Zusätze müssen den Verbrauchern außerdem zur Einsichtnahme zugänglich gemacht werden.

c) Auskunftsansprüche von Geschädigten gegen die Betreiber umweltbeeinträchtigender Anlagen und gegen Behörden ergeben sich aus §§ 9 f. UmweltHaftG. Diese Auskunftsansprüche dienen dazu, die typischen Informationsschwierigkeiten des Geschädigten bei Durchsetzung zivilrechtlicher Haftungsansprüche zu überwinden. Auskunftsansprüche gegen den Inhaber einer Anlage setzen u.a. einen Schaden des Anspruchsstellers und Tatsachen voraus, die die Annahme begründen, daß eine Anlage den Schaden verursacht hat (§ 8 Abs. 1 UmweltHG). Die Auskunft kann verlangt werden über Angaben, die Art und Konzentration der eingesetzten oder freigesetzten Stoffe und sonstige von der Anlage ausgehenden Wirkungen sowie besondere, ver-

---

6 Einzelheiten regelt die Emissionserklärungsverordnung, 11. BImschV vom 20.12.1978.

7 Dazu im einzelnen Kloepfer, M., Umweltrecht, 1989, § 13, Rn. 53.

waltungsrechtlich begründete Betriebspflichten (§ 6 Abs. 3 UmweltHG) betreffen. Ergänzt wird der Auskunftsanspruch durch ein Einsichtsrecht in Unterlagen des Inhabers der Anlage (§ 8 Abs. 3 UmweltHG). Ein Auskunftsanspruch des Geschädigten besteht auch gegenüber Behörden, die die Anlage genehmigt haben oder überwachen oder deren Aufgabe es ist, Einwirkungen auf die Umwelt zu erfassen. Auch dieser Auskunftsanspruch dient der Feststellung und Durchsetzung individueller Schadensersatzansprüche.

Umweltbezogene Informationspflichten beinhaltet darüber hinaus auch die EG-Richtlinie vom 7. Juli 1990 über den freien Zugang zu Informationen über die Umwelt[8]. Zwar sind Adressaten der dort vorgesehenen Informationsansprüche in erster Linie Behörden und öffentlich-rechtliche Körperschaften, die über umweltbezogene Daten verfügen (Art. 1 der Richtlinie). Gemäß Art. 6 der Umweltinformationsrichtlinie sin aber auch bestimmte Stellen, die öffentliche Aufgaben im Bereich der Umweltpflege wahrnehmen und die der Aufsicht von Behörden unterstellt sind, auskunftspflichtig. Hierunter können auch Unternehmen des privaten Sektors fallen[9], beispielsweise Unternehmen, die im Bereich der Energie- und Wasserversorgung oder der Abfallentsorgung tätig sind.

III. Unternehmenspublizität zur Vermeidung von Schäden innerhalb und außerhalb von Marktbeziehungen; das Regelungsparadox

Aufklärungs- und Publizitätspflichten können einem potentiell Geschädigten helfen, Entscheidungen zu treffen, die seinen Schaden verringern oder ihn instand setzen, Ersatzansprüche geltend zu machen. Wesentliche Voraussetzung für die produktive Wirkung von Aufklärungspflichten ist die Asymmetrie der Information zwischen Schädiger und Geschädigtem. Wichtig ist aber auch, ob zwischen beiden eine Marktbeziehung existiert. Innerhalb von Marktbeziehungen entsteht nämlich eine Tendenz, das effiziente Maß an Informationen ohne rechtlichen Zwang hervorzubringen, so daß die Regulierung von Informations- und Veröffentlichungspflichten überflüssig werden kann. Außerhalb von Marktbeziehungen gibt es diese Tendenz nicht[10].

So würden ohne Publizitätspflichten schlecht informierte Kapitalanleger Aktien nur mit starken Kursabschlägen kaufen und somit die Finanzierungskosten der Unternehmungen erhöhen. Ein funktionsfähiger Kapitalmarkt zwänge diese dazu, gerade jenes Maß an Informationen an die Aktionäre zu liefern, das zur richtigen Bewertung des Unternehmenswertes führt. So wird in der Diskussion um die Veröffentlichungspflichten der Unternehmungen zum Teil die Auffassung vertreten, diese sei bei funktionsfähigem

---

8 90/313/EWG; Abl. L 158/56. Dazu Scherzberg, A., UPR 1992, 48.

9 Vgl. dazu v. Schwanenflügel, DVBl. 1991, 93 (99); Schröder, M., ZHR 155 (1991), 471 (481 f.).

10 Vgl. Hirshleifer, J., Riley, G., The Analytics of Uncertainty and Information, An Expontary Survey, in: The Journal of Economic Literatur, Bd.17 (1979), S. 1357 ff.

Kapitalmarkt nicht notwendig[11]. Zur Begründung von Veröffentlichungsvorschriften ist jedenfalls auf Defizite der Kapitalmarkteffizienz abzustellen[12].

Die Erzwingung von Informationen mit Hilfe des Rechts steht daher innerhalb von Marktbeziehungen immer in Konkurrenz zu Marktlösungen und zur Herausbildung gesellschaftlicher Institutionen, die der Information unwissender Marktteilnehmer dienen. Außerhalb von Marktbeziehungen, wenn zwischen potentiellem Schädiger und Geschädigtem die Transaktionskosten prohibitiv hoch sind, ist der potentiell Geschädigte darauf angewiesen, daß das rechte Maß an Information über die Rechtsordnung erzwungen wird, denn Lösungen entsprechend dem Coase-Theorem sind dann nicht möglich.

Vor dem Hintergrund dieser Erkenntnis würde man eine hohe Regulierungsdichte dort prognostizieren, wo Marktlösungen Informationen nicht erzwingen können und eine geringere dort, wo rechtlich erzwungene Aufklärung in Konkurrenz mit Marktlösungen steht. Das Gegenteil ist aber - wie dargelegt - der Fall. Das Bilanzrecht weist über Gesetz und Rechtsprechung eine solche Fülle Vorschriften auf, daß jahrelange Ausbildung erforderlich ist, um die Aufklärung von Kreditgebern und Anlegern entsprechend den gesetzlichen Vorschriften und den Grundsätzen ordnungsgemäßer Buchhaltung und Bilanzierung vornehmen zu können.

Umweltschadensaufklärung ist dagegen - wie bereits dargelegt -, begrenzt und in den weitaus meisten Fällen nur gegenüber der zuständigen Behörde vorgeschrieben. Es ist ein merkwürdiger Gegensatz, dort eine geringe Regulierungsintensität vorzufinden, wo allein Informationspflichten optimale Aufklärung erzwingen können. Dort jedoch, wo wie im Bilanzrecht auch der Markt für die Offenlegung wichtiger Unternehmensdaten sorgt, trifft man auf eine akribische Informationsregulierung.

C. Probleme einer effizienten Steuerung von Umweltschäden und Defizite des geltenden Rechts

I. Eigenschaften einer Effizienten Steuerung

Ein sozialer Planer, der die Wohlfahrt eines Gemeinwesens maximiert, würde eine Umweltpolitik betreiben, bei der der Gesamtnutzen von Schädigern und Geschädigten

---

11 "Grave doubts exist wether if account is taken of costs of regulation, the S.E.C. has saved purchasers of new issues one dollar" Stigler, G. I., 37 J. Bus. (1964), wiederabggedruckt in Posner, R. A., Scott, K. E., Economics of Corporation Law and Securities Regulation, Boston 1980, S. 350.

12 Vgl. dazu im einzelnen H. Hax, Rechnungslegungsvorschriften- Notwendige Rahmenbedingungen für den Kapitalmarkt? in Domsch, M., u.a. (Hrsg.), Unternehmenserfolg, Wiesbaden 1988, S. 191.

aus ihren Wirtschaftsaktivitäten maximiert würde[13]. Die Bedingungen dafür sind in der ökonomischen Analyse des Rechts ausführlich dargestellt worden und brauchen hier nur kurz skizziert zu werden.

(1) Optimaler Vorsorgeaufwand: Der marginale Schadensvermeidungsaufwand von Schädigern und Geschädigten muß gleich den marginal dadurch reduzierten Schadenswerten sein. Diese Bedingungen beschreiben die optimale Sorgfalt von Schädigern und Geschädigten (Learned-Hand- Kriterium).

(2) Optimales Aktivitätsniveau: Der Schädiger darf sein Aktivitätsniveau nur so lange ausdehnen, wie der Zusatznutzen[14] eines produzierten Gutes noch über den durch die Schädigung insgesamt zusätzlich anfallenden umweltbedingten Kosten liegt, also über den marginal anfallenden Schäden und Schadensvermeidungsaufwendungen des Schädigers und des Geschädigten. Diese Bedingung beschreibt das optimale Aktivitätsniveau des Schädigers, das auch null sein kann und dann zur Einstellung der schädlichen Aktivität führt.

(3) Reziprozität: Bedingung (1) und (2) gelten nur dann, wenn bei ihrer Erfüllung der Geschädigte noch ein Nutzenniveau aus seiner Tätigkeit realisieren kann, das höher liegt, als die insgesamt anfallenden Schäden und Schadensvermeidungskosten des Geschädigten und des Schädigers. Andernfalls ist es besser, wenn der Geschädigte seine Aktivität einstellt oder reduziert, weil er dann nicht mehr oder nicht mehr so stark geschädigt werden kann. Auch der Schadensvermeidungsaufwand kann dann eingestellt werden (Reziprozität des Schadensproblems)[15].

---

13 Vgl. Shavell, S., Economic Analysis of Accident Law, Cambridge Mass.1987, S. 3, und Adams, M., Zur Aufgabe des Haftungsrechts im Umweltschutz, Zeitschrift für Zivilprozeß, 2 ,1986, S. 129-163, insbes. S. 141; Endres, A., Haftpflichtrecht und Verhütung von Umweltschäden, in: Endres, A., Rehbinder, E., Schwarze, R., Hrsg., Haftung und Versicherung für Umweltschäden aus ökonomischer und juristischer Sicht, 1992, S. 1 ff.

14 Zusatznutzen definiert als Differenz zwischen marginaler Zahlungsbereitschaft und Grenzkosten.

15 Erst Coase (1960) hat innerhalb der Wirtschaftwissenschaft erkannt, daß der von Pigou verfolgte Ansatz einer Belastung des technischen Verursachers eines Schadens falsch sein und es effizienter sein kann, dem Schädiger ein Schädigungsrecht ohne Schadensersatzverpflichtung gegenüber dem Geschädigten einzuräumen. Coase, R., The Problem of Social Cost, Journal of Law and Economics, 3 (1960), S.1-44. Es ist daher für den Ökonomen von besonderem Interesse, zu sehen, daß im praktischen Handeln der Juristen das Reziprozitätsprinzip von jeher beachtet wurde. So normiert die nachbarrechtliche Vorschrift des § 906 Abs. 2, BGB, daß der Eigentümer eines Grundstücks eine wesentliche Beeinträchtigung durch Emissionen eines anderen Grundstückes hinnehmen muß, wenn diese Beeinträchtigung durch eine "ortsübliche Nutzung" des anderen Grundstücks herbeigeführt wird und nicht durch zumutbare Maßnahmen verhindert werden kann. Selbst Schadensersatz in Geld kann der Geschädigte nicht generell verlangen, insbesondere dann nicht, wenn sein eigener Schaden durch eine nicht ortsübliche Nutzung bewirkt wurde. Diese Vorschrift ermöglicht es den Zivilgerichten, Fallgruppen zu bilden, in denen der "Verursacher"erstens schädigen darf, zweitens keine Schadensabwehrmaßnahmen zu ergreifen braucht und drittens keinen Schadensersatz an den Geschädigten leisten muß. Dies ist unter den beschriebenen Voraussetzungen effizient.

Dieses Ergebnis kann nur in einem komplexen Zusammenwirken verschiedener Rechtsregeln erreicht werden, keinesfalls einfach durch die Belastung des technischen Verursachers.

II. Besondere Probleme von Umweltschäden

Der haftungsrechtlichen Bewältigung von Umweltschäden stehen insbesondere zwei Schwierigkeiten entgegen, die so gravierend erscheinen, daß dem Schadensersatzrecht als umweltpolitischem Instrument bisher allenfalls eine subsidiäre Funktion zugemessen wird. Es handelt sich erstens um mangelnden Anreiz für den Geschädigten, Umweltschäden vor Gericht einzufordern, und zweitens um schwierige Informationsprobleme, die sowohl bei der monetären Bewertung der Schäden als auch bei der Zurechnung der Schäden auf einzelne Emittenten auftreten.

1. Durchsetzungsprobleme; Anreizlücke für die Geschädigten, die Schäden geltend zu machen

Umweltschäden sind häufig Streuschäden. Die Gesamtsumme der Schäden ist sehr hoch, die Schäden pro Geschädigten dagegen sehr klein. Für den einzelnen Geschädigten lohnt es sich nicht, die Prozesskosten einschließlich der nicht-monetären Kosten des Zeitaufwandes auf sich zu nehmen, um die Schäden vor Gericht geltend zu machen. Umweltschäden sind zudem - anders als im typischen Deliktsrechtsfall - oft reine Gesundheitsschäden.Selbst bei erheblicher Gesundheitsschädigung bleibt der Anreiz, vor Gericht zu gehen, wegen der umfassenden Absicherung dieser Risiken durch das Sozialversicherungssystem gering. Ein Unternehmen, dessen Emissionen sowohl Wald- als auch Gesundheitsschäden hervorrufen, wird eher damit rechnen müssen, von den Waldbesitzern als von den in ihrer Gesundheit Geschädigten auf Schadensersatz in Anspruch genommen zu werden. Ohne eine Lösung dieses Anreizproblems kann dem Umwelthaftungsrecht keine Schlüsselrolle als umweltpolitisches Instrument zufallen.

2. Informationsprobleme

Jede haftungsrechtliche Lösung setzt die Bewertung und Zurechnung von Schäden auf den Schädiger voraus. Die dazu notwendigen Informationen sind bei Umweltschäden häufig so schwer zu beschaffen, daß sogar die Möglichkeit dazu prinzipiell infrage gestellt wird. So spricht das Umweltgutachten 1987 von der "Unmöglichkeit, Umweltqualität wissenschaftlich zu begründen"[16]. Oder es behauptet, daß sich "die Scha-

16 Der Rat von Sachverständigen für Umweltfragen, Umweltgutachten 1987, S.78. Selbstverständlich können Werturteile nicht wissenschaftlich im Sinne von wahr, wohl aber konsensfähig sein. Es gibt wissenschaftliche Methoden, herauszufinden, welche Umweltstandarts für Gesellschaftsmitglieder, die ihre wirklichen Präferenzen offenlegen, konsensfähig sind.

denshöhe bei gesundheitlichen Schädigungen in der Regel der Bewertung entzieht"[17]. Wir halten derartige Einschätzungen nicht für zutreffend. Umweltpolitik, die sich nicht an bewerteten Schäden orientiert, aber festlegt, wieviel an bewertetem Ressourcenaufwand zur Schadensabwehr getätigt werden soll, verliert letztlich ihre Grundlage und ihre normativ-ethische Legitimation, gleichgültig, ob sie mit haftungsrechtlichen oder administrativen Instrumenten betrieben wird. Ihre Entscheidungen werden willkürlich und nicht mehr nachvollziehbar.

Die Zurechnungs- und Bewertungsprobleme von Umweltschäden sind aber nicht prinzipieller Natur. Sie sind heute vor allem deshalb unlösbar, weil die Regeln des Schadensersatzrechts nicht ausreichen, derart schwierige Informationsprobleme zu handhaben. Dies gilt für die Kausalität ebenso wie für die Bewertung der Schäden und für die Anreize an die beteiligten Parteien, dem Gericht die zur Entscheidungsfindung notwendigen Informationen zur Verfügung zu stellen.

a) Zurechnungsprobleme. Schadensersatz setzt voraus, daß dem Schädiger ein Schaden zugerechnet werden kann. Bei Umweltschäden treten dabei aus folgenden Gründen besondere Schwierigkeiten auf:

(1) In vielen Fällen kann nur angegeben werden, daß bestimmte Schäden von mehreren Schädigern verursacht werden, wobei die Ursächlichkeit des einzelnen Beitrags nur mit Hilfe eines Wahrscheinlichkeitswerts bestimmt werden kann.

(2) In anderen Fällen bleibt offen, ob ein bestimmter Schaden die Folge einer Emission ist oder durch eine andere, nicht zum Schadensersatz verpflichtende Ursache bewirkt wurde. So kann es möglich sein, daß 10 % der Lungenkrebs-Erkrankungen durch Emissionen von Industriebetrieben und die übrigen 90 % durch Rauchen, falsche Ernährung und natürliche Ursachen bewirkt werden. Wiederum kann der Schadensbeitrag der emittierenden Firma nur mit einem Wahrscheinlichkeitswert angegeben werden.

(3) Bei den sog. Allmählichkeitsschäden wirken sich Emissionen erst mit erheblicher zeitlicher Verzögerung aus. Bei derartigen Schäden kann der Schaden im Zeitpunkt der Emission nur durch einen Wahrscheinlichkeitswert angegeben werden. In einem effizienten Haftungssystem müssen solche Schäden haftungsrechtlich auch schon vor

---

17 Vgl. Sachverständigenrat, a.a.O., Fn.3, S. 442. Dort heißt es sogar: "Die ermittelten Risiken können für sich genommen nicht bewertet werden. Gesundheitspolitisch betrachtet wäre die Forderung, gesundheitliche Risiken um jeden Preis zu minimieren - und das hieße zu vermeiden - nichts entgegenzusetzen". Jeder Mensch, der schon einmal eine Straße überquert, Auto oder Eisenbahn gefahren oder an einer sportlichen Veranstaltung teilgenommen hat, wird diese Behauptung als lebensfremd zurückweisen. Bereits 1970 hat Calabresi diese Sichtweise in dankenswerter Klarheit kritisiert. "Our society is not committed to preserving live at any cost. ..We take planes and cars rather than safer, slower means of travel, and perhaps most telling, we use relatively save equipment rather than safest imaginable, because -and it is not a bad reason - the safest cost too much. Calabresi, G., The Costs of Accidents, 1970, S.17., ebenso, Rose-Ackerman, S., The Progressive Agenda, The Reform of the American Regulatory State, New York, 1992, S. 85.

ihrem realen Eintritt erfaßt und kompensiert werden, was nur in der Weise möglich ist, daß Schadensersatz in Höhe des Erwartungswertes geleistet wird.

b) Bewertungsprobleme. Das Bewertungsproblem besteht darin, einer Emissionseinheit einen monetären Schadenswert zuzuordnen. Besondere Schwierigkeiten ergeben sich vor allem daraus, daß Umweltschäden typischerweise an Gütern auftreten, für die es keine Marktbewertung gibt, wie erhöhte Gesundheitsrisiken, Erholungswert einer Landschaft oder eines Gewässers. Die Art dieser Schwierigkeiten wird allerdings manchmal verkannt[18]. Das Bewertungsproblem für Güter ohne Marktpreis ist nicht prinzipieller Natur.

Der Geschädigte kann seinen Schaden immer bewerten. Wer in der Nähe eines Fußballstadions wohnt und unter Lärmbelästigung zu leiden hat, kennt den maximalen Betrag, den er zahlen würde, um von der Belästigung verschont zu sein. Dieser Betrag ist sein Schaden. Das gleiche gilt im Prinzip[19] für alle übrigen immateriellen Schäden. Jedes rationale Individuum ist in der Lage, einen Geldbetrag oder einen Warenkorb anzugeben, der es für eine exakt definierte Senkung der Umweltqualität voll entschädigen würde.

Das Problem besteht daher nicht in der Möglichkeit der Bewertung schlechthin, sondern darin, daß der Geschädigte einen Vorteil davon hat, seine Präferenzen zu verheimlichen und den Schaden zu übertreiben. Ein Richter hat dagegen keine Möglichkeit, die Höhe der Schäden direkt zu beobachten und zu bewerten. Zusätzliche grundsätzliche Bewertungsprobleme können auftreten, wenn es sich um zukünftige, irreversible Schäden handelt und die Präferenzen zukünftiger Generationen unbekannt sind. Dies ändert aber nichts an der Notwendigkeit, Schäden so genau wie möglich zu erfassen.

Trotz dieser Bewertungsschwierigkeiten muß - wie bereits ausgeführt - eine rationale Umweltpolitik den Versuch machen, die Schäden in Geld zu bewerten. Dazu sind Methoden entwickelt worden. Hierauf und auf die Möglichkeiten der Lösung der Bewertungsprobleme durch ein Verfahren, bei dem die Beteiligten einbezogen werden, wird noch eingegangen.

---

18 So im Umweltgutachten 1987, S. 442; vgl. a.a.O. Fn. 16.

19 Diese Schlußfolgerung ergibt sich, wenn man die Mindestannahmen für rationales Verhalten unterstellt, die Axiome der Vollständigkeit, Transitivität und Unabhängigkeit. Vollständigkeit besagt, daß ein Individuum für jedes ihm vorgelegtes Alternativenpaar x und y eine Präferenz bilden, d.h.sagen kann, ob es eine der beiden Möglichkeiten vorzieht oder ob es zwischen ihnen indifferent ist. Transitivität bedeutet, daß wenn x höher als y und y höher als z eingeschätzt wird, auch x höher als z eingeschätzt wird. Unabhängigkeit bedeutet, daß die Wahl zwischen den Alternativen x und y ausschließlich von jenen Merkmalen abhängen soll, durch die sich die Alternativen unterscheiden. Sind diese Voraussetzungen erfüllt, können Schadensbewertungen nicht grundsätzlicher, sondern nur praktischer Natur sein.

III. Instrumente des geltenden Rechts und ihre Defizite

1. Instrumente des öffentlichen Rechts und ihre Defizite

a) Das Umweltschutzrecht besteht im Kern aus den klassischen ordnungsrechtlichen Instrumenten des Verwaltungshandelns, die das umweltbelastende Verhalten natürlicher und juristischer Personen direkt durch Gebote und Verbote steuern. Diese werden konkretisiert durch Grenzwerte (Immissions- und Emissionswerte), die ihrerseits durch von der Bundesregierung erlassene Allgemeine Verwaltungsvorschriften festgesetzt werden (§ 48 BImSchG; vgl. TA-Luft vom 4.4.1986; TA-Lärm vom 16.7.1968). Die Immissionswerte beziehen sich auf die unmittelbare Gefahrenabwehr und konkretisieren das Gebot, wonach genehmigungsbedürftige Anlagen so zu errichten und zu betreiben sind, daß schädliche Umwelteinwirkungen und sonstige Gefahren, erhebliche Nachteile und erhebliche Belästigungen für die Allgemeinheit und die Nachbarschaft nicht hervorgerufen werden können (§ 5 Abs. 1 Nr. 1 BImSchG). Schädliche Umwelteinwirkungen sind nach der Legaldefinition des Gesetzes Immissionen, die nach Art, Ausmaß oder Dauer geeignet sind, Gefahren, erhebliche Nachteile oder erhebliche Belästigungen für die Allgemeinheit oder die Nachbarschaft herbeizuführen (§ 3 Abs. 1 BImSchG). Emissionswerte beziehen sich demgegenüber auf die Vorsorge gegen schädliche Umwelteinwirkungen (§ 5 Abs. 1 Nr. 2 BImSchG) und konkretisieren die nach dem Stand der Technik möglichen Emissionsbegrenzungen (§ 48 Nr. 2 BImSchG). Der Umweltschutz wird hier vorverlagert: die nach dem Stand der Technik möglichen Maßnahmen der Emissionsbegrenzung sind danach auch dann schon geboten, wenn die Emissionen noch nicht zu schädlichen Umwelteinwirkungen geworden sind. Dem Vorsorgeprinzip entspricht auch die Umweltverträglichkeitsprüfung (Gesetz über Umweltverträglichkeitsprüfung - UVPG - vom 12.2.1990). Diese Prüfung ist Teil der verwaltungsbehördlichen Verfahren, die der Entscheidung über die Zulässigkeit von Vorhaben dienen und bezieht sich auf die Ermittlung, Beschreibung und Bewertung der Auswirkungen eines Vorhabens auf Menschen, Tiere und Pflanzen, Wasser, Luft, Klima und Landschaft, einschließlich der jeweiligen Wechselwirkungen und auf Kultur- und Sachgüter (§ 2 Abs. 1 S. 2 UVPG). Die Umweltverträglichkeitsprüfung wird unter Einbeziehung der Öffentlichkeit durchgeführt (§ 2 Abs. 1 S. 3 UVPG). Sie erstreckt sich nicht auf alle Anlagen bzw. Unternehmen, von denen Beeinträchtigungen der Umwelt ausgehen, sondern nur auf Anlagen, die enumerativ festgelegt worden sind (§ 3 Abs. 1 S. 1 UVPG; Anlage zu § 3 und Anhang zu Nr. 1 der Anlage).

b) Inwieweit die Implementation dieser Vorschriften Defizite aufweist, kann hier nicht untersucht werden. Vielmehr geht es im vorliegenden Zusammenhang nur um die Frage, inwieweit es mit Hilfe des verwaltungsrechtlichen Instrumentariums gelingen kann, Umweltbeeinträchtigungen so zu steuern, daß ein effizientes Niveau erreicht, d.h. das Verhältnis von Umweltschäden und Maßnahmen des Umweltschutzes optimiert wird. Hier ergeben sich Defizite, wenn keine Steuerung des Aktivitätsniveaus erfolgt und wenn die vorgeschriebenen Präventivmaßnahmen nicht konkret nach dem Erwartungswert der Umweltschäden bestimmt werden.

(1) Die Festlegung von Grenzwerten beeinflußt das Sorgfaltsniveau von Emittenten. Um die Grenzwerte einhalten zu können und um die Genehmigungsvoraussetzungen

zu erfüllen, müssen die Betreiber der Anlage Kosten für die Reduzierung von Emissionen und von umweltschädlichen Immissionen aufwenden. Durch dieses Steuerungsinstrument wird auch das Aktivitätsniveau der umweltbelastenden Tätigkeit indirekt erfaßt. Vor der Genehmigung einer Anlage, die zu Luftverunreinigungen führen kann, wird nach den Bestimmungen der TA-Luft die Gesamtbelastung ermittelt, die sich in dem die neu geplante Anlage umgebenden Beurteilungsgebiet aufgrund der schon bestehenden Vorbelastung und der mittels einer Ausbreitungsrechung zu prognostizierenden Zusatzbelastung ergibt. Übersteigt die Gesamtbelastung den Immissionswert, so führt dies zur Ablehnung der Genehmigung, soweit die Einhaltung des Immissionswertes nicht durch Auflagen gewährleistet werden kann[20]. Nachträgliche Anordnungen können erlassen werden, wenn nach der Erteilung der Genehmigung festgestellt wird, daß kein ausreichender Schutz vor Umwelteinwirkungen besteht (§ 17 BImSchG). Dabei ist der Verhältnismäßigkeitsgrundsatz maßgeblich; nachträgliche Anordnungen dürfen nicht erlassen werden, wenn der mit der Erfüllung der Anordnung verbundene Aufwand außer Verhältnis zu dem mit der Anordnung angestrebten Erfolg steht (§ 17 Abs.2 BImschG)[21].

(2) Gem. § 5 Abs. 1 Nr. 1 BImSchG dürfen schädliche Umwelteinwirkungen und sonstige Gefahren sowie erhebliche Nachteile und erhebliche Belästigungen für die Allgemeinheit und die Nachbarschaft weder durch die Errichtung noch durch den Betrieb der Anlage hervorgerufen werden. Nach der Rechtsprechung müssen derartige Risiken mit hinreichender, dem Verhältnismäßigkeitsgrundsatz entsprechender Wahrscheinlichkeit ausgeschlossen sein[22]. Die Gefahrenabwehrpflicht führt nicht zu einer Risikominimierungspflicht dahingehend, daß das Risiko so gering wie möglich zu halten ist[23].

(3) Defizite der verwaltungsrechtlichen Steuerung des umweltbezogenen Schadensvermeidungsaufwands ergeben sich daraus, daß das Verfahren, in dem die konkreten Kriterien zur Beurteilung der Umweltverträglichkeit einer Anlage und der zum Umweltschutz erforderlichen Auflagen entwickelt werden, nicht allein an einer Kosten-Nutzen-Analyse orientiert ist. Zwar ist der Erwartungswert des Umweltschadens ein wesentlicher Faktor bei der Entwicklung von Umweltstandards, ebenso werden auch die ökonomischen Auswirkungen bei der Festsetzung von Grenzwerten nach dem

---

20 S. dazu Bender, B./Sparwasser, R., Umweltrecht, 2. Aufl., 1990, Rn. 266.

21 Nach der früheren Fassung der Vorschrift kam es darauf an, ob die Anordnung für den Betreiber der Anlage wirtschaftlich vertretbar und ob sie technisch erfüllbar war; ersteres wurde dahingehend interpretiert, daß eine nachträgliche Anordnung nicht ergehen durfte, wenn durch sie die langfristige Ertragslage des Betreibers so verschlechtert wurde, daß er eine Stillegung in Betracht ziehen mußte; dazu Jarass, BImSchG, 1983, § 17, Rn. 24 f.; zur neuen Rechtslage Kloepfer, M., Umweltrecht, 1989, § 7 Rn. 96 ff. Zu weiteren Vorschriften über nachträgliche Anordnungen s. Kloepfer, M.,a.a.O., § 4 Rn. 100.

22 BVerwGE 55, 250, 254; 68, 58; BVerwG NJW 1984, 2174; vgl. w. Bender/Sparwasser a.a.O., Rn. 308.

23 Bender/Sparwasser a.a.O.

Grundsatz der Verhältnismäßigkeit berücksichtigt[24]. Die Umweltstandards bzw. Grenzwerte sind aber das Ergebnis einer Abwägung auch mit anderen Belangen[25]. Welches diese Belange sind und wie sie ihrerseits bestimmt werden, ist unklar. In die "Abwägung der Belange" können daher auch Erwägungen einfließen, die sich nicht auf eine Kosten-Nutzen-Analyse beziehen. So ist der Zweck des Umweltschutzrechts nach §§ 1 BImSchG, 2 UVPG nicht nur auf den Schutz von Menschen und Sachen ausgerichtet, sondern umfassend auch auf den Schutz von Tieren und Pflanzen, Boden, Wasser, Atmosphäre und Kulturgütern. Interpretiert man dies im Sinne einer Durchbrechung der anthropozentrischen Ausrichtung des Umweltschutzes dahingehend, daß Natur und Umwelt als ein "Wert an sich" geschützt werden sollen[26], so wird der Boden ökonomischer Rationalität verlassen. Die Sorgfaltsanforderungen werden dann aufgrund politischer Kompromisse bestimmt.

(4) Ein weiteres Defizit ergibt sich aus den Schwierigkeiten, die einer Gesamtsaldierung von Umweltauswirkungen entgegenstehen[27]. Die Schwierigkeiten bei der Erfassung und Bewertung von Umweltauswirkungen, die nicht zu bestreiten sind, haben zu einer verbreiteten Skepsis gegenüber Kosten-Nutzen-Analysen bis hin zu offener Ablehnung geführt. Es wird geltend gemacht, daß auf diesem Weg vielfach stillschweigende Wertungen in scheinbar objektiven Analysen versteckt und bereits feststehende Ergebnisse nachträglich rationalisiert werden[28]. Die Diskrepanz, die sich daraus ergibt, daß einerseits eine medienübergreifende Bewertung von Umweltauswirkungen rechtlich vorgeschrieben ist[29], andererseits aber eine Saldierung der Umweltauswirkungen eines Vorhabens nach einer gerade unter Verwaltungsjuristen verbreiteten Ansicht als unmöglich angesehen wird[30], wird dadurch zu überbrücken versucht, daß auf die umweltbezogenen Zulassungsvoraussetzungen in den einzelnen Fachgesetzen abgestellt und daraus ein Maßstab für die Gesamtbewertung des Vorhabens abgeleitet wird. "Mit dem Fehlen geeigneter Theoriemodelle entfällt nicht das praktische Bewertungs- und Entscheidungsproblem, ein Vorhaben nur dann zuzulassen, wenn seine Umweltauswirkungen insgesamt nicht die Belastbarkeit der betroffenen Ökosysteme überschreiten und wirksame Vorsorgemaßnahmen gegen bestehende Gefahren und unvertretbare Risiken getroffen sind. Die Diskrepanz zwischen der Unzulänglichkeit vorhandener Theoriemodelle und der praktischen Notwendigkeit

---

24 Steinberg, R., Die Bewertung von Umweltauswirkungen eines Vorhabens nach dem Gesetz über die Umweltverträglichkeitsprüfung, DVBl. 1990, 1369, 1372; Feldmann, F.J., UVP-Gesetz und UVP-Verwaltungsvorschrift, UPR 1991, 127.

25 Steinberg, R., a.a.O.

26 Vgl. Kloepfer, M., UTR 1990, 35; Skepsis gegen eine "Vermarktung der Umwelt".

27 Vgl. dazu Steinberg a.a.O., S. 1373 m.w.Nachw.; Feldmann, F.J., UPR 1991, 127, 130.

28 Steinberg a.a.O., S. 1373 f.

29 Feldmann a.a.O.

30 Steinberg a.a.O.; Feldmann a.a.O.

einer medienübergreifenden Bewertung von Umweltauswirkungen darf nicht durch eine 'Flucht' in rein subjektive, nicht nachprüfbare Wertungen überbrückt werden. Vielmehr muß die zuständige Behörde jeweils im Einzelfall die rechtlich zulässigen Belastungsgrenzen der Umwelt durch Auslegung der Fachgesetze feststellen und die Umweltauswirkungen eines Vorhabens insgesamt an diesen Grenzen messen. Die umweltbezogenen Zulassungsvoraussetzungen der Fachgesetze enthalten die für eine Bewertung erforderlichen generellen Beurteilungsmaßstäbe."[31]

Barrieren gegen Wirtschaftlichkeitsbetrachtungen im Umweltbereich ergeben sich aber nicht nur aus dem vielfach geringen Genauigkeitsgrad umweltbezogener Kosten-Nutzen-Schätzungen, sondern auch aus den Strukturen politischer und administrativer Entscheidungsprozesse[32].

(5) Die im Umweltschutzrecht angelegte Polarität von Immissionsschutz einerseits (§ 5 Abs. 1 Nr. 1 BImSchG) und Emissionsbegrenzung andererseits (§ 5 Abs. 1 Nr. 2 BImSchG) führt tendenziell zu einer überoptimalen Festlegung von Vorsorgemaßnahmen und damit zu Ineffizienz. Gem. § 5 Abs. 2 Nr. 2 BImSchG sind Vorsorgemaßnahmen zu treffen, um Emissionen soweit zu begrenzen, wie dies nach dem Stand der Technik möglich ist. Eine Kosten-Nutzen-Analyse, die auf den Erwartungswert der Umweltschäden abstellt, ist dabei grundsätzlich ausgeklammert. Eine Verhältnismäßigkeitsprüfung, die auch hier für erforderlich gehalten wird[33], bleibt damit ohne klaren Bezugsrahmen.

2. *Haftungsrechtliche Instrumente des Umweltschutzes und deren Defizite*

a) Die zivilrechtliche Haftung für Umweltschäden[34], die zunächst aus dem allgemeinen Deliktsrecht folgt, ist durch den nachbarrechtlichen Ausgleichsanspruch für Schaden aus dem Normalbetrieb von umweltbeeinträchtigenden Anlagen (§ 906 Abs. 2 BGB) und durch Tatbestände einer umweltrelevanten Gefährdungshaftung erweitert worden. Hierzu zählen neben dem schon klassischen Tatbestand des § 22 WHG vor allem nunmehr § 6 UmweltHG. Bestimmte Umweltschäden werden auch von anderen Tatbeständen der Gefährdungshaftung erfaßt, so z.B. Umweltschäden durch toxische

---

31 Feldmann, F.J., UPR 1991, 127, 130.

32 Dazu näher Schulz, W./Schulz, E., Zur umweltpolitischen Relevanz von Nutzen-Kosten-Analysen in der Bundesrepublik Deutschland, Zeitschrift für Umweltpolitik 1991, 299, 321 ff.

33 Bender, B./Sparwasser, R., Umweltrecht, Rn. 312.

34 Näher zu den einzelnen Tatbeständen, die für eine zivilrechtliche Umwelthaftung in Betracht kommen Hager, G., Umweltschäden - ein Prüfstein für die Wandlungs- und Leistungsfähigkeit des Deliktsrechts, NJW 1986, 1961 ff.; Medicus, D., Umweltschutz als Aufgabe des Zivilrechts, in: Umweltschutz und Privatrecht, UTR 1990, 5 ff.; Landsberg, G. /Lülling, W., Umwelthaftungsrecht, 1991, Teil III, S. 319-358; Endres, A. (o. Fn. 11); Rehbinder, E., Haftpflichtrecht und Verhütung von Umweltschäden aus juristischer Sicht, in: Endres, A., Rehbinder, E., Schwarze, R., Hrsg., Haftung und Versicherung für Umweltschäden (o. Fn. 11), S. 34 ff.

Produkte von § 1 ProdHG. Als weitere Tatbestände, die unter Umständen auch Umweltschäden erfassen können, kommen in Betracht § 2 HaftpflG (Schäden, die durch Energieanlagen verursacht werden), § 25 AtomG und § 84 ArznMittelG[35].

b) Die Defizite des zivilrechtlichen Instrumentariums ergeben sich aus folgendem.

(1) Die Haftungstatbestände erfassen jeweils nur einen Ausschnitt der von einer Anlage ausgehenden Umweltschäden, nämlich insgesamt nur Schäden an Leib und Leben sowie Schäden, die aus der Verletzung von Eigentum an Sachen (§ 823 Abs. 1 BGB, § 22 WHG; § 1 ProdHG; § 1 UmwHG) oder aus der Verletzung rechtlich besonders geschützter individueller Interessensphären resultieren (§ 823 Abs. 2 BGB). Zivilrechtlich nur teilweise erfaßt werden die reinen Vermögensschäden; nicht erfaßt werden die sogenannten ökologischen Schäden[36], die an Gütern ohne privatrechtliche Zuordnung oder außerhalb des zivilrechtlichen Schutzbereichs liegen[37]. Geschützt wird nur der Nutzen von Umweltgütern, der von individuellen Rechtspositionen erfaßt wird, während individuelle Nutzenverluste, die aus der Beschädigung öffentlicher Güter resultieren, von den zivilrechtlichen Haftungstatbeständen bisher nicht erfaßt worden sind. Eine Ausweitung der Umweltschadenshaftung enthält nunmehr § 16 UmweltHG; hierdurch sollen Beeinträchtigungen von Natur und Landschaft, die über den Schaden aus der Verletzung individueller Rechtsgüter hinausgehen, insoweit dem Schädiger angelastet werden, als der Geschädigte Aufwendungen für die Wiederherstellung des vorherigen Zustands vorgenommen hat, die über den Ausgleich des rechtlich relevanten Schadens hinausgehen. Dadurch sollte - so die amtl. Begründung - dem Umstand Rechnung getragen werden, daß gerade geringwertige Sachen oft große ökologische Bedeutung haben[38].

Der nachbarrechtliche Ausgleichsanspruch des § 906 Abs. 2 BGB erfaßt nur die einem Grundstückseigentümer entstandenen Immissionsschäden, nicht dagegen Schäden an Leib und Leben und an beweglichen Sachen. Dieser Anspruch ist zugeschnitten auf die "faktischen Verhältnisse im nachbarlichen Kleinraum"[39].

(2) Die entscheidenden Defizite des bisherigen Umwelthaftungsrechts ergeben sich aus dem Problem, daß im Prinzip vom Geschädigten ein Vollbeweis für die Kausalität geführt werden muß und daß außerdem die Rechtsfolge immer entweder voller Scha-

---

35 S. dazu Wagner, G., JZ 1991, 175.

36 Hierzu Rehbinder, NuR 1988, 105; Ladeur, K. H., NJW 1987, 1236; Schulte, H., JZ 1988, 278; Hager, NJW 1986, 1961; Diederichsen, Verhandlungen des 56. DJT, 1986, S. L 49 f.

37 Schulte a.a.O.

38 BT-Drucks. 11/7104 Begründung zu § 17 des Entwurfs; vgl. Landsberg, G./Lülling, W., Umwelthaftungsrecht, 1991, Umwelthaftungsgesetz, § 16 Rn. 13; Amtl. Begründung auch abgedruckt ebd., Teil IV.

39 Steffen, E., Verschuldenshaftung und Gefährdungshaftung für Umweltschäden, NJW 1990, 1817, 1819; Kloepfer, M., NUR 1990, 337, 341.

densersatz oder überhaupt kein Schadensersatz ist (Alles-oder-nichts-Prinzip). Ein Vollbeweis ist aber vor allem bei Distanz-, Langzeit- und Summationsschäden schwer zu erbringen. Ein weiteres Defizit ergibt sich aus dem Umstand, daß Umweltverschmutzung häufig zu Streuschäden führt, die sich in relativ geringen Schäden der einzelnen Geschädigten niederschlagen. Das Zusammentreffen von hohem Prozeßrisiko und relativer geringer individueller Schadensbetroffenheit wirkt sich gegen die Geltendmachung individueller Schadensersatzansprüche aus.

Dies kann eine Erklärung für die Feststellung sein, daß Umweltschadensfälle im Prozeßspiegel des BGH wie aller anderen Zivilgerichte bisher selten waren und sich vorwiegend auf die eng-nachbarlichen Bereiche kleinräumiger Immissionen, auf den Nahbereich bäuerlicher Kleineinleiter und die natürlichen und künstlichen Idyllen der Forellen- und Äschenregionen beschränkten[40].

(3) Die Schadenshaftung nach dem Umwelthaftungsgesetz verbessert die Rechtsstellung des durch Umwelteinwirkungen Geschädigten nicht unerheblich dadurch, daß für bestimmte Anlagen gem. Anhang 1 zum UmweltHG[41] eine Gefährdungshaftung des Inhabers der Anlage begründet worden ist, die Schäden an Leib und Leben sowie an Sachen erfaßt (§ 1 UmweltHG. Der Überwindung der Beweisschwierigkeiten des Geschädigten dient die Ursachenvermutung gem. § 6 Abs. 1 UmweltHG, die jedoch nicht eingreift, wenn die Anlage bestimmungsgemäß betrieben wurde (§ 6 Abs. 2 UmweltHG). Ein bestimmungsgemäßer Betrieb wird vermutet, wenn die vorgeschriebenen Kontrollen durchgeführt worden sind und keinen Anhalt für die Verletzung der Betriebspflicht ergeben haben (§ 6 Abs. 4 UmweltHG).

3. Schlußfolgerungen für ein effizientes Umweltschadensrecht

Zusammenfassend ist festzustellen, daß das Instrumentarium des geltenden Rechts nicht ausreicht, um Umweltschäden auf ein effizientes Niveau zu steuern.

a) Die verwaltungsrechtliche Festsetzung von Grenzwerten führt insoweit nicht zu effizienter Sorgfalt, als hierbei keine bzw. keine reine Kosten-Nutzen-Analyse zugrundegelegt wird, sondern andere Erwägungen miteinfließen, wie z.B. Emissionsbegrenzung nach dem Stand der Technik, Berücksichtigung nicht spezifischer ökologischer Schäden oder Bemühungen um politische Kompromisse, bei denen sich Partialinteressen durchsetzen. Selbst wenn es bei der Festsetzung von Grenzwerten gelingen könnte, die Einflüsse von Partialinteressen und sachfremden Erwägungen auszuschal-

---

40 Steffen, E., NJW 1990, 1817 m.Nachw. zur Rechtsprechung des BGH; Ausnahmen: BGHZ 103, 129 - Einleitung mehrerer Tonnen BCBE in Rhein mit Auswirkungen auf das Trinkwasser in Bonn; BGHZ 106, 323 - Haftung der Gemeinden für Überplanung von "Altlasten" aus ehemaligen Mülldeponien; Rechtsprechung des Enteignungsenats zur Entschädigung von Verkehrslärmimmissionen, vgl. Boujong, UPR 1987, 207 - Rechtsprechungsübersicht.

41 Abgedruckt u.a. bei Landsberg, G./Lülling, W., Umwelthaftungsrecht, 1991, Teil I, S. 12 ff; die Zahl der betroffenen Betriebe soll nach einer "ganz groben" Schätzung ca. 20.000 betragen; Landsberg/Lülling, ebd., S. 281.

ten zugunsten einer reinen Kosten-Nutzen-Bewertung, wäre es fraglich, ob die informationellen Voraussetzungen seitens der Behörden erfüllbar sind[42]. Die Behörden müßten nämlich nicht nur die Schäden prognostizieren und bewerten, sondern auch den optimalen Vermeidungsaufwand. Dazu sind umfassende Kenntnisse der jeweils geeigneten Umwelttechnologien notwendig. Hier haben die Unternehmen eindeutige Informationsvorsprünge.

Selbst wenn aber Grenzwertregulierungen zustandekommen, die zu einem effizienten Sorgfaltsniveau führen, wird dadurch allein keine Optimierung von Umweltschäden erreicht, weil das Aktivitätsniveau des Betreibers einer umweltbelastenden Anlage durch die Festsetzung von Grenzwerten nicht in allen Bereichen von Umweltbelastungen unmittelbar beeinflußt wird. So werden bei Grenzwerten für Luftverunreinigungen zwar die Gesamtbelastung aus vorhandenen Vorbelastungen und prognostizierten Zusatzbelastungen durch eine neu hinzukommende Anlage zugrundegelegt und danach die Anforderungen im Genehmigungsverfahren bestimmt, eine Änderung des Aktivitätsniveaus des Betreibers wird aber nicht oder mit zeitlichen Verzögerungen erfaßt. Für eine effiziente Steuerung von Umweltschäden ist es erforderlich, auch die Kosten der Schäden und des Schadensvermeidungsaufwands beim Geschädigten dem Betreiber der Anlage aufzuerlegen, die trotz Einhaltung der Grenzwerte entstehen. Die mögliche Disparität von Grenzwertregelungen und zivilrechtlicher Haftungsregelung kommt auch darin zum Ausdruck, daß die behördliche Genehmigung einer Anlage zivilrechtliche Schadensersatzansprüche nicht ausschließt[43]. Die Rechtsprechung betrachtet die Vorgaben des öffentlichen Umweltrechts, insbesondere die Festlegung von Umweltstandards und Grenzwerten, als "Entscheidungshilfen" im Sinne eines "antizipierten Sachverständigengutachtens"[44]. Dies gilt sowohl dann, wenn die Grenzwerte nicht dem effizienten Sorgfaltsniveau entsprechen, sondern ein niedrigeres Niveau bestimmen, den Vermeidungsaufwand also zu niedrig festlegen, als auch dann, wenn die Grenzwerte das effiziente Niveau treffen, das Aktivitätsniveau des Betreibers aber zu überhöhten Schadenskosten führt.

b) Die zivilrechtliche Schadensersatzhaftung läuft - wie erwähnt - bisher weitgehend leer. Inwieweit die Neuregelung durch das UmweltHG hier zu einer Änderung führen wird, bleibt abzuwarten, wird jedoch eher skeptisch zu beurteilen sein. Die Beweiserleichterung durch die Kausalitätsvermutung gem. § 6 Abs. 1 UmweltHG greift nicht

---

42 Dazu Kirchgässner, G., Haftungsrecht und Schadensersatzansprüche als umweltpolitische Instrumente, ZfV 1992, 15, 19 ff.

43 Wagner, G., Öffentlich-rechtliche Genehmigung und zivilrechtliche Rechtswidrigkeit, 1989; Selmer, P., Privates Umwelthaftungsrecht und öffentliches Gefahrenabwehrrecht. 1991, S. 7 ff.; Diederichsen, U., BR-Deutschland: Industriegefährdung durch Umweltgefährdungshaftung, Produkthaftung International, 1990, 78, 84; Gerlach, J., Die Grundstrukturen des privaten Umweltrechts im Spannungsverhältnis zum öffentlichen Recht, JZ 1988, 161; ders., JZ 1991, 94.

44 BGH NJW 1990, 2465 = JZ 1991, 91, 92; in dieser Entscheidung ging es konkret allerdings darum, ob eine Überschreitung der Richtwerte der TA-Lärm auch zivilrechtlich als wesentliche Beeinträchtigung im Sinne von § 906 BGB anzusehen ist.

beim Normalbetrieb von umweltbelastenden Anlagen, sondern nur bei Störfällen ein. Entscheidend wird es also in der Praxis darauf ankommen, ob die Vermutung des § 6 Abs. 4 UmweltHG für die Einhaltung der Betriebspflicht vom Geschädigten widerlegt werden kann. Auch dann bleibt jedoch das Problem der mangelnden Anreize für die Geltendmachung von Schadensersatzansprüchen insbesondere bei Distanz- und Summationsschäden durch einzelne Geschädigte bestehen. Um eine effiziente zivilrechtliche Haftung für Umweltschäden zu erreichen, muß außerdem das Problem der Einbeziehung von Schäden an öffentlichen Gütern - die sog. ökologischen Schäden - in das zivilrechtliche Haftungssystem gelöst werden.

c) Von zentraler Bedeutung sowohl für eine effiziente administrative als auch für eine effiziente haftungsrechtliche Steuerung des Niveaus von Umweltschäden ist eine Lösung der Informationsprobleme bezüglich der Zusammenhänge zwischen Umweltschäden und Emissionen, der Bewertung der Schäden sowie des Schadensvermeidungsaufwands.

Die Probleme bezüglich der Zurechnung und Bewertung von Schäden stellen sich bei einer Steuerung durch administrative Grenzwertregelungen prinzipiell in gleicher Weise wie bei einer haftungsrechtlichen Lösung. Von beiden Ansätzen her stellt sich zudem das Problem, das optimale Sorgfaltsniveau zu bestimmen. Bei einer administrativen Lösung wird das Sorgfaltsniveau unternehmensübergreifend durch generelle Grenzwerte festgelegt. Ähnliches gilt für die haftungsrechtliche Lösung, wenn von einer Verschuldenshaftung ausgegangen wird. Hier werden die "Grenzwerte" im Sinne der verkehrserforderlichen Sorgfalt von den Gerichten festgelegt. Die Festlegung durch Gerichte gewährleistet zwar eine größere Unabhängigkeit von politischen Einflüssen, in beiden Fällen bleiben aber Informationsdefizite, weil weder Gerichte noch Behörden so gut wie die betroffenen Unternehmen wissen können, mit welchen Technologien und mit welchem Aufwand Umweltschäden am ehesten verhindert werden können.

Dieses Problem entsteht nicht bei einer Umweltgefährdungshaftung, weil hier der Emittent selbst über seinen Schadensvermeidungsaufwand entscheidet und den Anreiz hat, effizienten Schadensvermeidungsaufwand zu betreiben. Die Gefährdungshaftung überläßt es außerdem dem Unternehmen selbst, sein Aktivitätsniveau zu steuern. Da das Unternehmen für alle Schäden haftet, ergeben sich daraus Anreize, das effiziente Aktivitätsniveau nicht zu überschreiten. Bei einer administrativen Steuerung des Aktivitätsniveaus über Immissionsgrenzwerte treten die gleichen Probleme wie bei einer administrativen Bestimmung des Sorgfaltsniveaus auf.

Wir kommen deshalb zu dem Schluß, daß eine haftungsrechtliche Lösung vorgezogen werden sollte, wenn es gelingt, die Probleme der Kausalität, der Bewertung und der Anreize für die Rechtsdurchsetzung zu lösen.[45]

D. Konzept einer Umweltschadensbilanz und zivilrechtlicher Umweltschadenshaftung

I. Gründe für eine Umweltschadensbilanz

Eine jährlich aufzustellende Umweltschadensbilanz sollte die durch Emissionen bewirkten externen Effekte eines Unternehmens dort erfassen, wo sie verursacht werden. Sie besteht aus den mit Schadenswerten gewichteten Emissionen, von denen Schadensersatzleistungen und Umweltabgaben abzuziehen sind. Als Saldo entsteht der nicht kompensierte Schaden. Dieser entspricht den sozialen Kosten des Unternehmens.

Die Umweltschadensbilanz soll einerseits der Information der Öffentlichkeit dienen, andererseits informationelle Voraussetzungen für zivilrechtliche Schadensersatzansprüche schaffen, die von einzelnen Geschädigten, insbesondere aber von einer zentralen Einrichtung eingefordert werden können. Die Umweltschadensbilanz sollte veröffentlicht und bei der Darstellung der Lage des Unternehmens entsprechend § 289 HGB erläutert werden.

45 Dazu auch Kirchgässner, G., Haftungsrecht und Schadensersatzansprüche als umweltpolitische Instrumente, ZfU 1992, 15 ff. In der rechtswissenschaftlichen Diskussion überwiegt die Ansicht, daß eine Verbesserung des Umweltschutzes im wesentlichen vom öffentlichen Recht zu leisten ist, während das Privatrecht damit überfordert ist. Dezidiert gegen eine weitere Inanspruchnahme des Privatrechts für den Umweltschutz spricht sich Diederichsen aus, der eine "Sprengung des Privatrechts" befürchtet, Verhandlungen des 56. Deutschen Juristentages (DJT), 1986, Bd. II, S. L. 48 ff.; 70 ff. Medicus bezeichnet Umweltschutz mit den Mitteln des Privatrechts als wünschenswert, insbes. gerade auch im Hinblick auf "Vollzugsdefizite des öffentlichen Rechts", sieht dafür aber nur sehr beschränkte Wirkungsmöglichkeiten; s. Medicus, D., Umweltschutz als Aufgabe des Zivilrechts, in: Umweltschutz und Privatrecht, UTR 1990, 5 ff.; i.a. ders., IT 1986, 778 ff. Gerlach fordert eine Verstärkung des privatrechtlichen Umweltschutzes, sieht die Funktion des Privatrechts hierbei aber als "dezentrale Nachsorge- und ergänzende Schutzfunktion" zum öffentlichen Recht; das öffentliche Recht verfüge über "erheblich bessere Schutz- und Vorsorgeinstrumente" und sei für eine Prävention besser geeignet, während das Privatrecht reaktiv wirke; s. Gerlach, J., Die Grundstrukturen des privaten Umweltrechts im Spannungsverhältnis zum öffentlichen Recht, IT 1988, 161 ff., 163, 175. Die beträchtliche Leistungsfähigkeit des Privatrechts bei der Steuerung von Immissionen wird demgegenüber dargelegt von Pfeiffer, Th., Die Bedeutung des privatrechtlichen Immissionsschutzes, 1987. Hager mißt dem Umwelthaftpflichtrecht auch im Hinblick auf die Schadensprävention eine wichtige "flankierende" Aufgabe bei, falls eine Lösung des Kausalitätsproblems gelingt; s. Hager, G., Umweltschäden -ein Prüfstein für die Wandlungs- und Leistungsfähigkeit des Deliktsrechts, NJW 1986, 1961 ff.

II. Die Umweltschadensbilanz

1. Erfassung von Emissionen

In der Umweltschadensbilanz sind alle umweltrelevanten Emissionen, die von dem Unternehmen ausgehen, nach dem Medium ihrer Ausbreitung (Luft, Wasser, Boden, sonst. Transportsysteme), nach ihrer Art, Zusammensetzung und Menge aufzunehmen. Dabei sollte eine weite Begriffsbestimmung der Emissionen entsprechend den Empfehlungen des Rats der Sachverständigen für Umweltfragen[46] zugrundegelegt worden, um alle möglichen Gefährdungspotentiale zu erfassen, auch wenn mit ihnen nicht unbedingt unmittelbare Schadwirkungen verbunden sind.

Die Gliederung der Emissionsarten kann sich ebenfalls an den Empfehlungen des Rats orientieren[47], die gegebenenfalls weiter fortgeschrieben und differenziert werden müssen, wenn sich weitere Erkenntnisse über Gefährdungspotentiale von Stoffen ergeben.

Zu den einzelnen Emissionsarten muß die Umweltschadensbilanz auch die jährlichen Emissionsmengen dokumentieren, wobei als maßgebliche Schnittstelle die Grenze zwischen dem einzelnen Unternehmen und der dieses umgebenden Umwelt in Betracht kommt[48].

Zu erfassen sind in der Umweltschadensbilanz nur solche Emissionen, von denen externe Effekte ausgehen können. Soweit das Unternehmen Entsorgungen - beispielsweise von Abfall - auf vertraglicher Basis von Dritten durchführen läßt und dafür Zahlungen leistet, sind die insoweit anfallenden Kosten bereits durch die vertragliche Zahlungspflicht internalisiert und in der betriebswirtschaftlichen Bilanz erfaßt.

2. Erfassung von Umweltschäden

Weiter sind in der Umweltschadensbilanz die Umweltschäden aufzustellen, die dem Unternehmen aufgrund der von ihm ausgehenden Emissionen zuzurechnen sind. Dabei kommt es darauf an, die Arten der möglichen Umweltschäden zu erfassen, untergliedert einerseits nach Schäden, die sich aus der Verletzung subjektiver Rechte oder Rechtspositionen ergeben, nämlich Schäden an Leib und Leben, Vermögensschäden und immaterielle Schäden und andererseits Schäden an öffentlichen Gütern (sog. Öko-Schäden), die zwar ebenfalls individuelle Nutzenverluste darstellen, aber rechtlich nicht als Verletzung individueller Rechtsgüter in Erscheinung treten. Außerdem sind die Schadensabwehraufwendungen der Geschädigten, soweit sie unter Effizienzkriterien dem Unternehmen zuzurechnen sind, in die Umweltschadensbilanz aufzunehmen.

---

46 Umweltgutachten, BT-Drucks. 11/1568, S. 111 f.

47 A.a.O., S. 113 ff.

48 Umweltgutachten, BT-Drucks. a.a.O., S. 112.

Dem Zweck der Umweltschadensbilanz entsprechend, als Grundlage für eine betriebswirtschaftliche Internalisierung von Umweltschäden zu dienen, muß ein Mengen- und Preisgerüst für die Erfassung der Umweltschäden erstellt und in der Umweltschadensbilanz auch dargestellt werden. Da bei vielen Umweltschäden insbesondere bei Distanz- und Summationsschäden, die mengenmäßige Erfassung der Schäden wie auch ihre Bewertung nicht ohne Schätzungen möglich sein wird, ist es erforderlich, die Grundlagen und Methoden dieser Schätzungen in einem Anhang zur Umweltschadensbilanz zu erläutern.

3. Erfassung der Kompensationen für Umweltschäden

Auf der Gegenseite der Umweltschadensbilanz sind die vom Unternehmen geleisteten Zahlungen zum Ausgleich von Umweltschäden sowie die bereits begründeten Umweltschadensverbindlichkeiten gegenüber individuellen Geschädigten aufzustellen und außerdem die für erwartete Verbindlichkeiten gegenüber individuellen Geschädigten gebildeten Rückstellungen.

4. Ermittlung des Jahresausgleichsbetrags (Netto-Umweltschaden)

Aus der Gegenüberstellung und Saldierung der quantifizierten und monetarisierten Umweltschäden, die dem Unternehmen zuzurechnen sind, und der hierauf erbrachten Zahlungen an individuelle Geschädigte sowie der diesen gegenüber begründeten oder zu erwartenden Verbindlichkeiten ergibt sich der Betrag der nicht kompensierten Umweltschäden, der in der Umweltschadensbilanz als Jahresausgleichsbetrag auszuweisen ist, und zwar auf der Passivseite als Jahresausgleichsverbindlichkeit oder als Jahresüberschuß, je nachdem, ob das Unternehmen im Geschäftsjahr die im gleichen Zeitraum erfaßten und ausgewiesenen Umweltschäden nicht oder nicht voll durch Schadensersatzzahlungen an individuelle Gläubiger kompensiert bzw. durch die Einstellung von Verbindlichkeiten oder durch die Bildung von Rücklagen berücksichtigt hat oder ob die Summe von solchen Ausgleichszahlungen, Verbindlichkeiten und Rückstellungen größer ist als der Ansatz für Umweltschäden. Ein Jahresüberschuß ist auf das nächste Geschäftsjahr vorzutragen, während eine Jahresausgleichsverbindlichkeit durch Zahlungen ausgeglichen werden muß, die in der Gewinn- und Verlustrechnung als Aufwendungen für Umweltschäden zu berücksichtigen sind.

5. Aufstellung der Umweltschadensbilanz

a) Für die Aufstellung der Umweltschadensbilanz ist ein Verfahren zu entwickeln, das den besonderen Informationsproblemen in bezug auf Ermittlung, Erfassung und Bewertung von Umweltschäden Rechnung trägt[49]. Diese Probleme sind dadurch gekennzeichnet, daß erhebliche Forschungsaufwendungen erforderlich sind, um die Schäden zu schätzen. Es sollte erreicht werden, daß insgesamt genügend Forschungsaufwand getätigt wird, um die von Emissionen ausgehenden Schäden richtig zu ermitteln und daß dieser Forschungsaufwand von denjenigen durchgeführt wird, die dazu am ehesten

---

49 Dazu auch Kirchgässner, G. (o. Fn. 42).

in der Lage sind. Eine Schwierigkeit ergibt sich hierbei insbesondere daraus, daß viele derartige Informationen öffentliche Güter sind. Sie können für mehr als ein Unternehmen von Nutzen sein. In jedem Fall muß erreicht werden, daß das Unternehmen die Informationen, für die es einen konkreten Wissensvorsprung hat oder für die es cheapest information producer ist, in die Aufstellung der Umweltschadensbilanz einbringt. Das gilt insbesondere auch für die Aufstellung der Emissionen des Unternehmens, die als Gefährdungspotential in Betracht kommen.

b) Zur Lösung des Problems der Kontrolle der vom Unternehmen aufgestellten Umweltschadensbilanz bietet sich die Einführung einer Prüfungspflicht entsprechend der für die betriebswirtschaftliche Rechnungslegung bestehenden Prüfungspflicht (§§ 316 ff. HGB) an. Das Verfahren der Bestellung und der Abberufung der Prüfer und der Durchführung könnte im einzelnen entsprechend den für die Prüfung der Handelsbilanz geltenden Bestimmungen geregelt werden. Ebenso liegt es nahe, auch die Prüfung der Umweltschadensbilanz des Unternehmens durch Wirtschaftsprüfer oder Wirtschaftsprüfergesellschaften vornehmen zu lassen (vgl. § 319 HGB). Zu diskutieren wäre dabei eine Inkompatibilität von allgemeinem Abschlußprüfer und Umweltbilanzprüfer. Dabei stünde zu erwarten, daß sich auf diesem Gebiet eine Spezialisierung und Professionalisierung entwickelt, die dazu beitragen kann, daß sich konsensfähige Kriterien und Standards zur Erfassung und insbesondere auch zur Bewertung von Umweltschäden und zu ihrer bilanzmäßigen Darstellung herausbilden, die sich schließlich zu Grundsätzen ordnungsmäßiger Buchführung und Rechnungslegung in bezug auf Umweltschäden verfestigen.

c) Die Zurechnung von Umweltschäden zu einem Unternehmen und die Bewertung dieser Schäden stößt vor allem dort auf erhebliche Schwierigkeiten und ist mit hohen Unsicherheiten verbunden, wo Umweltschäden in Frage stehen, die nicht mit gebündelten Emissionen von Unternehmen in einem eingrenzbaren räumlichen Bereich in Zusammenhang gebracht werden können, sondern die sich als Langzeit-, Allmählichkeits-, Distanz- oder Summationsschäden darstellen und die im Zusammenhang mit ubiquitärer Umweltverschmutzung stehen. Da hier gesicherte Erkenntnisse über Kausalverläufe, Schadensumfänge und Schadenskosten vielfach fehlen und deshalb in großem Umfang nur mit schwer eingrenzbaren Schätzwerten und Plausibilitätskontrollen gearbeitet werden kann, erscheint es nur möglich, der Gefahr einer systematischen Einseitigkeit bei der Erfassung und Bewertung von Umweltschäden durch ein Verfahren entgegenzuwirken, in dem die gegenläufigen Interessen von Unternehmen und Umweltgeschädigten verankert werden.

III. Das Grundkonzept des Umweltschadensausgleichs

1. Vorrang der Steuerungsfunktion vor der Ausgleichsfunktion des Haftungsrechts

Unter ökonomischen Gesichtspunkten ist das Ziel einer Umweltschadenshaftung nicht eine Umverteilung bereits eingetretener Schäden durch Abwälzung von den Geschädigten auf die schadensverursachenden Unternehmen und letztlich auf die Verbraucher, sondern die Steuerung des Sorgfalts- und Aktivitätsniveaus von Unternehmen, um ein effizientes Niveau von Umweltschäden zu erreichen. Entscheidend kommt es aus ökonomischer Sicht nicht auf die Kompensation auf der Seite des Geschädigten, sondern auf die Belastung eines "Schädigers" mit den Schadenskosten in dem durch Effizienzkriterien bestimmten Umfang an. Vorrangig muß es deshalb darauf ankommen, daß die in der Umweltschadensbilanz ausgewiesenen und nicht bereits anderweitig durch Schadensersatzleistungen an einzelne Geschädigte erfaßten Umweltschäden zu Ausgleichszahlungen des Unternehmens führen. Die Zusammenfassung dieser Ausgleichszahlungen ist unter Effizienzgesichtspunkten nur geboten als Voraussetzung einer effektiven Rechtsdurchsetzung. Die Verwendung der zentral vereinnahmten Ausgleichszahlungen ist ökonomisch eine nachrangige Frage, insbesondere wenn die Geschädigten anderweitigen Versicherungsschutz genießen, kann aber aus rechtlicher Sicht nicht vernachlässigt werden. Für das zivilrechtliche Haftungsrecht stellt sich auch die Aufgabe, eingetretene Vermögensverluste im konkreten Einzelfall auszugleichen (§ 249 BGB). Zwar läßt sich Schadensausgleich als Selbstzweck weder begreifen noch rechtfertigen[50]. Soweit aber Schadensersatzleistungen aus Gründen der Schadenssteuerung notwendig sind, ist es rechtlich geboten, diese zum Ausgleich der damit in Zusammenhang stehenden individuellen Verluste zu verwenden.

Dem wird in dem hier vorgelegten Konzept dadurch Rechnung getragen, daß jeder der Geschädigten die Möglichkeit hat, Ersatzansprüche für die ihm entstandenen Schäden selbständig und auf eigenes Risiko geltend zu machen. Soweit davon kein Gebrauch gemacht wird und Ersatzansprüche deshalb von anderer Seite geltend gemacht werden, besteht keine zwingende Notwendigkeit, Zahlungen ausschließlich oder vorrangig zum Ausgleich individueller Schäden zu verwenden. Vielmehr kommen hier auch andere sachlich gerechtfertigte Verwendungen in Betracht.

2. *Ausgleich sämtlicher Umweltschäden durch Schadensersatzzahlungen*

Eine effiziente Steuerung von Umweltschäden setzt voraus, daß sämtliche durch Unternehmen verursachte Schäden, d.h. auch jene Schäden, die trotz Einhaltung der administrativ festgelegten Grenzwerte auftreten, durch Ausgleichszahlungen erfaßt und in betriebswirtschaftliche Kosten umgewandelt werden.

In erster Linie kommt dafür - dem zivilrechtlichen Haftungssystem entsprechend - der Weg über individuelle Schadensersatzansprüche von Geschädigten gem. §§ 1 UmweltHG, 22 WHG, ProduktHaftpflG, 906 Abs. 2, 823 Abs. 1 und 2 BGB in Betracht. Den individuell Geschädigten die Prozeßführungsbefugnis für Schadensersatzansprüche generell zu entziehen und eine gesetzliche Prozeßstandschaft einer staatlichen Behörde oder einer sonstigen Institution zu begründen, wie dies in Indien nach der Bhopal-Katastrophe geschehen ist, begegnet verfassungsrechtlichen Bedenken (Art. 2, 14 GG) und würde jedenfalls einen Systembruch darstellen. Unter Effizienzgesichtspunkten ist eine Übertragung der Prozeßführungsbefugnis nicht erforderlich, soweit für die Geschädigten ausreichend starke Anreize bestehen, Schadensersatzansprüche selbst geltend zu machen. Dies hängt von der Höhe des erlittenen Schadens und vom Prozeß-

---

50 Schäfer, H.-B./Ott, C., Lehrbuch der ökonomischen Analyse des Zivilrechts, 1986, S. 207.

risiko ab sowie davon, ob der Geschädigte den Schaden auf andere Schadenstragungssysteme wie Kranken- und Sachversicherungen abwälzen kann. Inwieweit diese ggfs. Regreßansprüche geltend machen, hängt sodann von deren Kosten-Nutzen-Analyse ab. Soweit für den einzelnen Geschädigten keine Anreize bestehen, Schadensersatzansprüche selbst geltend zu machen, muß eine andere Lösung des Durchsetzungsproblems gefunden werden, um zu verhindern, daß ein Teil der Umweltschäden unkompensiert bleibt.

3. Defizite des Systems individueller Schadensersatzansprüche

Wie bereits dargelegt bestehen bei Distanz- und Summationsschäden für den einzelnen selbst typischerweise nur geringe Anreize, Schadensersatzansprüche gegen Unternehmen geltend zu machen, während das Prozeßrisiko in diesen Fällen in der Regel sehr hoch ist. Auch von den Versicherungen ist in diesen Fällen keine effektivere Durchsetzung von Schadensersatzansprüchen im Regreßweg zu erwarten. Außerhalb des Bereichs der Verkehrsunfall-Schäden ist der Regreß jedenfalls bei der Sozialversicherung allgemein schon praktisch ohne große Bedeutung; bei Umweltschäden ist bisher kein Regreßfall bekannt geworden[51]. Versicherungen befinden sich in bezug auf die Geltendmachung von Regreßansprüchen für Umweltschäden in der gleichen Situation wie der Geschädigte selbst, was die Beweisschwierigkeiten und das Prozeßrisiko betrifft; hinzu kommt, daß ihre Finanzierung anderweitig gesichert ist und ein rationales Desinteresse an Regreßansprüchen besteht.

4. Ausgleich von Defiziten der Rechtsdurchsetzung

Um eine effektive Durchsetzung von Schadensersatzansprüchen zu gewährleisten, müssen deshalb in den Bereichen, in denen diese Ansprüche nicht individuell geltend gemacht werden, Lösungen gefunden werden, die mit dem System der Schadenssteuerung durch zivilrechtliche Haftung vereinbar sind und deren Wirkungsdefizite ausgleichen. Eine sowohl mit dem System zivilrechtlicher Haftung als auch mit Effizienzkriterien vereinbare Lösung muß im einzelnen folgende Voraussetzungen erfüllen:

- Einzelschäden müssen so zusammengefaßt werden, daß sie gebündelt, einheitlich und unabhängig von den individuell Geschädigten geltend gemacht werden können; außerdem muß die Möglichkeit eröffnet werden, auch solche Umweltschäden geltend zu machen, die öffentliche Güter betreffen (sog. ökologische Schäden);

- die mit der Geltendmachung der Schadensersatzansprüche betraute Einrichtung muß so ausgestaltet werden, daß Anreize bestehen und wirksam werden, möglichst hohe Einnahmen aus Schadensausgleichsleistungen von Unternehmen zu erzielen;

- es muß sichergestellt werden, daß systematisch Informationen über Ursachen, Umfang und Verteilung sowie über Kosten von Umweltschäden beschafft und ausgewertet werden. Dazu müssen insbesondere Anreize für die Unternehmen geschaffen

---

51 Wagner, G., Die Aufgaben des Haftungsrechts ..., JZ 1991, 175.

werden, jene Informationen beizubringen bzw. durch Forschungsanstrengungen zu beschaffen, die sie selbst mit dem vergleichsweise geringsten Aufwand produzieren können. Dies gilt auch für solche Informationen, deren Nutzung auch für andere vorteilhaft sein kann. In diesem Fall tritt ein Problem öffentlicher Güter mit der Gefahr der Unterproduktion von Informationen auf. Dies ist durch Ausgleichsansprüche zu lösen. Außerdem muß die zentrale Einrichtung die Möglichkeit haben, selbst Forschung zu initiieren und Informationen zu beschaffen, die sie benötigt, um der ihr obliegenden Beweislast genügen zu können, und die auch allgemein den Unternehmen zur Verfügung gestellt werden sollten.

E. Lösung der zentralen Probleme im Rahmen des vorgeschlagenen Konzepts

I. Organisatorische Voraussetzungen einer zivilrechtlichen Lösung

1. Notwendigkeit einer besonderen Einrichtung zur Bewertung und Geltendmachung von Umweltschäden

Wie bereits dargelegt, ist die Wirksamkeit einer Schadenssteuerung durch zivilrechtliche Haftungssanktionen davon abhängig, daß die Geltendmachung von Umweltschäden, soweit sie nicht durch die Geschädigten selbst erfolgt bzw. erfolgen kann ("Öko-Schäden"), einer besonderen Einrichtung übertragen wird. Andernfalls würde ein erheblicher Teil von Umweltschäden haftungsrechtlich nicht erfaßt mit der Folge, daß das Effizienzziel bei der Steuerung von Umweltschäden nicht erreicht werden könnte.

Eine solche Einrichtung ist aber auch notwendig als Gegengewicht gegenüber den Unternehmensinteressen bei der Aufstellung von Umweltschadensbilanzen. An der Erfassung und Bewertung der einem Unternehmen zuzurechnenden Umweltschäden müssen auch Gläubigerinteressen beteiligt sein, um einer systematischen Unterbewertung von Umweltschäden entgegenzuwirken. Eine effektive Beteiligung der Geschädigten selbst an diesem Verfahren ist aber nicht organisierbar, weil bei den hier in Frage stehenden weiträumig gestreuten Umweltschäden die Zahl der Geschädigten in der Regel sehr groß und das Mitwirkungsinteresse der einzelnen sehr gering ist. Andernfalls würden sich die Zurechnungs- und Bewertungsprobleme bereits in individuellen Schadensersatzprozessen lösen lassen. Deshalb kann nur eine besondere Einrichtung ein Gegengewicht gegen die Unternehmensinteressen bei der Bewertung von Umweltschäden bilden[52].

---

52 Die Class Action, in der ein Anwalt eine große Zahl von Geschädigten vertritt, ist eine weitere Alternative zum hier gemachten Vorschlag. Dadurch werden die Ansprüche gebündelt. Die mangelnde Anreizkompatibilität einer normalen zivilrechtlichen Klage soll überwunden werden. Die Class Action wirft aber ein Problem auf, das ihre Geeignetheit für die Erfassung von

2. Strukturelle Voraussetzungen einer effizienten Mitwirkung der besonderen Einrichtung

a) Die zur Mitwirkung bei der Bewertung und Geltendmachung von Umweltschäden vorgeschlagene Einrichtung muß so ausgestaltet sein, daß ihre Angehörigen ein eigenes Interesse daran haben, zu niedrige Bewertungen von Umweltschäden bei der Aufstellung der Umweltschadensbilanz zu vermeiden und Haftungsansprüche möglichst weitgehend durchzusetzen.

Eine notwendige, aber allein nicht ausreichende Voraussetzung bei der Geltendmachung von Ersatzansprüchen ist die rechtliche Unabhängigkeit der Einrichtung und eine formale Abgrenzung gegenüber dem Einfluß von Unternehmensinteressen, wie u.a. durch Festlegung von Inkompatibilitäten bei der Auswahl der Funktionsträger. Hinzu kommen muß eine Organisationsstruktur, die Anreize für eine Maximierungsstrategie bei der Geltendmachung von Ersatzansprüchen vermittelt. Derartige Anreize können sich daraus ergeben, daß die Einrichtung zunächst die von den Unternehmen zu erbringenden Ausgleichszahlungen - ausgenommen Schadensersatzleistungen an individuelle Geschädigte - einzieht und über die vereinnahmten Mittel im Rahmen bestimmter Zweckbindungen eigenständig verfügen kann.

b) Bestehende Institutionen mit diesen Aufgaben zu betrauen, scheidet als Möglichkeit aus, weil die in Betracht kommenden Institutionen anderen Interessen dienen. Das Ziel, Einnahmen aus der Umweltschadenshaftung von Unternehmen zu maximieren, könnte dann in einem Zielkonflikt mit der Verfolgung von Partikularinteressen wie z.B. der Erhaltung von Arbeitsplätzen nur noch nachrangige Bedeutung haben. Bei bestimmten Institutionen schließt die Art ihrer Finanzierung ein Interesse an der effektiven Geltendmachung von Schadensausgleichansprüchen gegen Unternehmen aus. So wäre es denkbar, in bezug auf Gesundheitsschäden die Träger der gesetzlichen Krankenversicherung an der Bewertung von Umweltschäden und an der Geltendmachung von Ausgleichsansprüchen zu beteiligen. Da ihre Finanzierung aber anderweitig

---

Streuschäden generell in Frage stellt. Der einzelne Geschädigte, der als Folge der Class Action nur einen sehr niedrigen Schadensersatz zu erwarten hat, hat keinen ausreichenden Anreiz, die Leistungen seines Anwalts zu überwachen, anders als der schwer Geschädigte. Dies kann die Anwälte dazu verführen, zwar hohe Streitwerte einzufordern, sich hohe Kosten und Gerichtsgebühren erstatten zu lassen und sich mit einem Vergleich zufrieden zu geben, durch den nur ein Bruchteil der entstandenen Schäden ersetzt wird. Empirische Untersuchungen in den USA deuten auf die Bedeutsamkeit dieser Anreizverzerrung hin (vgl. Rosenfield, A., An Empirical Test of Class Action Settlement, Journal of Legal Studies, Vol. 5 (1976), S.113 fff. und Posner, R., Economic Analysis of Law, 3. Auflage Boston 1986, S.537). Die Class Action eignet sich zwar gut für die Geltendmachung von Masseschäden, bei denen das einzelne Opfer einen hohen Schaden erlitten hat, etwa wie bei der Contergan-Katastrophe. Ist aber der Anteil geringfügiger Streuschäden an der gesamten Schadenssume groß, stellt sie kein schlagkräftiges Instrument zur Geltendmachung aller Schäden dar. Dieses Problem ergab sich auch bei der Bhopal Katastrophe in Indien mit mehr als 3000 Todesopfern, mehreren tausend schwer Verletzten und über zweihunderttausend leichtverletzten Opfern, deren Schäden gering waren, in der Summe aber weit mehr als die Hälfte der Gesamtschäden ausmachte (vgl. Schäfer, H.B., Lehren aus der Bhopal Katastrophe, Eine ökonomische Analyse der rechtlichen Rahmenbedingungen, Manuskript, 1992, in: Schriften des Vereins für Socialpolitik, N.F.

gesichert ist, haben sie kein eigenes Interesse daran, Ausgleichszahlungen der Unternehmen zu maximieren, da dies für sie mit hohen Kosten und Risiken verbunden ist und letztlich nur zu einer Umschichtung von Einnahmen, nicht aber zu einer Verbesserung der Lage der Versicherungsträger selbst führt[53].

c) Da die Umweltschäden sich zu einem großen Teil nicht sektoral oder regional abgrenzen lassen, wird es notwendig sein, eine zentrale Einrichtung mit der Geltendmachung von Schäden zu betrauen. Dies wirft allerdings die Frage auf, ob eine Institution mit einer derartigen Monopolstellung geeignet ist, Schadensersatzansprüche umfassend geltend zu machen und effektiv durchzusetzen oder ob nicht vielmehr anzunehmen ist, daß die Institution sich mit Unternehmen und politischen Interessen arrangiert. Eine weitere Folge einer solchen Monopolstellung könnte sein, daß die Interessen der Organisationsmitglieder durch eine Tätigkeit der Einrichtung auf niedrigem, aber konstantem Niveau befriedigt werden. Das als "Vollzugsdefizit" bezeichnete rationale Desinteresse regulierender Behörden an der Verfolgung ihrer Aufgaben ist ein grundsätzliches Problem jeglicher Regulierung[54]. Es läßt sich am ehesten lösen, je eindeutiger die Aufgabe einer Institution über den Gesetzgeber definiert ist, je unabhängiger die Institution bei der Verfolgung ihrer Aufgabe ist und je weniger Spielraum sie bei der Wahl zwischen konkurrierenden Aufgaben hat. Der Stabilitätserfolg der deutschen Notenbankverfassung beruht nicht zuletzt darauf. Vergleichbar sollten die einzigen gesetzlichen Ziele der zentralen Institution die Erfassung, Bewertung und Geltendmachung von Umweltschäden unter Ausschluß jeglicher relativierender Gemeinwohlklausel sein. Dies ermöglicht die leichte öffentliche Kontrolle der Institution und damit verbunden die Herausbildung einer Reputation und eines Berufsethos ihrer Mitglieder. Denn diese setzen sich der öffentlichen Kritik aus, wenn sie Partialinteressen verfolgen oder sonst ihre Aufgabe vernachlässigen. Bei der Verfolgung dieser Ziele sollte die Institution an Weisungen nicht gebunden sein.

Zur Lösung des Anreizproblems bei monopolähnlichen Institutionen werden auch andere Konstruktionen diskutiert. So wäre es denkbar, die Geltendmachung von Umweltschäden privatwirtschaftlich so zu organisieren, daß sich die Interessen an einer Maximierung der jährlichen Einnahmen durch Schadensersatzzahlungen orientieren.

3. Organisation und rechtliche Stellung der besonderen Einrichtung

a) Hierzu ist zunächst zu verweisen auf die Überlegungen und Vorschläge zur Errich-

---

53 S.a. Wagner, G., JZ 1991, 175 zur parallelen Situation in bezug auf die praktische Relevanz von Regreßforderungen.

54 Für Deutschland wurde z.B. festgestellt, daß die Behörden Kontrollen von Umweltstandards zumeist nicht aus eigener Iniative, sondern erst nach Hinweisen aus der Bevölkerung vornehmen, Mayntz, R., Vollzugsprobleme der Umweltpolitik, 1978, S.38.

tung eines Umweltfonds[55]. Diese unterscheiden sich von der hier entwickelten Konzeption grundlegend dadurch, daß sie dem Fonds vor allem die Aufgabe zuweisen, einen Ausgleich von Umweltschäden dann zu gewährleisten, wenn die durch Umwelteinwirkungen Geschädigten Schadensersatzansprüche gegenüber den Verursachern nicht durchsetzen können[56]. Dabei sollen die Kosten teilweise auf die Verursacher der Umweltschäden abgewälzt werden, wobei im Mittelpunkt aber eine Finanzierung nicht durch Schadensersatzzahlungen steht, sondern durch Abgabenerhebungen auf umweltgefährliche Stoffe, Produkte oder Handlungen[57] oder durch Zuschläge auf Versicherungsprämien für umweltgefährliche Anlagen, Produkte, Stoffe oder Handlungen[58] oder durch Ausgleichsfinanzierungsabgaben[59].

Der "Hamburger Entwurf" sieht auch einen Rückgriff des Haftungsfonds gegen Schädiger vor (§ 10), doch wird von vornherein in Rechnung gestellt, daß nur ein geringerer Teil der Mittel des Haftungsfonds auf diesem Weg aufgebracht werden soll oder kann[60].

Bei diesen Vorschlägen wird der Wegfall der Steuerung umweltverträglichen Verhaltens durch Haftung und damit eine "gewisse Abschwächung des Präventionsprinzips" eingeräumt, aber ausdrücklich in Kauf genommen[61]. Jedoch wird darauf verwiesen, daß auch bei diesen Lösungen eine Präventionswirkung durch finanzielle Belastungen umweltbeeinträchtigender Verhaltensweisen gewährleistet ist.

---

55 Vgl. Gesetzentwurf der GRÜNEN, BT-Drucks. 11/4247; Hamburger Entwurf, BR-Drucks. 127/1/90 und BT-Drucks. 11/7925; dazu Salje, Risikovorsorge durch Errichtung eines Umwelthaftungsfonds am Beispiel des "Hamburger Entwurfs", KritV 1991, 324; Köck, W., Organisation und Finanzierung kollektiver Ausgleichssysteme für Umweltschäden, KritV 1991, 311; Brüggemeier, G., Umwelthaftungsrecht - Ein Beitrag zum Recht der "Risikogesellschaft"?; KritJ 1989, 209, 222; Gerlach, J., Privatrecht und Umweltschutz im System des Umweltrechts, 1989, S. 364 ff. Zur grundsätzlichen Kritik am Konzept eines solchen "zweiten Schadensausgleichssystems" Ladeur, K.-H., VersR 1993, 257-260 ff.

56 Vom Ansatz her wie hier der am Beispiel der Berufsgenossenschaften orientierten Vorschläge zur Einführung einer Umweltgenossenschaft; s. Wagner, Kollektives Umwelthaftungsrecht auf genossenschaftlicher Grundlage, 1990; dazu Rehbinder, E., a.a.O. (Fn. 52), S. 126 ff., S. 143 ff.

57 Gesetzentwurf der GRÜNEN a.a.O.; dazu Köck, W., in: Donner, H./Magoulas, G./Simon, J./Wolf, R., Hrsg., Umweltschutz zwischen Staat und Markt, 1989, S. 337 ff.

58 Hamburger Entwurf, a.a.O., § 12; dazu Salje, P. a.a.O., S. 333.

59 Dazu Köck, W. a.a.O; ders., KritV 1991, 310, 322 f.; ders., JZ 1991, 692, 698; ders., UPR 1991, 7,10. Für einen Überblick über Entschädigungsfonds im in- und ausländischen Recht s. Hohloch, G., IUR 1992, 73; Rehbinder, E., Der Beitrag von Versicherungs- und Fondslösungen zur Verhütung von Umweltschäden aus juristischer Sicht (o. Fn. 13), S. 120 ff.

60 Salje, P. a.a.O., S. 334.

61 Salje, P. a.a.O., S. 340 f.

b) Als Rechtsform kommt die einer Anstalt des öffentlichen Rechts oder einer Stiftung des Privatrechts in Betracht (vgl. auch § 11 Hamburger Entwurf). Ihre Aufgabe besteht darin, an der Aufstellung der Umweltschadensbilanz der Unternehmen mitzuwirken (s.o. D. II 5.) und Schadensersatzansprüche geltend zu machen. Dazu muß bei der Einrichtung kraft Gesetzes unter näher zu bestimmenden Voraussetzungen die Aktivlegitimation sowohl in bezug auf von den Geschädigten nicht aufgegriffene individuelle Schadensersatzansprüche übertragen als auch für die sog. Öko-Schäden begründet werden. Hoheitliche Befugnisse sollen der Einrichtung nicht übertragen werden, da sie nur Funktionen innerhalb des zivilrechtlichen Haftungssystems und bei der Bewertung von Umweltschäden wahrzunehmen hat.

4. Verwendung der Schadensersatzzahlungen

a) Die Schadensersatzzahlungen der Unternehmen werden nach dem hier entwickelten Konzept zum größten Teil an die zentrale Einrichtung fließen. Die jährlichen Umweltschäden in der Bundesrepublik Deutschland werden auf einen Betrag zwischen 50-100 Mrd. DM bzw. auf mehr als 100 Mrd. DM geschätzt. Die nach der Rechtslage bis zum Inkrafttreten des UmweltHG am 1.1.1991 durch individuelle Schadensersatzansprüche erfaßten Umweltschäden müssen als gering eingestuft werden, wenn man berücksichtigt, daß nur wenige Umweltschadensfälle bisher bei Zivilgerichten anhängig geworden sind und daß die Rechtsprechung dabei zumeist mit lokal begrenzten Schadensfällen zu befassen hatte[62]. Im Hinblick auf die verschärfte und leichter durchsetzbare Haftung nach dem UmweltHG ist die Prognose geäußert worden, daß davon ein Schadensvolumen von allenfalls 1 Mrd. DM pro Jahr erfaßt werden wird[63].

Diese Schätzungen lassen den Schluß zu, daß die Zentrale Einrichtung zur Erfassung von Unternehmensumweltschäden (ZEEUUS) mit einem jährlichen Schadensvolumen in zweistelliger Milliardenhöhe konfrontiert sein wird.

b) Die Frage nach einer sachgerechten Verwendung der eingegangenen Gelder durch die Zentrale Einrichtung führt zu folgenden Überlegungen:

(1) Ein Teil der Gelder sollte Verwendung finden zum Ausgleich von Vermögensverlusten von Geschädigten. Da aber ein individueller Schadensausgleich bei Umweltschäden der Art, um die es hier vor allem geht, mit hohen Transaktionskosten belastet wäre, sind Lösungen vorzuziehen, wonach kollektive Zahlungen an Organisationen erbracht werden, die ihrerseits Leistungen an Geschädigte erbringen. So können zum kollektiven Ausgleich von umweltbedingten Gesundheitsschäden Zahlungen von der Zentralen Einrichtung an gesetzliche Krankenkassen und private Krankenversicherungen geleistet werden, die dann über Abschläge von der Versicherungsprämie weitergegeben werden. Zum kollektiven Ausgleich von umweltbedingten Gebäudeschäden können Zahlungen in gleicher Weise an Elementarschadensversicherungen erbracht

---

62 Vgl. Steffen NJW 1990, 1817.

63 Salje, P, Rechtsausschuß des Deutschen Bundestags, zitiert nach ders., KritV 1991, 324.

werden.

(2) Ein Teil der Einnahmen der Zentralen Einrichtung ist für die Umweltforschung zu verwenden, und zwar insbesondere in bezug auf den Aufgabenbereich der Einrichtung selbst. Verbesserte Kenntnisse von Umweltschadensursachen, Kausalverläufen, Umfang und Kosten von Umweltschäden führen zu einer effektiveren Durchsetzung von Schadensersatzansprüchen und damit zu einer Intensivierung des effizienzorientierten haftungsrechtlichen Steuerungssystems.

(3) Ein weiterer Teil der Gelder könnte für die Sanierung von Altlasten bereitgestellt werden, z.B. für die Restaurierung öffentlicher Gebäude oder für die Sanierung von Flüssen und anderen öffentlichen Gewässern. Die Beseitigung von alten Umweltschäden ist zwar kein Ziel des hier entwickelten Haftungskonzepts, es bestehen aber keine systematischen Bedenken gegen eine solche Verwendung der durch ein effizientes Haftungsrecht erzwungenen Zahlungen.

II. Lösung des Zurechnungsproblems

1. Lösungsansätze und Defizite des geltenden Rechts

a) Nach dem geltenden Recht setzt die haftungsrechtliche Zurechnung eines beim Geschädigten eingetretenen Schadens zu demjenigen, der auf Schadensersatz in Anspruch genommen wird, einen Kausalitätsnachweis voraus, der einen im Verantwortungsbereich des "Schädigers" stehenden Vorgang (Verletzung einer Sorgfaltspflicht, Betreiben einer Anlage) mit dem geltend gemachten Schaden bzw. dem ihm zugrunde liegenden Schadensereignis des linearen Kausalitätsbegriffs (conditio sine qua non-Formel) verbindet. Die Beweislast trägt dabei derjenige, der einen Schaden einklagt. Grundsätzlich muß für die haftungsbegründende Kausalität ein Vollbeweis erbracht werden, d.h. es muß zur Überzeugung des Gerichts nachgewiesen werden, daß die Zurechnungsvoraussetzungen der Kausalität erfüllt ist. Die Beweisanforderungen hierbei werden durch die in der Rechtsprechung gebräuchliche Formel umschrieben, wonach ein Beweis erbracht ist, wenn der Richter auf der Grundlage eines Beweisergebnisses von derart hoher Wahrscheinlichkeit, daß Zweifeln Schweigen geboten ist, ohne sie völlig auszuschließen, zur eigenen persönlichen Gewißheit gelangt[64]. Die für einen Vollbeweis erforderliche Wahrscheinlichkeit wird auf 95-99 % veranschlagt[65]. Die zugunsten des Geschädigten bei typischen Geschehensabläufen eingreifende Beweiserleichterung des prima-facie-Beweises wird einer Wahrscheinlichkeit von 80 % gleichgesetzt[66]. Die Begründung einer überwiegenden Wahrscheinlichkeit reicht

---

64 BGHZ 53, 245, 256; 61, 169; Zöller/Stephan, ZPO, § 286 Rn. 13.

65 Scholl, C., Wahrscheinlichkeit, Statistik und Recht, JZ 1992, 122 m.weit.Nachw.

66 Scholl a.a.O.; Prölls-Martin, Versicherungsvertragsgesetz, § 49 Anm. 3 A.

nicht aus[67]. Für die haftungsausfüllende Kausalität tritt dagegen an die Stelle des Vollbeweises der Schadenshöhe und der Kausalität zwischen dem Haftungsgrund und der Schadensfolge das freie Ermessen des Gerichts (§ 287 ZPO), wobei in Kauf genommen wird, daß die richterliche Schätzung u.U. mit der Wirklichkeit nicht übereinstimmt[68].

b) Besondere Beweisschwierigkeiten des Geschädigten treten im Umwelthaftungsrecht bei Summationsschäden auf[69].

Die hierbei auftretenden Probleme sind im Rahmen des geltenden Rechts teilweise lösbar, soweit die Emittenten feststehen, deren Emissionen als Schadensursachen in Betracht kommen, oder aber das Zusammenwirken verschiedener Immissionen bei Entstehung eines Schadens aufgeklärt werden kann. Läßt sich feststellen, daß der Schaden erst durch Zusammentreffen mehrerer Immissionen verursacht worden ist, so haftet jeder der Emittenten als Gesamtschuldner für den vollen Schaden[70]. Schwierigkeiten ergeben sich dann, wenn zu einer schon vorhandenen, aber individuell nicht mehr zurechenbaren Umweltbelastung eine weitere, möglicherweise nur geringe Emission hinzutritt und dadurch die Schädlichkeitsschwelle überschritten wird[71]. Eine Haftung des Neuemittenten für den gesamten Schaden stößt hier auf Bedenken sowohl aus rechtlicher Sicht, weil dies zu Marktzugangsbeschränkungen führen könnte[72], als auch aus ökonomischer Sicht, weil bei einer solchen Haftungsfolge die externen Effekte von früheren Emittenten den Neuemittenten zugerechnet werden.

Eine Lösung der Zurechnungsprobleme ist ferner bei eingrenzbaren Konstellationen nach den für die Fälle der alternativen Kausalität geltenden Grundsätzen möglich, wenn sämtliche möglichen Verursacher erfaßt sind, von denen jeder für den Schaden haftbar sein kann, aber der Nachweis des konkret ursächlichen Tatbeitrags nicht geführt werden kann (sog. Urheber-Zweifel). Hier haften die potentiellen Schädiger als Gesamtschuldner (§ 830 Abs. 1 S. 2 BGB). Voraussetzung ist, daß der Kreis der potentiellen Schädiger feststeht. Diese Regelung ist auch auf die Fälle erstreckt worden, in denen der Umfang der von mehreren Beteiligten verursachten Teile des

---

67 And. Brüggemeier, KritV 1991, 297; ders., Deliktsrecht, S. 123.

68 Zöller-Stephan, ZPO, § 287 Rn. 1, 3.

69 Dazu eingeh. Brüggemeier, G., Die Haftung mehrerer im Umweltrecht, UTR 1990, 261 ff.; Köndgen, J., UPR 1983, 345, 353; Assmann, H.D., in: Fenyves, A./Weyers, H.-L., Hrsg., Multikausale Schäden in modernen Haftungssystemen, 1988, S. 99 ff.; s.a. Kramer, E.A., ebd., S. 55 ff.

70 Neben- oder Gesamttäterschaft; s. Brüggemeier, G., Die Haftung mehrerer im Umweltrecht, UTR 1990, 261, 269.

71 Brüggemeier a.a.O.; Köndgen, J., UPR 1983, 345, 353; krit. Assmann, H.-D., a.a.O., S. 114 ff.

72 Assmann, H.-D., a.a.O., S. 116.

Gesamtschadens nicht aufklärbar ist[73]. Auch hier ist aber Voraussetzung, daß jeder Beitrag geeignet war, den Gesamtschaden zu verursachen[74].

Nicht mehr lösbar im Rahmen des geltenden Rechts sind dagegen die Fälle, die gerade bei Distanz- und Summationsschäden typisch sind, in denen nicht feststeht, daß der Beitrag eines Emittenten geeignet war, den Gesamtschaden zu verursachen, andererseits sich aber auch nicht aufklären läßt, welchen Teilschaden der in Anspruch genommene Emittent verursacht hat[75].

c) Trägt der Geschädigte die Beweislast, so führt das gerade bei Umweltschäden in vielen Fällen zu einer Ablehnung der Haftung mit der Folge, daß ein erheblicher Teil von Umweltschäden nicht kompensiert wird. Diese Beweisregel wirkt sich folglich dahingehend aus, daß der Schadensvermeidungsaufwand der Emittenten unterhalb des effizienten Niveaus bleibt. Beweiserleichterungen kommen zwar dem Geschädigten zugute, führen aber nicht zu effizienten Ergebnissen, wenn sie zu einer "Verdachtshaftung" führen, die das Unternehmen mit Schäden belastet, die es nicht beeinflussen kann. Das gilt insbesondere für eine Umkehr der Beweislast. Die nicht verursachten Schäden, die das Unternehmen in solchen Fällen ersetzen muß, stellen für das Unternehmen einen Fixkostenblock dar, der zwar nicht seine optimale Schadenssteuerung beeinflußt, wenn es im Markt bleibt, der aber zu seinem Ausscheiden aus dem Markt führen kann. Diese Beweisregeln stellen jedoch Anreize für das Unternehmen dar, Forschungsaufwand zu betreiben, um die Zusammenhänge zwischen Emissionen und Umweltschäden zu klären und Informationen hierüber zur Verfügung zu stellen und können zu effizienten Lösungen beitragen, sofern das Unternehmen "best information producer" ist[76].

Ein Mittelweg zwischen Opferhaftung und Übermaßhaftung[77] ist durch die Kausalitätsvermutung gem. § 6 UmweltHG beschritten worden, die an die konkrete Eignung einer Emission anknüpft, den in Frage stehenden Schaden zu verursachen. Diese Kausalitätsvermutung erfaßt aber nur störfallbedingte Umweltschäden.

Die haftungsrechtliche Wirkung von Beweislastregeln ist unter Effizienzgesichtspunkten problematisch, weil alle Beweislastregeln mit dem Alles-oder-nichts-Prinzip

---

73 Sog. Anteilszweifel; s. dazu näher Brüggemeier a.a.O., S. 272 f.; Bälz, U., Ersatz oder Ausgleich, JZ 1992, 57, 61; Assmann, H.D., a.a.O.

74 BGHZ 67, 14, 19.

75 Hierzu näher Brüggemeier, G., a.a.O., S. 276 ff.

76 Dazu eingehend Panther, St., Zivilrecht und Umweltschutz, in: Ott, C./Schäfer, H.-B., Hrsg., Ökonomische Probleme des Zivilrechts, 1991, S. 267 ff.

77 Brüggemeier, G., KritV 1991, 297 ff., 303.

verknüpft sind[78]. Eine pro-rata-Haftung nach dem Grad der Wahrscheinlichkeit der Verursachung ist im deutschen Recht bislang nicht vorgesehen; eine anteilige Haftung nach dem Maß des Ursachenbeitrags, wie sie in § 8a des Regierungsentwurfs vorgesehen war, ist nicht Gesetz geworden[79].

2. *Wahrscheinlichkeitshaftung*

Abhilfe bietet eine Haftungsregel, die den Emittenten entsprechend seiner Kausalitätswahrscheinlichkeit haften läßt[80].

Die gleichen Anreizwirkungen für den Schädiger wie bei der Wahrscheinlichkeitshaftung entstehen bei dem in dieser Arbeit vorgeschlagene Verfahren, alle Ansprüche über einen Fond zu bündeln und die Schäden en bloc geltend zu machen. Das führt ebenfalls zum Ersatz der insgesamt ersatzpflichtig verursachten Schäden. Eine Kausalitätskette zwischen dem Schädiger und einem bestimmten Geschädigten braucht bei einer solchen Lösung nicht mehr nachgewiesen zu werden.

Die Vorteilhaftigkeit einer Wahrscheinlichkeitskausalität kann sich allerdings noch in ganz anderer Hinsicht ergeben. Umweltschäden treten oft erst mit Wirkungsverzöge-

---

78 Shavell, Economic Analysis of Accident Law, 1987, S. 115 ff.; Brüggemeier, KritV 1991, 297 ff., 304.

79 Dazu Landsberg, G./Lülling, W., Umwelthaftungsrecht, 1991, § 1 Rn. 211 ff.

80 Vgl. hierzu die französische perte d'une chance-Doktrin, s. Honoré, A., Causation and Remoteness of Damage, Kap. 7, Bd. 11, International Encyclopedia of Comparative Law, 1971; zur Marktanteilshaftung bei Produktgefahren Otte, K., Marktanteilshaftung. Rechtsvergleich und Alternativen im US-amerikanischen und deutschen Recht, 1990; vgl. dazu auch bereits Köndgen, J., Überlegungen zur Fortbildung des Umwelthaftpflichtrechts, UPR, 1983, 11-12, S. 345-355, der die Einführung der Wahrscheinlichkeitshaftung aus rechtlicher Sicht als "Grenzüberschreitung" (S. 347) ansieht. Wie zutreffend diese Einschätzung war, zeigte sich in Diederichsens Referat auf dem 56. Deutschen Juristentag, wo dieser die Wahrscheinlichkeitskausalität mit der folgenden Begründung ablehnte. "Letztlich scheitert die Statistik als Entschädigungszurechnungsinstrument, weil sie allenfalls etwas für die verteilende Gerechtigkeit (justitia distributiva) und nichts für den Bereich der ausgleichenden Gerechtigkeit (justitia commutativa) ist; diese stellt aber das eigentliche Terrain des Schadensersatzrechts dar." Vgl. Diederichsen, U., Referat, Verhandlungen des 56. Deutschen Juristentages, Bd. 2, 1987, S. L 51 ff., hier S. L89. Dieses Zitat macht dem Ökonomen, der die Aufgabe jeglichen Schadensrechts in der Vermeidung und Versicherung von Schäden sieht, die manchmal unüberwindlich scheinende kulturelle Distanz zum klassischen Rechtsdenken deutlich. Wenn Schadensrecht den Ausgleich der Schäden bei den Geschädigten (Versicherung) nicht ausreichend bewirken kann, wohl aber eine effiziente Schadensvermeidung, was spricht dann dagegen, die Versicherung einem anderen gesellschaftlichen Mechanismus zu übertragen? Zur Wahrscheinlichkeitshaftung im einzelnen Adams, M., Zur Aufgabe des Haftungsrechts im Umweltschutz, a.a.O., S. 151. Für einen Nachweis der wohlfahrtsmindernden Wirkung jeglicher Alles-oder-nichts-Regel siehe Shavell, S., Economic Analysis of Accident Law, a.a.O., S. 115 ff.

rung lange nach Verursachung auf[81]. Zum Zeitpunkt der Emission kann nur ein Wahrscheinlichkeitswert angegeben werden. Es ist deshalb vorgeschlagen worden, den Erwartungswert dieser Schäden bereits zum Zeitpunkt der Verursachung ersatzpflichtig zu machen, ohne die konkrete Schädigung abzuwarten[82]. Elliot[83] hat gezeigt, daß die tatsächliche Rechtsentwicklung amerikanischer Gerichte in diese Richtung tendiert, wenn auch dafür andere Begründungen gegeben werden, wie "Kostenersatz für zukünftige Gesundheitskontrollen" oder Ersatz für die "Wertminderung von Eigentumsrechten". Es ist also denkbar und praktisch durchführbar, den Gedanken der Wahrscheinlichkeitskausalität nicht nur auf die Zurechnung beim Schädiger, sondern auch auf den Wert zukünftiger Schäden zu beziehen. Die Probleme, die sich dann noch aus der Zeitverzögerung zwischen Emission und Schaden ergeben, reduzieren sich dann auf die genaue Erfassung der Emission.

Die Wahrscheinlichkeitskausalität löst einige Probleme, verschärft aber andere, worauf bereits Medicus hingewiesen hat. Sie führt zur Verschärfung der Anreizproblematik bei Streuschäden[84]. Denn der Geschädigte, der nur einen geringen Bruchteil seines Schadens geltend machen kann, wird die Mühen und Risiken des Prozesses scheuen. Das Gesamtproblem kann daher auch durch das Instrument der Wahrscheinlichkeitshaftung nicht befriedigend gelöst werden. Notwendig ist ein institutionelles Arrangement, das sowohl die Einforderung aller Schäden als auch die Begrenzung des Schadensersatzes auf die verursachten Schäden zur Folge hat, mithin sowohl die Problematik des rationalen Desinteresses als auch die Kausalitätsproblematik löst.

III. Lösung der Bewertungsprobleme

1. Bewertungsmethoden

Methoden für eine direkte zuverlässige Bewertung von Umweltschäden stehen noch nicht zur Verfügung. Es sind jedoch indirekte Bewertungsmethoden entwickelt worden, die nicht an den geäußerten Meinungen der Betroffenen, sondern an ihrem

---

81 Siebert, H., Haftung ex-post versus Anreize ex-ante: Einige Gedanken zur Umweltpolitik bei Unsicherheit, in Nicklisch, F., (Hrsg.), Prävention im Umweltrecht, Heidelberg 1988, S. 111-132, insbes. S. 120.

82 Robinson, G. O., Probabilistic Causation and Compensation for Tortious Risk, Journal of Legal Studies 14 (1985), S. 779-798.

83 Elliot, E., D., Why Courts? Comment on Robinson, Journal of Legal Studies 14 (1985), S. 779-798.

84 Medicus, D., Zivilrecht und Umweltschutz, JZ 1986, 778 ff.

tatsächlichen Verhalten anknüpfen[85]. Der Schaden von Gesundheitsrisiken läßt sich daran bemessen, wieviel Geld die Mitglieder einer Risikogruppe aufzuwenden bereit sind, um das Risiko zu reduzieren. Der Schaden verschlechterter Luft- und Wasserqualität oder von Lärmbeeinträchtigungen läßt sich indirekt daraus erschließen, um wieviel der Wert der Grundstücke in einem belasteten Gebiet unter dem gleich guter Grundstücke in einem unbelasteten Gebiet liegt. Der Verlust eines Naherholungsgebietes kann durch die Zusatzkosten (Transportkosten und Freizeitverlust) ermittelt werden, die notwendig sind um zu einem weiter entfernt liegenden Erholungsgebiet zu gelangen.

Es sind auch Befragungstechniken entwickelt worden, die strategisches Verhalten der Befragten nach Möglichkeit ausschließen[86].

Insgesamt sind die Bewertungsmethoden noch nicht ausgereift und gelangen für bestimmte Schadensarten nur zu wenig zuverlässigen Schätzungen. So lassen sich Lärmschäden heute wesentlich präziser in Geld berechnen als Schäden von Landschaften, Tieren oder Arten[87]. Die verschiedenen Schätzungen gelangen jedoch zu Werten, die allein für Luft- und Wasserverschmutzung 1,6% des Bruttoinlandprodukts

---

85 Für einen Überblick vgl. Wiese, H., Zahlungsbereitschaft kontra Entschädigungsforderung - Alternative Rentenkonzepte zur Bewertung von Umweltschäden ZfU 11986 S. 81-93.Zur Schadensschätzung mithilfe von Grundstückspreisdifferenzen bei Lärmschäden und verminderter Luft- und Trinkwasserqualität vgl. insbes. Freeman M., III, Hedonic Prices, Property Values and Measuring Environmental Benefits: A Survey of the Issue, Scand. J. of Economics, Bd. 81, 1979, S. 154-171. Zur Bewertung von Schäden an Leib und Leben vgl. Jones-Lee, M. W., 1976 The Value of Life, An Economic Analysis, und derselbe,The Value of Life and Safety, Proceedings of a Conference held by the Geneva Association, 1982 und Garen, J., Compensating Wage Differentials and the Endoggenity of Job Riskness, in Rev. of Economics and Statistics, 1988, S. 10ff.,sowie Ott/Schäfer, Schmerzensgeld bei Körperverletzungen, eine ökonomische Analyse, JZ 1990, S. 563-573. Bei dieser Forschungsrichtung geht es nicht darum -wie manchmal irrtümlich angenommen wird- den Aufwand zu ermitteln, der geleistet werden sollte, um einen bestimmten Menschen (etwa einen verschütteten Bergmann) vor dem sicheren Tod zu retten. Vielmehr geht es darum, herauszufinden, vieviel Schadensvermeidungsaufwand die Mitglieder einer großen Risikogruppe bereit sind, zur Vermeidung eines tödlichen Unfalls in ihrer Gruppe beizutragen, wobei jedes Gruppenmitglied dem gleichen Risiko ausgesetzt ist. Dieser Wert ist der ex-ante Schaden der Todesverhütung. Es geht insbesondere auch darum, einen statistischen Wert für eine Unfallwahrscheinlichkeit zu ermitteln, der durch freiwillige Zahlungen der Gruppenmitglieder für Präventionsmaßnahmen nicht mehr gesenkt werden kann.

86 Vgl. zu Techniken der Bewertung mit weiterführender Literatur, Endres, A., Philosophie, Leistungsfähigkeit und Grenzen der Monetarisierung externer Effekte, in, Prognos AG (Hrsg.) Externe Effekte der Energieversorgung, Baden-Baden 1991, S. 169, mit weiteren Literaturverweisen zur Monetarisierung externer Effekte.

87 Vgl. OECD, The State of the Environment, 1991, S. 255.

eines Landes ausmachen[88]. Wicke hat den Versuch einer Gesamtbilanzierung aller ökologischen Schäden für 1984 unternommen und gelangt zu einer Schadenssumme von 103,5 Mrd DM[89]. Auch wenn diese Ergebnisse teilweise grobe Schätzungen darstellen und die Forschungsmethoden der Umweltschäden für bestimmte Bereiche noch zu unpräzisen und schwankenden Ergebnissen führen, sollte auf eine Erfassung, Bewertung und Zurechnung dieser Schäden nicht verzichtet werden. Auch ein Zivilgericht hat oft keine andere Möglichkeit, als den Schaden zu schätzen, wozu ihm die Zivilprozessordnung eine ausdrückliche Ermächtigung erteilt (§ 287 ZPO). Gerade die Haftung für Umweltschäden kann so konstruiert werden, daß sie den Prozeßbeteiligten Anreize zur Weiterentwicklung verbesserter Forschungsmethoden und -resultate vermittelt[90].

2. *Entwicklung eines Bewertungsverfahrens*

Die methodischen Schwierigkeiten einer Bewertung der Umweltschäden dürfen nicht zum Verzicht auf die Bewertung führen. Derartige Schwierigkeiten treten in vielen Bereichen auf und werden gelöst. Die bei der Bemessung des Schmerzensgeldes verwendete Gliedertaxe, in der von der Querschnittslähmung bis zum Verlust eines Auges die Schäden für Zwecke des Ersatzes berechnet werden, ist nur ein bewährtes Beispiel gegen die Behauptung, Gesundheitsschäden könnten nicht bewertet werden[91]. Die Zivilgerichte nehmen zur Zeit diese Bewertungen ohne ausreichende methodische Grundlage vor. Dies ist jedenfalls besser als die Nicht-Bewertung. Schwierige und methodisch kaum befriedigend lösbare Bewertungsprobleme treten auch bei der Aufstellung jeder Bilanz auf. Der Wertberichtigungsbedarf bei Länderrisiken für Auslandsforderungen einer Bank kann letztlich nur grob geschätzt werden. Das gleiche gilt für bestimmte Rückstellungen oder für die Bewertung von Grundstücken oder Maschinen. Die theoretisch befriedigende Bewertung durch den Gegenwartswert aller abdiskontierten Erträge oder den erwarteten Marktpreis -für den Fall der Schließung des Unternehmens- ist auch hier nicht möglich. Aber es haben sich im Laufe der Zeit über einen Kommunikationsprozess innerhalb der Geschäftswelt und durch das Urteil von Fachleuten Maßstäbe und Regeln wie die Grundsätze ordnungsgemäßer Buchhaltung und Bilanzierung herausgebildet, die letztlich zur Bewertung jeder Bilanzposition führen.

Die Praxis bewältigt somit ständig Bewertungsprobleme, die vom Gesichtspunkt des

---

88 Diese Zahl, die für die Bundesrepublik etwa 50 Mrd. DM ausmacht, liefert die OECD. Vgl. OECD, The State of the Environment, Paris 1991, S255. Wicke schätzt auf der Basis von Mietzinsdifferenzen allein die Kosten des Straßenlärms für das Jahr 1984 auf fast 30 Mrd. DM. Vgl. Wicke, L., Umweltökonomie, 2. Auflage, 1987, S. 96.

89 Wicke, L.,Umweltökonomie, a.a.O. Fn. 8, S. 96.

90 Dies zeigt überzeugend die Arbeit von Panther, S.,Haftung als Instrument einer präventiven Umweltpolitik, Frankfurt 1992, insbes. S. 42 und S. 193 ff.

91 S. dazu näher Ott, C./Schäfer, H.-B., Schmerzensgeld bei Körperverletzungen, JZ 1990, 563 ff.

Theoretikers schwer lösbar erscheinen müssen. Dadurch werden Resultate erzielt, die jedenfalls besser sind als ein Verzicht auf Bewertungen. Vor dem Hintergrund dieser Erfahrungen ist es nicht vertretbar, Bewertung, Zurechnung und Ersatz von Umweltschäden mit dem Hinweis auf methodische Erfassungsschwierigkeiten abzulehnen. Statt dessen soll hier ein Verfahren vorgeschlagen werden, das letztlich zu einer Bewertung führt. An die Konstruktion dieses Verfahrens müssen bestimmte Anforderungen gestellt werden. Die Beteiligten sollten nach Möglichkeit Vorteile davon haben, alle verfügbaren Informationen einzugeben. Ihnen sollten außerdem Anreize verschafft werden, optimalen Forschungsaufwand zur beseren Bewertung und Zurechnung der Schäden zu zu betreiben. Zudem sollte die endgültige Bewertungs- oder Zurechnungsentscheidung von Personen getroffen werden, die keinen persönlichen Vorteil von einer systematischen Abweichung der Bewertung von den richtigen Werten haben.

IV. Das Verfahren der Zurechnung und Bewertung von Umweltschäden

1. Vorgaben für das Verfahren

Das vorgeschlagene Verfahren zur Aufstellung der Umweltschadensbilanz setzt die Ermittlung folgender Werte voraus:

- Emissionsmengen eines Unternehmens,
- Wert der insgesamt durch die Emissionen aller Unternehmungen entstehenden Schäden[92] bzw.
- Anteil, mit dem die Emissionen insgesamt ursächlich an den Schäden einer bestimmten Schadenskategorie beteiligt sind.
- Anteil, mit dem ein einzelnes Unternehmen an den durch die Emissionen bewirkten Schäden beteiligt ist.

In den meisten Fällen werden Schadenshöhe und Anteile sowohl vor als auch nach der Schädigung nur als Erwartungwert einer Wahrscheinlichkeitsdichtefunktion angebbar sein. Ersetzt werden dann auch nicht die faktisch entstandenen Schäden, da diese im Einzelfall gar nicht feststellbar sind, sondern Erwartungswerte.

Bestimmte dieser Informationen können besser durch das betreffende Unternehmen, andere besser durch allgemeine Forschung beigebracht werden. Manche der Informationen haben nur informationellen Wert für ein Unternehmen, manche sind für mehrere oder alle emittierenden Unternehmen von Bedeutung, etwa der Anteil von Emissionsschäden an einer Schadenskategorie. Im ersten Fall kommt es für das Entscheidungsverfahren darauf an, dem "cheapest information producer" Anreize zur Informationsermittlung zu geben. Im zweiten Fall ist das Forschungsergebnis ein öffentliches

---

92 Der Ausdruck "Schäden" wird hier nur als Kürzel benutzt. Es sei nochmals darauf hingewiesen, daß es nicht um die Ermittlung und Bewertung aller Schäden schlechthingehen kann. Es geht um die bei optimalem Vorsorgeniveau des Geschädigten noch entstehenden Schäden zuzüglich dieser Vorsorgeaufwendungen abzüglich jener Schäden und Vorsorgeaufwendungen, die nach dem Reziprozitätsprinzip unbeachtlich sind. Vgl. a.a.O. unter Abschnitt B.

Gut und es treten die damit verbundenen Probleme auf. Sind nämlich die Unternehmen am besten geeignet, derartige Forschung zu betreiben, und sind die Forschungsergebnisse für alle anderen Unternehmen nutzbar, müssen Wege gefunden werden, die die kostenlose Nutzung dieser Informationen durch andere Unternehmungen verhindern. Andernfalls führt dieses Trittbrettfahrerverhalten zu einem insgesamt zu niedrigen Forschungsniveau. Denn ein einzelnes Unternehmen orientiert dann seinen Forschungsaufwand nur am Erwartungsnutzen der Forschung für das eigene Unternehmen, nicht am höheren gesellschaftlichen Forschungsnutzen. Dieses Problem kann aber dadurch gelöst werden, daß ein Unternehmen die Forschung anderer Unternehmen bei der Aufstellung seiner Umweltbilanz nur dann nutzen darf, wenn es dafür zahlt.[93]

Ein schwer zu lösendes Problem liegt darin, daß Unternehmen nur an der Veröffentlichung ihrer für sie günstigen Forschungsergebnisse interessiert sind, jenen also, die zur Verringerung ihres Schadensanteils führen[94]. Eine Veröffentlichungspflicht der Forschungsergebnisse löst das Problem nicht, weil dann der privatwirtschaftliche Anreiz zur Umweltforschung entfällt. Denn ein aufwendiges Forschungsprojekt kann immer sowohl zum Nachweis höherer als auch niedrigerer Schadensbeiträge der Firma führen, als denen, mit denen ursprünglich gerechnet wurde. Der Forschungsanreiz entfällt völlig, wenn als Forschungsergebnis mit gleicher Wahrscheinlichkeit eine Erhöhung und eine Senkung der Haftung erwartet werden kann. Einen Ausweg bietet rechtlich erzwungene Forschung, wie bei den Produktbeobachtungspflichten im Rahmen der Produzentenhaftung. Sie führt aber nur zum Ziel, wenn die erforderlichen Prozeduren des Forschungsprozesses von einem außenstehenden Beobachter (Behörde oder Gericht) festgelegt und überprüft werden können. Dies ist in einigen Fällen möglich, so bei der Emissionserklärung nach § 26 BImschG. Sobald Forschung abstrakter wird und über einfache Routinen hinausgeht, wird ein verordneter Forschungsaufwand zwar Kosten aber keine Resultate erzwingen können.

Das Dilemma kann für die Ermittlung des Schadensanteils eines Unternehmens am Gesamtschaden auf folgende Weise durch einen iterativen Prozess aufgelöst werden. Die zentrale Einrichtung gibt Daten für die gesamte Schadenshöhe und den Anteil einer bestimmten Firma vor. Dadurch entstehen bei den Firmen Anreize, nachzuweisen, daß der eigene Anteil niedriger als der vorgegebene ist. Jene Unternehmen, denen das durch Forschung gelingt, werden ihre Resultate vorlegen und die Haftung reduzieren. Jene Unternehmen, die zu höheren Schadenswerten kommen, als von der Einrichtung geschätzt, werden ihre Ergebnisse verheimlichen. Dies ist aber unschädlich, denn jede Reduzierung des Anteils eines Unternehmens muß zu einer Erhöhung der Anteile der übrigen Firmen führen. Obwohl nur schadensmindernde Forschungsergeb-

93 Zum Problem des Ausgleichs von Forschungskosten, die im Zusammenhang von Genehmigungsverfahren zum Nachweis der Umweltverträglichkeit von Pflanzenschutzmitteln von einem Unternehmen aufgewendet worden sind BGHZ 107, 117. Einen bereicherungsrechtlichen Ausgleich hält der BGH nicht für begründbar. Der Ausgleich in solchen Fällen ist nunmehr gesetzlich geregelt, § 13 PflanzenschG i.d.F. vom 15.9.1986.

94 Vgl. dazu Panther, S., Haftung als Instrument einer präventiven Umweltpolitik, a.a.O. S.85 ff.

nisse bekannt werden, filtert dieses Verfahren auch Firmen mit überdurchschnittlichem Schadensbeitrag heraus.

Diese Methode versagt allerdings dort, wo es um die Höhe der Schäden und nicht um die Anteile eines Unternehmens am Gesamtschaden geht. Forschungsergebnisse, die die Haftung erhöhen können sind dann nur von der Forschung der Zentralen Einrichtung zu erwarten.

2. Konstruktion des Verfahrens im einzelnen

Ein Verfahren, das diesen Vorgaben entspricht, könnte wie folgt ausgestaltet werden:

(1) Die Unternehmen stellen jährlich Umweltschadensbilanzen auf. Die dazu notwendigen Informationen beschaffen sie sich durch eigene Forschung oder durch Beteiligung an Forschungspools oder durch Verwendung von Datenmaterial der Zentralen Einrichtung, die den Schaden pro Emissionseinheit zunächst vorgibt.

(2) Die von den Unternehmen aufgestellte Umweltschadensbilanz wird durch einen Abschlußprüfer geprüft, der insbes. überprüft, ob die für die Aufstellung der Bilanz geltenden Regeln eingehalten werden. Um zu verhindern, daß sich die Abschlußprüfer hierbei einseitig an den Interessen der Unternehmen ausrichten, sollte vorgesehen werden, daß die Abschlußprüfer im Einvernehmen mit der Zentralen Einrichtung bestellt werden.

(3) Die Zentrale Einrichtung kann die Umweltschadensbilanz beanstanden, muß die Beanstandungen aber substantiieren.

(4) Kommt in diesem Fall eine Einigung zwischen Unternehmen, Abschlußprüfer und Zentraler Einrichtung nicht zustande, so entscheidet das Gericht entsprechend dem Verfahren nach § 324 HGB.

(5) Die Ansätze in der unanfechtbar gewordenen Umweltschadensbilanz sind im Verhältnis zwischen Unternehmen und Zentraler Einrichtung rechtsverbindlich für die Geltendmachung von Schadensersatzansprüchen.

F. Schlußfolgerungen

Das vorstehend entwickelte Konzept stellt den Versuch dar, das Problem der Umweltschäden, die von Unternehmen verursacht werden, auf der Grundlage einer zivilrechtlichen Haftung umfassend zu lösen. Dabei wurde besonderer Wert auf eine Lösung derjenigen Probleme gelegt, die bisher einer haftungsrechtlichen Erfassung dieser Schäden entgegenstehen. Es handelt sich hier insbesondere um Zurechnung und Bewertung der Schäden im Rahmen des Zivilrechts sowie um die Effektivität der Geltendmachung von Schadensersatzansprüchen. Das Zurechnungsproblem erscheint nur als lösbar durch Einführung einer Haftung nach Wahrscheinlichkeitskausalität in Verbindung mit Beweislastregeln, die zu Anreizen für die Unternehmen führen, die Zusammenhänge zwischen Emissionen und Schäden durch eigene Forschungsaufwendungen zu klären. Für die Lösung der Bewertungsprobleme wird ein Verfahren vorgeschlagen, das den Beteiligten über die Erstellung von Umweltschadensbilanzen Anreize zur richtigen Schadensbewertung gibt. Bei der Bewertung soll eine zentrale Einrichtung als institutionalisiertes Gegengewicht gegen die Unternehmensinteressen mitwirken. Außerdem soll der Zentralen Einrichtung die Geltendmachung der Schäden übertragen werden, soweit dies nicht durch die Geschädigten selbst erfolgt.

Kommentar

von Peter Salje

1.Der profunde Beitrag enthält eine sehr kreative und im Grundsatz einleuchtende Verbindung der Problemkreise "Umweltschäden" und "Reichweite von Unternehmenspublizität". Beide Themenbereiche werden sowohl vertieft ausgearbeitet als in höchst eindrucksvoller Weise miteinander verknüpft und aufeinander bezogen. In der Tat hat mich gerade die Verknüpfung beider Problemkreise miteinander so sehr überzeugt, daß an eine kritische Distanz zunächst kaum zu denken war. Vielleicht beruht dieses Gefühl freudiger Akzeptanz allerdings auch darauf, daß die Sozialisation in die Begriffswelt der ökonomischen Analyse des Rechts eine weitgehende Übereinstimmung der in diesem System Denkenden und Agierenden geradezu selbstverständlich erscheinen läßt.

Wenn es aber denn doch meine Rolle hier sein sollte, Kritisches und Weiterführendes beizutragen, dann bleibt mir nichts anderes übrig, als mich in die Details zu begeben. Detailkritik ist angesichts eines großen Wurfs den Verfassern gegenüber eigentlich undankbar. Trotzdem tue ich, was ich nun einmal tun muß.

2. Die **Umweltschadensproblematik** ist auf dem besten Wege, eine Diskussion ohne Ende zu werden[1]. Die Fronten sind nach Selbstverständnis und Herkunft abgesteckt. Der von der derzeitigen Bundesregierung initiierte und in Bundestag, Bundesrat und Ausschüssen gegen beträchtlichen Widerstand und im Zusammenhang mit gewissen Euphorien des Deutschen Einigungsprozesses nur knapp durchgesetzte Entwurf eines Umwelthaftungsgesetzes ist wohl zu recht vielen als ein Versuch erschienen, das Erreichen eines politisch erklärten Zieles gleichzeitig zu behaupten und zu vereiteln[2]. Nachdem auf europäischer Ebene mit dem Europarats-Konventionsentwurf einer um-

---

1 Vgl. etwa Brüggemeier, Umwelthaftungsrecht - Ein Beitrag zum Recht der "Risikogesellschaft", KJ 1989, 209 ff.; Diederichsen, Umwelthaftung zwischen gestern und morgen, in: Festschrift für Lukes, 1989, 41 ff.; Gerlach, Privatrecht und Umweltschutz im System des Umweltrechts, Berlin 1989; Marburger, Ausbau des Individualschutzes gegen Umweltbelastungen als Aufgabe des Bürgerlichen und Öffentlichen Rechts, Gutachten zum 56. DJT, Bd. I, München 1986, C 9 ff.; Michalski, Zivilrechtlicher Nachbarschutz bei durch Schadstoffe in der Luft kontaminiertem Boden DB 1991, 1365 ff.; Roller, Die neuere Entwicklung des Umwelthaftungsrechts, PHI 1990, 154 ff.; Salje, Verschärfung der Haftung für Umweltschäden?, UPR 1990, 1 ff.; Salje, Von den ökologischen Verkehrspflichten zur Umweltgefährdungshaftung, Deutsche Rechtsprechung, Beilage zu Heft 1/1991, 3 ff.; Salje, Europäisierung der Umwelt- und Abfallhaftung, IUR 1992, 66 ff.; Schimikowski, Entwicklungstendenzen im Umwelthaftungsrecht, r + s 1992, 252 ff.; v. Wilmowsky, Die Haftung des Abfallerzeugers, NuR 1991, 253 ff.

2 So auch Gottwald, Die Schadenszurechnung nach dem Umwelthaftungsgesetz, in: Festschrift für H. Lange, hrsg. von Medicus/Mertens, Stuttgart/Berlin/Köln 1992, 447, 456, 476: "Funktionslos, überflüssig und verwirrend"; "Steine statt Brot" in bezug auf § 6 UmweltHG; Salje, Verschärfung der Haftung für Umweltschäden?, UPR 1990, 1 ff.

fassenden Umwelthaftung und mit dem Richtlinienentwurf der EG-Kommission zur Abfallschadenshaftung[3] beträchtlich weitergehende Gesetzesvorschläge auf dem Tisch liegen, werden die Kritiker am bundesdeutschen Umwelthaftungsgesetz auch nicht verstummen. Der in Richtung auf ein sehr viel schärferes Umwelthaftungsrecht abgefahrene Zug scheint unaufhaltsam zu sein; das von einer engen Anlagenhaftung ausgehende Gesetz wird umfassend zu novellieren sein.

3. Die Vorschläge von Schäfer und Ott[4] gehen nicht nur in die richtige Richtung, sondern sind auch überzeugend vorgetragen und begründet. Die Kardinalfunktionen des Schadensausgleichsrechts - Prävention und Ausgleich[5] - sind zugleich nur erfüllbar, wenn möglichst umfassend alle Arten von Schäden effizient und effektiv abgerechnet werden können. Dazu sind die Hauptprobleme Umweltschadensbegriff, kausale Zurechnung sowie Beweislastverteilung zu lösen (vgl. die mißglückte Lösung in den §§ 6, 7 UmweltHG).

Die Problematik des Begriffs "**Umweltschäden**" ist bekannt. Nicht nur ist der Umweltbegriff unsicher (Stichwort: Anthropozentrik); völlig umstritten ist weiterhin, ob bei Umweltschäden auf deren massenhaftes Auftreten, auf das Eintreten über den Umweltpfad (Wasser, Luft, Boden), auf die bloße Beeinträchtigung dieser Umweltmedien oder aber nur auf Schäden an subjektiv-rechtlich zurechenbaren Umweltmedien wie Boden abzustellen ist[6]. Während sich im Europäischen Recht eine Unterscheidung zwischen Umweltschäden (an subjektiven Rechten) und Umweltbeeinträchtigungen (ökologische Schäden) anzubahnen scheint, könnte man anstelle von Umweltschäden auch an Begriffe wie "Produktionsschaden"[7] oder aber an spezielle Umweltschäden wie Abfallschäden anknüpfen[8].

---

3 Dazu mit Nachweisen: Salje, Von der deutschen Umwelthaftung zur Europäischen Abfallhaftung, DB 1990, 2053 ff.; Salje, Europäisierung der Umwelt- und Abfallhaftung, IUR 1992, 66 ff.

4 Vgl. in diesem Band S. 217 ff.

5 Zu diesen Haftungsprinzipien vgl. Kötz, Ziele des Haftungsrechts, in: Festschrift für Steindorff, München 1990, 643 ff.; Koziol, Erlaubte Risiken und Gefährdungshaftung, in: Prävention im Umweltrecht. Risikovorsorge, Grenzwerte, Haftung, hrsg. von Nicklisch, Heidelberg 1988, 143 ff.; vgl. auch Weyers, Unfallschäden. Praxis und Ziele von Haftpflicht- und Vorsorgesystem, Frankfurt (Main) 1971

6 Die nach § 3 Abs. 1 UmweltHG ebenfalls thematisierten Umweltmedien "Luft" und "Wasser" fallen daher grundsätzlich als solche aus der Haftung heraus, da es sich um Allgemeingüter handelt, sofern nicht Folgeschäden an subjektiv zugeordneten Rechtsgütern festzustellen sind.

7 Zum Begriff vgl. Brüggemeier, Umwelthaftungsrecht, KJ 1989, 209, 227 ff.; Salje, Haftung des Betreibers für fernwirkende Emissionen, ms. Habilschrift Münster, 1988, Kapitel 2 B III. 1

8 Zur ökonomischen Analyse des Haftungsrechts vgl. Schäfer/Ott, Lehrbuch der ökonomischen analyse des Zivilrechts, Berlin/Heidelberg 1986, S. 85 ff.; Endres, Ökonomische Grundlagen des Haftungsrechts, Heidelberg 1991, S. 14 ff.; Adams, Ökonomische Analyse der Gefähr-

Die **Kausalität** als Kardinalproblem der Umwelthaftung bedarf offensiver Lösungen. Wenn ein liberaler Staat früher unkontrolliert und auch heute noch in liberaler Handhabung Entwicklung, Produktion und Vertrieb aller Arten von Stoffen und Produkten (anders dagegen: Arzneimittel, vgl. § 86 AMG) im Grundsatz ungeprüft erlaubt, muß er in Wahrnehmung von Grundrechten der Konsumenten und Drittbetroffenen für einen umfassenden Schadensausgleich nach dem Vorbild von § 14 Satz 2 Bundesimmissionsschutzgesetz sorgen. Liberale Zulassung und umfassender Schadensausgleich stehen zwingend im Komplementärverhältnis. Dies läßt es als gerechtfertigt erscheinen, immer dann einen Schaden bestimmten Unternehmen oder einer Unternehmensgruppe zuzurechnen, wenn die Verursachung des Schadens durch Stoffe oder Handlungen dargelegt und nachgewiesen werden kann, die typischerweise von derartigen Unternehmen stammen. Es ist dann Sache dieser Unternehmen, das Nichtbestehen der Kausalität nachzuweisen. Wenn hier gelegentlich und polemisch von "Verdachtshaftung" gesprochen wird, so wird verkannt, daß Art. 14 und Art. 2 Abs. 2 GG wegen des aufgezeigten Komplementärverhältnisses eine von Schäfer/Ott zutreffend als Wahrscheinlichkeitshaftung bezeichnete Verantwortung zwingend erfordern. § 292 ZPO zeigt einen entsprechenden Weg auf[9]. Will man diesen Weg nicht einschlagen, so sollte mit dem ersten Entwurf einer Abfallhaftungsrichtlinie der EG auf die überwiegende Wahrscheinlichkeit abgehoben werden[10]. Eine solche strikte Haftung, die ohne weiteres den Prinzipien des billigsten Risikovermeiders und des geringstmöglichen Versicherungsaufwandes genügt, bildet unmittelbar einen intensiven Anreiz, entsprechenden Forschungsaufwand zu leisten. Damit wird die gesamtwirtschaftlich wichtige Funktion erfüllt, mehr über umweltgefährliche Stoffe, Produkte und Handlungen zu erfahren. Auf diese Weise werden die Unternehmen immer besser lernen, die Folgen neuer Stoffe usw. im Hinblick auf das eigene Unternehmensrisiko zu bedenken. Die "wilden Jahre" des postindustriellen Zeitalters werden damit endgültig ihrem Ende zugehen.

4. **Unternehmenspublizität** zur Sicherstellung von Umweltbelangen ist eine wichtige Forderung, die in einem umfassenden Sinne der Rechnungslegung des Unternehmens im Verhältnis zur Allgemeinheit dient. Eine schlechte Presse fürchten die Unternehmen häufig mehr als drohende Haftung, die ihnen eher als ein Versicherungs-

---

dungs- und Verschuldenshaftung, Heidelberg 1985, insbesondere S. 36 ff.

9 Die Beweisvermutungen nach §§ 6, 7 UmweltHG werden zwar als solche bezeichnet, stellen aber keine echten Vermutungen im Sinne des § 292 ZPO dar.

10 Vgl. dazu § 121 Abs. 1 des Entwurfes zu einem allgemeinen Teil des Umweltgesetzbuches, hrsg. von Kloepfer/Rehbinder/Schmidt-Assmann, Berichte 7/90 des Umweltbundesamtes, 2. A. Berlin 1991. Die EG-Kommission hat in der neueren Fassung ihres Entwurfs zur Abfallhaftungsrichtlinie leider Artikel 4 Abs. 6 a. F. nicht wieder aufgenommen, wonach die überwiegende Wahrscheinlichkeit eines Ursachenzusammenhangs ausreichen sollte. Die neuere Fassung des Artikel 4 überläßt die prozessuale Ausführungsregelung den Mitgliedstaaten, vgl. Salje, Europäisierung der Umwelt- und Abfallhaftung, IUR 1992, 66, 69. § 6 UmweltHG geht diesen Weg leider nicht.

problem erscheinen mag[11]. Durch zweckadäquate Unternehmenspublizität können vielfältige Informationsbedürfnisse befriedigt werden, wobei die Parallele zu handelsrechtlichen Jahresabschlüssen auf der Hand liegt. Eine zieladäquat gehandhabte Unternehmenspolitik vermag einmal der Information Dritter zu dienen. Dazu zählen etwa Behörden, Gläubiger und die Presse (sowie sonstige interessierte Dritte), insbesondere aber auch andere Unternehmen, die die Risiken eines solchen Marktes im Hinblick auf Umweltschäden besser einzuschätzen versuchen wollen. Nicht zu unterschätzen ist auch der Zwang im Hinblick auf umfassende Selbstinformation des Unternehmens im Sinne von rationaler Risikoabschätzung[12]. Skeptisch wird man allerdings die von Schäfer/Ott[13] offenbar angezielte Funktion beurteilen müssen, aktuell oder potentiell Geschädigten Informationen über Grundlagen und Erfolgsaussichten von Umwelthaftungsklagen zu ermöglichen. Das lehren die bisherigen Erfahrungen mit **Öko-Bilanzen**.

Schon die allgemeinen Erfahrungen mit Öko-Bilanzen sind nicht sehr ermutigend[14]. Dabei treten einmal Erfassungsprobleme im Sinne einer Quantifizierung von Eingangswerten auf. Dies betrifft Energie- und Wasserverbrauch, Luft-, Boden- und Wasserbelastung, Materialverbrauch und Abfallstoffmengen. Selbst wenn das Quantifizierungsproblem gelöst ist, wird die Qualität der Belastung sehr unterschiedlich sein und sich einer Aufnahme in derartige Bilanzen praktisch entziehen (Deponieverträglichkeit, Wiederverwertungsraten, Verhinderung von Entropie). In der Literatur wird häufig dafür das Beispiel angeführt, daß Öko-Bilanzen je nach Ausgestaltung z. B. auch für Kunststoffbehälter wie PET-Flaschen sprechen können, weil die Materialverbrauchskriterien usw. zwar günstig sind, aber die Umweltbelastung durch Nichtberücksichtigung fehlender Wiederverwertbarkeit sowie der schlechten Materialeigenschaften in derartigen Öko-Bilanzen systematisch unterschätzt werden.

Auf die **Publizität** im Hinblick auf die **Umwelthaftung** übertragen sind von vornherein solche Öko-Bilanzen abzulehnen, die lediglich Aufwand und Ertrag von Umweltschutzmaßnahmen gegenüber stellen. Alle Arten von aggregierten Größen helfen einem potentiell oder aktuell Geschädigten nicht. Anstelle von Rechenwerten wird es für ihn vielmehr interessant zu erfahren sein, welche Stoffe im Produktionsprozeß eingesetzt und in welcher Konzentration und Menge sie freigesetzt werden. Diesen Informationsbedürfnissen dienen unter bestimmten Voraussetzungen schon jetzt die §§ 8 - 10 UmweltHG (Auskunftsansprüche), die allerdings den Nachteil haben, eine Klage zu erfordern, die noch dazu an bestimmte Voraussetzungen geknüpft ist. Insoweit wäre eine allgemein zugängliche Informationsquelle ein echter Fortschritt.

---

11 Vgl. Endres, Ökonomische Grundlagen des Haftungsrechts, 1991, 174 ff.; Adams, Ökonomische Analyse des Zivilprozesses, Heidelberg 1981

12 Dies ist die Grundlage für alle Bemühungen der Versicherungen um sogenanntes Risk-Management

13 Ebenda in diesem Band S. 217 ff.

14 Vgl. dazu Strecker, Öko-Bilanzen - Sinn und Unsinn, BB 1992, 398 ff.

Diesem Informationsbedürfnis könnte aber auch dadurch Rechnung getragen werden, daß etwa in einem Anhang zum Geschäftsbericht umweltrelevante Verhaltensweisen nach einem bestimmten Schema aufgegliedert als Pflichtangaben abgefordert werden. Diese Angaben könnten in einem allgemeinen Register gesammelt und - z. B. von Behörden oder der IHK - als Information an Interessierte abgegeben werden. Ist etwa ein bestimmter Schaden z. B. auf Ammoniak zurückzuführen, so wäre für einen Geschädigten binnen kurzem zu ermitteln, wer in seiner Region diesen Stoff abgibt oder freisetzt. Ein solcher Informationspool würde eine sicherere und schnellere Hilfe ermöglichen als Instrumente, die an traditionelle Instrumente der Rechnungslegung anknüpfen. Auch ist an eine produktbezogene Umweltverträglichkeitsprüfung zu denken.

Wählt man stattdessen mit Schäfer/Ott das Ziel, die **sozialen Kosten von Emissionen** zu erfassen und zu dokumentieren, indem alle umweltrelevanten Emissionen mengen- und preismäßig erfaßt und den geleisteten Schadensersatzzahlungen sowie den Rückstellungen gegenübergestellt werden, so vermag eine solche Umweltschadensbilanz zwar nicht dem Geschädigten zu helfen, wohl aber eine Einordnung des Unternehmens in eine "**Skala der Umweltfreundlichkeit**" zu ermöglichen. Gewisse Probleme werden sich daraus ergeben, daß Schadensersatz- und sonstige Zahlungen sowohl in der allgemeinen Jahresabschlußrechnung als auch in der Umweltschadensbilanz auftauchen werden (z. B. Zahlung auf eingetretene Umweltschäden). Trotz dieser Doppelerfassung erscheint es mir sinnvoll, **alle Arten von Abfällen** zu erfassen, selbst wenn diese nicht gasförmig abgegeben werden. Selbst wenn für Abwässer eine Abwasserabgabe geleistet oder für die Entsorgung fester Industrieabfälle Gebühren oder Entgelte gezahlt worden sind, bedeutet dies, daß diese Entgelte kostendeckend sind. Vielmehr können die aus solchen Abfällen jeglichen Aggregatzustandes eintretenden Schäden größer oder kleiner als die geleisteten Zahlungen sein. Auch diese externen Effekte müssen in der Umweltschadensbilanz erfaßt werden.

5. Dennoch gehen **Verknüpfung von Umweltschadenshaftung und Unternehmenspublizität** in die richtige Richtung. Wird das moderne Instrumentarium der Datenverarbeitung für Aufbereitung und Bereitstellung der notwendigen Umweltsituationsdaten benutzt, so könnte in der Tat die **Effektivität des Umwelthaftungsrechts** beträchtlich erhöht werden. Systematische Abwicklung von Umweltschäden durch Haftungsklagen oder Versicherungsausgleich bedeutete dann eine Verbesserung des Systems relativer Preise, wenn nämlich zunehmend praktisch alle dem Produkt- oder dem Produktionsprozeß zurechenbaren Schäden letztendlich in den Preis eingehen würden. Die Umwelt- und Unternehmenspublizität bildet damit ein wichtiges Instrument zur Verbesserung der Effizienz unseres dezentralen Wirtschaftssystems.

6. Die baldige Einführung eines **Umweltschadensfondss** ist unabdingbar notwendig. Nur über einen derartigen Fonds wird es eine effektive Abwicklung all derjenigen Schäden geben, deren kausale Zurechnung letztlich scheitert, weil das notwendige Wissen über umweltschädigende Stoffe und Handlungen fehlt. Zur Ausgestaltung eines

solchen Fonds liegen verschiedene Entwürfe[15] vor, zu denen Schäfer/Ott bedeutsame Gedanken beisteuern[16]. Die Regierungen in Bund und Ländern werden aber wegen der hohen Kosten erst aktiv werden[17], wenn das Bundesverfassungsgericht die Verfassungsbeschwerde zu den Waldschäden[18] im Sinne des Beschwerdeführers entschieden hat. Insbesondere wird es um eine Effektivierung von Anreizen gehen, den Umweltschadensfonds zu einer möglichst lückenlosen Eintreibung von Schäden zu veranlassen, um die eigene Finanzierung zu sichern. Dabei wird der Fonds allerdings auf die Mithilfe von Geschädigten und deren Verbänden angewiesen sein. Deshalb ist auch der Vorschlag von Schäfer/Ott bedeutsam, diese Organisationen auch bei der Verteilung der Schadensersatzleistungen zu berücksichtigen, weil dies wiederum einen Anreiz für deren Mitwirkung darstellen würde. Bei Krankenkassen, Forstwirteverbänden und Haus- und Grundeigentümervereinigungen dürften diejenigen Kenntnisse optimal vorhanden sein, die der Fonds zur effektiven Durchsetzung von Ersatzansprüchen benötigt.

Ob dem Fonds auch Aufgaben der Umweltforschung sowie der - ungeheuer aufwendigen - Sanierung von Altlasten aufgebürdet werden sollten, kann jetzt noch nicht abschließend beurteilt werden; dies wäre eigentlich nur möglich, wenn die über Verbände und Organisationen zu verteilenden Kompensationszahlungen ähnlich den Konzepten der Vergütungsverteilung bei Urheberrechts-Wahrnehmungsgesellschaften von vornherein um bestimmte prozentuale Anteile gekürzt würden, die dann z. B. für Forschung zur Verfügung stünden.

7. Das Dreigestirn Umweltschadensfonds, Umweltpublizität und Effektivierung der individuellen Umweltschadenshaftung ist geeignet, dem Ziel der Internalisierung der solange vernachlässigten ungeheuren sozialen Kosten im Umweltbereich erheblich näher zu kommen. Damit würde über eine Verbesserung des stärker kostenorientierten Preismechanismus zudem ein starker Impuls für den Produktwettbewerb geschaffen. Dies wiederum ist die Grundlage zum Ausscheiden solcher Produkte aus dem Wettbewerb, deren Kosten für Unternehmen, Konsumenten und Allgemeinheit nicht mehr

---

15 Vgl. Hamburger Entwurf, BR-DrS 127/1/90 (Beschluß); Entwurf Hessen, BR-DrS 100/87, § 8; Entwurf Die Grünen, BT-DrS 11/4247, §§ 1 ff. des Umweltschaden-Fonds-Gesetzes

16 Vgl. allgemein Kinkel, Möglichkeiten und Grenzen der Bewältigung von umwelttypischen Distanz- und Summationsschäden, ZRP 1989, 293 ff.; Ganten, Fonds zum Ausgleich von Umweltschäden in den Niederlanden, in Japan und in den USA, Bonn 1989; interministerielle Arbeitsgruppe Umwelthaftungs- und Umweltstrafrecht (Hrsg.), Bericht Umwelthaftungsrecht, Stand: 19.4.1988, S. 336 ff. (kollektive Entschädigungssysteme); Gerlach, Privatrecht und Umweltschutz im System des Umweltrechts, Berlin 1989, S. 364 ff.; Wagner, Kollektives Umwelthaftungsrecht auf genossenschaftlicher Grundlage, Berlin 1990, S. 104 ff.; Salje, Risikovorsorge durch Errichtung eines Umwelthaftungsfonds am Beispiel des "Hamburger Entwurfs", KritV 74 (1991), 324 ff.; Salje, Umwelthaftungsgesetz. Kommentar, München 1993, Einführung Rn. 18 ff.

17 Zur bisherigen Zurückhaltung vgl. schon Geisendörfer, Umwelthaftungsrecht in der Marktwirtschaft, VersR 1988, 421, 425

18 Grundlage: BGHZ 102, 350 ff.

als tragbar erscheinen. Das Konzept von Schäfer/Ott stellt daher eine zukunftsweisende Verbindung und Weiterentwicklung des bisherigen Schutz- und Informationsinstrumentariums dar.

Europäische Regelungen für Unternehmensübernahmen - eine kapitalmarktorientierte Betrachtung -

von *Andreas Schwartze* [1]

A. Einleitung

Die Übernahme von Unternehmen und die dagegen gerichteten Abwehrmöglichkeiten werden derzeit in Deutschland mit einer Intensität diskutiert wie kaum eine andere wirtschaftsrechtliche Problematik. Das gilt vor allem für den Bereich der Rechtswissenschaften [2], weniger für den der Ökonomie - oder genauer der Betriebswirtschaft [3]. Diese wissenschaftliche Geschäftigkeit ist kaum verständlich, wenn man sie

---

1 Für die Anregungen in dem mir zur Auswertung überlassenen Kommentar danke ich Theodor Baums, Osnabrück.

2 Erst vor kurzem hat sich auch die Tagung der Gesellschaft für Rechtsvergleichung damit beschäftigt (Arbeitssitzung der Fachgruppe für vergleichendes Handels- und Wirtschaftsrecht, "Öffentliche Übernahmeangebote", Saarbrücken, 20.9.1991, als Veröffentlichung im Erscheinen Karl Kreuzer (Hrsg.), 1992), und allein in einer Zeitschrift sind innerhalb der letzten zwei Jahre dreizehn einschlägige Beiträge erschienen: Hommelhoff, P./ Kleindiek, D., Takeover-Richtlinie und Konzernrecht, AG 1990, 106 ff, Schneider, U.H., Gesetzliches Verbot für Stimmrechtsbeschränkungen bei der Aktiengesellschaft?, AG 1990, 56 ff, Adams, M., Höchststimmrechte, Mehrfachstimmrechte und sonstige wundersame Hindernisse auf dem Markt für Unternehmenskontrolle, AG 1990, 63 ff, Trockels, F., "Business Judgement Rule" und "Corporate Take-overs", AG 1990, 139 ff, Baums, Th., Höchststimmrechte, AG 1990, 221 ff, Adams, M., Was spricht gegen eine unbehinderte Übertragbarkeit der in Unternehmen gebundenen Ressourcen durch ihre Eigentümer?, AG 1990, 243 ff, Mertens, H.-J., Förderung von, Schutz vor, Zwang zu Übernahmeangeboten?, AG 1990, 252 ff, Liebs, R., Zur Diskussion gestellt: Abschaffung des Höchststimmrechts mit Hilfe des Vollmachtstimmrechts?, AG 1990, 297 ff, Paefgen, T.C., Alle Macht dem Management, AG 1991, 41 ff, Pellens, B., Ad-hoc-Publizitätspflicht des Managements börsennotierter Unternehmen nach § 44a BörsG, AG 1991, 62 ff, Zöllner, W./ Noack, U., One share - one vote?, AG 1991, 117 ff, Paefgen, T.C., Kein Gift ohne Gegengift: Sortimentserweiterung in der Bereitschaftsapotheke gegen idiosynkratische Unternehmenskontrollwechsel, AG 1991, 189 ff, Otto, H.-J., Gebundene Aktien: Vertragliche Beschränkungen der Ausübung und Übertragbarkeit von Mitgliedschaftsrechten zugunsten der AG, AG 1991, 369 ff.

3 Hier stand allerdings im letzten Jahr die Schmalenbach-Tagung im Zeichen dieser Thematik (Sieben, G./ Stein, H.-G. (Hrsg.), Unternehmensakquisitionen - Strategien und Abwehrstrategien, 1992), und die Zahl entsprechender Veröffentlichungen nimmt zu: Berg, H./ Müller, J., "Unfriendly Takeovers" - Ursachen, Formen und Wettbewerbswirkungen, WISU 1990, 647 ff, Tichy, G., Die wissenschaftliche Aufarbeitung der Merger-Mania, Kyklos 1990, 437 ff, v.Thadden, E.-L., On the Efficiency of the Market for Corporate Control, Kyklos 1990, 635 ff, Nick, A., Die Regelung öffentlicher Übernahmeangebote, ZfB 1991, 859 ff,

allein an der gegenwärtigen praktischen Relevanz mißt, denn in Deutschland oder unter deutscher Beteiligung erfolgen Unternehmensübernahmen relativ selten, und in Form der meist debattierten öffentlichen Übernahmeangebote sind sie bisher noch gar nicht aufgetreten [4]. Ähnlich wie bei der Produkthaftung kann die Vermutung entstehen, es werde nur die amerikanische Diskussion mit der als üblich angesehenen Zeitverzögerung aufgenommen, zumal in den USA der Höhepunkt der wissenschaftlichen Auseinandersetzung um take-overs anscheinend bereits in der ersten Hälfte der Achtziger Jahre überschritten worden ist [5]. Dies geht jedoch fehl, vielmehr handelt es sich - wie bei der Produkthaftung - weder um ein ausschließlich amerikanisches noch um ein rein deutsches sondern um ein europäisches Thema [6].

Den größeren Rahmen dafür bildet die *Entwicklung der Unternehmensstruktur innerhalb der Europäischen Gemeinschaft* (EG) in den letzten Jahren, die sowohl durch das Handeln der wirtschaftlichen Akteure wie auf der Ebene rechtlicher Regelungen vorangetrieben wird: Zum einen veranlaßt die fortschreitende Verwirklichung des Binnenmarktes die Unternehmen, ihre Aktivitäten verstärkt auf Zusammenschlüsse, Beteiligungserwerb, Kooperationen und ähnliche Konzentrations- und Erweiterungsstrategien zu richten, um die Vorteile eines einheitlichen Wirtschaftsraumes nutzen zu können. Zum anderen werden von seiten der EG in zunehmendem Maße diesen

---

Ruhnke, K., Unternehmensbewertung: Ermittlung der Preisobergrenze bei strategisch motivierten Akquisitionen, DB 1991, 1889 ff, Schwegmann, V./ Pfaffenberger, W.C., Abwehrma nahmen der Verwaltung gegen feindliche Übernahmeangebote, DBW 1991, 561 ff, Eymann, A./ Menichetti, M.J., Die Regelung des Marktes für Unternehmen in den Europäischen Gemeinschaften, ZfbF, 1991, 1071 ff, Gröner, H. (Hrsg.), Der Markt für Unternehmenskontrollen, 1992.

4 Kübler, F./ Schmidt, R.H., Gesellschaftsrecht und Konzentration, 1988, S.71, Hopt, K.J., Übernahmeangebote im europäischen Recht, in: Löwisch, M./ Schmidt-Leithoff, Ch./ Schmiedel, B. (Hrsg.), FS F. Rittner, 1991, S.187 ff (188).

5 Die damalige Diskussion führten unter anderem Asquith, P., Merger Bids, Uncertainty, and Stockholder Returns, J.Fin.Econ.1983, 121 ff, Bebchuk, L., The case for Facilitating Competing Tender Offers, Harv.L.Rev.1982, 28 ff, Bradley, M., Interfirm Tender Offers and the Market for Corporate Control, J.Bus.1980, 345 ff, Brudney, V., Equal Treatment of Shareholders in Corporate Distributions and Reorganizations, Calif.L.Rev.1983, 1114 ff, Coffee, J.C., Regulating the Market for Corporate Control, Colum.L.Rev.1984, 1145 ff, Easterbrook, F.H./Fischel, D.R., Corporate Control Transactions, Yale L.J.1982, 698 ff, Grossman, S.J./Hart, O.D., Takeover Bids, the Free Rider Problem, and the Theory of the Corporation, Bell J.Econ.1980, 42 ff, Jarrell, G.A./ Bradley, M., The Economic Effects of Federal and State Regulations of Cash Tender Offers, J.L.E. 1980, 371 ff, Jensen, M.C., Takeovers: Their Causes and Consequences, J.Econ.Persp. 1988, 21 ff, Lowenstein, L., Pruning Deadwood in Hostile Takeovers, Colum.L.Rev. 1983, 249 ff.

6 Der Blick richtet sich wohl deshalb immer noch auf die US-take-over- Szene, vgl. etwa Paefgen, T.C., AG 1991, 41 ff, weil dort erheblich mehr Fälle zu studieren sind und sich auch die rechtlichen Regelungen in einem fortgeschritteneren Stadium zu befinden scheinen.

Bereich betreffende Regelungen erlassen oder vorbereitet [7]. Diese generelle Tendenz spiegelt sich bei den Unternehmensübernahmen wieder, die einen Ausschnitt der Umstrukturierungsmöglichkeiten bilden: Auch dort nimmt die praktische Anwendung in Europa zu [8], und die betreffenden EG-Regelungen stehen unmittelbar bevor oder sind bereits erfolgt [9].

Derzeit kommt es vor allem darauf an, die wirtschaftliche und rechtliche Dynamik im europäischen take-over-Bereich aufeinander abzustimmen. Das kann nur gelingen, wenn das für Übernahmeaktivitäten relevante Regelungsumfeld so ausgestaltet wird, daß *externes Unternehmenswachstum im Binnenmarkt insoweit rechtlich möglich ist, wie es ökonomisch sinnvoll ist*. Notwendig ist eine entsprechende europäische Gestaltung der anzuwendenden Rechtsregeln, damit nicht durch einzelstaatliche Bestimmungen [10] nationale Teilmärkte mit unterschiedlichen Anforderungen an Übernahmetransaktionen entstehen, die wettbewerbsverzerrend wirken [11]. Dann rückt aber die Frage ins Zentrum, inwieweit rechtliche Vorschriften ökonomisch sinnvolle Unternehmens-

---

7 Fusionskontrollverordnung, Gruppenfreistellungsverordnungen nach Art.85 III EWGV, Verordnung über die Schaffung einer Europäischen Wirtschaftlichen Interessenvereinigung, Vorschlag eines Statuts für eine Europäische Aktiengesellschaft, Vorentwurf einer Konzernrichtlinie.

8 Assmann, H.-D./ Bozenhardt, F., Übernahmeangebote als Regelungsproblem zwischen gesellschaftsrechtlichen Normen und zivilrechtlich begründeten Verhaltenspflichten, in: Assmann, H.-D./ Basualda, N./ Bozenhardt, F./ Peltzer, M. (Hrsg.), Übernahmeangebote, 1990, S.3 f, Berger, K.P., Unternehmensübernahmen in Europa, ZIP 1991, 1644 ff (1645).

9 Vorschlag einer *Übernahmerichtlinie* ("Geänderter Vorschlag für eine dreizehnte Richtlinie des Rates auf dem Gebiet des Gesellschaftsrechts über Übernahmeangebote", ABlEG 1990 C 240/7 ff.), Vorschlag einer Änderungsrichtlinie zur *Kapitalrichtlinie* ("Vorschlag für eine Richtlinie des Rates zur Änderung der Richtlinie 77/91/EWG über die Gründung der Aktiengesellschaft sowie die Erhaltung und Änderung ihres Kapitals", ABlEG 1991 C 8/5 f), Änderung zum Vorschlag einer Strukturrichtlinie ("Dritte Änderung zum Vorschlag für eine fünfte Richtlinie des Rates nach Artikel 54 EWG-Vertrag über die Struktur der Aktiengesellschaft sowie die Befugnisse und Verpflichtungen ihrer Organe", ABlEG 1991 C 321/9 ff), *Beteiligungstransparenzrichtlinie* ("Richtlinie des Rates über die bei Erwerb und Veräußerung einer bedeutenden Beteiligung an einer börsennotierten Gesellschaft zu veröffentlichenden Informationen", 88/627/EWG vom 12.12.1988, ABlEG 1988 L 348/62).

10 In den letzten Jahren haben eine Reihe von Mitgliedstaaten nationale gesetzliche Regelungen erlassen, so etwa Spanien 1988, Frankreich 1989, Belgien 1989, Portugal 1991, in Italien wird derzeit ein neues Gesetz beraten; früher bestanden dagegen nur freiwillige Verhaltensregeln, wie in Deutschland, Dänemark, Großbritannien und den Niederlanden, vgl. dazu mit weiteren Nachweisen Berger, K.P., ZIP 1991, 1649.

11 Vgl. grundlegend Meier-Schatz, Ch.J., Europäische Harmonisierung des Gesellschafts- und Kapitalmarktrechts, WuR 1989, 84 ff (106). In diesem Sinne auch Absatz 1 der Erwägungsgründe des Vorschlags einer EG-Übernahmerichtlinie ("Schutzbestimmungen ... gleichwertig zu gestalten"), ABlEG 1990 C 240/7. Zum Argument eines "level playing field" Hopt, K.J., 1991, S.194. Eine gegenläufige Tendenz läßt sich dagegen in den USA mit dem Erlaß einzelstaatlicher anti-take-over-regulations beobachten, vgl. Paefgen, T.C., AG 1991, 41 ff.

übernahmen fördern oder aber verhindern, denn entsprechend müßte die EG derartige Regelungen vorschreiben oder aber untersagen [12]. Wenn man davon ausgeht, daß die Integration der Mitgliedstaaten vor allem auf die Verbesserung des gesamtwirtschaftlichen Ergebnisses abzielt [13], scheint es angebracht, auch eine ökonomische Bewertung von gemeinschaftsweiten Übernahmeregeln aus dieser Perspektive und nicht unter einzel-wirtschaftlichen Aspekten vorzunehmen.

Im folgenden soll daher zunächst in einem ersten Abschnitt (B.) versucht werden, den Einfluß von Unternehmensübernahmen auf die Ressourcenallokation einzuschätzen, um dann im nächsten Teil (C.) untersuchen zu können, welche rechtlichen Regelungen deren Effizienz verbessern würden.

B. Die ökonomischen Effekte von Unternehmensübernahmen

I. Der Markt für Unternehmensübernahmen als Teil des Kapitalmarktes

Wenn man die mittlerweile nur noch schwer zu überschauende Menge von Beiträgen zur take-over-Diskussion daraufhin durchsieht, *welche wirtschaftlichen Auswirkungen Unternehmensübernahmen zugeschrieben werden*, stellt man fest, daß vielfach relativ unsystematisch Folgeerscheinungen in den unterschiedlichsten Bereichen herausgehoben werden, um Übernahmen per se als nützlich oder schädlich zu kennzeichnen [14].

Es wird zwar fast einhellig akzeptiert, daß Unternehmensübernahmen zu Synergieeffekten führen können [15], die aufgrund einer Verbesserung der Ressourcenverwendung entstehen [16] und gesamtwirtschaftlich positiv zu Buche schlagen. Dem werden

---

12 Darin liegt die Regulierungsfunktion der Rechtsangleichung, die von der meist in den Vordergrund gestellten Harmonisierungsfunktion zu unterscheiden ist, Schwartze, A., Deutsche Bankenrechnungslegung nach europäischem Recht, 1991, S.115.

13 Vgl. dazu die Zielsetzungen in Art.2 EWG-Vertrag. Zur Ökonomie der europäischen Integration vgl. Pelkmans, J., The Institutional Economics of European Integration, in: Cappelletti, M./ Seccombe, M./ Weiler, J. (Hrsg.), Integration through Law Vol.1, 1985, S.318 ff.

14 Einen Überblick gibt Salje, P., "Feindliche Übernahmen" - Gegenstrategien und Regulierung im zukünftigen europäischen Binnenmarkt, JA 1990, 321 ff (325).

15 Vgl. dazu Hahn, D., Die Regulierung von Übernahmen in der Europäischen Gemeinschaft, ZBB 1990, 10 ff (11). Lenel, H.O., Über den Markt für Unternehmenskontrolle, in: Gröner, H. (Hrsg.), Der Markt für Unternehmenskontrollen, 1992, S.9 ff (17), verweist insoweit auf economies of scope.

16 Assmann, H.-D./Bozenhardt, F., 1990, S.47, Paefgen, T.C., AG 1991, 59.

aber vor allem die negativen Wirkungen von Übernahmen auf das Verhältnis der beteiligten Unternehmen, also Konzentrationsaspekte, entgegengehalten [17]. Ähnlich ablehnend werden auch die Veränderungen im Verhältnis zu anderen Unternehmen, d.h. Wettbewerbsgesichtspunkte, bewertet [18]. Überwiegend erhofft man sich von einer Übernahme für die innere Struktur des übernommenen Unternehmens gleichfalls nützliche Effekte, besonders für die Beziehung zwischen Anteilseignern und Management [19]. Dagegen wird vereinzelt angenommen, daß durch ein take-over die Stellung anderer im weiteren Sinne am Unternehmen Beteiligter, etwa der Arbeitnehmer [20] oder der Gläubiger, sich verschlechtern könnte. Schließlich werden darüber hinaus teilweise noch weiter vermittelte Wirkungen auf das Unternehmensumfeld, wie etwa auf die Gemeinde, den Staat oder die Öffentlichkeit im allgemeinen [21], benannt. Eine derartige Argumentation mit Gesichtspunkten des Interessenschutzes zugunsten einzelner Gruppen von Akteuren scheint im Unternehmensrecht Tradition zu haben [22].

Diese Art der Feststellung ökonomischer Effekte von Übernahmen ist jedoch wenig hilfreich. Das gilt selbst dann, wenn damit systematisch sämtliche wirtschaftlichen Veränderungen auf den Produkt-, Arbeits-, Finanz- oder Zuliefermärkten zu erfassen wären und nicht nur relativ willkürlich herausgegriffene Teilbereiche den bloßen Eindruck einer gesamtwirtschaftlichen Betrachtungsweise erwecken würden. Es kann nämlich für Unternehmensübernahmen ex ante nicht generell bestimmt werden, welche positiven oder negativen Wirkungen dadurch auf den anderen Faktormärkten verursacht werden. Das wird teilweise mit der Ungewißheit über die Zielsetzungen des

---

17 Vgl. zu dieser Problematik Behrens, P., Rechtspolitische Grundsatzfragen zu einer Europäischen Regelung für Übernahmeangebote, ZGR 1975, 433 ff (440), Baums, Th., Übernahmeregeln in der Europäischen Gemeinschaft, ZIP 1989, 1376 ff (1379 f), zu einer Abstimmung von Übernahmeregeln mit dem Konzernrecht ausführlich Hommelhoff, P./ Kleindiek, D., AG 1990, 106 ff.

18 Dazu Behrens, P., ZGR 1975, 449 f.

19 Dafür steht das Modell eines "market for corporate control", befürwortend vor allem Adams, M., Der Markt für Unternehmenskontrolle und sein Mi brauch, AG 1989, 333 ff, ders., AG 1990, 63 ff, skeptisch Ballwieser, W./ Schmidt, R.H., Unternehmensverfassung, Unternehmensziele und Finanztheorie, in: Bohr, K./ Drukarczyk, J./ Drumm, H.-J./ Scherrer, G. (Hrsg.), Unternehmensverfassung als Problem der Betriebswirtschaftslehre, 1981, S.645 ff (672 f), Meier-Schatz, Ch.J., Managermacht und Marktkontrolle, ZHR 1985, 76 ff, Lenel, H.O., 1992, S.15.

20 Zur Problematik Behrens, P., ZGR 1975, 448.

21 Zu diesen Stimmen in den USA vgl. Meier-Schatz, Ch.J., ZHR 1985, 86, Paefgen, T.C., AG 1991, 59 f.

22 So schon die Kritik von Kirchner, Ch., Ökonomische Analyse des Unternehmensrechts: Ein Forschungsansatz, in: Boettcher, E./Herder-Dorneich, P./Schenk, K.-E. (Hrsg.), Jahrbuch für Neue Politische Ökonomie 2, 1983, S.137 ff (146 f), zu den Reformüberlegungen im Aktienrecht.

Übernehmers zu erklären versucht [23]. Viel wichtiger ist aber die *Abhängigkeit der Übernahmeeffekte von* dessen *Handlungsmöglichkeiten auf den jeweiligen Märkten*. Diese werden jedoch entscheidend durch die jeweils konkret anzuwendenden rechtlichen Regelungen bestimmt, also unter anderem durch Konzernrecht, Wettbewerbsrecht, Arbeitsrecht oder Insolvenzrecht.

Aus diesen Gründen wird in zunehmenden Maße [24] zu Recht festgestellt, da die Wirkungen von Unternehmensübernahmen nicht pauschal als ökonomisch sinnvoll oder unsinnig beurteilt werden können [25].

Um einen Weg zu finden, auf dem eine generelle Einschätzung der Auswirkungen von Unternehmensübernahmen eher zu erreichen ist, muß man also auf eine abschließende Beurteilung der obengenannten einzelnen Bereiche verzichten und davon ausgehen, daß Übernahmen auf diesen Märkten sowohl nützliche wie schädliche Wirkungen auslösen können. Der *Blick* ist vielmehr *auf den Vorgang der Übernahme selbst zu richten*, denn erst durch diese Transaktion werden die weiteren Effekte vermittelt.

Damit wird der Markt, auf dem Unternehmensübernahmen stattfinden, zum Untersuchungsgegenstand. Dies ist der Kapitalmarkt, wenn man wie üblich den Übernahmebegriff auf eine Übertragung des Unternehmenseigentums in Form von Anteilsrechten beschränkt [26]. Da unter dieser Voraussetzung der Kern der Transaktion durch eine

---

23 Dazu Reul, J., Die Pflicht zur Gleichbehandlung der Aktionäre bei privaten Kontrolltransaktionen, 1991, S.206.

24 Mertens, H.-J., AG 1990, 255, wohl auch Basualda, N., Der Vorschlag für eine dreizehnte Richtlinie des Rates auf dem Gebiet des Gesellschaftsrechts über öffentliche Übernahmeangebote, in: Assmann, H.-D. u.a. (Hrsg.), Übernahmeangebote, 1990, S.166 f. Eine entsprechende Feststellung trifft die Monopolkommission grundsätzlich zu Konzentrationsvorgängen, Hauptgutachten VII (1986/87), 1988, Rdnr.799.

25 Eine solche Bewertung würde es erfordern, daß die aufgezählten verschiedenartigen Einflüsse im einzelnen jeweils mit Bezug auf die betroffenen Märkte und unter Einbeziehung der dort geltenden Rechtsregeln ökonomisch untersucht und diese Partialanalysen dann verknüpft werden müßten; zu den dabei auftretenden Interdependenzproblemen Kirchner, Ch., 1983, S.148. Zusätzlich wären neben der Übernahme auch alternative Formen der Kontrolle des Ressourceneinsatzes eines Unternehmens, wie etwa Fusionen, Kooperationen oder Kartelle, mit einzubeziehen, auf die die Akteure ausweichen könnten und damit ähnliche ökonomische Effekte verursachen würden, vgl. Kübler, F./Schmidt, R.H., 1988, S.8. Ein derartiges Unterfangen ist hier natürlich nicht einmal in Ansätzen möglich.

26 Meist wird generell von der Übertragung von Wertpapieren - mit Stimmrecht - ausgegangen, vgl. etwa Berger, K.P., ZIP 1991, 1645, Basualda, N., 1990, S.156, Behrens, P., ZGR 1975, 437 f, manchmal werden nur Aktien genannt, vgl. Meier-Schatz, Ch.J., Rechtliche Betrachtungen zu neueren Entwicklungen in der schweizerischen "Takeover-Szene", SJZ 1991, 57, Hauschka, C.E./ Roth, T., Übernahmeangebote und deren Abwehr im deutschen Recht, AG 1988, 181 ff (182). Zu der Unterscheidung eines bloßen Transfers von Vermögensgegenständen Ballwieser, W./ Schmid, H., Charakteristika und Problembereiche von Management Buy-Outs, WISU 1990, 358 ff. (361).

unterschiedliche formelle Ausgestaltung von Übernahmevorgängen nicht berührt wird und die Akteure außerdem zwischen verschiedenen Wegen der Übernahme wählen können, so daß bei nur teilweise einschränkenden Regelungen die Gefahr von Ausweichhandlungen besteht, soll *nicht nach öffentlichen Übernahmeangeboten und dem privaten Erwerb einzelner Anteile oder ganzer Anteilspakete differenziert* werden [27].

Als Akteure, deren Verhalten zu erörtern ist, stehen sich auf dem Kapitalmarkt die Anteilseigner auf der einen und die Anlageinteressierten auf der anderen Seite gegenüber. Für die Untersuchung, ob eine Regelung von Unternehmensübernahmen ökonomisch sinnvoll ist, wird es daher erforderlich, den auf sie einwirkenden positiven und negativen Effekten nachzugehen. Nur wenn dadurch in Übernahmefällen die Ressourcenallokation verschlechtert wird, sind auf dieser Ebene Regulierungen sinnvoll.

II. Die Wirkungen von Unternehmensübernahmen auf dem Kapitalmarkt

1. Neuordnung der Ressourcenallokation

Jeder Transfer von Anteilen an einem Unternehmen führt in erster Linie einen Wechsel der Inhaber herbei. Zu deren Rechtspositionen gehören wie bei jedem property right neben den Nutzungschancen und -risiken [28] auch die Verfügungsmöglichkeiten über die Verwendung des Eigentums in Form von Entscheidungsrechten [29]. Bezogen auf ein Unternehmen können diese Entscheidungsrechte jedoch auf zwei Arten ausgeübt werden: Zum einen kann über den Eigentumsanteil als solchen disponiert und dieser übertragen werden ("exit"), zum anderen ist es möglich, über den Einsatz der gesamten Unternehmensressourcen zu befinden ("voice"). Die Ausübung der "Voice"-Funktion ist dabei gebunden durch ihre Abhängigkeit von den Verwendungsentscheidungen der übrigen Anteilseigner. Daher unterliegt die Durchsetzung von Entscheidungen über die Ressourcenallokation in einem Unternehmen auf diesem Wege einem Aushandlungsprozeß, der durch bestimmte Verfahren gesteuert wird und an differenzierte Mehrheitserfordernisse anknüpft.

Die Übernahme eines Unternehmens bietet nun die Möglichkeit, auch die "exit"-Funktion für eine Entscheidung über die Verwendung der Unternehmensressourcen zu nutzen, indem den Anteilseignern ihre Entscheidungsrechte abgekauft werden. Damit

---

27 Ähnlich Behrens, P., ZGR 1975, 439. Nach Schmitthoff, C.M., Die Regelung von Take-over-bids im englischen Recht, in: Schmitthoff, C.M./ Goré, F./ Heinsius, Th. (Hrsg.), Übernahmeangebote im Aktienrecht, 1976, S.7 ff (10 f), handelt es sich in allen diesen Fällen um take-over, entweder geheime oder offene. Eine derartige Unterscheidung wäre nur dann erforderlich, wenn untersucht werden sollte, durch welche rechtliche Gestaltung des Übernahmeverfahrens dessen Ergebnisse optimiert werden könnten, dazu vor allem Hahn, D., ZBB 1990, 13 ff.

28 Im Unternehmen Gewinnanrechte bzw. Einstandspflichten, vgl. Kirchner, Ch., 1983, S.157.

29 So die Bezeichnung von Meyer, W., in: Schüller, A. (Hrsg.), Property Rights und ökonomische Theorie, 1983, S.1 ff (21).

kann neben der innergesellschaftlichen Struktur *auch der (Kapital-)Markt über die Zuordnung der im Unternehmen gepoolten Ressourcen entscheiden* und es werden Verwendungen möglich, die die gesamtwirtschaftliche Wohlfahrt steigern. Dies - und nicht individuelle Vorteile der Übernehmer - sind die entscheidenden positiven ökonomischen Wirkungen von Unternehmensübernahmen.

2. *Einflüsse auf Außenstehende*

Eine gesamtwirtschaftliche Beurteilung bestimmter Transaktionen muß die Auswirkungen auf Akteure, die nicht unmittelbar beteiligt sind, mit einbeziehen. Als außenstehende Dritte geraten bei der Übertragung von Anteilsrechten zunächst innerhalb des betroffenen Unternehmens die Inhaber der übrigen, nicht veräußerten Eigentumsanteile ins Blickfeld. Für diese kann ohne weiteres festgestellt werden, daß sie von der Übernahme jedenfalls betroffen werden, denn ihre Entscheidungsrechte sind innerhalb des "Voice"-Verfahrens mit den durch den Anteilsverkauf veräußerten Entscheidungsrechten verknüpft [30]. Schwieriger ist die Frage zu beantworten, wodurch diese nicht an der Transaktion beteiligten und somit *außenstehenden Anteilseigner* konkret beeinflußt werden und inwieweit sich daraus eine *Beeinträchtigung ihrer Eigentumsrechte* ergibt; aber nur danach kann beurteilt werden, ob tatsächlich (negative) externe Effekte vorliegen, die die Effizienz der Ressourcenallokation vermindern [31].

Die *entscheidende Wirkung einer Übernahme* auf die im Unternehmen verbleibenden Anteilseigner dürfte gerade im *Übergang der Kontrolle über die Unternehmensressourcen* auf den Erwerber liegen. Davon werden allerdings nur dann die Eigentumsrechte der Anteilseigner betroffen, wenn ihre Entscheidungsbefugnisse beeinflußt werden, mit denen sie ihre Nutzungschancen und -risiken steuern können. Generell kommen dafür nur die Fälle in Betracht, in denen durch die Übernahme eine Konzentration der vorher gestreuten Entscheidungsrechte bei einem Akteur bewirkt wird: dadurch müßten - je nach Mehrheitserfordernissen - die *Chancen der verbleibenden Anteilseigner für die Durchsetzung von Entscheidungen* im Wege des "Voice"-Verfahrens in dem Maße *sinken*, wie die Verfügungsmacht des Übernehmers wächst [32]. Der Effekt

---

30 Meyer, W., 1983, S.21, bezeichnet sie daher als Mitentscheidungsrechte.

31 Zur Unterscheidung derartiger "echter" oder auch technologischer von pekuniären externen Effekten vgl. Scitovsky, T., Two Concepts of External Economies, J.Pol.Econ. 1954, 143 ff, Schlieper, U., Externe Effekte, in: Handbuch der Wirtschaftswissenschaften, Bd.2, 1980, S.524 ff., Utzig, S., Die Rolle des Rechts in der modernen ökonomischen Theorie, AcP 1989, 158 ff (162).

32 Vgl. auch Kuhr, H.-P., Der Minderheitenschutz bei Übernahmeangeboten in Deutschland und Frankreich unter dem Einflu der 13. EG-Richtlinie, 1992, S.26 f, Wiedemann, H., Minderheitsschutz und Aktienhandel, 1968, S.72. Der bloße Wechsel einer bereits bestehenden Kontrollbeteiligung von einem Inhaber zum anderen, vgl. dazu etwa Lutter, M., Die Treupflicht des Aktionärs, ZHR 1989, 446 (460 f), verändert dagegen zwar ebenfalls die Ressourcenzuordnung, vgl. unter B.II.1., führt aber nicht zu den dargelegten Auswirkungen auf au enstehende Anteilseigner und soll daher hier außer Betracht bleiben.

ist dabei sehr ähnlich dem, der bei der - schon seit längerem diskutierten[33] -Verselbständigung des Managements eines Unternehmens gegenüber den Anteilseignern auftritt: eine Trennung von Eigentum und Verfügungsmacht führt zu einer Schwächung der Kontrollmöglichkeiten für die Eigenkapitalgeber und damit zu einer "Verdünnung" ihrer Eigentumsrechte [34]. In solchen Fällen besteht immer die *Möglichkeit, da der individuelle Nutzen* (des Managements bzw. des Übernehmers) *auf Kosten der übrigen Beteiligten* (aller Anteilseigner bzw. der au enstehenden Minderheit) *maximiert wird* [35]. So kann der Inhaber eines Kontrollpakets zu Lasten des Unternehmens nicht nur "harte" Ausbeutung oder Ausschlachtung betreiben [36], sondern durch Entscheidungen etwa über die Besetzung des Managements (zB. § 101 iVm. § 84 AktG) oder über die Gewinnverwendung (zB. § 174 iVm. § 58 III AktG [37]) auch harmloser erscheinende Strategien zu seinen Gunsten ergreifen [38].

Gerade der Vergleich des Einflusses eines herrschenden Anteilseigners mit den Problemen einer Verselbständigung des Managements zeigt außerdem, daß die These von der Beseitigung der principal-agent-Probleme zwischen Verwaltung und Eigenkapitalgebern durch den Aufbau einer Kontrollmehrheit und damit von grundsätzlichen Vorteilen einer Übernahme für alle Anteilseigner [39] nur auf den ersten Blick überzeugt [40]. Bei genauerer Betrachtung sind den Einsparungen bei den agency costs aller Anteilseigner gegenüber dem Management nunmehr die durch die Überwachungsschwierigkeiten der außenstehenden Minderheit gegenüber der Kontrollmehrheit

---

33 Ursprünglich bei Berle, A.A./ Means, G.C., The Modern Corporation and Private Property, 1932.

34 Böbel, I., Eigentum, Eigentumsrechte und institutioneller Wandel, 1988, S.97 f.

35 Ebenda, speziell für Übernahmen Reul, J., 1991, S.134, der darin eine Externalisierung von Kosten sieht, ähnlich Kuhr, H.-P., 1992, S.41, als Motiv auch anerkannt von Schmidt, R.H., Anlegerschutz und die rechtlichen Regelungen von Übernahmeangeboten, in: Boettcher, E./ Herder-Dorneich, P./ Schenk, K.-E. (Hrsg.), Jahrbuch für Neue Politische Ökonomie 6, 1987, S.180 ff (183).

36 Vgl. Reul, J., 1991, S.134. Zum "asset stripping" und den dafür einschlägigen Schutzregelungen der §§ 57 ff, 311, 317 AktG Lutter, M., Die Treupflicht des Aktionärs, ZHR 1989, 446 ff (461). Baums, Th., ZIP 1989, 1376, grenzt diesen Übernahmetyp völlig ab von der Einbindung des fortgeführten Zielunternehmens in einen Unternehmensverband.

37 Zum "Aushungern" der Minderheitseigner durch Thesaurierungsbeschlüsseder Mehrheit Lutter, M., in: Zöllner, W. (GesHrsg.), Kölner Kommentar zum Aktiengesetz, Bd.1, 2.Aufl. 1988, § 58 Rz.70.

38 Reul, J., 1991, S.198 ff. Ebenso wohl auch Baums, Th., ZIP 1989, 1380, der allerdings die Offenlegungs- und Haftungsregeln insoweit für ausreichend hält.

39 Dezidiert etwa Gilson, R.J., The Law and Finance of Corporate Acquisitions, 1986, S.617 ff.

40 Gegen diese These auch v.Thadden, E.-L., Kyklos 1990, 649 f, der das principal-agent-Problem nach einer Übernahme als "assumed away" kritisiert.

entstehenden Kosten entgegenzusetzen [41]. Die im Verhältnis zum Management gesellschaftsrechtlich stärkere Stellung der Anteilseigner sowie seine Abhängigkeit von ihnen, die dazu führt, daß die Geschäftsführung durch die Kontrollmehrheit "gedeckt" wird, spricht sogar eher dafür, daß die Überwachungskosten der außenstehenden Minderheit überproportional steigen. Das könnte die Annahme stützen, daß bis zum Konzentrationsgrad sogenannter "dominanter Minderheiten" von etwa 5% der Anteile die Vorteile aus der Managementkontrolle für alle Anteilseigner überwiegen, während Pakete in Höhe einer Sperrminorität von 25% der Anteile insgesamt negative Ergebnisse aufweisen [42]. Zumindest insoweit würde ein derartige Einschränkung von Kontrollmöglichkeiten über die Ressourcenverwendung zu einer Beeinträchtigung der Eigentumsrechte der außenstehenden Anteilseigner führen.

Bezüglich eines Teilbereichs des Anteilserwerbs und der damit verbundenen Mehrheitsbildung sind entsprechende Auswirkungen auf Minderheitseigner anerkannt und haben sich - in Deutschland - auch teilweise in gesetzlichen Normen niedergeschlagen: bei der Übernahme der Kontrolle eines Unternehmens durch ein anderes im Wege der Eingliederung in einen Unternehmensverbund wird die oben beschriebene Beeinträchtigung der außenstehenden Anteilsinhaber im Konzerninteresse durch den Mehrheitseigner für ohne weiteres möglich gehalten [43] und auszugleichen versucht (§§ 304, 305, 311 AktG). Da die Beseitigung dieser Effekte im bestehenden Konzern auf große Schwierigkeiten stößt [44] und darüber hinaus erst zu einem Zeitpunkt eingreift, in dem die Mehrheitsherrschaft bereits besteht und die außenstehenden Anteilseigner bei einer "exit"-Entscheidung Verluste hinnehmen müßten [45], wird zunehmend ein *Konzernbildungsschutz* erwogen, der *schon bei der Kontrollübernahme* durch ein anderes Unternehmen die Rechtsbeeinträchtigung der in die Minderheit geratenden Anteilseigner berücksichtigt [46].

Aber der Schutz der außenstehenden Anteilseigner erst im Konzernierungsfall - in Deutschland sogar erst in der Phase des Vertragskonzerns - kommt ebenfalls zu spät, da die *Minderheitseigner bereits durch die Kontrollerlangung selbst beeinträchtigt*

---

41 Auf dieses Problem weist Baums, Th., ZIP 1989, 1377, hin.

42 Wenger, E., Universalbankensystem und Depotstimmrecht, in: Gröner, H. (Hrsg.), Der Markt für Unternehmenskontrollen, 1992, S.73 ff (97, 100).

43 Kübler, F., Gesellschaftsrecht, 3. Aufl., 1990, S. 360, 374 f.; vgl. auch Reul, J., 1991, S. 199, Baums, Th., ZIP 1989, 1380.

44 Kirchner, Ch., Ökonomische Überlegungen zum Konzernrecht, ZGR 1985, 214 ff (230 ff), Kübler, F., 1990, S.375 f, 380.

45 Kirchner, Ch., ZGR 1985, 232, ähnlich Behrens, P., ZGR 1975, 441.

46 Wiedemann, H., Die Unternehmensgruppe im Privatrecht, 1988, S.57 ff, vgl. auch Baums, Th., ZIP 1989, 1380.

werden können [47], so daß zu einem späteren Zeitpunkt kein voller Ausgleich mehr stattfinden kann. Der Fall der Aufnahme in einen Konzernverbund ist also nur die deutlichere Form von Beeinträchtigungsmöglichkeiten gegenüber der Minderheit, weil in der Unternehmensgruppe ein äußeres (Konzern-)Interesse erkennbar ist, während das Interesse der herrschenden Mehrheit innerhalb eines einzelnen Unternehmens weniger auffällig ist.

Insgesamt spricht daher viel für eine negative Beeinflussung der property rights von Minderheitsanteilseignern bei einer Unternehmensübernahme. Empirisch ist ein derartiger Effekt anhand der Wertschwankungen von Unternehmensanteilen im Zuge einer Übernahme allerdings schwer nachzuweisen, da die Kurse durch unterschiedliche Ursachen beeinflußt werden, die analytisch kaum zu trennen sind. Außerdem gibt es fast nur amerikanische Untersuchungen [48], die wegen der strukturell unterschiedlichen Ausgestaltung des Unternehmensrechts und damit der Nutzenmaximierungsmöglichkeiten von Kontrollmehrheiten für die EG nur eingeschränkt aussagekräftig sind.

Trotzdem kann wohl davon ausgegangen werden, daß *nach einer Übernahme in der Regel die Kurse von Anteilen des Zielunternehmens deutlich sinken*, wenn auch nicht unter den vor Bekanntwerden von Übernahmeabsichten ermittelten Kurs [49]. Unter der Voraussetzung, daß der bei der Übernahme gezahlte Preis den erwarteten Wert nach dem Kontrollübergang widerspiegelt, rechnet sich für den Übernehmer die Transaktion nur dann, wenn er einen überproportionalen Ertrag aus seinen Anteilen zieht und die in dem Kursrückgang liegende Erwartung sinkender Erträge nur die Minderheitseigner trifft [50]. Das deutet aber zumindest auf eine *ungleiche Verteilung von Vorteilen aus der Unternehmensübernahme* hin, die bereits einen Entzug von property rights beinhaltet [51].

Auf der EG-Ebene wird ohne nähere Begründung von der hier angestellten Überlegung ausgegangen, daß die Anteilseigner, "deren Wertpapiere nicht im Zuge eines Teilangebotes erworben worden sind, einen Vermögensverlust durch die Wertminde-

---

47 Behrens, P., ZGR 1975, 441, Wiedemann, H., Das Abfindungsrecht - ein gesellschaftsrechtlicher Interessenausgleich, ZGR 1978, 477 ff (487).

48 Für den deutschen Markt Bühner, R., Reaktionen des Aktienmarktes auf Unternehmenszusammenschlüsse, ZfbF 1990, 295 ff, sowie ders., Aktionärsbeurteilung grenzüberschreitender Zusammenschlüsse, ZfbF 1992, 445 ff, wo jedoch nicht auf den Zeitpunkt des Anteilserwerbs und der damit verbundenen Stimmrechtskonzentration abgestellt wird, sondern erst viel später auf den beim Bundeskartellamt angezeigten Zusammenschluß, ZfbF 1990, 298, ZfbF 1992, 448 f.

49 Vgl. die umfassende Auswertung empirischer Studien bei Reul, J., 1991, S.200 ff, auch Bühner, R., ZfbF 1990, 303, ders., ZfbF 1992, 451.

50 Reul, J., 1991, S.203.

51 Reul, J., 1991, S.205, spricht von einer "Teilenteignung".

rung der Titel erleiden, die sie nach Abgabe des Angebotes in der Hand halten" [52]. Wie erörtert gibt es beachtliche ökonomische Argumente, die diese Annahme stützen.

Die dargestellten individuellen Nachteile der außenstehenden Anteilseigner sind gesamtwirtschaftlich nur dann interessant, wenn die *Einschränkung der Entscheidungsrechte* der nicht an der Transaktion Beteiligten *weder voll in den Preis* für die vom Erwerber übernommenen Anteile *eingeht noch* insoweit eine *Entschädigung zu erfolgen hat*. In diesem Fall stellt der Erwerber nämlich in seiner Kosten-Nutzen-Rechnung den von ihm aus der Übernahme erwarteten Vorteilen einen zu geringen Aufwand gegenüber. Diese Externalisierung von Wertverlusten der außenstehenden Anteilseigner wirkt damit als Anreiz, Unternehmensanteile zu bündeln, ohne daß dadurch eine Verbesserung der Ressourcennutzung eintritt [53]. Darin liegt gesamtwirtschaftlich betrachtet ein Nachteil von Unternehmensübernahmen.

Darüber hinaus wirkt sich eine derartige Verschiebung zu Lasten der nicht an der Übernahmetransaktion beteiligten Anteilseigner innerhalb des Unternehmens *negativ auf das Verhalten aller Anleger auf dem Kapitalmarkt* und damit auf dessen Funktionieren aus: wenn Anlageinteressierte zu befürchten haben, als Eigenkapitalgeber in einem Unternehmen ohne Ausgleich dauerhafte Einschränkungen des Teils ihrer Entscheidungsrechte in Kauf nehmen zu müssen, mit dem sie unternehmensintern handlungsfähig sind, werden sie derartige Engagements scheuen [54]. Die Versorgung der Unternehmen mit Eigenkapital wird dadurch insgesamt schwieriger bzw. teurer [55].

3. Informationsprobleme

Der Vollständigkeit halber soll bei der Überprüfung der durch eine Unternehmensübernahme verursachten Wirkungen auf dem Kapitalmarkt auch die nach der Transaktion entstandene Situation einbezogen werden.

Wenn man eine Beeinträchtigung der Rechte der Minderheit aufgrund einer Über-

---

52 Begründung zu Art.4 des Vorschlages einer Übernahmerichtlinie, BT-Drucks. 11/4338, S.4, vgl. auch Peltzer, M., Übernahmeangebote nach künftigem Europa-Recht und dessen Umsetzung in deutsches Recht, in: Assmann, H.-D., u.a. (Hrsg.), Übernahmeangebote, 1990, S.179 ff (194 f).

53 Ähnlich Reul, J., 1991, S.137, mit Blick auf die Handlungsmöglichkeiten des Erwerbers nach einer Übernahme.

54 Vgl. Reul, J., 1991, S.242, der jedoch nur die Wirkung auf konkret enttäuschte Anleger herausstellt. Zu gleichartigen Effekten bei der Möglichkeit von Insidertransaktionen Kirchner, Ch., Zur zentralen Rolle der zivilrechtlichen Sanktionen im Recht des Insiderhandels, in: Leser, H.G./ Isomura, T. (Hrsg.), FS Z. Kitagawa, 1992, S.665 ff (673).

55 Ähnlich Kübler, F./Schmidt, R.H., 1988, S.169, die anlegerschützenden Regelungen grundsätzlich eine Verbesserung bzw. Verbilligung der Eigenkapitalversorgung zuschreiben, vgl. auch Buxbaum, R.M./ Hopt, K.J., Legal Harmonization and the Business Enterprise, 1988, S.201.

nahme annimmt, wirkt sich die Verschiebung von Handlungsbefugnissen zwischen den Anteilseignern innerhalb eines Unternehmens auf die Entscheidungssituation aller Anleger ebenfalls aus. *Potentielle Anteilserwerber benötigen* nämlich dann für die zutreffende Beurteilung der Handlungsalternativen bei ihren Investitionsentscheidungen unter anderem die *Information, inwieweit die Verfügungsrechte* in dem Unternehmen, dessen Anteile sie erwerben wollen, *bereits konzentriert sind*. Davon hängt es ab, inwieweit die auf sie übergehenden Entscheidungsrechte eingeschränkt und mit Durchsetzungsunsicherheiten belastet sein werden. Bei einer Anteilsübertragung bestände aufgrund der Informationsasymmetrie zu ihren Lasten ansonsten die Gefahr, daß sie den Wert der Anteilsrechte, die sie erwerben wollen, zu hoch einschätzen und zu viel dafür aufwenden. Auch damit würde die Allokation von Ressourcen fehlgeleitet und gesamtwirtschaftlich verschlechtert.

Darüber hinaus ist auch bei diesem Marktversagen zu befürchten, daß die *Funktion des Kapitalmarktes beeinträchtigt* wird, denn die Informationsdefizite der Anleger können insgesamt dazu führen, daß mit besseren Entscheidungsrechten verbundene und somit höherwertige Anteile nicht mehr von geringerwertigen zu unterscheiden sind. Im weiteren würde dann jeder Preisvorteil der "schlechten" Eigentumsrechte einen Anreiz für potentielle Erwerber darstellen und langfristig Investitionen in diesen Bereich lenken. Damit würde Eigenkapital von anderen Unternehmen abgezogen und unter Umständen die "besseren" Eigentumsrechte vom Markt verdrängt ("adverse selection") [56].

C. Übernahmeregelungen mit Wirkungen auf dem Kapitalmarkt

I. Möglichkeiten zur Behinderung von Übernahmetransaktionen

Zunächst müssen rechtliche Regelungen betrachtet werden, die generell den Anteilserwerb bzw. Unternehmensübernahmen erschweren und damit auch positive Wirkungen einer Neuordnung der Ressourcenallokation verhindern [57]. Das sind vor allem Veränderungen innerhalb des Unternehmens, die jeden Erwerber mit zusätzlichen Kosten belasten oder ihm Vorteile entziehen und damit den Markt für Unternehmensübernahmen beeinträchtigen. Aus dem reichhaltigen Arsenal der Verteidigungsstrategien [58]

---

56 Reul, J., 1991, S.237.

57 Auf faktische Hindernisse durch die Zusammensetzung des Anteilseignerkreises kann im vorgegebenen Rahmen nicht eingegangenen werden, obwohl auch dort, etwa bei gegenseitigen Beteiligungen oder Bankenstimmrechten, rechtliche Regelungen eine bedeutende Rolle spielen.

58 Vgl. aus der letzten Zeit dazu Rümker, D., Übernahmeangebote - Verhaltenspflichten des Vorstandes der Zielgesellschaft und Abwehrmöglichkeiten, in: Kübler, F./ Mertens, H.-J./ Werner, W. (Hrsg.), FS Th. Heinsius, 1991, S.683 ff, Sünner, E., Zur Abwehr feindlicher Unternehmensübernahmen in Deutschland, in: Westermann, H.P./ Rosener, W. (Hrsg.), FS K. Quack, 1991, S.457 ff, zu den besonders vielfältigen Erscheinungen in den USA etwa Weimar,

soll hier jedoch nur eine Teilmenge betrachtet werden.

Für eine Analyse der Auswirkungen von Übernahmeregeln auf dem Kapitalmarkt interessieren nur solche *Eingriffsmöglichkeiten, die die Entscheidungsrechte der Anteilseigner beeinflussen* und insofern die Übernahmetransaktionen unmittelbar betreffen [59]. Außerdem geht es hier nur um solche *Maßnahmen, die einen präventiven Schutz vor Kontrollerwerb bieten* sollen ("prophylaktische" Maßnahmen [60]).

Als prominentestes Beispiel für eine Regelung, die eine Veränderung der Entscheidungsbefugnisse innerhalb des Unternehmens bewirkt und dadurch unmittelbar Übernahmetransaktionen erschwert, gilt die *Einführung von Stimmrechtsbeschränkungen*, insbesondere von Höchststimmrechten. Durch dieses Verfahren wird den Inhabern mehrerer Anteile an einem Unternehmen die Ausübung ihrer Entscheidungsrechte nur bis zu einem bestimmten Prozentsatz des gesamten Anteilseigentums [61] ermöglicht. Auf diese Weise wird zwar erreicht, daß die Handlungsmöglichkeiten der übrigen Anteilseigner nicht übermäßig beschränkt werden und daß potentielle Anleger insoweit keine Fehlinvestition vollziehen [62]. Aber auf der anderen Seite werden mögliche

---

Quack, 1991, S.457 ff, zu den besonders vielfältigen Erscheinungen in den USA etwa Weimar, R./ Breuer, J.H., International verwendete Strategien der Abwehr feindlicher Übernahmen im Spiegel des deutschen Aktienrechts, BB 1991, 2309 ff.

59 Alle Verteidigungsmaßnahmen, die erst mittelbar die Handlungsmöglichkeiten eines erfolgreichen Erwerbers auf anderen Märkten einschränken - dazu gehören etwa eine erschwerte Auswechslung des Managements (z.B. durch gesteigerte Mehrheitserfordernisse, eine Staffelung der Amtszeiten oder "golden parachute"-Abfindungen), die den Markt für Unternehmenskontrolle beeinflußt, oder der Versuch eines Aufbaus von wettbewerbsrechtlichen Hindernissen durch Beteiligungserwerb (dazu Hauschka, C.E./ Roth, T., AG 1988, 192), der sich auf den Produktmarkt auswirkt -, sind dagegen nicht zu erörtern, denn die dadurch erzeugten Effekte können abschließend nur dort überprüft werden, wo sie auftreten, und dafür müßten die jeweils vorhandenen Rechtsregeln mit einbezogen werden, s. oben unter B.I. Unabhängig von einer derartigen Analyse befürwortet die EG-Kommission in Art.36 Abs.3 ihres Abänderungsvorschlags für eine Strukturrichtlinie ein Verbot, für die Bestellung oder Abberufung der Unternehmensorgane über die einfache Mehrheit hinausgehende Beschlußerfordernisse vorzuschreiben. Auch dadurch wird aber zum Beispiel nicht verhindert, eine Staffelung der Amtszeiten von Organmitgliedern, wie in den USA durch "Staggered Board"-Bestimmungen, vgl. Weimar, R./ Breuer, J.H., BB 1991, 2313, vorzusehen.

60 Assmann, H.-D./ Bozenhardt, F., 1990, S.115, 117 ff. Verhaltensweisen, die nur ad hoc im Falle einer drohenden Übernahme angewendet werden können - z.B. der Rückkauf bereits veräußerter eigener Anteile vom Übernahmeinteressenten, der Erwerb von dessen Anteilen, die Förderung eines konkurrierenden Angebots oder der Verkauf wesentlicher Vermögensbestandteile bzw. Betriebsteile -, wären allenfalls unter dem Gesichtspunkt einer Optimierung des Übernahmeverfahrens zu erörtern, der im vorgegebenen Rahmen ebenfalls nicht behandelt werden kann. Gerade dieser Bereich wird aber auf EG-Ebene unter dem Stichwort "Neutralitätspflicht der Unternehmensverwaltung" durch Art.8 des Vorschlages einer Übernahmerichtlinie zu regeln versucht.

61 Immer unterhalb der Sperrminorität von 25%, meist bei 5%, vgl. Baums, Th., AG 1990, 221.

62 S. oben unter B.II. 2., 3.

Wohlfahrtsverbesserungen von vornherein ausgeschlossen [63], da kein Anreiz mehr besteht, durch Anteilserwerb und damit über "exit"-Entscheidungen eine Neuordnung der Ressourcenverwendung vorzunehmen.

Diese Situation ist nur teilweise dadurch zu entschärfen, daß zwar eine präventive Stimmrechtsbeschränkung ermöglicht wird, diese aber für jedes konkrete Übernahmeangebot durch die einfache Mehrheit der Anteilseigner aufgehoben werden kann. Soweit dieses Verfahren lediglich auf die Übernahme aufgrund eines öffentlichen Angebots beschränkt wird [64], scheidet der Einzelanteil- oder Paketerwerb für einen Kontrollwechsel aus, so daß in den Fällen, wo diese Verfahren für den Erwerber günstiger sind, eine Übernahme nicht stattfindet. Aber selbst wenn grundsätzlich die Beseitigung von Stimmrechtsbeschränkungen durch einen einfachen Mehrheitsbeschluß ermöglicht wird, entstehen für den potentiellen Erwerber erhebliche Unsicherheiten, ob eine Übernahme erfolgreich sein wird [65]. Dadurch werden die Anreize für den Erwerb von Anteilen erheblich gesenkt und entsprechend mögliche Effizienzverbesserungen der Ressourcenallokation ausgeschlossen [66].

Die Möglichkeit, per Satzungsbeschluß die Stimmrechte innerhalb eines Unternehmens zu beschränken, wie sie etwa im deutschen Recht (§ 134 Abs.1 AktG) besteht, sollte daher auf der Ebene der Europäischen Gemeinschaft vollständig beseitigt werden. Dieses Ziel wird von der EG-Kommission über Art.33 Abs.2 des Änderungsvorschlags für eine Strukturrichtlinie bereits angestrebt.

II. Ausgleich für außenstehende Anteilseigner

Wenn davon ausgegangen werden kann, daß Übernahmen zu schädlichen Auswirkungen auf die außenstehenden Anteilseigner führen [67], ist zu untersuchen, auf welche Weise deren Beeinträchtigung der Ressourcenallokation vermindert werden kann. Dabei geht es nicht um die rechtsdogmatische Ausgestaltung oder die rechtssystematische Einordnung einer Regelung für die Internalisierung dieser negativen Wirkungen, denn das ist auf der hier in Rede stehenden EG-Ebene zunächst noch nicht von Bedeutung, sondern erst für weitere Überlegungen bezüglich der Umsetzung der EG-Vorgaben in den nationalen Rechtssystemen der Mitgliedstaaten. Die rechtstechnische

---

63 S. oben unter B.II.1. So wohl auch Kübler, F./ Schmidt, R.H., 1990, S.92.

64 So Meier-Schatz, Ch.J., SJZ 1991, 65 f.

65 Dies gilt auch dann, wenn der Aufhebungsbeschluß ohne Anwendung der Stimmrechtsbeschränkung zustande kommen muß, Meier-Schatz, Ch.J., SJZ 1991, 66, und damit kein Anteilseigner diskriminiert wird.

66 Zu ähnlichen Wirkungen der Vinkulierung Meier-Schatz, Ch.J., SJZ 1991, 62 f, vgl. allgemeiner auch Peters, R., Protection Against Hostile Takeover and the Exercise of Shareholder Voting Rights in Switzerland, J.Internat.Bus.L. 1989, 519 ff.

67 S. oben unter B.II.2.

Form ist von der EG vielmehr möglichst offen zu halten [68], damit für jede Rechtsordnung im einzelnen bestimmt werden kann, ob eine deliktische Haftungsregelung, ein Bereicherungsausgleich, eine gesellschaftsrechtliche Bestimmung oder ein (vor)vertraglicher Anspruch [69] systematisch sinnvoll ist.

Der Regelungsinhalt muß jedoch insofern festgelegt werden, als eine *Kompensation des Vermögensverlustes der beeinträchtigten Anteilseigner* zu erfolgen hat, *die den Erwerber mit den tatsächlich entstehenden Kosten belastet* [70]. Außerdem sollte festgelegt werden, wann eine derartige Ausgleichsregelung eingreift und wonach sich die Höhe des Anspruchs bemessen soll.

Als Tatbestand, der einen Ausgleichsanspruch nach sich zieht, scheint das Überschreiten einer bestimmten Konzentration von Anteilen sinnvoll zu sein, denn davon geht die Beeinträchtigung der übrigen Anteilseigner aus. Dabei ist eine Generalisierung in Form von Schwellenwerten vorzunehmen, da ein Abstellen auf konkrete Mehrheitsverhältnisse in den jeweils betroffenen Unternehmen [71] zu Rechtsunsicherheiten und damit zu höheren Transaktionskosten führen würde. Als unterer Grenzwert bietet sich die Sperrminorität an [72], mit deren Erwerb bereits zentrale Entscheidungen im Unternehmen beeinflußt werden können.

Der EG-Vorschlag eines Schwellenwertes in einer künftigen Übernahmerichtlinie entspricht mit einem Höchstwert von 33,3 % der Eigentumsanteile (Art.4 Abs.1) der in der EG-Strukturrichtlinie (Art.39 Abs.1) vorgeschlagenen Mindestgrenze für eine Sperrminorität. Da die Mitgliedstaaten in beiden Fällen unter diese Werte gehen können [73], wird nationalen Besonderheiten insoweit Rechnung getragen. Für Deutschland könnte dann für die Eingriffsschwelle der Ausgleichsregelung eine 25%-Grenze entsprechend der aktienrechtlichen Sperrminorität vorgesehen werden.

Das Ausmaß negativer Auswirkungen bei der Übernahme eines Unternehmens und

---

68 Vgl. etwa die Regelung in Art.13 der Insiderrichtlinie ("Richtlinie des Rates zu Koordinierung der Vorschriften betreffend Insidergeschäfte", 89/592/EWG vom 13.11.1989, ABlEG L 334/30 ff).

69 Verschiedene dogmatische Konstruktionen erörtert Kuhr, H.-P., 1992, S.49 ff.

70 S. oben B.I.2.

71 Ein derartiges Kriterium befürworten Kuhr, H.-P., 1992, S.43, sowie Beß, J., Eine europäische Regelung für Übernahmeangebote, AG 1976, 169 ff (171).

72 Reul, J., 1991, S.304 f, Hopt, K.J., 1991, S.203, als gesetzliche Vermutung auch befürwortet von Kuhr, H.-P., 1992, S.46. Ähnliche Schwellenwerte gelten bereits in Großbritannien (Rule 3.1. City Code on Take-overs and Mergers: 30%) und in Frankreich (Art.5-3-1 Règlement général du Conseil des bourses de valeurs: ein Drittel), vgl. Christensen, J.S., Contested Takeovers in Danish Law, 1991, S.222 f.

73 Art.4 Abs.1 Übernahmerichtlinienvorschlag "höchstens", Art.39 Abs.1 Strukturrichtlinienvorschlag "mindestens", vgl. auch Basualda, N., 1990, S.171.

damit der Umfang eines Ausgleichsanspruchs für außenstehende Anteilseigner ist dagegen weitaus schwieriger zu bestimmen. Es stellt sich nämlich die Frage, woran die für die nichtbeteiligten Inhaber durch die Übernahme eintretenden Nachteile gemessen werden können.

Als Ausgangspunkt kann dabei der *Wert der Anteilsrechte* dienen [74]. Zur Ermittlung des Verlustes der außenstehenden Anteilseigner ist dann eine Differenzberechnung zwischen dem Anteilswert vor und nach einer Übernahme (bestimmt nach der Überschreitung der oben dargestellten Schwellenwerte) vorzunehmen. Die Ermittlung des Wertes vor Kontrollübergang scheint relativ einfach, wenn man den zum Zweck der Übernahme für einen Eigentumsanteil gezahlten Preis als höchsten Wert zugrundelegt. Da die Übernahmemöglichkeiten durch privaten Anteilserwerb, Paketkauf oder öffentliche Übernahme sich aber unterschiedlich auf diesen "letzten" Preis auswirken [75], darf man den Bemessungszeitpunkt nicht auf eine konkrete Transaktion beschränken. Als Wert sollte vielmehr der *in einem Zeitraum vor der Übernahme für Anteile des betreffenden Unternehmens gezahlte höchste Preis* gelten; dieser Zeitraum darf aber nicht so lang bemessen werden, daß andere Einflüsse auf die Bewertung des Unternehmens das Bild verzerren [76]. Entsprechend müßte als Wertmaßstab nach Kontrollerwerb der in einem bestimmten Zeitraum nach der Übernahme für Anteile gezahlte Preis zugrundegelegt werden.

Eine derart bemessene *Differenzzahlung des Übernehmers* ist *an sämtliche außenstehenden Anteilseigner* zu leisten. Nur dadurch wird dafür gesorgt, daß den Anteilseignern, die nach erfolgter Übernahme einer Beschränkung ihrer "voice"-Entscheidungen unterliegen, zumindest wertmäßig ihre "exit"-Rechte so erhalten werden, wie sie zum Zeitpunkt der Übernahme bestanden haben. Die daraus folgende Einbeziehung aller durch negative Drittwirkungen belasteten Anteilseigner sorgt dafür, daß der Erwerber die vollen Kosten tragen muß und gewährleistet damit ein optimales gesamtwirtschaftliches Ergebnis.

Die von der EG-Kommission im geänderten Vorschlag einer Übernahmerichtlinie beabsichtigte Verpflichtung eines Übernehmers, auch den noch außenstehenden Anteilseignern ein Übernahmeangebot zu machen (Art.4 Abs.1, "*Zwangsübernahmeangebot*"), ist dagegen in zweierlei Hinsicht ökonomisch nicht sinnvoll. Erstens wird auf diese Weise der Wert vor Kontrollübergang durch den Marktwert zum Zeitpunkt der Übernahme oder eher sogar danach (Art.4 Abs.1: "wer ... Wertpapiere hält, ...ist zu Abgabe eines Angebots verpflichtet") und damit zu niedrig bestimmt. Zweitens

---

74 S. oben B.II.2.

75 Reul, J., 1991, S.306.

76 Dieses Ziel wurde bereits in Art.7 Abs.3,4 des sogenannten Pennington-Entwurfs von 1974 für eine EG-Übernahmerichtlinie verfolgt, wonach der in den letzten 12 Monaten gezahlte Preis zugrundegelegt werden sollte, dazu ausführlich Beß, J., AG 1976, 175, vgl. auch Behrens, P., ZGR 1975, 443 ff. Die Regelung lehnte sich an Art.34 des englischen City Code on Take-overs and Mergers an, vgl. Beß, J., AG 1976, 175, Schmitthoff, C.M., 1976, S.18.

wird nur denjenigen Anteilseigner der Wertverlust vergütet, die das Unternehmen verlassen wollen [77]; der Erwerber wird daher nicht mit dem Ausgleich für die Anteilseigner belastet, die im Unternehmen verbleiben wollen. Durch die in Aussicht genommene EG-Regelung wird daher eine effiziente Ressourcenallokation weniger gefördert als durch die Festlegung einer Ausgleichszahlung. Sie stellt damit nur eine second- oder sogar third-best-Lösung dar [78].

Überhaupt keinen Beitrag zur Einbeziehung der Auswirkungen auf Außenstehende bietet die bloße *Verteilung eines* wie immer zu bemessenden *Kontrollzuschlags* an alle Anteilseigner [79], da der Erwerber dadurch nicht belastet wird und sich allein die Distribution zwischen ausscheidenden und verbleibenden Anteilseignern verändert.

III. Publizität gegenüber potentiellen Anteilserwerbern

Die für die Anlageinteressierten auf dem Kapitalmarkt wesentliche Information, ob sie Anteile eines Unternehmens erwerben, in dem eine Konzentration der Anteile und damit eine Entwertung der übrigen Entscheidungsrechte bereits stattgefunden hat [80], kann durch eine *Offenlegungspflicht für die kontrollrelevanten Transaktionen* relativ einfach erreicht werden. Die entsprechende Beteiligungstransparenzrichtlinie der EG ist bereits 1988 erlassen worden [81]. Damit wird eine notwendige Ergänzung der unternehmensrechtlichen Publizität vorgenommen, die mit der Veröffentlichung von Jahresabschlüssen bezüglich der Anteilskonzentration keine ausreichende Entscheidungsgrundlage für die potentiellen Anleger bietet [82].

Eine Regelung der Bekanntgabe relevanter Veränderungen des Anteilseignerkreises muß aus ökonomischer Sicht zwei Zielsetzungen verfolgen, um die negativen Auswirkungen der Informationsprobleme entscheidend zu vermindern. Erstens ist eine

---

77 Kritisch zu dieser reinen Austrittsregelung Ebenroth, C.Th./ Rapp, A., Abwehr von Unternehmensübernahmen, DWiR 1991, 1 ff (7), Kuhr, H.-P., 1992, S.170, 201, Peltzer, M., 1990, S.231.

78 Hinzu kommen die konzernrechtlichen Einwände gegen eine vollständige Unternehmenskonzentration nach einer Zwangsübernahme, vgl. nur Hommelhoff, P./ Kleindiek, D., AG 1990, 108 f, auf die hier nicht weiter einzugehen ist.

79 Dazu Behrens, P., ZGR 1975, 446 f, Baums, Th., ZIP 1989, 1379. Eine entsprechende Position vertritt jedoch Basualda, N., 1990, S.172.

80 S. oben B.I.3.

81 Nach Art.17 war sie bis zum 1.1.1991 umzusetzen, bislang liegt in Deutschland noch nicht einmal ein Gesetzesentwurf vor.

82 Auch nach der EG-Regelung in der Bilanzrichtlinie ("Vierte gesellschaftsrechtliche Richtlinie des Rates", 78/660/EWG vom 25.7 1978, ABlEG 1978 L 222/11) sind nur Angaben über die dem Unternehmen bekannten Beteiligungen bestimmter Art und Höhe erforderlich, Art.43 Abs.1 Nr.2, in Deutschland umgesetzt in § 285 Nr.11 HGB, § 160 Nr.7,8 AktG.

schnelle Verfügbarkeit und Aktualisierung der Informationen über die Eigentumsstrukturen der Unternehmen zu gewährleisten. Daher sind Übernahmetransaktionen unmittelbar nach ihrer Durchführung bekannt zu geben [83]. Die EG-Beteiligungstransparenzrichtlinie räumt allerdings für die Unterrichtung durch den Erwerber eine Frist von sieben Tagen ein (Art.4 Abs.1) [84]. Durch diese Informationsverzögerung kann es auf dem Kapitalmarkt bereits zu erheblichen Fehlinvestitionen kommen [85]. Da insoweit strengere Vorschriften durch die Mitgliedstaaten vorgesehen werden können (Art.3 Beteiligungstransparenzrichtlinie), sollten bei der Umsetzung in nationales Recht diese Fristen verringert werden. Weil auch der Publizitätsort über die Möglichkeit eines schnellen Zugriffs auf die Information entscheidet, ist neben einer Meldung etwa an das Handelsregister [86], wo die Notwendigkeit der Eintragung und der Einsichtnahme zu Verzögerungen führen kann, auch die Veröffentlichung in der Presse [87] erforderlich. Nach der EG-Richtlinie ist dies möglich [88].

Zweitens ist zu beachten, daß die Gewährleistung laufender *Angaben über Anteilsbewegungen Kosten verursacht* [89]. Wenn damit auch die Anteilserwerber belastet werden, könnte ein Teil der Übernahmetransaktionen unrentabel erscheinen und deshalb nicht mehr durchgeführt werden. Dadurch wird die Ressourcenallokation beeinträchtigt [90]. Um diese Gefahr zu vermindern sollten nur die notwendigen Publizitätserfordernisse durch zwingende Regelungen gesichert werden. Der Umfang der Offenlegung kann jedoch nicht nur auf die Fälle eines Erwerbs durch ein anderes Unternehmen beschränkt werden [91], da die Situation des potentiellen Anteilserwerbers durch Transaktionen von Privatpersonen gleichermaßen beeinflußt wird. Die EG-

---

83 Insoweit ist die deutsche börsenrechtliche Regelung des § 44a Abs.1 S.1 BörsG - "unverzüglich" zu veröffentlichen - richtungsweisend.

84 Hinzu kommt bei einer Meldung nur gegenüber der Gesellschaft noch eine weitere Frist von neun Tagen bis zur Veröffentlichung durch die "zuständige Behörde", Art.10 Abs.1.

85 Vgl. auch Burgard, U., Die Offenlegung von Beteiligungen bei der Aktiengesellschaft, AG 1992, 41ff (53), der allerdings auf Nachteile für die übrigen Anteilseigner innerhalb des Unternehmens abstellt.

86 Für eine entsprechende Umsetzung Burgard, U., AG 1992, 54.

87 So bereits bisher in Deutschland für die Beteiligungsmitteilung in den Gesellschaftsblättern nach § 20 Abs.6 AktG.

88 Unterrichtung des "Publikums" , Art.10 Abs.1, unter anderem durch Zeitungsveröffentlichung, Art.10 Abs.2.

89 Diese können wegen der laufenden Aktualisierung tendenziell höher sein als die der Publizierung von Jahresabschlüssen. Allgemein zu den Kosten der Rechnungslegung Dicke, H./ Hartung, H., Externe Kosten von Rechtsvorschriften, 1986, S.103 ff.

90 S. oben B.I.

91 So noch §§ 20, 21 AktG.

Regelung bezieht daher zu Recht den Erwerb oder die Veräußerung durch natürliche Personen mit ein (Art.1 Abs.1 Beteiligungstransparenzrichtlinie). Das Abstellen auf eine durch die Transaktion bewirkte Kursveränderung der Anteile wäre dagegen ein sinnvolles Kriterium, nur erfolgt die Information für die Anleger dann zu spät, weil die Anteilskonzentration bereits vorher stattgefunden hat. Eine Prognose der erwarteten Wertänderungen [92] wäre dagegen mit Unsicherheiten behaftet und würde damit Transaktionskosten verursachen. Deshalb stellt sich auch hier das Problem der *Festsetzung von Schwellenwerten für die Anteilskonzentration*, bei deren Überschreiten eine Meldung erfolgen muß. Dabei scheinen sich in den neueren nationalen Regelungen die Grenzwerte auf 5% des gesamten Anteilseigentums einzupendeln [93], während in Deutschland bislang nur eine Bekanntgabe des Anteilsbesitzes jeweils bei Überschreiten einer Beteiligungshöhe von 25% und 50% vorgeschrieben ist (§§ 20, 21 AktG [94]). Unter Berücksichtigung der Kosten für die Produktion dieser Informationen scheinen dagegen mittlere Abstände einer Informationsverpflichtung angemessener. Die EG-Bestimmung sieht mindestens bei 10%, 25%, 50% und 75% (Art.4 Abs.1 Beteiligungstransparenz-richtlinie) eine Offenlegung vor, und über diese Schwellenwerte sollte auf nationaler Ebene nicht wesentlich hinausgegangen werden.

D. Ergebnisse

Abschließend soll im Überblick noch einmal herausgestellt werden, wie die Regelungsziele der EG in Bezug auf Übernahmetransaktionen im Kern zu definieren sind, damit über eine ökonomisch begründbare Ausgestaltung der konkreten Bestimmungen wohlfahrtsteigernde Ressourcenallokationen in diesem Bereich des Kapitalmarkts erfolgen können.

Wesentlich ist zum einen, daß der *Markt für Unternehmensübernahmen weitestgehend offen gehalten* wird, um keine noch nicht abschätzbaren ökonomisch positiven Resultate von vornherein auszuschließen. Dafür ist die Beseitigung von übernahmehemmenden rechtlichen Regelungen notwendig, vor allem eine Vermeidung der übermäßigen Verfestigung des bestehenden Anteilseignerkreises in den Unternehmen. *Höchststimmrechte müssen* daher auf europäischer Ebene *vollständig untersagt werden*, wie es von der EG-Kommission vorgesehen ist.

---

92 So in Deutschland nach § 44a Abs.1 S.1 BörsG mit der Beschränkung auf "erhebliche" Kursänderungen.

93 In Dänemark seit 1991 5%, in den USA ebenso, in Großbritannien wurde 1989 sogar eine Absenkung von 5% auf 3% vorgenommen, vgl. Christensen, J.S., 1991, S.163, sowie Burgard, U., AG 1992, 52, der eine Wahlmöglichkeit zwischen 1% und 5% in den Unternehmenssatzungen vorschlägt.

94 Kritisch dazu auch Kübler, F./ Schmidt, R.H., 1988, S.79, 216.

Demgegenüber ist es zum anderen notwendig, die *auf dem Markt für Unternehmensübernahmen* wie auf jedem Markt *entstehenden Unvollkommenheiten einzudämmen*. Von größter Bedeutung sind dabei rechtliche Bestimmungen, die zur *Verminderung der auf die außenstehenden Anteilseigner wirkenden negativen Auswirkungen* beitragen. Insofern stellt das mit der Übernahmerichtlinie angestrebte europäische Regelungsmodell jedoch nur einen Schritt in die richtige Richtung dar, der aber aus gesamtwirtschaftlicher Sicht viel zu kurz ausgefallen ist. Die *Beseitigung von Informationsproblemen der Anleger* auf dem Kapitalmarkt ist der EG durch die Beteiligungstransparenzrichtlinie dagegen größtenteils ökonomisch zufriedenstellend gelungen.

Neben diesen konkreten Schlußfolgerungen der Untersuchung soll noch ein Ausblick in die etwas fernere Zukunft gewagt werden.

Es deutet sich an, daß die ausschnittsweise Regelung von Unternehmensübernahmen durch die Gemeinschaft mit ihrer Beschränkung auf Aktiengesellschaften (Strukturrichtlinienvorschlag) oder auf börsennotierte Gesellschaften (Übernahmerichtlinienvorschlag, Beteiligungstransparenzrichtlinie) nicht mehr lange ausreichen wird, da auch andere Gesellschaftsformen betroffen sind [95], zumal die Akteure auf diese Art einschränkenden Normierungen ausweichen können. Daher könnte sich - nun auf europäischer Ebene - auch in diesem Bereich der Trend fortsetzen, daß einer Regelung für Aktiengesellschaften *weitere Regelungen für andere Kapitalgesellschaften und schließlich auch für Personengesellschaften* folgen.

Darüber hinaus wird eine andere Erweiterung des Blickfeldes nötig, denn rechtliche Regelungen für Übernahmen können nicht nur auf dem Kapitalmarkt notwendig werden, sondern auch auf den anderen Faktormärkten. Das bedeutet dann aber, daß im weiteren *auch das Konzernrecht, das Wettbewerbsrecht, das Arbeitsrecht oder auch das Steuerrecht* innerhalb der EG *auf die Möglichkeiten und Wirkungen von Unternehmensübernahmen abgestimmt* werden muß.

---

95 Vgl. schon Behrens, P., ZGR 1975, 439, ähnlich Kübler, F./ Schmidt, R.H., 1988, S.93 ff.

Diskussion

zusammengefaßt von Klaus Wehrt

Dem Referat schloß sich eine sehr lebhafte Diskussion unter den Teilnehmern an. Zwei Themenkomplexe dominierten diese Diskussion. Der gesellschaftsrechtliche Handlungsbedarf im Hinblick auf Unternehmensübernahmen wurde zum einen unter dem Aspekt der Kontrolle der Manager durch die Hauptversammlung, zum anderen hinsichtlich des Verhältnisses von Kleinaktionären zu Großaktionären thematisiert.

A. Die Managerkontrolle durch die Hauptversammlung

Mehrfach wurde betont, daß der Anreiz, der einem einzelnen Aktionär zur Kontrolle des Managements gegeben wird, dann höher sei, wenn dieser über ein größeres Aktienpaket der Gesellschaft verfüge. Der größte Kontrollanreiz läge somit beim Hauptaktionär der Gesellschaft. Durch seine Kontrolle würde dieser ein öffentliches Gut produzieren, von dem die Kleinaktionäre profitierten. Dementsprechend würde eine Vergrößerung der Aktienmehrheit stets zu einer stärkeren Managementkontrolle und damit zu positiven externen Effekten für Kleinaktionäre führen.

In diesem Zusammenhang bedeutsam sei auch ein marktlicher Aspekt, der von Grossmann/Hart herausgearbeitet worden sei. Erkennt ein großer Kapitaleigner eine marode Gesellschaft mit schlechtem Management und beschließt diese zu übernehmen, um das Management auszuwechseln, dann würden die Altaktionäre der Gesellschaft ihre Anteile nur zu einem wesentlich höheren Preis als dem aktuellen Aktienkurs herauszugeben bereit sein. Sie würden nämlich den Austausch des Managements und die dann bessere Geschäftsentwicklung antizipieren. Auf diese Weise könnten sozial wünschbare Übernahmen scheitern. Empirische Untersuchungen würden dieses Argument stützen. Auf eine Übernahme hin erfolgt regelmäßig ein steiler Anstieg der Aktienkurse.

B. Das Verhältnis von Klein- und Großaktionären

Erfolgten die obigen Diskussionsbeiträge unter der impliziten Voraussetzung, daß der Mehrheitsaktionär nur die Rentabilität der von ihm beherrschten Gesellschaft im Auge hat, so wurde im weiteren Verlauf der Diskussion auch darüber nachgedacht, wie Übernahmen einzuschätzen sind, bei denen der Übernehmer als eigenständiges Unternehmen mit der übernommenen Gesellschaft in Geschäftsbeziehungen steht oder seine Mehrheitsposition dahingehend mißbraucht, die Kleinaktionäre zu übervorteilen. In diesem Fall gäbe es ein weiteres Kontrollproblem, das darin bestünde, den Mehrheitsaktionär zu Handlungen zu bewegen, die dem Wohl aller Gesellschafter dienen. Von den anwesenden Juristen wurde dieses letztgenannte Problem als das Hauptproblem des Gesellschaftsrechts bezeichnet. Die Idee, eine Entschädigungspflicht für den Mehrheitdsaktionär zu statuieren, die sich nach dem Börsenkursverfall richtet, der nach einer die Aktien kleiner Aktionäre entwertenden Mehrheitsentscheidung erfolgt, wurde mit dem Argument verworfen, dies könnte u.U.dazu führen, daß sozial wünschenswerte Übernahmen unterblieben.

Probleme von Kollektiventscheidungen und Theorie der Firma*

- Folgerungen für die Arbeitnehmermitbestimmung -

von Henry Hansmann

A. Einführung

In diesem Aufsatz soll das Zusammenwirken zweier umfangreicher Themenkomplexe untersucht werden. Bei dem ersten handelt es sich um den allgemeinen Trend zur Verschmelzung des Arbeitsrechts und des Unternehmensrechts, wobei das zunehmende Interesse an den Mechanismen direkter Arbeitnehmerpartizipation bei der Unternehmensführung von besonderer Bedeutung ist. Bei dem zweiten Komplex geht es um die vielfach vernachlässigte, dennoch aber sehr wichtige Rolle, die Kollektiventscheidungsverfahren bei der Unternehmensleitung spielen.

B. Die Verschmelzung von Gesellschaftsrecht und Arbeitsrecht

In den Vereinigten Staaten wurden das Arbeitsrecht und das Gesellschaftsrecht lange Zeit sowohl in der Praxis als auch in der Lehre strikt voneinander getrennt. Heute stimmt man hingegen zunehmend darin überein, daß diese Trennung - ungeachtet dessen, welche Gründe es in der Vergangenheit hierfür gab, - nicht länger wünschenswert ist.

Das dem National Labour Relations Act von 1935 zugrunde liegende arbeitsrechtliche Modell, das einen strengen Gegensatz von Arbeiternehmern und Arbeitgebern und eine in hohem Maße konfliktbeladene Verhandlungssituation annimmt, verliert mehr und mehr die Gefolgschaft unter den Gelehrten, ebenso wie es in der Arbeitswirklichkeit- nahezu aufgegeben wird. Während in den fünfziger Jahren unter der Geltung des National Labour Relations Act etwa 40 % aller Arbeitnehmer gewerkschaftlich organisiert waren, liegt die Zahl heute nur noch bei 15 % und sinkt weiter.[1] Viele Beobachter sind der Auffassung, daß das resultierende Vakuum wenig wünschenswert ist, und

---

* Aus dem Englischen übersetzt von Hans-Bernd Schäfer.

1 Paul Weiler, Governing the Workplace, S. 9-10, (1990).

daß alternative Mechanismen zu entwickeln seien, um Effizienz und Gerechtigkeit in den Beziehungen zwischen Arbeitnehmern und den sie beschäftigenden Unternehmen zu gewährleisten.[2] Die Mechanismen, die insoweit zur Zeit die größte Beachtung finden, gleichen sich insoweit, als sie alle eine stärkere Repräsentation der Arbeitnehmer in der Unternehmensleitung vorsehen. Aufgrund dessen ist in den nächsten Jahren eine zunehmende Verschmelzung von Gesellschaftsrecht und Arbeitsrecht zu erwarten. Diese Entwicklung zeichnet sich allerdings nicht nur in den Vereinigten Staaten ab. Sie ist in den meisten anderen entwickelten Staaten sogar bereits weiter fortgeschritten als in den USA.

Insbesondere Deutschland hat in dieser Hinsicht eine Vorreiterrolle übernommen. Nachdem die Anfänge bereits durch die Gesetzgebung des 19. Jahrhunderts gemacht worden waren, besitzt Deutschland heute ein umfassenderes System der Mitbestimmung als jede andere Industrienation. Folgerichtig hat man auf Deutschland zu blicken, um etwas über unterschiedliche Systeme von Arbeitnehmermitbestimmung zu lernen. Die in diesem Aufsatz behandelten Beispiele konzentrieren sich daher vornehmlich auf die in Deutschland gesammelten Erfahrungen, denen die amerikanischen Erfahrungen gegenübergestellt werden.

Diese Abhandlung befaßt sich damit, was die moderne ökonomische Theorie der Firma über das Recht und gesetzliche Institutionen zu sagen hat und welche Aussagen dieser Theorie über Arbeitnehmermitbestimmung entnommen werden können. Bei der Annäherung an diesen Untersuchungsgegenstand soll besonderes Augenmerk auf einen bestimmten Zweig der ökonomischen Theorie der Firma gelegt werden, der, wenn auch bemerkenswerterweise bislang kaum zur Kenntnis genommen, von großem allgemeinen Interesse und speziell bedeutsam für das Verständnis von Arbeitnehmermitbestimmung zu sein verspricht. Die Rede ist von der Firma als einer politischen Institution.

C. Der politische Charakter der Firma

In den letzten dreißig Jahren ist eine umfangreiche und hochkomplizierte Literatur zu den ökonomischen Aspekten des Gesellschaftsrechts entstanden. Die Entwicklung dieser Literatur spiegelt weitestgehend die Entwicklung der Literatur über die Ökonomie der internen Unternehmensorganisation wider. Zusammenfassend lassen sich drei wichtige methodologische Entwicklungen der ökonomischen Literatur feststellen, die zeitlich aufeinander folgten.

Zunächst konzentrierte sich die Literatur auf die Schwierigkeiten der Eigentümer eines Unternehmens, die Manager zu überwachen. Es begann mit der Entwicklung der Managerial Theory of the Firm in den sechziger Jahren, wobei das Interesse insbeson-

---

2 Für eine besonders gründliche und gedankenreiche Analyse siehe Weiler, oben Fußnote 1.

dere der Frage galt, in welcher Weise die Manager die ihnen trotz Kontrolle seitens der Anteilseigner verbleibenden Freiräume ausnutzen. Nachfolgend, in den siebziger Jahren, wurde dieser Gegenstand in der Principal Agent Literatur weiter verfolgt, die ihr Augenmerk auf die Frage richtete, warum die durch die Eigentümer ausgeübte Kontrolle nur schwach ist und welche Mechanismen erdacht werden können, um opportunistisches Verhalten der Manager einzudämmen. Ein wichtiger Ertrag dieser Literatur war die breit angelegte juristische Diskussion über den Markt für Unternehmenskontrolle und seine Regulierung.

Mit Beginn in den siebziger Jahren entwickelte sich zweitens die Analyse von transaktionsspezifischen Investitionen und ihrer Bedeutung für den Abschluß von Verträgen; eine Entwicklung, die eng mit den Arbeiten von Oliver Williamson verknüpft ist. Die juristische Relevanz dieser Entwicklung liegt in einem tieferen Verständnis von längerfristigen Verträgen und der Struktur von Eigentum.

Zum dritten gab es seit den späten siebziger Jahren eine rapide Entwicklung in der Theorie nichtkooperativer Spiele. Juristisch bedeutsam sind diese Arbeiten insbesondere für die Erklärung von arbeitsrechtlichen Verträgen, Verkauf unter Einstandspreisen und feindlichen Übernahmen.

In der gesamten Literatur konzentriert man sich vornehmlich auf Situationen, bei denen sich zwei Personen als Partner einer Transaktion gegenüberstehen. Dies, obwohl es vielfältige Situationen gibt, in denen weit mehr als zwei Personen an einer unternehmensinternen Entscheidung mitwirken. Letzteres ist insbesondere bei allen Entscheidungsfindungen durch Kollektiventscheidungsverfahren, insbesondere durch Abstimmungen, der Fall. Tatsächlich findet man in einem Unternehmen eine Vielzahl von Abstimmungen. Abstimmungen finden Verwendung, wenn die Anteilseigener des Unternehmens über die Geschäftsführer entscheiden oder über fundamentale Änderungen, wie eine Fusion oder die Auflösung der Gesellschaft befinden. Die Abstimmung ist außerdem für gewöhnlich das Verfahren, mit dem innerhalb der unternehmensleitenden Gremien selbst Entscheidungen getroffen werden. Auf Seiten der Arbeitnehmer bedient man sich Abstimmungen, wenn Gewerkschaftsfunktionäre oder Betriebsratsvertreter zu wählen sind oder wenn über grundlegende Fragen, wie den Eintritt in einen Streik, zu entscheiden ist.

Kurzum: Unternehmen stellen als kollektive Institutionen jedenfalls auch politische Institutionen dar. Demzufolge hat eine unternehmensinterne Entscheidung häufig eine bedeutsame politische Dimension. Dies bedeutet wiederum, daß unternehmensinterne Entscheidungsprozesse Komplikationen beinhalten, die bei weitem die bei zweiseitigen Verhandlungen anzutreffenden Formen strategischen Verhaltens überschreiten.

Die Literatur, die sich mit der Organisation des Unternehmens befaßt, neigte bisher dazu, diese politische Dimension der Firma zu vernachlässigen. Bemerkenswerterweise existiert bislang kaum eine systematische Untersuchung, die sich mit den Charakteristika der verschiedenenen in Unternehmen anzutreffenden Kollektiventscheidungsverfahren befaßt und hierbei die Kosten der Abstimmungsverfahren und ihre Effizienz einbezieht.

Eine Erklärung hierfür mag darin zu sehen sein, daß, wenn nur die Abstimmungsverfahren unter den Anteilseignern betrachtet werden, die politische Dimension tatsächlich häufig außer Betracht gelassen werden kann. Hinsichtlich der meisten unternehmensbezogenen Entscheidungen verfügen die Anteilseigner über in hohem Maße homogene Interessen. Grundsätzlich ist allen daran gelegen, den Nettogegenwartswert künftiger Ausschüttungen zu maximieren. Sicherlich können sich die Anteilseigner in mancher Beziehung voneinander unterscheiden, so beispielsweise im Hinblick auf die Verteilung der Einkünfte, die je nach den steuerlichen Verhältnissen des einzelnen unterschiedliche Auswirkungen hat. Wo solche Interessendivergenzen gravierend sind, können sie allerdings dadurch häufig abgemildert oder vermieden werden, daß sich verschiedene Anteilseigner einfach verschiedenen Unternehmen zuordnen oder gemäß ihren finanziellen Bedürfnissen in verschiedene Arten von Wertpapieren investieren.

Ernstere Interessenkonflikte können zwischen den Anteilseignern eines Unternehmens bestehen, wenn einige von ihnen, aber nicht alle, in zusätzlichen Transaktionsbeziehungen zu der Firma stehen, beispielsweise als Lieferanten, bezahlte Angestellte, Kunden oder Inhaber von Schuldsicherheiten. Ein großer Teil des Unternehmensrechts in den Vereinigten Staaten befaßt sich mit der Lösung solcher Konflikte. (Ansonsten dient das Unternehmensrecht hauptsächlich der Eindämmung opportunistischen Verhaltens der Manager gegenüber den Eigentümern des Unternehmens, befaßt sich also mit dem grundlegenden Agency-Problem.) Für gewöhnlich treten bei solchen Konflikten allerdings nur zwei sauber voneinander zu trennende Gruppen von Anteilseignern auf, z.B. die kontrollierenden Anteilseigner und die Minderheitsgesellschafter, Anteilseigner, die zugleich bezahlte Angestellte des Unternehmens sind und solche, die es nicht sind, Anteilseigner, die über Insiderinformationen verfügen und solche, denen solche nicht zur Verfügung stehen. Solche Konflikte beinhalten in Wahrheit überhaupt kein Kollektiventscheidungsproblem, sondern stellen eine herkömmliche zweiseitige Verhandlungssituation dar. Überdies stehen den Beteiligten oder einem ihr Verhalten nachprüfenden Gericht in diesen Situationen häufig relativ klare und objektive Kriterien zur Verfügung, wie etwa eine auf den geplanten künftigen Einnahmen beruhende Schätzung der Aktienwerte, um die Grenze des Akzeptablen abzustecken und insbesondere Opportunismus einzudämmen. Alles in allem fiel es somit bis heute relativ leicht, den politischen Charakter der Firma außer acht zu lassen.

Es gibt allerdings gute Gründe anzunehmen, daß die Probleme politischen Verhaltens der Anteilseigner im amerikanischen Unternehmensrecht in Zukunft an Komplexität gewinnen werden. Da feindliche Übernahmen an Popularität verloren haben, ist die Bedeutung der aktiven Ausnutzung von Abstimmungen der Anteilseigner, gewissermaßen die Führung eines Stellvertreterkrieges, zum Zwecke der Kontrolle der Unternehmensmanager erneut gewachsen. Dies aber heißt, daß die Interessen und Ansichten einer großen Gruppe von Anteilseignern - hierunter eine wachsende Anzahl institutioneller Anleger, die unterschiedliche Vorstellungen über eine angemessene Unternehmensführung haben mögen und die möglicherweise eine eigene Vertretung in den unternehmensleitenden Gremien wünschen - unter Umständen aggregiert werden müßten, nur um eine einzige Entscheidung zu fällen. Die Probleme, die durch eine aktive Beteiligung von Investoren an der Unternehmensführung aufgeworfen werden, sollen hier aber nicht weiter behandelt werden. Vielmehr möchte ich mich hier den auf

Seiten der Arbeitnehmer auftretenden Kollektiventscheidungsproblemen widmen.

Den meisten Arbeiten, die sich bislang mit Fragen der Arbeitnehmerpartizipation beschäftigt haben und hierbei insbesondere den theoretischen Arbeiten, lag mehr oder weniger die Annahme zugrunde, daß die Arbeitnehmer eine homogene Gruppe bilden und daß sie Interessen aufweisen, die von denen der Anteilseigner klar abgrenzbar sind[3]. Für manche Zwecke mag dies eine vernünftige Vereinfachung sein. Grundsätzlich aber ist festzuhalten, daß Arbeitnehmer ganz offensichtlich häufig stark divergierende Interessen besitzen. Genauer gesagt, werden verschiedene Gruppen von Arbeitnehmern innerhalb eines Unternehmens häufig in unterschiedlicher Weise durch eine Unternehmensentscheidung betroffen und weisen deshalb unterschiedliche Präferenzen bezüglich der zur Auswahl stehenden Alternativen auf. So werden beispielweise im Falle der Entscheidung über einen Pensionsfonds oder bei anstehenden Entlassungen ältere Arbeitnehmer höchstwahrscheinlich andere Präferenzen besitzen als jüngere. In gleicher Weise wird es viele wichtige Fragen der Unternehmenspolitik geben, bezüglich derer Arbeitnehmer je nach ihrem Geschlecht, ihrem Alter, ihrer Gesundheit, der Mobilität ihrer Familien, dem Werk, in dem sie tätig sind bzw. je nachdem, ob sie Arbeiter oder Angestellte sind, unterschiedliche Interessen aufweisen. Darüber hinaus existieren, anders als auf Seiten der Anteilseigner, häufig keine einfachen objektiven Standards, mit deren Hilfe die Parteien selbst oder ein Gericht oder eine sonstige dritte Partei im Falle von derart begründeten Interessenkonflikten der Menge der allseits akzeptablen Lösungen feste Konturen geben könnten.

Das Problem konfligierender Interessen wird erheblich verschärft, wenn Arbeitnehmer und Anteilseigner zum Zwecke der Aufteilung der Macht gemeinsam in ein und demselben Entscheidungsgremium vertreten sind, wie beispielsweise im Falle des Corporate Board of Directors (Aufsichtsrat). Wie grundlegend auch immer die Arbeitnehmer in ihren Interessen voneinander abweichen, die Interessendivergenz, die zwischen Arbeitnehmen und Investoren besteht, wird wohl stets gravierender sein.

Hieraus folgt, daß durch eine direktere Beteiligung der Arbeitnehmer an Entscheidungsprozessen innerhalb des Unternehmens die Charakteristika alternativer Kollektiventscheidungsverfahren, betrachtet unter dem Aspekt der Präferenzaggregation und der Konfliktlösung einerseits und der Transaktionskosten andererseits, an Bedeutung für die Politik und insbesondere für das Recht gewinnen werden. Denn es ist das Recht, das entscheidet, welche Verfahren der Entscheidungsfindung ein Unternehmen praktizieren darf oder zu praktizieren hat und durch das Recht muß die Gesellschaft diejenigen Konflikte lösen, die durch solche Verfahren nicht entscheidbar sind.

---

3 Vgl. z.B. die gesammelten Aufsätze in Nutzinger, H. und Backhaus, J., Codetermination: A Discussion of Different Approaches (1989). In seinem eigenen Beitrag zu diesem Band erkennt Backhaus ausdrücklich diese Begrenzung an, indem er erklärt, daß seine Analyse "auf der in mancherlei Beziehung kontrafaktischen Annahme, daß die Vertreter der Arbeitnehmerseite und der Kapitalseite jeweils homogene Gruppen bilden", basiert. Jürgen Backhaus, Workers' Participation Stimulated by the Economic Failure of Traditional Organisation: An Analysis of some Recent Institutional Developments, aaO., S. 229, 250.

Um eine subtilere Sicht der Eigenschaften von Kollektiventscheidungsverfahren in eine erweiterte Theorie der Firma zu integrieren, bietet sich ein Blick auf die politische Theorie an. In der Tat wendet sich die zeitgenössische politische Theorie den Charakteristika verschiedener Kollektiventscheidungsverfahren seit geraumer Zeit mit größerem Interesse zu. Vier Jahrzehnte nach Arrows bahnbrechender Arbeit ist eine beachtliche Literatur entstanden, die sich mit den Mängeln verschiedener Kollektiventscheidungsverfahren befaßt. Seit etwa 15 Jahren behandelt die Literatur zudem eingehender Institutionen und Normen, die sich als Reaktion auf solche Unvollkommenheiten in verschiedenen Ausprägungen herausgebildet haben. Was die praktische Anwendung anbelangt, so konzentrierte sich die Literatur allerdings bislang auf staatsleitende Institutionen und hier besonders auf die Charakteristika der amerikanischen Bundesgesetzgebung. Während es durchaus nützliche Parallelen zwischen solchen Institutionen und den verschiededenen Typen von Kollektiventscheidungsverfahren, die in privaten Firmen anzutreffen sind, gibt, existieren aber auch viele Besonderheiten der zuletzt genannten. Daher besteht, was die Einbeziehung von Kollektiventscheidungsproblemen in eine erweiterte Theorie der Firma anbelangt, weiterhin großer Arbeitsbedarf.

Die Betrachtung kollektiver Mechanismen im Kontext des Unternehmens ist von besonderem Vorteil. Zum einen, weil es soviele private Unternehmen in einer Volkswirtschaft gibt und zum anderen, weil wegen des unter den Unternehmen herrschenden Wettbewerbs die in ihnen bestehenden Strukturen Gegenstand von marktlichen Ausleseprozessen sind. Die "unsichtbare Hand" wird dazu neigen, solche Unternehmen, die ineffiziente Kollektiventscheidungsmechanismen nutzen, zu bestrafen und solche, die effiziente verwenden, zu belohnen. Folglich kann man etwas über die relative Effizienz der verschiedenene Mechanismen allein dadurch erfahren, daß man beobachtet, welche Institutionen langfristig überleben und welche nicht. Natürlich ist bei einem solchen "Überlebenstest" eine gewisse Vorsicht geboten. Ergebnisse von Marktprozessen können in starkem Maße von Regulation beeinflußt sein und der Markt selber arbeitet manchmal langsam und kapriziös bei der Auslese institutioneller Arrangements.

Um die Bedeutung des Kollektiventscheidungsproblems zu betonen, um einige für die Forschung besonders lohnende Gegenstände aufzuzeigen und um einige mögliche Schlußfolgerungen anzudeuten, werde ich einen kurzen Überblick über die heutzutage gebräuchlichen Formen von Arbeitnehmerbeteiligung bei der Entscheidungsfindung des Unternehmens geben, wobei jeweils die Eigenschaften dieser Verfahren, verstanden als Kollektiventscheidungsmechanismen, herausgestellt werden sollen. Im einzelnen sollen nachfolgend das vollständige Eigentum der Arbeitnehmer am Unternehmen, das partielle Arbeitnehmereigentum, die Repräsentation in den unternehmensleitenden Gremien, Gewerkschaften und Betriebsräte untersucht werden. Bei diesem Überblick werde ich nur geringen methodischen Rigorismus walten lassen. Da mein prinzipielles Anliegen hier nur das Aufzeigen, nicht aber die Lösung von Problemen ist, werde ich mir ein eher kasuistisches und spekulatives Theoretisieren und einen gewissen Empirismus erlauben. Schließlich werde ich mich, wie bereits erwähnt, für meine Beispiele hauptsächlich auf die Vereinigten Staaten und auf Deutschland beschränken.

D. Das vollständige Arbeitnehmereigentum am Unternehmen

Ich beginne mit der Untersuchung des vollständig arbeitnehmereigenen Unternehmens, da sich meine eigenen Arbeiten bisher auf diesen Gegenstand konzentriert haben und weil ich glaube, daß hierdurch die Grenzen des Untersuchungsthemas besonders klar abgegrenzt werden[4].

In entwickelten Marktwirtschaften und insbesondere in den Vereinigten Staaten gibt es eine überraschend hohe Zahl arbeitnehmereigener Unternehmen. Die meisten dieser Unternehmen sind im Dienstleistungssektor tätig, wobei sie besonders häufig im Bereich der Rechtsberatung und -vertretung, des Rechnungswesens und des Investment Banking anzutreffen sind. Daneben gibt es aber auch einige prominente Beispiele im industriellen Sektor. Interessanterweise treten arbeitnehmereigene Betriebe, anders als die meisten anderen Formen von Arbeitnehmermitbestimmung, in Deutschland auffallend weniger auf als in den Vereinigten Staaten.

Arbeitnehmereigene Firmen weisen einige, möglicherweise bedeutsame, Effizienzvorteile gegenüber den den Kapitalgebern gehörenden Firmen auf, in denen Arbeitnehmer ausschließlich auf vertraglicher Basis beschäftigt sind. Arbeitnehmereigentum am Unternehmen kann erstens die Produktivitätsanreize verbessern, da jeder Arbeitnehmer einen persönlichen Anteil an den Erträgen der eigenen Arbeit erhält und, was vielleicht von größerer Bedeutung ist, da jeder Arbeitnehmer einen Anreiz erhält, die Arbeit der anderen zu überwachen. Zum zweiten wird der Anreiz des Unternehmens vermindert, solche Arbeitnehmer auszubeuten, die aufgrund von firmenspezifischen persönlichen und beruflichen Investitionen auf Dauer an das Unternehmen gebunden sind. Drittens werden Anreize für strategisches Verhalten bei den Lohnverhandlungen beseitigt. Viertens ermöglicht ein solches System eine leichtere und zuverlässigere Übermittlung der Arbeitnehmerpräferenzen an das Management. Fünftens wird das Unternehmen geneigt sein, gemäß den Präferenzen eines durchschnittlichen Arbeitnehmers zu handeln, statt, wie es in einer Firma, die einfach Arbeitskräfte auf dem Markt anwirbt, der Fall ist, die Präferenzen des marginalen Arbeitnehmers zugrunde zu legen. Sechstens besteht die Aussicht auf geringere Agency-Kosten, da die Arbeitnehmer wahrscheinlich leichter als Anteilseigner das Management zu überwachen vermögen. Siebtens und letztens verschafft das Eigentum am Unternehmen den Arbeitnehmern eine größere persönliche Befriedigung, die aus einer Teilnahme an der Führung des Unternehmens bzw. aus der Ausübung eines größeren Maßes an persönlicher Kontrolle resultiert.

---

4 Henry Hansmann, When Does Worker Ownership Work?, ESOPs, Law, Firms, Codetermination and Economic Democracy", 99 Yale Law Journal, S. 1749-1816, (1990); Henry Hansmann, The Viability of Worker Ownership: An Economic Perspective on the Political Structure of the Firm, in: M. Aoki, B. Gustafsson, O. Williamson (Hrsg.), The Firm as a Nexus of Treaties, (1990); Henry Hansmann, Ownership of the Firm, 4 Journal of Law, Economics and Organisation, S. 267-304, (1988).

Andererseits weist das arbeitnehmereigene Unternehmen einige offensichtliche Nachteile auf. Einer davon besteht in der geringeren Liquidierbarkeit des Kapitals seitens der Arbeitnehmer und seitens des Unternehmens. Ein anderer ist die schlechte Allokation des Risikos. Ein dritter und der hier am stärksten interessierende Nachteil besteht in der potentiellen Erhöhung der Kosten der Entscheidungsfindung innerhalb des Unternehmens. Zu diesen Kosten zählen sowohl die Transaktionskosten des eigentlichen Entscheidungsprozesses (beispielsweise die Kosten der Teilnahme an Versammlungen und des Informationserwerbs), als auch die Kosten, die durch grundlegend ineffiziente Entscheidungen erzeugt werden.

Untersucht man die verschiedenen Typen von Firmen und Industrien, in denen arbeitnehmereigene Unternehmen auftauchen bzw. nicht auftauchen, so lassen sich einige bedeutsame Folgerungen bezüglich der relative Höhe der verschiedenen Kosten und Vorteile von Arbeitnehmereigentum und insbesondere bezüglich der Kollektiventscheidungskosten ziehen. Vor allem kann man zwei grundsätzliche Beobachtungen machen. Arbeitnehmereigene Unternehmen tauchen erstens nur dann auf, wenn die beteiligten Arbeitnehmer extrem homogene Interessen aufweisen. Wie groß auch immer die potentiellen Vorteile des Arbeitnehmereigentums in einer vorgegebenen Situation sein mögen, man findet es selten dort, wo die Arbeitnehmer, die das Eigentum gemeinsam innehaben würden, unterschiedliche Interessen in der Firma verfolgen. Wenn allerdings grundlegende Homogenität der Interessen der beteiligten Arbeitnehmer besteht, so findet man zweitens arbeitnehmereigene Unternehmen erstaunlich häufig. Die anderen, mit dem Arbeitnehmereigentum verbundenen Kosten - insbesondere die geringere Risikodiversifikation und die Schwierigkeiten, Kapital anzusammeln, - scheinen dann keine ernsthafte Rolle zu spielen.

Ich werde nicht versuchen, den Beweis für diese Schlußfolgerungen hier anzutreten. Statt dessen soll ein Beispiel helfen, die Zusammenhänge zu erläutern. Man denke an den kürzlich unternommenen Versuch der Piloten, United Airlines zu übernehmen. Die 7.000 Piloten, die bei diesem Übernahmeversuch beteiligt waren, verkörpern genau den Typus des Arbeitnehmers, bei dem sich arbeitnehmereigene Unternehmen weithin als erfolgreich erwiesen haben, bilden sie doch eine Klasse von Arbeitnehmern, die alle höchst ähnliche Jobs verrichten und der gleichen Schicht innerhalb eines Unternehmens angehören, wobei sie so gut wie keine gegenseitige Kontrolle ausüben. Kurz gesagt, gibt es unter den beteiligten Arbeitnehmern nur in sehr geringem Maße vertikale oder horizontale Arbeitsteilung. Und in der Tat: Transportunternehmen, deren Eigentümer die Fahrer sind, sind weltweit keine Seltenheit. Arbeitnehmer, wie die Piloten der United Airlines, haben aufgrund des von ihnen verrichteten Tätigkeiten sehr ähnliche Interessen innerhalb der Firma, und zwar in dem Sinne, daß sie alle mehr oder weniger gleich von einer Entscheidung, die das Unternehmen fällt, betroffen werden. Infolgedessen ist das Zustandekommen von kollektiven Entscheidungen innerhalb einer solchen Gruppe von Arbeitnehmern völlig unproblematisch. Dies ist offensichtlich ein wichtiger Grund, weshalb solche Firmen überlebensfähig sind.

Tatsächlich war der Versuch der United- Airlines-Piloten nicht weit von einer erfolgreichen Übernahme entfernt. Zumindest in der ersten Gebotsrunde waren sie in der Lage - und dies offenbar ohne nennenswerte Schwierigkeiten - , das erforderliche

Kapital für die Finanzierung des Erwerbs aufzubringen. Es war vielmehr die starke Opposition von Seiten anderer Beschäftigter, insbesonderer der Mechaniker der Fluggesellschaft und deren Gewerkschaft, die offensichtlich für das Fehlschlagen des Übernahmeangebots verantwortlich war. In dem Bemühen, den Konflikt zu lösen, boten die Piloten schließlich an, die Mechaniker und das Flugbegleitpersonal an der Übernahme zu beteiligen und das Eigentum an der Firma mit ihnen zu teilen. Auch dieses Angebot schlug schließlich fehl. Es war allerdings auch von vornherein zum Scheitern verurteilt. Während die Piloten alleine das Unternehmen wahrscheinlich erfolgreich hätten leiten können, scheint es nach den bisher mit arbeitnehmereigenen Unternehmen gemachten Erfahrungen sehr unwahrscheinlich, daß sich eine Teilung der Unternehmensführung unter diesen drei Gruppen von Arbeitnehmern als lebensfähig erwiesen hätte.

Zusammengefaßt erscheinen arbeitnehmereigene Unternehmen dann, und nur dann, überlebensfähig, wenn die am Eigentum beteiligten Arbeitnehmer in hohem Maße homogene Interessen aufweisen.

Wie wir allerdings aus der Public-Choice-Theorie wissen, ist eine starke Interessenhomogenität allein unzureichend, um die Mängel von Kollektiventscheidungsverfahren zu heilen. Wenn beispielsweise die Zahl der Entscheidungsalternativen hinreichend groß ist, gewährleistet die Mehrheitsregel selbst dann kein stabiles Gleichgewicht, wenn die Präferenzen nur in geringem Maße heterogen sind. Wenn, um ein profanes Beispiel zu wählen, die Mehrheit der Piloten in einer den Piloten gehörenden Fluggesellschaft braune Augen hat, mögen diese für eine Bezahlung stimmen, bei der braunäugige Piloten um 50 % höhere Löhne erhalten als blauäugige. Wenn aber nun die Piloten mit einer Körpergröße von mehr als 1,80 m die Mehrheit besitzen, mögen sie im Gegenzug dafür stimmen, daß Piloten mit einer Körperlänge von mehr als 1,80 m um 60 % höher bezahlt als kleinere Piloten. Dies ließe sich fortsetzen. Wenn also, wie es der Augenschein nahelegt, grundlegende (natürlich niemals vollständige) Homogenität der Interessen hinreichend ist, die Kosten kollektiver Entscheidungsprozesse erheblich zu senken, so muß dafür ein spezieller Grund vorhanden sein.

Eine naheliegende Möglichkeit ist, daß bei Interessenhomogenität die Menge der möglichen Resultate, die bei einem Kollektiventscheidungsverfahren zur Auswahl stehen, entscheidend begrenzt ist. Dort wo eine wesentliche und von allen wahrgenommene Homogenität der Interessen besteht, also beispielsweise dort, wo alle Arbeitnehmer nahezu identische Positionen in einem Unternehmen haben, werden die sozial anerkannten Regeln der Fairness und die von den kontrollierenden Gerichten statuierten Regeln der Treue wahrscheinlich dafür sorgen, daß nur eine relativ begrenzte Menge möglicher Entscheidungen übrig bleibt, daß also der Umfang und die Dimension der möglichen Abstimmungsergebnisse entscheidend begrenzt wird. So wird weder nach herkömmlichen Moralvorstellungen noch vor einem Gericht ein Entlohnungssystem Bestand haben, bei dem braunäugige Piloten höher bezahlt werden als blauäugige[5].

In dieser Hinsicht ist es aufschlußreich, daß viele arbeitnehmereigene Unternehmen ihren Mitarbeitern ein freies Kündigungsrecht zu angemessenen Bedingungen einräumen - etwas, was im Eigentum von Investoren stehende Firmen nur selten tun. In den vielen Unternehmen des Dienstleistungsbereichs, die als Partnerschaften bestehen, hat beispielsweise jeder Partner das Recht, die Firma zu verlassen und dabei nicht nur sein Humankapital abzuziehen, sondern darüber hinaus eine Abfindung für seinen Anteil am Wert des Unternehmens zu verlangen. Indem jedem Arbeitnehmereigentümer eine Position eingeräumt wird, jenseits derer Erpressung oder Ausbeutung unmöglich ist, wird der Umfang der Entscheidungsmöglichkeiten für das Unternehmen als Ganzes weiter eingeschränkt.

Gleicherweise machen sich arbeitnehmereigene Unternehmen, als mehr oder minder konstitutionelles Moment, allgemein allokative Regeln zu eigen, die den Effekt haben, das Ausmaß potentieller Konflikte im Kollektiventscheidungsprozeß zu reduzieren - dies reduziert die Größe des Entscheidungsraumes weiterhin - und die kaum aus anderen Gesichtspunkten heraus erklärt werden können. Solche Regeln umfassen z.B. Jobrotation ebenso wie Entwürfe, die Einkommen nach dem Gleichheitsprinzip oder mittels anderer eindeutiger und objektiver Formeln zu verteilen.

Gewöhnlich benutzen im Eigentum von Arbeitnehmern stehende Unternehmen auch unterschiedliche Instrumente, die offensichtlich dem spezifischen Zweck dienen, die Intensität und Instabilität des Parteigängertums zu mindern. Eines hiervon ist, daß Geschäftsführer langfristig beschäftigt werden und nicht absetzbar sind - abgesehen von solchen Gründen, wie sie im berühmten Fall der Arbeiterkooperative von Mondragon in Spanien zu Tage traten. Ein anderes Instrument ist es, Außenstehenden das Recht zur Intervention zu geben, sofern der interne Entscheidungsprozeß zu ineffizienten Ergebnissen führt. So kann z.B. die Bank von Mondragon einschreiten und das Management übernehmen, sofern die gewählten Geschäftsführer nicht mehr Herr der Lage sind. Die wichtige Rolle kommunistischer und sozialistischer Parteien

---

5 Selbstverständlich bestimmt sich Homogenität in maßgeblicher Hinsicht nach den sozialen Anschauungen. Folgerichtig braucht das, was unter bestimmten Rahmenbedingungen als homogen gilt, nicht auch unter anderen Bedingungen so zu sein. Vor nicht allzu langer Zeit war es in den Vereinigten Staaten sowohl vor der Moral als auch vor dem Gesetz akzeptabel, daß weißhäutige Piloten höher bezahlt werden als farbige. Heterogenität dieser Art mag dazu geeignet sein, Arbeitnehmereigentum selbst dort zu vereiteln, wo alle beteiligten Arbeitnehmer im wesentlichen die gleiche Arbeit innerhalb des Unternehmens verrichten. Es gibt beispielsweise Grund zu der Annahme, daß ein bedeutender Grund dafür, daß im Tabakanbau arbeitnehmereigene Vermarktungskooperativen weit weniger häufig als im sonstigen Getreideanbau zu finden sind, darin zu sehen ist, daß die Rassenunterschiede unter den Tabakfarmern erheblich größer sind als unter anderen Farmern. Zu den wichtigsten Aufgaben bei dem Versuch, unser Verständnis von Regelungsstrukturen zu verbessern, zählt es, besser zu begreifen, in welcher Weise Ausprägungen und Grade von Homogenität von Bedeutung für die Wirksamkeit alternativer Regelungsmechanismen sind. Ich teile hier lediglich die generelle Beobachtung mit, daß ein bestimmtes, grundlegendes Maß an Homogenität der Interessen für die Überlebensfähigkeit arbeitnehmergeleiteter Unternehmen bedeutsam zu sein scheint.

in den italienischen Arbeitnehmerkooperativen mag als zusätzliches Beispiel herangezogen werden.

Ein weiteres häufiges Vorgehen ist es, die Leitung derart zu strukturieren, daß ein substantieller Teil der Firmengeschäftsführer Outsider sein müssen. Auf diese Weise kann keine Politik verfolgt werden, ohne daß die Outsider zustimmen oder ohne daß näherungsweise Einstimmigkeit der Insider vorliegt. Die Weirton Steel Company in West Virginia, die von ihren Arbeitnehmern in den frühen achtziger Jahren aufgekauft wurde, bietet hierfür ebenso ein Beispiel wie die Leitungsstruktur im Falle der von den Piloten vorgesehenen Übernahme von United Airlines. Eine extrem ausgestaltete Form solcher Instrumente kann man in den Unternehmen finden, in denen nicht nur die gesamte Geschäftsführung mit Outsidern besetzt ist, sondern diese alleinbestimmend sind und lediglich die Aufgabe haben, das Unternehmen als Treuhänder *im Auftrag* der Arbeitnehmer zu führen statt von ihnen gewählt zu sein. Dies ist die Situation z.B. in den meisten großen Firmen, den sog. "Arbeitnehmerkooperativen", in Großbritannien.

In der Tat kann die These vertreten werden, daß Arbeitnehmereigentum im allgemeinen lediglich dazu dient, eine Ausbeutung der Firmenarbeiter *als Gesamtheit* zu verhindern, und nicht darauf abzielt, ein Mittel bereitzustellen, eine wirklich effektive Partizipation und Repräsentation der Arbeitnehmer zu garantieren. In dem Grad, in dem Arbeitnehmereigentum *tatsächlich* zu Verbesserungen im Hinblick auf die Partizipation der Arbeitnehmer am Entscheidungsprozeß der Firma *führt*, sind diese Vorteile prinzipiell nicht direkt durch die Wahl der Firmenleitung seitens der Arbeitnehmer bewirkt worden, sondern eher indirekt dadurch, daß Arbeitnehmereigentum förderlich ist, andere Formen der Konsultationen von Arbeitnehmern zu erleichtern, wie beispielsweise Betriebsräte oder Arbeitsqualitätsausschüsse. Es wäre einfacher, gesicherte Ergebnisse zu deduzieren, sofern bessere Studien bezüglich der Art und Weise vorlägen, wie der Entscheidungsprozeß in arbeitnehmereigenen Unternehmen tatsächlich abläuft. Bis dato ist bemerkenswert wenig systematische, und sogar heuristische, Information auf diesem Gebiet verfügbar. Obwohl beispielsweise zehntausende großer Teilhaberschaften im Dienstleistungsbereich der USA existieren, wissen wir immer noch sehr wenig darüber, wie die Macht in solchen Unternehmen tatsächlich ausgeübt wird. Sogar der Fall Mondragon war bis jetzt nicht Gegenstand einer sorgfältigen Analyse des Kollektiventscheidungsverfahrens.

E. Partielles Arbeitnehmereigentum an Unternehmen

In den Vereinigten Staaten existieren viele Unternehmen, in denen Arbeitnehmer einen größeren Anteil an Eigentümerrechten erhalten haben. Das grundsätzliche Vehikel hierfür war der Employee-Stock-Ownership-Plan, kurz ESOP. Im Grunde genommen ist dies ein Rentenfonds, bei dem ausschließlich in das Aktienkapital der beschäftigenden Unternehmen investiert wird. Rund 10.000 Unternehmen ausgestattet mit solchen Fonds existieren zur Zeit in den USA, einschließlich der 500 bis 1.000 Unternehmen, bei denen der Fonds die Mehrheit des Aktienkapitals des Unternehmens hält.

Eine der im Hinblick auf den Untersuchungsgegenstand auffälligsten Eigenschaften solcher Fonds ist, daß sie sehr wenig zur Partizipation der Arbeitnehmer an der Geschäftsführung beigetragen haben. So ist es schwierig, eine einzige Firma auszumachen, in der die Mehrheit der Firmendirektoren von den Arbeitnehmern gewählt wird.Es scheint sogar nur eine geringe Anzahl solcher Firmen zu geben, in denen überhaupt von den Arbeitnehmern gestellte Firmendirektoren tätig sind. Unterschiedliche Faktoren mögen für dieses Ergebnis verantwortlich sein. Einer ist, daß in manchen Firmen die Treuhänder des Rentenfonds oft ein Vertretungsstimmrecht für die Arbeitnehmer haben, und die Treuhänder in der Regel vom Management des Unternehmens bestimmt werden. Ein anderer Faktor ist, daß eine kumulative Wahl der Firmendirektoren ungewöhnlich bei amerikanischen Unternehmen ist, wodurch unorganisierte Aktionäre oder Minderheitsaktionäre oft unterrepräsentiert sind.

Bezeichnenderweise kam das grundsätzliche Interesse an ESOP's nicht von Seiten der Arbeitnehmer, sondern eher von Seiten der Investoren, Manager, Investmentfonds und Banken. Und dies sind tatsächlich diejenigen Gruppen, deren Interesse die Konzeption der ESOP's und die umfangreichen Steuervergünstigungen, die hierbei zugesprochen wurden, weitestgehend dienen. Somit ist es nicht erstaunlich, daß die ESOP's im allgemeinen nur wenig Beteiligung der Arbeitnehmer an der Unternehmensleitung nach sich ziehen. Nichtsdestotrotz, in Anbetracht der Tatsache, daß das Instrument entwikkelt und bezuschußt wurde, ist es erstaunlich, daß es so selten genutzt wurde, um eine weitergehende Partizipation der Arbeitnehmer zu gewährleisten.

Möglicherweise ist dies in der Tat Zeichen eines stillschweigenden Eingeständnisses aller Beteiligten, daß partielles Arbeitnehmereigentum eine schwache Basis darstellt, um hierauf eine Arbeitnehmerpartizipation zu gründen. Arbeitnehmer, wenn sie ihre Stimmrechte wahrnehmen, verfolgen Interessen, die offenkundig mit solchen von denjenigen Anteilseignern, die nicht Arbeitnehmer sind, konfligieren. Zudem muß ein ESOP sich per Gesetz sich auf alle Arbeitnehmer erstrecken, so daß ein substantieller Teil des gesamten vom ESOP gehaltenen Kapitals sich in der Hand von Büroangestellten und Leitungspersonal befindet. Jede Wahl in die Unternehmensleitung - wie sie z.B. aus einer kumulierten Wahl resultieren könnte - würde von daher die Frage aufwerfen, *welche* Arbeitnehmer repräsentiert werden. Würden z.B. in einer Firma mit einer Gewerkschaftsorganisation die von den Angestellten gewählten Unternehmensdirektoren letztlich die organisierten oder die nicht organisierten Arbeitnehmer repräsentieren? Ohne weiter verfeinerte Mittel, um die Unternehmensdirektoren von den Arbeitnehmern je nach Klassen von Arbeitnehmern wählen zu lassen, wird nicht deutlich, wie repräsentativ die von Arbeitnehmern gestellten Geschäftsführer für die Arbeitnehmerschaft als Ganzes sind. Hiermit soll nicht gesagt sein, daß diese Themen nicht ausgearbeitet werden könnten. Sie sind es bis jetzt aber nicht. Unterdessen scheinen alle Beteiligten schlicht entschieden zu haben, daß weitere Anstrengungen, die ESOP's als Mittel zu verwenden, um eine Vertretung der Arbeitnehmer in der Unternehmensleitung zu gewährleisten, sich nicht lohnen. Vielleicht ist hierin eine weitere Bestätigung zu erblicken, daß selbst wenn, wie unsere vorangehende Diskussion eines umfassenden Arbeitnehmereigentums nahelegt, die von den

Arbeitnehmern gewählten Firmendirektoren Repräsentanten der Arbeitnehmer *wären*, weiterhin schwerwiegende Probleme mit Hinblick auf die Entscheidungsfindung in der Gruppe verblieben.

F. Arbeitnehmervertretung in Unternehmensorganen

Die deutsche Version einer Mitbestimmung - womit ich die umfangreiche Vertretung im Unternehmensaufsichtsrat meine, zu der deutsche Arbeitnehmer unter der Kohle- und Stahlgesetzgebung von 1951 und unter der mehr allgemeinen Gesetzgebung von 1952 und 1976 berechtigt wurden - weist ungefähr die gegenteiligen Charakteristika im Vergleich zu den ESOPs auf.[6] Sie beinhaltet eine nachhaltige Partizipation der Arbeitnehmer an der Geschäftsführung, erfordert aber keine Investition in das Firmenkapital und bietet keine direkte Beteiligung am Nettogewinn der Firma. Die resultierende gesetzliche Struktur ist ungewöhnlich, aber keinesfalls beispielslos, auch sofern man sie mit amerikanischen Gesetzen und Institutionen vergleicht. Ins amerikanische Recht übertragen, kombiniert ein mitbestimmtes Unternehmen Elemente eines Geschäftsunternehmens, einer Genossenschaft, eines nicht-gewinn-orientierten Unternehmens und einer Teilhaberschaft. Sofern man eine kurze Beschreibung der resultierenden Struktur in Termini des traditionellen amerikanischen Gesetzes zu geben hätte, würde man wahrscheinlich sagen, daß sie, zumindest formal, eine Unternehmung hervorbringt, die ungefähr den Charakter einer hybriden Produzentenkooperative besitzt, wobei die Anbieter von beidem, Arbeit und Kapital, sich die Eigentumsrechte teilen.

Wenn die gesamte Arbeitnehmerschaft homogen wäre und wenn die Arbeitnehmer vollständige Parität in den Unternehmensorganen inne hätten, dann läge ungefähr die Struktur einer Zwei-Personen-Teilhaberschaft vor, in der die zwei Parteien fortwährend bezüglich aller relevanten Angelegenheiten, die den Firmenbetrieb betreffen, miteinander verhandeln müßten. Sie hätte also ungefähr den Charakter einer normalen kollektiven Verhandlung, abgesehen davon, daß sie den Vorteil hätte, daß Informationen in vollem Umfang geteilt würden und daß die Verhandlungsergebnisse leichter im Zeitablauf angepaßt werden könnten.[7] Ungefähr solch eine Struktur liegt in der deutschen Kohle- und Stahlindustrie vor. Die Arbeitnehmervertreter haben dort im wesentlichen eine Parität im Aufsichtsrat zugesprochen bekommen. Sie vertreten substantiell homogene Interessen. Dies ist einerseits auf den stark fabrikbetonten Charakter der Arbeit zurückzuführen und andererseits, was sehr viel bedeutsamer ist, auf die wichtige Rolle, die den Gewerkschaften im Rahmen der Arbeitnehmerver-

---

6 Für eine Analyse betreffend das Funktionieren der Mitbestimmung in der Praxis, s. Alfred Timm, The False Promise of Codetermination, (1980); Wolfgang Streeck, Industrial Relations in West Germany, (1984); James Furlong, Labor in the Boardroom, (1977).

7 Dies ist in etwa die (stilisierte) Beschreibung, die in Jürgen Backhaus, s. Fußnote 2, angeboten wird.

tretung im Aufsichtsrat zugesprochen wird. Die in hohem Grade zentralisierte Struktur der Gewerkschaftsführung in Deutschland führt wahrscheinlich dazu, daß eine gemeinsame Politik der Arbeitnehmervertreter im Gegensatz zu den Arbeitgebervertretern in den Aufsichtsräten dieser Firmen hervorgebracht werden kann. Oder, um das Thema von der anderen Seite aus zu betrachten, ohne die starke Rolle der Gewerkschaften könnte vollständige Parität der Arbeitnehmervertreter entweder zu nachhaltigen Instabilitäten führen, sofern verschiedene Gruppen der Arbeitnehmervertreter mit den Arbeitgebervertretern zu unterschiedlichen Zeitpunkten koalieren, oder sie könnte sonst dazu führen, daß die Arbeitnehmervertreter in die Handlungsunfähigkeit herabsinken würden und die meisten Entscheidungen effektiv den Arbeitgebervertretern allein überließen.

In solchen Industriezweigen, die von dem Mitbestimmungsgesetz von 1976 erfaßt sind (namentlich alle Firmen außerhalb der Kohle- und Stahlindustrie, in denen mehr als 2.000 Arbeitnehmer beschäftigt sind), scheint es wahrscheinlich, daß die Arbeitnehmerschaft weniger homogen ist als im Kohle- und Stahlbereich. Aber noch wichtiger ist, daß den Gewerkschaften dort keine mit der Montanmitbestimmung vergleichbar wichtige Rolle im Prozeß der Wahl der Arbeitnehmervertreter zum Aufsichtsrat zugestanden wurde. Als Folge hiervon repräsentieren die Arbeitnehmervertreter im Aufsichtsrat Wählerschaften mit divergierenden Interessen. Das Mandatsvertretungssystem für die Arbeitnehmer unterstützt dies, weil es erfordert, daß innerhalb der Arbeitnehmervertreter mindestens ein Vertreter jeder der folgenden Arbeitnehmergruppe sich befindet: Arbeiter, Angestellte und leitende Angestellte. Hieraus folgt die potentielle Gefahr, daß Interessenverfolgung im Aufsichtsrat, sowohl innerhalb der Gruppe der Arbeitnehmer als auch der Arbeitnehmerschaft gegenüber den Arbeitgebern, Instabilitäten und Ineffizienzen nach sich zieht.

Eine Reihe von Instrumenten scheint jedoch so gut konstruiert zu sein, daß dieses Ergebnis verhindert wird. Das erste und wichtigste Instrument ist natürlich das Fehlen einer vollen Parität der Arbeitnehmer im Aufsichtsrat. Sofern eine Pattsituation zwischen Arbeitnehmern und Arbeitgebervertretern herrscht, wird den Arbeitgebern effektiv ein Stichentscheid zugestanden. Zweitens herrscht in Deutschland eine zweigliedrige Struktur in den unternehmensleitenden Gremien vor, wobei das höhere Gremium, der "Aufsichts"-rat, in dem die Arbeitnehmervertreter sitzen, von allen außer den grundlegenden Firmenpolitikentscheidungen isoliert ist. Drittens werden separate Vertreter für leitende Angestellte innerhalb der Arbeitnehmervertreterschaft bereit gestellt, mit der Folge, daß häufig einer oder mehrere Arbeitnehmervertreter mit den Arbeitgebervertretern koalieren. Viertens und letztens, werden die Angelegenheiten, die von der größten direkten Relevanz für die Arbeitnehmer sind, nicht auf der Ebene des Aufsichtsrats entschieden. Stattdessen werden sie entweder auf einer höheren Ebene, der Branchenebene, mittels kollektiver Verhandlung zwischen den Gewerkschaften und Arbeitgeberverbänden entschieden, oder sie werden auf einer unteren Ebene entschieden, nämlich bei Verhandlungen zwischen der Geschäftsführung und den Betriebsräten. Als Folge hiervon wird der Aufsichtsrat nicht genutzt, um derartige Entscheidungen zu fällen, bei denen einerseits Arbeitnehmer und Anteilseigner, andererseits Arbeitnehmer untereinander, die am stärksten konfligierenden Interessen haben.

Tatsächlich scheint die Mitbestimmung den Entscheidungsprozeß auf der Leitungsebene der Firma nicht allzu nachhaltig beeinflußt zu haben. Die Leitungsebene wird auch weiterhin in Unternehmen außerhalb der Kohle- und Stahlindustrie von den Interessen der Anteilseigner dominiert. Stattdessen spielen die Arbeitnehmervertreter im Aufsichtsrat eine im wesentlichen informelle Rolle dahingehend, daß sie eine glaubwürdige Informationsquelle über die Firma für die Arbeitnehmer (und umgekehrt) darstellen, womit sie diejenigen Arbeitnehmer unterstützen, die in den Gewerkschaften und Betriebsräten engagiert sind, d.h. dort, wo sich der eigentliche Arbeitnehmereinfluß abspielt. Das wiederum legt nahe, daß kein großer Unterschied zwischen solchen Firmen besteht, die von dem Mitbestimmungsgesetz von 1976 erfaßt sind, und den kleinen Firmen, die noch vom Gesetz von 1952 erfaßt sind, wobei das letztgenannte Gesetz lediglich ein Drittel der Aufsichtsratsmitglieder als Arbeitnehmervertreter festlegt. Und es legt weiterhin nahe, daß diese beiden Systeme sich in der Praxis kaum von Regimen unterscheiden, die in den skandinavischen und sonstigen Ländern vorherrschen und unter denen Arbeitnehmer nur das Recht haben, ein bis drei Mitglieder zum Aufsichtsrat zu wählen.

G. Gewerkschaften

Gewerkschaften sehen sich potentiell denselben Mängel des Wahlprozesses ausgesetzt, von denen auch arbeitnehmereigene Firmen oder mitbestimmte Unternehmen betroffen sein können. Von daher könnten wir also erwarten, innerhalb der Gewerkschaften verschiedene Institutionen zu entdecken, die dem Zweck dienen, solchen Entwicklungen entgegenzuwirken. In der amerikanischen Gewerkschaftsbewegung sind offensichtlich einige Institutionen dieser Art vorhanden.

1. Zunächst einmal sind Gewerkschaften darauf beschränkt, lediglich diejenigen Arbeitnehmer zu vertreten, die keine leitenden Funktionen innehaben - dies bedeutet, daß sie in den meisten Grundindustrien im wesentlichen darauf beschränkt sind, Lohnarbeiter zu vertreten, während sie in Dienstleistungsunternehmen im wesentlichen Angestellte repräsentieren. Hierdurch wird ein hoher Grad an Homogenität innerhalb der von den Gewerkschaften vertretenen Arbeitnehmerinteressen geschaffen.

2. Zweitens bestimmt das Gesetz, daß Unternehmen mit den Gewerkschaften nur über einen begrenzten Themenbereich verhandeln dürfen. Dieser umfaßt grundsätzlich Löhne und Arbeitsbedingungen. Das bedeutet, daß viele Themen, die die Arbeitnehmerschaft spalten könnten, wie z.B. eine Betriebsschließung, voraussichtlich nicht von kollektiven Verhandlungen betroffen sind und somit die interne Politik der Gewerkschaften nicht belasten werden.

3. Außerdem sind amerikanische Gewerkschaften traditionell relativ oligarchisch und undemokratisch aufgebaut. Obwohl dies von Kommentatoren generell beklagt wurde, mag es zumindest dem funktionellen Zweck dienen, einige Fallgruben des demokratischen Prozesses zu vermeiden.

4. Wie bereits erwähnt, repräsentieren Gewerkschaften in Amerika nur einen kleinen und abnehmenden Teil der Arbeitnehmerschaft. Einer der Gründe für diese Abnahme mag die zunehmende Heterogenität der Arbeitnehmerschaft sein. Als der typische Arbeitnehmer ein relativ ungeschulter, männlicher Weißer war, der ungelernte oder angelernte Tätigkeiten verrichtete, mag es sehr viel einfacher für eine einzelne Gewerkschaft gewesen sein, Arbeitnehmerinteressen zu vertreten. Mit besserer Schulung der Arbeitnehmer und größerer Heterogenität wird interne Gewerkschaftspolitik wahrscheinlich stärker partizipativ ausgerichtet und komplexer sein. Ironischerweise mag dieser starke Anstieg an Partizipation Gewerkschaften weniger lebensfähig machen, dies aus den Gründen, die hier schon diskutiert wurden.

Der im Vergelich zu den US-Gewerkschaften nachhaltig größere Anteil des Arbeitsmarktes, der von den Gewerkschaften in Deutschland repräsentiert wird, ist wahrscheinlich zum Teil eine Konsequenz der Tatsache, daß deutsche Gewerkschaften sich sowohl in ihrer Rolle als auch in ihrer Struktur von den amerikanischen unterscheiden.

1. Erstens ist wahrscheinlich der relativ hohe Prozentsatz der deutschen Arbeitnehmerschaft, der in den Grundindustrien verbleibt, wichtig, sofern tatsächlich Arbeitnehmer in solchen Industrien dazu tendieren, homogenere Interessen aufzuweisen.

2. Zweitens spielen deutsche Gewerkschaften eine geringere Rolle darin, die genauen Bedingungen festzulegen, die Arbeitnehmer in individuellen Firmen angeboten werden, als dies amerikanische Gewerkschaften tun. Viele Details verbleiben in Deutschland, um auf der Ebene der Firma oder des Werks von den Betriebsräten ausgehandelt zu werden. Gewerkschaften können dadurch Arbeitnehmer einfach dort repräsentieren, wo ihre Interessen die größten Gemeinsamkeiten aufweisen.

3. Drittens sind in Deutschland sowohl Gewerkschaften als auch der kollektive Verhandlungprozeß in hohem Grade zentralisiert. Deutsche Gewerkschaften haben, im Gegensatz zu amerikanischen, auf der Basisebene lediglich eine bescheidene direkte Repräsentationsfunktion inne, die oftmals, wenn überhaupt, von den Betriebsräten übernommen wird. Dieses Organisationsmuster verstärkt wahrscheinlich den oligarchischen Charakter der Gewerkschaften und schirmt sie somit weiter von den potentiellen Spannungen der Arbeitnehmerpolitik ab.

4. Viertens findet man in Deutschland keine Unternehmen mit Gewerkschaftszwang. Folglich können Arbeitnehmer, die nachhaltig nicht mit der Gewerkschaftsposition übereinstimmen, einer anderen Gewerkschaft beitreten oder jegliche Mitgliedschaft aufgeben. Im Gegensatz hierzu müssen Gewerkschaften in den Vereinigten Staaten bestrebt sein, alle Arbeitnehmer einer Firma, die in ihren Zuständigkeitsbereich fallen, zu repräsentieren.

H. Betriebsräte

Nach dem 1972 in Kraft getretenen Gesetzeswerk müssen alle deutschen Firmen mit mindestens fünf Arbeitnehmern einen oder mehrere Betriebsräte haben. Die Betriebsräte werden von den Arbeitnehmern der Firma gewählt und vertreten deren Interessen. Diese Gesetzgebung baut auf einer Serie früher Arbeitnehmerausschüsse betreffenden Erlasse auf, die weit bis ins 19. Jahrhundert hinein zurückreichen. Die Betriebsräte sind diejenigen deutschen Institutionen, die den größten Gegensatz zu solchen in den Vereinigten Staaten aufweisen. Wie bei den deutschen Gewerkschaften ist der umfassende Charakter solcher Betriebsräte beeindruckend: 80 % der Arbeitnehmer werden von ihnen repräsentiert.

Jedoch wie bei den anderen hier untersuchten Formen einer Arbeitnehmerpartizipation weisen die Betriebsräte eine Reihe von Aspekten auf, die gut konstruiert zu sein scheinen, um Probleme des Wahlprozesses zu entschärfen.[8] Zum einen bestimmt das Gesetz, daß die Betriebsratsvertreter nach getrennten Wahlbezirken gewählt werden. Es besteht ein separater Betriebsrat für jedes Werk. Während zwar die Möglichkeit besteht, höher geordnete Betriebsräte in Firmen mit vielen Werken zu gründen, wurden solche Räte jedoch kaum gebildet.[9] Angestellte und Lohnarbeiter müssen ihre Vertreter getrennt wählen, wobei die Anzahl beider Vertretergruppen durch ein Statut festgesetzt wird. Ebenfalls sollen männliche und weibliche Arbeitnehmer proportional repräsentiert werden. Zusammengenommen umschreiben diese Erfordernisse im wesentlichen den Politikrahmen der Vertreterwahl. Dadurch, daß ein separater Betriebsrat für jede Arbeitsstätte besteht, beseitigt das Gesetz eine wichtige Quelle der Interessenvielfalt innerhalb der Mitglieder jedes Betriebsrates.

Außerdem bestehen verschiedene Techniken, mittels derer die Betriebsratsmitglieder von dem unmittelbaren Einfluß der Arbeitnehmer, die sie repräsentieren sollen, isoliert werden. Betriebsratsmitglieder werden auf drei Jahre gewählt und können nicht ohne Grund abgesetzt werden. Die Gewerkschaften spielen eine wesentliche Rolle bei der Nominierung der Vertreter und haben oft einen entscheidenden Einfluß auf deren Politik. Auf der anderen Seite können Betriebsratsmitglieder nicht aktiv an Gewerkschaftsaktivitäten teilnehmen wie z.B. der Mobilisierung der Arbeitnehmer für eine Aktion gegen den Arbeitgeber.

Wahrscheinlich kommt es aus diesen Gründen zu einer relativ seltenen Abstimmug

---

8 Einen Überblick über die rechtliche Grundstruktur der Betriebsräte in Deutschland bietet Walter Kovenbach, Employee Councils in European Companies, S.109-144, (1978).Für eine detailierte Fallstudie, wie die Betriebsräte tatsächlich arbeiten, erstellt über einen großen Kreis von Firmen unterschiedlicher Größe und unterschiedlicher Industriezweige, s. Karen Williams, Industrial Relations and the German Model, (1988).

9 P.Hanau, Federal Republik of Germany, in : Kolvenbach, Hrsg., Handbook of European Co-Determination, (1968).

zwischen Betriebsratsvertretern und Arbeitnehmern. Insofern kann von keiner wirklichen Vertretung der Arbeitnehmer durch die Betriebsräte gesprochen werden. So wurde vorgebracht, daß die deutschen Betriebsräte Gefahr liefen, vollständig abhängig von den Arbeitgebern zu werden, bestünde nicht die Rolle der Gewerkschaften darin, die Betriebsratsvertreter vorzuschlagen.[10]

Doch selbst die Gewerkschaften ihrerseits haben, im Vergleich zu ihrem amerikanischen Gegenstück, relativ wenig direkten Kontakt zu den Arbeitnehmern an der Basis. Stattdessen fließt, wie wir bereits festgestellt haben, die Entscheidungsgewalt der Gewerkschaften weitestgehend von der Spitze nach unten. Wendet man sich der tatsächlichen Partizipation der Betriebsräte am unternehmensinternen Entscheidungsprozeß und deren Organisation zu, so stellt man fest, daß wenig Anstrengungen vollbracht wurden, um die Abstimmung und andere verwandte Kollektiventscheidungsverfahren nutzbar zu machen. Im Gegensatz zum Aufsichtsrat, in dem beide, Arbeitnehmer und Aktionäre, Vertreter haben, von denen erwartet wird, daß sie als Gruppe bei Entscheidungsfindungen abstimmen, hat der Betriebsrat nur Arbeitnehmervertreter. So wird von dem Betriebsrat erwartet, daß er als geschlossene Einheit mit dem Management verhandelt. Dem Betriebsrat sind per Gesetz unterschiedliche Themenkomplexe zugeteilt, hinsichtlich derer seine Zustimmung zu der Firmenentscheidung gesichert sein muß. Sofern Betriebsrat und Management keine Übereinkunft bezüglich des vorgegebenen Themenkomplexes finden können, wird das Problem von einem Schiedsgericht gelöst.

I. Schlußfolgerungen

Jedes Rechtssystem, das Arbeitnehmer-Anteilseigner-Beziehungen regelt, muß versuchen, Präferenzen in der Weise zu aggregieren, daß Transaktionskosten eingespart werden. Es muß gleichzeitig Entscheidungen hervorbringen, die sowohl gerecht als auch effizient sind. Das deutsche System des Unternehmens- und Arbeitsrechtes, das ich zum Untersuchungsgegenstand gewählt habe, mag oder mag auch nicht ein gutes Modell repräsentieren, um von anderen Staaten, wie den USA, übernommen zu werden. Jedoch ist es fast mit Sicherheit richtig, daß jede erfolgreiche Lösungsmöglichkeit wie das deutsche System ein komplexes Set an Institutionen umfassen muß, die in hohem Gerade ausdifferenziert und aufeinander abgestimmt sind. Checks und Balances müssen derart konstruiert sein, daß nicht nur eine Arbeitnehmerpartizipation aktiviert wird, sondern auch dem Spiel der Politik wirksame Grenzen innerhalb der Unternehmung gesetzt werden.

Wir fangen erst an, eine Theorie zu entwickeln, die notwendig ist, um die Eigenschaf-

10 Clyde Summers, An American Perspektive on the German Model of Worker Participation, 8 Comparative Labor Law Journal S.333-355, auf S. 351, 353, (1987).

ten alternativer Wahlmechanismen zu untersuchen. Eine weitere Verfeinerung dieser theoretischen Grundlagen und ihre Integration in eine Theorie des Unternehmens sind wichtige Punkte der Tagesordnung von Rechts- und Sozialwissenschaftlern, da das verfügbare Material nahelegt, daß die Eigenschaften des Kollektiventscheidungsverfahrens wichtige praktische Grenzen für geeignete Formen der Unternehmensorganisation ziehen.

Neue Institutionenökonomie und Recht

von Arnold Picot und Helmut Dietl

A. Einführung

Arbeitsteilung, Innovation und die Mehrergiebigkeit von Produktionsumwegen gelten gemeinhin als wichtige Quellen des wirtschaftlichen Fortschritts. Da das Ausmaß von Spezialisierungsvorteilen, Innovationsanreizen und Investitionsmöglichkeiten von den zugrundeliegenden institutionellen Rahmenbedingungen begrenzt wird, bilden letztere das eigentliche Fundament, auf dem gesellschaftlicher Wohlstand aufbaut. Diese Einsicht bestätigen nicht zuletzt die jüngsten Entwicklungen in Osteuropa.

Der praktischen Bedeutung gesellschaftlicher Institutionen wurden die Sozialwissenschaften in unterschiedlicher Weise gerecht. Auf die größte Tradition bei der Analyse institutioneller Ordnungsgefüge können zweifelsohne die Rechtswissenschaft und die politische Theorie zurückblicken. Um so erstaunlicher ist es, daß die bedeutendsten Impulse auf dem Gebiet der Institutionenforschung derzeit nicht von der Rechtswissenschaft oder der politischen Theorie, sondern vielmehr von einer relativ jungen Nachbardisziplin, der Ökonomie, ausgehen. Obwohl in den Wirtschaftswissenschaften die institutionellen Gegebenheiten zeitweise aus dem Blickfeld zu verschwinden drohten, steht dort mit der Neuen Institutionenökonomie[1] heute ein theoretisch fundiertes und praktisch anwendbares Instrumentarium zur Erklärung und Gestaltung institutioneller Ordnungsmuster bereit.

Dabei wird der Institutionenbegriff sehr weit ausgelegt. Er umfaßt alle gesellschaftlichen Einrichtungen, die zur Koordination wirtschaftlicher Leistungsbeziehungen

---

1 Diese Bezeichnung geht auf Williamson zurück, vgl. Williamson, O.E., Markets and Hierarchies: Analysis and Antitrust Implications. A Study in the Economics of Internal Organization, 1975, S.1. Vgl. zur Neuen Institutionenökonomie die Überblicksartikel von Coase, R.H., The New Institutional Economics, in: Zeitschrift für die gesamte Staatswissenschaft, 140 (1984) S. 229-231; Richter, R., Sichtweise und Fragestellungen der neuen Institutionenökonomik, in: Zeitschrift für Wirtschafts- und Sozialwissenschaften, 110 (1990) S. 571-591; Richter, R., Institutionenökonomische Aspekte der Theorie der Unternehmung, in: Betriebswirtschaftslehre und Ökonomische Theorie, hrsg. v. Ordelheide, D./Rudolph, B./Büsselmann, E., 1991, S.395-429; Langlois, R.N., The New Institutional Economics: An Introductory Essay, in: Economics as a Process. Essays in the New Institutional Economics, hrsg. v. Langlois, R.N., 1986, S.1-25. Der Begriff 'Neue Institutionenökonomie' dient zur Abgrenzung von den älteren amerikanischen Institutionalisten um Veblen, Mitchell und Commons.

beitragen. Hierzu gehören Märkte und Unternehmungen ebenso wie das gesamte Rechtssystem.

Die wichtigsten Teilbereiche der neuen Institutionenökonomie, die Property-Rights-, Transaktionskosten- und Principal-Agent-Theorie werden im folgenden kurz dargestellt und auf ihre rechtswissenschaftliche Bedeutung hin untersucht (Kapitel B., C., D.). Darüber hinaus wird erörtert, auf welche Weise Institutionen den gesellschaftlichen Fortschritt durch eine Beschleunigung der Wissensvermehrung und eine Verbesserung der Wissensverwertung unterstützen können und inwieweit sie selbst innovationsfähig bleiben müssen, um die wirtschaftliche Dynamik nicht zu behindern (Kapitel E.). Abschließend widmet sich das Referat der Fragestellung, ob das die ökonomische Analyse leitende Effizienz- oder das rechtswissenschaftlichen Überlegungen zugrundeliegende Gerechtigkeitskriterium zur Beurteilung von Rechtsnormen und anderen Institutionen herangezogen werden sollte (Kapitel F.).

B. Property-Rights-Theorie und Recht

Das am engsten mit der Rechtswissenschaft verbundene Teilgebiet der Neuen Institutionenökonomie ist die Property-Rights-Theorie. Sie basiert im wesentlichen auf vier Grundbausteinen: Der Annahme individueller Nutzenmaximierung, dem Property-Rights-Begriff, der Einbeziehung externer Effekte sowie der Berücksichtigung von Transaktionskosten.[2]

I. Grundbausteine der Property-Rights-Theorie

Die Annahme individueller Nutzenmaximierung besagt, daß jeder Mensch in erster Linie danach trachtet, seine persönlichen Ziele zu verwirklichen. Um welche Ziele es sich dabei im einzelnen handelt, wird bewußt offen gelassen. Man versucht die menschlichen Erkenntnisgrenzen zu respektieren und vermeidet detaillierte Verhaltensprognosen. Das skizzierte Menschenbild macht vielmehr darauf aufmerksam, daß der Mensch bei der Verfolgung seiner Interessen unter Umständen gesetzeswidrig, wortbrüchig oder, allgemein formuliert, zum Nachteil anderer handelt, wenn er sich hiervon individuelle Vorteile verspricht.

Mit dem zweiten Element, dem Property-Rights-Begriff, wird der Erkenntnis Rechnung getragen, daß der Wert knapper Güter nicht allein von ihren physischen Merk-

---

2 Vgl. z.B. Kaulmann, T., Property Rights und Unternehmungstheorie. Stand und Weiterentwicklung der empirischen Forschung, 1987, S.14-28; Picot, A., Ökonomische Theorien der Organisation. Ein Überblick über neuere ökonomische Ansätze und deren betriebswirtschaftliches Anwendungspotential, in: Betriebswirtschaftslehre und Ökonomische Theorie, hrsg. v. Ordelheide, D./Rudolph, B./Büsselmann, E., 1991, S.143-170, S.145.

malen bestimmt wird, sondern in nicht minder bedeutendem Maße von den mit ihnen verbundenen Rechten und Pflichten abhängt.[3] Der Wert eines Grundstücks richtet sich neben seiner Lage und der Beschaffenheit des Bodens vor allem danach, auf welche Weise und unter Einhaltung welcher Vorschriften es genutzt werden darf. Im Vergleich zum juristischen Ausdruck "Eigentumsrecht" ist der Property-Rights-Begriff wesentlich umfassender, da er sich auf alle an einem materiellen oder immateriellen Gut bestehenden Handlungsrechte bezieht.[4] Im weitesten Sinne können alle Handlungsrechte (sowie —pflichten) und damit letztendlich das gesamte System von rechtlichen und organisatorischen Regeln unter den Property-Rights-Begriff subsumiert werden.

Externe Effekte entsprechen der außermarktlich-vermittelten, nicht kompensierten Nutzenänderung, die ein Individuum durch sein Verhalten bei anderen stiftet. Marktlich-vermittelte Handlungswirkungen, die z.B. dann eintreten, wenn ein Unternehmen infolge einer aggressiven Preispolitik seiner Konkurrenten Konkurs anmelden muß, gelten nicht als externe Effekte im vorliegenden Sinne.[5]

Je nachdem, ob der externe Effekt bei den Betroffenen Nutzensteigerungen oder -minderungen hervorruft, spricht man von positiven bzw. negativen externen Effekten. Beide können Wohlfahrtseinbußen zur Folge haben. Während dies für den Fall negativer externer Effekte, wie beispielsweise der Luftverschmutzung, leicht nachvollziehbar ist, erscheint es auf den ersten Blick fragwürdig, weshalb auch positive externe Effekte zu gesamtgesellschaftlichen Wohlstandsverlusten führen sollten.

Der anfängliche Widerspruch löst sich auf, wenn man bedenkt, daß jedes Individuum in erster Linie diejenigen Handlungen bevorzugt, die sein persönliches Nutzenniveau maximieren. In das individuelle Nutzenkalkül gehen dabei nur die privaten, nicht aber die sozialen Kosten- und Nutzenwerte ein. Im Falle positiver externer Effekte übersteigt der soziale Nutzen den privaten. Da der Handlungsträger gleichzeitig mit den anfallenden Kosten in voller Höhe belastet wird, besteht die Gefahr, daß gesamtgesellschaftlich erwünschte Verhaltensweisen aufgrund verzerrter Anreizstrukturen unterbleiben. Fehlen beispielsweise private Rechte an geistigem Eigentum, werden weniger freiwillige Forschungsvorhaben in Angriff genommen, da die hierfür erforderlichen Mittel von den Initiatoren aufgebracht werden müssen, während ihnen der entstehende Nutzenzuwachs mangels entsprechender Kompensationsleistungen bestenfalls teilweise zugute kommt. Die Innovationstätigkeit bleibt folglich in Abwesenheit von Patent- und

---

3 Vgl. z.B. Demsetz, H., Toward a Theory of Property Rights, in: American Economic Review, 57 (1967) S. 347-359, S.347; Furubotn, E.G./Pejovich, S., The New Property Rights Literature, in: The Economics of Property Rights, hrsg. v. Furubotn, E.G./Pejovich, S., 1974, S.1-9, S.4 f.

4 Vgl. Tietzel, M., Die Ökonomie der Property Rights: Ein Überblick, in: Zeitschrift für Wirtschaftspolitik, 30 (1981) S.207-243, S.209.

5 Zum Verhältnis von marktlich- und außermarktlich-vermittelten externen Wirkungen vgl. z.B. Picot, A., Betriebswirtschaftliche Umweltbeziehungen und Umweltinformationen. Grundlagen einer erweiterten Erfolgsanalyse für Unternehmungen, 1977, S.66-68.

Urheberrechten hinter dem gesamtgesellschaftlichen Optimum zurück. Die Volkswirtschaft verliert ihre Wettbewerbsfähigkeit; es drohen Stagnation oder gar soziales Elend.

Die durch externe Effekte ausgelösten Wohlfahrtsverluste lassen sich vermeiden, wenn es gelingt, jedem Handlungsträger alle von ihm verursachten, nicht marktlich-vermittelten Handlungsfolgen eindeutig zuzuordnen. Sind die privaten Rechte zugleich übertragbar, kann jeder durch Tausch sein Nutzenniveau verbessern. Die Gesellschaft bewegt sich auf einen pareto-effizienten Zustand hin.

Dem Ziel, jedem Handlungsträger sämtliche nicht marktlich-vermittelten Handlungsfolgen eindeutig zuzuordnen, d.h. alle externen Effekte zu internalisieren, steht die Tatsache entgegen, daß bei Definition, Zuordnung, Durchsetzung und Übertragung von Property-Rights Kosten, sogenannte Transaktionskosten, anfallen. Da Entwicklung, Pflege und Anwendung von Rechtssystemen nicht kostenlos erfolgen, sind bei jeder Rechtsgestaltung den erwarteten Wohlfahrtsgewinnen die verursachten Transaktionskosten gegenüberzustellen. Eine vollständige Internalisierung externer Effekte scheitert also an der Existenz von Transaktionskosten.

Aus ökologischen Gründen wäre es beispielsweise erstrebenswert, vollständige private Wassernutzungsrechte zu vergeben. Weil die hierdurch bewirkten Wohlfahrtsgewinne von den in Kauf zu nehmenden Überwachungs-, Durchsetzungs- und Kontrollkosten mehr als aufgezehrt werden, muß die Property-Rights-Zuteilung in diesem Bereich jedoch unvollständig bleiben. Die beschriebenen trade-off-Verhältnisse können sich umkehren, wenn entweder aufgrund zunehmender Trinkwasserknappheit die Internalisierungsvorteile zunehmen oder aber infolge verbesserter Abwasserkontrollsysteme die Transaktionskosten sinken.

II. Anwendungsbeispiele

Die Anwendbarkeit des dargestellten Instrumentariums soll neben den bereits angesprochenen Bereichen Patentrecht und Umweltschutz noch kurz anhand unternehmensverfassungs- und haftungsrechtlicher Fragestellungen erläutert werden.

1. Unternehmensverfassung

Die an einer Unternehmung bestehenden Property Rights lassen sich in das die Geschäftsführung umfassende Koordinations- sowie das Gewinn (bzw. Verlust-)aneignungs- und Veräußerungsrecht unterteilen.[6] In der klassischen Eigentümerunternehmung sind alle drei Rechte auf eine Person konzentriert. Hinsichtlich der Eigentümerposition entstehen keinerlei externe Effekte.

---

6 Vgl. hierzu Picot, A., Der Beitrag der Theorie der Verfügungsrechte zur ökonomischen Analyse von Unternehmensverfassungen, in: Unternehmensverfassungen als Problem der Betriebswirtschaftslehre, hrsg. v. Bohr, K./Drukarczyk, J./Drumm, H.J./Scherrer, G., 1981, S.153-197, S.161 f.

Das betriebliche Größenwachstum löst Kapitalbedarf aus. Zu dessen Deckung bildeten sich im Zuge der fortschreitenden Industrialisierung neue Rechtsformen heraus. Bei den sogenannten Kapitalgesellschaften liegen die Gewinnaneignungs- und Veräußerungsrechte in den Händen der jeweiligen Anteilseigner. Vor allem bei einer großen Zahl von Unternehmenseignern, beispielsweise bei Publikumsaktiengesellschaften, wäre es aus Transaktionskostengründen nicht erstrebenswert, alle Eigentümer unmittelbar am Koordinationsrecht zu beteiligen. Bei mehreren Tausend Aktionären wäre eine sinnvolle Entscheidungsfindung nicht mehr möglich bzw. zu aufwendig. Das Koordinationsrecht wird deshalb an Führungskräfte, im Falle der Aktiengesellschaft an den Vorstand delegiert. Hierdurch lassen sich nicht nur die Kosten der Entscheidungsfindung senken und der Entscheidungsprozeß beschleunigen, zugleich können durch den Einsatz qualifizierter Führungskräfte Spezialisierungsvorteile genutzt werden. Auf der anderen Seite können nun infolge der personellen Trennung von Koordinations- und Gewinnaneignungs- sowie Veräußerungsrechten externe Effekte entstehen (z.B. Gewinnminderungen durch nachlässige Geschäftsführung oder zu aufwendige Personalausstattung). Diese lassen sich relativ leicht begrenzen. Neben einer erfolgsabhängigen Entlohnung besteht die Möglichkeit, Manager zu entlassen, ihnen also das Koordinationsrecht wieder zu entziehen. Darüber hinaus steht es jedem Aktionär frei, von seinem Veräußerungsrecht Gebrauch zu machen, sofern er mit den Entscheidungen der Geschäftsführung nicht einverstanden ist. Letzteres kann zu einem Verfall der Aktienkurse und damit zu schlechten Finanzierungsmöglichkeiten sowie zu Übernahmekäufen führen, welche in der Regel ebenfalls einen Wechsel der Führungskräfte nach sich ziehen.

Eine Verdünnung von Verfügungsrechten, d.h. eine Property-Rights-Verteilung auf mehrere Personen, ist somit nicht zwangsläufig mit Effizienzverlusten verbunden.[7] Hierfür sorgen der Wettbewerb auf dem Güter- und Arbeitsmarkt, die Übertragbarkeit der Eigentumsrechte auf dem Kapitalmarkt sowie die Wahlfreiheit zwischen verschiedenen Gesellschaftsformen, die jeweils unterschiedlichen Anforderungen gerecht werden.[8]

Anders verhält es sich, wenn Wahlfreiheiten und die Übertragbarkeit von Verfügungsrechten, wie etwa bei Staatsunternehmen oder gesetzlich erzwungener Mitbestimmung, eingeschränkt werden. Befinden sich Unternehmungen im Staatseigentum, haben die von den Handlungsfolgen betroffenen Staatsbürger kaum Möglichkeiten, das Ausmaß externer Effekte zu begrenzen. Es besteht weder ein unmittelbares Veräußerungsrecht,

---

7 Vgl. hierzu z.B. Kaulmann, T. a.a.O., S.65-82 mit weiteren Literaturhinweisen sowie aus einer etwas anderen Perspektive Dietl, H., Institutionen und Zeit, Diss. 1991, S.140-146.

8 Vgl. auch Picot, A., Verfügungsrechte und Wettbewerb als Determinanten der Entwicklung des Verwaltungsbereichs von Organisationen, in : Jahrbuch für Neue Politische Ökonomie, 3 (1984) S.198-222.

noch ein wirksamer Einfluß auf Vergabe und Entzug der Koordinationsrechte.[9]

Im Falle gesetzlicher Mitbestimmung wird die Übertragbarkeit von Teilen des Koordinationsrechts eingeschränkt. Da die Arbeitnehmer als sogenannte Stakeholder--Gruppe[10] von den Entscheidungen der Geschäftsführung direkt betroffen sind, kann die Beteiligung am Koordinationsrecht zunächst als Versuch der Internalisierung externer Effekte bewertet werden. Mit Effizienzverlusten muß allerdings dann gerechnet werden, wenn den Arbeitnehmern Mitbestimmungsrechte durch zwingendes Recht übertragen werden und ihnen damit beispielsweise die Wahlfreiheit zwischen höheren Löhnen und der Ausübung von Koordinationsrechten untersagt wird.[11] Grundsätzlich sind vor diesem Hintergrund aus property-rights-theoretischer Sicht alle Versuche, im zivilrechtlichen Bereich dispositives, d.h. möglichkeitsschaffendes durch zwingendes, möglichkeitsvernichtendes Recht zu ersetzen, kritisch zu beurteilen.

2. *Haftungsrecht*

Auch bei der Beantwortung haftungsrechtlicher Fragestellungen ermöglicht die Property-Rights-Theorie wertvolle Einsichten. Könnten Property-Rights eindeutig zugeordnet und kostenlos durchgesetzt werden, gäbe es keine Haftungsprobleme.[12] Durch Property-Rights-Verletzungen bedingte Schäden treten erst infolge der Existenz von Transaktionskosten auf. Widmet man sich der Frage, wer für die entstandenen Schäden aufkommen soll, scheint es zunächst, als sei man mit einem reinen Verteilungsproblem konfrontiert. Berücksichtigt man jedoch die von Haftungsregeln ausgehenden Anreizwirkungen, wird deutlich, daß weniger die gerechte Aufteilung vorhandener Schäden als vielmehr die effektive Vermeidung potentieller Schäden im Mittelpunkt des Interesses stehen sollte. Vor diesem Hintergrund werden Forderungen verständlich, denjenigen zur Haftung heranzuziehen, der den aufgetretenen Schaden am

---

9 Zu den Effizienznachteilen staatlicher Großunternehmungen vgl. Picot, A./Kaulmann, T., Industrielle Großunternehmen in Staatseigentum aus verfügungsrechtlicher Sicht. Theoretische Aussagen und empirischer Befund, in: Zeitschrift für betriebswirtschaftliche Forschung, 37 (1985) S.956-980; Picot, A./Kaulmann, T., Comparative Performance of Government-owned and Privately-owned Industrial Corporations. Empirical Results for six Countries, in: Journal of Institutional and Theoretical Economics, 145 (1989) S. 298-316.

10 Als Stakeholder bezeichnet man diejenigen Gruppen, die neben den Eigenkapitalgebern (Stockholder) und Fremdkapitalgebern (Bondholder) Ansprüche an ein Unternehmen stellen. Wichtige Stakeholder-Gruppen sind Mitarbeiter, Lieferanten und Kunden. Zu den Ansprüchen der Mitarbeiter gehören beispielsweise explizite und implizite Karrierezusagen. Vgl. zum Stakeholder-Ansatz Cornell, B./Shapiro, A.C., Corporate Stakeholders and Corporate Finance, in: Financial Management, 1987, S.5-14.

11 Vgl. Weizsäcker, C.C., Was leistet die Property Rights-Theorie für aktuelle wirtschaftspolitische Fragen?, in: Ansprüche, Eigentums- und Verfügungsrechte, hrsg. v. Neumann, M., 1984, S.123-152, S.148.

12 Vgl. hierzu die grundlegenden Ausführungen von Coase, R.H., The Problem of Social Cost, in: Journal of Law and Economics, 3 (1960) S.1-44.

leichtesten, d.h. am kostengünstigsten hätte verhindern können.[13]

Diese oder ähnliche Forderungen vernachlässigen jedoch die Kausalitätssymmetrie, derzufolge sowohl Schädiger als auch Geschädigter für den Schadensfall ursächlich sind, da der Schaden nur bei Anwesenheit beider auftreten kann.[14] Würde man die Haftungspflicht einer Seite allein aufbürden, hätte die andere keine Anreize, zur Schadensvermeidung beizutragen. Es käme zu einer ineffizienten Ressourcennutzung, da die haftende Partei zu viel, die nicht haftende zu wenig zur Schadensvermeidung beitragen würde.[15] Dies läßt sich anhand eines einfachen Beispiels nachvollziehen.

Es sei angenommen, daß infolge fehlerhafter Straßenbeläge Kraftfahrzeugschäden auftreten. Müßten für diese Schäden ausschließlich die Kraftfahrzeughalter haften, würden Straßenreparaturen unterbleiben. Darüber hinaus wären die Kosten der Straßenbenutzung für die Kraftfahrzeugbesitzer zu hoch. Sie würden zum Teil auf andere Verkehrsmittel ausweichen oder zuviel Ressourcen für ein leistungsfähiges Dämpfsystem verbrauchen. Haftet demgegenüber allein der Straßenbesitzer, bestünde für die Kraftfahrer kein Anreiz, zur Schadensbegrenzung beizutragen. Der Straßenbau würde mit zu hohen Kosten belastet. Potentielle Kapitalgeber besäßen keinen ausreichenden Anreiz, in diesen Bereich zu investieren. Die Folge wäre wiederum eine Ressourcenumleitung. Erst wenn beide, Straßenbesitzer und Kraftfahrzeughalter, mit den entstehenden Schäden belastet werden, ist eine effiziente Ressourcennutzung zu erwarten. Es bestünde sowohl ein Anreiz, die Straßenbeläge regelmäßig zu überholen und größere Unebenheiten umgehend zu beseitigen, als auch ein Ansporn, auf Stoßdämpfung nicht gänzlich zu verzichten.

Die Vorteile einer symmetrischen Schadenshaftung gehen wieder verloren, wenn eine Seite die Möglichkeit hat oder gar dazu gezwungen wird, den Schaden in voller Höhe auf einen Dritten, etwa auf den Staat oder auf eine Versicherung, zu übertragen. Fehlerhafte Anreizwirkungen als Folge einer hundertprozentigen Schadensübernahme seitens der Versicherung lassen sich beispielsweise an den Mißständen im Gesundheitswesen nachvollziehen.

C. Transaktionskostentheorie und Recht

Während die Property-Rights-Theorie vorwiegend zur ökonomischen Analyse alternati-

---

13 Zum Konzept des cheapest-cost-avoiders vgl. Calabresi, G., The Costs of Accidents - A Legal and Economic Analysis, 1970, S.136-140.

14 Dies wurde bereits von Coase, R.H. 1960, a.a.O., S.1 deutlich herausgestellt. Vgl. zur Kausalitätssymmetrie Adams, M., Ökonomische Analyse der Gefährdungs- und Verschuldungshaftung, 1985, S.149-153 sowie die dort angegebene Literatur.

15 Vgl. hierzu die ausführliche Modellanalyse von Adams, M., a.a.O., S.36-83.

ver Rechtsordnungen beiträgt, macht es sich die Transaktionskostentheorie in erster Linie zur Aufgabe, für die innerhalb eines gegebenen Rechtssystems abzuwickelnden Leistungsbeziehungen aus den zur Verfügung stehenden Koordinationsformen die jeweils günstigste auszuwählen.[16] Aus dieser Perspektive können beide Teilgebiete der Neuen Institutionenökonomie als komplementäre Ansätze betrachtet werden.[17] Die enge Verbindung zwischen Property-Rights-Theorie einerseits und Transaktionskostentheorie andererseits kommt zudem darin zum Ausdruck, daß jede Transaktion property-rights-theoretisch als Übertragung von Verfügungsrechten interpretiert werden kann.[18]

In ihrer traditionellen Form sieht die Transaktionskostentheorie sowohl das Rechtssystem als auch die abzuwickelnden Transaktionen als gegeben an. Als Effizienzkriterium dienen dann allein die in Form von Anbahnungs-, Veräußerungs-, Abwicklungs-, Anpassungs- und Kontrollkosten auftretenden Transaktionskosten.[19] Die Kosten der Rechtsinstitutionalisierung beispielsweise sind bereits angefallen und damit nicht mehr beeinflußbar. Bei erweiteter Betrachtungsweise besteht natürlich ein Zusammenhang zwischen der Entwicklung des Rechtssystems und der Entwicklung von Koordinationsformen. Hohe Transaktionskosten, die bei bestimmten Kooperationen anfallen, sind nämlich Anreiz für Neuerungen im Bereich des Rechts und der Organisation. Institutionen sind aus diesem Blickwinkel als transaktionskostensenkende Einrichtungen zu interpretieren.[20]

Um für jede Transaktion die kostengünstigste Abwicklungsart zu finden, wird nach folgendem logischen Muster vorgegangen. Zunächst ist die Vielzahl der vorhandenen Koordinations- bzw. Vertragsformen zu systematisieren. Anschließend werden die transaktionskostenrelevanten Eigenschaften wirtschaftlicher Leistungsbeziehungen ermittelt. In Abhängigkeit der Ausprägung dieser Eigenschaften läßt sich dann der effiziente Koordinationsmechanismus bestimmen.

---

16 Vgl. Williamson, O.E., A Comparison of Alternative Approaches to Economic Organization, in: Zeitschrift für die gesamte Staatswissenschaft, 146 (1990) S.61-71, S.67.

17 Vgl. Picot, A., 1991, a.a.O., S.154.

18 Die Transaktion wurde erstmals von Commons, J.R., Institutional Economics, 1934, S.4 f. als elementare Untersuchungseinheit sozioökonomischer Aktivitäten eingeführt.

19 Zum Transaktionskostenbegriff vgl. z.B. Picot, A., Transaktionskostenansatz in der Organisationstheorie: Stand der Diskussion und Aussagewert, in: Die Betriebswirtschaft, 42 (1982) S.267-284, S.270; Windsperger, J., Transaktionskosten in der Theorie der Firma, in: Zeitschrift für Betriebswirtschaft, 53 (1983) S.889-903, S.896; Albach, H., Kosten, Transaktionen und externe Effekte im betrieblichen Rechnungswesen, in: Zeitschrift für Betriebswirtschaft, 58 (1988) S.1143-1170, S.1160 f.

20 Vgl. hierzu z.B. Kunz, H., Marktsystem und Information. "Konstitutionelle Unwissenheit" als Quelle von "Ordnung", 1985, S.14. Aus wirtschaftshistorischer Perspektive vgl. auch North, D.C., Theorie des institutionellen Wandels. Eine neue Sicht der Wirtschaftsgeschichte, 1988.

I. Vertragsformen

Innerhalb moderner Gesellschaften werden wirtschaftliche Leistungsbeziehungen üblicherweise durch Verträge koordiniert. Das Prinzip der Vertragsfreiheit hat eine kaum mehr überschaubare Vielfalt unterschiedlicher Koordinationsformen hervorgebracht. Mit Hilfe der Systematik des amerikanischen Rechtssoziologen Macneil läßt sich das Möglichkeitsspektrum übersichtlich einteilen. Macneil unterscheidet zwischen klassischen, neoklassischen und relationalen Vertragsformen (vgl. Abbildung 1).[21]

Vertragsform /-recht	Eigenschaften	Regelung von Streitfällen	Beispiele
klassisch	- Zeitpunktorientierung - vollständige Verträge (Vergegenwärtigung) - Identität der Vertragspartner spielt keine Rolle	Gerichte anhand formalisierter Kriterien	einfache, spontane Kaufverträge, Spotmarkt
neoklassisch	- Zeitraumorientierung (von vornherein begrenzte Vertragsdauer) - teilweise Unvollständigkeit der Verträge - Identität der Vertragspartner ist von Bedeutung	Drittpartei (Schlichter)	Franchising, Bauverträge, Rahmenverträge
relational	- Zeitraumorientierung (auf Dauer angelegte Beziehungen) - unvollständige Verträge - Identität der Vertragspartner ist von großer Bedeutung	Vertragspartner selbst	unbefristete Arbeitsverträge, Beziehungen zwischen den Sparten einer Unternehmung, Entwicklungskooperationen

Abb. 1: Klassifizierung von Vertragsformen

21 Vgl. Macneil, I.R., The Many Futures of Contracts, in: Southern California Law Review, 47 (1974) S.691-816; Macneil, I.R., Contracts: Adjustment of Long-Term Economic Relations under Classical, Neoclassical, and Relational Contract Law, in: Northwestern University Law Review, 72 (1978) S.854-905. Siehe hierzu auch Williamson, O.E., Comparative Economic Organization: The Analysis of Descrete Structural Alternatives, in: Administrative Science Quarterly, 36 (1991) S.269-296, S.271-276; Picot, A./Dietl, H., Transaktionskostentheorie, in: Wirtschaftswissenschaftliches Studium, 19 (1990) S.178-184, S.181 f.; Dietl, H., a.a.O., S.97 f.; zur Kritik an Macneils Konzept relationaler Verträge vgl. Schanze, E., Symbiotic Contracts: Exploring long-term Agency Structures between Contract and Corporation, in: Joerges, C., Franchising and the Law: Theoretical and Comparative Approaches in Europe and the United States, 1991, S. 67-103, S. 87 f.

Klassische Vertragsbeziehungen zeichnen sich dadurch aus, daß Leistung und Gegenleistung zeitlich zusammenfallen. Die Identität der Vertragspartner spielt keine Rolle. Zwischen ihnen bestehen weder vorausgegangene noch nachfolgende Beziehungen. Als typisches Beispiel nennt Macneil den Kauf von Benzin an einer Autobahntankstelle.[22] Die klassischen Vertragsverhältnissen zugrundliegende Zeitpunktorientierung läßt sich auch dann noch aufrechterhalten, wenn Leistung und Gegenleistung zeitlich auseinanderfallen, sich im Moment des Vertragsabschlusses aber eindeutig vorhersehen und unter Berücksichtigung aller möglichen Umweltzustände vertraglich festlegen, d.h. vergegenwärtigen lassen. Zeitpunktorientierung und Vergegenwärtigung sind die wichtigsten Grundlagen klassischer Rechtsformen. Auftretende Meinungsverschiedenheiten werden anhand formaler Kriterien entschieden, wobei weder die Persönlichkeit noch das zukünftige Interesse der Vertragspartner Berücksichtigung finden. Das klassische Vertragsrecht orientiert sich somit am Ideal diskreter und isolierter Tauschvorgänge.

Demgegenüber sind neoklassische Verträge zeitraumbezogen. Die Vertragsbeziehung ist zwar zeitlich begrenzt, erstreckt sich aber über einen längeren Zeitabschnitt. Dabei ist es nicht mehr möglich, alle Eventualitäten zum Zeitpunkt des Vertragsabschlusses eindeutig zu regeln. Neoklassische Verträge bleiben teilweise unvollständig. Da in der Regel keiner der Beteiligten an einem vorzeitigen Abbruch der Leistungsbeziehung interessiert ist, wird für auftretende Unstimmigkeiten eine Schlichtung durch Drittparteien (Sachverständige, Schlichter etc.) vorgesehen. Ein sachverständiger Dritter besitzt das nötige Fachwissen und die erforderliche Autorität, um Streitfälle unter Berücksichtigung der zukünftigen Interessen aller Transaktionsparteien schnell und in informeller Weise beizulegen. Beispielsweise ist es häufig üblich, daß bei größeren Bauvorhaben der Architekt eine Vermittlerrolle zwischen den Vertragspartnern einnimmt.

Im Rahmen relationaler, auf Dauer angelegter Vertragsbeziehungen treten an die Stelle expliziter, vertraglich weitgehend fixierter und dokumentierter Abweichungen implizite, auf einer gemeinsamen Vertrauensbasis beruhende Vereinbarungen. Die Identität der Transaktionspartner sowie die gewachsene Qualität ihrer gegenseitigen Beziehungen spielen eine dominierende Rolle. Für die Beurteilung relationaler Vertragsbeziehungen muß das gesamte sich im Laufe der Zeit entwickelnde und vornehmlich auf die Zukunft gerichtete Leistungsverhältnis berücksichtigt werden. Die Kenntnis der Vertragsformalitäten allein reicht nicht aus. Eine effiziente, die zukünftigen Beziehungen nicht belastende Beilegung von Unstimmigkeiten kann nur durch die Beteiligten selbst erfolgen. Die Einmischung Dritter, seien es Richter oder Schlichter, ist selten hilfreich. Zum Teil entziehen sich relationale Transaktionsbeziehungen ohnehin der öffentlichen Gerichtsbarkeit. Beispielsweise wird kein Richter bereit sein, Auseinandersetzungen zwischen den als Profit-Center organisierten Abteilungen eines Unternehmens über Preisforderungen, Lieferverzögerungen oder Qualitätsmängel zu entscheiden. Den unabhängigen Parteien eines klassischen Kaufvertrages, sollten sie

---

22 Vgl. Macneil, I.R., 1974, a.a.O., S.720.

mit den gleichen Problemen konfrontiert sein, stehen die Gerichtstüren jederzeit offen.[23]

Welche Vertragsform die jeweils kostengünstigere Alternative darstellt, hängt von den Eigenschaften der zu koordinierenden Transaktionen ab.

II. Transaktionseigenschaften

Als wichtigstes Attribut einer Transaktionsbeziehung gilt ihr Spezifitätsgrad.[24] Er ist um so höher, je *größer* der Wertverlust ist, der entsteht, wenn die betreffende Transaktionsbeziehung abgebrochen und das vorhandene Human- und Sachvermögen seiner nächstbesten Verwendungsmöglichkeit zugeführt wird. Spezifische Leistungsbeziehungen sind dadurch gekennzeichnet, *daß* ein Wechsel des Transaktionspartners entweder unmöglich oder aber mit sehr *großen* Nachteilen verbunden ist. Meinungsverschiedenheiten lassen sich dann nicht ohne weiteres durch eine Auflösung der Transaktionsbeziehung beilegen. Beide Vertragspartner befinden sich in der Situation des Gefangenendilemmas. Es besteht die Gefahr opportunistischen Verhaltens.

Man unterscheidet zwischen ex ante- und ex post-Spezifität. Während einige Transaktionen bereits von vorneherein (ex ante) spezifische Investitionen voraussetzen, existiert zu Beginn anderer Transaktionen zunächst ein konkurrenzintensiver Wettbewerb. Nachdem jedoch aus einer Vielzahl potentieller Transaktionspartner einer ausgewählt wurde, kann dieser, insbesondere bei häufig wiederkehrenden Leistungsbeziehungen, transaktionsspezifische Fähigkeiten sowie idiosynkratisches Wissen und damit Vorteile (sog. first-mover-advantages) gegenüber seinen ursprünglichen Mitbewerbern erlangen. Hierdurch entwickelt sich aus einer ex ante unspezifischen Ausgangslage im Laufe der Zeit eine monopolartige Transaktionsbeziehung. Dieser *Prozeß* wird als fundamentale Transformation bezeichnet[25]. Spezifität im allgemeinen und ex post-Spezifität im besonderen bilden die Hauptquellen der Entstehung von Transaktionsproblemen.

Neben dem Spezifitätsgrad ist bei der Vertragswahl das *Ausmaß* der Unsicherheit, dem eine Leistungsbeziehung unterliegt, zu berücksichtigen. Unvorhergesehene, nicht

---

23 Siehe hierzu Williamson, O.E., Comparative Economic Organization. Vergleichende ökonomische Organisationstheorie: Die Analyse diskreter Strukturalternativen, in: Betriebswirtschaftslehre und Ökonomische Theorie, hrsg. v. Ordelheide, D./Rudolph, B./Büsselmann, E., 1991, S.13-49, S.30.

24 Vgl. z.B. Klein, B./Crawford, R.G./Alchian, A.A., Vertical Integration, Appropriable Rents and the Competitive Contracting Process, in: Journal of Law and Economics, 21 (1978) S.297-326, S.298-302; Alchian, A.A., Specifity, Specialization and Coalitions, in: Zeitschrift für die gesamte Staatswissenschaft, 140 (1984) S.34-49, S.36-38; Joskow, P.L., Asset Specifity and the Structure of Vertical Relationships: Empirical Evidence; in: Journal of Law, Economics and Organization, 4 (1988) S.95-117, S.103-115.

25 Vgl. Williamson, O.E., Die ökonomischen Institutionen des Kapitalismus. Unternehmen, Märkte, Kooperationen, 1990, S. 70-72.

antizipierte Veränderungen können zu transaktionskostenintensiven Streitigkeiten, Fehlanpassungen und zeitweiliger Handlungsunfähigkeit führen.

Die Transaktionshäufigkeit bildet schließlich das dritte - im Vergleich zu Spezifität und Unsicherheit nachgeordnete - Transaktionsmerkmal.

III. Gestaltungsempfehlungen

Solange eine Transaktion entweder unspezifisch ist oder keiner Unsicherheit unterliegt, stellt der klassische, marktorientierte Kaufvertrag die transaktionskostengünstigste Koordinationsform dar (vgl. hierzu und zum folgenden Abbildung 2).

Im Extremfall fehlender Unsicherheit kann allen potentiellen Streitfällen durch vorbeugende Vertragsformulierungen begegnet werden. Erfordert die Transaktionsbeziehung keine spezifischen Investitionen, läßt sich jede Opportunismusgefahr bereits im Ansatz durch einen Wechsel des Transaktionspartners ersticken. Intensiver Wettbewerb und eine eindeutige, formalen Kriterien folgende Rechtsprechung sorgen für eine effiziente Koordination unspezifischer oder keiner Unsicherheit ausgesetzter Transaktionen. Der Abschluß neoklassischer oder gar relationaler Verträge wäre zu aufwendig und würde mehr Nach- als Vorteile mit sich bringen.[26]

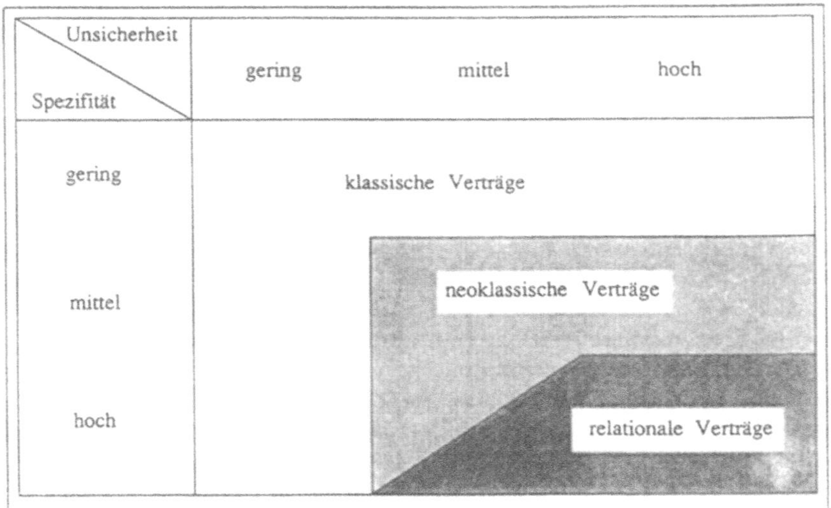

(a) bei geringer Transaktionshäufigkeit

26 Vgl. Williamson, O.E., 1990, a.a.O., S. 83 f.

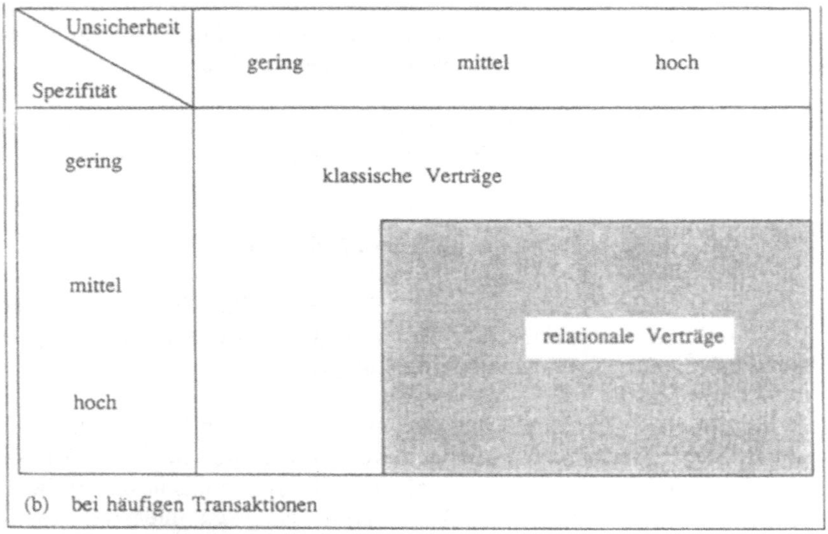

Abb. 2: Transaktionskostentheoretische Gestaltungsempfehlungen

Steigen Spezifitäts- und Unsicherheitsgrad auf mittlere Werte an, bleiben die Verträge zwangsläufig unvollständig, da nicht mehr alle Eventualitäten vorhergesehen und vertraglich geregelt werden können. Darüber hinaus ist ein Wechsel des Transaktionspartners mit Kosten verbunden. Es ergeben sich Spielräume für opportunistisches Verhalten, die von den Mechanismen des klassischen Vertragsrechts nur unzureichend eingeschränkt werden. Der Ausgang eines Gerichtsverfahrens wäre aufgrund der Vertragslücken sowie der hieraus entstehenden Informationsprobleme ungewiß und letztendlich zum Nachteil der an einer Fortsetzung ihrer Leistungsbeziehung interessierten Transaktionspartner. Handelt es sich um einmalige oder gelegentliche Tauschbeziehungen, empfiehlt sich der Abschluß neoklassischer Verträge verbunden mit der informellen Schlichtung auftretender Streitfälle durch sachverständige Dritte.[27] Der hohe Gestaltungsaufwand relationaler Koordinationsformen amortisiert sich demgegenüber erst bei großer Transaktionshäufigkeit.

Weist eine Leistungsbeziehung hohe Spezifitäts- und Unsicherheitsgrade auf, werden laufende Qualitäts-, Mengen-, Termin- und unter Umständen auch Preisanpassungen erforderlich. Hierfür sind die traditionellen (klassischen und neoklassischen) Vertragsformen ungeeignet. Die Anrufung von Gerichten oder Einleitung von Schlichtungsverfahren verbieten sich (insbesondere bei häufigen Transaktionen) sowohl aus Kosten- als auch aus Zeitgründen. Nur die Vertragspartner selbst sind in der Lage effiziente Vertragsanpassungen vorzunehmen. Hierfür müssen sie ein relationales Vertragsverhältnis, das eigens auf die betreffende Leistungsbeziehung zugeschnittene Kontroll- und Sanktionsmöglichkeiten beinhaltet, eingehen. Unter Umständen ist es sogar unumgänglich, daß die Vertragspartner ihre Eigenständigkeit ganz aufgeben und die

27 Vgl. Williamson, O.E., 1990, a.a.O., S.84f.

Transaktionen unter einheitliche Entscheidungsgewalt stellen.[28]

D. Principal-Agent-Theorie und Recht

Wissen und Können sind in einer Gesellschaft ungleich auf die Gesellschaftsmitglieder verteilt. Infolge der zunehmenden Spezialisierung entfernen sich die individuellen Spezialgebiete immer mehr voneinander. Das Informationsgefälle nimmt zu. Den hieraus entstehenden Koordinationsproblemen widmet sich die Principal-Agent-Theorie. Ausgangspunkt der Überlegungen sind Principal-Agent-Beziehungen.

I. Principal-Agent-Beziehung

Eine Principal-Agent-Beziehung liegt immer dann vor, wenn ein Individuum, der Agent, Entscheidungen trifft, die nicht nur sein eigenes Wohlergehen, sondern auch das Nutzenniveau eines anderen, des Principal, beeinflussen.[29] Typische Beispiele hierfür sind Beziehungen zwischen Staat und Steuerzahler, Kreditgeber und Kreditnehmer, Vorgesetztem und Untergebenem, Käufer und Verkäufer sowie Patient und Arzt. Wer Principal bzw. Agent ist, kann nur situationsabhängig beurteilt werden. Ein und dieselbe Person kann in einem Fall Principal, in einem anderen Agent sein. Der Geschäftsführer einer GmbH nimmt beispielsweise gegenüber den Gesellschaftern die Rolle des Agent, gegenüber den Mitarbeitern die des Principal ein.

II. Agency-Kosten

Wäre für alle Beteiligten eine vollständige und kostenlose Informationsbeschaffung möglich, gäbe es keine Principal-Agent-Probleme. Die Realität weicht vom Idealzustand vollkommener Information ab. Wissen und Können sind weder gleichmäßig verteilt, noch beliebig erwerbbar. Es entstehen Informationsasymmetrien, die der Agent zum eigenen Vorteil und zum Nachteil des Principal ausnutzen kann. Die hierdurch auftretenden Abweichungen vom Idealzustand werden als Agency-Kosten

---

28 Vgl. Williamson, O.E., 1990, a.a.O., S.85-89.

29 Vgl. zu dieser Definition Pratt, J.W./Zeckhauser, R.J., Principals and Agents. An Overview, in: Principals and Agents: The Structure of Business, hrsg. v. Pratt, J.W./Zeckhauser, R.J., 1985, S.1-35, S.2; Wenger, E./Terberger, E., Die Beziehung zwischen Agent und Prinzipal als Baustein einer ökonomischen Theorie der Organisation, in: Wirtschaftswissenschaftliches Studium, 17 (1988) S.506-514, S.506 f. Zum Teil wird nur dann von einer Principal-Agent-Beziehung gesprochen, wenn der Agent in ausdrücklichem Auftrag des Principal arbeitet, vgl. z.B. Elschen, R., Gegenstand und Anwendungsmöglichkeiten der Agency-Theorie, in: Zeitschrift für betriebswirtschaftliche Forschung, 43 (1991) S. 1002-1012, S. 1004.

bezeichnet. Hierunter fallen die Überwachungs- und Kontrollkosten des Principal, die Signalisierung- bzw. Garantieleistungskosten des Agent sowie der verbleibende Wohlfahrtsverlust.[30] Zwischen den drei Komponenten, die keine negativen Werte annehmen können, bestehen trade-off-Beziehungen. Beispielsweise läßt sich der in Kauf zu nehmende Residualverlust durch erhöhte Überwachungs- und Kontrollaufwendungen einschränken, während der Agent letztere wiederum durch Garantieversprechungen und glaubhafte Zusicherungen reduzieren kann. Um Gestaltungsempfehlungen zur Agency-Kosten-Minimierung zu entwickeln, sind die möglichen Informationsasymmetrien zu systematisieren und hinsichtlich der mit ihnen verbundenen Verhaltensunsicherheit zu analysieren.

III. Typen asymmetrischer Information und ihre Beherrschbarkeit

Im Rahmen der Principal-Agent-Theorie lassen sich drei Typen asymmetrischer Informationsverteilung unterscheiden: hidden characteristics, hidden action und hidden intention.[31] Sie sind jeweils mit einem arteigenen Informationsvorteil des Agent sowie mit einem spezifischen Koordinationsproblem verbunden und weisen unterschiedliche Gestaltungsmöglichkeiten auf (vgl. Abbildung 3[32]).

Typ asymmetrischer Information	hidden characteristics			hidden action	hidden intention
Problem	adverse selection			moral hazard	hold up
Art der Problembewältigung	signaling/ screening	Selbstauswahl (self-selection)	Interessens-angleichung	Interessens-angleichung	Interessens-angleichung
Beispiele	Qualitätssiegel, Handelsbriefe, Zeugnisse, Bilanzen, etc.	differenzierte Vertrags-angebote	Garantien, Kündigungsrecht, Sicherheiten, etc.	Ergebnis-beteiligung, Informations-systeme	Abnahmegarantie (take-or-pay-Klausel), Gegengeschäfte, Pfandsicherheiten, etc.

Abb. 3: Principal-agent-theoretische Gestaltungsempfehlungen im Überblick

30 Siehe zu dieser Einteilung Jensen, M.C./Meckling, W.H., Theorie of the Firm: Managerial Behavior, Agency Costs and Ownership Structure, in: Journal of Financial Economics, 3 (1976) S.305-360, S.308.

31 Vgl. Spremann, K., Asymmetrische Information, in: Zeitschrift für Betriebswirtschaft, 50 (1990a) S.561-586, S.566. Siehe zum folgenden auch Dietl, H., a.a.O., S.118-131.

32 In Anlehnung an Dietl, H., a.a.O., S.132.

1. Hidden characteristics

Als hidden characteristics bezeichnet man Situationen, in denen der Principal unveränderbare (oder zumindest nicht mehr kostenlos veränderbare) Eigenschaften, die sich auf den Agent selbst oder auf von diesem angebotene Leistungen beziehen, ex ante, d.h. vor Vertragsabschluß nicht kennt. Da sich die wahren Eigenschaften erst nach Vertragsabschluß (ex post) offenbaren, kann der Agent den Principal unter Vorspiegelung falscher Tatsachen täuschen. Es besteht die Gefahr der adverse selection, d.h. der Auswahl unerwünschter Vertragspartner. Vor diesem Problem stehen beispielsweise Versicherungsgesellschaften und Kreditgeber. Versicherungsnehmer kennen ihr individuelles Schadensrisiko in der Regel besser als der Versicherungsanbieter. Jeder Kreditsuchende hat bezüglich seiner Bonität einen Informationsvorsprung gegenüber potentiellen Kreditgebern.

Das Problem der adverse selection, das im Extremfall zum Zusammenbruch ganzer Märkte führt[33], läßt sich in unterschiedlicher Weise verringern. Zum einen bietet sich eine Verringerung des Informationsgefälles an, indem der Agent sich selbst oder die von ihm angebotenen Güter und Dienste ex ante einer freiwilligen oder gesetzlich vorgeschriebenen Qualitätsprüfung unterzieht. Die Prüfungsergebnisse in Form von Zeugnissen, Handelsbriefen, Bilanzen, Gütesiegel etc. erfüllen die Funktion eines Signals, anhand dessen sich die unerwünschten Vertragspartner herausfiltern lassen. Gesetzliche Qualitätsprüfungen sind überall dort notwendig, wo der Principal den Agent nicht selbst auswählen kann, wie z.B. im Straßenverkehr oder bei Notärzten. Maßnahmen, die das Informationsgefälle ex ante beseitigen, werden als signaling (seitens des Agent) bzw. screening (seitens des Principal) bezeichnet.[34]

Läßt sich die Informationasymmetrie nicht oder nur unter Inkaufnahme prohibitiv hoher Signalisierungs- und Screeningkosten reduzieren, muß versucht werden, das Problem der adverse selection durch eine Interessenangleichung zwischen Principal und Agent einzugrenzen. Eine Interessenangleichung läßt sich beispielsweise durch Garantiezusagen, Rückgaberechte, Probezeiten usw. erreichen. Auch hier ist eine gesetzliche Garantieleistungspflicht immer dann effizienter als freiwillige Vereinbarungen, wenn sich der Principal den Agent nicht aussuchen kann.

An dieser Stelle sei noch auf das Prinzip der Selbstauswahl (self-selection) hingewie-

---

33 Siehe hierzu das klassische Beispiel des Gebrauchtwagenmarktes von Akerlof, G.A., The Market for 'Lemons': Quality Uncertainity and the Market Mechanism, in: Quarterly Journal of Economics, 84 (1970) S.488-500, S.1970.

34 Vgl. zum signaling und screening ausführlich Arrow, K.J., Higher Education as a Filter, in: Journal of Public Economics, 2 (1973) S.193-216, S.134; Spence, M., Market Signaling: Informational Transfer in Hiring and Related Screening Processes, 1974, S.14-28; Stiglitz, J.E., The Theory of "Screening", Education and the Distribution of Income, in: American Economic Review, 65 (1975) S.283-300, S.292 f.

sen.[35] Dabei bietet der Principal dem Agent verschiedene Verträge zur Auswahl an. Diese sind so gestaltet, daß jeder Agent gemäß seinen Qualitätseigenschaften den effizientesten Vertrag auswählt und damit zugleich seine Eigenschaften offenbart. Ein Versicherungsgeber kann beispielsweise unterschiedliche Kombinationen zwischen Selbstbeteiligungsumfang und Höhe der Versicherungsprämie anbieten.

2. *Hidden action*

Im Gegensatz zu hidden characteristics beschreibt hidden action ex post (nach Vertragsabschluß) auftretende Informationsprobleme. Hidden action liegt immer dann vor, wenn der Principal das Verhalten des Agent entweder aufgrund mangelnder Fachkenntnis nicht beurteilen oder aber aus praktischen Gründen faktisch erst gar nicht beobachten kann. Der Principal kennt nur das Handlungsergebnis, weiß aber nicht, in welchem Umfang dies auf das persönliche Geschick des Agent zurückzuführen ist und in welchem Ausmaß hierfür exogene Umwelteinflüsse verantwortlich sind. Versucht der Agent, diesen Umstand opportunistisch auszunutzen, spricht man von moral hazard. Mit diesem Problem sind beispielsweise Versicherungsgesellschaften konfrontiert. Nach Abschluß eines Versicherungsvertrages besteht die Gefahr, daß die Anstrengungen seitens des Versicherungsnehmers, einen Schadensfall zu vermeiden, erheblich nachlassen; vom Fall einer bewußten Schadensherbeiführung einmal ganz abgesehen.

Die Gefahr des moral hazard läßt sich entweder durch die Einführung verbesserter Informations- und Kommunikationssysteme[36] oder durch eine Ergebnisbeteiligung des Agent verringern. Fehlen Überwachungs- und Kontrollmöglichkeiten, müssen ergebnisorientierte Verträge abgeschlossen werden, um die moral-hazard-Problematik einzugrenzen.[37] Beispiele hierfür sind gewinnabhängige Entlohnungsformen oder Versicherungsverträge, die bei Eintritt von Schadensfällen eine automatische Prämiensteigerung, bei Nichteintritt hingegen eine Prämiensenkung vorsehen. Im Rahmen der Kreditvergabe läßt sich die Gefahr zu großer Risiken bei fremdfinanzierten Investitionen durch Kreditsicherheiten verringern. Hierdurch wird der Agent (Kreditnehmer) an Verlusten beteiligt. Ohne Kreditsicherheiten hätte der Kreditgeber die Nachteile (erhöhte Varianz) einer Risikosteigerung fremdfinanzierter Investitionen alleine zu tragen, während die Vorteile (erhöhter Erwartungswert) allein dem Kreditnehmer

---

35 Zum Prinzip der Selbstauswahl vgl. Arrow, K.J., The Economics of Agency, in: Principals and Agents: The Structur of Business, hrsg. v. Pratt, J.W./Zeckhauser, R.J., 1985, S.37-51, S.42; Spremann, K., Investition und Finanzierung, 3.Aufl., 1990b, S.633 f.; Spremann, K. 1990a, a.a.O., S.578 f.

36 Zur Verringerung der Principal-Agent-Probleme durch Informations- und Kommunikationssysteme vgl. z.B. Picot, A., Zur Bedeutung allgemeiner Theorieansätze für die betriebswirtschaftliche Information und Kommunikation: Der Beitrag der Transaktionskosten- und Principal-Agent-Theorie, in: Die Betriebswirtschaftslehre im Spannungsfeld zwischen Generalisierung und Spezialisierung, hrsg. v. Kirsch W./Picot, A., 1989, S. 370-376.

37 Zu den Vorteilen ergebnisorientierter Verträge vgl. Eisenhardt, K.M., Agency Theory: An Asessment and Review, in: Academy of Management Review, 14 (1989) S.57-74, S.60-63.

zugute kämen. Die Gefahr des moral hazard läßt sich in diesem Fall durch ein Anheben der Kreditzinsen allein nicht beseitigen, da diese Maßnahme lediglich zur Verwirklichung noch riskanterer Projekte führen würde.[38]

3. Hidden intention

Hidden intention liegt vor, wenn der Principal ex ante nicht weiß, wie sich der Agent im Laufe der Leistungsbeziehung verhalten wird. Im Gegensatz zu hidden action bleiben dem Principal die Handlungen des Agent jedoch nicht verborgen. Sie treten offen zutage. Zum Problem wird hidden intention deshalb nur in den Fällen, in denen der Principal aufgrund irreversibler Investitionen in ein Abhängigkeitsverhältnis gegenüber dem Agent gerät. Wird dieses Abhängigkeitsverhältnis vom Agent opportunistisch ausgenutzt, spricht man von hold up.[39] Beispiele hierfür sind höhere Lohnforderungen seitens der Feldarbeiter kurz vor der Melonenernte, die Einstellung der bisherigen Ersatzteileproduktion nach Umstellung auf ein neues Modell sowie die Weigerung einer Fischkonservenfabrik, die gefangenen Thunfische zu den versprochenen Konditionen abzunehmen.

Der principal-agent-theoretischen hold-up-Gefahr liegt transaktionskostentheoretisch betrachtet eine ex post-Spezifität zugrunde. Nachdem eine Partei spezifische Investitionen getätigt hat, gerät sie in ein opportunistisch ausbeutbares Abhängigkeitsverhältnis (sog. small-numbers-Situation).

Die hold-up-Problematik kann nur dann wirksam begrenzt werden, wenn es gelingt, das ursprünglich einseitige in ein wechselseitiges Abhängigkeitsverhältnis zu transformieren. Typische Maßnahmen hierfür sind etwa Minderheitsbeteiligungen, Gegengeschäfte oder Pfandsicherheiten. Die oben angesprochenen Thunfischfänger könnten sich hingegen durch Abnahmegarantien (sog. take-or-pay-Klauseln) gegen eventuelle Ausbeutungsversuche schützen. Die hold-up-Problematik findet man auch im Personalbereich vor. Hier besteht die Gefahr, daß Auszubildende oder Mitarbeiter das Unternehmen nach kostenloser Inanspruchnahme umfangreicher Qualifikationsmaßnahmen verlassen. In diesen Fällen schafft das Senioritätsprinzip in Verbindung mit Treueprämien, Sparplänen und Ablöseklauseln Anreize, auch nach abgeschlossenen Aus- oder Weiterbildungsprogrammen im Unternehmen zu bleiben.

---

38 Vgl. hierzu Stiglitz, G.J./Weiss, A., Credit Rationing in Markets with Imperfect Information, in: American Economic Review, 71 (1981) S. 393-410.

39 Vgl. Alchian, A.A./Woodward, S., Reflections on the Theory of the Firm, in: Zeitschrift für die gesamte Staatswissenschaft, 143 (1987) S.110-136, S.113-115.

E. Fortschritt, Wissen und Recht

Jede Gesellschaft wird um so erfolgreicher und wohlhabender sein, je besser es ihr gelingt, das vorhandene Wissen effektiv und effizient einzusetzen sowie laufend neues Wissen zu erforschen und anzuwenden. Sowohl zur Verbesserung der Wissensverwertung als auch zur Beschleunigung der Wissensvermehrung vermag die rechtlich--institutionelle Ordnung wertvolle Beiträge zu leisten. Um dies zu verdeutlichen, ist es zunächst erforderlich, den Zusammenhang zwischen institutionellen und technologischen Innovationen zu analysieren. Anschließend wird gezeigt, auf welche Weise gesellschaftliche Institutionen die Nutzung immer größer werdender Wissensmengen ermöglichen und wie durch eine an wissensökonomischen Kriterien orientierte Verteilung von Entscheidungsrechten eine optimale Ressourcennutzung erreicht wird.

I. Zusammenhang zwischen institutionellen und technologischen Innovationen

Da zukünftiges Wissen nicht mit Hilfe des gegenwärtigen Kenntnisstandes vorausberechnet werden kann, läßt sich der gesellschaftliche Fortschritt seinem Inhalt nach nicht planen. Die Ergebnisse jeder Forschungsbemühung bleiben stets zufällig.[40] Dieser Zufall kann nicht durch Bestimmtheit ersetzt werden. Die institutionellen Rahmenbedingungen im allgemeinen und die Rechtsordnung im besonderen können jedoch dazu beitragen, die Möglichkeiten des Zufalls zu erhöhen, indem sie die Suche nach neuen Problemlösungen fördern und ihre Durchsetzung erleichtern.[41] Hierzu ist nicht nur, wie bereits im Kapitel B erläutert, eine Rechtsordnung unerläßlich, die neben materiellem auch geistiges Eigentum schützt. Darüber hinaus muß das Institutionengefüge selbst entwicklungsfähig und flexibel bleiben. Produkt- und Prozeßinnovationen entfalten sich nur dort, wo die eigentliche Fortschrittsquelle, die institutionelle Innovation, keinen Behinderungen ausgesetzt ist.

Die Gesetzesordnung darf die menschliche Handlungsfreiheit nur dort einschränken, wo die Freiheit anderer in Gefahr ist. Ein alle Lebensbereiche reglementierendes Rechtssystem wirkt fortschrittshemmend, da es die wechselseitige Dynamik von technologischer und institutioneller Entwicklung behindert. Institutionelle Innovationen, z.B. neue Koordinationsformen, ziehen technologische Innovationen nach sich, ebenso wie letztere über Verhaltensänderungen wiederum die Entwicklung des gesellschaftlichen Ordnungsgefüges in Gang halten. Beispielsweise ermöglichte die Rechtsform der Aktiengesellschaft kapitalintensive Prozeßinnovationen (Massen- und Fließfertigung), die zur Versorgung breiter Bevölkerungsschichten mit ehemaligen Luxusgütern führten. Andererseits machte z.B. die Erfindung des Radios rechtliche Grundla-

---

40 Vgl. Hayek, F.A.v., Die Verfassung der Freiheit, 2. Aufl., 1983, S.51 f.

41 Vgl. Albert, H., Freiheit und Ordnung. Zwei Abhandlungen zum Problem einer offenen Gesellschaft, 1986, S.63.

gen zur Regelung der Frequenznutzung erforderlich. Aus dieser Perspektive sind rechtlich-institutionelle Innovationen sowohl Bedingung als auch Folge technologischen Fortschritts.

II. Informatorische und evolutionäre Effizienz gesellschaftlicher Institutionen

Da die individuellen Möglichkeiten der Wissensaneignung begrenzt sind, führt der gesamtgesellschaftliche Wissensfortschritt zwangsläufig dazu, daß jeder Einzelne auf einem immer kleiner werdenden Gebiet immer mehr weiß, während zugleich der Bereich seines Nichtwissens anwächst.[42] Infolge der hieraus entstehenden Koordinationsprobleme würde jede weitere Spezialisierung und der damit verbundene Wissenszuwachs über kurz oder lang zu keinem Wohlfahrtsgewinn mehr führen. Das zusätzliche Wissen läßt sich nicht mehr verwerten; der Fortschritt käme zum Erliegen. Dieses Szenario wird durch die informatorische Effizienz gesellschaftlicher Institutionen verhindert. Ähnlich wie man heutzutage mit einem Minimum optischer Fähigkeiten relativ problemlos fotografieren oder filmen kann, reicht die Kenntnis weniger Institutionen, um das Wissen anderer zu nutzen und die Pläne tausender anonymer Menschen aufeinander abzustimmen.

Mit Hilfe von Güteklassen läßt sich beispielsweise die Qualität verschiedener Produkte beurteilen, ohne selbst das hierzu erforderliche Fachwissen zu besitzen; eine relativ kleine Menge von Verkehrsregeln stellt alle für die Koordination des Straßenverkehrs relevanten Informationen zur Verfügung. Dabei verkörpern die von Institutionen bereitgestellten Informationen häufig mehr Wissen, als sich ein einzelnes Gesellschaftsmitglied je aneignen könnte. Dies wird deutlich, wenn man den Prozeß der Entstehung und Entwicklung gesellschaftlicher Institutionen untersucht.

Ein Großteil der heutigen Institutionen ist das Ergebnis eines langfristigen Evolutionsprozesses, in dessen Verlauf eine Vielzahl neuer Institutionen hervorgebracht, alte verdrängt und durch effizientere ersetzt wurden.[43] Die aus diesem Ausleseprozeß als Resultat menschlicher Handlungen, nicht aber menschlicher Absicht hervorgegangenen Institutionen stellen verläßliche Wegweiser dar, an denen sich die Gesellschaftsmitglieder orientieren können, ohne die Gründe, die zur Aufstellung dieser Wegweiser führten, zu kennen. Die spontan entstandenen Institutionen schränken, insbesondere wenn sie wie ein Großteil der Rechtsordnung unbewußt befolgt werden, den Handlungsspielraum auf die effizienten Verhaltensweisen ein.

Damit der gesellschaftliche Fortschritt anhält, darf die Evolution der sozialen und

---

42 Vgl. hierzu Popper, K.R., Conjectures an Refutations. The Growth of Scientific Knowledge, 5.Aufl., 1989, S.28 f.

43 Vgl. zur spontanen Entstehung institutioneller Ordnungen Hayek, F.A.v., Die Ergebnisse menschlichen Handelns, aber nicht menschlichen Entwurfs, in: Freiburger Studien. Gesammelte Aufsätze von F.A. von Hayek, 1969, S.97-107.

rechtlichen Institutionen weder blockiert noch gebremst werden. Die Gefahr hierzu ist sehr groß, da neben den, wenn auch oft im nachhinein gesetzlich verankerten, so doch im Grunde spontan entstandenen Institutionen auch eine Reihe bewußt geplanter Verhaltensregeln existiert. Gerade das überzogene Streben nach rationaler Planung gesellschaftlichen Fortschritts gefährdet die institutionelle Evolution und hat ganze Gesellschaften in den Ruin geführt.

Die Neue Institutionenökonomie hat die evolutorische Effizienz[44] spontan entstandener Institutionen erkannt und wendet sich gegen einen die menschlichen Rationalitätsgrenzen übersteigenden Gestaltungsoptimismus.[45] Sie beschränkt ihre Handlungsempfehlungen auf diejenigen Gebiete, in denen zwischen mehreren Institutionen gewählt werden muß, und plädiert - gerade in zivilrechtlichen Fragestellungen - in erster Linie für Vertragsfreiheit und dispositives, situationsabhängig gestaltbares Recht.

Zu den Bereichen, in denen die evolutionär entstandene Institutionenordnung individuell gestaltbare Handlungsspielräume beläßt, gehört die wichtige Frage, wie die übertragbaren Entscheidungsrechte konkret verteilt werden sollen. Ihre Beantwortung ist unerläßliche Voraussetzung für eine effiziente Verwertung des innerhalb einer Gesellschaft auf ihre einzelnen Mitglieder verstreuten Wissens und damit wesentliche Grundlage menschlichen Fortschritts.

III. Wissensökonomische Kriterien zur Verteilung von Entscheidungsrechten

Um für jede Situation den jeweils geeignetsten Entscheidungsträger zu finden, müßte man den Wissensstand aller in Frage kommenden Personen miteinander vergleichen. Dies ist unmöglich. Man kann sich demzufolge bei der Entwicklung allgemeiner Kriterien für die Zuordnung von Entscheidungsbefugnissen nicht an konkreten Wissensinhalten, sondern lediglich an abstrakten Wissensformen orientieren.[46] Hierbei sind vor allem zwei Wissenstypologien von Bedeutung.

Zum einen unterscheidet man danach, ob der Wissensinhalt kommunizierbar ist oder

---

44 Der Begriff "evolutorische Effizienz" beruht auf dem Konzept der schwachen Auslese. Aus dem Evolutionsprozeß gehen nicht automatisch die effizientesten, sondern nur effizientere Institutionen hervor. Ob es tatsächlich noch effizientere Institutionen gibtund wenn ja, welcher Art diese sind, vermag der menschliche Geist nicht zu beurteilen.

45 Vgl. Williamson, O.E., The Economics of Governance: Framework and Implications, in: Journal of Institutional and Theoretical Economics, 140 (1984) S. 195-223, S. 198; Dietl, H., a.a.O. S. 59-73. Zu den grundlegenden Gestaltbarkeitsgrenzen gesellschaftlicher Insitutionen vgl. Hayek, F.A.v., Studies in Philosophy, Politics, and Economics, 1967.

46 Vgl. hierzu Dietl, H., a.a.O., S.147.

nicht, zwischen explizitem und implizitem Wissen.[47] Zum anderen besteht die Möglichkeit, sich am Umfang der Wissensanwendbarkeit zu orientieren. Wissen, das nicht nur in Einzelfällen Gültigkeit besitzt, bezeichnet man als generalisierbar. Hierzu gehören beispielsweise physikalische Gesetze. Nicht generalisierbar sind hingegen orts- und personenspezifische Kenntnisse, wie etwa individuelle Eigenschaften oder regionale Bräuche. Generalisierbares kann ebenso wie nicht generalisierbares Wissen sowohl expliziten als auch impliziten Charakter haben. Mit Hilfe dieser Wissenstypologie lassen sich die effizienten Grenzen einheitlicher Entscheidungshoheit sowie der optimale Zentralisierungsgrad von Entscheidungsbefugnissen ermitteln.

Bei jeder Spezialisierung ist zu beachten, daß die hinzugewonnenen Fachkenntnisse nur dann zum gesamtgesellschaftlichen Fortschritt beitragen, wenn es gelingt, das Spezialwissen anderen Gesellschaftsmitglieder in Form von (Zwischen-)Produkten oder Dienstleistungen zugänglich zu machen, bei deren Weiterverarbeitung oder Inanspruchnahme nicht mehr auf das zu ihrer Herstellung erforderliche implizite Wissen zurückgegriffen werden muß. Alle Wirtschaftsgüter, die diese Eigenschaft aufweisen, besitzen wissensökonomische Reife.[48] Sobald ein Vor- oder Zwischenprodukt wissensökonomische Reife erlangt hat, sind in vertikaler Richtung die Grenzen einheitlicher Entscheidungshoheit erreicht. Demzufolge sollte ein Unternehmen Vor- und Zwischenprodukte nur solange weiterverarbeiten, bis sie wissensökonomische Reife erlangt haben. Vertikal vollständig integrierte Produktionsbetriebe, wie die ehemaligen DDR-Kombinate, die alle Arbeitsschritte vom Rohstoff bis zum Fertigprodukt unter einheitlicher Entscheidungshoheit durchführen, sind wissensökonomisch ineffizient.

Kriterium für die horizontalen Grenzen einheitlicher Entscheidungsgewalt ist die Aufgabenähnlichkeit.[49] Auf einer Produktions- oder Vertriebsstufe sollte eine Entscheidungseinheit die Entscheidungsbefugnisse zur Bewältigung derjenigen Aufgaben erhalten, die verwandtes implizites Spezialwissen voraussetzen. Aus dieser Perspektive ist es beispielsweise sinnvoll, wenn ein Bankinstitut neben dem üblichen Kreditgeschäft auch Versicherungsleistungen und Beratungsdienste anbietet.

Während wissensökonomischer Reifegrad und Aufgabenähnlichkeit zur Festlegung der vertikalen bzw. horizontalen Grenzen einheitlicher Entscheidungsgewalt dienen, läßt sich mit Hilfe der Generalisierbarkeit das Ausmaß der Entscheidungszentralisierung bestimmen.[50] Die Entscheidungsrechte können überall dort auf zentrale Instanzen übertragen werden, wo einer Generalisierbarkeit des erforderlichen Wissens keine Schranken gesetzt sind. Hierzu gehören beispielsweise die Stahlproduktion und die Telekommunikation. Demgegenüber bedingt die große Bedeutung ortsspezifischen

---

47 Vgl. Polanyi, M., Implizites Wissen, 1985.

48 Vgl. hierzu und zum folgenden Dietl, H., a.a.O., S. 147-155.

49 Vgl. hierzu Richardson, G.B., The Organization of Industry, in: Economic Journal, 82 (1972) S. 883-896, S. 888.

50 Vgl. hierzu Dietl, H., a.a.O., S. 154.

Wissens in der Landwirtschaft eine dezentrale Verteilung der Entscheidungsrechte.

Mit Hilfe einer partiellen Entscheidungsdelegation läßt sich sowohl generalisierbares als auch nicht generalisierbares Wissen effizient nutzen. Den nachfolgenden Entscheidungsträgern ist jeweils soviel Handlungsspielraum zu gewähren, wie für die Berücksichtigung nicht generalisierbaren Wissens notwendig ist. Die Schnittstellen in der Entscheidungshierarchie müssen so gelegt werden, daß das implizite Wissen der vorgelagerten Entscheidungsstufe in Form von Anweisungen und Richtlinien für die nachgelagerten Entscheidungsträger verwertbar gemacht werden kann. Im Rahmen der unternehmerischen Forschung und Entwicklung kann beispielsweise der für dieses Gebiet verantwortliche Bereichsvorstand aufgrund seines impliziten Wissens zukunftsträchtige Projekte definieren. Die genaue Ausgestaltung der Projekte, die Zusammensetzung der Projektteams sowie die Verwendung der zur Verfügung stehenden Mittel sollten jedoch dem jeweiligen Projektleiter überlassen werden.

Die vorangegangenen Ausführungen zeigen, wie durch eine geschickte Verteilung von Entscheidungsrechten das innerhalb einer Gesellschaft verstreut vorhandene Spezialwissen effizient genutzt und weiterentwickelt werden kann. Diese Zusammenhänge sind u.a. auch für die Ordnungs-, Organisations- und Wettbewerbspolitik von Interesse.

F. Effizienz und/oder Gerechtigkeit

Die Neue Institutionenökonomie beurteilt rechtliche Institutionen ausschließlich anhand ökonomischer Effizienzkriterien. Sie weicht damit von der herkömmlichen Tradition ab, Rechtsnormen vorrangig unter dem Gesichtspunkt der Gerechtigkeit zu bewerten. Diese Vorgehensweise ist von juristischer Seite sowohl akzeptiert als auch kritisiert worden.[51] Um in diesem Kriterienstreit Position beziehen zu können, ist vorab zu klären, inwieweit Effizienz und Gerechtigkeitsziel voneinander abweichen.

Das Effizienzkriterium findet man in mannigfacher Ausprägung vor. Am bekanntesten ist die sogenannte Pareto-Effizienz. Eine Änderung des Rechtssystems gilt als paretoeffizient, wenn sich hierdurch kein Betroffener verschlechtert und mindestens einer verbessert. Das Pareto-Kriterium wird aus pragmatischen Gründen häufig dahingehend abgeschwächt, daß keine tatsächliche, sondern nur eine hypothetische Gleich- bzw.

---

51 Vgl. z.B. die Kontroverse zwischen Ott/Schäfer und Fezer, Fezer, K.-H., Aspekte einer Rechtskritik an der economic analysis of law und am property rights approach, in: Juristen-Zeitung, 41 (1986) S.817-864; Ott, C./Schäfer, H.-B., Die ökonomische Analyse des Rechts - Irrweg oder Chance wissenschaftlicher Rechtserkenntnis?, in: Juristen-Zeitung, 43 (1988) S.213-264 Fezer, K.-H., Nochmals: Kritik an der ökonomischen Analyse des Rechts, in: Juristen-Zeitung, 43 (1988) S.223-228.

Besserstellung gefordert wird.[52] Eine Gesetzesänderung wäre bei dieser Interpretation bereits dann effizient, wenn die Vorteile der Bessergestellten in der Summe die Nachteile der Schlechtergestellten überwiegen. Dieser Kategorie gesamtgesellschaftlicher Kosten-Nutzen-Vergleiche sind auch die im Rahmen der Property-Rights-, Transaktionskosten- und Principal-Agent-Theorie verwendeten Effizienzkriterien zuzuordnen. Mit Hilfe von Wohlfahrtsverlusten, Transaktionskosten oder Agency-Kosten versucht man, Abweichungen von einem fiktiven Gesamtoptimum zu erfassen. Als effizient im institutionenökonomischen Sinne gilt diejenige Rechtsordnung, bei der diese Abweichungen auf ein Minimum reduziert werden. Im Gegensatz zur Pareto-Effizienz wird nur der Gesamtnutzen, nicht die individuelle Nutzenverteilung betrachtet. Das Pareto-Kriterium wäre erst dann erfüllt, wenn die Schlechtergestellten entsprechende Kompensationsleistungen erhalten und hierdurch mindestens wieder ihr ursprüngliches Nutzenniveau erreichen. Ob diese Entschädigungen tatsächlich geleistet werden, wird von der Institutionenökonomie nicht untersucht. Somit liegt der Vorwurf nahe, die institutionenökonomischen Gestaltungsempfehlungen dienten allein der Allokationseffizienz, nicht aber der Verteilungsgerechtigkeit.

Um diesen Vorwurf zu würdigen, muß geklärt werden, was unter Gerechtigkeit im allgemeinen und Verteilungsgerechtigkeit im besonderen zu verstehen ist und in welcher Beziehung ein wie auch immer geartetes Gerechtigkeitsideal zur Allokationseffizienz steht.

Als Kriterium für die Gerechtigkeit einer Regel oder eines Gesetzes gilt häufig ihre Verallgemeinerungsfähigkeit. Eine Regel bzw. ein Gesetz sind demzufolge gerecht, wenn sie ohne Ausnahme auf all die Fälle angewendet werden können, auf die sie sich beziehen.[53] D.h., es dürfen durch die Regel- bzw. Gesetzesanwendung keine anderen allgemein anerkannten Regeln oder Gesetze verletzt werden. Dieses Gerechtigkeitsideal spiegelt die Unmöglichkeit wider, allgemeinverbindliche Gerechtigkeitsnormen positiv zu formulieren. Die Gerechtigkeit einer Regel oder eines Gesetzes kann nur durch andere Regeln oder Gesetze getestet werden. Um einem Begründungszirkel oder einem infiniten Regreß zu entgehen, müßten Gerechtigkeitsnormen willkürlich gesetzt werden. Diese Problematik läßt sich auch nicht durch den Verzicht auf inhaltliche zugunsten prozeduraler Gerechtigkeitskriterien umgehen. Prozeduralen Kriterien zufolge sind ein Gesetz oder eine Regel immer dann gerecht, wenn sie aus einem vorgegebenen Entstehungsprozeß (z.B. einem demokratischen Abstimmungsverfahren)

---

52 Vgl. zu dieser Abwandlung des Pareto-Kriteriums Kaldor, N., Welfare Propositions of Economics and Interpersonal Comparisons of Utility, in: Readings in Welfare Economics, hrsg. v. Arrow, K.J./Scitovsky, T., 1969, S.387-389; Hicks, H.J., The Rehabilitation of Consumers' Surplus, in: Readings in Welfare Economics, hrsg. v. Arrow, K.J./Scitovsky, T., 1969, S.325-335.

53 Dieses Gerechtigkeitsideal geht auf Kant zurück. Vgl. Kant, I., Grundlegung zur Metaphysik der Sitten, hrsg. v. Vorländer, K., 1965.

hervorgegangen sind.[54] Das Gerechtigkeitsideal (z.B. die Gerechtigkeit der Demokratie) wird lediglich von der inhaltlichen auf die prozedurale Ebene verlagert, bleibt aber nach wie vor unbegründbar und damit willkürlich.

Kriterien der Gerechtigkeit, seien sie inhaltlicher oder prozeduraler Art, lassen sich ebensowenig positiv bestimmen wie Kriterien der Wahrheit. Ähnlich wie wissenschaftliche Hypothesen nicht verifiziert werden können[55], gibt es keine willkürfreien Kriterien der Gerechtigkeit. Es läßt sich dann aber nicht mehr einsehen, weshalb eine ökonomisch effiziente Rechtsordnung unter Berufung auf willkürlich gesetzte Gerechtigkeitsideale verworfen werden sollte.

Neben dem Problem der Gerechtigkeitswillkür besteht bei der Verfolgung von Gerechtigkeitsidealen die Gefahr, wichtige Interdependenzen zwischen Effizienz- und Gerechtigkeitsstreben zu verkennen. Sobald man unter Berufung auf irgendeine Gerechtigkeitsnorm Effizienzwirkungen vernachlässigt, geht man das Risiko ein, infolge auftretender Effizienzminderungen das eigentliche Gerechtigkeitsideal konterkarierende Nachteile in Kauf nehmen zu müssen. Gerade hiervor versucht die Neue Institutionenökonomie eindringlich zu warnen, indem sie auf die engen Verflechtungen zwischen Effizienz und Gerechtigkeit hinweist.

In der Vergangenheit wurde beispielsweise häufig der Fehler begangen, Fragen der Allokationseffizienz und einer, meist auf Gleichheit zielenden Verteilungsgerechtigkeit voneinander isoliert zu beantworten. Hierbei wurde übersehen, daß jede Umverteilung des Sozialproduktes infolge der hiervon ausgehenden Anreize auf die Höhe des zu verteilenden Sozialproduktes selbst zurückwirkt und somit auch zu Lasten derjenigen gehen kann, deren Situation man durch die anfängliche Umverteilung verbessern wollte.

Die Vermeidung von Ungerechtigkeit ist langfristig nur unter Beachtung von Effizienzkriterien möglich. Der gesellschaftliche Evolutionsprozeß selektiert diejenigen Gerechtigkeitsideale aus, die mit Effizienzkriterien vereinbar sind. "Gerechte" aber ineffiziente Gesellschaftsformen sterben aus. Es kommt zu einer Annäherung von Effizienz- und Gerechtigkeitskriterien.Dieser Prozeß läßt sich nicht zuletzt anhand der zunehmend an Effizienzkriterien orientierten Rechtsprechung empirisch belegen.[56]

---

54 Prozedurale Gerechtigkeitskriterien werden z.B. von Nozick, Buchanan und Habermas vorgeschlagen. Vgl. Nozick, R., Anarchy, State, and Utopia, 1974; Buchanan, J.M., The Limits of Liberty. Between Anarchy and Leviathan, 1975; Habermas, J., Theorie des kommunikativen Handelns, 1981.

55 Vgl. Popper, K.R., a.a.O.

56 Vgl. Ott, C., Allokationseffizienz, Rechtsdogmatik und Rechtsprechung - die immanente ökonomische Rationalität des Zivilrechts, in: Allokationseffizienz in der Rechtsordnung, hrsg. v. Ott, C./Schäfer, H.-B., 1989, S.25-44, S.3-42. Zur Evolution effizienter Regeln im Richterrecht vgl. auch Schäfer, H.-B., Allokationseffizienz als Grundprinzip des Zivilrechts, in: Allokationseffizienz in der Rechtsordnung, hrsg. v. Ott, C./Schäfer, H.-B., 1989, S.1-24, S.21 f.

Diskussion

zusammengefaßt von Stephan Panther

Der Schwerpunkt der Diskussion des Beitrags von Henry Hansmann lag im Bereich der Effizienzeigenschaften selbstverwalteter Unternehmen. Hinsichtlich der Wirkung dieser Eigentumsform auf die Agency Kosten wurde zum einen argumentiert, daß die Agency Kosten in der Beziehung zwischen Managern und Anteilseignern durch verstärkte Partizipation der Beschäftigten erhöht würden. Gerade Beteiligung via Belegschaftsaktien würde vom Management zur Verstärkung der eigenen Position genutzt. Zum anderen wurde auf die Wechselwirkung zwischen der Tiefe der Unternehmenshierarchie und der Fähigkeit der Beschäftigten, sich gegenseitig zu kontrollieren, hingewiesen. Es wurde auch bemerkt, daß der produktivitätserhöhende Effekt der gegenseitigen Kontrolle der Beschäftigten auch ohne Mitarbeitereigentum erreicht werden kann, etwa durch Gruppenarbeit. Desweiteren wurde die Frage aufgeworfen, ob die Entschärfung der Lohnverhandlungen nicht eher durch die Homogenität der Beschäftigten an sich und nicht durch die Selbstverwaltung als Unternehmensform bewirkt würde.

Zu den von Hansmann genannten Bedingungen für das Überleben von partizipatorischen Unternehmensformen wurde bemerkt, daß sie gewisse Entsprechungen im politischen Prozess hätten. Die Übertragung der Entscheidung in bestimmten Politikbereichen auf parlamentsunabhängige Institutionen entspräche der Übertragung von Unternehmensentscheidungen auf Außenstehende. Auch die de facto Einschränkung des (passiven) Wahlrechts, etwa durch die gewohnheitsmäßige geografische Fixierung der Mitgliedschaft in Kongressausschüssen der USA, diene der Einschränkung der zu entscheidenden Fragen. Die Wichtigkeit einer leicht verfügbaren Abwanderungsoption zeige sich auch in der Theorie des fiskalischen Förderalismus im Gefolge von Tiebout.

Hingewiesen wurde auch auf den "Lebenszyklus der Kooperativen", der zum Teil dadurch erklärt werden könne, daß die Heterogenität der Belegschaft mit zunehmendem Alter der Unternehmung zunehme und dies zur Änderung der Rechtsform führt.

Schließlich wurde auf einen potentiellen Widerspruch zwischen der erwünschten Homogenität der Belegschaft und den möglichen Gewinnen durch Arbeitsteilung, die gerade bei Heterogenität entstünden, hingewiesen. Ohne eine präzise Definition des Maßstabs für Homogenität (Humankapitalausstattung, Präferenzen,...) sei dies jedoch nicht zu klären.

Auf der empirischen Seite wurde auf die Arbeiten von Cyert und March, sowie die Erfahrung selbstverwalteter Unternehmen in den zwanziger Jahren hingewiesen. Auch wurde bestritten, daß den Arbeitnehmervertretern im Aufsichtsrat nur eine informationelle Rolle zukomme; diese Behauptung würde die Rolle von Verhandlungen vor

Entscheidungen vernachlässigen.

Schwerpunkt der Diskussion des Beitrags von Picot und Dietl war der Zusammenhang von Effizienz und Evolution. Es wurde darauf hingewiesen, daß in verschiedenen Arbeiten gezeigt wurde, daß Evolution nicht immer zu effizienten Ergebnissen führt. Spieltheoretische Arbeiten von Schotter und Akerlof, sowie die Arbeit von Cooter und Kornhauser auf dem Gebiet der ökonomischen Analyse des Rechts hätten gezeigt, daß effiziente Resultate an Bedingungen geknüpft sind, die nicht notwendigerweise gegeben sind. Auch in der Soziobiologie und der Principal-Agent-Theorie ließen sich Beispiele hierfür finden. Die Evolutionbiologie kenne die Herausbildung von verschiedene Merkmalen, wie großes Geweih oder auffälliges Federkleid, die für die Werbung um einen Sexualpartner hilfreich seien, letztlich jedoch das Überleben der Art insgesamt gefährdeten. Die Principal-Agent Theorie kenne Self-Selection-Gleichgewichte, die sowohl ineffizient als auch stabil seien.

An diesen Problemkreis anknüpfend wurde auch diskutiert, ob die Rechtsordnung bestimmte Regelungen im Gesellschaftsrecht als Mindeststandards zwingend vorschreiben sollte oder vielmehr durchgehend Optionalität herrschen sollte, eine Frage, deren Relevanz für den Umstrukturierungsprozeß in Osteuropa und für den Einigungsprozeß in Westeuropa unumstritten sein dürfte. Zugunsten von Mindeststandards wurde argumentiert, daß die Etablierung einer Rechtsordnung mit hohen sunk costs verbunden sei, bei gleichzeitig niedrigen laufenden Kosten, und somit ein klassischer Fall eines natürlichen Monopols vorliege.

Des weiteren wurde die Identität von Effizienz und Gerechtigkeit in Frage gestellt und behauptet, daß gerade bei der Zuordnung von Eigentumsrechten im Zusammenhang mit der Korrektur externer Effekte regelmäßig "soziale Gesichtspunkte" zum Tragen kämen. Zum Bereich der Wissensökonomie wurde angemerkt, daß bestimmte Institutionen, z.B. Hierarchien, geradezu dazu dienen, das zur Funktionsfähigkeit nötige Wissen zu minimieren. Solche "wissensparende" Organisationsformen würden in der Folge Ausbildungsanreize reduzieren, was jedoch durchaus erwünscht sein könnte.

Einige Unterschiede bei der Leitung von Unternehmen in Deutschland und Amerika*

von Marc J. Roe[1]

Einführung

Das Verhältnis von Leitung und Eigentum großer Unternehmen ist in Deutschland erheblich anders als in Amerika ausgestaltet. In Amerika halten die oberen Führungskräfte die Zügel in der Hand. Die Aktien befinden sich im Streubesitz von Personen und Institutionen. Amerikanische Finanzvermittler tragen keine Macht in die Säle der Aufsichtsgremien. Sie sind schwach, verstreut und uninteressiert. Anders ist die Lage in großen deutschen Firmen. Hier stehen die oberen Führungskräfte aktiven Finanzintermediairen gegenüber, die über große Mengen von Stimmrechten verfügen. Geschäftsleiter und Intermediaire müssen sich die Macht teilen. In Deutschland ähnelt die Unternehmensleitung eher jener der politischen Führung in Amerika als der einer amerikanischen Unternehmensleitung. Die Macht wird geteilt und verteilt, es gibt Kontrolle, Balance und Verantwortlichkeit.

Dieser Vergleich wirft Zweifel in bezug auf die herkömmlichen Erklärungen von "Berle Means"-Kapitalgesellschaften[2] auf. In der Tat, wenn Firmen große Mengen von Kapital aufnehmen und wenn die Aktionäre ihre Portefeuilles diversifizieren, verlagert sich die Macht durch die Zersplitterung des Eigentums auf die Führungskräfte. Diese herkömmliche Analyse läßt aber einen wesentlichen Schritt aus. Aktionäre wären in der Lage, Vermittler einzuschalten. Diese Vermittler könnten die leitenden Funktionen mit der Geschäftsleitung teilen. Dies geschah in Deutschland, nicht aber in Amerika, so daß die Entstehung der "Berle Means"-Kapitalgesellschaften durch

---

* Aus dem Englischen übersetzt von Claus Ott.

1 Professor, Columbia Law School. Theodor Baums, Victor Brudney, Hideki Kanda, Fritz Kübler, J. Mark Ramseyer, und Teilnehmer der American Association of Law Schools' 1992 Business Associations presentation erbrachten nützliche Kommentare, und Marco Geromin und Hans Gert Vogel beschafften Übersetzungen des deutschen Materials von unschätzbaren Wert. Dieser Artikel, ursprünglich für eine amerikanische Zuhörerschaft bestimmt, bezieht sich auf die englische Version des Papiers "Unterschiede in der Unternehmensführung in Deutschland, Japan und Amerika", welches auch Vergleiche zwischen Japan und Amerika zieht.

2 Unter Berle-Means-Gesellschaften werden große Kapitalgesellschaften verstanden, deren Kapitalanteile sich in Streubesitz befinden und bei denen die Kontrolle des Unternehmens von Managern ausgeübt wird. Diese Charakterisierung der großen amerikanischen Gesellschaft erfolgte erstmals in dem klassischen Werk von A.A. Berle und G.C. Means, The Modern Corporation and Private Property (1932).

die Pulverisierung der Finanzbeziehungen enorm gefördert worden ist[3]. Heute befindet sich die Struktur der amerikanischen Vermittler und die Rolle, die sie in der Leitung von Unternehmen spielen, im Umbruch. Die Vermittler suchen neue Rollen in der Leitung von Unternehmen. Im Finanzministerium existieren Pläne, die jetzt vom Kongreß abgelehnt wurden, um Bankgeschäfte und den Handelsverkehr über Kanäle, die in der amerikanischen Geschichte unbekannt sind, zu verbinden. So ist insbesondere vorgeschlagen worden, die Restriktionen bei der Besetzung von Leitungspositionen in Institutionen abzubauen.

In Amerika sind Leitung und Finanzierung von Unternehmungen durch einen breiten Graben getrennt. Dies ist eine Fehlentwicklung, zum Teil durch Verschulden der amerikanischen Politik. In Deutschland dagegen verfügen drei bis fünf Gesellschaften über Stimmen von 20-40 % der Aktien der größten Firmen. Das Finanzwesen übt einen stärkeren Einfluß als in den USA aus. Doch auch in Deutschland kann nie eine einzelne Finanzgesellschaft die Wirtschaft beherrschen. Mehrere Gesellschaften haben Einfluß. Ich werde hier Überlegungen darüber anstellen, warum dieses Muster wirtschaftlich stabil sein kann.

Deutschlands typische Eigentumsverhältnisse wären in den USA illegal. Deutsche Banken haben Handlungsmöglichkeiten, die unser "Mc Fadden"-Gesetz verletzen würden. Sie sind groß im Vergleich zu den größten Firmen ihres Landes. In den USA wäre dagegen ein Finanzvermittler, der versuchen würde, über 5-10 % der Aktien einer der größten Firmen zu verfügen vergleichbar mit einem Welpen, der versucht, einen Löwen anzugreifen.

In Deutschland erkämpfen die Banken sich die Möglichkeit, in die Vorstandsetage zu gelangen, indem sie die Stimmrechte eigener Aktien mit jenen von Investmentgesellschaften, die sie beherrschen und ihren Depotsaktien verbinden. Diese Verbindung von Banken, Maklern und Investmentfonds würde in den USA gegen den "Bankholding-Company"-Act von 1956, den Glass-Steagall-Act, den "Investment-Company"-Act von 1940 und den Securities-Exchange-Act von 1934" verletzen. Darüber hinaus interpretiert der Federal Reserve Board das Bankengesetz üblicherweise so, daß eine passive Haltung der Banken gegenüber den Aktiengesellschaften erzwungen wird. Im Gegensatz dazu sind die deutschen Banken nicht passiv.

Amerikaner, die daran gewohnt sind, Banken als Kreditvermittler anzusehen, würden erwarten, daß die Macht von Banken aus ihrer Tätigkeit als Kreditgeber resultiert. In

---

3 Marc Roe, A Political Theory of American Corporate Finance, 91 Colum. L. Rev. 10 (1991); Marc Roe, Political and Legal Restraints on Ownership and control of the Public Companies, 27 J. Fin. Econ. 7 (1990). Für verwandte Diskussionen, siehe Bernard Black, Shareholder Passivity Reexamined, 89 Mich. L. Rev. 520 (1990); Ronald Gilson und Reinier Kraakman, Reinventing the Outside Director: An Agenda for Institutional Investors, 43 Stan. L. Rev. 863, 873 (1991); Joseph Grundfest, Subordination of American Capital, 27 J. Fin. Econ. 89 (1990); Michael Jensen, Eclipse of the Public Corporation, Harv. Bus. Rev., Sept.-Oct. 1989, at 61, 65; William Ouchi, The M-Form Society 82, 89 (1984) ; Lester Thurow, The Zero Sum Solution 164 (1985).

der Tat ist die Macht der Finanzinstitutionen sowohl in den USA als auch in Deutschland aus Kreditbeherrschung entstanden. In Deutschland hängt aber die Macht im Aufsichtsrat heute nicht mehr von der Kreditbeherrschung, sondern von der Verfügung über Aktienstimmrechte ab. Amerikanische Vermittler - Banken ausgeschlossen - könnten gleiches tun. Daß dies nicht der Fall ist, wird zum großen Teil durch die Politik bestimmt. Die Zersplitterung machte die amerikanischen Banken zu schwach, um als Erstfinanzierer und Aktionäre der größten amerikanischen Gesellschaft in Frage zu kommen[4]. Auch in Deutschland gibt es Kräfte, die auf eine Zersplitterung hinwirken, aber in unterschiedlicher Weise und Ausprägung. Dort gibt es einen beharrlichen politischen Druck, die Macht der Banken zu reduzieren, insbesondere gibt es parlamentarische Vorschläge zur Verminderung des Einflusses der Banken gegenüber Industrieunternehmungen. Dieser Druck hat Auswirkungen gehabt. Für einen amerikanischen Beobachter scheint es, daß in Deutschland ein gewisser Druck über die öffentliche Meinung entsteht, weniger aber über Interessengruppen.

Zum Abschluß meiner Ausführungen werde ich normative Folgerungen für die Organisation der großen amerikanischen Firma ziehen. Uns fehlen die Daten, um die deutsche Unternehmensführung zu bewerten. Aber ein Resultat zeichnet sich ab. Die großen Unternehmen sind in Deutschland funktionsfähig mit intermediären Institutionen, die an der Unternehmensführung beteiligt sind. Ohne bessere empirische Grundlagen gibt es für die USA keinen Anlaß, das deutsche System zu übernehmen. Aber Alternativen sind vernünftig. Man kann experimentieren, um Agenturkosten für Führungskräfte zu sparen oder die kurzfristigen Unternehmensstrategien, die als Folge des Streubesitzes entstanden sind, zu verändern.

Positive Erfahrungen des Auslands können nicht einfach auf die USA übertragen werden. Vorteile würden sich insbesondere auf große Unternehmungen erstrecken, was großen Aktienbesitz der bedeutendsten Institutionen voraussetzen würde. Aber Amerikas größte Banken sind nicht groß genug. Für die voraussehbare Zukunft sind sie zu schwach. Zwar gibt der Aufstieg gut geführter regionaler Finanzzentren Grund für Optimismus. Aber diese sind zur Zeit noch zu klein, um eine Rolle in den US-Großunternehmen zu spielen. Darüber hinaus muß die gänzlich andere Rolle der Regulierung und des Einflusses der Arbeitnehmer auf die Firmenleitung in den USA berücksichtigt werden.

Außerdem ist die historische Entwicklung wichtig. Wege, die früher offen waren, sind heute verschlossen. Amerikanische Gesellschaften müßten sich politisch und durch Verhandlungen ihren Weg in die Führungsgremien erkämpfen. Aber der private Vorteil aus einer geteilten Unternehmungsführung wäre wahrscheinlich mager, so daß sich der Kampf nicht lohnen würde. Machtteilung könnte auch durch Evolution entstehen wie in Deutschland und in Japan. Manager ziehen die Teilung ihrer Macht der feindlichen Übernahme ihrer Gesellschaften vor. Aber die amerikanischen Führungskräfte haben die feindliche Übernahme im Augenblick in der politischen Arena besiegt und sind daher nicht gezwungen, ihre Macht zu teilen.

---

4 Siehe Roe, Fn.3.

Ob das deutsche System insgesamt überlegen ist, läßt sich derzeitig nicht sagen. Wohl aber, daß es funktionsfähig ist. Die deutsche Erfahrung sagt uns noch nicht, daß wir uns selbst ändern sollen. Sie sagt uns aber, daß wir uns ändern könnten.

Der vorliegende Artikel ist wie folgt aufgebaut. Teil I zeigt die Rolle, die der Finanzsektor bei der Unternehmensleitung in Deutschland spielt. Dort üben große intermediäre Institutionen Einfluß auf die Firmen aus. In Teil II beschreiben wir die Restriktionen institutioneller Macht in den USA, und wir werden sehen, wie das deutsche System, auf die USA übertragen, mit dem Gesetz kollidieren würde. In Teil III werden wir einige Elemente des deutschen Systems vorstellen.
In Teil IV versuchen wir, die Ansicht zurückzuweisen, daß Deutschland hinter der amerikanischen Finanzorganisation zurückbleibt, eine Sichtweise, die in der amerikanischen Literatur vorherrscht. In Teil V stellen wir Überlegungen darüber an, was in Amerika getan werden kann.

A. Die Lage in Deutschland, Einfluß durch Aktienbesitz

Deutsche Finanzfirmen verfügen über stimmberechtigte Anteile zwischen 20 und 40% der Aktien der großen Firma. In den USA halten die fünf größten Aktienbesitzer nicht einmal 5 % der Aktien einer großen Firma. Keine Einrichtung oder Person verfügt aber in Deutschland über die vollständige Kontrolle. Im Gegensatz zu Deutschland ist in den USA die Macht bei den Führungskräften der Unternehmen konzentriert.

I. Die Lage in Deutschland im einzelnen

Das typische große deutsche Unternehmen hat Anteile von 30 % der Stimmen bei ungefähr drei Banken liegen. Bankiers beeinflussen die Politik und das Personal. Woher erhalten sie diese Macht?

1. Struktur

In den 14 größten deutschen Unternehmen gibt es 22 wahlberechtigte Anteile mit 10% oder mehr des Aktienkapitals. In Amerika gibt es keine. Die drei größten wahlberechtigten Stimmanteile betragen in Deutschland 46 % der Aktien von 11 der 14 größten Unternehmen. Der größte amerikanische Stimmrechtsanteil für die 5 größten Finanzeinrichtungen beträgt ungefähr 5 %. Die größten deutschen Stimmrechtsanteile sind etwa zehnmal so stark wie die amerikanischen.

2. Quelle

Das Stimmrecht der deutschen Banken leitet sich aus vom direkten Eigentum der Anteile, aus der Beherrschung von Investmentfonds sowie aus dem Depotstimmrecht ab. Mit diesen Stimmen gelangen die Banken in die Führungsetagen von 96 der 100 größten deutschen Unternehmen. In 14 Fällen hatte ein Bankier den Vorsitz des

Aufsichtsrats inne[5]. Die Kreditvergabe spielt dagegen nicht die zentrale Rolle. Direktes Eigentum deutscher Banken ist nicht übermäßig groß, aber konzentriert. Bei den 100 größten deutschen Industrieunternehmen haben die deutschen Banken 19 Positionen mit mehr als 5 %.

Investmentgesellschaften, die von Banken kontrolliert werden, machen ein oder zwei Prozent der Aktien aus. Den größten Anteil der Stimmen ergeben die Kundendepots. Einzelpersonen lassen ihre Aktien bei den Banken liegen, die für sie das Depotstimmrecht ausüben. Banken haben dann oft bis zu 20 % oder mehr Anteile an einer einzelnen großen Firma nur durch den Aktienbesitz ihrer Kunden[6].

3. Menge

Anders als amerikanische Banken arbeiten die großen deutschen Banken überwiegend auf nationaler Ebene. sie sind proportional gesehen größer als die amerikanischen Banken. Die Industrieunternehmen sind dagegen proportional gesehen kleiner als die amerikanischen. Der größte Fahrzeugproduzent in jedem Land stellt etwa 3 % des Bruttosozialprodukts her. Die größten drei amerikanischen Banken verwalten ein Vermögen, das auf das Sozialaprodukt bezogen 7 % ausmacht, bei den drei größten deutschen Banken sind dies 36 %. Deutsche Banken sind damit "fünfmal stärker" als die amerikanischen Banken. Bei GM, Exxon und IBM halten die 25 größten Aktionäre nicht so viel Aktien wie der größte einzelne Aktionär in Deutschland kontrolliert.[7]

4. Geschichte

Zwei geschichtliche Besonderheiten verdeutlichen die starke Rolle der deutschen Banken. 1. Nach der Vereinigung Deutschlands durch Bismarck bestand das politische Bestreben, die deutsche Industrie rasch zu entwickeln. Da es der deutschen Industrie an unternehmerischen Talenten fehlte, sah man in den großen Banken einen Antrieb für die Entwicklung. Die Bankinstitute bewerteten Kredite, wobei von ihnen erwartet

---

5 Hauptgutachten der Monopolkommission, in 11 Deutsche Bundestag, Drucksache, 7582, at 203-06, 216 (July 16, 1990) (Bericht des deutschen parlamentarischen Untersuchungsausschusses); siehe Theodor Baums, Banks and Corporate Control 29-30 (1991) (Berkeley Law and Economics Working Paper No. 91-1). (Einige Beispiele mögen solche sein, die dem Vorstand der Banken selbst vorsitzen.)

6 Siehe allgemein Detlev Vagts, Reforming the "Modern" Corporation: Perspectives from the German, 80 Harv. L. Rev. 23, 55-58 (1966); Hermann Kallfass, The American Corporation and the Institutional Investor: Are There Lessons From Abroad?, 3 Colum. Bus. L. Rev. 775, 782-83 (1988).

7 Tabellen VIIIa-d zeigen ein Besitzniveau von 25 Investoreninstitutionen in Höhe von 11,47% (Exxon), 13,54% (IBM), 12,89% (GE) und 19,39% (GM). Diese Zahlen für Exxon und GM sind typisch für die größten amerikanischen Industrieunternehmen. Siehe C. Brancato, P. Gaughan, M. deBlois und K.Rodgers, Institutional Investors and Capital Markets: 1991 Update 18 (1991) (mimeo of Columbia Institutional Investor Project, from the Center for Law and Economic Studies at Columbia Law School).

wurde, daß sie die gesunde Entwicklung ihres Geldes in den Unternehmen mit verfolgten und die Unternehmen überwachten. Ein weiterer Aspekt ergibt sich aus der Besteuerung. Zu Ende des neunzehnten Jahrhunderts besteuerte die deutsche Regierung den Transfer von Wertpapieren. Daher hielten Banken die Aktien für ihre Kunden. Wenn ein Kunde einem anderen Kunden Aktien verkaufte, argumentierten die Banken, daß kein versteuerbarer Transfer stattgefunden habe, weil die Bank weiterhin Eigentümer geblieben sei. Die Steuerbehörden stimmten dem zu. Danach zogen die Aktieninhaber es vor, ihre Aktien bei größeren Banken anzulegen, weil diese den Kauf- und Verkaufswünschen ihrer Kunden besser nachkommen konnten[8].

5. Der Spielraum der deutschen Banken

Nicht die Kreditvergabe, sondern die Kontrolle über die Stimmrechte ermöglichte den Einfluß der deutschen Banken. Auch amerikanische Institute würden in den Vorständen sitzen und dort durch die oberen Führungskräfte ernstgenommen werden, wenn sie gleich große Firmenanteile beherrschten. Keine amerikanische Finanzgruppe hat die Größe, den Spielraum und die legale Macht, die auch nur im entferntesten der Lage in Deutschland entspricht. Kreditvergabe steht nicht im Mittelpunkt der Führungsrolle der deutschen Banken. Darlehen stammen aus verschiedenen Quellen, was auch verschiedene Banken einschließt. Die Firmen sind nicht auf eine einzige Bank angewiesen. Die Kreditvergabe hat zwar zunächst enge Beziehungen zwischen Bank und Unternehmen geschaffen. Diese ist aber später verblaßt[9]. Die Banken beherrschen das Depotstimmrecht, nicht aber die Quellen der Kreditvergabe. Für die meisten Firmen gilt, daß keine Bank alleine eine Industriefirma beherrschen kann. Drei Banken zusammen können dominieren. Die Stimmen sind aufgeteilt. Die deutsche Bank ist die größte, aber die Commerzbank und die Dresdner Bank verfügen zusammengenommen über ungefähr den gleichen Stimmenanteil.

6. Kontrolle über den Vollmachtsmechanismus

Das Management hat in Deutschland keine Kontrolle über Stimmrechtsvollmachten. Die Banken üben das Stimmrecht für ihre eigenen Aktien nach eigenem Ermessen aus und geben ihren Depotkunden Empfehlungen, wie sie ihr Stimmrecht ausüben sollten. Aus Gründen rationaler Apathie werden die meisten Aktionäre diese Bemühung ignorieren, aber ihre Aktien bleiben deshalb nicht stumm. Die Banken üben dann das Depotstimmrecht aus.

Die typische deutsche und amerikanische Vorstandsetage müßten sich erheblich voneinander unterscheiden. Amerikanische Bankdirektoren sind finanziell und sozial

---

8 Jacob Riesser, Die Deutschen Grossbanken und ihre Konzentration im Zusammenhang mit der Entwicklung der Gesamtwirtschaft in Deutschland (3d ed. 1910).

9 Siehe Theodor Baums, Fn.5.

auf die Leiter der Unternehmen angewiesen[10]. Bei den deutschen Bankdirektoren sollte dies nicht so sein. Sie sitzen nicht in den Aufsichtsräten wegen ihrer Freundschaft mit dem Generaldirektor (CEO) oder weil sie für ihre passive Haltung bekannt sind, sondern weil ihre Institute Stimmen haben. Ihr Arbeitgeber, die Bank, hat den finanziellen Anreiz, dafür zu sorgen, daß die Firma gut läuft (sowie auch den Anreiz, Ressourcen aus der Firma in die Banken zu lenken). Es fehlt an Daten, um die deutschen Vorstände im Verhältnis mit den amerikanischen zu beurteilen. Aber man kann mutmaßen, daß die deutschen Vorstände als Folge der Kontrolle besser sind. Amerikanische Vorstände und Direktoren haben es mit einem abstrakten und anonymen Aktienmarkt zu tun. Dieser Markt wird in Deutschland von dem Bankdirektor, dem Repräsentanten der Aktionäre, verkörpert. Die Autoritätsstruktur in deutschen Gesellschaften ist anders. Manager setzen sich mehr Zwängen aus. Das hat politische Parallelen im amerikanischen Demokratiesystem. James Madison unterzeichnete eine Verfassung, die die Aufteilung der Macht zum Ziel hatte. Mit einer Gewaltenteilung durch alle Sparten sollte eine stabile und nicht diktatorische Regierung entstehen. Ähnlich scheinen deutsche Firmen die Autorität nicht nur in den Händen des Vorstands zu haben. Externe Geldgeber teilen die Macht mit Geldgebern von innerhalb der Firmen[11]. Ein solches System hat Vor- und Nachteile. Der Vorteil ergibt sich aus der engen Beziehung zwischen den firmeneigenen Führungskräften und fremden Geldgebern. Diese enge Beziehung verbessert einerseits den Informationsfluß und gibt den Führungskräften die Gelegenheit, Großaktionären zu zeigen, daß langfristige Investitionen vernünftig sind. Die enge Beziehung erlaubt es den Geldgebern andererseits, die Leistung der Führungskräfte ständig zu überwachen. Darüber hinaus kann diese Struktur sogar dann Vorteile bieten, wenn sich die Finanzinstitute passiv verhalten. Die großen Stimmrechtsinhaber können, selbst wenn sie sich passiv verhalten, Führungskräfte dazu motivieren, Krisen zu vermeiden, weil dies ein Eingreifen auslösen würde. Wegen der guten Informationen kann ein Krisenmanager zudem besser arbeiten, weil er leichter informiert werden kann. Er benötigt keine ausgedehnte Lernperiode.

II. Zusammenfassung

In Deutschland teilt das Management die Macht mit den intermediären Finanzinstituten, die große Aktienpakete besitzen und dafür das Stimmrecht ausüben und die aktiven Einfluß auf die Unternehmensleitung ausüben. Diese glatte Verteilung von Macht ist in Amerika ungewöhnlich. Außerdem wäre sie illegal, wie sich gleich zeigen

10 Victor Brudney, The Independent Director--Heavenly City or Potemkin Village?, 95 Harv.-L.Rev.597(1982); Jay Lorsch and Elizabeth MacIver, Pawns or Potentates: The Reality of Americas Corporate Boards (1989).

11 In Amerika konzentrieren sich die Reformbemühungen auf die Strukturierung des board of directors um Außenseiter, mit dem Anreiz zur Überwachung, zu haben. Siehe Brudney, Fn.10; Gilson und Kraakman, Fn.3.

wird[12].

B. Zur rechtlichen Regulierung des amerikanischen Bankwesens

I. Amerikanisches Recht

Amerikanische Großbanken sind schwach: Ihr Rang in der amerikanischen Wirtschaft ist nur ein Fünftel des Ranges, den deutsche Großbanken in der deutschen Wirtschaft einnehmen.

Starke gesetzliche Einschränkungen, durch die sie klein und schwach gehalten werden sollen, erklären den geringen Rang der amerikanischen Banken. Sie können weder am Handel teilnehmen, noch landesweit operieren noch sich mit Investmentbanken, Aktienfonds oder Versicherungen zusammenschließen oder den Aktienbesitz mit diesen anderen intermediären Institutionen koordinieren. Einige Länder haben einige Restriktionen; nur Amerika hat sie alle. Der National Bank Act von 1863 beschränkte nationale Banken auf einen einzigen Standort; der MacFadden Act von 1927 ließ Zweigstellen nach Maßgabe des Rechts der einzelnen Bundesstaaten zu, mehr aber nicht. Heute wird durch regionale Bankabkommen eine gewisse Verzweigung über die Grenzen der Bundesstaaten hinaus ermöglicht[13], und das Finanzministerium propagiert auch die Entwicklung nationaler Filialnetze, aber diese Vorschläge wurden im Kongreß abgelehnt und der Aufbau eines nationalen Bankensystems durch Bankabkommen von Bundesstaat zu Bundesstaat ist langwierig. Die Geschichte - die wiederholte Zersplitterung des amerikanischen Bankenwesens - bestimmt die heutige Stellung der amerikanischen Banken; ein Wandel des Rechts wird diese Zersplitterung erst im 21. Jahrhundert aufheben.

In den 30er Jahren begann der Kongreß, ein Bankenkonzernrecht ins Auge zu fassen, um eine Konzernierung der Banken zu verhindern. Nach dem 2. Weltkrieg sind mehr Bankkonzerne dem McFadden Act durch Errichtung staatsübergreifender Holding-Gesellschaften ausgewichen. McFadden wurde zwar überwunden, blieb aber immer

---

12 Nur einige wenige andere Nationen haben die große Bandbreite an Industrie, andere die für einen Vergleich; Großbritannien und Japan sind zwei. Japan ähnelt dem deutschen Modell, mit signifikanten Unterschieden in der Form. Siehe Roe, Differences in Corporate Governance in Germany, Japan and America, Fußnote 1. Großbritannien hat heute wenige Einschränkungen für Institutionen. Aber informellen Beschränkungen durch die Regierung, wird gesagt, Vergangenheit aus der Führung von Unternehmen herausgehalten. W.A. Thomas, The Finance of British Industry 1918- 976, at 54 (1978); Report of the Subcomm. on Financial Institutions Supervision, Regulation and Insurande, Task Force on the International Competitiveness of U.S. financial Institutions of the (House) Comm. on Banking, Finances and Urban Affairs, Comm. Print 101-7, 101st Cong., 2d Sess. 136, 158-59 (1990) (Die Bank von England widersetzte sich der Vermischung von Bankgeschäften und Handel); Immenga, Participatory Investments by Banks: A Structural Problem o the Universal Banking System in Germany, 2 J. Corp. L. & Sec. Reg. 29, 45 (1979).

13 United States Department of the Treasury, Modernizing the Financial System: Tecommendations for Safer, More Competitive Banks (1991).

noch kostenträchtig, weil jede Bank ihr eigenes Kapital und Management haben mußte. Der Bank Holding Company Act von 1956 beschränkt die Verbindung von Banken.

Amerikanische Banken sehen sich Produktbegrenzungen gegenüber. Glass-Steagall verweigert ihnen das Effektengeschäft, feste Verbindungen mit Investmentbanken oder Fonds und das Eigentum an Aktien. Der Bank Holding Company Act verbietet die Verbindung mit Versicherungsgesellschaften und verfeinert Glass-Steagall, indem er verbietet, Aktien einer Nichtbank zu besitzen oder zu kontrollieren, ausgenommen ein passiver Besitz von bis zu 5 %[14]. Räumliche Beschränkungen sowie Produkt- und Aktivitätsbeschränkungen sind für die ganz unterschiedliche Größe und Macht der amerikanischen und der deutschen Banken verantwortlich.

Eine amerikanische Bank darf auch nicht einfach fremden Aktienbesitz nutzen, um Einfluß auszuüben. Sie darf nach dem Glass-Steagall-Act und dem Bank Holding Company Act[15] weder einen Aktienfonds betreiben noch darf sie nach dem Investment Company Act Geschäfte mit den Port-Folio-Gesellschaften der Investmentfonds tätigen. Der Investmentfonds darf sich weder mit anderen Aktienpaketen verbinden ohne Ausnahmegenehmigung der SEC noch darf er in Übereinstimmung mit dem eigenen Aktienbesitz der Bank handeln, ohne die Anforderungen von Section 13 und 14 des Securities Exchange Act von 1934 zu entsprechen. Die Verbindung von Investmentfonds und Banken ist in hohem Maße rechtswidrig.

Zwei vorherrschende Themen erklären diese Gesetze: die amerikanische öffentliche Meinung, die großen privaten Zusammenballungen von Macht mißtraute, und die Politik der Interessengruppen. Die kleinen ländlichen Banken wollten die großen behindern. Im Verbund mit Farmern und kleinen Geschäftsleuten und einer Ideologie, wonach Wertpapierspekulationen dem wirklichen Geschäftsleben den Kredit entziehen, ist es den kleinen Banken gelungen, den Kongreß dazu zu bewegen, die Banken vom Effektengeschäft auszuschließen[16]. Einige Banken im Zentrum des Geldes wollten Zugang zum Wertpapiergeschäft; das Verbot bindet sie in einer Weise wie dies bei

---

14 Das 1956er-Gesetz hielt die Dachgesellschaften der Multi-Bank-Holding Gesellschaften von Nichtbankengeschäften fern. Spätere Berichtigungen wandten sich an Holdinggesellschaften von Einzelbanken.

15 Nach einem Wechsel der politischen Richtung bei der Fed, haben neuere Entscheidungen die Bankgesetze liberaler interpretiert.

16 Donald Langevoort, Statutory Obsolescence and the Judicial Process: The Revisionist Role of the Courts in Federal Banking Regulation, 85 Mich. L. Rev. 672, 694 (1987). Andere Interessengruppen könnten im Spiel gewesen sein. Siehe Jonathan Macey, Special Interest Group Legislation and the Judicial Function: The Dilemma of Glass-Steagall, 33 Emory. L.J. 1 (1984); Ferguson, From Normalcy to New Deal: Industrial Structure, Party Competition, and American Public Policy in the Great Depression, 38 Int'l Org. 41, 70-72 (1984). In dem Moment, als das Glass-Steagall-Gesetz verabschiedet wurde, hatten die Kapitalbanken an dem dann profitlosen Geschäft mit Schuldtiteln nur noch beschränktes Interesse. Sie waren bereit, den kleinen Banken eine Glass-Steagall-Trennung einzuräumen, in der Hoffnung, das Ziel der kleinen Banken nach Versicherungseinlagen zu verhindern.

kleinen ländlichen Banken nicht der Fall war. Die kleinen Banken erhielten eine Einlagenversicherung, um zu verhindern, daß die Einlagen zu den größeren Banken wanderten. Investmentbanken versuchten später, gelegentlich auch mit Erfolg, die Bemühungen der Geschäftsbanken um einen Zugang zum Wertpapiergeschäft zu vereiteln[17]. Gründe des öffentlichen Interesses waren mit im Spiel, können das Ergebnis aber nicht vollständig erklären. Ausländische Banken haben gut funktioniert, ohne Glass-Steagall (Deutschland zum Beispiel), ohne Begrenzung der Zweigstellen (fast überall auf der Welt) und ohne Amerikas Einlagenversicherung (bis vor kurzem hatte dies Deutschland nicht; selbst jetzt ist sie begrenzt).

Das sind die Hindernisse, denen sich deutsche Banken gegenübersehen würden. Sie könnten unter amerikanischem Recht nicht überleben.

II. Deutsche Universalbanken in den Vereinigten Staaten?

Deutsche Banken vertreten häufig 25 % der Aktien eines großen Unternehmens und sind im Aufsichtsrat vertreten. Ihre Stimmrechte ergeben sich aus eigenem Aktienbesitz, aus Depotstimmrecht und aus dem Aktienbesitz von angeschlossenen Investmentfonds. Die deutschen Banken würden mit nahezu jeder amerikanischen Regelung des Finanzmarktes kollidieren.

1. Größe

Das MacFadden-Gesetz würde die deutschen Banken zersplittern, die nicht kleine Hunde sind, welche auf Löwen losgehen, wie es bei losgelassenen amerikanischen Banken der Fall wäre, sondern die vielmehr größer sind als die größten deutschen Industrieunternehmen. Die Amerikaner sollten auch nicht fälschlicherweise nur auf den direkten Aktienbesitz der Bank schauen und sicherlich auch nicht auf den durchschnittlichen Aktienbesitz der deutschen Banken. Eine solche Betrachtungsweise würde die Macht der deutschen Banken mißverstehen. Sie nehmen große Aktienpakete oder gar nichts. Bei 19 unter den 100 führenden deutschen Unternehmen ist die 5 %-Grenze überschritten, die Glass-Steagall und der Bank Holding Company Act für passiven Aktienbesitz amerikanischen Banken erlauben. Ihre nationale Reichweite würde gegen MacFadden verstoßen. Ihr Depotstimmrecht würde gegen Glass-Steagall und Börsengesetze verstoßen. Ihre Nichtpassivität würde gegen den Bank Holding Company Act verstoßen.

2. Reichweite

Deutsche Banken kontrollieren das System der Stimmrechtsvollmachten. Die größten sind zugleich auch die größten deutschen Wertpapiermakler, und sie üben das Stimmrecht für den Aktienbesitz aus, den sie anonym halten. Anders als amerikanische

17 S. Jonathan Macey, Fußnote 24; Investment Co. Institute v. Camp, 401 U.S. 617 (1971); Securities Industry Ass´n v. Federal Reserve Board, 807 F.2d 1052 (1986).

Banken können die deutschen Banken auch Wertpapiermakler sein. Anders als amerikanische Makler, die das Stimmrecht ihrer Kunden nicht in irgendeiner Angelegenheit von Bedeutung ausüben können[18], können die deutschen Banken das Stimmrecht ihrer Kundenaktien in allen Angelegenheiten ausüben[19], und sie tun es auch[20]. Die deutschen Banken beraten die Investmentfonds und üben zugleich das Stimmrecht für deren Aktien aus[21]. Unter dem Glass-Steagall-Act kann eine amerikanische Bank keine Kontrolle über offene Investmentfonds ausüben[22]. Selbst wenn sie dies könnte, darf die Bank unter dem Investment Company Act die Aktien des Fonds nicht mit den bankeigenen und den Depot-Aktien zusammenfassen, um sich Einfluß zu sichern[23]. Wenn die deutschen Banker gezwungen wären, nach amerikanischem Recht zu arbeiten, so würden sie ihre Banken aus dem Gefängnis heraus führen.

3. Passivität

Die deutschen Banken verhalten sich nicht passiv. Banken sind in den Aufsichtsräten der deutschen Industrie vertreten und sie erwarten, dort aktiv zu sein und gehört zu werden. Unter dem Bank Holding Company Act würde eine solche Aktivität als Bank und Aktionär rechtswidrig sein[24]. Der Bank Holding Company Act beschränkt den Aktienbesitz, den die Tochtergesellschaft einer Bank halten kann. Außerdem wurde dieses Gesetz dahingehend interpretiert, daß von Banken Passivität bezüglich ihrer eigenen Aktien erwartet wird.

Der Bank Holding Company Act beginnt mit einem klaren Verbot: "Soweit in diesem Abschnitt nichts anderes bestimmt ist, darf keine Bank-Holding-Gesellschaft (1.) nach dem 9. Mai 1956 direkt oder indirekt Eigentum oder Kontrolle irgendeines Stimm-

---

18 New York Stock Exchange, Listed Company Manual 402.06 (D) (1990), analysiert bei Black, Fußnote 2, bei 520, 560-61 (1991).

19 Deutsches Aktiengesetz, § 135 Abs. 2, wodurch widerrufliche allgemeine Stimmrechtsvollmachten für Banken zugelassen werden.

20 Gottschalk, Arno, der Stimmrechtseinfluß der Banken in den Aktionärsversammlungen von Großunternehmen, WSI-Mitteilungen, Mai 1988, auf S. 294; Sprachlose Eigentümer, Aktionäre mehmen viel zu selten ihre Rechte als Inhaber von Unternehmen wahr, Die Zeit, 7. Juni, 1991.

21 Ebenda

22 Investment Company Institute v. Camp, 401 U.S. 617 (1971) ; 12 C.F.R. § 225.25(b)(4) (1991). Offene Investmentfirmen erlauben den Anteilseignern, ihre Anteile zu liquidieren; sie sind der am weitestverbreiteste Typ eines Investmentunternehmens.

23 17 C.F.R. § 270.17d-1 (1991); Mark Roe, Political Elements in the Creation of a Mutual Fund Industry, 139 U. Pa. L. Rev. 1469 (1991).

24 4F.R.R.S. 4-338.2 (Jan. 22, 1986); 12 C.F.R. § 225.137 (1990).

rechtsanteils von irgendeiner Gesellschaft erwerben, die keine Bank ist."[25] Das Verbot hält davon ab, durch Tochtergesellschaften, die keine Banken sind, Stimmrechtsvollmachten und Treuhandsaktien zu kontrollieren und Aktien zu halten; umfassend und überall. Wenn Citicorp sich von einem Amerikaner bevollmächtigen läßt, das Stimmrecht für eine einzige Aktie von General Motors auszuüben, hat Citicorp gegen § 4a des Bank Holding Company Act verstoßen. Sodann nimmt das Gesetz Anteile an einer Gesellschaft aus, die nicht mehr als 5 % der Stimmrechtsanteile einer solchen Gesellschaft ausmachen[26]. Eine Bank, die 5 % der Aktien besitzt und für weitere 15 % Stimmrechtsvollmachten hat, würde "eine indirekte Kontrolle von Stimmrechtsanteilen einer Gesellschaft, die keine Bank ist, über die 5 %-Grenze hinaus erwerben" und damit gegen das Gesetz verstoßen.
Eine Gruppe amerikanischer Holdinggesellschaften versuchte, die Zustimmung der Federal Reserve zum Erwerb von Anteilen einer Nichtbankengesellschaft zu erlangen, wobei jede der Holdinggesellschaften eine aktive Beteiligung von 5 % hatte. Aber die FED erklärte: "Investitionen in bezug auf § 4 (c) (6) (die 5 %-Grenze) müssen grundsätzlich passiv sein. § 4 (c) (6) räumt einer Bankholdinggesellschaft nicht das unbestimmte Recht ein, 5 % der Stimmrechte einer Gesellschaft zu erwerben oder zu behalten. Nach Ansicht des Board erfaßt das Verbot für Bankholdinggesellschaften, sich in anderen Geschäftsbereichen zu betätigen, auch gemeinsame Unternehmungen oder abgestimmte unternehmerische Aktionen durch eine Gruppe von Bankholdinggesellschaften im Nichtbankenbereich[27]."

Die 5 %-Regel bedeutet nicht, daß der Kongreß den amerikanischen Banken die Freiheit einräumt, mit den Aktien zu tun, was sie wollen, sondern vielmehr nur, daß der Kongreß einen Aktienbesitz erlaubt, der gewöhnlich wenig Einfluß verschafft. Sollte eine 5 %-Beteiligung Kontrolle oder Einfluß ermöglichen, so wird dies von der Aufsichtsbehörde verboten[28]; dadurch wird ein amerikanisches Großbankensystem verhindert.
Die Passivitätsregel ist überflüssig geworden, weil den kleinen amerikanischen Banken nicht die Kraft haben, um Machtbefugnisse auszuüben. Sie können sich auch nicht

---

25 Bank Holding Company Act von 1956, § 4 (a), 15 U.S.C. § 1843 (a) (1988). Um präzise zu sein: die amerikanische Bank kann keine Aktien besitzen; das Wenige, das getan werden kann, kann nur auf der Ebene von Holdinggesellschaften geschehen.

26 Bank Holding Company Act von 1956, § 4 (c) (6), 15 U.S.C. § 1843 (c) (6) (1988).

27 4 F.R.R.S. 4-338.2 (Jan. 22, 1986). Siehe auch 12 C.F.R. § 225.137 (1990) ("Der Board glaubt, daß Sektion 4(c)(6) dahin interpretiert werden muß, daß sie eine Ausnahme von den generellen Verboten ... Aktien zu besitzen ... nur für passive Investitionen, die 5% nicht übersteigen, schafft ..."); Pauline Heller, Federal Bank Holding Company Law § 4.03[2][a], at 4-60.9 (1992).

28 Weil das Gesetz nicht explizit die Passivität für die 5%-Aktionäre verlangt und nicht explizit die informellen Beziehungen in Japan abdeckt, wo es keine formalen Stimmrechtsvollmachten gibt, ist der Wortlaut des Gesetzes nicht eindeutig. Scalia mag das Gesetz anders interpretieren als der Fed. In der Interpretation die Fed verletzt es das Gesetz, wenn die Hauptbank nicht passiv ist.

einfach zu einer Bankengruppe zusammenschließen, weil die amerikanischen Wertpapiergesetze (§ 16 (b) des Gesetzes von 1934) die Gruppe für alle Handelsgewinne haftbar machen würde, selbst wenn die Geschäfte ohne Insiderinformationen zustandegekommen sind[29]. Kommunikationen zwischen Banken könnte ein Bemühen um Stimmrechtsvollmachten sein, die öffentlich beim SEC angemeldet werdenmüßten; dies läßt die Kommunikation zwischen Banken einfrieren[30]. Nach den Gesetzen der Einzelstaaten gegen Übernahmen würden die Stimmanteile der Gruppe ausgeschaltet werden[31].

Diese Anreize für passives Verhalten könnten zusammenbrechen. Einige ergeben sich aus der Anwendung des BHC Act durch die FED; ein Wandel in den Rechtsansichten der FED könnte zu einigen neuen Machtbefugnissen führen, wie dies bei Wertpapierbefugnissen der Bank der Fall war. Sicherlich hätten die Vorschläge des Finanzministeriums zur Reform des Bankrechts viele Anreize für passives Verhalten beseitigt, darunter auch den wichtigsten, nämlich die Begrenzung der Bankengröße durch MacFadden[32]. Aber diese Vorschläge wurden im Kongreß angehalten.

4. Kontrollmöglichkeit

Der BHC-Act würde amerikanische Großbanken selbst dann abschrecken, wenn er eine Einflußnahme von Tag zu Tag erlauben würde, weil große Investoren die Möglichkeit der Kontrolle haben wollen. Wenn Berkshire Hathawac, - eine Versicherungsholdinggesellschaft, die zu den wenigen aktiven Institutionen in Amerika gehört, - einen großen Aktienanteil und einen Sitz im Board übernimmt, will sie keine tägliche Kontrolle ausüben, aber sie will die Möglichkeit haben, die Kontrolle zu übernehmen und einen neuen Geneeraldirektor (CEO) in einer Krise einzusetzen. Auch ohne Krise verschafft ihnen ihr Kontrollpotential Einfluß. Vermutlich werden die obersten Manager weniger aufmerksam auf gelähmte 5 %-Aktionäre hören als auf 5 %-Aktionäre, die von der Kontrolle nicht ausgeschlossen sind. Da Interventionen in Krisen eine zentrale Funktion der institutionellen Aktienbesitzer sein sollten, sind die Auswirkungen des BHC-Act auf die Passivität der Banken von zentraler Bedeutung.

Banken können Kontrolle durch Kredite ausüben, aber Beschränkungen der Kontrolle durch Aktien würden große Aktienpositionen behindern. Angenommen, eine Bank ist

---

29 Da japanische Banken nicht stark Handel treiben und da amerikanische Banken, die Langzeit-Geschäftsbeziehungen suchen, keinen Handel treiben würden, ist Sektion 16 überwindbar.

30 Black, Fn.3. Der SEC kann einige Kommunikationsverbote zwischen Atkionären wieder aufheben.

31 Cullen v. Milligan, 61 Ohio St. 3d 352 (Aug. 14, 1991); Atlantis Group, Inc. v. Alizac Partners, slip op. (W.D. Mich. Aug. 27, 1991).

32 Die Sperrwirkung des McFadden Act wird allmählich untergraben durch zwischenstaatliche Bankenverträge, die eine wechselseitige Bildung von Zweigstellen zwischen den Banken in zwei (oder mehr) Staaten erlauben.

Kreditgeber und 5 %-Aktionär. In der Krise übernimmt die Bank die Kontrolle. Eine Kontrolle als Kreditgeber verstößt nicht gegen den BHC-Act, aber die Frage ist, ob der 5 %-Anteil, verbunden mit anderen 5 %-Anteilen, nicht die eigentliche Quelle der Kontrolle ist. Die Bank kann ein unfähiges Management schneller durch Stimmrecht als durch Schuldenrückforderungen und Konkursverfahren ersetzen. Die genaue Quelle der Macht bleibt im unklaren. Amerikanische Kreditgeber, die zugleich Aktionäre sind, werden möglicherweise zögern, Kontrolle auszuüben, aus der Befürchtung heraus, daß eine Kontrolle als Kreditgeber nicht von der Kontrolle als Aktionär, welche gegen das Gesetz verstoßen würde, unterschieden werden kann. Amerikanische Banken haben gute Gründe, sich von großen Aktienpaketen fernzuhalten, die ihre Machtbefugnisse als Kreditgeber untergraben könnten[33].

5. Treuhandkonten

Amerikanische Banken können die geringen Machtbefugnisse, die sie haben, nicht zusammenfassen. Amerikanische Banken führen Treuhandkonten. Wenn die Treuhand konzentriert in Aktien investieren und Treuhandstimmen mit einer 5%-Position der Holdinggesellschaft zusammenfassen würde, so könnten sie zusammen genug Stimmen haben, um Einfluß auf den Vorstand auszuüben. Wenn aber der Treuhandfonds der Holdinggesellschaft eine Stimmrechtsvollmacht gibt, so würde diese unerlaubterweise Stimmanteile kontrollieren[34]. Wenn die Holdinggesellschaft ihre Vollmacht der Bank geben würde, so würde die Bank vermutlich gegen das Glass-Steagall-Gesetz verstoßen[35].

Selbst ein Treuhandbesitz der ..., von dem Einfluß ausgeht, würde auf Probleme stoßen. Die Banken wurden in den 60er Jahren von seiten der Praxis davor gewarnt, den Besitz von Treuhandaktien zu nutzen, um eine Kontrollposition zu errichten[36]. Der Kongreß veranstaltete Anhörungen, wobei die Macht der Banken durch den bloßen Besitz großer Aktienbestände kritisiert und die Banken davor gewarnt wurden,

33 Rechtliche Unterordnung sowie die Haftungsrisiken der Kreditgeber schrecken die Banken ab. Dies wird analysiert von J. Mark Ramseyer, Japanese Main Banks as a Regulatory Artifact: The Legal Framework (1991) (unveröffentlichtes Manuskript). Ich habe gehört, daß ähnliche Fälle der rechtlichen Unterordnung in Deutschland aufgetreten sind und die Bankenaktivitäten in der Unternehmensführung belasten.

34 Sektion 4(c) des BHC-Act. Mit einigen wenigen Änderungen könnten Elemente der deutschen Universalbanken über Nacht geschaffen werden: Man verschmelze eine große Investmentbank mit einer großen Geschäftsbank, erlaube nationale Ausweitung, gestatte dem neuen Gebilde, treuhänderischen Aktienbesitz, Direktbesitz, Besitz von Investmentfonds und Pensionsfonds und Depotaktien - ohne Beschränkung der Stimmrechtsmacht - zusammenzufassen und das amerikanische Finanzwesen könnte umgewandelt werden.

35 Bewußtes Parallelverhalten könnte dem Netzwerk etwas Autorität verleihen. Aber eine realistische Ausübung der Macht würde eine koordinierte Stimmrechtsausübung verlangen, welche auf Ablehnung bei der Aufsichtsbehörde gestoßen wäre.

36 Enstam and Kamen, Control and institutional investor, Bus. Law., Jan. 1986, at 289, 291 & n. 14; Sommer, Who's in Control?, 21 Bus.Law. 559, 570 (1960).

ihren Aktienbesitz zur Ausübung von Einfluß zu nutzen[37]. Darüber hinaus veranlaßt das Treuhandrecht auch ansonsten unbehinderte Treuhänder, ihre Portfolios übermäßig aufzuteilen[38].

6. Zusammenfassung

Die Banken in den Vereinigten Staaten können sich nicht an der Leitung und Kontrolle großer amerikanischer Unternehmen beteiligen, und zwar vor allem wegen ihrer geringen Größe: Geographische Beschränkungen und Produktbeschränkungen machen sie klein (im Vergleich zu deutschen Banken), amerikanischen Banken fehlt die finanzielle Kraft, ein großes Stück des Kapitals der größten amerikanischen Unternehmen zu erwerben und zu halten. Eine amerikanische Bank, die 5 % des Aktienkapitals von General Motors kaufen würde, würde ihr Kapital und ihr Vermögen ungünstigen Risiken aussetzen, während eine sehr viel größere deutsche Bank 5 % oder mehr des Aktienkapitals der Daimler Benz übernehmen könnte, ohne sich solchen Risiken auszusetzen. Das bedeutet, daß, selbst wenn die Bestimmungen des BHC-Act über Kapitalanlagen große und aktive Aktienbeteiligungen nicht verhindern würde, es ohne große Wirkung bliebe, wenn die amerikanischen Banken das Recht erhielten, ein großes Stück des Kapitals von großen Unternehmen zu übernehmen, weil die Banken aufgrund der geographischen Beschränkungen und der Produktbeschränkungen für eine solche Aufgabe sind zu schwach geworden sind.

Insgesamt ergibt sich: die deutschen Banken sind auch Wertpapiermakler; das verstößt gegen Glass-Steagall. Sie üben das Depotstimmrecht in allen Angelegenheiten aus; das verstößt gegen amerikanische Börsengesetze. Sie betreiben Aktienfonds und verstoßen damit gegen Glass-Steagall, und sie üben das Stimmrecht der Fonds in einer Weise aus, die gegen den Investment Company Act verstoßen würde. Sie sind im ganzen Land tätig - ein Verstoß gegen McFadden. Sie besitzen große Aktienpakete - ein Verstoß gegen den BHC-Act. Und sie verbinden sich mit Versicherungen, was ebenfalls gegen den BHC Act verstößt. Wenn die deutschen Banker unter amerikanischem Recht arbeiten müßten, so müßten sie ihre Geschäfte vom Gefängnis aus führen.

C. Die Struktur der Unternehmensleitung

Drei Umstände unterscheiden die amerikanische von der deutschen Unternehmensleitung. In Deutschland teilen die Vorstandsmitglieder ihre Machtbefugnisse mit außenstehenden Institutionen. Die Aktionäre erscheinen ihnen als Menschen, nicht als Abstraktionen, denen gegenüber treuhänderische Pflichten bestehen. Gleichwohl scheinen die deutschen Banken keine vollständige Vorherrschaft auszuüben. Sie teilen

---

37 Staff of Subcomm. on Domestic Finance, House Comm. on Banking and Commerce, 89th Cong. 2d Sess. Bank Stock Ownership and Control 10 (Comm. Print 1966).

38 Siehe Mark Roe, Institutional Fiduciaries in the Boardroom, in Institutional Investing 292 (A. Sametz & J. Bicksler ed. 1991); Black, Fn.1; jeffrey Gordon, The Puzzling Persestence of the Constrained Prudent Man Rule, N.Y.U.L.Rev. 52, 96-98 (1987).

die Macht mit dem Management. Gewöhnlich halten verschiedene Institutionen große Aktienanteile am Unternehmen, von denen keine einen Vorrang hat, und außerdem wird der Einfluß noch in anderer Weise - z.B. durch Mitbestimmung - beschränkt.

I. Teilung der Machtbefugnisse

Die Teilung der Machtbefugnisse unterscheidet sich von der zentralisierten amerikanischen Unternehmensleitung. In beiden Ländern ist die zentrale Figur der Manager, aber in Deutschland wird die Macht des Vorstands durch Institutionen kontrolliert. Der Vorstand muß regelmäßig mit den Vertretern der großen Aktionäre zusammenkommen, die ihre Position nicht dem Management verdanken, sondern ihrer eigenen Institution. Diese Vertreter hängen weder psychologisch noch gesellschaftlich oder finanziell vom Vorstand ab. Der Aktionär ist personifiziert: der fremde Vorstand denkt nicht einfach in Kategorien abstrakter treuhändischer Pflichten gegenüber einem anonymen Markt, sondern in den Kategorien des Vertrauensbruchs oder der Zusammenarbeit mit den Personen der Institution, der Aktien gehören.

In Deutschland hat eine einzelne Institution nur selten eine Kontrollposition. Vielmehr werden die Aktien von Gruppen gehalten. Drei Banken kontrollieren Aktienpakete von ungefähr jeweils 15 %. Die Beherrschung der Daimler Benz AG durch ihren 28 %-Aktionär, die Deutsche Bank, - eine Vorherrschaft, von der man annehmen möchte, daß sie in den großen Unternehmen in Deutschland weit verbreitet ist[39] - ist tatsächlich ungewöhnlich.

In Deutschland ist der Aufsichtsrat zentral; die Bank faßt eigenen Aktienbesitz, Aktienbesitz ihrer Kunden und Aktien der Fonds zusammen. Eine Handvoll großer Banken übt den größten Teil des Stimmrechts aus. Oft ist ein Geldgeber Vorsitzender des Aufsichtsrats[40]. Das Gleichgewicht der Macht scheint im allgemeinen einer einzelnen Institution keine vorherrschende Stellung zu verschaffen, aber eine kleine, beherrschende Koalition kann sich schnell bilden. Die Manager treffen sich regelmäßig mit den Geldgebern. Der Vorstand kann das Unternehmen nicht vollständig beherrschen.

Diese Verteilung der Machtbefugnisse steht in starkem Gegensatz zu den großen amerikanischen Unternehmen, wo kein Aktionär genug Stimmanteile hat, um bei dem Management ernsthafte Aufmerksamkeit zu erlangen. Die Mitgliedschaft im Board hängt vom Vorschlag des Management ab, die führenden Manager treffen sich nur unregelmäßig mit den Geldgebern und selten in Angelegenheiten der Unternehmensleitung, und der Austausch von Informationen ist beschränkt. Kontrolle über Manager findet vor allem durch feindliche Übernahmen statt, die inzwischen selten sind, und durch Produktwettbewerb. Die Manager sehen in den Aktionären nicht als freundliche

---

39 S. Mark Roe, Fn.3.

40 Dies ist häufig für große amerikanische Firmen vorgeschlagen, aber selten durchgeführt worden. Judith Dobrzynski; s. Mark Roe, Fn.3.

Institutionen an, die einen Gewinn erwarten, sondern als anonyme Händler mit wenig Loyalität gegenüber dem Unternehmen.

II. Die Überwachung der Überwacher

Sind fremde Überwacher ehrlich? Eine Bank, die ein Unternehmen kontrolliert, könnte einen Zinssatz verlangen, der über dem Marktpreis liegt, oder das Unternehmen zwingen, gebührenträchtige Geschäfte abzuschließen. Eine Bank mit Kontrollbesitz - wie die Deutsche Bank mit ihren 28 %-Anteil an der Daimler Benz AG - könnte dadurch ein Problem werden, daß sie im eigenen Interesse Vermögenswerte an sich oder ihre Agenten umleitet oder daß sie Macht anhäuft und ihre eigenen imperialistischen Ziele verfolgt. In Amerika kommt es häufig vor, daß ein Unternehmen, das eine große Minderheitsbeteiligung an einem anderen Unternehmen unterhält, Transferleistungen zum eigenen Vorteil veranlaßt[41].

Für den Betrachter, der der deutschen Szenerie fernsteht, scheint es drei Möglichkeiten zu geben, um opportunistisches Verhalten der deutschen Banken zu verhindern. Der Eigentümer von Depotaktien kann sie zurückziehen oder direkt stimmen. Dies wird kleinere Diebstähle nicht ausschließen, weil der kleine Eigentümer wenig Anreize hat, sich Informationen zu verschaffen. Aber ein großer, durch die Medien veröffentlichter Diebstahl könnte zu einem breiten Rückzug führen[42].

Deutsche Manager nutzen konkurrierende Finanzquellen; sie hängen nicht von einer Bank mit Monopolstellung ab. Die deutschen Kreditzinsen sollen angeblich nicht von der Bankenkontrolle beeinflußt sein[43]. Außerdem kann die Angst vor politischer Vergeltung die Banken in Schach halten. Große Aktionäre mit vielfachem Aktienbesitz können in Deutschland die Gefahr des Opportunismus mildern. Absolute Kontrolle - wie die der Deutschen Bank über Daimler Benz - ist selten. Außerdem kann eine deutsche Bank nicht leicht Einfluß ausüben, wenn die anderen größeren Banken nicht mitspielen. Wenn die führende Bank für ihre Kredite Zinsen über dem Marktzins durchzusetzen versucht, können die Manager an die anderen Banken oder Versicherungen appellieren, die Koalition zu verlassen. Vielleicht bleibt es deshalb bei einem handhabbaren Ausmaß opportunistischen Verhaltens, weil man weiß, daß es nicht einfach zu praktizieren ist (es sei denn, in kollusivem Zusammenwirken mit anderen Banken). Aus amerikanischer Sicht würde institutionelle Kontrolle zu krassem Oppor-

---

41 Stuart Rosenstein and David Rush, The Stock Performance of Corporations That Are Partially Owned by Other Corporations, 13 J. Fin. Res. 39 (1990).

42 Siehe Hans-Jacob Krummel, German Universal Banking Scrutinized, 4 J. Banking & Fin. 4, 13-15 (1980).

43 Cable, Capital Market Information and Industrial Performance; The Role of West German Banks, 95 The Economic Journal 118 (1985); Eckstein, Wolfram, The Role of the Banks in Corporate Concentration in West Germany, 136 Zeitschrift für die gesamte Staatswissenschaft (ZgS) 465, 476 (1980)(Eckstein war Generalsekretär des Monopolausschusses) (berichtet über die Ergebnisse der deutschen parlamentarischen Untersuchung).

tunismus führen. Sicherlich wird es durch jene Strukturen im Ausland nicht verhindert. Aber die Kontrolle hängt von einer Koalition ab, und dies mag erklären, warum Opportunismus in Deutschland die Unternehmen nicht zerstört[44].

III. Anreize zur Überwachung

Wie werden die überwachenden intermediären Institute entschädigt? Warum sollten deutsche Banken große Anstrengungen im Interesse ihrer Depot-Kunden unternehmen? Warum wird die Überwachung nicht durch free-riding geschwächt? Die deutschen Banken könnten ihre Depot-Kunden mit den Kosten belasten. Aber die Kunden könnten ihren Aktienbesitz abziehen und ihn bei einem anderen Institut deponieren, das verspricht, auf Überwachung und damit auf Kosten zu verzichten. Der Kunde, der seine Aktien abzieht, hat den Vorteil der Überwachung durch die frühere Bank, vermeidet aber die Kosten.

Möglicherweise nimmt die Bank keine Überwachung vor. Die Fakten sprechen aber dagegen. Die deutschen Banken gehen in die Aufsichtsräte der Industrie und setzen das Bankpersonal ein[45]. Wie werden sie entschädigt?

Vielleicht ganz einfach: sie geben Geld aus, um den eigenen Aktienbesitz zu sichern, was ausreicht, um einen Vertreter in den Aufsichtsrat zu entsenden und um für Untersuchungen bescheidene Ressourcen innerhalb der Bank abzuzweigen, aber nicht mehr. Es reicht aus um einen guten Aufsichtsrat zu motivieren, mehr aber nicht. Das heißt, die Bank zahlt dem leitenden Angestellten ein Gehalt und hält es für lohnend, einen Teil seiner Arbeitszeit für den Aufsichtsrat eines Industrieunternehmens zu verwenden. Wenn diese bescheidenen Aufwendungen die Stellung der Bank als Informationszentrum verbessern, was in der deutschen Wirtschaft eine zentrale Rolle spielt, so könnten die Synergie-Effekte es rechtfertigen, etwas mehr aufzuwenden. Die Wirkung mag nur darin bestehen, daß der Aufsichtsrat nicht blindlings von den Managern abhängig ist.

Die Bedeutung der Depot-Aktien könnte nicht darin bestehen, Kosten aufzufangen, sondern vielmehr darin, der Bank die Stimmrechtsmacht zu verschaffen, die sie braucht, um Einfluß auszuüben. Ein 5 %-Besitz ist in Amerika mit Unsicherheiten behaftet. Das Management kann kleine Aktienpakete ausmanövrieren, isolieren und

---

44 Sogar dies kann keine vollständige Erklärung sein. Koalitionen von Institutionen könnten sich bilden. Banker A einigt sich mit Banker B, daß A die Firma X ausnutzen wird, während B die Firma Y ausnutzt. Solche Konstruktionen wie Kartelle sind oft schwer zu konstruieren und durchzusetzen.

45 Siehe Theodor Baums, Fn.5.

zerstören[46]. Die deutschen Strukturen geben dem Besitzer eines Aktienpakets mehr Muskeln. Die Banken würden möglicherweise wegen des Aktienbesitzes im Depot nicht überwachen, aber der eigene Aktienbesitz motiviert dazu und der Aktienbesitz im Rücken gibt die Kraft bei der Abstimmung. Die Macht der Banken stützt sich auf beide Blöcke; aber die Banken überwachen nur in dem Umfang, der durch ihren direkten Aktienbesitz angezeigt ist. Das erinnert an die amerikanische Hoffnung, daß eine Vergütung durch Aktien das Management sachgerecht motiviert[47].

IV. Folgerungen für die amerikanische Struktur

Drei Elemente der deutschen Unternehmensleitung sind für einen amerikanischen Beobachter interessant: (1) Der institutionelle Aktienbesitz beläuft sich auf ungefähr 20-40 % in Deutschland. (2) Die Stimmrechtsmacht verteilt sich auf einige wenige Institutionen. (3) Ein einzelnes Institut hat nur selten mehr als 5 % außerhalb einer Koalition. Die deutsche Universalbank besitzt 5-10 % der Aktien in ungefähr einem Fünftel der großen deutschen Unternehmen, kontrolliert aber auch einen großen Block von Depotaktien und Fonds-Aktien; ein oder zwei andere Universalbanken besetzen ebenfalls Aktien.

Dies macht deutlich, warum die amerikanischen Institute nicht bis an die Grenze des Rechts gehen. Bankholdinggesellschaften können bis zu 5 % der Aktien eines Industrieunternehmens besitzen, machen davon aber selten Gebrauch. Große Versicherungsunternehmen können bis 2 % ihrer Aktiva in einem einzelnen Unternehmen investieren, tun das jedoch selten. Warum?

Abgesehen von rechtlichen Behinderungen (beispielsweise müssen die Banken passiv sein), ist ein isolierter kleiner Aktienbesitz in Amerika instabil. Diversifikation und Liquidität stehen von vornherein fest, aber 5 % verschaffen keinen Einfluß; Manager

---

46 Große Aktienpakete sind in großen amerikanischen Unternehmen selten zu finden. Einer der seltenen großen Aktienbesitzer war H. Ross Perot mit einem 6%-Anteil an General Motors. Aber als Manager von GM fanden, daß ein abgebrüter Ross Perot sie kritisierte, konnte sich Perot nicht mit anderen Aktionären verbünden, weil da keine waren. Schließlich manövrierten die Manager Perot aus und er stieg aus dem Geschäft aus.

47 Die Debatte um die Auktion von Übernahmen führt zu einer Analogie. Bebchuk und Gilson befürworten Versteigerungen, um Vermögenswerte zum Ort ihrer nützlichsten Verwendung zu bringen. Easterbroock mißbilligt Versteigerungen, denn wenn der erste Ersteigerer nicht den ganzen Nutzen erhält, würde es weniger Übernahmen geben. Aber, so sagten Bebchuk und Gilson, die Kosten der Erstersteigerer sind nicht größer und können wieder eingebracht werden, wenn die Überbietung der Gewinne aus dem 5%-Aktienkauf vor dem Gebot stattfindet. Symposium, Auctions and Sunk costs in Tender Offers, 35 Stan. L. Rev. 1 (1982); siehe Choi, Toehold Acquisitions, Shareholder Wealth, and the Market for Corporate Control, 26 J. Fin. & Quant. Analysis 391, 406 (1991). Die Analogie zur Unternehmensleitung ist stärker: Gilson, Bebchuk und Easterbrook stritten sich darüber, welcher Übernahmestil wohl am wirksamsten sei. Niemand leugnet, daß eine Versteigerung den Anreiz schafft, Erstersteigerer zu sein. Dasselbe gilt für die Führungsrolle: Perfekte Entschädigung ist unerreichbar. Die Frage ist nur, ob es genug gäbe, um jemanden in die Vorstandsetage zu schicken.

behalten die Oberhand, wenn es zu einem Konflikt kommt. Schon bevor es zu einem Konflikt kommt, können die Manager den 5 %-Besitz lahmlegen, abschrecken und zerstreuen. Die deutschen 5 %-Aktionäre haben 20-30 % des Stimmrechts hinter sich und sind dadurch so stark, daß das Management mit ihnen verhandeln muß. Die deutsche Bank besitzt 5-10 %, stimmt aber mit 30 % ab. Eine amerikanische Bank könnte 5 % besitzen, würde das aber kaum isoliert anstreben. Gruppen könnten dies, aber für sie gibt es ernsthafte Hindernisse. Sie würden gegen den Bank Holding Company Act, gegen den Glass-Steagall Act und vielleicht auch gegen §§ 13 und 14 des Act von 1934 verstoßen. Deutsche 5 %-Aktionäre handeln nicht allein; sie fassen ihre Stimmrechtsmacht mit Aktienfonds und Depotaktien zusammen.

D. Die finanzielle Evolution in Deutschland

I. Das Evolutionsargument

Sind die Unterschiede in der Unternehmensleitung in Amerika und Deutschland auf eine natürliche Evolution zu höheren Stufen zurückzuführen? Im Laufe der Zeit, so lautet das Argument, werden die Finanzen flüssig und lösen sich von intermediären Instituten. Mächtige Finanzinstitute verschwinden wegen der Finanzierung durch Schuldverschreibungen und wegen der Entwicklung globaler Kapitalmärkte. Aktienbesitz verstreut sich auf einzelne Aktionäre und kleine Institutionen mit kleinen Aktienpaketen. Schulden werdem verbrieft und entwickeln sich zu handelbaren Wertpapieren und Bonds und diese untergraben die Macht der Banken als Kreditgeber. In dem Umfang, in dem sich internationale Finanzmärkte entwickeln, werden inländische Institutionen geschwächt. Deshalb sind mächtige Institutionen in Deutschland und Japan nur von vorübergehender Natur; anglo-amerikanische Finanzinstitutionen sind die höchste Form der Entwicklung; früher oder später werden Japan und Deutschland unser Niveau erreichen. Dies scheint eine verbreitete Sichtweise bei amerikanischen Kommentatoren zu sein.

Ich halte diese Sichtweise für fraglich. Während die Auflösung der Macht der Banken als Kreditgeber ökonomisch unvermeidlich ist, trifft dies keineswegs auf eine allgemeine Aufspaltung der mächtigen Finanzinstitutionen zu. Der Club of Rome hat schwindende Ressourcen und einen Zusammenbruch der westlichen Industrie vorhergesagt. Die Voraussagen des Club of Rome haben sich als lächerlich erwiesen, weil sie nur auf einen Trend - die zunehmend knappen kritischen Ressourcen - abgestellt und andere Faktoren - die steigenden Preise erzwingen technologische Substitutionen - ignoriert haben. Die Vorhersage, daß die Entwicklung der Schuldverschreibungen und die Globalisierung der Kapitalmärkte das ausländische Finanzsystem schwächen werden, ist dem gleichen Risiko ausgesetzt.
Außerdem erklären weder die unausweichliche Entwicklung der Kapitalmärkte noch die Globalisierung die heutige Situation von Amerika; ich denke, daß der Entwicklungsstand eines jeglichen Systems sehr stark pfadabhängig ist, wobei die politischen Strukturen einen wesentlichen Einfluß haben. Eine Geisteshaltung, die die amerikanischen Kapitalmärkte als die beste und höchste - oder zumindest unvermeidliche - Form der Finanzentwicklung sieht, riskiert eine kulturelle Selbstzufriedenheit und riskiert,

daß wir nichts von anderen Nationen lernen und daß diese uns als ihre Zukunft sehen sollten. Das mag wahr sein, aber eine solche Haltung hat zum Mißmanagement der amerikanischen Industrie beigetragen und kann uns blind machen für die unbewiesene Möglichkeit, daß Amerika doch nicht die beste Form der Unternehmensleitung auf dem Planeten hat.

II. Probleme mit dem Evolutionsargument

Globalisierung und die Entwicklung der Kapitalmärkte für Schuldverschreibungen sind unbestreitbare Tatsachen.
Die Zweifel beziehen sich auf ihre Wirkungen. Trotz Globalisierung und Internationalisierung wachsen den amerikanischen Institutionen fortlaufend Funktionen zu[48]. Große Blöcke entwickeln sich in Amerika, wenn sie zugelassen werden und untergraben die Vorstellung, Streuung sei ein "natürlicher" Vorgang[49]. Die Kontrolle durch fremde Banken als Kreditgeber geht in Deutschland und Japan zurück, aber konzentrierte Wertpapierblöcke können in Fonds, Depots, Versicherungen und Pensionsfonds bestehen bleiben. Die Verfechter des Kapitalmarktes als der höchsten Form der korporativen Entwicklung müssen den Trend zu institutioneller Konzentration in Amerika und den Fortbestand von großen Stimmrechtsblöcken in Deutschland berücksichtigen. So unbequem es für viele Amerikaner sein mag, die deutschen Strukturen können Amerikas Zukunft bestimmen und unsere Strukturen werden womöglich nicht deren Zukunft sein.

1. Verbriefung von Forderungen

Die Macht der deutschen Banken beruht auf der Kreditvergabe, so wird gesagt. Da die Finanzierung durch Banken dahinschwindet, wird auch der institutionelle Einfluß der Banken schwinden. Da sich überall Schuldverschreibungen entwickeln, wird die Macht der Banken in Deutschland dahinschwinden und absterben.
Die Entwicklung der Kapitalmärkte bedeutet nicht, daß es keine einflußreichen intermediären Institute mehr gibt. Aktienbesitz und Schuldverschreibungen können sich der direkten Bankenkontrolle entziehen, tauchen aber in komplexen intermediären Gruppen wie Fonds, Aktiendepots und Pensionsfonds wieder auf. Die Anreize ändern sich; Aktien werden nicht im direkten Interesse der Bank, sondern für andere Interessen gehalten. Aber der Einfluß bleibt bestehen[50].

---

48 Robert Clark, The Four Stages of Capitalism, 94 Harv.L.Rev.561(1981).

49 Harold Demsetz and Kenneth Lehn, The Structure of Corporate Ownership: Causes and Consequences, 92 J.Pol. Econ. 1155 (1985); Melvin Eisenberg, The Structure of the Corporation 49-50 (1976)

50 Die Deutsche Bank kontrolliert Daimler Benz, doch die Kontrolle erwächst nicht durch Kreditvergabe, sondern durch den Aktienbesitz.

Eine verbreitete amerikanische Fehlvorstellung ist es, daß der Einfluß der deutschen Banken nur auf der Kreditvergabe beruht. Aber die Macht der deutschen Banken über die Kreditvergabe ist für die großen Unternehmen schon geschwunden[51], nicht aber ihre Kontrolle über das Depotstimmrecht. Selbst wenn sie keinen Pfennig verleihen, haben sie Einfluß. Am Ende des 19. Jahrhunderts beruhte der Einfluß der deutschen Banken auf der Kreditvergabe. Die größer werdenden Unternehmen thesaurierten dann Gewinne und brauchten die Banken weniger. Wenn die Theorie über Entwicklung der Kapitalmärkte Recht hat, müßten die deutschen Banken vor 75 Jahren ihren Einfluß verloren haben. Sie haben ihn aber nicht verloren.

Nach 1970 haben die Bankkredite nur 12 % der Nettounternehmensfinanzierung ausgemacht, weniger als Bankdarlehen in Großbritannien und Kanada und ungefähr gleich wie in Amerika; zu 84 % erfolgt die Finanzierung aus Gewinnen, ungefähr ebenso wie in Amerika[52]. Neue Bankkredite waren in Deutschland 20 Jahre lang nicht wichtiger als in Amerika, gleichwohl hatten die Institute mehr Einfluß in der Unternehmensspitze. Die Kreditvergabe ist nicht notwendig, um Macht im Unternehmen auszuüben[53].

Die Evolutionstheorie würde gestützt, wenn wir in der amerikanischen Entwicklung mächtige Institutionen mit Aktienbesitz sehen würden, die im Laufe der Zeit durch überlegene Kapitalmärkte ersetzt wurden. Wenn wir dies für Amerika feststellen könnten, könnten wir das gleiche vertrauensvoll auch in Deutschland erwarten; wir könnten einen einzigen Weg für die Entwicklung des Finanzsystems vorhersagen. Wir finden aber keine mächtigen Institutionen mit Aktienbesitz in der amerikanischen Geschichte, die geschwächt wurden und verschwunden sind wegen der Entwicklung des Kapitalmarktes verschwunden sind. Anstatt von einer einheitlichen Entwicklung des Finanzwesens auszugehen - jeder strebt nach diversifizierten Portfolios und schwachen Instituten - sollten wir sehen, daß die Entwicklung stark pfadabhängig ist, wobei unterschiedliche politische Einstellungen und Strukturen bestimmenden Einfluß auf diesen Pfad haben. Die pluralistische Sicht muß für die Vereinigten Staaten nicht notwendigerweise optimistisch sein. Wenn sich herausstellt, daß große Unternehmen

---

51 Best & Humphries, The City and Industrial Decline, in The Decline of the British Economy 223,224 (B.Elbaum und W.Lazonick eds. 1986).

52 C. Borio, Leverage and Financing of Non-Financial Companies: An International Perspective, Bank for International Settlements Economic Papers, No.27, May 1990, at 15; Mayer Financial Systems, Corporate Finance, and Economic Development, in Asymmetric Information, Corporate Finance, and Investment 307 (R.Hubbard ed. 1990). Pozdena berichtet jedoch, daß von dem Betrag, welcher extern finanziert wird, in Deutschland 70% und in Amerika 25% von den Banken kommt. Randall Pozdena, Commerce and Banking: The German Case, Fed.Res.Bank S.F. Weekly Letter, Dec.18,1987.

53 Die dargestellten Daten verdeutlichen sehr gut, daß sich deutsche Aktiengesellschaften kaum auf Bankkredite als eine Finanzquelle für Investitionen in der Periode von 1971-85 stützten und sich dafür im großen Maße intern finanzierten". J.S.S. Edwards & Klaus Fischer, Banks, Finance and Investment in West Germany Since 1970, Centre for Economic Policy Research Discussion Paper Series No. 497 (6 Duke of York Street, London SW1Y 6LA).

signifikante Vorteile von mächtigen intermediären Institutionen haben, werden die unterbundenen Wege der amerikanischen Geschichte es zunehmend schwierig machen, uns schnell oder überhaupt anzupassen.

2. Internationalisierung

Internationalisierung muß die Macht der deutschen intermediären Institute nicht aushöhlen. Wenn Märkte internationaler werden, können das auch Institutionen, die Verbindungen über die Grenzen hinweg bilden können. Quer durch Europa verbinden sich riesige intermediäre Institutionen mit anderen[54]. Große deutsche Banken verbinden sich mit großen Versicherungsunternehmen und großen ausländischen Finanzinstituten[55]; die verbündeten Institute können große Aktienpakete halten, die notwendig sind, um in die Führungsetage zu gelangen und den Managern über die Schultern zu sehen. "Europa kann der Führung Deutschlands folgen und den Banken erlauben, beherrschende Aktienpakete in gewerblichen Unternehmungen zu erlangen."[56]

Das amerikanische Finanzwesen sah sich diesem Problem am Ende des 19. Jahrhunderts gegenüber. Die Industrie war "international" geworden, das bedeutete, sie operierte quer durch viele Einzelstaaten. Aber die wichtigsten Institutionen jener Zeit konnten nicht mithalten. Die Banken konnten nur in einem Gerichtsbezirk arbeiten; es war illegal, Niederlassungen darüber hinaus zu unterhalten. Die Versicherungsunternehmen konnten über die Einzelstaaten hinweg operieren, was sie auch taten, und wurden somit die größten intermediären Institutionen jener Zeit. Dann wurde es ihnen untersagt, sich mit anderen Institutionen zu verbünden, Aktien zu besitzen und eine Rolle in der Unternehmensleitung zu spielen[57]. Europa unterdrückt Verbindungen über die Staatsgrenzen hinweg nicht; solche Verbindungen wachsen schnell.

Internationalisierung muß nicht funktionale intermediäre Institutionen schwächen. Ausländische Fonds können und werden durch sie oder in Verbindung mit ihnen fließen[58]. Die deutschen Behörden sehen ein Problem in der fehlenden Mitbestimmung ausländischer Aktionäre und suchen nach Wegen, um die ausländische Mitwirkung zu

---

54 Euopean banking alliances, Economist, Sept. 7, 1991, auf S.82-83; Allianz--A wholly German empire, Economist, Nov. 2, 1991, auf S. 77-78.

55 Joseph Flom, Europeans run up against US Laws, Financial times, Auf.15, 1991.

56 Stokes, 1992 and Beyond, 21 National Journal 616 (1989).

57 Siehe Marc Roe, Insurance Companies Outside The Corporate Boardroom (unveröffentlichtes Manuskript 1992)

58 BASF, eine große deutsche Firma, gehört zu 25% ausländischen Institutionen, diemit deutschen Banken alliiert sind, was eine Fallstudie aufdeckte. Hermanns Pfeiffer, BASF und Deutsche Bank, WSI-Mitteilungen, Sept.1989, auf S.9,11.

fördern[59]. Internationalisierung kann auch nicht erklären, warum die amerikanischen Institutionen so schwach sind. Die deutschen Märkte sind schon sehr viel stärker internationalisiert als die amerikanischen. In Deutschland beträgt der ausländische Anteil am Aktienbesitz 21 %, in Amerika 5 % des Stammkapitals[60].

Die amerikanischen Entwicklungstendenzen widersprechen einer natürlichen Desintegration. Aktien bewegen sich zu den Institutionen, die sich festigen. Wir sehen ein ständiges Experimentieren mit unterschiedlichen Leitungsstrukturen, wie Konglomeraten, Übernahmen und Leverage Buy-Outs. Der Trend der letzten 100 Jahre geht dahin, daß die Institutionen mehr, nicht weniger Funktionen erlangen. Die nächste natürliche Stufe im amerikanischen Unternehmensfinanzwesen könnte sein, daß die intermediären Institutionen in die Führungsetage gelangen[61].

3. Evolution und Selbstbestimmung

Manager bevorzugen Institutionen im Board, wenn die Alternative mehr Ängste auslöst. Die deutschen Manager haben sich widersprüchlich verhalten gegenüber der Kontrolle der Banken über das Depotstimmrecht. Viele deutsche Unternehmen haben das Stimmrecht von Außenstehenden, nicht aber das von Banken beschnitten, als Vorkehrung gegen Übernahmen[62].

Überall streben die Manager nach Autonomie. Es ist eine normative Streitfrage, ob die Instrumente der Quasi-Autonomie in Deutschland - die Manager teilen die Macht mit Außenstehenden, welche die Einfalltore von Übernahmen kontrollieren - bessere Leitungsinstrumente sind als diejenigen, die in den Vereinigten Staaten zur Verfügung stehen. Eine Frage der Prognose ist es, ob die amerikanischen Manager eine Beteiligung von Institutionen gegenüber dem status quo vorziehen werden. Da die amerikanischen Manager Übernahmen mit der Hilfe von Gesetzen bezwungen haben, haben sie keinen Anlaß, ihre Macht mit Institutionen zu teilen.

Diese Kräfte wirken in Deutschland. Die Aussicht auf Übernahmen nach amerikanischer Art ist entstanden[63]. Im letzten Sommer haben dann die Dresdner Bank, die Allianz Versicherungs AG und Hoechst größere Aktienverflechtungen zwischen ihnen selbst und einer Gruppe deutscher Industrieunternehmen bekanntgegeben. Dieses deutsche Netzwerk, das amerikanischen Verflechtungen ähnlich ist, widerspricht dem

---

59 Fritz Kübler, Institutional Owners and Corporate Managers: A German Dilemma, 57 Brooklyn L.Rev.97, 105-106 (1991).

60 Siehe C. Brancato, Fn.7.

61 Siehe Robert Clark, Fn.50.

62 Theodor Baums, Fn.5.

63 Die auffallendste war Pirellis mehrjährige Belagerung von Continental, dem großen deutschen Reifenhersteller. Siehe Andrew Joncus, Continental AG Shareholders Deliver Pirelli Another Blow, Wall St.J.Europe, July 6, 1992, auf S.4, col.1.

evolutionären Verfall.

4. Zusammenfassung

Das Argument, daß die großen deutschen Unternehmen sich zu Publikumsgesellschaften amerikanischer Art in Streubesitz entwickeln werden, ist oberflächlich einleuchtend, wirft aber vier Probleme auf. Erstens haben sich die deutschen Unternehmen bislang nicht so entwickelt. Vorhersagen sind keine Tatsachen. Zweitens: Wenn die Entwicklung der Kapitalmärkte den Einfluß der Banken untergräbt, so ist das bisher im Bereich des Aktienbesitzes nicht geschehen und die deutsche Konstruktion einer Fondsindustrie, bei deren die Banken die Beraterrolle spielen, könnte zu stärkeren intermediären Institutionen führen. Drittens besteht die Gefahr einer kulturellen Selbstzentriertheit, wenn man Unternehmen der amerikanischen Art als die höchstentwickelte Form des Eigentums ansieht.

Der einzige klare Trend, welcher entgegen den Vorhersagen für die Zukunft eingetreten ist, ist ein bescheidener Abbau des Aktienbesitzes, den die deutschen Banken auf eigene Rechnung halten, ein Abbau, der unter politischem Druck entstanden ist. Darauf ist im folgenden einzugehen.

III. Politische Entwicklung in Deutschland und Japan

Die Deutsche Bank wird es ihren Angestellten nicht erlauben, Vorstandsvorsitzende in einem deutschen Unternehmen zu werden, und die deutschen Banken haben einen Teil ihres Aktienbesitzes verkauft. In Amerika behindert die Politik mächtige intermediäre Finanzinstitutionen. Gibt es diesen politischen Impuls auch in Deutschland? Dies ist weder eine untergeordnete noch eine hypothetische Möglichkeit. Zum einen stehen die deutschen Banken unter starkem politischen Druck, von dem sogar die New York Times und das Wall Street Journal berichten[64]. Die Macht der Banken ist unpopulär; Politiker behaupten, daß sie mit der deutschen "Ordnung" kollidiere[65]. Parlamentarische Berichte greifen die Banken an. Politiker möchten den Prozentsatz der Aktien, den eine Bank an einem Nicht-Bankenunternehmen halten kann und die Zahl der Sitze in Aufsichtsräten, die ein Bankenvertreter innehaben kann, reduzieren[66] und suchen

---

64 Protzman, Mighty German Banks Face Curb, N.Y. Times, Nov. 9, 1989, bei D1, col.9; John Dornberg, The Spreading Might of Deutsche Bank, N.Y. Times, Sept. 2, 1990, auf S.23, 60, col. 3 (Bus.Worldl) (Sozialdemokraten und die standhaft marktorientierten Freien Demokraten, der Juniorpartner in Kanzler Kohls Regierung, wollen den Banken die Flügel stutzen"); Roth, West German Banks Face Threat of Reduced Influence in Industry: Bonn Will Consider Rules to Curb Their Holdings and Seats in Boardrooms, Wall St. J., July 18, 1989, auf S. 20, col. 5.

65 Krummel, German Universal Banking Scrutinized: Some Remarks Concerning the Gessler Report, 4 J. Banking & Finance 33,35 (1980).

66 John Dornberg, Fn.66.

Orientierung am amerikanischen Bank Holding Company Act[67]. Die Manager möchten die Vertreter der Banken ausschließen, obwohl sie dies öffentlich nicht gerne zugeben[68]. Die Banken beugen sich dem politischen Druck[69]. Zum andern haben die deutschen Politiker einen Feuersturm des Protestes in der Region ausgelöst, in der sich das Ziel einer von der Bank inszenierten Übernahmeaktion befand[70]. Die Banken haben es vorgezogen, sich weniger sichtbar zu machen, um den politischen Protest zu reduzieren. Drittens sagt die Deutsche Bank, die größte in Deutschland, daß die politische Hitze zu groß sei, um in Unternehmensleitungen allzu deutlich Präsenz zu zeigen, sei es als Aktionär oder als Direktor. Das wurde tatsächlich in einer Aussage vor dem amerikanischen Kongreß so gesagt.
Diese öffentliche Stimmung würde sich in Amerika schnell mit mächtigen Interessengruppen verbinden - z.B. den kleinen Banken oder den Managern - um Gesetze hervorzubringen, die die großen Banken beschränken, den kleinen Banken Einlagenversicherungen geben und die Manager vor dem Ansturm von marktgestützten Übernahmen schützen. Eine Erklärung für die Verwässerung dieser Kombination mag in der Struktur der deutschen Politik liegen. Die Deutschen wählen eine Partei, die Sitze im Parlament entsprechend ihrem Stimmanteil erhält; örtliche Bankiers und Manager und ihre Beiträge zum Wahlkampf sind weniger wichtig als in einer Wahl zum amerikanischen Kongreß.

Mitbestimmung ist Teil der deutschen Unternehmensleitung. Die Arbeitnehmer haben die Hälfte der Sitze im Aufsichtsrat, wobei Arbeiter, Angestellte, Gewerkschaftsvertreter und das untere Management repräsentiert ist. Die Mitbestimmung verringert auf diese Weise den Einfluß der Finanzinstitutionen im Aufsichtsrat und läßt Übernahmen unattraktiver werden. Das deutsche Parlament wollte Arbeitnehmer im Aufsichtsrat als Gegengewicht zum Kapital, ein Gleichgewicht, das in seiner Einfachheit wie Bilderbuchpolitik erscheint. Amerika hat Kapital und Arbeit aufgesplittert; Deutschland hat beide in den Aufsichtsrat gebracht. Mitbestimmung ist politisch der deutsche Vetter der amerikanischen Aufsplitterung des Finanzwesens; es ist nicht ein Produkt natürlicher ökonomischer Entwicklung ohne politische Aktion.

---

67 Eckstein, Fn.45.

68 Otto Lambsdorff, Das Machtgeflecht der Banken lichten, Frankfurter Allgemeine Zeitung, Sept. 1985 (führende deutsche Politiker sagen, daß obere Führungskräfte ihm privat erzählten, daß sie es gern sähen, wenn die Macht der Banken reduziert würde).

69 Krummel, Fn.67: " Also setzten sie ihre traditionelle Tendenz fort, sich der öffentlichen Kontroverse durch eine flexible Haltung zu entziehen, und sich nicht gegen den Zeitgeist zu erheben, sogar wenn sie davon überzeugt sind, bessere Argumente zu haben". Siehe auch Arbeitsgruppe zur "Bankenmacht", Frankfurter Allgemeine Zeitung, June 1985 (führende deutsche Politiker bilden Arbeitsgruppen, um die Macht der Banken zu zügeln; einige vertrauen auf das Verständnis der Banken, daß eine vorsichtige Selbstbegrenzung notwendig ist).

70 So protestierten Arbeitnehmer des Ziels (der Übernahmeaktion) gegen die in Aussicht genommene Aktion; die Politiker in Süddeutschland, wo sich das Objekt befand, begannen mit einer Hetzkampagne (welche die Deutsche Bank betraf). Jackey Gold, M&A Continental Style, Financial World, March 5, 1991, auf S.36.

E. Was sollte man in Amerika tun?

Die beiden erfolgreichsten internationalen Konkurrenten Amerikas haben grundlegend andere Finanz- und Unternehmenssysteme als Amerika; diese Systeme würden gegen viele amerikanische Kapitalgesetze verstoßen. Die Vorstandsvorsitzenden großer deutscher Unternehmen teilten die Macht mit Institutionen in einer Weise, die großen amerikanischen Unternehmen fremd ist. Es ist wahr, daß der Beweis der Funktionstüchtigkeit dünn ist. Möglicherweise zerrt die Teilung der Macht an der Leistung. Möglicherweise arbeiten die Menschen in jenen beiden Ländern härter, was organisatorische Besonderheiten als wichtig erscheinen lassen könnte. Vielleicht wird die Produktivität durch andere Faktoren verbessert, z.B. das Fehlen von fest verschanzten Interessengruppen[71]. Vielleicht funktionieren ihre Systeme in wachsenden, exportorientierten Wirtschaften, können aber nicht mit Widrigkeiten umgehen. Kulturelle Unterschiede wie vielleicht ethnische Homogenität im Ausland könnte den Opportunismus einschränken, dem mächtige amerikanische Banken verfallen würden.

Der Einfluß von Institutionen hier würde nicht in erster Linie von Banken kommen, sondern von anderen Institutionen. Selbst wenn wir wüßten, daß der Einfluß von Institutionen überlegen ist, könnte Amerika sich nicht schnell ändern: die amerikanische Politik schließt wirksame Änderungen aus, und eine pfadabhängige Entwicklung würde einen Umbruch teuer oder gar unmöglich machen, selbst wenn der politische Wille bestehen würde.

I. Beweise

Es gibt nur geringe Effizienzbeweise. Die Kontrolle der Deutschen Bank über Daimler Benz könnte uns zu denken geben. Obwohl sie Konflikte innerhalb des Management schnell bereinigen und Vorstandsmitglieder schneller entfernen können, als dies bei amerikanischen Übernahmen geschieht, hat das Unternehmen nach der "Übernahme" von Daimler-Benz durch die Bank mit dem Aufbau eines Industrieimperiums begonnen. Die Indikatoren der Produktivität zeigen nach unten. Aber eine völlige Kontrolle durch die Bank ist in Deutschland die Ausnahme. Im allgemeinen haben die Banken einen kleineren Aktienbesitz, der ausreicht, um Einfluß auszuüben, nicht aber die Kontrolle.

Institutionelles Eigentum erleichtert den Informationsfluß zu den Aktionären und wirkt den kurzfristigen Trends des Aktienmarktes entgegen[72]. Amerikanische Manager können Informationen nicht wirksam an den Aktienmarkt vermitteln. Sie könnten dies gegenüber großen Aktionären tun, deren Versorgung das amerikanische Recht aber reduziert.

---

71 Siehe Mancur Olson, The Rise and Decline of Nations (1982).

72 Roe, A Political Theory of American Corporate Finance, Fn.3, auf S.55-56.

Die Einkünfte der deutschen Vorstandsmitglieder sind viel geringer als die der amerikanischen Manager[73]. Das kann vielleicht kulturell erklärt werden. Vielleicht wird das auch durch die Machtstrukturen erklärt; mit Bankenvertretern von außen und Arbeitnehmern aus dem Unternehmen im Aufsichtsrat ist es weniger wahrscheinlich, daß sich übertriebene Gehälter herausbilden als in Unternehmen der amerikanischen Art, wo der Board of Directors direkt oder indirekt vom Generaldirektor (CEO) ausgewählt wird. Obwohl nicht übertriebene Gehälter, sondern Mißmanagement der wichtigste Kostenfaktor der Freiheit des Managements sind, indizieren sie eine übermäßige Freiheit des Management in Amerika und eine weniger ausgeprägte Machtstruktur in Deutschland.

Dies ist kein zwingender Beweis. Ohne ausführliche Daten läßt sich nur sagen: Die Teilung der Macht in großen Unternehmen hat diese nicht geschwächt; die amerikanischen Ängste vor mächtigen Institutionen können überzogen sein. Aber ohne einen starken Effizienzbeweis müssen wir nicht alle Deutsch lernen, um mit ihren Unternehmensstrukturen zu wetteifern. Die Amerikaner haben Grund, tiefer zu blicken und vielleicht mit alternativen Machtstrukturen in den großen Unternehmen zu experimentieren. Aber mehr gibt es bisher nicht.

II. Der Vorschlag des US-Finanzministeriums

Im letzten Jahr strebte das Finanzministerium an, das amerikanische Bankwesen gründlich zu überholen und den Banken den Einstieg in Unternehmensleitungen zu erlauben, in Nachahmung von Deutschland und Japan. Aber die Reformen, die nun im Kongreß angehalten wurden, hätten nicht zu einem schnellen Wandel der Unternehmensleitung geführt: Die amerikanischen Banken sind schlecht gewappnet für diese Aufgabe; die Einlagenversicherung macht amerikanische Reformen riskanter als die deutsche Struktur; und die amerikanischen Aktien befinden sich in Pensions- und Investmentfonds, nicht in den Banken.

Das Finanzministerium wollte McFadden und Glass-Steagall aufgehoben und den Bank Holding Company Act modifiziert haben. Die Banken hätten im nationalen Rahmen wirken können und Investmentbanken mit vollem Service werden können und hätten vielleicht eine größere Rolle in der Leitung von Unternehmen gespielt.

Experimentieren ist vernünftig, wenn wir die Einlagenversicherung und die "too-big-to-fail-Doktrin" kontrollieren könnten. Die Gefahr beim "Loslassen" der amerikanischen Banken besteht weniger darin, daß sie Unternehmen kampfunfähig machen als vielmehr darin, daß sie sich selbst außer Gefecht setzen und diese Risiken durch die Einlagenversicherung an die Allgemeinheit weitergeben. Wir können sie freilassen, damit sie über ihre eigenen Schnürsenkel stolpern und alles in Mitleidenschaft ziehen, was ihnen in den Weg kommt. Aber eine Reform der Einlagenversicherung hat sich

---

73 Graef Crystal, In Search of Excess--The Overcompensation of American Executives 204 (1991).

als nicht handhabbar erwiesen: die kleinen Banken sind politisch einfach zu stark. Die vernünftigen Brady-Reformen wurden im Keime erstickt, sobald sie angekündigt wurden[74], und der Kongreß hat so gut wie nichts getan, um die Einlagenversicherung einzuschränken.

Die amerikanischen Banken können auch dort nicht handeln, wo sie am nützlichsten sein könnten. Sie können keine großen Aktienpakete der großen Unternehmen übernehmen, weil die amerikanischen Großbanken nicht groß genug sind. Wo können sie dann überwachen? Bei Unternehmen mittlerer Größe. Aber diese sind die unwahrscheinlichsten Kandidaten, um aus der Überwachung Nutzen zu ziehen. Bei mittleren Unternehmen sind häufig eine Einzelperson oder eine Familie die bedeutsamen Aktionäre. Der Einfluß von Institutionen ist begrenzt, wenn ein großer Teil des Kapitals und das Management in den gleichen Händen liegt, weil dort die Anreize bestehen, das Unternehmen gut zu führen. Vertreter von Finanzinstitutionen sind nicht in der besten Situation, um den Eigentümer, der die Macht in Händen hält, zu übertreffen. Die mittleren Unternehmen sind außerdem einem stärkeren Wettbewerb ausgesetzt als die Großunternehmen in oligopolistischen Industrien. Wenn auf dem Produktmarkt starker Wettbewerb herrscht, ist der Spielraum, in dem ungetreue Manager manövrieren können, beschränkt.

Überdies halten in Deutschland - und ebenso in Japan - Gruppen einflußreiche Aktienpakete. Aber das amerikanische Recht schwächt die Gruppen. Fonds und Versicherungsunternehmen können nicht mit Banken zusammenwirken. Die gegenwärtigen Vorschläge beenden diese Schwierigkeiten nicht: obwohl die Banken Aktienfonds fördern könnten, verbietet es das Gesetz von 1940, die Aktien des Fonds mit den Aktien der Bank zu verbinden. Die Lobby der Versicherungen hat Vorschläge abgewehrt, den Banken eine Verbindung mit Versicherungen zu erlauben. Auch können die selbständigen Institutionen ihren Aktienbesitz unter den Wertpapiergesetzen nicht leicht miteinander verknüpfen[75]. Außerdem sind die großen Aktienbestände im Besitz von Pensionsfonds, anders als in Deutschland. Aber die amerikanischen privaten Pensionsfonds sind unter Managerkontrolle. Es muß etwas geschehen, um die Herrschaftsstrukturen des Management in den Pensionsfonds zu brechen; die gegenwärtigen Vorschläge reichen dazu nicht aus.

Große Banken sind nicht in der Lage, Großunternehmen zu überwachen, und das allumfassende Bankenwesen schrumpft in den Vereinigten Staaten[76]. Vorstandsmitglieder in den amerikanischen Banken haben nicht die notwendigen Fähigkeiten und Erfahrungen; Wege, die einst gesperrt wurden, können nicht leicht wiedereröffnet werden. Die deutschen und japanischen Banken sind mit ihrer nationalen Industrie

---

74 Ann Devroy & Kathleen Day, Deposit Fee Draws Wave of Protest, Washington Post, Jan. 26, 1989, auf S.A1.

75 Siehe Roe, A Political Theory of American Corporate Finance, Fn.3; Black, Fn.3.

76 Lipin, Bank Industry Seen Shrinking in 1990s. Sirvey of Executives, Regulators Finds, Wall St.J., Oct. 2, 1991, auf A 14, col. 2.

groß geworden. Sie kennen die Industrien, mit denen sie zu tun haben. Amerikanische Banken sind weniger involviert und weniger kenntnisreich. Vielleicht wären unterschiedliche Wege bis zur Gegenwart in Amerika besser gewesen, aber da, wo wir nun einmal sind, ist es keineswegs sicher, daß die Manager der größten Banken einen Beitrag leisten könnten.
Die weitere Entwicklung könnte einen anderen Weg beschreiten. Die regionalen amerikanischen Banken sind in guter Verfassung[77]; sie könnten sich stärker bei mittleren Unternehmen einbinden. Einige mittlere Unternehmen werden in einiger Zeit zu den größten Unternehmen werden.

Die amerikanische Lösung des Regulierungsproblems bestand darin, die Macht zu zertrümmern. Da wir der Anhäufung privater Macht mißtrauisch gegenüberstehen und nicht in der Lage sind, sie durch mächtige Aufsichtsinstanzen zu kontrollieren, brandmarken wir sie und lösen sie auf. Die Aufsichtsbehörden werden nicht klar von der politischen Gesellschaft abgegrenzt.

III. Andere Vorschläge zur amerikanischen Reform

Diese Untersuchung wirft ein Licht auf die vorgeschlagenen Reformen der Leitung und Kontrolle. Ronald Gilson und Reinier Kraakman schlagen eine "Clearingstelle" für Institutionen vor, um die Direktoren von Großunternehmen zu wählen[78]. Die deutschen Banken können als fehlendes Bindeglied zwischen Aktionären und Managern entsprechend dem Vorschlag von Gilson und Kraakman gesehen werden. Deutsche Aktionäre deponieren ihre Aktien bei ihren Banken, die wie eine Clearingstelle der Stimmrechte wirken und die Vorstandsmitglieder wählen.

Martin Lipton und Steven Rosenblum schlagen vor, daß die Direktoren für 5 Jahre vor Entlassungen aufgrund von Übernahmen oder aus anderen Gründen geschützt werden sollten[79]. Sie verweisen auf Japan und Deutschland als Beispiele für Stabilität in den Vorstandsetagen und führen den Umstand, daß Amerika durch ausländische Leistungsfähigkeit übertroffen wird, teilweise auf die Unternehmensstrukturen im Ausland zurück, die - nach ihrer Meinung - frei von Einmischungen seien. Ihre Schlußfolgerung ist zweifelhaft. Sie schätzen die positiven Seiten für Manager - Stabilität ohne Übernahme -, weisen aber die schlechten Seiten zurück - die starke Beteiligung von Institutionen. Wenn die ausländischen Formen funktional sind, was bisher nicht bewiesen ist, hat die Aktivität der Institutionen damit etwas zu tun. Die deutschen und japanischen Manager sind nicht frei von Überwachung; sie sehen sich Aufsichtsräten gegenüber, wo Aktionäre mit großen Aktienpaketen Anreize haben, sie zu überprüfen.

---

77 Susan Hansall, How North Carolina became America´s banking capital, Inst. Investor, Nov. 1991, auf S.101 (Regionale Entstehung von Amerikas viertgrößter Bank).

78 Gilson und Kraakman, Fn.3, auf S. 873.

79 Martin Lipton & Steven Rosenblum, A New System of Corporate Governance: The Quinquennial Election of Directors, 58 U. Chi. L. Rev. 187 (1991).

Lipton und Rosenblum übersehen, daß Deutschland und Japan stabile Verhältnisse haben, aber ernsthafte Rechenschaftspflichten akzeptieren müssen.

IV. Eine kompakte Theorie der Vermittlung: zwischen Markt und Hierarchie

Die Verbindung von liquiden Schuldverschreibungen mit konzentrierten Stimmblöcken stimmt mit der Finanztheorie überein. Zum Verständnis von Schuldsicherungen haben sich einige Überlegungen ergeben. Die Schuld kann nicht das Unternehmensrisiko eliminieren; Risiken, die einem gesicherten Kreditnehmer abgenommen werden, driften anderswo hin. Die Überwachung ist eine mögliche Erklärung für gesicherte Schulden. Aber die Schicht mit den geringsten Risiken im Unternehmen bietet für eine Überwachung auch die geringsten Vorteile[80]. Die niedrigeren Schichten werden durch Wertveränderungen am meisten betroffen; dort sollte die Überwachung sich herausbilden.

Aber der Bereich mit den wenigsten Risiken enthält starke Anreize für Diversifikation und Liquidität, was die Anleger veranlaßt, kleine und einflußlose Aktienpakete zu halten. Überwachung und erhöhter Informationsfluß erzwingen einen Zusammenhalt des Stammkapitals, aber Diversifikation und Liquidität reißen es auseinander. Diese Spannungen können auf den amerikanischen Wertpapiermärkten nicht leicht gelöst werden. Selbst wenn einfache Institutionen die großen Aktienblöcke rechtmäßig zusammenfügen können, stehen sie unter dem Druck, zu diversifizieren und Liquidität zu suchen. Diese Spannungen können, wenn überhaupt, dann nur durch große, komplexe Institutionen gelöst werden. Die Institution muß nicht einfach nur Einlagen oder Versicherungsfonds, sondern Aktienfonds und Depotbesitz zusammenziehen, wobei die eigentlichen Aktionäre Diversifikation und Liquidität erlangen, die Institution aber über eine konzentrierte Stimmrechtsmacht verfügt. Wenn aber die eigentlichen Aktionäre den Nutzen haben, gehen die Anreize für die Institution zurück, die Arbeit zu tun. Die Risiken tragen die eigentlichen Aktionäre. Diese müssen die Institution entschädigen. Wenn aber die eigentlichen Aktionäre zusätzliche Kosten zu tragen haben, so werden sie ihre Aktien zurückziehen und als Trittbrettfahrer mitfahren, was die verbleibenden Aktionäre zwingt, die vollen Kosten zu tragen. Um "free-riding" zu überwinden, muß ein großer Aktienbesitz gewisse wirtschaftliche Größenvorteile haben, oder die Institution muß selbst Aktien auf eigene Rechnung halten. Um genug Aktien zu halten, muß die Institution über Masse, finanzielle Stärke und Mittel, die kollektive Aktionen der Aktionäre ermöglichen sowie über legale Machtbefugnisse haben, besitzen. Diese Komplexität macht große, vielseitige Institution erforderlich, die einstweilen in Amerika illegal sind und die selbst dann Schwierigkeiten genug aufwerfen würden, wenn sie erlaubt wären.

1. Finanzinstitutionen als Berle-Means-Unternehmen

Eine Widerlegung der normativen Implikationen der institutionellen Überwachung lautet wie folgt: Das Problem entsteht, weil Eigentum und Kontrolle in den großen Unternehmen getrennt sind. Einzelne Aktionäre haben keinen Anreiz zur Überwa-

80 Schwartz, The Continuing Puzzle of Secured Debt, 37 Vand. L. Rev. 1051 (1984).

chung. Intermediäre Institutionen sind aber ebenfalls große Berle-Means-Unternehmen, bei denen es zu viele vereinzelte Aktionäre gibt, als daß ihre Vertreter angemessene Anreize erhielten. Theoretisch ist dies überwindbar. Eine Zeitlang waren die Unternehmenskorporationen die großen Spieler auf dem take-over-Markt. Theoretiker haben argumentiert, daß der take-over-Markt ein Wettbewerb zwischen rivalisierenden Management-Teams um die Kontrolle über die Unternehmensgeschäfte ist. Die Gegenüberstellung von Markt und Hierarchie erfaßt nicht die komplexen Verbindungen des ausländischen Finanzwesens mit der Industrie; Kontrolle ist nicht das richtige Wort, Ineinandergreifen oder Überlappungen nach Art von Escher könnte der richtige Ausdruck sein. Eine Escher-Hand greift von der Bank aus, um die Industrie zu kontrollieren, aber dann greift eine gleiche Escher-Hand von der Industrie aus, um die Bank zu kontrollieren. Die japanischen Eigentumsverflechtungen zwischen Bank und Industrie passen am besten auf das Modell; Escher-artige Gegenseitigkeit beschreibt aber auch die Situation in Deutschland, allerdings weniger ausgeprägt; Manager von wichtigen Industrieunternehmen sind im Aufsichtsrat der Banken und die Banken haben Vorstandsmitglieder in Aufsichtsräten der Industrie[81]. Sicherlich entspricht die kürzliche Eigentumsverflechtung zwischen Dresdner Bank, der Allianz und Hoechst schon dem Escher-Modell.

Ein einfaches Kontrollmodell (nicht nach Escher) sieht wie folgt aus: Die Industrie ist unten, Institutionen sind in der Mitte und staatliche Aufsicht an der Spitze. Die Institutionen überwachen die Industrie. Wer überwacht die intermediären Institutionen? Niemand. Gehobene Institutionen haben nur eine Überwachungsinstanz, die Regierung, die sie schließt, wenn ihr Kapital sich gegen Null bewegt. Aufsichtsbehörden brauchen nur ein Signal, nämlich nahende Insolvenz. Dieses Modell ist einleuchtend und beleuchtet die amerikanischen Defekte, wo die Aufsichtsbehörden unwirksam in bezug auf solche Aufgaben waren, wegen des amerikanischen antistaatlichen Ethos und politischer Rückmeldungen: Die Kontrollierten, nämlich die Institutionen und die Industrie, lähmen die Aufsichtsbehörden, wie es in der Krise der Sparkassen geschehen ist.

2. Auswechslungen

Die Vorstellung, daß Finanzinstitutionen das agency-Problem nur auf eine höhere Ebene heben, vom industriellen Management zum Finanzmanagement, ist nicht zwingend. Analogien ergeben sich zur Ersatzbank eines Baseball-Teams. Wenn nicht genügend brauchbare Spieler auf der Ersatzbank sind, könnte dies kritisch für den Erfolg des Teams werden. Schließlich kann jemand verletzt werden oder erschöpft sein oder stürzen. So könnten Theoretiker argumentieren, daß Mannschaften, die nur neun Spieler haben, im ganzen schlechter spielen als diejenigen mit einer Ersatzbank. Man kann den Verfechtern der Ersatzbank nicht entgegenhalten, daß das Grundteam besser ist als die Ersatzbank, das heißt, daß Industriemanager besser sind als Finanzmanager; dem wird jeder zustimmen. Die entscheidende Frage ist, ob die Kosten der Unterhaltung einer Ersatzbank dem Wahrscheinlichkeitswert der Benötigung der

81 Fritz Kübler, Fn.61.

Ersatzspieler entsprechen. Das heißt, daß Defekte der intermediären Institutionen nicht nach unten weitergegeben werden, wenn der institutionelle Überwacher weiß, daß er nichts zu tun hat, solange die Dinge erfolgreich laufen und erst eingreift, wenn es Probleme gibt.

3. Vertikale Integration und Märkte

Ronald Coase fragte, warum sich Unternehmen entwickeln, die intern das tun, was über den Markt getan werden könnte. Coase argumentierte, daß Märkte Kosten verursachen und daß manchmal Befehl und Hierarchie der effizienteste Weg sind, um ökonomische Aktivitäten zu organisieren. Immer dann, wenn die Hierarchie besser ist als atomistische Märkte, werden sich Unternehmen entwickeln.[82]

Vertikale Integration bei Antitrust schafft einen anderen Vergleich. Die amerikanische Antitrust-Politik war bis jetzt gegen vertikale Integration eingestellt, die im Verdacht steht, ein Instrument der Monopolbildung zu sein. Wir wissen jetzt, daß vertikale Integration oft Aktivitäten effizient organisiert und manchmal mit Monopolbildung, Preisdiskriminierung oder anderer Ausbeutung verbunden ist. Die deutschen Universalbanken können als teilweise Integration von Industrie und Kapital verstanden werden. In den Vereinigten Staaten ist diese Möglichkeit generell nicht gestattet. Die Organisationstheorie deutet an, warum eine teilweise vertikale Integration funktionsfähig sein könnte. Information wird verteilt; kein Individuum - nicht einmal eines mit einem guten Mitarbeiterstab - kann alle Informationen erhalten, die erforderlich sind, um komplexe Projekte zu evaluieren. Die Fehlvorstellungen eines Entscheidungsträgers sind für den Entscheidungsträger selbst und für andere häufig unsichtbar. Ein Netzwerk der Entscheidungsbildung kann die Häufigkeit von Irrtümern reduzieren. Deutsche Banken schränken die Macht des Vorstands von Industrieunternehmen ein, ersetzen sie aber nicht, ganz ähnlich, wie wenn die Macht eines Diktators durch Gewaltenteilung mit checks and balances ersetzt wird[83]. Die amerikanische Zwangsvorstellung, Finanzen und Industrie auseinanderzuhalten und verschiedene Produktionsebenen vor einer teilweisen Integration abzuhalten, weist eine Parallele im Arbeitsrecht auf, das Unternehmensgewerkschaften für illegal erklärt[84]. Die teilweise Integration der Arbeit in das Management würde den Faktor Arbeit als solchen unterminieren und wurde verboten. In Deutschland gibt es solche Verbote nicht.

V. Denkweisen

Die Amerikaner lieben Distanz beim Geschäftemachen. Wir haben einmal alle Ver-

---

82 Coase, The Nature of the Firm, 4 Economica 386 (1937); siehe auch, Calabrese, The Pointlessness of Pareto: Carrying Coase Further, 100 Yale L.J. 1211, 1212 (1991).

83 Sah, Fallibility in Human Organizations and Political Systems, 5 J. Econ.Lit.67 (1991).

84 Steve Gunderson, Archaic Rules Foul Innovative Labor Strategies, Wall St.J., Oct. 23, 1991, auf S.A18, col. 3.

träge mit Interessenüberschneidungen für unwirksam erklärt[85], wie z.B. solche einer Bank, die Kapital zur Verfügung stellte, wenn ein Bankenvertreter im Aufsichtsrat saß und das Unternehmen Geld von dieser Bank aufgenommen hat. Allgemeiner gesagt bedeutet dies, daß wir Konflikte nicht mögen, die sich aus Überkreuzverflechtungen von Aktieneigentum ergeben. Im Antitrust-Recht war die teilweise vertikale Integration durch Verträge oft illegal. Die teilweise Integration, dieses Aneinanderbinden von Funktionen wird in Deutschland nicht so verschmäht wie in Amerika. Die amerikanischen Restriktionen sind in ein Rahmenwerk eingefügt, das eine teilweise Verknüpfung nicht zuläßt. Wenn die Federal Reserve sagt, daß eine Bank von der zulässigen 5 %-Beteiligung keinen Gebrauch machen kann, wenn sie seriös bleiben will, so heißt das, daß Kapital und Industrie nicht teilweise integriert werden können und auf Distanz bleiben müssen. Liegt der entscheidende kulturelle Unterschied darin begründet, daß der amerikanische Individualismus eine Denkweise der Distanz hervorbringt? Unterschiedliche Denkweisen über die Wechselwirkungen des Marktes - Integration gegen Distanz - könnten die widersprüchlichen finanziellen und korporativen Strukturen amerikanischer und ausländischer Unternehmen beeinflußt haben.

VI. Das Paradoxon des internationalen Wettbewerbs: Lösung und Problem

Der internationale Wettbewerb veranlaßt eine neuerliche Betrachtung der amerikanischen Unternehmensleitung. Die vom Finanzministerium vorgeschlagene Überprüfung des amerikanischen Bankenwesens stützte sich zum Teil auf dessen Ansicht, daß Amerikas erfolgreichste internationale Wettbewerber unterschiedliche Beziehungen zwischen Finanzwesen und Industrie haben. Wenn die ausländischen Strukturen vorteilhaft sind, dann würden sich Amerikas Finanzwesen, Industrie und Regierung unter Veränderungsdruck gesetzt fühlen. Internationaler Wettbewerb findet nicht nur zwischen Unternehmen und Menschen statt, sondern zwischen Organisationsformen. Das Bestehen, das Fortbestehen und - bislang - der Erfolg rivalisierender Formen läßt uns fragen, ob die amerikanischen Formen so überlegen sind, wie wir gedacht haben. In Amerika würde eine Bewegung, die nach Veränderung ruft, um dem ausländischen Wettbewerb zu begegnen, Glaubwürdigkeit haben; in der Tat erklärt dies auch einiges von der Rhetorik in den Vorschlägen des Finanzministeriums.

Aber Produktwettbewerb tritt zu einem Teil an die Stelle von Leitung und Kontrolle. Schlecht geführte Firmen werden den Veränderungsdruck spüren, wenn sie mit besser geführten Firmen in Wettbewerb treten; Wettbewerb hat zwei sich überschneidende Wirkungen. Zum einen zeigt der Wettbewerb Defizite in unserem System der Kontrolle der Wirtschaft auf, die uns zu Veränderungen zwingen. Zum zweiten aber treibt Produktwettbewerb die schlecht geführten Unternehmen zu Verbesserungen, was dazu führt, daß eine Veränderung der Leitungsformen weniger wichtig wird. Welche Wirkung bedeutsamer ist, ist schwer zu sagen. Die Reaktion auf verstärkten internationalen Wettbewerb könnte das Leitungs- und Kontrollproblem beenden. Entsprechend könnte starker nationaler Wettbewerb vielleicht dazu beitragen, die japanische Eigen-

85 Harold Marsh, Are Directors Trustees?, 22 Bus.Law. 35, 36-37 (1966).

tumsverflechtung in der Industrie funktional zu machen[86]. Andere Reaktionen sind möglich. In Industrien mit langfristig angelegten Kapitalressourcen kann es sein, daß die schlecht geführten Unternehmen sich dahinschleppen, indem sie das Anlagevermögen aufzehren, ohne das Unternehmen zu verbessern, so wie ein Teil der amerikanischen Schwerindustrie wie Stahl und Autoproduktion, es nicht geschafft hat, bessere Ergebnisse zu erzielen. Und die betroffenen Firmen können politisch konkurrieren: Quoten und Tarife reduzieren den Wettbewerb, und verschiedene amerikanische Industrien, wie Stahl und Autos, haben Quoten und Tarife angestrebt.

Schlußfolgerungen

Die große Firma nach amerikanischem Stil, bei der die Manager die Spitze bilden und die meiste Macht in Händen halten, ist nicht unausweichlich. Manager könnten die Macht mit intermediären Institutionen teilen, die über große Stimmrechtsblöcke verfügen; in Deutschland geschieht dies. Die deutschen Banken kontrollieren große Aktienpakete, sind aber gewöhnlich nicht vorherrschend. Im allgemeinen haben verschiedene intermediäre Institutionen Aktienpakete. Die ausländischen Strukturen haben untereinander mehr Ähnlichkeit als mit der amerikanischen Hierarchie mit dem Generaldirektor (CEO) an der Spitze.

Die herkömmliche Geschichte der Entwicklung der großen amerikanischen Firma ist die, daß eine optimale wirtschaftliche Größenordnung in großem Umfgang Kapitalinput benötige, das von tausenden von Investoren stammte, die Diversifikation anstreben. Als die Ebene der Investoren und Anteilseigner bröckelte, verschob sich die Macht innerhalb des Unternehmens von den Aktionären zu den Managern. Ich habe schon dargelegt, daß diese Verschiebung mit der amerikanischen Politik zusammenhängt[87]. Wenn es erlaubt gewesen wäre, hätten mächtige Institutionen die Fonds sammeln und investieren können. Deutschland hat keine Gesetze, die zu einer so starken Zersplitterung führen; dort gibt es mächtige Finanzinstitutionen, die in Amerika in hohem Maße illegal sein würden.

Ich untersuche Deutschland nicht so sehr mit dem Hintergedanken, daß sie dort besser sind und imitiert werden sollten, sondern um zu zeigen, daß grundverschiedene Systeme der Unternehmensleitung möglich sind und daß die amerikanische Publikumsgesellschaft mit einer Aufsplitterung der Macht der Aktionäre nicht unvermeidbar ist, daß Manager ihre Macht mit Institutionen teilen können, ohne daß die Welt der Unternehmenskorporationen zusammenbricht und daß wir vielleicht, wenn wir wollten, das amerikanische Muster verändern könnten.

Die Banken sind von zentraler Bedeutung in Deutschland, aber andere Institutionen könnten es auch sein; tatsächlich spielen die deutschen Banken aufgrund des Aktienka-

---

86 Gilson und Roe, Comparitive Corporate Governance: Focusing The United States-Japan Inquiring (Stanford Working Paper (August 1992)).

87 Roe, A Political Theory of American Corporate Finance, Fn.3.

pitals eine Rolle, die weit von dem entfernt ist, was man in Amerika als die Funktion von Geschäftsbanken betrachtet. Die Rolle der deutschen Banken könnte in Amerika nachgeahmt werden, wenn die Versicherungsgesellschaften oder Aktienfonds umstrukturiert würden. Aus der Schwäche der amerikanischen Banken folgt, daß eine Reform den Banken keine zentrale Rolle zuweisen sollte. Eine ausgeprägte Einlagenversicherung -eine Folge des politischen Einflusses der kleinen Banken - läßt es unklug erscheinen, die Banken den Weg freizugeben, selbst wenn eine Führungsrolle effizient wäre.

Finanzen und Industrie sind in Deutschland durch Escher-artige Überlappungen ohne Hierarchie verbunden. Darüber hinaus deckt ein Vergleich mit Japan eine verblüffende Ähnlichkeit auf[88]: Trotz unterschiedlicher Kultur und Geschichte und trotz der Bemühungen der amerikanischen Besatzungsmacht, ausländische intermediäre Institutionen zu zersplittern, haben sowohl Deutschland als auch Japan Eigentumsstrukturen entwikkelt, die einander mehr gleichen als den amerikanischen Strukturen. Die kürzliche Entwicklung von Eigentumsverflechtungen prägt diese Überlappung tiefer in das deutsche System ein. Eine umfassende Auseinandersetzung mit ausländischen Leitungsstrukturen muß das Verhältnis zum Faktor Arbeit und die Regierung einbeziehen, aber was wir bislang wissen ist, daß die Unterschiede zwischen Amerika und dem Ausland heute gewaltig sind.

Die Politik ist ein wichtiger Faktor in der Struktur von großen Unternehmenskorporationen. Unternehmenskorporationen in Ländern, die große Zentren privater wirtschaftlicher Macht tolerieren, entwickeln sich anders als in Ländern, die immer wieder Finanzinstitutionen, ihre Portfolios und ihre Möglichkeit, Stimmrechtsblöcke zu bilden, aufsplittern.

Der Vergleich deckt eine tiefe Ironie auf: Amerika hat die älteste Demokratie der Welt, die auf checks and balances und Teilung der staatlichen Gewalten gegründet ist und die von dem Theoretiker Madison entworfen wurde, der erkannt hat, daß "Ehrgeiz dem Ehrgeiz entgegenwirken muß" und daß "keine Regierung notwendig wäre, wenn die Menschen Engel wären. Wenn Engel über Menschen[89] herrschen würden, wären weder externe noch interne Kontrollen der Staatstätigkeit notwendig". Diese Demokratie, die gegründet ist auf eine Aufsplitterung der Staatsgewalt, hat eine Unternehmensleitung entwickelt, bei der die Macht bei den Vorstandsmitgliedern zentralisiert wurde. In Japan und Deutschland, in Ländern mit einer schwächeren demokratischen Vergangenheit und einem unterschiedlichen parlamentarischen System heute, hat die Politik mächtige Finanzinstitutionen gefördert, die ein System von checks and balances zwischen Managern und Finanziers erleichtert haben: Die Vorstandsmitglieder in jenen Ländern müssen ihre Macht teilen, wie in Amerika die Politiker, nicht aber die Generaldirektoren.

---

88 Siehe Roe, Differences in Corporate Governance in Germany, Japan, and America, Fn.2.

89 Federalist No.51.

Diskussion

zusammengefaßt von Gerald Spindler

Die Diskussion befaßte sich zunächst mit den verschiedenen Formen der Diskriminierung von Rechtsformen durch das europäische Wettbewerbsrecht. Vor allem Allein- und Selektivvertriebsverträge seien hiervon gegenüber den wesentlich liberaleren Freistellungsverordnungen für Franchiseverträge betroffen. Dies löse in weitem Rahmen Umgehungsversuche zugunsten des Franchising aus, das mit Hilfe von territorialen Exklusivitätsklauseln den Alleinvertriebsverträgen recht nahe komme. Auch wurde auf die US-amerikanischen Erfahrungen zur Diskriminierung von Rechtsformen und daraus resultierenden Umgehungsversuchen im Bankenbereich (Glass-Steagall Act) verwiesen. Allerdings müsse genau geprüft werden, ob tatsächlich eine Diskriminierung von Kooperationsformen vorliege. Die gesellschaftsrechtliche Verbindung zwischen Marktpartnern könne im Gegensatz zur vertraglichen Kooperation zusätzliche Sanktions- und Informationsmöglichkeiten einräumen.

Von anderer Seite verwies man auf die Erfahrungen mit Langzeitverträgen in der Automobilindustrie. Die zunehmende Komplexität der Vorprodukte lege eher eine vertragliche Bindung als die vertikale Integration nahe. Auch spielten Faktoren wie das Arbeitsrecht eine nicht zu unterschätzende Rolle. In der Diskussion wurde allerdings bezweifelt, ob sich das vorgestellte Modell verallgemeinern lasse, da es wohl ein bestimmtes Wettbewerbsmodell voraussetze. Im Blickpunkt stand als diskrimierender Faktor vor allem das Steuerrecht, dessen Einfluss nicht hoch genug veranschlagt werden könne. Ebensowenig dürften Gläubigerschutzaspekte vernachlässigt werden, die insbesondere über die Fragen der eigenkapitalersetzenden Darlehen eine wesentliche Bedeutung für die Konzerninnenfinanzierung erhalten. Schließlich dürfe nicht die Wirkung der Rechtsprechung des Europäischen Gerichtshofes zur innerkonzernlichen Wettbewerbsfragen vergessen werden.

Die Erfahrung aus der Automobilbranche wurden von einem mit ähnlichen praktischen Fällen befaßten Diskussionsteilnehmer vertieft. Vor allem bei einem mittleren Grad der Spezifizierung der Vorprodukte und einer gewünschten Freisetzung von Kapital könne man in der Praxis die Substitution von Konzernbeziehungen durch Vertragsnetze beobachten. Es stelle sich die Frage, ob man daraus den Schluß ziehen könne, daß Vertragskonzerne ohne Kapitalbeteiligung existierten.

Einigkeit herrschte in der Diskussion, daß sich der vom Referenten gewählte Ansatz zur Untersuchung der Wahl von Rechtsformen als äußerst fruchtbar erweise. Ein Teilnehmer wies auf Beobachtungen hin, nach denen sich gerade in Entwicklungsländern ohne leistungsfähige Rechtsordnung symbiotische oder langfristige Vertragsnetze herausbildeten, die in späteren Entwicklungsstufen der Rechtsordnung wieder von neo-klassischen Vertragstypen abgelöst würden.

Aus rechtlicher Sicht wurde jedoch in Frage gestellt, ob Gerichte überhaupt die Dynamik von langfristigen Verträgen gewährleisten oder entsprechende Anpassungsmechanismen wie z.B. die Geschäftsgrundlagenlehre weiterentwickeln könnten. Diese Skepsis bestärkte ein anderer Teilnehmer aus juristischer Sicht, der das fast völlige Scheitern von Neuverhandlungsklauseln in der Praxis hervorhob. Es sei zu optimistisch, von der Justiz die Anpassung an hypothetische Verhandlungsergebnisse zu erwarten.

Abschließend wurde betont, daß der vorgestellte Forschungsansatz vertieft und ausgebaut werden müsse, vor allem im Hinblick auf mögliche rechtliche Störgrößen, die zu Unternehmenszusammenschluß- oder -kooperationsformen geführt haben, die sich als Ausweichstrategien erweisen.

Namensverzeichnis

Backhaus, Jürgen, Prof. Dr.
Rijksuniversität Limburg

Van den Bergh, Roger, Prof. Dr.
Universiteit Antwerpen

Brüggemeier, Gert, Prof. Dr.
Universität Bremen

Dietl, Helmut, Dr.
Universität München

Dorndorf, Eberhard, Prof. Dr.
Universität Hannover

Eger, Thomas, Dr.
Universität-Gesamthochschule-Kassel

Engelhardt, Gunther, Prof. Dr.
Universität Hamburg

Hansmann, Henry, Prof. Dr.
Harvard Law School

Holzhauer, Rudi W., LL.M.
Erasmus Universiteit Rotterdam

Kirchner, Christian, Prof. Dr. Dr.
Universität Hannover

Köndgen, Johannes, Prof. Dr.
Hochschule St.Gallen

Nutzinger, Hans G., Prof. Dr.
Gesamthochschule - Universität - Kassel

Ott, Claus, Prof. Dr.
Universität Hamburg

Panther, Stephan,
Universität Hamburg

Picot, Arnold, Prof. Dr.
Universität München

Roe, Marc J., Prof. Dr.
Columbia University
New York

Salje, Peter, Prof. Dr.
Universität Hannover

Schäfer, Hans-Bernd, Prof. Dr.
Universität Hamburg

Schenk, Karl-Ernst, Prof. Dr.
Universität Hamburg

Schmidt, Reinhard, Prof. Dr.
Universität Frankfurt

Schmidtchen, Dieter, Prof. Dr.
Universität der Saarlandes

Schneider, Dieter, Prof. Dr.
Universität Bochum

Schwartze, Andreas, Dr.
Universität Hannover

Spindler, Gerald, Dipl.-oec.
Insitut für ausländisches und internationales
Wirtschaftsrecht, Frankfurt/Main

Teijl, Rob,
Erasmus Universiteit Rotterdam

Todt, Horst, Prof. Dr.
Universität Hamburg

Walz, W. Rainer, Prof. Dr.
Universität Hamburg

Wehrt, Klaus, Dr.
Universität Hamburg

Weise, Peter, Prof. Dr.
Gesamthochschule - Universität - Kassel

GPSR Compliance

The European Union's (EU) General Product Safety Regulation (GPSR) is a set of rules that requires consumer products to be safe and our obligations to ensure this.

If you have any concerns about our products, you can contact us on ProductSafety@springernature.com

In case Publisher is established outside the EU, the EU authorized representative is:

Springer Nature Customer Service Center GmbH
Europaplatz 3
69115 Heidelberg, Germany

Batch number: 10809610

Printed by Printforce, the Netherlands